让历史感同身受

让历史感同身受

全球使命

〔美〕亨利·H·阿诺德——著
章和言——译

H. H. ARNOLD

GLOBAL MISSION

四星上将H·H·阿诺德，美国空军官方照片。(照片来自美国国会图书馆馆藏)

1911 年，俄亥俄州代顿的西姆斯牧场，阿诺德中尉在莱特兄弟的飞行学校培训。(照片来自美国国会图书馆馆藏)

1937 年 10 月，阿诺德准将在加利福尼亚马奇机场，刚刚结束一次 B-10 马丁轰炸机的飞行。（照片由美国空军提供）

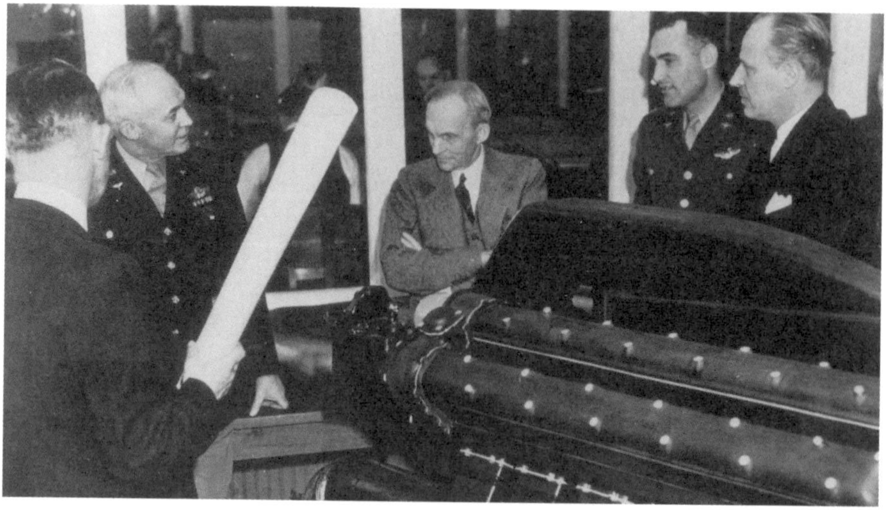

1941 年 5 月，俄亥俄代顿的莱特机场，阿诺德将军会见汽车工业家亨利 · 福特（阿诺德将军左侧），商讨如何提升飞机引擎产量。（照片由美国空军提供）

1943 年 1 月，卡萨布兰卡会议，英美联合参谋长委员会在结束与富兰克林 · D · 罗斯福总统（前排左）和英国首相温斯顿 · S · 丘吉尔（前排右）的会议之后合影。阿诺德将军位于第二排左一。（照片由美国空军提供）

1943 年 1 月，卡萨布兰卡会议，乔治·C·马歇尔将军（前左）和阿诺德将军参加英美联合参谋长会议。（照片由美国空军提供）

1943 年阿诺德将军参加开罗会议。前排从左至右为，蒋介石，富兰克林·D·罗斯福，温斯顿·S·丘吉尔和蒋介石夫人。后排从左至右为，蒋介石的副官，布里恩·B·萨默维尔中将，约瑟夫·史迪威中将，阿诺德将军，英国陆军元帅约翰·迪尔爵士和路易斯·蒙巴顿勋爵。（照片由美国空军提供）

1943 年 12 月，意大利西西里的卡斯特尔韦特拉诺机场，阿诺德将军与德怀特·D·艾森豪威尔将军商讨研究空军战术问题。(照片由美国空军提供)

1943 年 12 月，意大利西西里的卡斯特尔韦特拉诺机场，马克 · W · 克拉克将军和乔治 · S · 巴顿将军与阿诺德将军会谈。克拉克将军坐在左侧。(照片由美国空军提供)

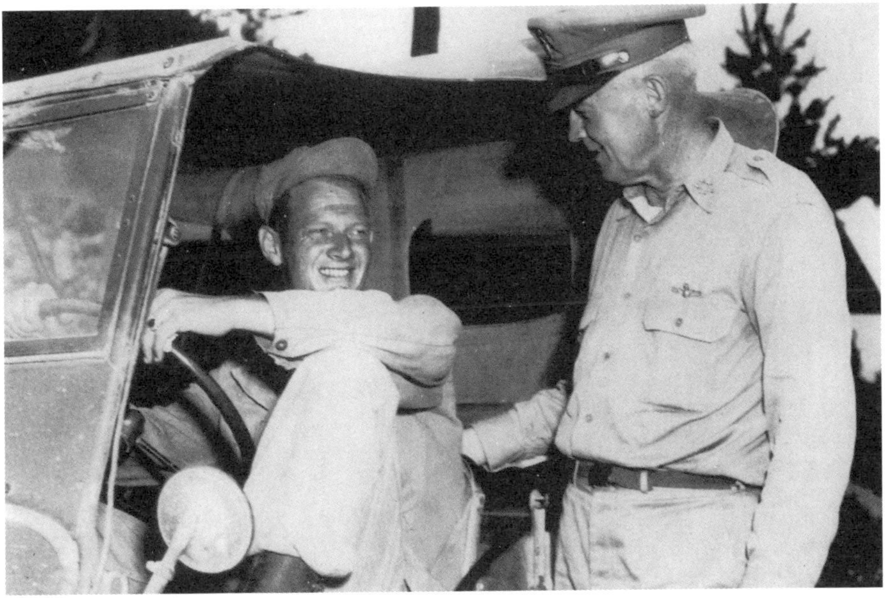

阿诺德将军和他的儿子布鲁斯在日本冲绳。(照片由美国空军提供)

1946年3月，阿诺德将军和妻子埃莉诺出席他的荣休宴。(照片由美国空军提供)

1949 年，阿诺德将军在他位于加利福尼亚州索诺马的牧场里享受退休生活。1950 年 1 月，他在牧场里离世，安葬在阿灵顿国家公墓。(照片由美国航空航天博物馆提供)

目录

前　　言

谨以此书献给 1907 年至 1949 年美国空军的英雄儿女，还有追随他们足迹前进的人们。

这本书也是为了纪念所有那些依然健在和已经逝去的人们，在过去的四十年中，他们致力于将美国空军建设成为一支捍卫世界和平的决定性力量。包括第一批军事飞行员、那些驾驶“詹尼斯”和“艾科 DH”系列型号战斗机的小伙子们，那些曾经在欧洲、大西洋、地中海、非洲、亚洲和日本浴血奋战的人们，那些驾机在严寒的北极、酷热的赤道和孤独的太平洋航线上飞行过的机组人员，还有那些在工厂和科研机构辛勤工作以及保卫我们西半球安全的人们。

特别要纪念那些对德、对日战争中，在不知名的战场上，献出自己生命的美国空军儿女们。

——亨利·哈利·阿诺德

美国空军上将

前言

第一章　并非初愿的职业选择

我这辈子看到的第一架飞机不是在天上飞，也不是停靠在机场的地坪上，而是被悬吊在巴黎歌剧院附近一条马路的半空中。

那是 1909 年的夏末，就在我从菲律宾返回美国的途中。那个时候我还是一名年轻的少尉，刚刚从西点军校毕业两年。这是我从学校出来后被任命的第一个职务，到驻扎在菲律宾的美军部队担任少尉。对我来说，这真是一段意想不到的快乐旅程。我们经常一连几个月在这个岛国的热带雨林中开展行军训练，很少有什么机会去花钱。当时我每月领到的津贴是 116.66 美元，在海外部队服役比在国内高出 10%，所以我的腰包逐渐鼓了起来，不仅还清了军校毕业时购买装备欠下的债，还有一点儿盈余。就是靠这点儿钱，我从菲律宾一路“逛”回了纽约，途经香港、新加坡、苏伊士运河、亚历山大，在开罗住了牧羊人酒店、游览了金字塔。然后又到了地中海，乘“大选民号”邮轮在热那亚上岸。

同船旅行的有不少伙伴，一帮为人友好的英国军官也从印度和缅甸返程回国，还有一位在远东地区工作了三十多年的英国职业外交官解甲归田。同船的还有从中国天津换防回国的德国驻屯军，带队的军官们傲气十足。一群前往欧洲旅行的美国女教师，人手一册德国出版商贝德克尔发行的《旅行指南》。最好笑的是一位荷兰父亲，自从新加坡港上来了两位妖冶的红灯女郎，他就像母鸡一样紧盯着自己二十四岁的儿子。一位出手阔绰的澳大利亚军官一路上炫耀着自己的传奇经历。有位意大利人对美国不太感冒，称美国政府不久前援助埃特纳火山喷发难民的救灾款，只不过是山姆大叔的政治手腕。还有一双“兄妹”——不过，船长先生总是用带着英国口音的大嗓门宣称：“兄妹?！如果他们是兄妹，就是我见过的最古怪的兄妹！”一路上，船长大人对美国的评价也不怎么高。就这样，我和陪伴自己第一次远行探险的旅伴们一一握手、道别，在意大利的热那亚上岸，前往瑞士。

几周以后，我就漫步在巴黎街头了，眼睛、耳朵简直应接不暇，尽情呼吸着那里的浪漫气息。不经意之间，一个悬吊在半空中的奇怪装置吸引了我。

这时候，我在西点军校读书时学到的那点儿法文派上了用场，一边看下方标示牌上的说明，一边听围观者的谈论，搞清楚了这是一架会飞的机器。就在数周前，1909 年 7 月 25 日，路易·布莱里奥①先生开着它从法国的加来飞到了英国的多佛，成功跨越了英吉利海峡。

从那以后，成千上万的美国人、法国人和其他来自世界各地的人们参观了路易·布莱里奥先生的单引擎飞机，这架脆弱、怪异而又充满着英雄主义色彩的机器被安置在巴黎荣军院博物馆展出超过一代人的时间。不过它对于我，有着和其他到荣军院博物馆的参观者不一样的意义，我想对于林德伯格②也是这样。当 1927 年他孤身一人驾机飞临巴黎

---

① 路易·布莱里奥(Louis Blériot，1872—1936)，法国发明家、飞机工程师、飞行家，以在 1909 年成功完成人类首次驾驶重于空气的飞行器飞越英吉利海峡著称。1900 年曾制造出一架扑翼式飞机。布莱里奥创建的斯帕德公司为第一次世界大战中同盟国制造了上千架飞机而收益颇丰。布莱里奥亦以开创人类航空竞速运动而闻名。——译者

② 查尔斯·奥古斯都·林德伯格(Charles Augustus Lindbergh，1902—1974)，又译查尔斯·林白，美国著名飞行员、作家、发明家、探险家与社会活动家。1927 年 5 月，驾驶单引擎飞机从纽约飞至巴黎，成为历史上首位单人不着陆飞越大西洋的人。在欧洲法西斯主义盛行时，数次奉美军之命前往德国。第二次世界大战爆发后，林德伯格得到孤立主义和亲德政治派系的支持，是反战组织“美国第一委员会”的主要发言人，曾于 1941 年 1 月在国会提案建议美国和希特勒建立中立关系，并公开批评犹太人背后操纵美国加入同盟国。——译者

的时候，被热烈的人们簇拥着来到荣军院，向布莱里奥先生的单引擎飞机表达敬意。即便到了林德伯格的时代，布莱里奥的单引擎飞机、莱特兄弟的第一架飞机、格伦·寇蒂斯①的第一架飞行器，依然有着划时代的意义。就像卡克斯顿的印刷机和詹姆斯·哈格里夫斯的珍妮纺纱机一样，至少在第二次世界大战爆发之前，一直被人们看作是机器发明的先行者。无关是与非，也无论战争或和平，他们都极大地改变了这个世界的样貌。

我得承认，当时我对空军的未来一无所知。然而，在那个夏天，我可能还是有一些和其他围观布莱里奥飞机的人不太一样的想法："既然一个人可以这样做，那么如果很多人一起飞过去，对孤悬海外的英格兰又将意味着什么呢?"这当然也称不上什么预见，要不是布莱里奥飞越的正好是英吉利海峡，我可能也不会想那么多。不过，英吉利海峡带来的英格兰与欧洲大陆隔绝的地理优势，却是我从香港到热那亚一路旅程中大家每天晚上热议的话题。我登上"大选民号"邮轮以后，刚开始大家还在讨论日本人意图入侵菲律宾的问题，但没过多久，话题便转向了英德之间可能爆发的战争。每当英德两国的军官在邮轮的吸烟室或甲板上相遇，气氛就会有点儿小紧张。就在那之前的几个月，波斯尼亚——黑塞戈维亚的争端和其他一些矛盾正在加剧欧洲的危机，英、法、俄结

---

① 格伦·哈蒙德·寇蒂斯(Glenn Hammond Curtiss，1878—1930)，美国第一位驾驶自制水上飞机实现水面起飞并安全降落的驾驶员，美国航空先驱、飞行家、著名飞机设计师，他的飞机开创了从舰上起飞和舰上降落的先河，他的水上飞机创造了多项世界纪录，寇蒂斯的成就使当时航空工业落后于欧洲的美国后来居上。在第一次世界大战期间，寇蒂斯开办了飞机制造公司，以生产水上飞机和教练机著称。从1925年起，寇蒂斯飞机公司为美国军方研制的P－1"鹰"系列单座战斗机受到军方赞赏，"P－6E"战斗机成为美国陆军航空队重要机种之一。1929年莱特航空公司和寇蒂斯飞机公司合并为寇蒂斯-莱特公司。寇蒂斯飞机公司研制的各型飞机，在第一、二次世界大战中成为美国军用飞机的主力，其中1938年问世的P－40战斗机共生产13 738架，成为美国及盟国的主力战斗机之一。——译者

成了反对德国和奥匈帝国①的外交同盟。德国军官喜欢在晚餐大厅里开派对，又唱又闹，毫不掩饰他们的不耐烦，盼着马上与英国人开战的那一天。英国军官们对此很不舒服，认为“可恶的德国人”在故意挑起事端。

夜深以后的情况有所不同。当时邮轮正航行在印度洋上，热带信风把密不透风的船舱吹得像个火炉，根本无法入睡。所有的单身汉和一些已婚男士常常坐在顶层甲板上聊天，不列颠人和德国人都在谈论自己的过去与将来。对一名年轻的美国军官而言，那是一段很有趣的经历，因为几乎没有人会提起我的祖国。顶层甲板上的英国人在喝过两三杯之后，也变得像德国人一样粗鲁。每个人都清楚战争正在走近，不管是英国人还是德国人，都知道自己输不起这场战争。大家热切地讨论着有关战争的每一个细节，但没有人想到美国会成为影响这场战争走向的一个重要因素，也没有人建议大家如何一起阻止这场尚未打响的战争。

当德国军官夸耀他们强大的陆军时，英国军官们总是还之以微笑，用讥讽的口气反问道：“你们觉得皇家海军如何？”这个问题总是让德国人脸上青一阵紫一阵，一听到英国人的舰队，年轻的德国军人个个热血偾张。英国军官们轻描淡写地评论着——和英国开战，说着轻巧，凭什么呢？知道是什么最终打败了拿破仑吗？滑铁卢吗？真是无知！是1812年的沙皇俄国吗？其实也不是！这些都是必然的结果。就算拿破仑打赢

---

① 奥匈帝国，是1867年至1918年间中欧的二元君主国国家，匈牙利王国与奥地利帝国组成的联盟，全称是“帝国议会所代表的王国和领地以及匈牙利圣史蒂芬的王冠领地”。奥地利和匈牙利各自拥有独立的立法机关，帝国政府掌管外交、军事和财政。帝国版图包括现在的奥地利、匈牙利、斯洛文尼亚、斯洛伐克、波希米亚、克罗地亚等地区，成为当时欧洲第二大国，人口仅次于俄国、德国。帝国在德意志区域恢复影响力的希望化为泡影之后，开始向东南巴尔干扩张，与其几个世纪以来的亲密盟友——俄国反目成仇。帝国政府与德国在1879年结成德奥同盟，把自己与德国战车绑在一起。——译者

了滑铁卢，也只是暂时的胜利而已。大不列颠依然在那里屹立不倒，每一天都在养精蓄锐，继续称霸世界的海洋。这就意味着，“老波尼”① 的帝国从来就没有真正安全过，看看1804年以后的历史确实如此。英国人只是在等待决战的那一天，所以特拉法尔加海战②是迟早的事。拿破仑自己也没有想到会损失一半的法兰西舰队，没有了舰队的护航，他又凭什么来入侵英国呢？

德国人听到这里就炸开了：“英国海军只不过是个大肥皂泡泡而已，戳一下就会消失得无影无踪。英国人只看重海军，真是愚蠢至极！”不过，我看他们说这些话的时候底气全无。

一年之前，美国与日本的关系十分紧张，感觉随时都会开战。后来我们在菲律宾见识了海军少将罗布利·埃文斯率领的美国舰队的震慑力，他们正在进行环球巡航，途经马尼拉，随后又对日本进行了“友好访问”③。当时在美国陆军和海军之间还存在着不少分歧，大家对“海上力量”的认识程度不一。很显然，英国人在那个时代的海上霸权使他们

① 1804年11月，拿破仑·波拿巴称帝，法兰西共和国改为法兰西帝国。“老波尼”是拿破仑的姓“波拿巴”的英语式昵称。——译者

② 1805年10月21日，英法两国舰队在西班牙特拉法尔加角外海面相遇，决战不可避免，战斗持续5小时。由于英军指挥、战术及训练皆胜一筹，法兰西联合舰队遭受决定性打击，主帅维尔纳夫被俘。英军主帅霍雷肖·纳尔逊海军中将也在战斗中阵亡。法国海军精锐尽丧，一蹶不振，拿破仑被迫放弃进攻英国本土的计划。而英国海上霸主的地位得以巩固。——译者

③ 1905年，日本在对俄战争中大获全胜，进一步扩大了在远东和太平洋地区的影响，其扩张势头严重威胁了美国的利益，双方敌对情绪日益加剧。1906年，加利福尼亚州旧金山学校委员会宣布，对所有日本留学生采取隔离政策。消息传到日本，日本公众视之为奇耻大辱，立即掀起了激烈的反美示威。双方冲突一触即发，时任美国总统西奥多·罗斯福亲自说服旧金山学校委员会撤销了上述排日规定，事态才得以缓和下来。为了震慑日本，罗斯福决定派出一支庞大舰队环游世界。为了让整个舰队更为显眼，罗斯福特别下令所有舰只一律漆成华丽的、具有喜庆意味的白色，世人因而称之为“大白舰队”。1907年12月，“大白舰队”在海军少将罗布利·埃文斯指挥下排成战斗队形，从汉普顿海军基地出发驶向南美和麦哲伦海峡，创下航行14个月、航程46 000海里、横穿两大洋的骄人纪录，使世界各国领略了美国的力量，也极大地震慑了此前颇不服气的日本人。——译者

更为热情地接受了马汉的海权论①，甚至在我们美国人对此思想认识统一之前。这位出身西点军校的伟大海军理论家发表《纳尔逊传》和海权论三部曲，也就是十几年前的事情，现如今他的理论已经成为那些谋求“世界霸权”的人的信条。海军，作为一支战略性、威慑性的力量，可以随时投入到世界各地的战场。尽管其作用有时可能不够直接和明显，但海军所具有的高度灵活性和全球机动性，使其重新赢得美、英、法、意等国的重视，特别是德国皇帝威廉二世的重视。人类的历史可以证实，大范围的领土扩张大多依赖海军来完成。而且很明显，除非建立另一支更强大的海军，否则这个世界上没有什么力量能够击败它。

我敢肯定，在1909年那个又黑又热的夜晚，那些坐在“大选民号”邮轮顶层甲板上吵架的德国军官们，其实内心深处都是很明白的。每当讨论到英国舰队时，他们都会显得过分敏感，这就是证明。无论英国人的舰队多么强大，德国人一直在处心积虑地寻找打破英伦诸岛永恒地理优势的办法。所有可能的招数都想过了，甚至包括当年拿破仑在绝望中想出来的利用气球飞过海峡，以及在海底挖通一条隧道（在1909年的时候这种理论依然十分流行）。

不过，当第一次看到布莱里奥的单引擎飞机的时候，我确实也想到了拿破仑的气球，想到了英国与欧洲大陆隔海相持的地理优势或许遇上了克星。

在西点军校上学时，学校曾经组织我们这些军官生乘坐热气球飞越

---

① 阿尔弗雷德·赛耶·马汉（Alfred Thayer Mahan，1840—1914），美国历史学家、军事理论家，曾两度担任美国海军学院院长，主要著述有《海权对历史的影响》《海权对法国革命及帝国的影响，1793—1812》《海权的影响与1812年战争的关系》等，被后人公认为是海权论的鼻祖，对当时世界和后世历史均发挥了重要作用。《海权对历史的影响》被认为是历史上产生过巨大影响的军事名著之一。马汉曾任美国总统西奥多·罗斯福的海军顾问，他的理论成了美国海军发展和海上扩张的理论根据。1890年，美国国会通过了《海军法案》，开始大规模发展海军。——译者

一片平原地带，驾驶热气球的是弗兰克·P·拉姆[1]中尉。18 世纪的时候，受到法国人布兰卡德和罗泽[2]驾驶热气球飞越英吉利海峡的英雄壮举的影响，有位艺术家像发疯一样创作了很多有关热气球的神奇画作，直到现在不少高等学院和博物馆中依然可以看到。其中有一幅画描绘了从空中入侵英格兰的情景，海峡上空飞满了热气球和各种各样怪异的飞行装置，还有些会飞的人被画上了翅膀，但这些充满想象力的东西与布莱里奥的单引擎飞机还是不一样的。

这就是我与飞机的第一次接触。

不久之后我就面对了一个新的个人问题，可能要被调派到纽约市总督岛的新岗位，看起来我在海外服役的惊险生活马上要结束了。新岗位的工作纯粹是例行公事，我想这可能是陆军中最枯燥无聊的差事了，或许是个写写回忆录的好地方。

1886 年 6 月 25 日，我出生于宾夕法尼亚州的格雷特温市，过去也叫梅里恩广场，是费城"主线"区域[3]靠近梅里恩南城区的一个小地方。早在美国独立战争之前，我父母双方的家庭就是生活在蒙哥马利县附近的居民。母亲是蒙哥马利县民主党的忠诚党员，经常给我们讲述祖辈们参加独立战争的往事。她的长辈中有四位，我父亲的长辈中有三位都曾为美国的独立而战。早年的阿诺德家族主要从事铁器铸造工作，我的祖

① 弗兰克·珀迪·拉姆(Frank Purdy Lahm，1877—1963)，美军第一位飞行员，航空事业的先驱人物之一。他对飞行的兴趣受到父亲影响，其父是美国第一批获得民用热气球驾驶执照的人士。1907 年跟随莱特兄弟学习飞行，1909 年成为美国陆军第一位飞行员。1916 年起成为职业飞行员，开始在陆军航空勤务队服役。他以出色的领导管理能力，对美国陆军航空部队的发展做出了突出贡献，被后人称为"伦道夫基地之父"和"美国军事飞行训练之父"。——译者

② 1785 年，法国人布兰卡德和美国人杰夫里斯驾驶热气球成功飞越英吉利海峡；同年，法国人罗泽在飞越英吉利海峡时遇难。——译者

③ "主线"一词来源于费城通往西北部的古老地铁线路，现为费城富人居住区。——译者

父托马斯·G·阿诺德是当地有名的打钉匠，曾经参加过葛底斯堡战役。父亲H·A·阿诺德选择了学医，我是“阿诺德医生”的第二个儿子，从小在一个非常幸福的环境中长大。父亲是一个拥有很多居民的大型社区的总医师，还经常去临近的诺里斯镇、甚至更远的费城给人看病，这让他感到自己的生活很有意义。

不知道布兰迪万河和福吉山谷[①]的风是不是有什么特别，不然真不知是什么原因，让宾夕法尼亚这块气候温和的乡村地区充满了那么多的军事传奇。在诺里斯镇的中心广场上，有一座温菲尔德·斯科特·汉考克[②]的骑马塑像，在我们儿时的心目中，他无疑是南北战争时期最伟大的英雄。在美国各地，很多像他这样的战争英雄也都赢得了人们普遍的尊敬。不过，令人有些惊讶的是，在我的军旅生涯中，有那么多战友都来自宾夕法尼亚这块土地，包括乔治·马歇尔、“图伊”·斯帕茨[③]和乌

---

① 布兰迪万河(Brandywine)是美国宾夕法尼亚州东南部的一条小溪，1777 年 9 月 11 日，英军在此地击败殖民地军队，进入费城。福吉山谷(Valley Forge)，位于费城西北，1777 年 12 月，华盛顿率领 12 000 人的殖民地军队残部撤退至该地休整，1893 年起建成国家历史公园，被后人称为美国的革命根据地。1928 年在该地建立了著名的福吉谷军事学院。——译者

② 温菲尔德·斯科特·汉考克(Winfield Scott Hancock，1824—1886)，出身于宾夕法尼亚州蒙哥马利县传统军人家庭。1844 年毕业于西点军校，参加过美墨战争。南北战争时的北军少将，1863 年 7 月 1 日，以第二兵团新任指挥官的身份领军加入葛底斯堡战役。美国国会之后感谢汉考克的“勇敢和立功表现，以及在这场伟大的决定性胜利中起到的重要作用”。——译者

③ 卡尔·安德鲁·斯帕茨(Karl Andrew Spaatz，1891—1974)，昵称“图伊”(Tooey)，美国空军发展的重要人物，美国陆军航空兵司令，二战结束后第一任美国空军参谋长。1914 年毕业于西点军校，1916 年成为飞行员，在一战中负责指挥一个驱逐机中队。后历任航空勤务队主任办公室训练与作战处处长、计划处处长、装备处处长和副主任等职。斯帕茨是米切尔空权论的积极拥护者，从 20 年代起就坚信制空权理论，认为空军能够成为独立的力量，单独实现作战目的，而战略轰炸则是空军的主要任务。1942 年 5 月，任驻英国的美国陆军第 8 航空队司令。同年 11 月，调任北非和地中海战区盟军空军司令。年底又回到英国，统率美国战略航空兵第 8 航空队，负责指挥对德战略轰炸，有力配合了地面部队实施诺曼底登陆等一系列重要战役。1945 年欧战结束后调到太平洋战场，指挥对日本的战略轰炸。1946 年初，任美国陆军航空队司令。1947 年 9 月，任美国空军第一任参谋长。——译者

扎尔·恩特[1]。恩特在轰炸普罗耶什蒂的英勇表现，和汉考克将军在面对皮克特冲锋[2]时的勇敢一样，都成了美国军事史上的光辉篇章。休伯特·哈蒙出生于切斯特，刘易斯·布里尔顿和乔·麦克纳尼出生在这个州的西部边远地区。还有“蛮牛”哈尔西海军上将，尽管是个正宗的新泽西人，也特意跑到宾州的索思摩学院读书。

对我们家最直接的军事影响不是宾夕法尼亚安宁的乡村，而是我的父亲，1898 年，他暂时放下社区诊所的工作，跑到驻扎在波多黎各的宾州骑兵部队中当了一名中尉军医。从那以后，父亲觉得应该把一个儿子送去西点军校读书，或许还能帮着儿子谋上个一官半职。不过最初被父亲设计成为未来军官的那个儿子不是我，而是我大哥托马斯。父亲为我规划了另外一条人生道路，从巴克内尔学院毕业后，他希望我成为一位传播上帝福音的牧师。

我不明白为什么每当向朋友们谈起这些往事，他们都会笑话我。不过，我此后的职业生涯证明，这条道路也需要有传教士那样的坚定信仰。或者也可以这样说，我像传教士布道“赎罪”一样，很多年来一直在坚持兜售自己关于空军建设的思想。

我当然无法预见到我们姐弟几个人的未来：我的姐姐伊丽莎白，哥哥汤姆和两个弟弟克利福德与普莱斯。我们的童年和疯狂的飞行没有任何关系，只有一件事可以算得上影响了我们后来的命运。1889 年一个夏天的早上，我们当时生活在格拉德维恩，一位吓坏了的母亲怒气冲冲地盯着自己的两个儿子。小的那个三岁，从头到腰的衣服全都湿透了，还滴着水，下身的衣服是全干的，正呼哧呼哧喘着气。大的哥哥五岁，身上也溅了一些水花儿，语气平静地向妈妈解释：“哈利

---

① 乌扎尔·吉拉德·恩特(Uzal Girard Ent，1900—1948)，生于宾夕法尼亚州诺森伯兰，美国陆军少将，二战期间美国陆军航空兵优秀指挥官。——译者

② 乔治·皮克特(George Edward Pickett，1825—1875)，南北战争期间的联盟军少将，其名尤闻于葛底斯堡战役第三日的“皮克特冲锋”。——译者

想到雨水桶里面游泳，我把他拽出来了。”

大家一定想到了，那个小儿子就是我，大的是我哥哥汤姆，后来他又一次改变了我的命运。等到了该他进西点军校的时候，汤姆只是用像当年把我从雨水桶里救出来以后一样的平静语调宣布，他不打算去西点，决定上宾夕法尼亚州立大学，将来做个电气工程师。我父亲也拗不过他。不过，阿诺德医生已经请求西点军校准许他儿子参加入学选拔考试，接下来大家就能够猜到发生了什么，尽管我的高中校长并不看好这样的安排。

尽管有很多关于西点军校的传说，但当年从那里毕业还不像现如今这样困难。我自己的三个儿子都是西点毕业的，大儿子汉克是 1936 年考进去的，如果当年我上学时的课程和他们一样，就不会有那么多时间搞恶作剧了。不过，两次世界大战中美国陆军各个部门的出色领导力充分证明，无论过去还是现如今，西点军校在培养未来军官方面的工作还是可圈可点的。但像其他各行各业一样，过去的军事教育相对而言确实比较简单。自从格兰特考进西点以后，我倒是觉得一切都有点儿循规蹈矩、墨守成规了。我是 1903 年入校的，学习上不太用功，在班级里处于中等偏下水平——全班 110 名学生，我很少超过 62 名，但也不太会落在 66 名以后。我有的是时间踢足球，还是校队中后卫替补队员，有时候也打马球，参加班际击剑比赛，还有就是和骑兵部队的骑手们一起策马狂奔，不仅是在骑术训练中，我们还经常自己预定骑马场练习。我的日记里记满了和朋友们在一起的闲情趣事，却很少与我军事上的成长进步有关。当时我甚至连个学员下士都不是。

在我的学校档案册里也有很多不良记录，比如让阿诺德学员立刻前来报到，解释为什么“凌晨 3 点 45 分才回到营房”或“凌晨 4 点 15 分还在营房外面逗留”，等等。这些夜间活动让学校牧师知道了可不是什么好事，不过我们很少被他们抓住把柄。捣蛋鬼们有一个纪律严明、配合默契的“小圈子”，大家都是自愿参加的，互相保守秘密。

后来，“小圈子”干了一件前所未有的“大事”。我们偷运了一批焰火进学校，等到大半夜的时候燃放起来，整个校园立马像翻了天一样，军号声、警笛声遥相呼应、响成一片，军官们、学员们兴奋地在床铺上滚打成团。整个事件的压轴大戏当然少不了本人，我爬到宿舍房顶上，点燃了一枚大个头的转轮焰火，高兴地扯着嗓子喊：“1907 年，一去不复返!”接下来就乐极生悲了，而且数我最倒霉——房顶上的火光把我的身影映照得一清二楚，整个校园的人都认出了那个家伙就是阿诺德。不过就是因为这件事，我未来的妻子才第一次来到西点军校，而我正好被关单人禁闭。

无论是军事课程还是玩闹，骑兵训练几乎占据了当时西点学员生活的全部，至少对我们那个“小圈子”是这样。这就是我们到这里来的原因！我们的生活目标、我们的全部未来就是为了骑着马儿上战场!

骑兵！在我们看来，是这个世界上最后一件令人热血沸腾的事物。风驰电掣般地冲锋！与印第安人浴血奋战！我们幻想着自己将来被派往的驻地是什么样子，到底是现在已经没有战事的印第安人保留地还是祖国的边境，不过那对我们其实没有什么区别。那个时候，我们整天骑在马上，脑子里也全都是与马有关的事情。在我的日记里，最严肃的话题就是关于马术的讨论了，比如：“根据教官的要求，谈一谈关于缰绳使用的想法……”我们熟知每一个骑兵英雄的名字。军事训练结束以后的闲暇时间里，我们会跑出去模仿历史上有记录的各种骑术特技。我们常常在两三匹飞奔的马上跳来跳去，在马背上叠金字塔，训练战马跃过高障碍物等，还有很多花样儿。我们故意大声嚷嚷着招摇过市，有时候还偷偷地嚼着烟草，就像我们想象中的骑兵部队那样。

我们日夜盼望着能成为骑兵部队的军官，有时候看到新近毕业的军官生返校，更加让我们心急火燎。一直到最后一个学期快结束的时候，我还不知道早在自己刚入学的 1903 年 12 月 17 日，威尔伯和奥维尔·莱特两兄弟已经在北卡罗来纳州的基蒂霍克把世界上第一架载人动力飞机送上了天。我怀疑除了一个人以外，整个西点军校的军官和学员都没有注意到这次飞行。这个人是年轻的数学教官托马斯·赛尔福里奇①中尉，后来他成了第一位在飞机坠毁事故中牺牲的人。

毕业的时候，学校着实让我们都炫了一把。我像所有新毕业的军官生一样，穿上崭新的制服，鲜亮的骑士黄裤边从学员制服的1.25英寸被放宽到军官制服的1.5英寸。学校给大家放了短假，我兴高采烈地赶回家，等待着第一次军职的任命。

我至今依然清晰地记得任命书抵达的那个早晨。我正和妈妈一起吃早饭，看也没看就开心地把任命书丢给了她。难道一位世界骑术冠军在接受奖杯的时候，还用得着看刻在上面的文字吗？

妈妈接过来，读得很慢，然后抬起眼睛望着我，说道："你最好自己看一下，哈利。"我只瞄了一眼，就感觉整个世界都崩溃了："亨利·哈利·阿诺德……步兵少尉。"

我觉得当我们在马里兰州哈福德格雷斯市等候火车的空当，我那曾当过骑兵军官的父亲一定去找过万格众议员和潘罗思参议员，他们也一定表示很乐意帮忙。在旅馆里我们见了面，他们听了我对初次任命的不满和抱怨，互相对望了几眼，然后提醒我留在旅馆，等到第二天上午10点30分再去战争部找他们。

第二天我到的时候，他们正在和战争部的一位高级长官交谈。当着潘罗思参议员和万格众议员的面，那个傲慢的家伙十分严肃地告诫我，你已经是一名美国陆军的少尉了，虽然是级别最低的军官，但却是陆军

① 托马斯·爱瑟伦·赛尔福里奇(Thomas Etholen Selfridge，1882—1908)，美国陆军中尉。其祖父老托马斯·奥利弗·赛尔福里奇和父亲小托马斯·奥利弗·赛尔福里奇均为美国海军少将。赛尔福里奇1903年毕业于美国海军学院，毕业后在炮兵部队服役。1906年参与了旧金山大地震救援工作。1907年调入弗吉尼亚州迈尔堡的陆军通信兵航空处，是最早受训驾驶陆军硬式飞艇的三名军官之一。赛尔福里奇是第一位在执行飞行任务时牺牲的美国陆军现役军官，死后葬于距迈尔堡坠机地点不远的阿灵顿国家公墓。——译者

中每一位军官的起点，包括他自己——美国陆军副官长。我必须执行上级的命令，无论任命什么职务，都必须接受。

当时我毕竟刚二十一岁，感到自己受到了人生中最大的羞辱。“不！长官！”我脱口而出，“我不是美国陆军少尉！我还没接受任命呢！”

来自宾夕法尼亚州的潘罗思参议员立马抓住我的胳膊，把我拖出了房间，然后又转身回去。我猜他肯定跑回去对那位陆军副官长说，这种火爆性子就是需要在部队里管教管教。其实后来想想，如果上帝给我机会，这些话确是我最应该向那位高级长官说的。当时还没有规定要求西点军校的毕业生必须加入陆军，所以我坚持不接受那个任命。

过了一会儿，他们让我回到房间。这次副官长带着极大的耐心，又重复了一遍他先前讲过的话，并告诉我，除了战争部长，没有人能够改变这个任命，但部长大人碰巧远在菲律宾。如果我考虑挑选一个自己想去的部队，或许副官长还能帮上一些忙。

但到底该选哪一个好呢？当时我知道的军事基地也就是温盖特、卡斯特、阿帕奇、克鲁克和兰利这么几个。尽管我连选了三次都是骑兵部队，但副官长却提到了“菲律宾”，还说战争部长也在那里，说不定还会有机会。我连想都没想就答应去菲律宾。副官长依然保持着很好的耐心，告诉我他觉得自己可以安排，然后点头示意我可以走了。

翻看 1907 年 11 月 7 日写的日记，我已经在前往马尼拉的船上了，当时的心情可不太好，我们离开旧金山港有些日子了，但“四周依然是无边无际的海水，都快把人憋出病来了”。在穿越整个太平洋的旅途中，除了我的不耐烦之外，其实还有三件麻烦事伴随着我。当时我只意识到其中一个，还有两个一开始根本没有察觉。第一件是硬塞给我的活儿，负责监管运送一大笔属于菲律宾政府的现金，钱被装箱堆放在轮船卧舱里，有一名卫兵看守。第二件，我还没有意识到。过去我在军校里是骑兵专业的，不知道是偶然还是军校里那些身居高位的人故意捉弄我，把我分派到了步兵团。这在骑兵中是最被人瞧不起的。在那个年代，骑兵们是享受特殊津贴的，被称为“骑马费”，这几乎遭到了步兵们的一致抱怨。就像后来空军部队享受特殊待遇，也引来地面部队的非难一样。我和陆军副官长之间的故事已经被陆海军发行的周报报道了，我前去报到的新部队的长官们早就看过，第 29 步兵团早就等着我这个“骑兵”上门了。第三件麻烦事就在我自己身上——那套厚羊毛制服。由于我带的现金很少，便想着到了菲律宾以后再添置热带地区的装备，那里的价格更便宜，可以节省一笔钱派其他用处。没有比这个决定更糟糕的了，随着船越来越接近热带，我只好穿着那仅有的一套羊毛制服，不仅热得浑身发痒，而且我觉得整条船上的乘客都在嘲笑我这个怪人。快到马尼拉的时候，我简直都不好意思进餐厅吃饭了。

1907 年 12 月 6 日晚上，船终于抵达了马尼拉港，但我还不能和大家伙儿一起上岸。我留在自己的卧舱里，穿着那难受的羊毛制服，汗流浃背，守着那一堆钱。驻菲律宾部队的老兵们一脸严肃地善意提醒我，为菲律宾政府押运现金是个苦差事，后面还会有一大堆麻烦。估计撑不到第二天下午，我的钱箱子就会被强盗抢去。三十四年以后的同一天、同一个时刻，在加利福尼亚，我同样也失眠了，也在为这个世界上的某件事而担忧，不过后来的事情要严重得多。但在 1907 年的那个晚上，如果有人告诉我人世间远比老兵们描述的要黑暗得多，我可能会冲他发火。我当时的感觉真是糟透了，不仅仅是眼前的那堆钱，还有身上越来越湿的制服，广播里也传来令人丧气的消息——海军足球队战胜了陆军队，还是该死的 6 比 0!

第二天早晨运钱上岸时发生的事情，差点儿让我彻底崩溃。在一个人声嘈杂、气氛怪异的码头，一帮我有生以来见过的相貌最邪恶的男人，正坐在水牛车上等着我。凭西点军校里学到的一点儿西班牙语，我绊绊磕磕地向他们下达着指令。还没等我讲完，头一个菲律宾人就拖着十个钱箱子突然跑开了。我马上跟在后面追，但回头再一看，剩下的钱箱子正被其他菲律宾人拖着四散而逃。这阵势我可真是从来没有碰上过。我绝望地在那个城市里找了几个小时，后来才发现，那些面无表情的菲律宾人又悄悄地把钱箱子送回原来的地方，而且还是以我的名义。一切都完好无损，除了那套制服！

我先乘有轨电车，再转公共汽车来到麦金莱军事基地。当时基地里正在举办棒球赛和田径运动会，我连个报到的人都找不到，只好拖着行李去找单身军官宿舍。半路上遇到一位菲律宾勤杂工，咧着嘴冲着我笑，用西班牙语说："先生，您需要洗个澡！"接着他把我推进了一个空房间，把那身发臭的羊毛制服扒下来。等我洗好澡出来，他从一位不知道名字的军官那里帮我"借"了一套凉快的夏装，尺寸正合适，纽扣和徽章也都佩戴齐全。后来我才知道那位军官是"乡巴佬"斐寇尔，当时也是一名步兵少尉，后来成了美国空军的少将，现在还一直追着我讨还他的徽章。

很快我就满怀热情地投入工作中，对待工作我还是头一回这么认真。菲律宾，对我来说是个全新的世界。就连负责白天看管犯人这样的例行公事，也让一名初任的年轻少尉感到很新鲜。不过，对外国驻军而言，这里有的可不仅仅是所谓的异国风情和在热带雨林行军训练中积累起来的官兵友谊，还有一种"山雨欲来风满楼"的危机感，我们觉得自己和海军的兄弟们都将涉身其中。那是1908年，荷马·李①这一年正在写他那本名著《无知之勇》。几个月后，这个伟大的小个子就出版了这本预言日美两国未来的著作。几乎就在同一个时期，我在巴黎看到了布莱里奥的飞机。

---

① 荷马·李(Homer Lea，1876—1912)，美国地缘政治、军事策略学家，是个身高不满五英尺、体重不过百磅、视力不佳的驼背。自小醉心军事，曾申请就读西点军校和参加陆军，均被拒绝。后进斯坦福大学，研究军事史和政治，并对中国产生浓厚兴趣。曾主动结交康有为，参加清末维新运动。后加入同盟会，成为孙中山好友，为中国革命在欧美筹款并培训军事人才。1911年辛亥革命成功后，孙中山任命其为首席军事顾问。1912年病故，享年35岁，遗愿希望葬在中国。1969年，蒋介石下令将荷马·李夫妇厚葬于台湾阳明山第一公墓。荷马·李认为，在日俄（转下页）

其实我们都等着日本人进攻菲律宾，大家准备好了徒步行军到碧瑶①，进行最后的坚决抵抗。哪怕睡觉的时候，大家也都把200发弹药放在脚头上。这种紧张情绪并不是我们这些新兵蛋子的过敏反应(很多新兵觉得自己在菲律宾服役过程中变得更加成熟)，也没有受到什么舆论宣传的鼓动。而是日本人，正在我们周边地区进行系统的、几乎是公开的战争准备。

我第一次进入热带丛林执行任务是陪同一位工程师，绘制吕宋岛的军用地图。在执行任务过程中，我们在吕宋山谷建立了一个从林加延海湾②到马尼拉的三角测量站，使用测地水准仪和转镜经纬仪，尽可能把地形特征描述得详细些。一路上，无论我们穿越平原，钻进大山，还是在密林中披荆斩棘、艰苦跋涉，好像一直都能碰上来自日本的摄影师和游走四方的"货郎"，或是经常随行在我们左右。还有的日本人看上去像植物学者，一本正经地研究着岛上的植被，不过他们感兴趣的样本好像都长在我们的军用设施附近。最过分的是，有一次，我们一位队员返回刚刚离开的三角测量站存放经纬仪，发现一群陌生人正在里面忙活。后来知道他们是日本人，也是来绘制地图的，但使用的却是我们千辛万苦建起来的测量站！

(接上页)战争后日本已成为美国的新威胁，曾花七个月时间在美国西海岸考察可能成为日军登陆的港口，将研究资料结集成书，于1909年出版《无知之勇》(*The Valor of Ignorance*)，但未引起美国当局注意。当时西点军校校长麦克阿瑟曾建议将其列为西点学生必读书，后改名《不可避免的日美战争》在日本出版，成了日本军事策略家和士官学校学生的必读书。荷马·李另有两本地缘政治著作《撒克逊的时代》(*The Day of the Saxon*)、《斯拉夫人的涌现》(*The Swarming of the Slav*)，书中对日本从海上攻击美国、德国和苏联的崛起扩张、两次世界大战的爆发均有比较准确的预言，验证了他对军事研究的独到之处。——译者

① 碧瑶(Baguio)，地处菲律宾吕宋岛北部，距首都马尼拉250公里，1909年建直辖市，是北吕宋地区的旅游、经济、文化中心。19世纪末，美国驻屯军开始在此修建公路，设立军营。——译者

② 林加延湾(Lingayen Gulf)，菲律宾吕宋岛西北的海湾，位于圣地亚哥岛和圣费尔南多角之间，临南海。南北长56公里，入口处宽42公里，是大型轮船的良好锚地，战略位置重要。——译者

吕宋山谷的地图绘制完成后，我再次被任命去勘测制作科雷希多岛[①]的地图。科雷希多岛，当时就计划被打造成一个像直布罗陀要塞一样坚不可摧的堡垒。再一次，我们一连几个星期钻进密林中，先用刀砍出一条路，再用测地水准仪测量海拔高度，用转镜经纬仪测量方位距离。巨大的火山石随时都会滚落下来砸到我们！三十三年后，当温赖特[②]将军和他的部队在经过虽败犹荣的艰苦抵抗，最终被迫降下美利坚的旗帜时，我就在想不知道自己当年绘制的地图能给他们带来多少帮助。我敢肯定，1909 年的时候，日本人就已经在盘算如何击败美国人的作战计划。

这两年的个人经历为我积累了很明显的专业优势。随着与英、德、法、中、俄、日、菲等不同国家官员和老百姓的交往，也在不断拓宽一名年轻军官的视野，让他比在家时更好地学会了如何与自己的长官和海军军官们打交道。

就在那数周之后，我接到命令去纽约的总督岛报到，在途经巴黎时看到了布莱里奥的飞机。

我最担心的事儿来了。总督岛地势平坦，在上面骑马一点儿劲都没有。于是，少尉的生活变得比地势还平淡无聊。在菲律宾的时候，美军第 29 步兵团的风格是颇为强悍的，我过去连队的指挥官就很有代表性。举个例子，有一个星期六的早晨，他在连队转了一圈后感到不满意，就冷冷地

---

① 科雷希多岛(Corregidor)，位于菲律宾马尼拉湾入口处、巴丹半岛以南的海面上，具有重要战略地位。名字来自西班牙文，意为“地方法官”。19 世纪末，美国取代西班牙在菲律宾的殖民统治。美军从 1902 年起加强该岛防务，修建了众多炮兵阵地和军营。1941 年 12 月 8 日，日军进攻菲律宾，美菲联军在巴丹及科雷希多岛的预定防线上坚持抵抗 6 个月之久。1945 年初，美军空降部队重新夺回该岛。——译者

② 乔纳森·温赖特(Jonathan Mayhew Wainwright，1883—1953)，美国陆军上将。1906 年毕业于西点军校。1940 年 11 月任美军驻菲律宾师指挥官，是美国远东陆军司令麦克阿瑟中将的得力助手。1941 年 12 月 8 日，日军进攻菲律宾，美军接连败退。美国决定放弃远东战场，主要支援欧洲战场。1942 年 3 月 10 日，麦克阿瑟转赴墨尔本统率驻澳大利亚美军部队；温赖特于 3 月 20 日接任驻菲美军总司令，晋升中将，率军进行了艰苦抵抗。——译者

对我说："军士长，让他们穿老百姓的衣服，二十分钟后全体集合。"

中尉此前也下达过许多奇怪的命令，但没有一个比那天的更令人纳闷。不过，他敬了礼，讲完了，你就得执行。二十分钟内，大家都回来了，不过眼前集合起来的可能是美国陆军史上最令人难堪的队伍。丛林战士们一个个面带羞色，穿得五花八门，戴大礼帽、草帽、德比帽的，穿燕尾服、运动服打绑腿和晚宴背心的，还时不时看到有人拎着手杖。连长严肃地让大家列队站好，一个个检查过去。最后，他又回到队列面前，说道："我很高兴，看到整个连队为前往纽约执行艰巨任务做好了准备。"

不过，总督岛平坦的地势也有好处，这里是纽约的第一个"机场"。不久以后，伟大的发明家威尔伯·莱特来到这个岛。为了纪念富尔顿设计的轮船在纽约哈德逊河下水一百周年，莱特希望他的"飞机"能够创造"新的纪录"——飞越哈得孙河，绕格兰特陵墓飞一圈再回来。当时我们已经听过这位了不起人物的故事。他刚刚带着自己发明的玩意儿从法国旅行回来，英国国王爱德华七世在波城接见了莱特和他的飞行器。大家都说，就是因为莱特，在第五大街上闲逛的女孩们才穿上了紧身礼服。这种被称为霍布裙的在脚踝处收口的长裙，据说就是从一位女士搭乘莱特的飞机以后开始流行的。她的丈夫为了防止她的长裙被吹起来，只好用一根绳子把它扎起来。一些时装设计师后来再看到这位女士，她依然穿着用绳子扎着口的长裙。

莱特是个谦和、安静的人，在百年庆典前一天，他试着绕自由女神像飞了一圈。庆典当天，他驾机升空，绕过格兰特陵墓再飞回来，就像预先设计的一样。

又没过多久，为了赢取《纽约世界报》设立的 1 万美元奖金，另外一位飞机发明家格伦·寇蒂斯也飞到了我们这个平坦的小岛。他从奥尔巴尼起飞，沿哈得孙河南下，在斯派特代夫尔着陆加了一次油。我到现在还保存着一张寇蒂斯驾机飞越西点军校上空时拍摄的照片，当时校园的建筑和如今没有什么两样。只有照片中那老式的飞机好像在提醒人们世事的变化，它不仅改变了未来军校士官生们的生活，同样也改变了当时在那儿读书的一些士官生的未来。

那一年秋天，或许是出于对这些新鲜事的好奇，也可能是偶然兴起，我们一伙人跑到贝尔蒙公园，观看了在美国举办的“第一次全球飞行大会”。当时世界上搞飞行的大人物全来了。伟大的巴西人桑托斯·杜蒙，据说他可以驾驶飞艇在巴黎市区街道的建筑物之间飞行，还答应法国政府同除了美国以外的其他任何国家打仗。还有霍克西、约翰逊、伊利、格雷厄姆·怀特、威拉德和年轻的沃尔特·布鲁金斯——一位年仅十九岁的、不要命的莱特飞行队队员。还有一些公司也参加了大会，比如莱特和寇蒂斯，都派出了展览团队与对手一决高下。

人群中挤满了小伙子——这批人将成为未来航空事业的骨干和栋梁，被眼前国内外飞机的表演惊得目瞪口呆。也有些人觉得，在回家吃晚饭之前，一定能看到有人摔断自己的脖子，可不能错过这个世界上其他地方肯定找不到的机会。沃尔特·布鲁金斯驾驶的“快车号”莱特轻型飞机开了个坏头，不过幸运的是，他最终还是从坠毁的飞机里走了出来。当时我们还不知道，这种轻型飞机实际上是实验改进中的军用“战斗机”。从飞行专业的角度而言，当时布鲁金斯正试图驾机完成空中360度的急转弯，这种飞行动作此前还没有人做到过。这一幕现场正面看台的观众应该比其他看台的人看得更清楚。看台下坐着参赛的外国飞行员，穿戴得像超人一样。在他们当中坐着莱特兄弟和寇蒂斯，穿着普通的职业装，正在平静地谈论着什么。看台上张贴着花哨的海报，还有几个卖航空杂志的报刊亭，杂志里刊载着各种飞行壮举，我还看到一条用红字写的广告：“飞到空中挑战死神，随时欢迎您的加入!”

后来全国都听说了这件事，特别是那些在大草原上放牛的人，想着通过这种方式每天能赚 1 000 美元呢，接下来又听说我们陆军也参加到这场“飞行比赛”当中来了。我们听说，从1902年以后，美国陆军通信兵主任格里利将军对气球飞行越来越没有兴趣，随着兰利①飞机最后一次实验的失败，美国陆军正考虑在航空探索上再跨出新的一步。

在1906年赢得首届戈登·班尼特国际热气球大赛的弗兰克·拉姆中尉，帮助战争部重新恢复了对飞行的信心。当然，那个时候还没有人想到这个会飞的机器会是一种致命武器，它看起来像是飞得更快的信鸽而已；如果撇开机动性不谈，它也比任何一种气球更快。为了加快飞机应用的进程，我们听说1907年的时候，在时任美国陆军通信兵主任詹姆斯·艾伦准将的领导下，建立了一个叫做“航空处”的机构。还听说拉姆中尉和其他三名军官在那里接受了驾驶飞机的训练，而且像莱特兄弟和寇蒂斯这样的飞机制造商，也对陆、海军使用飞机一事极感兴趣。大家可能想起来了，就是在1908年，炮兵中尉托马斯·赛尔福里奇不幸成为世界上第一位在重于空气的飞行器坠毁事故中丧生的人。

当时我的全部心思都花在一件事情上，这也是所有刚刚入伍的少尉们都有的心思，那就是尽快搞个中尉当当。在那个时候，常备军中的少尉干上个六七年是常有的事，除非你有什么门道——我想自己就算找到了门道。陆军军械部里面没有少尉——中尉是最低要求的军衔——而且碰巧军械部里还有空缺。

---

① 塞缪尔·皮尔庞特·兰利(Samuel Pierpont Langley，1834—1906)，美国天文学家、物理学家，航空先驱，曾多年致力于可操纵、有动力的飞机研究事业。1887年担任史密森研究所秘书长，1890年创办史密森天体物理台。1890年代，兰利仔细研究了空气动力学原理，试图从鸟类飞行中获得启发研制飞机。1896年5月6日，兰利在华盛顿附近的波托马克河上进行了无人飞机模型的试验，该模型飞机从船上弹射起飞，飞行了大约半英里。这次飞行在航空史上被认为是比重大于空气的飞行器进行的首次持续动力飞行。1906年，塞缪尔·兰利去世，他生前动力飞行的愿望未能实现，但为后来的飞机设计者留下了很多有益的启示。为纪念兰利，史密森研究所于1908年设立兰利奖章，用于奖励在航空领域做出贡献的人，首个兰利奖颁发给了莱特兄弟。美国兰利空军基地、宇航局兰利研究中心、第一艘航空母舰“兰利号”均以他的名字命名。——译者

我当时住在纽约湾入口处的桑迪岬半岛上，每天发奋学习迎接选拔考试，可过了一段苦日子。比如，我记得就曾遇到这样的考题，要求我们测算当一门野战炮的3英寸炮管一半装满了水，应该以多大的角度射击。我们必须在考虑到炮管里所有压力和摩擦力的条件下，计算这门炮弹道的顶点。

就在我刚刚考试完，正等着公布成绩的时候，忽然收到战争部寄来的一封官方公函，问我是否愿意前往俄亥俄州的代顿市，参加莱特兄弟开办的飞行员训练？

我一下子摸不着方向了，于是拿着信去找指挥官。看完以后，他对我说："小伙子，据我所知，如果一个人想自杀，没有比这更好的路子了。"看来这一行果然很刺激，于是我就再也没想着去军械部了。

就这样，在1911年4月份第三周的一个晚上，我一觉醒来，发现自己已经躺在纽约开往代顿的火车上了。口袋里装着战争部第95号特别命令的副本，落款日期是1911年4月21日，上面写着：

"下列名字的军官，被指派执行陆军通信兵的航空任务。请立即前往俄亥俄州代顿市，参加驾驶莱特飞机的训练课程：

第29步兵团，亨利·H·阿诺德少尉

第15骑兵团，托马斯·德维特·米林①少尉

这是必须完成的军事培训。"

---

① 托马斯·德维特·米林(Thomas DeWitt Milling，1887—1960)，美国陆军准将，航空事业先驱人物之一。跟随莱特兄弟完成飞行训练，1911年7月6日获得国际飞行联合会颁发的第30号飞行执照。1912年7月5日，米林拿到了美国陆军颁发的第一张军事飞行执照，后担任飞行教官。1916年3月调陆军通信兵办公室工作，1917年8月晋升中校，负责一战欧洲战场的航空兵飞行训练。1918年10月晋升上校，接替比利·米切尔担任美国远征军第1军航空勤务队指挥官。一战后历任航空兵军官学校副校长、第2轰炸机联队指挥官等职。1926年8月进入莱文沃斯堡指挥参谋学校学习，1927年6月毕业后进入陆军航空兵主任办公室作战计划科。1930年6月调任科罗拉多州国民警卫队飞行教官。1933年7月因健康原因退役。美国参加二战后，1942年3月米林再次加入现役，在战争部表彰奖励委员会工作；9月晋升上校，任国会联合情报委员会空军代表。1943年12月又返回战争部表彰奖励委员会工作，1946年7月再次退役。米林在服现役期间没有晋升为将军衔，退休以后获准晋升准将。——译者

第二章　1911 年，跟着代顿市的莱特兄弟学飞行

早在 20 世纪初，俄亥俄州的代顿，还没有如今的繁华。当时，那里有许多小型牧场。其中一个，在距离城镇大约 9 英里的地方，叫作西姆斯牧场。富有的主人将它免费提供给莱特兄弟做飞行试验，所以后来有时候也被人们叫作霍夫曼机场。它其实是一座养牛场，和附近数百座牧场并没有太大区别。在牧场的一端，长着一棵巨大的棘刺树，另外一端则是一大片木质棚屋。牧场的其他地方都是空地，既没有树木，也没有灌木丛。

每天早晨，都会有个男人，驾着一辆四轮马车，沿着老斯普林菲尔德公路徐徐而来。到了牧场的篱笆前，他勒紧缰绳停下来，坐在马车中等待着。直到正午时分，才走出来，调转马头，慢慢地晃着脑袋，神情肃穆地返回代顿——他是当地的一名送葬者。

“出发去代顿。”就在我去西姆斯牧场几年前，一家知名的科学报社曾经发过这样一封电报给自家的记者，“去拜访一些当地的知名人士。了解有关飞行故事的真相。结束这场莱特骗局。我们知道人类不可能飞翔。”

我到达代顿后，首先去了莱特工厂，不是“机场”。西姆斯牧场里没什么人，只有一名修理工在维修两架飞机中的一架。因为试飞只有在清晨或是傍晚才能进行——其他时间风力太大。

威尔伯·莱特和奥维尔·莱特，以及弗兰克·罗素——我在工厂走廊里遇到的第一个人，为我安排了一场热烈的欢迎仪式。我很快就成了他们中的一员。十九岁的布鲁金斯也在那里，他四岁大的时候就是奥维尔的崇拜者，是奥维尔培训的第一名飞行学员。自从赫克斯和约翰逊前不久因飞行事故身亡之后，莱特兄弟最早的飞行表演团队就只剩下布鲁金斯一名成员了(之后不久，沃尔特·布鲁金斯就发表了他的名言，“我宁愿成为美国活得最久的飞行员，而不是最棒的”)。

当时，克里夫·特平、阿尔·威尔士、弗兰克·科芬和菲尔·帕马利仍然在为莱特兄弟从事飞行，他们有的进行飞行表演，有的在学校给空军、海军军官以及飞行爱好者上课。当我和米林到的时候，约翰·罗杰斯中尉已经在那里了，他是海军第一位学会驾驶莱特飞机的军官，在训练中的表现相当不错。当时有很多人梦想成为莱特飞行团队的成员，热情刺激，走到哪里都有人簇拥着，通过飞行表演赚钱也很容易。除了罗杰斯，还有伦纳德·邦尼，只跟随了莱特飞行队很短时间；霍华德·吉尔，不到一年就失事摔死了；奥斯卡·布林德利，后来成为陆军飞行学校的一名教官，1917 年死于“DH”① 飞机的首次试飞。

我到代顿以后，哈里·阿特伍德从波士顿来到这里。后来他凭借长途陆上飞行而创造了飞行历史纪录——他是第一个从圣路易斯飞到纽约(当然不是直达)的人。不久，我见到了约翰的堂兄加尔布雷斯·P·罗杰斯(为了区分他们，他被称为“加尔叔叔”而不是“罗杰斯”)。他进行了第一次横贯美洲大陆的飞行——从纽约到洛杉矶。这次飞行耗时四十九天，并且有一辆载有维修设备的火车在地面随行，每天夜间对飞机

---

① DH 飞机：是英国著名飞机设计师、飞行员和航空工业企业家杰弗里·德·哈维兰(Geoffrey de Havilland，1882—1965)设计、制造的系列型号飞机，代号“DH”取自他名字的缩写。第一次世界大战期间，德·哈维兰研制出 DH－2 和 DH－4 战斗机，在战争中得到了广泛使用。美国政府曾订购 5 000 架 DH－4 作为邮政机和旅客机，一战后美国国内也长期制造、使用 DH 系列型号的飞机。——译者

进行维修保养。

很快，我和米林就感到在莱特工厂的这段时间收获良多。因为我们不仅学习了飞行技术，而且还认识到，我们必须对莱特飞机的构造和维修技术足够精通，回到部队才能教授我们自己的地勤技术人员必要的基础知识；因为那时候陆军既没有飞行员也没有维修技师。

我们的首次培训也是在工厂进行的。刚一到，威尔伯·莱特和奥维尔·莱特，米林的教练克里夫·特平，我的教练阿尔·威尔士，就把我们带到工厂的后屋，那里有一架旧飞机，用木架支撑着保持平衡，以使机翼能够上下移动。那时候，每种飞机的操控模式都是不同的，从学习者的角度来看，莱特的系统是最难的。比如说，寇蒂斯的设计采用的是以人体的运动来操纵飞机的运动。他用方向盘来控制飞机前后运动。向前或向后拉可以控制飞机机头向上或向下。方向盘也可以转动，作用类似汽车的方向盘。横侧向运动通过拉动肩轭，飞行员向右倾斜时，右边机翼降低，向左倾斜则左边机翼降低。这些都是自然的身体运动，所以很容易学习。

我之前提过的布莱里奥的系统，也是通过方向盘控制，不过他使用了脚踏板来操纵飞机的转向。

法国人制造的“安托瓦内特号”飞机的控制系统则完全不同。它的机身两侧分别装有两个方向盘。推动一边的方向盘降低机头，向后拉则抬升机头。另一边的方向盘和莱特的控制系统一样，不太符合自然运动规律。方向盘向前或向后运动，控制机翼向上或向下。控制飞机转向也是使用脚踏板。几乎有多少个发明者，就有多少种控制系统。

莱特的飞机，飞行员从前部交叉的绳索爬上去之后，坐在下层机翼前缘的硬座位上。飞行员的脚蹬在机翼前的细长杆上（这部分设计与寇蒂斯的飞机相同，只不过寇蒂斯的飞行员坐在机翼前端的木板上，完全处于空中）。和现在常用的飞机控制模式相同，莱特的飞行员通过移动一个垂直的操纵杆来控制飞机的升降舵。一共有两个操纵杆，两位飞行员的座位旁各有一个，方便他们其中的任何一位驾驶飞机，但完整的控制装置并不是两套。第三个操纵杆，位于两个飞行员之间，可以前后移动，控制横侧向的平衡和方向。这根操纵杆顶部有铰链，可以横向晃动，通过一根横杆与直角转向杆相连，作为翘曲操控装置，用于扭转机翼。方向舵既可以独立运动也可与翘曲装置联动(当然，现在已经用副翼替代了扭转机翼)。在扭转上翼调整横侧向平衡的同时，适度调整方向舵来保持直线飞行。例如，飞机右转时，向后拉操纵杆，抬升左翼，同时向右旋转方向舵手柄一定角度使飞机向右改变方向。转向之后，飞行员很容易恢复到正常状态保持水平飞行。在成为莱特飞机的飞行员之前，这个操作过程必须熟练到像本能反应一样。那艘用木架支撑的旧飞机就是练习的开始。

横向控制系统与翼尖上的小离合器相连，通过一条皮带滑轮带动。向前推动时，离合器会拉紧皮带，使左翼向下。向后拉则反之。剧烈的晃动使学员们手忙脚乱，不停地前后推动着操作杆，以保持机身平衡。这种基本的训练持续了数天，同时，在西姆斯牧场外的一架飞机上，我们还进行了实地的飞行知识学习。

我仍然保留着阿尔·威尔士写给莱特公司的关于我的训练报告。第一次飞行训练是1911年5月3日。那架飞机的编号是B2。“飞行时间”和“风向”两栏没有填写。但在课堂评语栏内阿尔记录了第一次飞行持续七分钟，带阿诺德中尉作为学员。“颠簸，”他在评语栏写道，“只是作为乘客。”

当天的第二课也只持续了五分钟；评语是相同的。不过在第二天，空中飞行持续了十二分钟，我的首次飞行训练科目是“操控升降舵”。第四课，“部分时间操控升降舵”。之后的四次飞行，每次持续约七到十四分钟。第九课，“部分时间控制翘曲操纵杆”。第十课之后，两次飞行分别持续了十四分钟和三分钟——这儿有个备注“入库”。我已经可以自己驾驶飞机滑行了。

自第十二课，阿尔开始“训练着陆”，并进行了他布置的首次飞行任务——“为空中的两架飞机拍照”。第十九课，“在没有协助的情况下着陆”和“入库”，那天的飞行时长分别是四分钟和一分钟。在这之后，我的进步很快。第二十六课，在空中飞行了五分钟之后，我“在没有协助的情况下着陆”。第二十七课，我也是“在没有协助的情况下着陆”。当进行到第二十八课时，我再一次得到了“在没有协助的情况下着陆”的评语。我能飞了！我是一名飞行员了！阿尔在我的训练报告结尾处写道：“飞行次数，28。在空中时间总计三小时四十八分钟。训练开始于5月3日，结束于5月13日——学习时间十天。每次平均八分钟。”（实际总天数是十一天，因为莱特公司在安息日不安排飞行。）“燃料用量”一栏没有填写。阿尔签署了“A·L·威尔士，教练”。他把他知道的都教给了我，或者说，把能教的都教给了我。但其实他知道的更多。

这些早期的飞行员们，都会有一些秘不外传的东西。但他们知道些什么，或是不知道什么？一旦发生了事故，一切都湮灭了。天空中的竞争很激烈。游戏规则由最聪明的头脑发现和制定，但似乎又会立刻被推翻。意外可能在任何人的飞机上发生，当然也不是“所有人”。尽管有诸如“空中之洞”之类的玄妙传闻，但人们更多地还是强调个人因素。如果乔坠毁了，那他一定是做了什么不应该做的。你和其他飞行者会谈论它，并最终“决定”意外到底是怎么发生的。即使你自己身边的人，不久后成为不幸者中的一员，也不会改变这个顽固的信条——“他一定也做了什么其他人不会做的事”。那时候根本没有现在的飞行标准化控制或者设备，飞机还很罕见，空中有很多难以预测的情况。但发生事故时，人们总是指责飞行员犯了错误。人们不得不通过这种说法，来保持自己对于飞行的信心。甚至到了今天，90%的飞机依然能够飞行，而飞行员只剩下了不到10%，但你还是会发现，仍然有些年轻的飞行员，坚持认为“乔一定是做了什么不该做的”。所有这些造成了“靠经验”的飞行传统，延续了太长时间。这也导致了那些占据领先地位的飞行员反对技术革新(这个传统一直持续到二战)。

那时候，测试引擎启动速度是否达到要求的方法很原始。就是将一个转速表放在螺旋桨轴上，然后用秒表计时，只要引擎机轴通得过就可以了。还有一种相对更科学的测试方法，在飞行器上绑一根绳索，绳索上连着一个可以转动的弹簧秤，捆在地面的木桩上。然后，当引擎全速转动时，读取弹簧秤的刻度，就可以判断出螺旋桨的实际推力。当我学习飞行时，飞机上唯一的测试仪器是一根系在起落架前横梁上的细绳。当它向后平行飘起时，就说明一切OK了——飞行员在正常飞行。当它飘向一边时，表明飞机在滑行。这根细绳其实还是挺好用的。不过，技术总是在进步。有人在飞行员座位旁安装了电子转速计，引擎的转速可以用“每分钟转速”来精确表示。那么，飞行员们是否接受这个新玩意儿呢？一点也不！他们认为，这样的装置将使他们成为“机械的”飞行员。他们已经习惯了“靠经验”飞行，不想有任何改变。不过，另一方面，保护人身安全的装置则很受欢迎。

安全带的出现是因为一次意外事故。当时的中尉——现在已经是海军上将了——约翰·托尔斯①从一架老式莱特飞机的座位上摔了出来。

---

① 约翰·亨利·托尔斯(John Henry Towers，1885—1955)，美国海军上将，海军航空先驱人物之一，为美国海军航空技术和机构的发展做出了重要贡献。1906年毕业于美国海军学院，先后在“肯塔基号”、“密歇根号”战列舰上服役。1911年6月进入寇蒂斯飞行学校学习，8月取得飞行员资格，负责驾驶海军第一架飞机(寇蒂斯A-1型海上飞机)。1912至1913年负责筹建海军第一支飞行部队，主持了海军飞机侦察、轰炸、照相和通讯等试验，还创造了多次远程飞行纪录。1913年6月险些因飞行事故丧生，根据其建议飞行员开始使用安全带。1939年6月任海军部航空局局长，晋升海军少将，在他的领导下，海军航空队的作战飞机从1939年的2 000架增长到1942年的3.9万架，官兵达75万人。约翰·托尔斯与马克·米切尔海军上将是早期海军飞行员中，经历了高度危险的职业生涯后仅存的两位。——译者

那架飞机的飞行员比林斯利中尉被完全甩了出去，由于他没有降落伞，坠落在大海中的一块岩石上，没有生还的机会。托尔斯则被悬挂在机翼、支架和绳索当中，他紧紧抓住绳索，吊在飞机上，直到飞机落入水中。所幸他当时还有意识，用皮带将自己绑在一条浮船上，不久之后被救起。后来他在医院待了好几个星期。从那以后，我们都开始使用安全带。现如今使用的安全带，其实就是米林当初设计的改良版。

空军佩戴的第一副护目镜，是我在着陆时一只虫子飞进眼里的结果。在此之前，我们的习惯很简单，就是把帽子转到后面，然后穿好服装坐在下层机翼的座位上就开始起飞。那次特别的飞行，是我在离开西姆斯牧场不久，返回机场途中，一只虫子撞进我的眼睛，并且留下一片透明翅膀粘在我的眼球上。剧烈的疼痛和眼泪令我的视线模糊，几乎无法看清跑道着陆。事实上，那片翅膀过了好几天，才被医生找到并清除。为了不再发生这样的事情，之后我们就开始佩戴护目镜。

当天气不太好时，我和米林就在西姆斯牧场的机库里练习飞行。那段时间里，我们和莱特公司的员工们常在一起侃大山，聊各种有关飞行的轶事：比如那些狂热的飞行器发明家们的故事，他们为了飞行的梦想，倾尽所有，却往往以失败告终；还有自从莱特飞机发明之后，那些失事的英雄们，伟大的赫克斯和约翰逊，还有陆军第一位飞行员汤姆·赛尔福里奇中尉，他们是怎么死的。飞行员们的英雄故事广为流传。查理·汉密尔顿就是其中的典型人物，我曾在贝尔蒙公园看过他的飞行表演。几个月前他进行了创纪录的往返飞行——从纽约到费城，从而成为全国最著名的飞行员。机库的人告诉我一个从费城传来的笑话。一位女教师问她的学生们："谁是亚历山大·汉密尔顿[1]？"立刻所有小朋友都举起

---

[1] 亚历山大·汉密尔顿（Alexander Hamilton，1757—1804），美国开国元勋之一，宪法起草人之一，财经专家，美国第一任财政部长，美国政党制度的创建者，在美国金融、财政和工业发展史上，占有重要地位。——译者

了手。“那个刚刚从纽约飞到这儿，又飞回去的飞行员！”一个年纪稍微大点儿的孩子说。

“全国的孩子们都这样。”飞行员们说。如果每个人都能像孩子们一样喜爱飞行，那就好了。比如，孩子们不喜欢圣路易斯，因为这座城市的法律仍然禁止飞行器在街道上空或空中飞行。出台这项法律的原因是，曾经有热气球使马匹受到惊吓，并造成了事故。说到这儿，机库里的小伙子们会互相眨眨眼，看着我和米林，说我们战争部那些人也是老古董，他们拒绝莱特兄弟的建议长达五年。

米林和我立刻跳起来对这种看法提出抗议。他们在说些什么啊！我们俩在这儿，难道不就是战争部的意思吗？陆军通信兵不是早在1907年就成立了“航空科”？那年战争部还提出了“军用飞机”的招标规范，非常具有前瞻性。“进行测试时，必须要有军方人员在场；除了飞行员之外，必须能够携带一名乘客飞行一个小时，两人重量不少于350磅；10英里测试中，必须携带足够飞行125英里的燃料，达到平均40英里时速。而且，要求飞机‘可拆卸’”；也就是说，飞机要能够比较方便地拆成部件然后再组装，以便在运输时能够装进军用车中。还有比这更具想象力的吗！不过，纽约的《环球时报》就认为这是个幻想。《环球时报》写道：“从‘美国陆军军用飞机招标’的声明中，人们可能会猜想，人类飞行的时代已经来临，至少政府开始认真考虑发展这种运输方式。但是，那些简单的测试和对符合条件投标者的奖励，证明了这种猜想只能是幻想。”

甚至，“专业的”《美国航空杂志》也在1908年1月刊中写道：“也许陆军通信兵太相信那些‘夸夸其谈’的理论家了，这些人在航空界大量存在……吹牛就是他们的交易资本……”

米林和我，被派来学习飞行的时候，只是两名年轻的骑兵和步兵中尉，对于上层决策的内情一无所知。1908年，在战争部没有正常经费采购第一架飞机的情况下，战争部长塔夫脱[①]和“泰迪”罗斯福[②]——这位讨厌官僚主义的总统，是如何想办法动用总统特别基金以满足“紧急需要”的。1910 年，罗斯福在圣路易斯乘坐阿齐·赫克斯驾驶的飞机，进行了一次令他难以忘怀的飞行体验。

在发生了导致赛尔福里奇死亡的那场事故后，陆军的态度大家都看到了。由于奥维尔的飞机表现优秀，即使发生了这样的事故，他们仍然让他继续试飞，并安排四名军官——骑兵中尉弗兰克·P·拉姆(就是气球专家拉姆)，工程师弗莱德里克·E·亨弗里斯，步兵的本杰明·弗洛伊斯[③]，以及也来自步兵曾经有飞艇驾驶经验的奥利弗·A·狄金森，参加莱特兄弟的飞行培训。当寇蒂斯在圣地亚哥北岛开办冬季飞行学校时，对陆军和海军军官提供免费课程，据说至少有 30 名加利福尼亚陆军军官报名参加。之后有三个人——贝克、沃克和 G·E·M·凯利，与弗洛伊斯一起，在得克萨斯的圣安东尼奥，进行莱特飞机飞行员的培训。在这里，凯利死于一次事故，这也是陆军的第二起飞行事故。但是，这起发生在萨姆·休斯敦堡的悲剧，并没有熄灭那些年轻的陆军军官们对于飞行的热情，有超过 18 名军官报名并热切期盼着飞上蓝天的机会——陆军通信兵的斯奎尔上校，因此组建了一个临时的“飞行连”。

如果有谁不了解“飞行”在陆军当中具有怎样强烈吸引力的话，只需要来看看我朋友的狂热表现。杰克·斐寇尔中尉——曾经在菲律宾借

---

① 威廉·霍华德·塔夫脱(William Howard Taft，1857—1930)，第 27 任美国总统，当过律师、首席大法官和战争部长。——译者

② 西奥多·罗斯福(Theodore Roosevelt，1858—1919)，人称“老罗斯福”，昵称“泰迪”(Teddy)，美国第 26 任总统。曾任美国海军部副部长，参与美西战争，1900 年当选副总统。1901 年威廉·麦金莱总统被刺杀身亡，他继任总统，时年 42 岁，是美国历史上最年轻的总统。西奥多·罗斯福的堂侄富兰克林·罗斯福日后也当选为美国总统，人们常称其为“小罗斯福”。——译者

③ 本杰明·德拉霍夫·弗洛伊斯(Benjamin Delahauf Foulois，1879—1967)，美国陆军少将，第一位军用飞机飞行员，为美国空军发展做出重要贡献，昵称“本尼”。——译者

给我热带制服的朋友，服役于总督岛的第29步兵师。他的启蒙导师是萨姆·雷伯上校，总督岛一位酷爱飞行的陆军通信兵军官。杰克在1910年8月参加了在长岛羊头湾举行的航空表演。他说服格伦·寇蒂斯和查理·威拉德带他飞了几次，并且在距离地面100英尺的高度，用来复枪向地面目标射击，成功击中了目标。在此之前，寇蒂斯一直顾虑重重，因为之前的乘客们都用双手紧紧地抓住飞机(在莱特飞机上，除了飞行员之外并没有真正意义上的座位)。并且，寇蒂斯还担心来复枪的后冲力会影响飞行平衡。在我和米林看来，陆军正在对飞行产生浓厚的兴趣。在陆军表示希望得到寇蒂斯圣地亚哥飞行学校的邀请时，海军已经有一名中尉，T·E·“小土豆”埃里森在纽约的哈蒙兹波特学习飞行了。如同约翰·罗杰斯比我们先到代顿一样，海军总是抢先一步。我们听说了格伦·寇蒂斯最初是怎样引起海军兴趣的。他驾驶飞机从海边起飞，然后降落在“宾夕法尼亚号”战舰旁的一条船上，在进行了短暂的参观之后，又飞回海岸。1909年，另一位寇蒂斯飞行员，尤金·伊利，降落在巡洋舰“伯明翰号”的甲板上，成为第一位在战舰上着陆的人。在此之后的1月(1911年)，伊利不仅将飞机降落在停泊于旧金山的“宾夕法尼亚号”巡洋舰上，然后又从战舰上起飞返回岸上。“宾夕法尼亚号”上安装的拦阻索，原理与现在的拦阻装置近似，只不过是用沙袋代替了现代的机械装置，起到拉紧绳索的作用。

人们对莱特兄弟和寇蒂斯之间久拖不决的专利诉讼很感兴趣，尽管当事人为此相当苦恼。这两个竞争对手紧紧盯住对方，在专利发明上寸步不让。与此同时，公众对于飞行的热情有增无减。不断有新人进入人们的视野，比如格伦·马丁和林肯·比奇，他们作为“高手”的高难度飞行被刊登在飞行杂志的广告页上；卡尼的工厂“长年招聘员工”；陆军在圣安东尼奥的飞行员培训也在如火如荼地进行着。尤其是保罗·贝克中尉，对飞行极为狂热。自从他在洛杉矶第一次看到“金龟子号”的飞行表演之后，就深深地迷恋上了飞行。此后，只要在西海岸举办航展，他都会缠着上司委派他作为“观察员”参加。他为人们所津津乐道的不只是他的热情，还有他的“飞行员好运”，甚至令我们那些冷静沉着的教官也叹为观止。就在凯利发生事故的前几天，贝克驾驶同一架飞机也在圣安东尼奥发生了坠机，尽管他从飞机上摔出来，滚落在地上，晕了过去，飞机挂在一棵树上，而方向盘仍然在他手上。但是，他居然没有受一点儿伤。

在1910年旧金山的一次航展上，贝克和迈伦·T·克里西少尉合作。后者提议的飞行表演项目，不仅吸引了莱特飞行员菲尔·帕马利加入，而且令杰克·斐寇尔在羊头湾用来复枪、在波士顿用手枪射击的表演都相形见绌。克里西和贝克用2.5英寸雷管做了一枚炸弹，给它装上常规的3英寸炮弹尾翅。然后带着它飞到航展举行地——坦佛兰赛道。克里西把炸弹投向地面，爆炸了！第一枚航空炸弹就此产生！

飞机开始具有各种各样复杂的功能。在羊头湾航展上，J·A·D·麦克迪从他的飞机上成功地将无线电信号发送到地面上。在我和米林之前，莱特兄弟所教的四名军官，没有一个真正完成训练。一向“自命不凡”的工程兵部队召回了亨弗里斯，因为他不是在“执行工程任务”(出于厌恶，他马上从陆军辞职了)。

接下来，拉姆由于带了一位女士飞行，被解除飞行任务并遣返回骑兵。狄金森，尽管曾是一名优秀的气球操控者，却从未真正开始飞行。只剩下本尼·弗洛伊斯，开着一架多处破损、被修复的莱特飞机，向南去了圣安东尼奥。在那里，弗洛伊斯只有很少的维修基金可以使用，根本不能满足日常的木工、电工等维修需求，辅助维修也只能依靠几名学徒工，他常常自掏腰包，以维持训练基地的运行。后来，他们得到一架寇蒂斯三型飞机，才使得在萨姆·休斯敦堡进行的培训顺利完成。弗洛伊斯成为历史上第一位通过函授教学培养出来的飞行员。

在去圣安东尼奥之前，弗洛伊斯已经学习了如何起飞和空中飞行，但是还没有机会练习着陆。于是，他反复练习，一次次成功地起飞之后，跌跌撞撞地降落。在修复飞机的同时，撞得鼻青脸肿的本尼会写信给莱特兄弟，告诉他们情况，莱特兄弟会立即回信给他，对问题进行分析，并给出下次飞行如何操作的建议。最后，莱特兄弟出于同情，特意派菲尔·帕马利去圣安东尼奥对他进行辅导。此后，弗兰克·科芬接替菲尔·帕马利进行莱特飞机的培训，弗洛伊斯也开始在飞行领域创造出一些真正具有开创性的贡献。他曾在时速15英里的风中飞行（在那时这是一个壮举），而他沿墨西哥边境的越野飞行，使陆军认识到飞机在侦察和通讯方面的价值。

在西姆斯牧场“机库”中的那段时光里，最令人难忘的当然是莱特兄弟在场的时候。在早期的飞行员当中有一种说法，莱特兄弟在地面上的时候——安静的奥维尔穿着套装，戴着圆礼帽，更绅士一点的威尔伯戴着平顶帽，非常平淡无奇，淹没在人群中根本找不出来。但是当他们在空中的时候，几英里之外就能被认出来。

他们出现在机库时，气氛就会有些不同。尽管他们多半是在默默地倾听大家七嘴八舌的讨论，关于这个事故、那种现象，或是航空业未来的发展等，但你绝对不会忽略他们的存在。他们一贯带着谦逊的近乎是羞怯的神情。比如，威尔伯总是随身带着一个黑色的小笔记本，记录着各种飞行数据，当有人向他提问时，如果不翻翻小本子的话，他就会支支吾吾犹豫不决。

有一次，我记得很清楚，我们为了怎样能够在空中翻筋斗而争论得热火朝天——我们都很期待这一刻。争论的焦点在于飞机应该向“里”还是“外”翻。莱特兄弟一直饶有兴致地听着，没说一句话。正当我们互相争得不亦乐乎的时候，威尔伯默默地用手指向前方，大家瞬时安静下来。在远方的棚屋顶上，一只云雀正在微风中努力地振翅向上飞，当我们看它的时候，它调转尾部向上，然后再曲线下降，恢复水平飞行，完成了一个简单却无可争议的翻筋斗。

西姆斯牧场的棚屋现在已经不在了。后来它被拆除的时候，身在远方的我曾经徒劳地想要把它留下来，因为它处于现在扩建为帕特森机场的中央，可以作为一个很好的纪念馆。莱特机场也刚刚停用了，现在扩建为美国空军试验基地。

为纪念飞行先驱者建立的国家纪念碑就建在这些棚屋的原址上。另外一个建筑——实际上是两个，对于我和米林来说，满载着我们学习飞行那段时光的回忆，它们已不在代顿，而是在密歇根的迪尔伯恩纪念馆，亨利·福特鉴于它们的历史价值，将它们搬迁于此。莱特兄弟位于霍索恩街 7 号的那栋白色小屋，连带前门廊角落的台阶(这是莱特兄弟还是孩子的时候，自己亲手搭建的)，以及他们的自行车商店都被原封不动地运到了密歇根，成为美国人的朝圣之地。

每个星期天，莱特兄弟都会邀请米林和我去家里用餐。对于两个住公寓、没法做饭的年轻中尉来说，这样的盛情款待是求之不得的。不过，莱特家的四位主人总是为我们把盘子里的食物堆得太满。我说“四位”是因为他们家里不只是威尔伯和奥维尔，还有他们的父亲老主教和妹妹凯瑟琳。有些星期天的下午，洛林——他们的哥哥，也是他们的商业代理人——会在饭后过来，这就成了五位。

我一直认为，莱特兄弟的父亲，主教先生，曾经为他们买过的一个玩具“蝴蝶”，激发他们产生了飞行的梦想。至少，他们参照了它的原理。之后，主教，特别是凯瑟琳和洛林给了莱特兄弟长久不懈的支持。前一年，老先生在八十二岁高龄的时候，进行了他一生中唯一的一次飞行。在霍夫曼草原上，他在 350 英尺高的空中待了将近七分钟，并且一直对奥维尔兴奋地大喊：“飞高一点，高一点！”

凯瑟琳和洛林给予了两个兄弟坚定不移的支持。事实上，凯瑟琳不只是从精神上和经济上给予支持，她一生的大部分时间都奉献给了两位哥哥的事业。她时刻准备着，毫不迟疑地提供帮助。当好消息从基蒂霍克传来的时候，她停下奥伯林学院的一个重要会议，飞奔回家，等待他们的消息。当我们自己的国家对他们的发明漠不关心的时候，他们去了法国。是凯瑟琳，利用自己懂法语的优势，为两位哥哥充当翻译，并四处游说为他们宣传。她不在的时候，特别是当两兄弟在自己的自行车商店里全神贯注地研究新机型的时候，他们不好意思地承认，其他重要的事情都因此而被搁置。还有一个因为法国人的信封闹出的笑话。一次，凯瑟琳不在家，兄弟俩收到一封信。皱皱巴巴的棕色信封，看起来有点像肉铺的包装纸，他们拆都没拆，就随手扔到一边。直到他们的妹妹回来发现了它，里面是一张法国科学院的邀请函——这可是多少人终其一生都等不来的啊。当威尔伯和奥维尔告诉我们这个故事的时候，自己也禁不住捧腹大笑。

他们从来没有把自己看得很了不起。我和米林坐在餐桌旁，听他们安静地讲述过往。那些故事，直到今天，我仍然觉得是个奇迹。两个来自俄亥俄州普通小镇上的“普通”男孩，没有接受过任何正规的科学培训，不仅掌握了先进的空气动力学，并且成为公认的大师，在欧洲得到的认可甚至超过了美国。

举个经典的例子——交叉的自行车链条。在西姆斯牧场和基蒂霍克进行了数年风筝和滑翔机的艰苦试验，莱特兄弟制作出第一架真正意义上的飞行器。在进行了多次试验之后，他们决定用自行车链条连接螺旋桨和发动机。他们只是简单地将一根链条交叉，就解决了使这两个部件逆向转动的难题。天啊，你们不能交叉一根自行车链条，它会断的；它肯定会断的。这个问题，地球人都知道，当然也包括两位自行车制造者！但他们就是这样做了，而它并没有断！在我自己的莱特飞机飞行经验中，也从未听说过链条断裂。

然后，他们又遇到了发动机的问题，找不到足够轻的可以带上天的发动机，于是他们动手自己设计了一个——一个小盒子顶部装着四个外形像番茄罐头的汽缸。还有诸如直接注油的设计，在二战时期这一技术被重新使用时，依然被认为是天才的设想。从来没有人像莱特兄弟这样，让我觉得他们简直无所不能。我一直觉得，在二战期间，他们的这种精神为美国空军所秉承，成为空军的传统。

讲起莱特兄弟的故事就有点让人欲罢不能，他们的故事被四处传颂，弗雷迪·C·凯利还为他们写了传记。书中有一个章节的名字就叫作“陆军不感兴趣”。虽然本书不会对此多做评论，但并不能掩盖战争部的后知后觉，以及因官僚主义导致的航空事业发展滞后的事实——莱特兄弟曾收到两封来自战争部的令人沮丧的信，相隔一年，都是以无用的官僚套话作为开头。

直到 1911 年，莱特兄弟才开始在国内得到关注，战争部也有所觉悟，虽然还不是十分清醒。这期间，第一架莱特“军用”飞机被送往史密森学会。我和米林也被委派到马里兰的大学公园，建立通信兵的第一所航空学校。战争部终于认可飞机是可以飞的，但对于飞机可以用来做什么，还没有清楚的认识。

莱特兄弟脸上挂着绅士的微笑，冷冷地说，也许米林和我只是战争部用来重建声名的而已。从实际情况来看，陆军通信兵的发展确实还有很长一段路要走，亟需一个新的开始。本尼·弗洛伊斯在南方开的那架莱特飞机(不是送给史密森学会那架)，并不属于军需部门——它只是罗伯特·J·科里尔，一位出版商和航空爱好者，借给他们作为临时之用的。令人奇怪的是，本尼·弗洛伊斯在 6 月份被召回了，并在华盛顿安排了新的任务，那架飞机也还给了它的主人。在寇蒂斯培训的飞行员中，沃克已经不干了，还有大量新学员等着培训，只剩下保罗·贝克上尉还在坚持着。像当时许多寇蒂斯培训的飞行员一样，由于教学方法的原因，贝克自己作为飞行员的资格也是值得商榷的。寇蒂斯式的培训方法并不是让学员在教员的指导下，在空中逐步练习。而是让学生先从驾驶低功率飞机在地面练习滑行开始，等能力提高后换另一架可以飞离地面几英尺高的飞机，练习起降。最后，如果学员一切准备就绪，就可以驾驶一架能够在几百英尺高飞行的飞机，逐步练习转向。教练继续从地面进行观察。那时整个飞行员培训考试相对比较简单，并没有真正有效的方法判定什么样的飞行员是合格的，只要不出太多事故就行。贝克飞行的时间不多，并且出过两次严重事故，所以很难说他是一名合格的军事飞行员。

换句话说，当时汤姆·米林中尉和我，是美国陆军仅有的两名真正合格的飞行员。

第三章　军事飞行员与民用航空需求；比利·米切尔；不要把飞行和婚姻搅在一起；离家赶赴战场

我和米林将我们的莱特飞机拆成大件，装在一辆厢式卡车里，用火车运到马里兰大学帕克分校所在的大学公园市。这儿不仅是第一个“正式”的空军基地，同时也是民用机场。由雷克斯福德·史密斯和其他几名飞行界先驱一起建立。陆军通信兵航空学校在巴尔的摩通往俄亥俄的铁路附近有四个机库，一栋小行政管理楼，还有一个急救帐篷，由我们的医务官约翰·P·凯利中尉负责，他可能是历史上第一位“航空军医”。

我们不住在机场，每天坐火车或汽车从华盛顿通勤往返七英里。训练需要一个安静的环境。正常情况下，我们每天大约7点左右到达大学公园，飞行训练至大约9点半，然后返回战争部的通信兵主任办公室工作，在下午3点到4点这段比较安静的时段里，再返回基地训练。夏季的傍晚，我们有时会待在户外，训练起飞和着陆，直到夕阳下山。有时候我们也会在大学公园待上一整天，处理有关开办飞行学校的诸多事宜。

我们的首要任务是教会我们的上司们如何飞行。我的第一位学员是我们的长官，查尔斯·德·佛瑞斯特·钱德勒①上尉，以前曾和拉姆一起驾驶过热气球，他不仅是飞行学校的校长，也是陆军通信兵航空科的头儿。汤姆·米林的学生是副官罗伊·卡林顿·柯特兰中尉。他们两位学得都很快。当风速保持在每小时5英里左右时，我们会进行各种飞行训练。

很快，我们的四个机库都满了。我们的第二架莱特飞机是“伯吉斯-莱特型”，还有一架是凯利在萨姆·休斯敦堡飞行事故中损毁的寇蒂斯飞机，被保罗·贝克上尉带回大学公园进行了修复。几个星期后，战争部又购买了一架寇蒂斯的简易训练机，以便学员们在驾驶真正的寇蒂斯飞机之前，进行基础训练。

那个时候，我们对于自己肩负的使命到底是什么，心里还不是很清楚。钱德勒[2]和柯特兰的培训课程进行得十分顺利，除了一点——我和米林训练时使用的都是座位在左边并有三个操纵杆的莱特飞机。因此，我们的第一批学员就成了专业的“右座”飞行员。他们用左手控制翘曲和方向，右手控制高度。右座驾驶还有一个缺点：飞行员的位置会使飞机失去平衡，因此飞行员无法独自驾驶飞机，必须携带一名乘客。

当我们在代顿时，曾经设想过——尽我们所能，将飞机发展成为一种军用武器。但是我们没能得到战争部的支持，所以，这仍然只能是一个模糊的设想。我们能做的就是让飞机飞得更高或更远一些，或者在飞机上安装一些通讯设备或武器，以努力提高飞机的军用价值。陆军将飞机作为一种比气球更有用的移动观察平台，或是能够把战争部的宣传册投放到更远地方的工具。那时还没有空对地的无线电联络，情报的快速传递很大程度上依然依靠骑兵。我们这些飞行员能做的就是将我们看到的情况，潦草地写在色彩鲜艳的纸上，然后将它们附上重物投放到骑兵所在的地点，骑兵捡起情报后再马不停蹄地送往战地指挥所。

---

① 查尔斯·德·佛瑞斯特·钱德勒(Charles deForest Chandler，1878—1939)，美国陆军上校，陆军通信兵航空科第一任指挥官。1912 年 6 月与汤姆·米林驾驶莱特-B 型飞机，进行了历史上首次刘易斯轻机枪射击实验。——译者

② 要想了解美国内战至 1914 年之前陆军早期气球实验的更多细节，可以查阅弗兰克·P·拉姆准将和查尔斯·德·佛瑞斯特·钱德勒上校合著的《我们的陆军是如何长出翅膀的》。

最初的每一次飞行都是引人注目的。米林和柯特兰驾机飞行 8 英里到华盛顿营地，拜访那里的一些军官，被人们描述成一次“越野”飞行。而那天下午，作为机场的值日军官，我没有办法离开大学公园——但我在试图打破美国空军的飞行高度纪录，或者说是创造，因为没有人比我飞得更高。

8 月份，有一次“双向越野飞行”——飞到迈尔堡然后返回。保罗·贝克驾驶他的寇蒂斯飞机先飞到迈尔堡，当我和钱德勒从大学公园出发飞往同一目的地时，贝克开始返程飞行。为了安全起见，我们保持在 3 000 英尺高度飞行。这样万一引擎熄火时，我们可以有足够的高度寻找一些开阔地带滑翔着陆。两架飞机在城市上空擦肩而过的景象，在第二天早晨成为华盛顿各大报纸的头条新闻。

当哈里·N·阿特伍德驾驶飞机从圣路易斯出发，降落在白宫的草坪上时，同样引起了媒体的竞相报道。塔夫脱总统甚至为他的长途陆上飞行在白宫东廊发表了演说。

还有一次，作为钱德勒独立飞行能力的测试，我和他被安排去参观哥伦比亚国民警卫队的营地，靠近马里兰的弗雷德里克。我们在清晨 6 点 34 分出发，7 点 23 分到达奥德威营地，安全飞行了 41 英里。为了观看这次飞行，弗雷德里克全城放假，万人空巷，人们都在翘首以待，工厂鸣响了汽笛，当我们出现在人们的视野中时，甚至连消防员都停止了工作。作为这狂热一天的结束，市长在庆祝仪式上宣布我和钱德勒的肖像将印制在香烟盒上。不幸的是，在回去的途中，我们遇到了顶风，不得不紧急迫降，然后坐火车返回华盛顿。那天晚上，我在杜邦环岛公寓酒店的电话铃声响个不停，都是报社记者打来问我是否知道“飞往弗雷德里克的长途飞行，那两个男孩是如何做到的”。

公众对于我们的兴趣，有时候也会惹麻烦。当时华盛顿还是个比较小的城市。米林和我好像都成了知名人士，在餐馆吃饭时常常会被认出。人们会在我们背后议论："是他们！就是他们！"早年飞行带来的魅力和荣耀足以宠坏一个人，如果你放任这些的话。我必须承认，在一战期间，一些早期陆军飞行员的做派，使得其他兵种对飞行员产生了长期的偏见。

著名的"阿特伍德骗局"也发生在这个夏天。哈里·N·阿特伍德驾机，查理·汉密尔顿作为乘客，共同进行一次超长途陆上飞行，从马萨诸塞州的斯冈特姆出发到华盛顿。在经历了一系列麻烦和更换了数架飞机之后，他们最终抵达了巴尔的摩，而等在终点的人们还在翘首企盼，期待着他们出现在华盛顿的天空中。商会安排了一场盛大的午宴准备为他们庆功，那些尊贵的宾客们都焦急地等待着电话铃声的响起。大约在同一时间，作为一次例行训练，我和柯特兰恰好驾机从华盛顿上空飞过，飞行高度 2 400 英尺。地面上的人们误以为我们就是著名的阿特伍德和汉密尔顿。一时间汽笛长鸣，屋顶上挤满了人，还有许多人冲向阿特伍德预定着陆的纪念碑广场。副总统谢尔曼敲响木槌，参议院临时休会，参议员们也加入到狂欢的人群中。有意思的是后来我听说，在这群丢下国家大事冲出去的人当中，我之前的导师，曾经不认可飞行的宾夕法尼亚州参议员博伊斯·彭罗斯也在其中。

在飞行还是新鲜事物的那段时间，报社要求记者们整天待在机场，特别是《华盛顿邮报》的J·戴利，《华盛顿星报》的约翰·米切尔和《时代报》的迪克·理查德这几位。虽然大家都明白，他们主要是等着报道迟早将会发生的飞行事故，我们还是成为了朋友，他们也成了第一代的"飞行作家"。

现在，考核一名学员是否有资格成为一名正式的空军飞行员，有着一系列明确的标准，这些测试标准是由 F. A. I(国际航空联合会)制定的。美国航空俱乐部，是 F. A. I 在美国的唯一代表机构，负责发放所有飞机、飞艇以及气球等飞行器的飞行资格证书。航空俱乐部的竞赛委员会在大学公园市组织了考试，钱德勒上尉作为代表，负责对候选人进行资格审查。我和米林在 7 月 6 日通过了考试，他的证书编号是 30，我是 29。在着陆测试中，米林把飞机降落在距离指定标志只有 5 英尺的地方。贝克，驾驶着他那架修复的寇蒂斯飞机，于 8 月 3 日拿到了编号 39 的证书。柯特兰，驾驶莱特飞机，于 8 月 17 日通过考试，钱德勒是在 9 月 20 日，他们的证书编号分别为 45 和 59。那时候还没有空军专有的徽章。这些 F. A. I 的证书相当于第一代的空军之“翼”，它们一直用到几年之后“飞行员徽章”启用，才被取代。米林和我在 1911 年没有再带过其他学员，贝克在 8 月份开始指导弗兰克·M·肯尼迪中尉，他来自第 10 步兵团，并于 10 月份成为第二位能够驾驶寇蒂斯机型的飞行员。

当时，我和米林在考虑规划另一个重要的培训项目。在离开代顿之前，我们曾就这个问题进行过一次长谈。那就是飞机应该由谁来维护？我们不可能自己来做，尽管我们在莱特工厂曾接受过机械方面的培训。我们是只需要负责检查机械师的工作，还是从头开始，建立一套完整的维护系统呢？我们决定选择后者。我们的第一步是为莱特和寇蒂斯型号的飞机拍摄清晰的巨幅照片，然后用墨水笔对飞机的每一个部件，每一个零件，包括螺栓、螺帽等小配件，进行标注。这样就建立起了第一个飞机零部件专有名词系统。

我们的第一位机械师是一位优秀的陆军通信兵，他学得非常快。不久，一些有经验的机械师也加入我们，他们来自弗洛伊斯中尉在圣安东尼奥的飞行队。由于这些人在圣安东尼奥维修过莱特飞机，也维修过寇蒂斯飞机，因此他们的到来对我们帮助很大。他们也成为日后庞大的空军地勤维护部队的核心。身为高级机械师的亨利·S·莫利诺先生，战争部的文职雇员，是当时我们唯一懂得如何操作机械维修工具的人。

我们一直不断地进行着各种新的尝试。莱利·E·斯科特，前陆军军官，带着他的发明来到机场，他叫它“炸弹滴管”。这个装置能够携带两枚炸弹，并且有一个望远镜可以用来测速，一个数据表可以显示飞机速度和高度的偏差。它安装在下层机翼上，斯科特使用这个装置，可以从大约400英尺处投放炸弹——一枚常规的3英寸炮弹，投弹的准确性得到很大提高。

我很想为此进行飞行测试，但是我那时体重160磅，飞机携带投弹装置后无法起飞。因此，只好由体重140磅的米林试飞了。我们认为斯科特的投弹瞄准器很值得推广——它使飞机具有了攻击力——但是战争部没有人对此感兴趣。事实上，没有任何人——我是说，在国内没有任何人对此感兴趣。

第二年，莱利·斯科特带着他的发明去了法国，在维拉库布莱机场，他使用15磅炸弹进行投掷，第一次从656英尺高度，目标为60平方英尺，15投12中；然后从2 624英尺高度，目标为375×124平方英尺，15投8中。他的表演不仅为他赢得了价值5 000美元的米其林奖金，而且成功吸引了法国和德国总参谋部的关注。一战时，在我们拥有自己的投弹瞄准器之前，德国人对这位美国人的发明进行了改良，然后应用在与美国军队的作战当中，成效斐然。

1911年，我们应邀参加了民用航空展。在那里，不仅遇到了许多航空界的熟人，而且还进行了飞行竞赛。杰克·斐寇尔——他之前的“空中射击实验”照片已经印上了学生们的课本封面，他这次会在拿骚大道上空，再次进行空中射击——而我是他的飞行员。我们与英国队的坎贝尔和索普威斯进行比赛，他们后来在赛车和游艇领域都很知名。当我们飞行到200英尺高度时，杰克向地面上的锡盘进行射击，他击中了六个，获得了绝对的胜利。由于这次比赛的成绩，我还在一些影片里担任了演员，表演首次“双人”飞行，也因此赚了些外快。

陆军和海军飞行员们都是自费参加这些航展的——这对于月收入124美元的我们来说并不容易。一次，在参加完拿骚大道的表演之后，我沮丧地发现身上的钱已经不够返回纽约。这时开始下起了雨。我让我的一个朋友——瘦高个，有 6 英尺 3 英寸高，并且有着一副能吆喝的大嗓门——在人群中间穿梭，大声喊着："这儿可以和阿诺德中尉一起坐飞机！这儿可以和阿诺德中尉一起坐飞机！"

人们开始排队。一次 50 美元的价格并没有吓到他们。第一个人爬上飞机，我起飞了。但是前方的雨越下越大，我调转机头，另外一个方向的雨也很大。因此，我只能返回机场着陆，将飞机滑进机库躲雨。一路上，我都在琢磨，飞了这么短时间，这钱是收还是不收呢？然而，那位乘客递给我一张百元大钞，说道："我觉得这是正常的价格，对吗？"我当时手头太紧了所以无法拒绝。我的高个朋友冒着雨跑到 1 英里外的一个宾馆，兑换了零钱。我给那位乘客找回 50 美元，给了朋友辛苦费，然后乘火车返回纽约。十七年后，在华盛顿的一个鸡尾酒会上，我看到了一张熟悉的面孔——拿骚大道上那位冒雨坐我飞机的乘客！有人告诉我，他是纽约的国会议员培根。当我们互相介绍时，他立刻想了起来。他兴奋地向朋友们描述那场精彩而又危险的飞行。我听了之后，把原本拿出来的 50 美元又悄悄放回口袋。"我本来打算退给你 50 美元，"我对鲍勃·培根说道，"这件事多少年来一直令我内心不安。但是听了你的故事，我认为那次飞行还是物有所值。"

那年秋天，我们仿照莱特和寇蒂斯飞行学校的做法，将学校迁移到合适的地方越冬。我们找了很多地方，并且咨询了最好的气象学专家——必须找到一个温度不低于零下，风力不超过时速 4 英里的地方。大约在感恩节的时候。我们乘一辆九节车厢的火车，动身去新学校——位于萨凡纳河的"巴恩斯农场"，就在佐治亚州的奥古斯塔边上。两名寇蒂斯飞机的飞行员——贝克和肯尼迪，仍留在华盛顿待到 1 月份。我们先带走了全部四架飞机，以及美国空军当时六位军官中剩下的几位（包括凯利医务官）和二十多名士兵。到达之后，我们迅速将四架飞机装配安置在帐篷机库里，准备利用南方温暖的气候开展训练。然而，几乎就是同时，一场来自阿拉斯加的暴风雪，袭击了我们的营地。狂风肆虐，帐篷全都塌了，四架飞机都遭到损坏，必须进行维修。

那些对自己的家园引以为傲的当地居民，坚持说这是自1798年之后的第一场雪！

两个月后，当贝克和肯尼迪到达时，飞机已经重新装配好，我们也准备好恢复训练。但问题又来了——这次是暴雨。一向平静的萨凡纳河决堤了，河水倾泻而出，机场被淹成了湖，我们不得不用箱子把飞机架起来，然后蹚水过去。不过，尽管如此，或许是出于对"南方气候"的心理作用，我们还是进行了许多小时的飞行训练。我们的经验更丰富了，在大学公园时，常常因有风而不敢飞行，现在我们能在速度更快的风中飞行了。有时风会把我们的莱特飞机吹得直向后退。贝克没意识到这一点，有一天他看到我和米林起飞了，也跟着我们起飞，结果他的寇蒂斯飞机掉在树上，散了架。这是贝克在奥古斯塔两次严重事故中的一次，但两次他都毫发无损，看上去还很享受这充满刺激的生活。

一年前发生的乔治·凯利坠机，是陆军第一起飞行死亡事故。2月份，肯尼迪驾驶寇蒂斯飞机发生了一起非常严重的坠机，不过他没有死——我们那时佩戴的特制新型皮革头盔救了他的命——但是他头部着地时破了一个5英寸的口子。尽管在一战期间，他仍能驾驶热气球服役，但他再也没能开飞机了。之后不久，一位名叫雷顿·W·海泽赫斯特的中尉加入了我们。然后，一位俄亥俄州国民警卫队的中尉，查尔斯·B·温德尔，也拿到了特别飞行许可。在3月份，也就是我们重回北方之前，第22步兵团的哈利·格雷哈姆中尉，前来奥古斯塔报到。当我们忙着试验小型机载电台的时候，本尼·弗洛伊斯，虽依然留恋着飞行，还是奉命调回战争部工作。

那年冬天，威尔伯·莱特飞来奥古斯塔，看看我们的进展情况。我们与他在一个乡间俱乐部愉快地共进晚餐。我们的团队返回大学公园几个星期后，1912 年 5 月 30 日，阵亡将士纪念日，奥维尔从代顿发来电报，告诉我们一个令人震惊的消息，威尔伯在当天早晨死于伤寒。

此后，死神来得更加频繁。仅仅十二天之后，我的老朋友和教练，阿尔·威尔士，来到大学公园帮助我们应对一项新挑战——增加飞机的载重量，超过 450 磅。海泽赫斯特中尉自告奋勇充当乘客，用他的体重参与测试。6 月 11 日下午，机场上空风平浪静。阿尔载着海泽赫斯特起飞了，当他飞到大约 200 英尺高度时，像平时一样做了个俯冲，为开始爬升制造动力。但是急速的“拉升”导致飞机在空中折断坠毁，两人当场身亡。

当时对全世界来说，除了飞行员之外，飞机的致命性与杀伤力只是存在人们的想象中，尚未得到证明。在巴尔干战争中，来自不同国家的雇佣兵乘飞机到达战场，这其中也包括曾在土耳其和保加利亚打过仗的美国人波特·霍尔。在这场战争中，双方已经开始使用飞机投掷炸弹，其中有些就使用了莱利·斯科特的投弹装置。现代第一位战斗机飞行员应该是一位名叫萨科夫的俄国人，他投下了两枚炸弹，虽然飞机被几枚子弹射中，但是并未受伤，得以顺利返航。我在战争部工作的内容之一，就是关注这些有关飞行的情报，将部分来自德国和法国的情报翻译过来并进行评估。

一天，一位英俊热情的总参谋部年轻上尉来拜访我。他自己虽然不是飞行员，但正在为陆军战争学院写一篇关于航空兵未来发展的论文。他刚刚从阿拉斯加回来，在那里他进行了非常细致认真的观察研究。后来还去了日本，参观了日本陆军。他说，日本的空军力量比我们强大——他们有十架飞机。关于空军的发展他有着非常睿智和深刻的见解。并且，他的许多观点都是以具体的事实和精确的数据为依据的。早在 1906 年 4 月，他就在《骑兵杂志》上发表过一篇文章“战争，毋庸置疑，未来将在空中进行，在地上或水上，在地下或水下。”——这是我与比利·米切尔[①]的初次会谈。他三十二岁时，便成为总参谋部最年轻的军官。

6月，艾萨克·N·刘易斯[②]上校来到大学公园，带着他那支著名的机枪进行空中测试。机场上铺了一块粗棉布作为目标，米林和钱德勒驾机飞了几个来回，钱德勒的射击结果相当出色。我们都很喜欢这种枪的设计，它是由一个圆柱形弹鼓进行供弹的(一战时，刘易斯式机枪，基本成为盟军飞机上的标配武器装备)。这次测试在战争部引发了激烈争论，飞机是否有可能成为一种武器。年长的军官们说当然不行，从来没有这样的做法。飞机只应作为侦查工具。战争部原则上没有批准这次实验的结果，但他们说，我们可以使用贝内特-梅西式机枪取代刘易斯式机枪，那是军械部门为陆军指定的标配武器。贝内特-梅西式机枪非常好用——但只是在地面上。要把它作为飞机上的武器，几乎是不可能的。如果把贝内特-梅西式机枪带上飞机，莱特飞机根本无法进行操控，寇蒂斯飞机的肩轭操控也会受到影响。贝内特-梅西式机枪的一侧是突出的金属装弹槽，长约18英寸，另一侧的发射器也是一个突出的等距金属槽。因此，无论机枪手坐在什么位置，都会有一边的金属槽影响飞机的操纵杆。但是，战争部规定必须使用贝内特-梅西式机枪，因为它是陆军的标配武器。

---

① 威廉·米切尔(William Mitchell，1879—1936)，绰号“比利”(Billy)，美国陆军准将，空军领袖和创始人之一，重要的早期空军战略家和空军倡导者，和意大利人杜黑、英国人特伦查德一起，被称为空中战争理论的三位先驱，著有《空中国防论》《空中之路》等。——译者

② 艾萨克·牛顿·刘易斯(Isaac Newton Lewis，1858—1931)，美国陆军上校、发明家。1884年毕业于西点军校，从1891年起完成一系列军事发明，包括炮兵测距仪，炮兵火控系统，快速发射步枪和气体驱动鱼雷等，其发明的刘易斯式轻机枪在一战中制造了10万支，对提高部队战斗力起了重要作用，但他拒绝了10万美元的专利费用。——译者

越来越多的学生陆续来到大学公园。其中有一名是我西点军校的同班同学，刘易斯·C·洛克威尔，他本来在瓦尔特·里德医院疗养，顺便来看看我，结果在我带他上天兜了一圈之后，便也想成为一名飞行员了。

1912年的夏末，柯特兰和我飞往伯吉斯-莱特工厂，位于马萨诸塞州的马布尔黑德，运回陆军的第一架牵引式飞机——也就是第一架发动机装在前方产生牵引力，而不是装在后方产生推动力的飞机。飞机前端不再是飞行员，而是发动机。这是航空史上革命性的一步。我们在国外购买了几台飞机用的发动机，比如保持着世界耐力纪录的103马力雷诺型，保持世界高度纪录的120马力奥地利-戴勒姆型，以及速度最快的160马力诺姆型。作为机械工程师，我负责对这些发动机进行测试，但测试进行得相当困难。美国国家标准局没有能够测试超过100马力以上的测力计。我找遍了整个东部也没能找到，只好把一台电动测力器和水力测力器连接，凑合用用。现如今，飞机发动机已经是4 000马力的，汽车的也有200马力，这在那个时候简直难以想象。

在马布尔黑德，我发现美国这第一架牵引式飞机（作为军用飞机设计的）的前方可视度有所降低，只要能够适应这一点，还是很容易驾驶的。飞机装有一部70马力的雷诺发动机，已经由伯吉斯公司的飞行员进行过检测，但是还没有完成陆军的测试。伯吉斯，得到了莱特的专利许可，生产他们的飞机。他是一个很有趣的、富于幻想的人，不过，也有点容易冲动。有一天，在位于马布尔黑德港口的工厂码头上，他向我展示一件他设计的飞行员轻便救生衣，像外套一样。当时正值隆冬时节，天气阴冷潮湿。“它真的能让人漂起来？”我问道。“当然能漂起来！”他大声叫着，立刻纵身跳入寒冷的海湾，全然不顾冰冷刺骨的海水，在水中兴奋地叫我注意看那身装备的优点。这就是美国为飞行员制作的第一代木棉救生衣。

这架伯吉斯-莱特型牵引式飞机准备用来参加 1912 年 7 月在康涅狄格州进行的军事演习。因此，在我完成了军方的飞行测试之后，就驾驶着这架依然配备着浮筒舱的飞机，从马萨诸塞州的塞勒姆出发，中途不停靠，直飞康涅狄格州的布里奇波特。如果这段航程能够顺利完成，将是一次创造世界纪录的飞行。我们自信满满地出发了。但是天气变得很糟糕，我们很快就被迫在马萨诸塞州的普利茅斯降落。在南达克斯伯里住了一晚之后，第二天早上，海面上风平浪静，海水光滑得像一面镜子。我们抽出浮筒舱里的水，准备重新出发。浮筒舱肯定是超载了——锚、缆绳、工具、箱子、两个人还有整桶的汽油，这对于 70 马力的发动机来说实在是太多了。我们试着重新起飞，却发现机头前方正好是镇上的塔楼尖顶。我想调转方向，但飞机还是往下滑落，我们像块石头似的重重坠入大海。一只浮筒舱折断了，一侧机翼也扭曲变形了。我们开始向大海漂去，让我更为恼火的是我发现自己的头也破了，半截舌头咬破了，大拇指脱臼，整个人鲜血淋漓，像只被宰的猪一样。当我们远远地漂向大西洋时，普利茅斯退伍军人之家的两个老兵驾驶着一艘帆船出现了。他们来到飞机旁边，距离我们非常近，我几乎都能够碰到他们。当时我正站在机翼翼尖，试图阻止半浮在海面上的飞机失去平衡而彻底沉入海底。他们围着我们转了个圈，一言不发，然后沉默地离开了。过了一会儿，海岸警卫队救起了我们，并把飞机拖回一个叫作“第二批移民登陆的普利茅斯纪念碑”的地方，这里据说恰好是早年的清教徒移民登陆点。飞机被修好后，用船运回了大学公园。

9 月 28 日，天气晴好，我们在机场举行了一场非正式的飞行表演，陆军通信兵代理主任乔治 · P · 斯克里文上校也有出席。洛克威尔，我们最好的飞行员之一，完成了他的飞行动作，开始降低高度准备在机库前降落。突然，他的发动机好像开到了最大马力，飞机俯冲向地面。当我们飞奔过去时，洛克威尔和机上的乘客弗兰克 · S · 斯科特下士，都已经死去。现在的斯科特机场就是以斯科特下士的名字命名的，他是第一位死于陆军飞机坠毁事故的士兵。

我们的很多亲密战友都离开了，一个接一个——为什么？阿尔·威尔士，洛克威尔，都是非常优秀的飞行员。到底发生了什么？

10月份，我在军事演习中通过了包括四十五分钟搜寻地面部队以及其他几项规定测试，赢得第一座麦凯奖杯。那年夏天，只要通过新的更加严格的考试，就能够得到“军事飞行员徽章”，我们第一次真正佩戴上了“空军之翼”。

1912年的秋天，发生了一段有趣的小插曲。亨尼斯上尉，飞行学校的一名新学员。当时，我和米林去堪萨斯的赖利堡执行一项临时任务，从飞机上观测火炮火力并向地面上的炮台报告结果。亨尼斯作为一名野战炮兵军官，参与配合这项工作。我和米林驾驶两架莱特C型飞机，将我们的观察结果写在绑有铁螺母的彩色卡片上，从飞机上扔下，再由地面上的骑兵通信员捡拾起来。为了防止铁螺母撞到机翼或绳索，我们将它们通过一根烟囱管子扔下去。

在其中一架飞机上配备有一台简陋的只有一个频道的无线电装置——是约瑟夫·O·莫伯尼中尉(后为少将及通信兵主任)设计的——可以发送接收15英里内的信号。地面的炮兵则通过传号板向我们发送信息。

另外一架飞机上安装了一个烟雾信号装置，是联合碳化物公司生产的一种压缩气体罐。当气体释放时会通过一个装有油烟的罐子，形成大量的烟雾，我们可以把这些烟雾喷向空中——大团的烟雾表示齐射，小的表示点射。但有时候不走运的话，在地面上的人看到之前，气流就将这些烟雾吹散了。在一次执行完任务之后，飞机飞到赖利堡上空，我和机上的观察员，野战炮兵的A·L·P·桑兹中尉，看到地面上骑兵和炮兵团的士兵们正在排队领军饷。突然，意外发生了，飞机在空中翻转了

360 度。当我们开始向下俯冲的时候，我迅速向后瞥了一眼，想看看是不是螺旋桨链条断了一根，但是并没有。在急速下降的过程中，耳畔风声呼啸，我检查着自己所做的一切。一切都是正常的啊，没有什么东西损坏，我的操作也都是正确的。然而，我们却正在笔直向下俯冲——没有任何逃生的机会。我的观察员并没有意识到这一切，还在拍照。我拼命地推拉扭转着操纵杆，就在距离地面仅仅几英尺的高度，我终于让飞机停止了俯冲。当我们跌跌撞撞地停下来之后，我立刻从飞机上爬下来，用颤抖的声音说："走吧，桑兹，我们步行回兵营。"

"步行?"桑兹中尉说，"难道我们不……?"这时，他一定看到我的脸都变绿了。突然，我们听到一阵杂乱的脚步声。环顾四周，树林外，那些正在排队领军饷的士兵们跑了过来。看到我们从空中一头栽进树丛中，他们默默地跑过来，以为我们都死了。

炮兵的试验继续进行着，直到大约 1912 年 12 月 1 日完成后，我们返回了华盛顿。查理·钱德勒带着学员和飞机去了得克萨斯城，我被指派为拉塞尔少校的助手，协助处理陆军通信兵主任办公室与航空相关的事务，开始了办公室生涯。

当墨西哥边境局势变得紧张起来时，得克萨斯城立即组建了"临时第一飞行中队"。起初，由钱德勒上尉负责指挥，飞行中队只有几架飞机和几名飞行学校的学员。随着时间推移，我逐渐发觉在飞行员当中开始产生不满情绪。不断发生的飞行事故，很多都是致命的，使他们悲观颓丧，士气低落。除此之外，还有一个原因就是他们讨厌被不懂飞行的人指挥。

飞行员的伤亡率也引起了国会的重视，他们计划设立某种"飞行津贴"。1912 年底，国会同意在飞行员底薪的基础上增加 35%的额外津贴，飞行员们则发牢骚说，钱没加多少，之后事故率反而增加到了 50%。

一天，陆军通信兵主任斯克里文准将叫我去他那里。他满脸愁云地递给我一封信。“我们打算怎么办?”他问道。

我看了一下，大吃一惊。这既不是一封申请书，也不是什么推荐信或来自愤怒上司的训令。这是一封驻扎在边境的飞行员写给航空通信兵长官的联名信，声明他们的诉求！包括更换华盛顿的航空事务高层官员，更换得克萨斯城的，更换圣地亚哥学校的，甚至连应该换成谁都写清楚了。

“我们应该怎么办?”陆军通信兵主任问道。

那些官员都是我的朋友，因此这个问题对我来说是个棘手的难题。但是我说，如果由我来做决定，参与这件事的人都应该被解除飞行职务，返回原部队。

“我们不能这么做!”斯克里文准将说道，“这样我就没有航空兵了。我们准备出兵墨西哥，必须要有空军力量。”

“将军，”我说，“你现在已经没有航空兵了。”

最终，大部分要求被准许，这件事得以平息。有意思的是，仅仅几周之后，我自己作为国会听证会的证人(由参议院军事委员会举行，编号5304)，参加了关于是否要设立独立空军的激烈辩论。当时空军所有的主要人物都到场了。但是，只有贝克投了赞成票，而我们都认为这个议案正是由他自己提出来的。斯克里文准将认可这种想法，但认为时机还不成熟。我和米林的观点也是如此，目前的问题不只是时机不成熟，甚至连什么时候算是时机成熟也不确定。

作为战争部的“专家”，我常常会被问起关于国外“空中力量”的问题。比利·米切尔，当时既不是飞行员，也不在航空处工作，他是通信兵驻陆军总参谋部的代表，却对空军未来发展有着深刻的预见。然而，在后来的军事审判中，比利长篇大论的证词虽然面面俱到，但平日里在谈话和文章中所显现出的才华，却未能在法庭上展现出来。研究者可以看到，比利证词的文字记录一页接着一页，中间没有任何打断——

那根本就是他一个人的演讲。他谈古论今，引经据典，从早期的欧洲，布尔溪战役，盖茨堡战役，一直到西班牙海军上将塞韦拉，滔滔不绝，却让审判委员会的那些人听得心烦气躁，坐立不安。

这次听证会上，在回答主席(弗吉尼亚州共和党参议员詹姆斯·海伊)的问题时，我证实了在自己的要求下，我将不再执行飞行任务。因为我和埃莉诺·普尔计划于9月份结婚；那时候，一个人结婚之后就不会想要继续飞行了——除非他是个十足的乐天派。

与国外相比，我们的飞行员伤亡率很高，海伊先生对此特别关注。我的回答是，与他们相比，我们仍然处于“学习阶段”。

主席：“军官们执行飞行任务的期限一般是多久?”

阿诺德中尉：“这个主要与每个人的脾气性格相关。米林中尉从事飞行已经有一段时间了。他和我一起开始学习飞行，据我所知，飞行这件事对他并没产生什么影响，只不过飞得时间越长，他变得更加谨慎而已。但也有些军官觉得，作为飞行员会令他们神经紧张，心烦意乱。”

这之后不久，陆军参谋长伦纳德·伍德将军，与我进行过一次短暂交谈，谈论了已婚军官执行飞行任务以及华盛顿的年轻中尉们存在的问题。作为这次谈话的结果，和妻子在肯塔基州托马斯堡的第9步兵团度过了两个月的蜜月假期之后，我于1913年12月，踏上了前往菲律宾第13步兵团的旅程。

1912年，弗兰克·P·拉姆中尉重新回到航空部门之后，开始在菲律宾组建一个小规模的飞行处，包括在马尼拉的麦金利堡和科雷希多岛建立飞行学校，在科雷希多岛还使用过水上飞机。高峰时期，拉姆曾拥有三架飞机，让查理·钱德勒也刮目相看，并选派赫伯特·达格中尉作为学员，但这场短暂的热潮以C·佩里·里奇中尉的死亡而告终。之后，菲律宾的飞行事业很艰难地维持了一年多时间，直到第2航空中队从美国本土来到菲律宾。

就在 1914 年一战爆发前夕，德国海军的格拉夫·冯·施佩将军率领东亚分舰队造访了马尼拉，但仅仅几个月之后，这支舰队便在福克兰群岛被皇家海军击沉了。

那段时间，我们举行了一些大型军事演习。演习中，我们团模拟日军在巴坦加斯登陆，其余的美军与菲律宾军队则负责守卫马尼拉市。

此后，是针对科雷希多岛的防御演习。经过激烈争论之后，哈里森·霍尔上尉被允许使用人力和骡子，运送一些大型火炮，穿越马尼拉湾入口北部那些难以逾越的山脊。然而，直到演习开始，“防御者”一方连人和骡子的影子也没看到，更不用说大炮了，等他们到达时已经太迟了。霍尔架起大炮向科雷希多岛开火，击中了岛上的机枪阵地，证明他们脆弱的防守不堪一击。

在巴坦加斯的军演中，我第一次见到了我未来的好友，他在一场作战行动中担任参谋，表现非常出色。当时，我所在的步兵团正在执行一次突袭任务。行军途中，当我们在一条小路上停下来休息时，我看到一片竹林的荫凉里躺着一名年轻中尉，他面前是一张摊开的地图。看得出来他正在规划这场穿越防守一方防线的突袭。这名青年军官正是我方在军演中的参谋长，而担任这一职位，是任何一名中校或是上校都梦寐以求的。按照他的作战计划，我们赢了。

军演结束之后，我回到家，向妻子说起这件事，我认为我遇到了一位将来会成为陆军总参谋长的人物。而他，后来也真的做到了。这位年轻的中尉就是乔治·卡特里特·马歇尔。在他被任命的那一天，我和妻子都回想起我曾经的预言。

1915 年，我们的第一个孩子，我们的女儿洛伊斯，在马尼拉出生了。

那时，战争在欧洲已经进行了一年时间，全世界都在紧张地关注着这场战事。我在菲律宾首次服役期间发生的许多事情，直到现在依然记忆犹新。顺便说一句，在那段时间里，乔治·马歇尔对战略和战术问题的观察判断与他在军演中的表现一样精确，一样惹人瞩目。而在国内发生的事情也同样令我们感到惊讶。我的老朋友，比利·米切尔现在是航空科的一名少校了，事实上，是他在负责那里的工作。在1915年至1916年的冬季，我们还听说他正在位于弗吉尼亚州纽波特纽斯的寇蒂斯航空学校学习飞行，并且是自费的。那年他三十六岁。

1915年至1916年冬末的一天，我们正在一艘开往旧金山的船上，就像当初接到飞行培训通知一样突然，我接到一封来自陆军副官长的电报。问我是否有意愿去航空科履职？或者委派我去，我是否会拒绝？我发了一封回电，询问此意为何？我立即接到回复："如果你自己申请去通信兵航空科，你将晋升为上尉。否则，被调任去的话，你的军衔还是中尉。"我马上明白了，这一定是我的老朋友比利·米切尔在华盛顿做了工作。

在纽约麦迪逊的步兵军营待了两个月之后，1916年5月，我被调往圣地亚哥洛克威尔机场(北岛)新建的一所飞行学校担任后勤供应官。此时，原来的航空科，现在被称作通信兵航空处，已经发生了翻天覆地的变化。

航空处已经有23名军事飞行员(包括初级军事飞行员，从我加入那时才有的新军阶)以及25名飞行学员，还有一位不是飞行员的军官。飞机都是新型的牵引式，伯吉斯-莱特C型已经是过去式了，寇蒂斯-JN(著名的"珍妮")才是最受欢迎的机型。

尽管墨西哥的崇山峻岭充满危险，干燥的气候也会导致木质螺旋桨断裂散开，不过，飞机的"军事价值"就是在追捕维拉①的过程中开始得到普遍认可，包括执行信息传递、侦查以及拍照等任务。那时，罗盘

① 潘丘·维拉，墨西哥著名民族英雄，真名多罗特奥·阿朗戈。1878年生于墨西哥杜兰戈州的一个雇农家庭。1910年，墨西哥革命运动爆发，维拉成为墨西哥北方战区的将军。1916年，由于一个美国商人在收到维拉钱后拒绝给予军火，维拉突袭了新墨西哥州的哥伦布斯镇。于是美国陆军潘兴将军开始在齐瓦瓦山区追捕维拉，但最终以失败告终。——译者

不太好用，地图也只是将就能用，但也无法阻挡飞行员们长途越野飞行的强烈渴望，在圣地亚哥就因此发生过一次意外。

W·A·罗伯森中尉带着哈利·毕绍普炮兵上校，从圣地亚哥的北岛出发，飞往加利福尼亚的埃尔森特罗——飞行距离大约 100 英里。他们降落在加利福尼亚湾①的一处海岸边。着陆之后，两人以为他们的位置是在索尔顿湖。直到沿海滩走了一段时间之后，在返回飞机的途中，他们发现脚印完全被上涨的潮水淹没了。这时他们才意识到自己在哪里。带着两个三明治，两个橘子和一罐水，他们开始徒步向北穿越加利福尼亚半岛的沙漠地带，经过艰苦的长途跋涉，九天之后，最终在亚利桑那州的韦尔顿获救，两人已经奄奄一息。

战争部处理这次搜救行动的方式引起了飞行员们的强烈质疑，学校里的官员们也在互相指责。人们分成两派——一部分人认为校长应该进行更为积极的搜救，而总部的人，则倾向于顺其自然，不承担责任。年轻一些的飞行员几乎都属于第一派，真正的搜救行动开始时已经过去了几天时间，这让他们觉得无法理喻。有些人强烈要求立刻驾机沿着失踪飞机的路线去搜救，我自然也是其中之一。

这次搜救过程中险情不断，许多搜救人员也是九死一生。之后，两位死里逃生的当事人，毕绍普和罗伯森，受到监察长办公室的调查。一些年轻的飞行员被解除了飞行职务；而另一些人，包括我在内，则在履历中留下一次不良记录。

第一批与德军作战的美国飞行员已经出发。著名的拉菲特中队，在法国陆军中的番号为“纽波特 124”，也成立了。

航空处宣布将设立七个“航空中队”。

第 1 中队设在得克萨斯的圣安东尼奥；第 3、4 和 5 中队分设在美国

① 加利福尼亚湾，亦称科尔特斯海，墨西哥西北的狭长海湾，位于墨西哥西北部和下加利福尼亚半岛之间。——译者

的不同地方；第 2 中队在菲律宾；第 6 中队在夏威夷；第 7 中队在巴拿马。这才是真正意义上的美国空军的建立。我被选中负责指挥第 7 航空中队。我个人觉得，主要是因为罗伯森-毕绍普事件及其后续影响，我的上司们希望让我离圣地亚哥越远越好。

1917 年 1 月 29 日，在我出发的前一天，我们的第一个儿子，小亨利·H·阿诺德出生了。

当我向美军驻巴拿马的指挥官——少将克拉伦斯·爱德华兹报到时，我告诉他自己的任务是寻找一处合适的地方作为第 7 航空中队的空军基地。爱德华兹将军阴沉着脸注视着我。“你看过你在圣地亚哥的勤务报告吗?”

“没有，长官，”我回答道，“怎么了?”

“很糟糕，声名狼藉。”

“感谢上帝，其实那根本不算什么!”我说，与我们在墨西哥搜寻失踪人员所遇到的困难相比，这又算什么呢?

巴拿马的每个人——海军，陆军通信兵，海岸炮兵以及空军的军官——对新的航空中队驻扎地都有不同的想法。长官们拿不定主意，于是指挥官告诉我，最好能回一趟美国，把问题向上禀报给巴拿马驻军所属的大西洋战区指挥官罗纳德·伍德将军，以及陆军总参谋部。

当我们的电报员接收到美国对德宣战的消息时，我正坐船行驶到巴拿马和古巴之间。虽然我们已经看过了船只熄灯、救生艇等所有相关知识，但我们的船长却没有任何战时航海的亲身经验。他关闭了所有灯光，转出救生艇，船最后在黑灯瞎火中悄然抵达纽约。那是一种令人恐惧的感觉，但同时也有一种心中石头落地的释然。现在，我们对德国的立场，终于明确了。

对于巴拿马，如果我在那里发挥不了什么作用的话，我也不打算再回去了。此时的我，一心想要带领另外一个航空中队，尽快奔赴欧洲战场。

第四章　第一次世界大战：没能上战场，守着办公桌

我带领一支飞行部队去法国参战的抱负最终没能实现。在某种程度上，直到今天，这仍旧是一个遗憾。二战期间，在华盛顿，我宁肯自己身边少一些第一流的作战参谋，也要把他们派到前线历练一番，免得他们像我一样没有实战经验。

整个一战期间，我不断地请求奔赴海外战场，但总是被驳回。在战争的大部分时间里，我都在战争部航空处担任中层军官。美国一共参战十八个月，我基本上都待在华盛顿，已经是佩戴飞鹰肩章的高级军官了。战时的晋升速度非常快——特别是在空军部门，因为低级军官中几乎没几个人懂得飞行。1917 年 8 月，我已经成为陆军中最年轻的上校(尽管是临时军衔)。我和妻子看着我肩上的飞鹰标志，虽然很开心，但总觉得好像有点儿不真实，甚至有点儿不好意思。在那个年代，年轻人一般是不可能得到上校军衔的。刚刚升职的那段时间，从家里步行去战争部上班，我总是走僻静一些的后街，总觉得街上的人们都在以怀疑的眼光看着我。内战时期曾经有过三十岁的上校，但那是我出生之前很久的事了。

一战期间，“工业化生产”开始大规模制造武器，而不再是过去通过军需官采买的“补给”。工厂也开始忙得像打仗，工人就像前线的步兵一样。

威尔逊总统发表战争宣言之后的两周，巴尔福的英国代表团抵达哈利法克斯，准备前往纽约。4 月 24 日，法国前总理维维安尼和霞飞元帅

从法国抵达华盛顿，紧接着是来自意大利、比利时、俄罗斯、罗马尼亚和日本的使团。很快，一项总额为95亿美元的国外借款计划被提交国会投票。虽然这项借款计划本身看起来好像是成功的，但只有很少人能够意识到，这些借款首先是用来购买美国物资和装备的，而我们自己陆军、海军的装备还不知在哪里呢，更别提给盟国的了。与此同时，征兵活动进行得如火如荼，各种鼓舞人心的征兵广告，海军、陆军士兵长的大声吆喝，还有美丽的姑娘们，无不令人热血沸腾。我们也有几张很不错的征兵广告。“成为美国王牌飞行员！”有一张这么写着，“加入祖国的空军。”人们的爱国精神被激发出来，纷纷冲向征兵处。这份热情固然值得赞扬，但是，负责名额分配的人很快就发现，它需要加以合理的利用。

此时，比利·米切尔上校作为第一个美国空军观察团四名成员中的一员，已经启程前往欧洲。在宣战前的一周，他经由西班牙登陆，前往法国巴黎。他对美国空军发展道路直言不讳的批评，无形中疏远了他与华盛顿的关系。当时我们空军其实没有一个人不是正规部队，上面却建议将空军建设成为民兵性质的国民警卫队，这尤其让他恼火。他公开抨击道：“和国民警卫队一起下地狱吧！”这样的言论的确有些不妥，也让战争部长贝克特地为此发表声明予以纠正。

然而，仅仅几周之后，比利·米切尔就成为了战争期间最著名的美国英雄。他成为第一名飞越敌军阵地上空的美国军官，并获得了他的第一枚法国十字勋章。他不顾法国总参谋部的反对，坚持在前线战壕中待了十天。他还见到了贝当元帅①，元帅抛开手头的紧急事务，与他就美

① 亨利·菲利浦·贝当(Henri Philippe Pétain，1856—1951)，法国陆军元帅，维希法国总理。1876年加入法国陆军。1878年毕业于圣西尔军校。一战期间因领导1916年凡尔登战役而出名，成为当时的英雄。在法军索姆河惨败后，他在最黑暗的时候重振了法军士气。二战法国战败后，出任维希政府总理，1940年6月22日与德国签订《贡比涅森林停战协定》。1940年7月至1944年8月任维希政府元首，成为纳粹德国的傀儡。——译者

国的援助问题进行了会谈。他一直源源不断地向国内发送着各种报告，从炸弹到德国降落伞的有效性。我们的飞行员，当时也可以配备降落伞，但一直到停战之后，他们都以这玩意儿不派用场为由拒绝使用——不是战争部，而是飞行员自己。

协约国的轰炸机，不时在敌方的战壕或是村镇投下几百磅炸弹。对此，比利用他热烈的叙述风格报告：“轰炸机部队确信，如果给他们足够的飞机和炸弹，不久之后德国就将灰飞烟灭。”这样的事实让他深有感触：“我们的飞机可以在几分钟之内飞越陆军厮杀的战线；而就在这些地方，三年来陆军却困守原地，止步不前。”

1917 年 5 月 24 日，确切地讲，是在威尔逊总统向国会提交宣战声明四十八天后，一封著名的电报，来自法国总理里博，让战争部炸开了锅。电报中列举了美国在短期内需要完成的援助项目。它提出，在 1918 年春季之前，美国需要援助法国 4 500 架飞机、5 000 名飞行员和 50 000 名机械师，以及其他必要的人员和物资。它还要求美国每个月必须生产 2 000 架飞机和 4 000 台发动机。也就是说，在 1918 年上半年，16 500 架飞机和 30 000 台发动机必须生产出来(还不包括用于训练的飞机和发动机)。

在白宫以及陆军和海军联合技术委员会的推动下，法国人的提议于 5 月 27 日获得批准。同一天陆军和海军部长也签署了同意书。我们被要求准备一份清单提交国会。一直人手不足的航空科，听到这个消息都兴奋不已。这是我们的第一个项目。当时美国的航空力量总共是 52 名军官，1 100 名士兵，加上大约 200 名民用机械师。在 130 名所谓的飞行员中，只有 26 人是真正具备资格的。我们一共有 55 架飞机，其中 51 架是已经淘汰的机型，4 架即将报废，并且没有一架战斗机。

里博总理发给威尔逊总统的电报——实际上是比利 · 米切尔的“杰作”。我们几个人立刻就意识到这一点。后来，比利自己，也颇为得意地证实了我们的猜测。“我觉得，”他在5月初的日记中写道，“让法国政府给我们的政府施加压力，应该是个好办法。”他的传记作者，艾萨克·莱文先生，对这件事做了描述。比利先去拜访了法军司令部，然后编写了一份通讯稿，于5月6日由法军司令部提交给国防部长，提出了应当要求美国援助的空军规模，以实现“夺取并保持制空权”。这份稿件中还提出，在1918年5月1日之前，前线要有8 000架飞机，飞机总数要达到20 000架，配备38 500名机械师，另外还要求提高发动机的月产量。此后不久，便有了那份里博发给威尔逊总统的电报。

这个时期，我们“在航空领域中排名世界第14位”。实际上，真实情况更加糟糕。我们完全没有航空力量，统计数据根本说明不了问题。照理说，凭着美国的人力、工业生产能力，以及技术能力，足以支持建立任何我们想要的军队——如果真的有具备这样能量和资源的机构，如果有时间的话。我们还有时间吗？

1917年5月1日，我们接到来自法国使团的秘密情报，德国人在空战中已经占据了优势。地面部队意识到，美国的军事援助真正能够在法国发挥作用，至少需要一年时间。除了飞机和装备不足的因素之外，培训一名飞行员需要六到九个月时间，而地面作战士兵只需要三个月。我们需要多长时间才能够在西线投入美国的空军力量，“夺取并保持制空权”？

相比之下，海军的情况则要好得多。自从美西战争之后，甚至更早至马汉的海权理论发表之后，从美国民众到国会，都倾向于发展壮大海军的功能与规模，在某种程度上，陆军不再是一支独大。而海军也充分利用舆论导向，不放过任何能忽悠国会和美国民众的机会。

海军还有另一个有利条件，空军也同样具有，尽管人们意识到这一点需要一段时间。在和平时期，船员们也必须要时刻保持高超的技能，以应对真正的对手——大海。同样的，每架起飞的飞机，无论开不开火，都要面临空中的危险。而陆军，除了少数几支训练有素、驻扎海外的正规军，例如驻墨西哥的部队，在和平时期，大多数只有在军事演习的时候，才有机会接触新装备或进行大部队集结训练，或者，就只有等待真正的战争威胁来临。

行驶在大海中的船只，要臣服于海洋的力量，而不是它们自己，这个道理海军不需要通过战争就会明白。尽管海军还需要进行大规模的扩充，但是一个现代海军体系的核心要素——船坞、海岸基地、船只和给养的轮换安排，以及除普通船员之外的技术人员——现在都已经具备了。现在战争真的来临了，陆军需要准备的事情确实更多。因为这毕竟是他们第一次迎接现代战争的真正考验。

1917 年，美国政府发行了战争债券。一时间，到处都是征兵站和印着“柏林野兽”宣传画的征兵广告，还有兴奋的新兵们。沥青纸搭建的营房如雨后春笋般在各地涌现。此时的战争部也忙得无暇顾及我们陆军航空兵了。我们的上司需要考虑的事情千头万绪，步兵师、战场电话、亚普汉克和斯帕坦堡①、骡夫、骑炮兵、战壕头盔、宽边毡帽、毒气面具、帆布裤、航运优先权、法兰西 75 度酒、垫路木板，以及潘兴②将军立马就要的各种物资。在这场战争中，我们航空处能做的似乎不多，即使我们得到少有的发言机会，由于缺乏经验，也提不出什么令人信服的

① 亚普汉克(Yaphank)和斯帕坦堡(Spartanburg)，当时均是德裔美国人聚居的社区，纳粹主义活动比较活跃。其中亚普汉克区内的“齐格弗里德营地”是纳粹夏令营的举办地。——译者

② 约翰·约瑟夫·潘兴(John J. Pershing，1860—1948)，美国军事家，合众国特级上将，美军历史上军阶最高的人。1886 年毕业于西点军校。1916 年 3 月至 1917 年 2 月，率军对墨西哥进行武装干涉。1917 年 4 月美国参加一战后，任美国远征军司令，6 月率美军在法国登陆。大战末期，率领美军单独进行圣米耶勒等战役，协同英法联军对德国发动总攻，突破兴登堡防线，迫使德国投降。1921 年任美国陆军参谋长。1924 年退役，著有《我在世界大战中的经历》。——译者

建议来。我们通信兵的长官们，总是专注于那些外国使团的评论和意见，从来不听我们的。英国、法国和意大利自然希望美国能够马上提供所有援助——人力和设备。虽然他们在几乎所有问题上都很难达成一致，但有一点例外——我们这些美国飞行员，却始终被蒙在鼓里，什么都不知道。他们已经在战斗，而我们没有。所以，我们只能听从他们的吩咐。1942 年，历史再次重演，不过有一点不同。那时的美国空军已经建立了一些坚实的理论基础，尽管这些理论只能通过和平时期的测试和海外战场上的观察加以论证。

一战时候就完全不同了。我们除了有一些武装侦察的飞行经历之外，没有任何空中作战的经验与理论。尽管比利·米切尔有炸平德国的雄心，我们却连轰炸机都没有一架。而德国人春天时在西线搞的诸如编队飞行之类的新玩意儿，我们听都没听过。莱特兄弟和寇蒂斯是美国人，莱利·斯科特的轰炸瞄准器、刘易斯的机枪，都是源自美国的发明，但我们现在却只能眼睁睁地看着它们在欧洲得到应用和发展，真是令人倍受打击。大概三年前，德国人和法国人就在飞机上使用手枪互相射击。1914 年，两国的飞行员都曾向地面上行进的军队进行射击，希望子弹能够穿透步兵们的钢盔。最初，飞机炸弹是由带有尾翼的炮弹制成，后来才发展成科技含量更高的制导炸弹。而自从安东尼·福克①1916 年发明了同步机枪，就是可以与螺旋桨同步、确保子弹从螺旋桨的

① 安东尼·赫尔曼·杰拉德·福克（Anthony Herman Gerard Folcker，1890—1939），荷兰人，航空业先驱，美国飞机制造商。1911 年 6 月获德国航空协会颁发的第 88 号驾驶员执照。1912 年组建福克飞机制造公司，德国军方慧眼识珠，帮助他在柏林以北 350 公里的什未林建立工厂。一战期间，福克工厂生产了一系列性能优异的战斗机，总数达 3 500 多架，构成德国空军主力。期间他在法国人的滑弹板基础上发明了“机枪射击协调器”，能协调螺旋桨叶和机枪射击同步运动，使德军飞机的攻击能力和命中率大大提高，大量击落协约国飞机，空战史称“福克灾难”。德国王牌飞行员大多驾驶福克飞机作战，“红男爵”里希特霍芬击落敌机 80 架，即因漆成血红色的福克 Dr. I 三翼机而得名。——译者

空隙中射出的机枪，那批互相打手枪的空中枪手中才出现了真正的王牌飞行员。随着这些新型武器的出现，进而又演变出新的飞行战术。但是直到5月份的里博电报之前，我们战争部的上司们都没有对飞机作为攻击武器的功能给予什么特别关注。

我们的第一项任务，是为每两个师配备一支飞行侦查中队和一支气球中队。那时的美国空军没有任何战斗经验。

就在美国参战之前，政府成立了飞机制造局，由自动化工程专家霍华德·E·科芬任局长。科芬既是一位杰出的制造专家，也是一位工程专家，但对飞机和飞机制造却一无所知。他建立了一个专利池，给专利持有人——莱特、寇蒂斯、布莱里奥等人每件专利1 000美元作为报酬，希望通过这种方式消除有关专利所有权的争夺，并使所有的飞机制造商建立稳定的合作关系。但是，这个专利池后来陷入了困境之中，据我所知，无论是飞机设计师还是飞机零部件的设计师，没有人认为它是合理的。

就在潘兴到达利物浦的十八天之后，博林代表团也于6月26日来到这里。代表团由空军预备军官R·C·博林①上校带队，11位来自陆军、海军以及民间的技术专家组成。他们的任务是配合美国远征军空军部队司令官，寻求美国空军与英国、法国和意大利的合作，诸如培训、飞机制造和作战指挥，等等——简而言之，就是按照里博电报的要求——最大限度地配合我们的盟友。会谈讨论了联合培训计划，以及共同的飞机采购计划。

---

① 雷纳尔·考索恩·博林（Raynal Cawthorne Bolling，1877—1918），美国陆军上校，美军在一战中牺牲的第一位高级军官。早年从事职业公司律师工作，美国陆军第一批飞行员，参与了早期的空军国民警卫队和空军预备役司令部的组建。美国参加一战后，率“博林代表团”出使法国，为组建美国远征军空军部队做准备工作。他留在法国担任了数个参谋职务，并被选定为即将组建的远征军空军战斗机部队司令官。1918年3月26日，他去前线考察地形时，在德军“春季攻势”的首日进攻中阵亡。美国博林空军基地为纪念他而得名。——译者

在我们参战之前，陆军通信兵主任斯奎尔[①]将军已经邀请了多个外国代表团来美国访问。我们也派出了一支代表团出访加拿大。

航空科根据里博的要求，制定了一份预算，几乎令战争部惊掉下巴。战争部对此会有何反应，我们只能靠猜了。这份本就已经让我们通信兵部队上层惊呆的“5 400 万美元计划”，于 3 月 29 日被提交给战争部长。按照计划，需要成立 16 个侦察中队和 16 个气球中队，必须招募 1 850 名飞行员和 300 名气球操控员。而这份计划仅仅满足了为陆军的步兵师和骑兵师配备飞行侦察部队，轰炸机和战斗机部队还没有考虑进去。最终，这份计划被削减至 4 345 万美元，并于宣战后的三个月，6 月 15 日正式通过。

在此之前，自 1907 年航空科成立以来，总共只获得 90 万美元的拨款，其中 50 万美元用于支援潘兴的墨西哥远征军。我从西点军校毕业以后，平均每年拨款大约 10 万美元。现在，我们终于可以真正地大干一场了。即使我们已经尽力缩减，提交的清单仍然非常庞大，22 600 架飞机，45 000 台发动机，采购、建设和维修总价值达 7. 075 41 亿美元。这份清单提交上去之后，尽管又经过一轮削减，最终的金额仍高达 6. 392 414 52 亿美元。我们的顶头上司惊呆了；陆军总参谋部表示看不懂。但是盟国们正等着回音。

尽管总参谋部 7 月 4 日否决了这份预算，根据斯奎尔将军的提议，战争部长还是批准将它呈交给众议院的拨款委员会，并于 7 月 6 日通过，据说 7 月 13 日又获得众议院军事委员会一致同意。众议院于 14 日进行

① 乔治・欧文・斯奎尔(George Owen Squier，1865—1934)，美国陆军少将。1887 年毕业于西点军校，1893 年获约翰・霍普金斯大学博士学位。他撰写、编辑了许多关于无线电和电气的文章书籍。1896 年，他和达特茅斯大学教授阿尔伯特・库欣・柯瑞豪发明了测量弹丸离开炮筒之后速度的技术，他们还合作开发了同步交流电报系统。他最大的贡献是 1910 年发明了载波电话多路复用技术，为此 1919 年被选入美国科学院。——译者

了辩论，当天通过。16日，这份著名的“6.4亿美元清单”被呈报给参议院军事委员会。21日，参议院通过了预算。7月24日，总统签署同意。据我所知，直到写这本书的时候，这份预算也还未获得陆军总参谋部的批准。

现在我们有钱了。成百上千，后来是成千上万的热血青年报名加入空军。但我们起步的基础只有一些培训机场——在那年夏季，全美国只有八座。从机库、运输工具到餐具，要什么没什么，而且我们仍然没有战斗机，更糟糕的是，也没有处理这些事务的办事机构。

格雷尔上校，除了是一名权威的历史学家之外，还先后担任美国远征军空军部队的总工程师、副参谋长和参谋长。他在一篇文章中写道：“我们面临的最基本的任务，是人才的培训……组建一支更庞大的空军远征军，物资方面总体而言不是问题……限制因素就是，训练有素的人员。”

这种情况可能只是发生在远征军的空军部队中，或者只是发生在格雷尔写文章的时候。从更大的范围来说，我们面临的问题恰恰相反。空军最终的建设规模只达到里博计划的一半，在这个过程中，最令我们头痛的问题几乎都是由于物资短缺引起的，很多时候是完全断档，特别是飞机。人力有了，关键技术很快也有了，但是装备——工厂和机器——却没有。在战争结束的时候，在我们组建的空军战斗部队中，有数以千计经过培训、渴望飞上蓝天的年轻人，许多都是接受了全面专业训练的，却由于缺少飞机、个人装备、补给和船运设施等原因，只能待在国内的地面上傻等。

在1917年，如同后来的1942年一样，由于特殊的历史环境，使得美国的空军飞行员，比其他任何军种都更容易被盟军拉来当替补队员。因为我们有飞行员却没有飞机，而英国、法国和意大利正好相反，极度缺乏飞行员，培训设施和飞机却被闲置。经过协商，在拥有自己的战斗机之前，我们先在国内尽可能给飞行学员们提供最好的基础训练，然后再把他们送到协约国的学校里进行高级训练。博林代表团，英国、法国、意大利和华盛顿的我们，在这一点上达成了一致意见，虽然各自目的不同。

1917 年 8 月，当一部分在国内完成基础训练的学员，陆陆续续开始前往国外时，我们发现情况似乎并不像之前想象的那么美妙。格雷尔，此前曾是博林代表团的成员之一，对于国外飞机比飞行员多的情况应该很清楚，但是他认为“欧洲学校里的热闹景象，对我们自己的航空事业发展来说，其实是一种严重的阻碍”。而在欧洲，也有类似的言论，“欧洲的情况已经发生了变化，那些在 1917 年夏天时候本来还闲置着的培训场所，等秋天我们的学员到来时，却常常人满为患，无法使用”。

如果不算上成立于 1916 年、后来整编成美国空军第 103 驱逐机中队的拉斐特飞行队①，美国参战后第一支派到欧洲西线战场的飞行中队是一支侦察部队(第 1 中队)，不久就回到后方进行射击训练。第一支投入战斗的部队是第 94 驱逐机中队，后来被誉为“埃迪·里肯贝克的决斗中队”。一直到 1918 年 4 月 14 日，我们的空军部队才开始真正配合我们自己的陆军作战。我们不得不说服所有主要的盟军伙伴，我们说的话是认真的，美国飞行员不仅要开始穿美军的制服，而且要在美国空军自己的中队作战。

---

① 拉斐特飞行队(Lafayette Escadrille)，是一战期间法国空军中一支主要由美国民间志愿飞行员组成的战斗机部队，名字来自法国贵族拉斐特侯爵。一战爆发后，美国战地服务团主管埃德蒙德·L·格罗斯博士，针对当时已经有美国雇佣兵在法国担任飞行员的情况，致力于游说法国政府组建一支为法国而战的美国空军志愿部队，旨在唤醒美国民众的参战意识。1916 年 3 月 21 日，经法国空军部批准，拉斐特飞行队成立，编号第 124 中队，指挥官是法国上尉乔治斯·塞纳尔特，使用的飞机、地勤技师和制服也都是法国的，先后有 5 名法国指挥官、38 名美国飞行员在该中队服役。——译者

无论在国内还是国外，如果我们面临的问题只是缺少教官和热情报名的学员，那么我们的培训项目可以立即开展起来。大体上，我们的目标是建立 41 所飞行学校——25 所在美国，16 所在欧洲，包括在法国的伊苏丹建立一个超级培训中心，这是个拥有 14 座独立机场的建筑群——这个目标很快就能完成了。我们与一些学院和大学进行了合作——加利福尼亚大学、康奈尔大学、佐治亚理工大学、伊利诺斯大学、麻省理工学院、俄亥俄州立大学、普林斯顿大学、得克萨斯大学——我们建立了地面培训学校，28 所技师培训学校，先是两所然后是四所摄影学校，以及培养工程师还有副官的学校。锡尔堡建了一所炮兵观测培训学校。我们按照赴加拿大代表团带回来的经验模式，如法炮制——设置三个月课程，每周有 200 人能够完成培训毕业。

报纸上开始充斥着诸如“空中骑士”“战鸟”“里希特霍芬的马戏团[①]”“在火焰中射击”“空战王牌”之类的字眼。飞行员们则展开了创造击落德军飞机纪录的比赛，竞争激烈好像美国锦标赛一样，吉内梅和勒内芬克创造的纪录后来被里肯贝克和吕夫贝里打破。起初的胜利和荣耀属于法国上尉德·拉格率领的拉斐特飞行小队——成员有诺曼·普林斯、威廉·肖、维克多·查普曼、奇芬·洛克威尔、伯特·霍尔、埃利奥特·考登以及詹姆士·麦康奈尔(1918 年，他们转入美国空军时，第一批成员中还有一些幸存者，但等到战争结束，只有肖和霍尔还活着)。他们每每取得空战胜利，都会令大洋彼岸的美国人民欢欣鼓舞，额手相庆，无论是纽约还是华盛顿，甚至是小镇的街道上，都能看到庆祝的人群。

早在 1916 年时，人们已经认为空军是军队中的精英，这种感觉从民

① 曼弗雷德·冯·里希特霍芬(Manfred von Richthofen，1892—1918)，一战德国空军飞行员，被称为王牌中的王牌，击落敌机 80 架。他将自己的战机涂成大红色，绰号“红男爵”。——译者

众的热情中便可见一斑。民间纷纷成立各种团体组织，比如耶鲁大学和哈佛大学的“航空俱乐部”，民间志愿飞行队自费学习飞行，长岛的富人们也将庭院庄园捐献出来作为“训练营地”。普拉茨堡最优秀的预备军官中，有相当一部分人盼望成为飞行员。威尔逊总统于1916年7月13日批准成立“航空预备队”，想要成为飞行军官的人先要支付大约500美元的费用，完成初级训练，然后再进入陆军飞行学校进行为期六个月的进阶训练。1916年底，乔治·斯奎尔中校从驻伦敦陆军武官调任陆军通信兵航空科的头儿。他建议废除自费计划，每年从平民中选拔培养500名飞行员，培训的费用全部由陆军承担。

在参战最初的几个月里，战争的气息似乎还没有渗透到“战争部的殿堂”之中。现在，这儿终日忙个不停，为大批空军新兵的培训事宜举行各种会议，配备装备，以及其他准备工作。

我说“战争部的殿堂”是一种比喻。在那个时候，穿着航空科的制服，即使在华盛顿也能被一眼认出来。需要说明的是，在本章中提及的“航空科”“航空事务处”“飞机处”“航空处”“航空勤务处”等，这些乱七八糟的名称都是指原先的“通信兵航空科”，尽管前后被更名了六次，但我们一直都还是那个通信兵下辖的部门。直到1918年5月，我们从通信兵独立出来，作为陆军直属独立的“航空勤务队”。

最初，航空科的工作职能都是与飞行相关的，比如人员需求管理，培训与运作管理、飞机的设计和发展等。在1917年期间，陆陆续续地，这些工作大部分被从航空科剥离出去，并新设立了一些独立的部门，由通信兵主任直接管辖，理论上，由他协调他们的工作。

从管理的角度来看，这么做对我们的迅速扩军计划——最终目标是14.8万人，没有任何帮助。不像后来二战时期那样，我们此时还没有足够的可以随时调用的预备军官储备，我们只有50个人。招募数千名有经验的平民并快速培训，这是我们在1917—1918年学到的经验，并非某人的突发奇想，后来在1942年也是这么做的。9月5日之前，我们的做法是从正规陆军的其他兵种中挑选军官，给予一到两级职等的提升，将他们调入空军。后来，我们又从平民中挑选那些经过特殊培训和具有相关经验的人。

陆军通信兵各部门之间频繁调整所导致的工作职能不协调，才是所有问题中最糟糕的。当时，飞机的数量、类型以及供给都由科芬先生的飞机制造局掌管，包括所有生产工艺的相关事项，从测试到备件。由于飞机制造局和通信兵主任办公室都缺少有经验的飞行员，采购工作只能由产品处负责——这样的机构设置非常不合理。飞行人员只是被当作生产和工程问题的顾问。这样的安排，使那些不得不驾驶飞机的飞行员们士气低落。

在说起一战中美国空军最头痛的问题——飞机制造之前，有一点需要强调，那就是这里所谈到的问题在将来还会再次发生。我们国家的空军力量远远落后于它应该达到的水准，以至于1917年启动空军建设的时候，几乎是一片空白，在技术方面也十分初级。而另一方面，那些充满想象力的政治家们却在夸夸其谈，包括我们战争部自己，净说一些诸如“我们的空军将淹没西线”之类的大话。“如果我们立刻行动，在明年的这个时候，我们能够向法国前线输送1万名飞行员……从1917年11月开始，每月提供2万台飞机发动机！……我们将让基尔运河毫无用武之地！”难怪霍华德·科芬的文章上了1917年《星期六晚邮报》的头版头条：“5万架飞机冲向柏林！”

如此大张旗鼓宣传的后果就是德国人立即启动了他们称之为“美国计划”的项目，并且大幅增加了西部前线的空军兵力，而此时，我们还没有一架飞机抵达前线。除了少数条款，我们航空勤务队关于人员和飞机生产的承诺都还未能兑现。但是，在战争最后的六个月中——美国人真正完全投入战斗的阶段——美国飞行中队的表现，不仅创造了辉煌战绩，并且实现了革命性的战术创新。我们的第一支战斗机中队于 1918 年 4 月 14 日抵达西部前线，这时距离美军在坎蒂格尼发起反击还有整整六周时间。坎蒂格尼之战，是击溃鲁登道夫①最后一次大规模进攻的开端，也使美国军队的战斗力首次为世人瞩目。在 1918 年 5 月 28 日早晨 6 点 45 分，第 1 师发起进攻之前，潘兴将军在法国的几支部队，在协约国中引起的争议更甚于对德国人造成的威胁。而此后，他们成为战场上的先头部队——实际上，是胜利的先锋。

“美国步兵才是这场战争的主宰者。”这番话并非出自潘兴，而是兴登堡在 1918 年 11 月的黯然慨叹。在圣米耶勒和马斯河战役中，美国空军使用了历史上第一次集群式作战，经历了艰苦的战斗，出色地完成了配合步兵作战的任务。尽管有些马后炮，但这也算是空军做出的贡献。就像一些历史学家喜欢说的，如果把手指从堤坝上移开，会发生什么呢？如果战争再持续一年时间，我们的飞机生产和人才培养可能会得到更大的发展，当然这是题外话了。美军决定了协约国最终的胜利，而这其中，也有美军飞行员的一份功劳。

我们在华盛顿的航空科办公室，作为全国各地蓬勃发展的飞行业务的指挥中枢，每天都异常忙碌。而人员上的频繁调整，几乎每周都有，对我们的工作似乎没有产生什么积极影响。那些加入航空科的飞行员们，其实内心都只把这里当作一个过渡，他们真正的目的地是海外战

① 埃里希·冯·鲁登道夫（Erich von Ludendorff，1865—1937），德国陆军上将。1881 年毕业于陆军士官学校。1890 年至 1893 年在柏林陆军军事学院学习。1894 年进入陆军总参谋部，颇得总参谋长施利芬赏识，参与了“施利芬计划”的历次修订。1908 年任陆军总参谋部负责训练和动员的第二处处长，1912 年提出扩充 30 万常备军的方案。1914 年一战爆发后，任第八集团军参谋长。1916 年任军需总监。1918 年 3 至 7 月，指挥德军先后发起五次攻势，企图在美国做好战争准备之前在西线取得决定性胜利，遭到失败。一战后拥护极右翼政策，曾参与 1920 年卡普暴动和 1923 年希特勒的慕尼黑“啤酒馆暴动”，在随后的审判中无罪释放。1924 年至 1928 年任纳粹党国会议员，1925 年被提名为总统候选人。20 年代以后基本退出政坛，致力于撰写关于战略和总体战的著作，1935 年出版《总体战》。——译者

场。每当真的有人奔赴战场，我都有和他一起去的冲动。但也只能是想想而已。

1917年2月，约翰·B·本内特中校，另一位不懂飞行的军官，成为陆军通信兵航空科的主任，直到9月份，被随即提升为准将的本尼·弗洛伊斯上校接替。而我自己的职务也多次调整，先是信息组的技术主管，然后是行政副主任，之后成为航空处行政主任。我对当时自己的职务挺满意，这个位子相当于二战时期的空军副司令，三星中将。或许在两次战争期间，美国空军的发展应该平稳一些吧。当本尼·弗洛伊斯调任海外，我仍然被留下来主管行政——这时的职务是“航空处副主任”——同时作为华盛顿处理空军事务的高级官员。亚历山大·L·戴德准将，一位坚毅的老派骑兵，接管了航空处。只要做事循规蹈矩，特别是按照骑兵的套路，他都不会反对，而莱特兄弟似乎并没有给他留下什么太深的印象。一次，当我们开着一辆老式的大型指挥车行驶在华盛顿的街道上时，他一脸认真地对我说：“阿诺德。”

“是，长官。”

“我想，如果我们上车的方式参照海军在小船上使用的礼仪，应该是个好主意。”

“长官?”

“你知道他们是怎么做的。登上一条小船时，低级军官通常走在前面。出来时，高级军官在前面。你明白我的意思吗?”

“明白，长官。”

如果说那时的航空科处于一片混乱之中，整个陆军其实也一样。就拿奉命赴海外配合第1步兵师的第1飞行中队来说，在5月底，中队所有人已经整装待发，准备从墨西哥边境前往出发港口。第1师于6月启程出发，按理说，部队的行动计划总参谋部应该是知道的，包括第1飞行中队应当随同第1师一起出发这件事。但是第1飞行中队发回来的消息却令人无语，他们没有跟着任何部队——他们被落下了，而此时所有的行李、装备都已经打包装箱，堆在火车站台和铁轨边上——在亚利桑那的诺加莱斯。他们束手无策，只能在原地焦急地等待。前线指挥官一封接一封地发电报了解进展情况，但我们总参谋部负责第 1 师行动计划的军官们却数次要求他们证明自己不在法国。因为他们不能也不愿相信这是真的。第 1 飞行中队与第 1 师汇合时已经是 8 月份了。

而发生在 1917 年秋季的另一件事，也说明了当时在物资和行政协调方面存在的问题。法国当时人力奇缺，因此向美国提出安排 332 名军官和 4 000 名士兵到他们的汽车厂，从而替换出相同人数的法国人到飞机厂工作。我们立即组建了四个汽车修理团，每个团大约 1 000 人。在南卡罗来纳州的格林兵营建造了专门的营房。每个团由一名正规陆军校级军官担任团长，同时配备一名懂汽车生产、装配与维修的技术官员做副团长。

亨利·乔伊中校，曾经是帕卡德摩托车公司的总经理，被选中成为第一支赴海外汽修团的副团长。计划出发的时间到了，却未能成行。因为虽然人员的培训和组织已经完成，但是诸如勺子、餐具和鞋子之类的物资却没有配备到位。当法国再一次发来请求，陆军总参谋长塔斯克·布利斯将军召集我开会，询问为什么汽修团没有按承诺的时间出发。我拿出一份短缺物资的清单，布利斯将军让我立刻去找当时负责主管陆军所有采购、供应和运输事务的戈瑟尔斯将军。

和戈瑟尔斯将军的会谈很简短但不是很悦耳。“你是什么意思，没有装备！”他咆哮道，“他们肯定已经配备好了。管好你自己的事，年轻人，管好你自己的事！”但当我把他们自己的指挥官提供的报告给他看时，他说：“好吧，把这些清单给我。就这样。”几周之后，所有四个汽修团的全部装备都已到位，启程出发了。

随着招募新兵的增加，在 9 月 1 日之前，许多必备物资都出现了严重短缺的情况。因此战争部决定，新兵招募工作在12月13日之前全部停止，征兵处负责将现有新兵分配到那些既需要兵员、同时又有能力接收的地方。

此时，空军已经建好了新的学校，正等待着大批的新兵加入。然而，由于种种原因，10月份战争部长贝克批准招募的空军新兵数量大幅削减。其中一个原因可能是我们的招募标准在战时显得有些过高。不过，战争部还是批准了一次大规模的空军招募活动，截止期限是12月13日。我挑选了E·Z·斯蒂弗上校负责这次招募工作，还有H·M·比利斯比，一位来自芝加哥的著名企业家，被任命为中校。于是，一场全国范围的空军招募活动开始了。我们通过海报、报纸广告、演说会还有电影推广等各种渠道广为宣传，结果招募活动还没结束，空军的人数就从11月1日的2.2万人激增到1918年1月1日的8.7万人。

陆军规定，所有的新兵必须接受军务局下辖征兵处的审查。11月间，有超过5万名的新兵需要接受审查。这个数量远远超过了征兵处的接待能力。于是，市政厅、教堂、学校、私人宅邸、商会、礼堂，一切能住人的地方都被征用给这些新兵提供住宿。尽管航空处和军务局为此召开了数次会议，仍然没能避免局面的混乱，新兵们没地方吃饭也没地方住宿。我们的招募活动不得不停下来，几千人被送回去，被告知数周后再重新报到。最后一批新兵进入各自的空军培训基地已经晚了三四个月。

这件事对那几千名满腔热血的年轻人的影响是显而易见的。他们放弃了原本的生活，告别朋友和家人，高唱着"美国佬来了""再见，百老汇，你好，法兰西!"投奔我们而来。而我们所能做的，就是告诉他们回家去，放松一会儿。

同时，在英国、法国和意大利的高级飞行学校，由于缺少飞机，也越来越无法满足培训的需求。那些已经完成了国内初级飞行培训的学员们，不得不去执行别的任务，而不是飞行。当法国的装备供给情况开始有所好转时，已经到了1917—1918年的秋冬季节，欧洲和美国的天气情况十分糟糕，我们的几千名初级飞行员什么也干不了——至少是没法飞行。这导致他们的士气低落。他们的父母写信给地方议员，战争部要求我们做出解释，为什么他们的儿子加入了空军却不能飞行，只能在地面上做练习？

不过，尽管困难重重，到停战之前，我们还是向西部前线输送了一共2 768名经过完整培训的飞行员和观察员。国内和海外的陆军航空勤务队加起来，一共有超过2万名军官和14.9万名士兵，其中将近40%的军官和50%的士兵在法国或是英国的高级培训基地。如果当时有足够的飞机，部队的人数应该还会再增加一些。

1917—1918年期间，我们在飞机制造方面遭遇的失败，在一战之后仍然是我脑海里最深刻的教训。不过，这一点也是一直存在争议的，美国在飞机制造方面并非一无是处。在飞机配件方面，尤其是发动机，就取得了很突出的成就。例如，被人们反复称道的力博特发动机。力博特发动机虽然是典型的美国式设计和生产的产品，但它杰出的性能很快就得到协约国的认可，被大量采购用于他们自己的飞机上。一战期间，受陆军委派，有许多平民工程师和专家来到华盛顿为我们提供技术支持，其中有霍华德·科芬、E·A·迪兹、罗伯特·蒙哥马利、哈罗德·埃蒙斯、L·S·霍纳、西德尼·沃尔德伦，以及精通飞机发动机制造的专家——霍尔-斯科特公司的E·J·霍尔和帕卡德公司的J·G·文森特。

正常情况下，一种型号的发动机从设计到投产需要两年时间。迪兹（那时是迪兹上校）早在1917年，就颇有先见之明地提出，美国应该专注于研发一种发动机，如果可能的话，它可以满足各种型号的战斗机需求。沃尔德伦上校、文森特中校和霍尔中校都表示赞同。后来的故事为人们所津津乐道——据说迪兹把自己与霍尔和文森特关在华盛顿威拉德酒店的房间里，整整两天都没出来。当他们再次出现的时候，一款被命名为“自由”的力博特发动机诞生了。最初的设计是8缸225马力，能够满足1918年春季时各种战斗机的要求。1919年到1920年投入生产的时候，又升级为12缸330马力。

迪兹等人的设计是在5月29日完成的。6月4日，他们的计划就已经获得了飞机制造局、陆军和海军联合技术委员会的批准，以及刚刚回国的博林代表团的认可，V·E·克拉克上校和霍华德·C·马蒙中校也举手赞成。接着，福特公司动用最好的生产线迅速投入生产。

生产上遇到的困难接踵而至，而这些困难并不是由于设计问题导致的。海外部队的战斗经验显示，8缸的设计是不够用的，必须用12缸的加强版。尽管国内和欧洲起初对力博特发动机还有一些质疑，但它仍然是当时大功率发动机中最令人满意的创新。不过，人们对它也有一些盲目的乐观。虽然最初的生产计划不得不大幅度削减，但第一部8缸力博特还是在7月4日生产出来，第一部12缸模型也于8月25日制造出来。力博特的功率迅速从330马力提升到375马力，之后又到440马力，真是了不起的创举。力博特设计诞生一年之后，生产出来的发动机已经达到1 200马力。停战以前，我们的陆军、海军以及法国、英国和意大利在使用的一共有15 500台力博特发动机。

在这段时间里，美国的汽车工业源源不断地生产出公牛牌、霍尔-斯科特牌，以及获得许可的法国罗讷河、诺姆和希斯巴诺·苏莎牌发动机，在十八个月里，美国一共制造了3.2万台飞机发动机。但遗憾的是，我们的工厂生产战斗机远远没有生产发动机这么容易，数量也要少得多。

换个角度来说，美国人的创造力不仅体现在生产飞机部件的成功上，同时也在其他创新方面取得了极其重要的成果。现在常常被提起的这些创新中的一项，就是飞弹，这是属于未来的空中武器。二战中盟军在诺曼底成功登陆以后，希特勒也正是使用飞弹进行疯狂的最后一搏。二战结束前夕，飞弹的应用对我们的空军作战规划产生了重大影响，如今已成为一个国际性课题。

在那时，云杉因兼具重量较轻又坚固的优点，成为制造飞机最合适的木材。1917 年夏天，一种真正具有开创意义的方法，为陆军解决了云杉木材短缺这一问题。在布莱斯·P·迪斯克上校(后为准将)的指挥下，成立了云杉生产兵团，他们买下了大片生长冷杉和云杉的森林，然后让士兵进入森林伐木。后来，成立了注册资本 1 000 万美元的“美国云杉生产公司”，陆军修建了铁路以及伐木厂，开始大规模进行木材生产。在一战期间进行的所有生产活动中，这是唯一给美国政府带来利润的项目。

这段时期，美国的其他发明还包括配有电话的氧气面罩、电加热服、地对空无线电话、自动照相机、氦气球、飞行员座椅防护装甲、采用 8 挺机枪的对地扫射装置，以及在航空医学这片全新的领域中所做的探索研究和经验积累。

我们遇到的真正挫折还是在飞机制造方面。今非昔比，现在的年轻人，只熟悉二战的故事，会自然而然地将“美国”和“飞机制造”这两个词语联系在一起。然而，在 1917 年到 1918 年的整个一战中，法国和意大利上空的作战飞机没有一架是美国人设计制造的。美国既没有按计划的时间、也没有按承诺的数量生产飞机提供给欧洲。这原本应当是一次成功展示美国专利技术的机会，结果却演变成一系列令人汗颜的国会和相关机构的调查。

1917 年 4 月，美国只有 12 家中小型飞机制造厂商。在 1917 年之前，这些厂商为陆军生产了总共 154 架“军用”飞机。而 1917 年他们接到的军方和民用订单，总数达到 366 架。其中 9 家工厂所生产的数量占订单总量的 90%。尽管装有公牛发动机的寇蒂斯“珍妮”型飞机，被认为是一款优秀的初级教练机，但是当美国投入战争时，它在制造作战型飞机方面完全没有一点经验。

为了使飞机制造能力达到预期的发展规模，借美国高效的汽车工业一臂之力似乎成为必然。于是，霍华德·科芬和他的一班人被召集到华盛顿，成立了飞机制造局。尽管当时欧洲大战已经打了两年半时间，还有我们自己在墨西哥边境作战过程中积累的并非一无所用的经验，战争部却依然没有打算设计美国自己的战斗机。因此，美国必须选择一些已经被我们的盟友使用过的、经过实战检验的战斗机型进行生产。这也成为博林代表团6月份出访的首要任务。

第五章　你还要配件干什么？疯子！

在华盛顿几家外国空军使团的鼓噪之下，博林上校和他的代表团终于乘船前往欧洲了，而我们却只能待在后方继续忍受那些喋喋不休的游说。

关于培训方法的争论让美国人有些无所适从——英国人的戈斯波特训练体系与法国人的潘古因式截然不同，而意大利人还另有一套。无怪乎一位外国军官，在看了我们试图取各家之长，糅合形成一套自己的训练方法之后，评论道："英国告诉他们向北，法国告诉他们向南，意大利告诉他们向西，所以他们经常按照自己认为最好的方法做，向东。"

关于美国应该购买哪种型号的战斗机，几国之间的竞争也相当激烈。法国人强烈推荐他们的单引擎"斯帕德"，英国人推荐"SE－5"系列，意大利人则推荐自己的"波米利奥"。当法国推出"宝玑"轰炸机时，英国与意大利又为他们各自的"汉德利-佩季"还是"卡普罗尼"争论不休。二战中那些年轻的空军飞行员们可能不了解，尽管一战时空战还处于刚起步的阶段，但那时战斗机的型号可能比二战还要多。实际上，英国投入使用的不同机型有超过40种，法国超过50种，意大利超过30种，美国从欧洲购入9种，而德国在一战中也有超过30种作战机型。

"飞机(1917年到1918年间的官方报告结论)，是战场上所有武器装备中最短命的！"

在所有这些机型当中，博林代表团的挑选非常谨慎。最终他们选择了两款战斗机在美国进行生产。一款是英国的“德哈维兰-4”型(DH-4)，这款双座飞机不仅能够作为侦察机，而且可以作为轻型轰炸机使用，甚至还有望改造成双座的战斗机。另一款是单座的法国“斯帕德”型，这款机型不仅在前线战场表现出色，并且随着战事的发展进行了改良。

第一架“斯帕德”样机直到1917年8月28日才从法国运抵美国，而那时候，这款机型已经快被淘汰了。此时，潘兴将军发话了，认为我们不应该生产单座战斗机，把它留给法国吧，我们应该集中精力在双座飞机上。于是，尽管在前线的美军飞行员仍然驾驶着“斯帕德”作战，我们在这种机型上所有的投入，除了后来从寇蒂斯那里订了1 000架用于国内训练机之外，仅限于那些制造“斯帕德”飞机的技师是我们的汽修团赴法国后替换出来的汽车工人而已。我们也生产了14架“SE-5”，不过它们从未被运往国外。英国“SE-5”的拥趸们，也顾不上潘兴的决定了，不断地想要说服我们。而意大利的一个代表团也赶赴美国，想说服我们生产“波米利奥”。

如此一来，我们只生产DH-4一种机型了。这种飞机的生产样机于1917年7月27日抵达华盛顿，8月13日转运至代顿。这架样机上没有引擎，没有武器，没有战斗机必备的任何配件。并且，它标注的尺寸全部是公制的，我们在开始生产前，必须将这些米、厘米、毫米换算成我们的英尺和英寸。而这段令人头痛的记忆，也导致了我在二战时期，对于美国是否要制造英国的“蚊式”和其他机型时，犹豫不决。

在那个年代，DH-4的性能是很优越的。它能够在空中飞行大约三个小时，飞行高度可达19 000英尺；在十四分钟内爬升至10 000英尺，飞行时速124英里。此外，它的活载荷可达1 200磅。但是，它有个致命的缺陷，如果在设计的时候多一点经验，应该能够预见到。而这个设计上的缺陷也导致它在美国航空勤务队中落下了“飞行棺材”的恶名。在这种飞机上，观察员不是直接坐在飞行员身后，而是被一个巨大的油箱分隔开来。油箱的位置，使它在被子弹击中或撞击地面时(那时还没有降落伞)，经常会导致飞机起火，无论是飞行员还是观察员都难以逃生。以我长期与飞行员和飞机打交道的经验，我知道，如果飞行员真的相信某种飞机是“飞行棺材”或者“寡妇制造者”，那么它就一定会这样；除非他们改变自己的想法。

后来，在二战中，两款最优秀的战斗机——B－26① 和 P－38② 也遭遇了同样的命运。直到在吉米·杜立特的帮助下，B－26 才摆脱了恶名。一个驾驶 P－38 的飞行编队在每架飞机都只剩一个引擎的情况下，仍然冷静沉着地安全着陆，才令飞行员们对它恢复信心。1919 年之后，DH－4 升级为 DH－4B，将油箱移到后部，飞行员和观察员背靠背坐，它才摆脱了“飞行棺材”的称号。

1917 年 10 月 18 日第一架 DH－4 投入生产时，我们参战已经超过六个月了。而直到 1918 年 5 月 11 日，第一架 DH－4 才运抵法国，等到 7 月远征军空军部队在马恩河发动大规模进攻时，我们还没来得及向前线大批量运送这种飞机。而飞机引擎的生产也比我们预期的多花了数月时间。

---

① B－26“劫掠者”轰炸机，美国马丁公司研制，1940 年 11 月首飞成功，是二战中最受争议的机型之一。由于翼载偏高，着陆速度过大而频繁引发训练事故，被称为“寡妇制造者”，曾面临 4 次停产的局面，后马丁公司通过配备更大的翼展和更高的尾翼来改进其操纵性(从第 641 架 B 型机开始)。实际上 B－26 是欧洲战场上美国陆军航空队最重要的中型轰炸机，到了 1944 年成为欧洲战场上战损率最低的美军飞机，每百架次出击损失少于 1.5 架。——译者

② P－38“闪电”战斗机，是美国洛克希德公司研制的第一种军用飞机，1939 年 1 月首飞成功，其高速度和机头较大的空间也很适合作为侦察机。P－38 被广泛应用于太平洋战场，最著名战绩就是在布干维尔岛上空击落山本五十六座机。P－38 拥有许多令日军闻风丧胆的优良特性，高速度、重装甲、火力强大，太平洋战场上众多的美军王牌均驾驶该机。日本飞行员称之为“双身恶魔”。——译者

造成生产进度滞后的原因很复杂。从整个国家层面来讲，我们都没有做好充分的准备。当时的真实情况就是，美国最好的飞机生产商在制造战斗机时，也不得不承认自己存在差距。无论在工业领域还是陆军部队，真正懂飞行的人还没有掌权，除了在海外的远征军空军由弗洛伊斯将军指挥。航空勤务队也面临同样的问题。米切尔上校公开指责说，在法国没有一个美军指挥官明白使用飞机的要点是什么，除了他曾经服役过的第 1 兵团的指挥官亨特・李吉特将军。不过，直到 1917 年底，美国也没什么飞机可供他们使用，又如何能让他们搞明白。

一天，我与霍华德・科芬聊天，当时他正大力推进训练机和战斗机的生产。“想想看，”他说，“我们的工厂现在有超过 4 万架飞机的订单，而在明年 6 月之前他们就会全部完成生产。”

“很好，”我说道，“你订购了多少备件呢？科芬先生。”

“备件?”他问道，显得有些吃惊，“你为什么需要备件?”

很快，我们在训练中遇到的问题，给了他答案。短期内的产量数字没有任何意义，因为有许多飞机不得不拆下配件，为其他使用中的飞机提供备件，这就导致了我们始终说不清楚，我们到底有多少架飞机可供使用。

那年晚些时候，英国皇家航空队的李上校，在视察皇家航空队位于得克萨斯的军事基地时，发现没有足够的备件保障训练，为此深感忧虑。我建议他到我们所有的机场进行一次巡查，把他看到的情况发电报给飞机制造局，因为他们对此问题仍然持怀疑态度。他真的这么做了。那年冬天，在制造局召开的一次会议即将结束的时候，制造局主席问是否还有什么需要讨论的，李上校拿出一堆电报。

会场立刻陷入一片惊愕之中。因为这些批评来自英国的专家——而不是来自那些可以忽略的美国军官。飞机采购处的主任站起来说道，“这对战时生产委员会来说不算什么，这些问题我们可以稍后内部讨论解决。”但是，对于我的回应他显然没有准备。“我们讨论这个问题已经四个月了，一直没有结果。如果我们要继续训练，就必须马上采取行动。”会议径直结束了，不过我们的训练机很快开始得到备件，这时已经有三分之二的飞机由于没有备件而停飞。

B·Q·琼斯中校，美国飞行员中的佼佼者，曾经是第一位做过空中螺旋动作的飞行员，但是连他也不被允许驾驶那些引进的外国飞机。不言而喻，这意味着我们的人还没有获得足够的信任，相信他们有能力可以驾驶这些昂贵的飞机。

有一件事我记得很清楚。有一天，一位英国飞行员在华盛顿进行特技表演，海军和陆军的一些高级军官，聚集在战争部的屋顶上观摩。我们自己通信兵主管航空的一位高级军官，一直不断地惊呼：“你瞧瞧，快看哪！这样的动作只有外国的飞行员驾驶外国的飞机才能做到！”这令我非常气愤，我走下去打了个电话给代顿的A·D·史密斯①上尉，我们最牛的飞行员之一，让他来华盛顿。史密斯来了以后，去拜访了那位英国飞行员，说服他同意在第二天把飞机借给史密斯。英国人不知道，我已经刺激史密斯要竭尽全力，把毕生的绝活儿都抖出来，倒飞、翻滚、爬升、俯冲，等等。那天下午，我找了个借口，把那群人重新带到屋顶上。他们被震惊了，我们的通信兵老大又开始了感叹：“不可思议！绝了！比上回还要出色！没有人除了外国……”可笑的是，当他发现驾

① 阿尔伯特·丹尼尔·史密斯(Albert Daniel Smith，1887—1970)，美国陆军准将，先驱飞行员之一，人称“不可思议的史密斯”“陆军一号飞行员”。1916年2月创造了8小时42分钟的水上飞机飞行纪录。史密斯还是首次进行空中、空地无线电通讯的飞行员，经常受本书作者阿诺德将军委派承担最艰巨的任务。1918年3月在代顿莱特机场的坠机事故中受重伤，但很快就恢复执行任务；12月4日至22日，率领5架“JN-4”飞机，进行了第一次横跨美洲大陆的飞行。1919年参加了阿诺德将军组织的西北森林防火空中巡逻队。1923年因旧伤退役，曾组织建立科罗拉多大峡谷观光航线，后加入环球航空公司。1940年恢复现役，担任新墨西哥州阿尔伯克基空军基地指挥官。1942年至1943年担任空运司令部东部指挥官。1944年调任亚速尔群岛空军基地指挥官。——译者

驶着飞机的是一位美国飞行员时，他的热情劲儿立刻就消失了。

还有一回，那年冬天，在一次参议院听证会上，通信兵主任随口问道：“现在有多少战斗机运到海外了？”

负责生产的人被问得措手不及，他们仓促地讨论了一下，然后答复说：“我们现在没法回答这个问题，明天可以给出答案。”他们一回到办公室，就拼命打电话，要求把当时在代顿试飞的唯一一架 DH－4，用快车运到纽约。第二天一早，飞机一到纽约，便被迅速装船，赶在听证会重新召开之前起航。于是，提交给参议院的报告里自豪地写道：“我们已经把战斗机运往法国。”

然而，具有讽刺意味的是，那艘载有 DH－4 飞机的船在亚速尔群岛[①]遭到了鱼雷袭击，“美国造的战斗机已经运抵法国”这句话不可能实现了。这件事在后来的国会调查中导致诸多批评。

飞机测试中也存在同样的情况。由于那些管事的人缺乏飞行专业知识，当那架 DH－4 飞机装船运往海外时，它实际上还没有经过完整的测试。1918 年 5 月，在代顿进行的第一次真正的 DH－4 军机测试中，使用力博特发动机的飞机发生了失速螺旋事故，造成亨利·J·达姆上校和奥斯卡·布林德利身亡。奥斯卡 1911 年曾在西姆斯牧场和我一起学习飞行，是一位著名的飞行教练。

战争结束时，美国一共制造了 4 500 架 DH－4 型飞机。其中 1 216 架运抵西部前线，只有三架的型号不太一样——两架“勒佩尔”型和一架实验型的 DH－9——使用的是同样的“德·哈维兰”的模型。

---

① 亚速尔群岛，位于北大西洋东中部的火山群岛，由 9 个火山岛组成，陆地面积 2 344 平方公里，为葡萄牙海外领地，是欧洲、美洲、非洲之间的海、空航线中继站，战略和交通位置极其重要。第二次世界大战期间，建在特塞拉岛上的拉日什和圣玛丽亚岛上的圣玛丽亚两座空军基地，是连接美国与欧洲战场的交通中心。气象卫星问世之前，从亚速尔群岛收集和传送的气象资料对欧洲的气象预报至关重要。——译者

“勒佩尔”是木制胶合板飞机，由法国工程师设计，使用美国的力博特发动机，时速能达到136英里，性能比DH-4和DH-9都要优越得多。但是美国当时只生产了25架“勒佩尔”。

关于美国应该生产什么型号的夜间轰炸机，也存在严重分歧。英国人自认为“汉德利-佩季”是协约国同类机型中无可比拟的。意大利则认为就性能而言，“卡普罗尼”才是最优秀的夜间轰炸机。不过，“汉德利-佩季”的结构要简单得多，因此在制造上没什么难度。最终，美国对两款机型都予以采用。

著名的意大利军人、水手、诗人、飞行员，1919年因策划指挥了“阜姆事件”而扬名世界的邓南遮①上尉，带领一个由14名意大利专家组成的代表团来到美国，指导我们生产那款配有三个力博特发动机的“卡普罗尼”三翼飞机。然而意大利语成了障碍，由于美国工程师看不懂意大利文标注的图纸导致了生产延期，在停战前美国仅制造了一架“卡普罗尼”。

英国于1917年8月提供了“汉德利-佩季”的设计总图，但如果不是后续的详细图纸过了数月之后才给我们，如果《汉德利-佩季协议》得到真正落实，那么我们空军力量的发展壮大可能会提前十年。由于“汉德利-佩季”个头太大无法整机装船，当然，那时候也没有能够飞越大洋的飞机。于是，我们被建议在美国生产部件，然后把它运到英国进行最后的组装。

1917年12月，英国皇家航空队的R·C·布鲁姆菲尔德上校，随英国代表团抵达华盛顿。他带来了《汉德利-佩季协议》的样本，英方由

① 加百列·邓南遮（Gabriele D'Annunzio，1863—1938），意大利著名诗人、小说家、民族主义者。1915年5月意大利对奥宣战后，他志愿奔赴前线作战，参加了一系列陆海空战斗，多次荣获勋章。1916年因飞机失事致右眼失明。同时邓南遮也是著名的法西斯分子，是墨索里尼的主要支持者之一。为反对政府在一战后和谈中所持的软弱妥协立场，1919年11月曾率军占领阜姆城。——译者

空军大臣罗瑟米尔签署，美方由弗洛伊斯签署。这是一份很有远见的文件，也是非常有可能实现的。协议计划：在1918年的5、6、7三个月里，运送300架“汉德利-佩季”的部件和相应数量的力博特发动机到英国，此后每周运送40套部件；1918年9月1日之前，美国组建30支配备“汉德利-佩季”飞机的飞行中队；尽快派3 000名瓦工、木匠以及其他工人到英国修建机场；轮流派美国机械师赴英国培训，在英人数始终保持在1 500人。但是，要顺利完成计划中的任务，需要一个一体化高效运作的工作团队，那时并不具备，因此，最终只有101架“汉德利-佩季”的飞机部件运往英国。

后来，只有机械师培训如约进行。但是机械师们都去了英国，导致在法国的美军飞行员得不到所需要的地勤维护。我们在生产外国机型时遇到的种种问题，让每个人都清楚地认识到，我们必须尽快开始生产我们自己的战斗机，越早越好。

1918年秋天，格伦·马丁①设计的，装有两台力博特-12发动机的MB夜间轰炸机出厂了。这款轰炸机的性能与有效载荷量都与“汉德利-佩季”相当。虽然在停战前未能达到量产，但它成为一战后美国空军的标配重型轰炸机。

早在1916年的时候，对美国空军缺乏信心的批评言论在一些公共媒体中相当流行，比如《纽约时报》。这类文章的作者当中，不乏十年前曾经嘲笑过莱特兄弟的人，只不过他们现在抱怨的是我们的航空业发展

---

① 格伦·卢瑟·马丁(Glenn Luther Martin，1886—1955)，美国飞机设计师，航空业先驱人物。1909年设计成功第一架动力飞机，创办马丁飞机公司。1914年开始研制军用飞机，为军方生产主要用于训练的TT型飞机。1916年马丁设计了第一种轰炸机MB-1，1918年出厂，虽然来不及在一战中实际应用，但威廉·米切尔上校的成功使用使马丁成为美国最出名的军用飞机制造家之一。1920年研制的MB-2首次采用发动机涡轮增压器，奠定了美国发展大型轰炸机的基础。1933年研制出二战前美国的主力轰炸机B-10。1942年研制出著名的B-26“掠夺者”中型轰炸机，在二战中发挥了很大作用。——译者

远远落后于欧洲。国会中的不满情绪也与日俱增。我们在训练中的伤亡率——与美国在一战中的伤亡率相当——也颇遭人诟病。因此，1918 年初，我们提出开辟军方第一条纽约至华盛顿的航空邮递线路，以此增强公众对空军的信心。对此我感到特别高兴，因为我本人就曾经是 1911 年从拿骚大道到长岛花园城运送第一批航空邮件的飞行员之一，那时的距离只有 5 英里。等华盛顿到纽约开辟第一条航空邮路的消息见了报，大家的兴趣一定会被吊起来。当时，负责完成这趟航程的年轻飞行员，由邮政部长亲自挑选，是一位与邮政部有关系的政府高官的亲戚，但他并不是我们最优秀的飞行员。在华盛顿，举办了一场高规格的欢送仪式，嘉宾包括美国总统、一帮内阁成员，还有他的亲戚，新闻媒体也做了大肆宣传。他神气活现地载着邮包从华盛顿起飞了，但是当晚上他打电话给我说降落了，我立刻意识到他不在纽约。

他降落在马里兰的沃尔多夫。我很郁闷地立即联系邮政部长，告诉他发生了什么事；同时也告诉他明天会另安排一位飞行员。“对年轻人不要太严苛，”邮政部长伯利森说道，“给他一次机会。”

我只好违心地答应了，不过这次我安排鲁宾·弗利特少校，后来成为联合飞机公司的创始人，带领那个新手沿着四根轨道的宾夕法尼亚铁路飞到萨斯奎汉纳河渡口。我认为从那里他不可能再出错了。弗利特返回后，来我的办公室报告说一切都没问题。话音刚落，电话铃就响了。又是那个家伙，这回他降落在弗吉尼亚的查尔斯海角。在弗利特离开之后，他飞离了铁路轨道，沿着切萨皮克湾飞了个半圆，到了查尔斯海角，看到前面没有陆地了，只好降落打了电话。最后，另一位飞行员驾驶飞机载着邮件第三次启程才送达纽约。

值得注意的是，1917 年发生的事件，在航空科并没有太多的档案记录可查。1918 年春天之后，开始有了大大小小事件的记录。

最初，在 1917 年 7 月的时候，华盛顿计划最多在西线投入 345 个飞行中队，但很快根据远征军空军的要求，上调到了 386 个。1918 年 1 月 4 日，数字又缩减为在 1918 年 12 月 31 日前投入 100 个中队。1918 年 11 月，当战争还有三天就将结束，战局形势一片乐观的情况下，远征军空军却要求我们在 1919 年 7 月 19 日前保留 210 个飞行中队。这对于我们其实没多大影响，我们是根据批准的装备数量来培训飞行员、枪手、机械师和其他人员。当时我们组建飞行中队的速度与拿到装备的速度一样快。

我们听说米切尔和潘兴合不来，但是潘兴很欣赏米切尔的才华。还有谣传说，比利“放手大干”的激进风格与弗洛伊斯比较保守的作风也是格格不入，而后者是他在远征军航空勤务队的顶头上司。有报告称，英国和法国对我们调派给他们的第一批飞行员都非常欢迎；也有报告说这些飞行员中的大多数都没有在飞机上开过枪，英国人和法国人对此感到震惊。但每个人——英国人、法国人、意大利人和美国远征军空军的联络官，都在急切地要求派更多的美国飞行中队和美国造 DH－4 飞机来。

航空处一直在进行各种各样的改组，对此没什么好多说的。只要我们还是在通信兵那帮不懂飞行的人的领导下，结果就没多大不同。

那年冬天，我们听说戴德将军将不再担任航空处的头儿，于是请求能否让一位空军军官接任，我们提议将威廉姆·L·肯利将军从远征军空军部队召回来。肯利将军飞行经验丰富，为人成熟稳重，曾经在加利福尼亚的圣地亚哥参加过号称“一夜暴富”的速成飞行班，派驻海外之后，在英国的皇家航空队待了很长时间，对我们当下所面临的问题有着深刻的见解。虽然我们的请求没有被通过，但肯利将军还是被召回了国内，让人感到奇怪的是，他一直没有得到任命。直到 4 月份，总统签署了命令，把航空勤务队从通信兵中分离出来，任命肯利将军主管飞行，另外任命 J·D·瑞安先生主管生产。

二战期间，我常常回忆起那段岁月，历史真像一面镜子，许多事情都仿佛在重演。那些曾经为我们提供帮助的人，音容笑貌又浮现在眼前。一战期间，有许多工业家、科学家、工程师和其他专业人员紧密团结，精诚合作，为我们提供了极大的帮助。到了 1940 年代，同样也有这样一批人作出了巨大的历史贡献。飞机制造商唐纳德·道格拉斯，1917 到 1918 年的时候作为民间工程师，就是我们航空科的一员。国家航空咨询委员会和国防咨询委员会航空部的专家们，尽管他们只是提供研究与咨询，也为我们开拓了更为广阔的视野。亨利·福特，用他神奇的生产线飞速生产出了力博特发动机所需的汽缸，速度之快令他在底特律工厂的产品迅速堆积如山。任何与这位传奇人物打过交道的年轻军官都会感到备受启发。对于一名军官来说，效率与训练有素的士兵一样重要，因此福特的经营之道同样具有借鉴意义。1917 年在胭脂河工厂，我第一次遇到的比尔·努森①也让我颇有同感。当时有一个大项目，海军为了打击德国潜艇，计划建造“鹰”级猎潜艇。比尔用自己独一无二的方式运作着这个项目，他身上蕴含的能量和智慧，使他能够在二战中帮助我们将 1942 年之后的航空工业产量提高了四倍。

J·D·瑞安、西德尼·沃尔德伦、W·C·波特、C·W·纳什、麦考利以及文森特，都参与了伟大的力博特发动机的设计工作，还有法国陆军上尉里佩尔，他同时也是法国帕卡德公司的代表——不只是他们，还有许

① 威廉·西格纽斯·努森(William Signius Knudsen，1879—1948)，美国企业家，陆军中将。出生在丹麦首都哥本哈根，毕业于丹麦国立技术学校，1900 年来到美国。1911 年被亨利·福特看中进入福特汽车公司，1914 年加入美国籍。在 1911—1921 年的 10 年之内帮助福特公司建成大规模流水化生产线，1924—1937 年任通用汽车公司雪佛兰分部总裁，1937—1940 年任通用汽车公司董事长。1940 年受罗斯福总统邀请，任国防咨询委员会委员，负责工业生产。1942 年任战时生产管理局局长，首先提出美国须成为“民主国家兵工厂”的口号。同年调任战争部工业生产督察员，获中将衔，这是平民加入军队所获得的最高军衔。1945 年 6 月退役，回企业界任职。1968 年进入汽车名人堂。——译者

许多多人，无论是军方的还是民间的，都为1918年的胜利作出了贡献，而且也为我毕生倾力推动发展的空军和民用航空领域的合作播下了种子。

他们当中有一位我比较熟悉的、经常前去讨教的前辈，就是伯纳德·巴鲁克①。他虽然在政府机构中身居高位，却总是乐于提携晚辈。直到多年后的二战时期，在我感到迷茫困惑的时候，他总是给我指点迷津，提出了不少无比宝贵的建议。

代顿工程实验室公司的查尔斯·富兰克林·凯特林②——“凯特”——也是一位无所不能的人物。正是他发明了汽车的“电子点火器”。无论遇到什么问题，似乎都难不倒他。有一次，一群年轻人问他：“在地球上还有什么新发现是留给我们这一代人的?”他给了他们一个典型的凯特林式回答：“去看看草是怎么变绿的!”

还有一次，他问一群科学家，“为什么我们能够透过玻璃看到东西?”有人回答：“因为它是透明的。”“好的，”凯特林说着取下一本字典，“让我们来看看它是什么意思。‘透明——能够清楚看到远处物体的影像。’那就是说我们能透过它看是因为它能够被透过去看。”科学家们花了两天时间，在黑板和纸上写满各种各样的公式、符号和数字，但是最后，他们还是不得不承认，我们能够透过玻璃看是因为它能够被透过去看。

---

① 伯纳德·曼恩斯·巴鲁克(Bernard Mannes Baruch，1870—1965)，美国金融家。一战时期任战时工业局局长。1919年出席巴黎和会，倡导战后合作，支持组建国际联盟，二战前对纳粹德国持反对态度。二战期间任罗斯福总统的私人顾问，协助主持战时经济动员工作，曾多次作为总统特使执行外交使命。1946年任驻联合国原子能委员会代表，6月提出对原子能实行国际控制的《巴鲁克计划》。——译者

② 查尔斯·富兰克林·凯特林(Charles Franklin Kettering，1876—1958)，美国发明家、工程师、企业家，拥有186项发明专利。1904年毕业于俄亥俄州立大学，获电气工程学士学位。1909年创建代顿工程实验室公司，后与通用汽车公司合并。1911年发明了第一台汽车电子点火器，1912年首先在凯迪拉克汽车上得到应用。1918年与飞机制造商代顿莱特公司合作，开始设计飞行鱼雷，绰号“凯特林飞虫”，被认为是世界上第一款飞弹。1920年至1947年担任通用汽车公司副总裁，负责研发工作，发明了含铅汽油，改进了柴油发动机，与杜邦公司合作研发了氟利昂。1927年发起成立了凯特林基金会，资助科学研究。——译者

二十六年后，确切地说，是艾森豪威尔的军队在诺曼底登陆一周之后，伦敦上空突然出现了嗡嗡作响的 V－1——一种可怕的自动飞行炸弹，令人们惊恐不已。不过，在美国有一些人，包括凯特林，并不为此感到惊讶，因为他和我们的空军，早在 1917 年，就研制出这种武器的雏形了。

1917 年秋天，我们就与斯佩里①的公司以及凯特林的代顿工程实验室合作，研制出——不仅仅是试验，而是成功通过测试——两架无人驾驶飞机。其中一架是真实尺寸的飞机，装有整套陀螺控制系统，由斯佩里的长滩岛工厂制造。在 1918 年春天的进一步测试中，这种飞行炸弹能够在飞行 40 英里后，精确命中目标，误差范围只有 100 码。但是，由于所需的人工和精密设备等因素，使得它的制造成本太过高昂而无法投入量产。之后，在凯特林的指导下，我们又研制出另一款无人驾驶飞机——或者说炸弹——我们叫它“飞虫”。这是一款用木框架加固的纸质小型飞机，光滑的纸质机翼只有不到 12 英尺。它自身净重 300 磅，同时可携带 300 磅重的炸弹。它能够从一辆沿着轻便轨道滑行的小型四轮车上起飞，它的小型 2 缸 40 马力的福特牌引擎，能够满足自动控制系统所需要的压力和真空吸力。控制系统的驱动力原理类似自动钢琴的风箱。曲柄旋转，进而控制方向舵升降。飞行方向由一个小陀螺控制，升降则由一个小型无液气压表控制，它的灵敏度非常高，从桌子移动到地板上的高度变化，都能引起控制系统的运转。这套系统可以控制“飞

① 埃尔默·安布罗斯·斯佩里（Elmer Ambrose Sperry，1860—1930），美国发明家、企业家，拥有 400 多项发明专利。1880 年成立斯佩里电气公司。1900 年在华盛顿建立电气实验室，改进了提炼氢氧化钠和锡的生产工艺，并开展研究柴油发动机、精确陀螺罗盘和用于船只、飞机的稳定器的实验。1910 年成立斯佩里陀螺仪公司，所生产的陀螺仪同年被美国海军“特拉华号”战列舰采用。1912 年，他帮助美国航空先驱寇蒂斯开发出一种飞机的自动稳定装置，并获得 1914 年法国航空俱乐部大奖。1915 年成为美国海军咨询委员会首届成员。1916 年，斯佩里与另一位著名电气工程师、发明家皮特·休伊特研制出“休伊特-斯佩里自动飞机”，这是一种装载炸药的无人驾驶飞机，也被称为空中鱼雷或飞弹，被认为是巡航导弹的前身。1918 年，他生产出高强度弧光灯，被美国陆海军作为探照灯广泛使用。——译者

虫”的飞行高度。起初，我们依靠机翼的上反角来保证横向稳定性，后来，通过安装副翼使方向控制更为有效。包括价值50美元的福特牌汽油发动机在内，整架飞机造价大约400美元。

发射“飞虫”时，轨道对准目标的方向。需要尽可能精确地计算出目标距离、风向和风力，进而测算出到达目的地引擎和凸轮装置的转数。当引擎转到预定的转数时，凸轮落下，支撑机翼的两个螺栓回缩，机翼便像野兔耳朵似的耷拉下来，“飞虫”就会像炸弹一样俯冲向地面（根据已知的资料，1944年的德国V-1导弹具有相似的飞行原理）。

首次测试非常成功，于是我们决定请华盛顿的高层官员来俄亥俄州的代顿，向他们进行演示。出于谨慎考虑，我们给油箱注入了只够“飞虫”起飞，然后直线飞行200到300码距离的汽油。不幸的是，连凯特林也没有弄清楚，“飞虫”保持水平飞行需要多少汽油量。那天，在一群显要人物面前，它跌跌撞撞地启动，然后突然起飞，但没有保持水平飞行，而是向上爬升。一直到大约600到800英尺的高度，然后像中了邪一样，居然做了一个翻转动作，正对着地面上那群大佬们的头顶直冲下去，吓得他们四散奔逃。之后的几次尝试都是同样情况，所幸没有造成伤亡。

凯特林给飞机加装了副翼，提高了系统控制稳定性之后，又组织了一次演示。这一次，我们计划让“飞虫”以每小时50英里左右的速度，直线飞行1英里。因此，我们安排高级官员们乘坐汽车，跟着“飞虫”以便能亲眼看到它坠落。这款飞行炸弹的性能此时已经很稳定了。一切看起来都很完美。我们唯一的担心是有关它的信息会被泄露给德国人。“飞虫”再一次起飞了，但是这次它飞得太快，以至于汽车跟不上。并且，它也没有直线飞行，而是沿着代顿城转了一个圈。我们必须在有人发现“飞虫”的残骸之前找到它。在坠毁地点附近，我们遇到了几名农夫，他们看起来很兴奋。“你看到附近有架飞机掉下来吗?”我们问道。一个农夫答道：“就在那儿！但是很奇怪，怎么没看到飞行员的影儿!”

负责这个项目的陆军军官 B·J·阿诺德上校急中生智，指着我们车上一位身穿皮夹克、戴着护目镜的空军军官说："飞行员在这儿，他跳伞了。现在我们要把残骸捡回去。"我们的秘密总算保住了。那些满脸敬畏之情的农夫们并不知道，此时的美国空军还没有降落伞呢。

1918 年 6 月，"飞虫"的研制进展非常顺利，我们决定把成果向潘兴将军和驻法空军司令报告。我们确信，无人飞行炸弹在几个月内就可以运送到海外。我们拟制了飞行炸弹中队的组织系统、所需兵员，以及每个中队一天之内能够发射的炸弹数量。当时的计划是每天发射数千枚炸弹打击德国的军事要塞、人口密集区、军工厂，等等。——这至少能够起到对德国高层的震慑作用。

作为一种杀伤性武器——"飞虫"常常被用来与德国的 V-1 比较。它具有造价低、易于生产的特点，并且它的便携式发射轨道使它能够在任何地点发射。就武器发展历程而言，"飞虫"提早出现了二十五年，而德国实际上直到二战第五年才向英国发射第一枚 V-1。这不禁令人浮想联翩，如果在两次世界大战期间我们没有中断"飞虫"研究的话，它是否会改变历史呢？当时，在 1918 年的时候，"飞虫"的研究并没有停止，而且随着科技的发展和一些新技术设备的出现，一直在进行改良。但到了 1920 年代中期经济危机笼罩美国的时候，这项研究就被搁置起来，直到 1942 年才重见天日。

在一战中，"飞虫"至少完成了一项使命：那就是它终于让我出国的梦想成真了。不过，这趟旅程直到 1918 年 10 月，战争即将结束的时候才成行。而在此之前，从春季的四五月份开始，美国远征军的空军部队已经在西线战场的天空发威了。

4 月 14 日，星期六，美军第 94 驱逐机中队打响了空战第一枪。当接到有两架德机正在靠近的警报之后，美军派出飞行中队进行拦截，两名新手飞行员，阿兰·温斯洛中尉和道格拉斯·坎贝尔中尉参加了这次战斗。当德军飞机呼啸着穿出云层，地面上数千名美军、英军和法军士兵都停下手上的活儿驻足观战。只见温斯洛和坎贝尔紧紧咬住敌机的尾巴开火，四分半钟之后，敌机被击落。德军飞行员跳伞逃生，降落在我们的阵地上，被俘后发现他们都是德军经验丰富的飞行员，而他们自己也对败在两名新人的手下感到惊讶不已。

此后，我们在国内和国外为这场战争所做的长时间默默无闻的准备与付出，似乎终于到了获得回报的时候。我们的飞行员和飞行中队陆续投入战斗，短短几周之内，除了里肯贝克和拉弗贝利，以及拉斐特飞行中队的老前辈们，又冒出来一长串新人的名字，排列在美军王牌飞行员的名单上。在这些年轻的上校、少校、上尉和中尉当中，有一些人将会成为二战期间美国空军的将领，从而更加为人们所熟知。

W·G·克尔纳上校，伊苏丹飞行训练基地的指挥官，1940 年的时候成为“克尔纳-林德伯格委员会”的负责人，监督 B-29 和其他型号飞机的制造。他手下的飞行教官是图伊·斯帕兹少校，在回国之前自己单独击落了两架德国战机。还有特德·寇蒂斯，在二战期间担任斯帕兹的参谋长；埃弗雷特·库克和比尔·斯托弗中尉，1942 年到 1945 年担任美国战略空军部队的副司令；“修道士”亨特中尉，后来率领第 8 战斗机司令部驻扎英格兰；“维克”斯特拉姆上尉，未来的第 9 陆军航空队参谋长；哈罗德·李·乔治中尉，二战中任空军训练司令部司令；后来的拉尔夫·罗伊斯将军，那时刚被任命为美国第 1 飞行中队中队长；克莱顿·比斯尔[①]上尉，一战中击落了五架敌机，二战中被派到中国战

① 克莱顿·劳伦斯·比斯尔(Clayton Lawrence Bissell，1896—1973)，美国陆军少将。1939 年 7 月任战争部总参谋部作战计划处参谋。1942 年 1 月任美国陆军航空队驻中国联络官，8 月任中缅印战区美国陆军航空队总司令兼第 10 航空队司令。1943 年 11 月任美国陆军航空队司令部分管情报工作的助理参谋长。1944 年 2 月任战争部总参谋部分管情报工作的助理参谋长兼联合情报委员会陆军代表，并负责战争部的战史编写工作。1946 年 5 月任驻英国军事联络官。1948 年 10 月任美国空军驻欧洲联络官。1950 年 10 月退役。——译者

区，和蒋介石一起经历了更加严酷的战斗……这份名单实在太长了，难以一一列举。

在那年的 4 月，还有一个新名字，也是第一次出现——R. A. F——英国皇家空军。英国把他们的皇家陆军航空队和皇家海军航空队合并为独立的皇家空军，并在白厅设立了空军部。海军同时还保留了一支小型的“海军航空兵部队”。休·特伦查德[1]，原皇家陆军航空队的一位四十五岁的老飞行员，曾在一年之内从少校晋升为少将，现在成为新的皇家空军司令，再次提拔为空军中将。和比利·米切尔一样，他也是人到中年才开始学习飞行(1912 年他三十九岁的时候)。他同样坚信空军的发展具有重要意义，无论是和平时期还是战争时期。因此，和比利一样，他不仅要在战场上与德国人战斗，还要同国内那些阻碍航空事业发展的人斗争。

就在欧战前线如火如荼的 4 月到 5 月间，来自国内的消息却不尽如人意。其中一个是，由于威尔逊总统对航空处的工作一直不满意，1918 年 4 月将航空处改组为“航空勤务处”。J·D·瑞安接替霍华德·科芬掌管飞机制造局，肯利将军掌管军事航空处，这样的任命对他们本人来说当然是好事。然而具有讽刺意味的是，就在我们倾注心血组建培训的美国航空勤务队刚刚开始在西线发威的时候，国内航空业积蓄已久的问题也恰恰爆发了。国会针对航空工业展开了调查，一个调查组由我的朋友格曾·鲍格勒姆负责，另一个由查尔斯·埃文斯·休斯负责，这不仅使公众对航空业的信心备受打击，同时也使航空界人士的士气大为受挫。

---

① 休·蒙塔古·特伦查德(Hugh Montangue Trenchard，1873—1956)，英国空军元帅，子爵，绰号“响雷”，被称为“皇家空军之父”，他的工作对威廉·米切尔的空军理论有着重大影响。1893 年入伍，长期在南非和西非殖民地服役。1912 年开始学习飞行，他是最早认识到空军将对陆战产生巨大冲击的人之一。1913 年任皇家飞行学校校长助理。1915 年任英国远征军皇家飞行队司令，一战期间指挥对德空军作战，极力促成空军成为独立军种。1918 年皇家空军建立后，成为第一任参谋长，并任协约国空军司令。1927 年成为英国历史上首位空军元帅。——译者

一战期间，在我所认识的飞机制造商中，大多数都是聪明勤奋、认真负责的人，无论是创造并发展了这个行业的“先锋”前辈们，比如奥维尔·莱特、格伦·寇蒂斯以及格伦·马丁，还是后来在战争中了解并热爱上航空事业的年轻一辈。后者当中，有麻省理工背景的唐纳德·道格拉斯和杰克·诺斯罗普，还有钱斯·沃特、鲁本·弗利特、“德国佬”金德伯格、斐尔·强森、盖伊·沃恩、唐·布朗等来自技术或是自动化工业领域，对于精密制造和特殊金属材料了如指掌的精英人物。

对于多年以后，在二战时期成为我们庞大航空产业中流砥柱的那些人来说，一战就是他们艰苦的训练场和学校，战争中的磨练为日后积累了宝贵的经验。在1917年到1918年间，他们满怀梦想与热情，在各自的领域中克服了种种困难与棘手问题，推动着航空工业的发展。那时，作为一个发展中的军种，空军虽然在概念上是一个整体，但是在日常工作中，彼此间却缺少有效的沟通协调。在飞机制造、飞行员培训和前线指挥官之间从未形成一种紧密的协作关系。教练飞机是否能满足飞行学员的需求；随着毕业学员数量的增长，教练机型的生产需要适时转换为战斗机型；新建飞行中队所需要的机械师和其他地面辅助人员的培训、配备；装备、运输和军需物资的供应；为了保持部队原有的战斗力，除了补充战斗损失以外，人员、飞机和材料都要适时进行轮换——所有这些，当时都没有人关心和考虑。当这些问题突然冒出来的时候，我们必须小心翼翼地维持各个方面的平衡，谨防在节骨眼上掉链子。

就在那段忙乱不堪的日子里，我的家庭又增添了一名新成员，我的儿子威廉姆·布鲁斯·阿诺德，在1918年7月17日出生了。

在此之前的一个多月，空军迈向独立军种的建设取得了突破性进展。斯奎尔将军受命只负责统领通信兵部队。肯利将军，作为“军事航空处主任”，开始直接受陆军总参谋部领导，“飞机制造局主任”瑞安先生与他级别相同。

根据《欧弗曼法案》，“陆军航空勤务队”于5月29日授权成立，“直接由总统指挥……军事航空处将有9 807名军官和109 801名士兵；飞机制造局不限定人数。”经过6月、7月国会进一步讨论和战争部任命，瑞安先生于1918年8月28日成为战争部第二助理部长和航空勤务队主任，上述两个平级机构由他统一领导。于是，第一次能够与其他陆军兵种平起平坐的美国陆军航空勤务部队，指挥官既不是飞行员也不是军人，而是一位平民。不过他确实很能干，非常出色。

那年春天，在法国的远征军空军部队被称作“航空勤务队”已经有一段时间了，然而那儿的情况更加混乱。在战争部长任命的弗洛伊斯将军到来之前，杀劲十足、敢想敢干的比利·米切尔上校实际上指挥着驻欧洲所有的美国空军部队。

米切尔与法国人和英国人建立了非常融洽的关系，通过自己个人的争取，获得了当时美国本土无法提供的装备，虽然没有任命，但已然成为欧洲战场上美国空军的实际领导者。比米切尔晚了将近一年才到欧洲的弗洛伊斯，虚心好学，认真严谨，从陆军拥有第一架飞机的时候就开始与飞行打交道了。他初来乍到，刚刚开始搭建人脉关系。

潘兴将军对美军飞机迟迟不能投入战斗很不满意，气球部队的表现颇得他的赞赏。讨厌繁文缛节的米切尔和弗洛伊斯之间注定会有冲突，并且已经产生。那么到底应该选择谁作为航空勤务队主任，谁来领导远征军空军部队呢？

潘兴谁都没选。他选择了西点军校的同学，陆军工兵部队的梅森·M·帕特里克①准将。这是一个影响了美国空军未来十年发展的决定。

① 梅森·马修斯·帕特里克（Mason Mathews Patrick，1863—1942），美国陆军少将。1886年毕业于西点军校，与约翰·潘兴将军是同班同学，潘兴的毕业成绩在班级中名列第一，帕特里克排名第二，两人是很好的朋友。1892年回到西点军校任教官，教授工程学。1897年至1901年参加了密西西比河流域的勘察开发工作。（转下页）

“在整个陆军里，”他对帕特里克说，“只有一支队伍令我头痛，那就是航空勤务队。这支队伍中有许多优秀的人才，但是他们都还在原地打转转，需要有个人给他们指明方向，我想让你来做这件事。”

弗洛伊斯被安排在后方，负责航空勤务队的后勤补给和培训学校，在图尔的总部。比利·米切尔少将则直接受潘兴将军指挥，负责所有航空勤务部队的作战。托马斯·德维特·米林上校负责指挥亨特·李吉特中将第1军所属的航空部队，弗兰克·P·拉姆上校则负责指挥罗伯特·李·布拉德中将第2军所属的航空部队。

坎蒂格尼战役时，英国第5集团军在鲁登道夫的春季攻势中实际上已经被打散。潘兴统帅的美国远征军，已经顾不上自己还处在训练阶段，只要哪里需要就去哪里救急。5月下旬，几天之前还在高歌猛进的德国人，被那些尚未完成训练的美国军队击溃，后退数英里。在这场战役中，航空勤务队发挥的作用还是可圈可点的。他们不仅负责执行侦察任务，同时也在空中与德国的王牌飞行员们战斗。这一时期，他们驾驶的战机大部分是法国的“斯帕德”和“纽波特”，以及英国的“索普维斯骆驼”或SE－5。

随着第二次马恩河战役的推进，蒂耶里堡和贝洛林苑成了家喻户晓

（接上页）1916年3月任驻防美墨边境的陆军第1军总工程师，晋升上校。1917年8月晋升准将，赴法国参加一战，9月任美国远征军总工程师。1918年5月，远征军总司令潘兴将军任命他为航空勤务队主任，6月晋升少将。1919年6月返回美国。1920年任陆军助理总工程师。1921年10月再次担任陆军航空勤务队主任。在他的领导下，航空勤务队在俄亥俄州莱特机场和得克萨斯州圣安东尼奥建立了培训基地。1926年初，帕特里克起草并向国会军事委员会提出《航空兵法》立法草案，要求建立拥有更大自主权的空军，建议将陆海军的航空勤务队建成分别隶属于战争部和海军部的“半独立”军种，并提出“五年扩军计划”。尽管美国空军在1947年才真正成为独立军种，但帕特里克提出的《航空兵法》于1926年7月2日获得通过，成为正式法令，将陆军航空勤务队的名称改为陆军航空兵，帕特里克担任首任主任，但仍未改变它作为陆军一个战斗兵种的地位；并根据莫罗委员会的建议，成立了负责促进航空事业发展的助理战争部长办公室，在随后的三年中，总参谋部的所有部门均建立了专管空军事务的机构。——译者

的地方。我们的空军与步兵一样，损失惨重。不过，德国人的损失也很惨，尽管他们的空军在数量上占据优势。

那个时候，德军最常用的攻击方式就是轰炸。他们的齐柏林飞艇，往往在数架飞机的护航下，飞到英国实施轰炸。不过他们的空袭经常得不偿失，不是因为我们的飞机和高射炮，而是由于天气。仅仅有一天早晨，他们就有11架飞艇在从英国返回途中遭遇雷暴天气，被吹得七零八落，远到北海和非洲一带，有的坠机有的被俘。蒂耶里堡一带的空战，对我们的飞行员来说是一场艰苦考验。在7月中旬的马恩河和9月的默兹-阿尔贡战役期间，美国空军取得了两场胜利，但如果赢得全胜的话，也许可以就此扭转战争的进程。7月15日早晨，比利·米切尔亲自驾机执行了一次危险的侦察任务。他发现德军在多尔芒东部，架起五座浮桥（原有的桥梁应该都被炸沉了），开始向南跨越马恩河。米切尔向潘兴司令部报告了德军推进情况的详尽信息。我们的飞机也迅速出动，配合击退了敌军的攻势。

三天之后的18号，另一次惊险而又成绩辉煌的侦察任务，由刘易斯·布里尔顿①少校执行，埃尔默·黑斯利特少校作为观察员，他们发现德国人正在全面撤退，而此时由于潘兴的参谋部并未察觉到这一情况，因而不愿组织反击。凭借这样一份情报，远征军空军部队指挥官果

① 刘易斯·海德·布里尔顿（Lewis Hyde Brereton，1890—1967），美国陆军中将。1911年毕业于美国海军学院，最初在海岸炮兵部队服役。1912年9月加入美国陆军通信兵航空科，成为第一批战斗机飞行员，与本书作者阿诺德上将、弗兰克·P·拉姆准将、本杰明·D·弗洛伊斯少将和托马斯·德维特·米林准将并称为美国空军五位先驱。参加过一战。1941年10月，珍珠港事件爆发前夕，经麦克阿瑟将军点名推荐，布里尔顿担任驻菲律宾的美国远东航空兵司令。1942年初任西南太平洋战区盟国空军副司令；3月任中缅印战区美国第10航空队司令，负责指挥援华物资空运行动；6月调任中东战区美国空军司令，11月任驻埃及的第9航空队司令。1943年10月率第9航空队移师英格兰参加对德作战。1944年4月晋升中将，7月任盟军第1空降军军长，8月任联合空降作战司令部司令，参与指挥了“霸王行动”“眼镜蛇行动”“市场花园行动”和“大学行动”等盟军重大战役。——译者

断地抓住机会。最后一次大规模、长时间、艰苦卓绝的空中反击战开始了。

9月份，米切尔在默兹-阿尔贡组织的这场空中攻势，是第一次世界大战中最伟大的一次空战，尽管德国人始终宣称没有那么大规模。在7月份的马恩河会战中，比利已经尝试过一次，那次的规模是这次的十五分之一。作为1918年9月12日至16日“默兹-阿尔贡会战”的一部分，他发动的这场空中攻势是历史上第一次大规模空袭。在那之前，空战主要是飞行员个体之间在空中进行的对决。在他的坚持下，7月份，已经有更多数量的飞机集结在蒂耶里堡，对德军在塔德努瓦的补给中心进行了成功的轰炸，令他信心倍增。他说服潘兴和其他协约国高层将领，在8月初集结形成一支拥有1 500架战斗机的空中力量——其中有美国的、法国的、英国的、意大利的、比利时的、葡萄牙的——只要是他能弄到手的。在40万美军地面部队发起进攻之前，米切尔的空中攻势已经开始了。

米切尔每次派500架飞机轮番对德军在圣米耶勒的阵地进行轰炸，先是一边的侧翼，再是另一侧，然后两侧同时，之后德军的阵地两侧都被切断，米切尔又从他们背后发起攻击——这是“战场遮断”理论的第一次实践。

有一次，比利报告说，他的170架飞机依靠自己的力量击退了一次德军的反击。美国的王牌飞行员，弗兰克·鲁克，击落了一个又一个鲁登道夫观测气球，使得德军炮火的准确度一再被干扰，一直到他阵亡。此前的几个月里，情况正好相反，我们自己的观察气球常常被击中起火燃烧，观测员不得不从气球篮子里跳下来，这样的事每天都会发生三四起。

在法国负责这项危险系数很高的气球观测工作的指挥官，是我的老朋友，约翰·潘格鲁上校。1906年，潘格鲁第一次遇到潘兴将军时，已经是一名退了休的陆军中士，在菲律宾驻军的侦察队任队长。一天，他在霍洛岛抓到一名逃犯，砍掉了他的头，用口袋装着带到潘兴的司令部。那天正好是圣诞节，而且是泰迪·罗斯福总统跳开潘兴上面的 862 名高级军官，把他直接从上尉提升准将之后的第一个圣诞节。潘兴将军看了看潘格鲁上尉送来的礼物，邀请他共进圣诞晚餐。当看到潘格鲁还穿着那身经过长途跋涉、在灌木丛中摸爬滚打的衣服时，潘兴把自己的制服借给了他，然后才一起吃饭，从此他们成为了密友。美国参加一战后，潘格鲁立刻志愿参加空军，经过特殊培训之后，奔赴海外担任气球部队的指挥官。

在那儿，他很快不得不变得和在霍洛岛拿着大砍刀时一样的残酷无情。因为当时在那些气球上，除了可能被烧着，被子弹击中，或者不得不跳下来之外，还要忍受寒冷、潮湿、下雨和雾霾，夜以继日地执行任务，而且经常什么也看不到。“这是什么鬼差事，”气球队的官兵们怨声载道，“整天吊在 3 000 到 4 000 英尺高的天上，却一点儿用场也没有。”潘格鲁对此心知肚明。他在临时营地前，竖了一根杆子，作为中轴。从这根中轴向外辐射，又竖起五六七甚至更多的杆子。杆子的数量取决于当时要在前线执行任务的气球中队数量。潘格鲁站在中轴后面，沿着每一根向外辐射的杆子，观察每一个气球的位置点。如果有哪一个气球没升起来，他立马去打电话，然后一通劈头盖脸的臭骂。很快周围的队伍就会看到之前“下落不明”的气球迅速升向天空。从蒂耶里堡战役直到停战，潘格鲁的气球中队表现都非常出色，执行了许多近距离精密侦测任务。令人欣慰的是，到了 1918 年初秋，我们开始在空战中占据优势，给他们带来了更多的生存机会。

9 月份，米切尔就向潘兴将军保证，敌人已经不可能在我们的阵地上空执行侦察任务了。这样的承诺，在二战中，即使在即将胜利的时刻，也是不可能实现的。因为二战时期的交战双方都拥有高速照相侦察机，能够在35 000到45 000英尺的高度飞行，即使完全掌握了制空权，也不可能拦截住它们。比利说出这番话，说明他已经深刻地认识到在战争中开展空中侦察的重要性，同样，设法阻止敌人的空中侦察也非常必要。

战后，米切尔常常讲起一个故事：一天，他和潘兴正一起走向他的司令部。这时，一架德国的侦察机出现在大约20 000英尺高的天空上，这可是协约国前线后方数英里的地方。潘兴什么也没说，但他仰着头看了一阵。当时，我们的队伍正在大规模推进，在此之前，敌军对此似乎是没有觉察的。米切尔心里当然清楚，遇到这种情况会有两到六架我们的驱逐机起飞去拦截，但是他并没有告诉潘兴，直到他们走到他的办公室，他才拿起电话，打给值班机场，命令派驱逐机拦截德军飞机。听筒刚挂上，回电就来了。比利接完电话，不动声色地转向潘兴将军，“敌人的侦察机在肖蒙西南5英里处起火坠落，先生，”他说，“您想去看看吗？”

听到法国前线的故事，令我奔赴战场的渴望更加强烈。然而，5月21日的一纸公文，让我最后的希望也破灭了。我被任命为陆军航空勤务队副主任。这个职务——是新成立的陆军航空勤务队华盛顿办公室的2号人物，在那时看起来是相当光鲜的。但是我心里清楚，没有实战经验，我在空军的未来是有限的。

9月份，当得知潘兴将军对“飞虫”很感兴趣的消息，我决定立刻带着详细资料去演示给他看。当我到达纽约，正值流感大爆发，登上“奥林匹克号”邮轮时，表面上是个风光无限的空军指挥官，实际上是个身染肺炎的病佬儿。

在我完全陷入昏迷之前，我抓紧时间把认真负责的鲁本·弗利特少校叫到我的船舱里，哑着嗓子告诉他：潘兴将军发来电报说所有的部队都正在调往海外；必须防止船上的航空队军官们出现纪律松弛，在甲板上进行的所有训练和操演都必须继续进行，接下去由弗利特少校来指挥；任何军官和随军牧师都不得从“奥林匹克号”上离开。其他还关照过什么，已经记不清了。

我还能比较清晰地回忆起来的另外一件事情，就是那天夜里 10 点，在南安普顿码头，天空下着蒙蒙细雨，我被三个人抬进救护车，准备送往位于赫西城堡的一所医院，就在温彻斯特郊外。夜色深沉，四周漆黑一片，没有一盏灯火，雨细细密密，渗透了衣衫，带着只有在英格兰才有的寒意。周围寂静无声，直到依稀有口令声从前方传来。当我们的救护车逐渐驶近，那个声音变得更加清晰。原来是鲁本·弗利特少校，带着他的随军牧师和空军军官们，列队从南安普顿步行到温彻斯特，冒着雨，在伸手不见五指的深夜 11 点钟。“一、二、三、四。该死的！牧师，齐步走！一、二、三、四。牧师，快跟上去！”从南安普顿码头到温彻斯特有大约 12 英里，他们就是这样一路走过去的。

在赫西医院康复期间，那儿的临时建筑里每天早晨生火时，老式煤炉会冒出阵阵浓烟，让患肺炎、支气管炎、喉炎的病人咳得死去活来。来探望我的各路访客，会告诉我一些外面的情况。他们提醒我说，如果我还想亲眼看看战场，最好快点儿康复。战争快要结束了。

出院之前，我去了趟第 1 军司令部，听说初步的停战协议谈判已经启动。按照协议的安排，11 月 11 日停战即将成为现实。由于糟糕的天气，让我无法飞行，我决定随着步兵前往前线。跟随英军亨特上校的第 31 枪骑兵团，从凡尔登前往阿尔贡，与第 103 步兵师汇合。在那儿，我经历了这场战争的最后时刻。这也是我在一战中仅有的一次亲临战场的经验，与那些浴血奋战的步兵们在一起，我似乎重新找回了自我。

在第 1 军司令部期间，我又一次遇到了马歇尔将军，他那时在利吉特将军手下的作战计划科任主管。自从上次 1914 年在菲律宾碰到之后，我们再未谋面。

当然，现在推出“飞虫”已经太迟了。但是对我们在法国的飞行基地的视察——所到之处，与国内陆军航空勤务队培训基地看到的情况差不多，既有令人欣慰的，也有令人失望的，还是令我颇受启发，收获良多。

在肖蒙，帕特里克将军要我发表对空军基地建设情况的看法，希望我不要有什么顾虑，畅所欲言。我真这么做了。多年之后，当帕特里克将军在华盛顿任航空勤务队主任时，我变成了他的部下，有时候心里不禁打鼓，当时说的很多话是不是冒犯了他。

在肖蒙，其他许多基地的情况也一样，我经历了那特殊的“列车即将到达终点站”的阶段——那就是，我们这十八个月来一直渴望的回家的号角吹响了。

当时，比利·米切尔正处在人生的巅峰时刻。很显然，在他的苏伊司令部里流传的那些关于威廉·E·米切尔准将的故事，应该不是夸大其词。他的滔滔不绝和朗朗笑声，带有特大号口袋的外套，著名的粉色马裤，相比之下，那些华盛顿颁发的勋章倒不怎么显眼。此时的比利如同君临天下。美国、英国和法国的飞行员们——还有将军们——蜂拥而至来看他。他身边的飞行员可以为他赴汤蹈火，在所不辞，在外面飞行中队的小伙子们也是如此。在巴黎的停战之夜，警察不得不将他从兴奋的法国飞行员中解救出来，他们高声欢呼着“美国将军万岁!”比利俨然成了空中王子，如同王位继承人威尔士王子一样(他曾经未经允许带着王子搭乘他的飞机)。他有自己的私人飞机，两辆汽车——一辆是法国政府赠送的，另一辆是流线型的梅赛德斯奔驰，号称是全法国速度最快的汽车。他经常让司机坐在后面，自己开着车疯狂地在乡间飞驰。他有两名美国副官(著名的战斗机飞行员温斯洛和黑斯利特，他们俩都曾经击落被俘，在停战后再次跟随他)，还有一名法国副官。每个人都被他指挥得团团转。与法国人开会时，比利会热情洋溢地讲着法语，想不起来法语单词的时候，他会毫无停顿，迅速用英语接着说。但是无论他说什么语言，每个人看起来都能听懂他的意思。他不止在美国空军中威信很高，特伦查德也称赞他指挥的“默兹-阿尔贡战役”是“我所见过的最棒的表演——你在空中横扫一切”。当比利阐述他的空军作战理论时，协约国地面部队的军官们也常常听得聚精会神。

米切尔曾经得到潘兴的默许，在11月11日之前，组织一次比9月份规模更大的空中作战。这份计划包括将夜间轰炸机用于白天作战，对德国本土进行首次大规模密集轰炸。在梅斯保卫战中，米切尔已经做过一份详细的作战计划，打算将第1师的精锐部队通过伞降投放到德军防线后方。这份作战计划，是一个完整的现代伞兵部队作战范例，比德国人、俄国人和英国人早了许多年，那时候他们甚至还没有这个概念。

在某种意义上，对于比利来说，停战是一种过早的中断——仿佛他刚刚越过球门线，比赛结束的哨声却响了起来。

米切尔的所做所想，让我意识到我们是多么需要他早点儿回到华盛顿。在那儿，还要继续另一场战争。瑞安已经要求辞职，以便尽快回去打理自己的生意。华盛顿现在需要一个新的总参谋长，毫无疑问，将会是潘兴将军。根据传统，所有前线回来的将领，到战争部就职必定会带着自己的参谋班子。航空勤务队需要比利尽快回来，每一次遇到他，我都会提出这样的建议，想尽力说服他。

为什么他不能凭借自己的战功成为新的航空勤务队主任？他能够赢得潘兴的支持吗？我问他。除了比利的夸张有时会给他减分之外——比如，当我看到战报中“已被摧毁的”梅斯-萨布隆火车站时，铁轨还是好好的，火车也在正常运行——毋庸置疑，在国内，没有人像米切尔这样既有热情也有能力担当得起航空勤务队的工作。他，有历练，有威望，有勇气，有空军作战的知识，没有人比他更合适。航空勤务队主任一职，应该非他莫属。

比利笑笑说，“不，”他态度很坚决，“接下来，飞行队的小伙子们要去德国了，我会和他们在一起。我想好好看看这个国家。”

他想开着那辆法国最快的梅赛德斯，飞驰在柏林的菩提树大街上。

我与他道别之时，他和汤米·米林正准备经由比利时去德国，我则计划回到巴黎，再待几天后返回美国。

就在我计划动身的前两天，一个长途电话打来我的宾馆房间。是比利从佛兰德斯的一个小镇上打来的。“听着，”他说，“你一回去，就安排让我回国。我想尽快回去，立刻，马上，你能做到吗？”

我想我能做到。一定有什么东西让他改变了心意。“好的，比尔。”我说，第二天便启程出发了。

第六章　1919 年至 1925 年：水晶球占卜术，环球飞行

从欧洲回到美国，安排比利·米切尔回国的任务很顺利就完成了，但是我却发现自己将要面临工作的变动。1919 年 1 月，我从华盛顿调往加利福尼亚圣地亚哥北岛的洛克威尔机场，担任陆军航空勤务队西区督导。

到了洛克威尔机场以后，我发现这里和 1917 年自己随第 7 飞行中队去巴拿马之前相比，完全变了样。以前的北岛，从 1910—1911 年的冬天开始，就是斯普雷克尔斯公司提供给格伦·寇蒂斯作为飞行学校的场地，从此开启了它作为飞行基地的历史。而现在，岛的一边是陆军，另一边则是海军。

在这里，我面临的主要是人员问题。洛克威尔机场北岛的陆军兵站，曾是一所炮兵学校。它由位于岛上的一所基站，和两个远离海湾的离岛站组成，有 375 名军官和大约 8 000 名士兵。他们都非常优秀，其中不乏一流的飞行员，绝大部分人都做好了奔赴海外战场的准备，但是作为军人，他们却未能如愿。

对于我们这些一直致力于空军发展的人来说，在 1919 年的美国，空军的前途仍然是一片迷茫的。尽管国际联盟实质上已经被华盛顿拒绝，但是战后的美国，裁军和反战情绪非常强烈。1918 年的停战协议墨迹未干，美国就雷厉风行地开始了裁军行动，并且是裁减到无可争议的最小

规模。

在裁军过程中，空军的情况比较特殊，因为它完全是战时的产物。不可能让它回到1916年在墨西哥边境成立之初的状况——16架飞机和26名飞行员。一直到1917年4月之后，当时的700名飞行员、观察员、机械师和其他想要留在空勤队干下去的人，才真正有了自己的名分。如果空勤队按照陆军其他兵种的比例裁减的话，它就不存在了。

作为指挥官，我的工作就是尽可能迅速地完成军官和士兵们的遣散，同时必须符合战争部关于裁军的相关规定。但这份工作远远没有看起来那么容易，因为有许多人很难决定自己是留下来还是离开。同时，那些留下来的人，还要继续进行训练，而我们也不得不给他们提供必需的飞机和教练。

就在这段时间，A·D·史密斯上尉带领一支由五架“珍妮式”飞机组成的飞行队，从位于圣地亚哥的基地出发，横跨了整个美国，到达佛罗里达然后再返回。这绝对是一次壮举，因为“珍妮式”根本不是越野型飞机。

与此同时，我也奉命派出两架飞机从圣地亚哥飞往凤凰城，参加一次战后重建贷款募集活动。我现在还清楚地记得执行那次任务的飞行员。他们是典型的战斗飞行员，也就是不愿意使用仪表和地图，还以此为傲。有什么好担心的？他们觉得自己能够飞到任何地方，在任何时间。和战后初期许多飞行员的做法一样，他们主要依靠“钢铁罗盘”——火车轨道，尽管我指示他们要带上地图。

当飞到一片荒漠地带的上方时，一架“珍妮式”飞机的燃油耗尽了，不得不迫降。

很快，另外一架飞机的飞行员折返回来寻找他的朋友，看到第一架飞机已经降落在地面上。但是，在一片开阔的湿地上着陆时，第二架飞机倾覆了。而此时，无论是飞行员还是机上的两名乘客，都完全不知道自己身在何处。在降落之前，这两名飞行员甚至都没有仔细观察过地面情况。

迫不得已，他们决定从倾覆的那架飞机中取出汽油，注入第一架飞机里，然后派两个人飞出去求援。抽油、加油的工作顺利完成了，但重新加油的那架飞机前面是一小片沼泽地，如何起飞又成了问题。不过这并没有难倒那些男孩们。他们的技术非常高超。他们先是驾驶飞机飞离地面，加速，然后猛冲越过那片沼泽，在对面落地然后起飞。好了，现在留在他们身后的，是一架飞机残骸和两个站在那里不知所措的人。所幸，没有人受伤。

被留下的人，靠着吃蚂蚱，狼狈不堪地熬了大概一个星期。之后，他们发现了一只猫头鹰，射杀了它。更令他们惊喜的是，随后又遇到了几头牛。他们杀了其中一头，这下，总算不用饿肚子了。他们取下飞机引擎盖一侧的金属片，做成一口锅，用来炖牛肉。然而，在夜里，一头小狼光临，把他们挂在飞机上的肉都带走了，还把牛骨头啃了个精光。两天之后，在寻找其他牛时，他们遇到了一名牛仔。当时，由于美国和墨西哥的关系紧张，飞行员们对在边境地带遇到的任何人都持怀疑态度，所以他们立刻拔出手枪。那名牛仔用纯正的英语和他们说话，请他们把枪放回枪套中，然后把他们带到一处牧场——距离他们着陆的地方不到半英里。

然而，并不是所有失事飞机的飞行员都有这样的好运气。沃特豪斯和康纳利中尉就是不幸的例子。他们驾驶一架 DH 飞机，从亚利桑那州西南角的小城尤马飞往加利福尼亚西南角的圣地亚哥。在那个年代，如果听到哪个飞行员说“我的罗盘坏了”，是没什么好大惊小怪的。如果在保养期间能够进行适当检查，罗盘会是他们最好的朋友，但让他们认识到这一点很难。

我们沿着加利福尼亚湾，寻找到沃特豪斯和康纳利中尉失事的飞机，从他们刻在飞机侧翼上的文字，了解到当时的情况：“来到太平洋，右转向北。”不过，这时距离他们失事已经有好几个星期了。

事实上，在遇到暴风雨云团迷失了方向之后，他们完全朝着相反的方向，飞到了加利福尼亚湾而不是太平洋。在那儿他们右转，向南飞行。

“我们飞了四小时二十分钟，直到汽油耗尽，然后降落在海滩上。”飞机上刻着这样的信息。对沃特豪斯和康纳利的搜救行动是历史上规模最大的搜救行动之一。我们凭直觉认定，他们应该在加利福尼亚湾的某处，于是我们在加利福尼亚湾的地图上以 10 英里为直径画圈，从边境开始。每天搜寻 10 英里范围，从一处海岸到另一处海岸地毯式搜索。就在我们快要到达最后那片区域时——也就是沃特豪斯和康纳利的飞机最终被找到的地方，搜救行动被认为无效而取消了。

这两个年轻人曾经试图步行走出去，但之后又回到飞机降落的地方。他们靠喝飞机水箱中的水和抓鱼生存了数天。后来被确认的事实是，尽管他们仍然携带着配枪，但由于饥渴导致的虚弱，令他们丧失了自我保护的能力。一个墨西哥人划一艘小船靠近他们，并救起他们。他说会带他们向南去寻找泉水。然后他谋杀了他们。

就在这一时期，我遇到了一个人，后来终生为友。一天，我的副官进来报告说：“上校，有一个人降落在里姆机场，他的行为很出格，所以需要您来看看。”我问他是谁。“这家伙姓杜立特，”副官回答，“詹姆斯·H·杜立特①中尉。”

詹姆斯·H·杜立特中尉，坐在一座机库前，看起来似乎有点儿无

---

① 詹姆斯·哈罗德·杜立特(James Harold Doolittle，1896—1993)，昵称“吉米”，美国空军上将，杰出的特技飞行员和航空工程师。二战中率队首次空袭日本本土包括东京在内的数座城市，史称“杜立特空袭”，杜立特也因此成为美国人心目中的英雄。1917 年加入美国陆军航空兵部队。1922 年 9 月 4 日，杜立特驾驶一架 DH－4B 型飞机，从佛罗里达飞到加利福尼亚，全程 3 481 公里，耗时 21 小时 19 分，成为首个完成一天内横跨美国本土的飞行员。1985 年，美国国会和里根总统为表彰其卓越功绩，授予他上将军衔。——译者

聊。当时碰巧有另一名飞行员正在练习起飞和降落。杜立特对坐在旁边的人说："我跟你赌 5 块钱，他降落的时候我能坐在他的起落架上。"他的朋友哈哈大笑，但看到杜立特是当真的，就痛快地下了赌注。杜立特走到那位毫无戒备的飞行员面前，问他是否愿意带上他飞行。飞行员答道："当然，上来吧。"但是，当他们刚刚在空中平稳飞行，那位飞行员就被气得七窍生烟，惊恐不已，因为他看到他的乘客爬到下面一层的机翼，然后坐在起落架两个固定轮之间的横杆上。飞机引擎的轰鸣声淹没了他的怒吼；而他疯狂地打手势也被杜立特视而不见。就这样，杜立特一直坐在横杆上，直到汗流浃背的飞行员不得不降落。当飞机停下来，杜立特走到那位瞠目结舌的观众面前，说道："把钱给我。"

我有意冷落了这个姓"杜立特"的家伙一个月，因为我知道，对于这种人，这是唯一能令他印象深刻的惩罚。

在那段艰难的岁月里，对空军的发展始终怀有高度的使命感，并且能够令自己的将士们保持士气和信心的军官，当属比利·米切尔准将无疑。当他从欧洲回到国内，看到的情况却令他极度失望。因为他发现，他只是陆军航空勤务队的副主任和军事航空主任，在少将 C·T·梅诺尔①之下，而后者以前是第 42(彩虹)师的指挥官，没有任何航空方面的经验和资质，却在 1918 年 12 月被任命为陆军航空勤务队主任。为了提升空军的实力和地位，米切尔开始了不懈的努力和斗争，最终，却导致自己被迫退出陆军。在 1919 年年中的时候，他曾经卓有成效地推动了一系列项目，使我们的飞行员从萎靡消沉的状态中迅速振作起来，激发了

① 查尔斯·托马斯·梅诺尔(Charles Thomas Menoher，1862—1930)，美国陆军少将。1886 年毕业于西点军校。1903 年至 1907 年在早期的陆军总参谋部任职。1916 年任第 5 野战炮兵团团长。1917 年 8 月任彩虹师师长，晋升准将，领军赴法国参加一战。一战结束时任美国陆军第 6 军团军团长。1918 年至 1921 年任陆军航空勤务队首任主任，期间与副主任比利·米切尔准将发生了激烈冲突。1921 年 3 月晋升少将。1922 年调任陆军夏威夷师师长。1924 年任夏威夷军区司令。1925 年调任旧金山第 9 军区司令。1926 年 3 月退役。——译者

他们的活力，并且引起了公众相当的关注，也藉此开创了一种空军在和平年代发展的新模式。

1919年6月，我作为西区督导的职务被免除，奉命赴旧金山亨特·利格特[1]将军的参谋部任职，在那里我负责管理美国西部的所有航空事务。能够作为利格特将军的部下，让我非常开心，他曾在法国指挥过第1集团军，因此几年前我就知道他了。

在这一时期，我们一直致力于寻找自己的价值所在——飞机有哪些用途，如何为公众提供有价值的服务。在西海岸，我们给自己开创了全新的业务。那就是空中森林火警巡查。这项任务是我在1919年6月创设的，由陆军航空勤务队组织实施，一直到多年以后，才由林务局自己租用民用飞机接管。我们的西部森林巡航，从喀斯喀特和奥林匹克山脉开始，沿着内华达山脉和海岸山脉，直到马德雷山脉。我们的目标是利用飞机发现并定位火情，同时指挥消防员的扑救工作。森林火警巡航都是从位于山谷的基地起飞，然后要飞越山峰和区域的最高点。这项任务不仅显著减少了林区火灾造成的损失，拯救了价值数百万美元的林木，同时也让我们的飞行员熟悉了这片世界上飞行难度最高的地区。

1919年秋天，为了激发公众对于飞行的兴趣，同时也能开辟出贯穿全国的航线，米切尔制订了举办第一届洲际飞行竞赛的计划。尽管这只是一场陆军航空勤务队举办的赛事，但它不单纯是一次体育赛事，也不

---

① 亨特·利格特(Hunter Liggett，1857—1935)，美国陆军中将。1879年毕业于西点军校，在陆军服役长达42年，先后经历了印第安战争、美西战争、美菲战争和一战。1907年任第13步兵团营长。1909年至1914年，进入陆军战争学院学习，留校任教官并做到校长。1913年晋升准将。1914年调菲律宾任职，在副官乔治·马歇尔上尉的协助下，组织了吕宋岛海岸线考察，确定林加延海湾为最佳登陆地点。1941年日军入侵菲律宾和1945年美军的反攻，均是在林加延湾登陆。1917年4月任第41师师长，率军赴法国参加一战；后任美国陆军第1集团军司令、第1军军长，参与指挥了第二次马恩河战役、默兹-阿尔贡攻势等一系列重大战役。一战结束后，担任陆军第3军即德国莱茵区占领军的军长。1921年退役。1930年，国会授予他中将军衔。——译者

仅仅是为了与“施耐德杯”竞争，事实上，它成了美国商用航空事业发展的基础。“施耐德杯”中的参赛飞机，后来得到不断改进，最终演变成了喷火式战斗机①，在不列颠空战中大显神威。

那时候的美国，没有固定的飞行航线，没有通讯设施和连接各个飞行基地的运维系统，也没有一条商业航线运营。1911 年，第一封航空邮件从纽约的拿骚大道运送到花园城，虽然只有短短 5 英里，却给了我们全新的启示，将来有一天邮件是可以通过飞机运送的。航空勤务队在 1918 年开辟了从华盛顿到纽约的飞行线路，作为与邮政局在航空邮递方面的初次尝试。一战结束以后，数百名民间飞行员购买了战后退役的“珍妮式”和“DH 系列”的飞机，在全国进行巡回飞行表演，并且尝试各种小型的商业化运作，但是都没有形成规模。那时候还没有一条正规的洲际航线，因此他们可以随意地四处飞来飞去，搭载任何物资，正当合法地赚钱。

比利·米切尔一直认为，航空业可以在全世界建立航空基地和航线，从而与纵横四海的海军、驰骋陆地的陆军抗衡，当然最重要的一点，还是能够为各个人口密集区提供快捷的交通方式。他觉得建立军用航线能够为商用航空的发展铺平道路，很快飞机就可以用来载人载货，发挥更大的作用。

1919 年初，比利·米切尔就在《航空勤务》杂志上预言，数年后，人们乘坐民用飞机将是司空见惯的事，就像乘坐火车一样；城市间的距离，比如说从纽约到芝加哥，将用小时来表示，而不是英里。

---

① 喷火式战斗机（Spitfire），二战时期英国主力战机，超级马林（Supermarine）公司研制，1936 年 3 月首飞成功，1938 年 8 月装备皇家空军。“喷火”是当时最先进的战斗机，采用了多种新技术：单翼结构、全金属承力蒙皮、铆接机身、可收放起落架、变矩螺旋桨和襟翼装置，机身小得只能装一名飞行员；机动性比德国同类战斗机略差，但稳定性更佳，可以大大减轻飞行员的负担。有 40 多种改型，形成了三个重要系列：“喷火”I 型最高时速为 557 公里，F 型最高时速为 628 公里，1943 年出现的改进型最高时速达 730 公里，各型共计生产 14 233 架。——译者

洲际飞行竞赛计划让30名飞行员从旧金山飞往纽约，然后返回，同时另外30名飞行员从纽约飞往旧金山，然后返回，最先完成往返航程的飞行员为获胜者。当米切尔策划这场赛事的时候，沿途还没有能够为参赛飞机提供服务的配套设施，因此我们的首要工作是建立这些配套设施。由于参赛飞机大多是“DH系列”，最高速度不超过130英里/小时。而且，当时没有飞机能够在中途不降落加油的情况下飞行超过300英里，也没有夜间飞行装置。于是，在飞机需要起降的区域，我们就要派人去拜访当地的市政官员。总体来说，无论地方市政官员还是普通民众，都对此表现出了浓厚的兴趣，不仅对飞机将会在他们的城镇起降，还包括这场赛事本身。

如雨后春笋般，从美国东海岸向西，同时也从西海岸向东，在绵延3 000英里的广大地区，沿着森林、农场、沙漠、山脉与河流，大约每200英里就建起了配套的机场设施——还有一些紧急降落机场间隔距离只有50英里——全都配备了机械师、燃油和备件，以及联络用的电话、电报，有的还有无线电装置。

在整个建设过程中，困难重重，每个地区遇到的情况都不尽相同。比如，有的机场需要建在海拔7 000英尺高的山上；也有的需要建在深深的峡谷底部。

通过这场比赛证明，即使地形状况复杂，只要提供适当的基地、通讯设施以及导航服务，一般飞行员都能够完成横跨美国的飞行。同时，它也为之后开展洲际航空邮递服务铺平了道路。但一直到1923年，飞机运送邮件只在白天进行，夜间运输仍然通过火车。不过，在1919年至1920年间，随着对飞机性能的认知不断提高，以及洲际飞行导航经验的累积，飞行员们已经有足够的信心面对夜间飞行任务，空勤队的军官们也认为夜间飞行是每一位飞行员必须具备的能力。

在洲际飞行竞赛之前，米切尔曾经派R·S·哈兹中校和E·E·哈蒙中尉和他们的机组人员，驾驶一架“马丁 M－2”轰炸机，沿着美国边境飞行，航程 9 000 英里。无论是哈兹们还是那些参加洲际竞赛的飞行者，他们都用亲身实践证明了远距离飞行的可行性，令我们的飞行员们备受鼓舞。

1911 年，卡尔·罗杰斯历时五十九天，完成了首次跨越美国大陆的飞行，其实这可以说是一次飞行特技表演。海军的 A·C·里德中校，1919 年 5 月，驾驶海军的“NC－4′S 型”飞机，途经亚速尔群岛和葡萄牙，抵达英国，成为飞越大西洋的第一人，向世人展示了他们机组的高超技能与非凡勇气。一个月后，阿尔科克和布朗，驾驶一架英国轰炸机，从纽芬兰起飞，虽然途中遭遇恶劣天气，但仍凭借着过人的技术和勇气，最终成功迫降在爱尔兰。不过，当时所有这些飞行，只是基于飞行员们对于飞行的狂热与个人意志而进行的冒险与尝试，没有人会想到，有朝一日，驾驶飞机飞越大西洋或是横跨美国大陆能够成为一件司空见惯、稀松平常的事。

随着时光推移，像伯德及其团队，克拉伦斯·张伯伦，以及年轻的女飞行员艾米莉亚·埃尔哈特等人，不断地突破前人的纪录，创造着历史。但是，只有我们举办的首次洲际航空竞赛，才真正具有促进未来民用和商业航空发展的积极影响。

另一项让我们的飞行员始终非常忙碌的任务是边境巡航，是米切尔设立的。当时，墨西哥边境的驻军还没有解散。维拉突袭留下的恐怖记忆犹在，边境仍不时发生小规模骚乱。另外，边境巡航能够帮助税务部门阻止格兰德河一带的非法越境——由于那一片地区荒无人烟，从数公里外的空中能够很容易发现地面上行走着的人——同时，这也是军事实力的一种展现。空勤队规划了一条常规巡逻路线，从得克萨斯的布朗斯维尔，沿着格兰德河到埃尔帕索，然后向西，沿着边境到圣地亚哥。在这条线路上，大约每 150 到 200 英里的小镇上，就建有飞机场。巡航每两天一次，西向和东向同时进行。

在这些绵延数百英里的不毛之地上空飞行，与森林火警巡航的山区飞行一样，至少能够起到锻炼飞行员能力的作用。在这个过程中，我们积累了许多经验，特别是有关导航和预先制订精确飞行计划方面，以及机械备件供应和如何让小型机组管理 2 000 英里面积的区域。比如，我自己当时负责的区域，从亚利桑那的某处出发，沿着墨西哥边境到圣地亚哥，然后需要向北飞大约 1 400 英里到达加拿大边境。

为了商量边境巡航的业务，我见到了比利・米切尔，这是他从欧洲回国之后我第一次看到他。当时，为了考察巡航业务的进展情况，他沿着南部边境飞行，降落在埃尔帕索，1919 年 7 月 4 日，我去那儿与他会面。我之所以能如此清晰地记得这个日子，是因为在那天，杰克・邓普西，一位曾经默默无闻的重量级拳手，用了不到四个回合，就打败了大块头杰斯・威拉德，夺得了拳王的桂冠。

接待我们的是汤米・汤普金斯上校，一位留着胡须的强壮的老骑兵，他对空军的边境巡航非常赞同，并且说，如果我们能够飞到边境对面的齐瓦瓦，潘丘・维拉所在的那个省，看看那儿的情况是不是像谣传中的一样，将是再好不过的。

比利・米切尔立刻说道："好的，来吧。你还等什么？让我们去看看！"虽然整日里骑着马驰骋在边境草原上巡逻、追击叛乱者的汤米・汤普金斯是一位地地道道的骑兵，但他显然还是被这个违反国际协定的贸然之举吓到了。"不，我们不能那么做"，他大喊道。"只有地狱我们不能去，"比利说道，"来吧，让我们行动吧。飞机就停在这儿。"

比利自己驾驶飞机。我看到可怜的老汤米・汤普金斯坐在飞机里，两边的胡须被风吹得四散飞起。那是他这辈子第一次坐飞机，可能也是唯一一次——还是完全违反规定的飞行。

我记得很清楚，当时我想要建立一条边境基准线，并拍成照片。我的计划是，在空中沿着边境以南10英里左右宽的地带拍照，然后我们可以沿着边境每隔10英里左右竖立白色混凝土界碑——环状的、四方的、三角的、十字的，或者任何便于识别的形状。于是，我们开始了这项在空中拍照的工作。结果，有人认为我们这样做是在入侵墨西哥。美国陆军还派督查员对我们进行了全面调查，想弄清楚我们为什么要违反战争部的规定。我们收到来自军区和战争部的信，要求对自己的行为作出解释。实际上，我甚至怀疑我们拍照的飞机有没有超越边境以南2英里，而且，在地面上的人是不可能分辨出空中的飞机是在边境线以南还是以北；但那时候，这就是我们做事情必须面对的现实。所以，从那以后，我学会了谨慎行事。

那年夏天，我能感觉到比利·米切尔的一些变化。他比以往更加敏锐，也更加尖刻。我很了解他，我觉得坐在战争部办公室的他，已经不再是一战中在法国的那个神采奕奕、意气风发的空军指挥官了。比利一直是发展空中力量的狂热布道者，但是在法国的经历和当下在华盛顿遇到的一些事，却令他心中的愤怒与日俱增。他全然不顾那时有很多人根本不能理解他的理论，而且他坚信，即使有人精心策划、有组织地进行阻挠，也无法阻挡空军的发展。

比利指的主要是海军，那些顽固不化的海军上将们"根本无法面对海上力量日益式微的现实"。战争部那些思想守旧的将军们，也是这一派的中坚力量。比利认为，在那个时期，极力鼓吹发展战列舰的背后是与之相关的重工业领域的一众寻利者。那年夏天，我在埃尔帕索见到他时，他的想法就是要做给他们看——无论是洲际航空竞赛、边境巡航、森林火警巡航，还是当时正在进行的阿拉斯加编队飞行和环球飞行等种种活动，目的都是——让那些该死的战列舰见鬼去吧！

一次又一次，他迫切地希望有机会向海军和世人展示，飞机和炸弹能够做到的，是最好的战列舰也无法做到的。海军拥有一些德国移交的军舰，包括大型战列舰“东弗里斯兰号”①。它们没有任何用处，但是海军愿意给空军这个机会吗？“该死的，不！”比利微微一笑，“你能猜到为什么吗？好吧，我们走着瞧。总有一天我们会把它们搞到手，然后击沉它们。”

我返回旧金山之后不久，他又写信给我：“我急于促成这次陆上飞机飞越阿拉斯加的行动。最好能够确定你所辖区域北部的飞行线路是否可行。这样就可以把它搞成一次环球飞行。”

1919 年夏天，一支由战争部副部长克罗威尔率队的考察团，对欧洲各国的空军进行了考察，并听取他们对美国空军发展的建议。考察团回来之后，由于他们的观点与米切尔的几乎一致，当时的海军部部长班森上将②被激怒了，他对考察团成员霍华德·科芬说，这是在浪费他的时间。“此外，”班森说，“我不相信飞机对舰队会有什么用处。”之后，这位上将告诉克罗威尔先生：“海军不需要飞机。”

比利·米切尔听说，班森上将打算发布取消海军航空兵的命令，这正是班森的真正意图。然而，他还没来得及发表意见，当时的海军部副部长富兰克林·D·罗斯福，立刻发表了一个声明，说没有这回事，就算有这回事，他也没有听到过。从一战时期我与罗斯福先生在华盛顿初步相识，到大约二十年之后我们再次共事，建立了更加深厚的友谊。对于空军，他有着完全不同的观点。

---

① “东弗里斯兰号”（Ostfriesland）战列舰，是一战时期的德国战列舰，属赫尔戈兰级。1911 年 8 月服役，曾参加日德兰海战，因触雷受损。一战后移交给美国，1921 年 7 月 21 日，在弗吉尼亚州亨利角外海作为靶舰被比利·米切尔炸沉。——译者

② 威廉·谢泼德·班森（William Shepherd Benson，1855—1932），美国海军上将，第一任海军作战部长，一战时期的美国海军统帅。1877 年毕业于美国海军学院。1909 年任太平洋舰队参谋长兼“奥尔巴尼号”巡洋舰舰长。1911 年任“犹他号”战列舰舰长。1913 年任费城海军造船场指挥官。1915 年 4 月任海军作战部长，1916 年晋升海军上将。由于他的努力，美国海军得以迅速介入加勒比海、中美洲与欧战的危机。美国于 1917 年 4 月加入一战后，班森负责监督美国海军扩建与运输美国陆军进入欧陆。1918 年 11 月参加巴黎和会。1920 年任美国船舶理事会主席。——译者

当军事委员会主席、参议员沃兹沃斯问他，空军是否会发展成为海军或者陆军的主要力量，罗斯福回答说："可以确信，对于海军，将会成为主要力量。我不知道海军作战部长是否同意我的观点，但是我认为，在未来，空中力量将会使水面舰艇实际上难以发挥作用。"

那段时间，凡是去比利·米切尔华盛顿办公室的访客，都会被带到一个地球仪前，米切尔会用手指向阿拉斯加，然后向下到巴西的港口城市纳塔尔，再向上到圣劳伦斯河口的岛屿。他会对他所有的读者与听众说，只有在这些地点布防空中力量，才能形成"真正三足鼎立的国家防御体系"，其他的防御要塞，包括海军的，都是要被淘汰的。

他通过杂志发表与此观点相关的文章，1919 年 10 月，在一个参议院委员会面前，他又一次用他极具个人风格的、夸张而又相当精准的手势进行演示，他甚至改变了第三个地点——圣劳伦斯河口——他的手指猛地推过"大西洋"直指"冰岛"。像往常一样，他越来越不耐烦的批评，如同马戏团驯兽师的鞭子，毫不留情地劈向那些自以为是的、从来不认为空军建设与自己有什么关系的政府部门当权者——这一次，他的批评对象是国务院。

1916 年，最早由我们美国的格里利将军①发现的格林奈尔地区和格兰特地区，被用来与丹麦交换维尔京群岛。"如果做这笔交易时征求过空军的意见，"比利对参议院委员会说，"我们肯定反对放弃这片地区，因为一旦发生战争，那里就是通往欧洲和亚洲的商用航空路线的最理想基地。"

---

① 阿道弗斯·华盛顿·格里利(Adolphus Washington Greely，1844—1935)，美国陆军少将，探险家。1881 年至 1883 年率队对北极地区进行科学探险，在格陵兰创造了到达北纬 83°24′的划时代纪录，25 名队员中仅有 6 人幸存。1887 年 3 月，格罗弗·克利夫兰总统任命格里利为陆军首席通讯主任，并将其军衔由上尉直接晋升为准将(另一名由上尉直接晋升准将的美国常备军官是约翰·潘兴将军)。任职期间，在波多黎各、古巴、菲律宾、阿拉斯加组织铺设了总长近 3 万公里的军事通讯线路，为早期电话、海底电报和无线电通讯建设作出了重要贡献。——译者

第一次通往阿拉斯加的飞行，是在1920年7月，由圣·克莱尔·斯特里特上尉指挥，从纽约长岛的米切尔机场起飞，机型为“DH系列”。在那个年代，这是一项伟大的成就。尤其是驾驶着那样的飞机，在任何时候都可以说是一项壮举。然而令人觉得有些奇怪的是，“DH系列”的飞机在战时颇遭人诟病，而如今战争已经结束两年，这项如此重要的任务，却仍然交由这款老式飞机承担。

米切尔认为，飞机尤其是军用飞机，在开始建造的时候就已经过时了。尽管他不断地强调这一点，然而，他关于美国武器装备落后的警告，从总统到战争部，还有国会议员和参议院委员会，都没有人给予太多关注。

当时，美国仍然有数百台400马力的力博特发动机库存。在国会和战争部看来，DH系列的机型既然能够完成“斯特里特极地飞行”这般艰难的任务，恰恰证明了它是多么结实耐用。

在那段时间，还有许多DH系列飞机创造的纪录，不是因为它的性能有多么优秀，而是因为它是我们的唯一。

即使身在遥远的加利福尼亚，我也能感觉到当时空军“离经叛道”的尴尬境地，不仅仅是因为米切尔所引发的争议。1920年的《国防法案》赋予了航空勤务部队与陆军其他兵种同等的地位，并且给予了我们自己采购装备的权力，但却令其他地面部队相当不满。我相信，与其说是空军的1 514名军官和16 000名士兵，不如说是这项法案所带来的预算方面的威胁，才会令陆军的其他兵种产生如此大的争议。而新岗位“飞机驾驶员”，如今意味着能够多出50%的固定飞行津贴，也是另一个导致不满的原因。

1920年，我在利格特将军司令部任职期间，我们的战时临时军衔已经恢复到正常状态。“图伊”·斯帕茨少校，我的副手，由于是在战斗中获得了这个临时军衔，按照法律规定可以继续保留。我的军衔则由上校调整为上尉。在命令下达的那个早晨，我先一步到达办公室，把我和图伊的办公桌进行了交换。

当他来到办公室，很是吃惊。“这到底是怎么回事?”他大声喊道。我向他解释，他现在是指挥官了，而我是他的副手，我已经做好了听从他一切指令的准备。

我说：“瞧，图伊。法律就是法律。你现在是领导了，你不能改变这个。”图伊盯着我看了一会儿，离开了办公室。几分钟之后，他回来了，对我说：“好了，一切都安排好了。”原来他径直去找了利格特将军，请求将军能够做出一个“所罗门判决”①，于是他被调去马瑟机场，而不是从我手里接管我的工作。结果，由于“图伊”·斯帕茨这个德裔宾夕法尼亚人的固执，我被留下继续当西海岸空军指挥官，上尉军衔。几个月之后，我也被提升为少校。

1920 年，因为要参加美国退伍军人协会召开的会议，比利·米切尔再次来到西海岸，像往常一样，他受到了非常热烈的欢迎。为了庆祝这次在旧金山的盛会，海军派出一支由 24 架飞机组成的飞行队。但是由于恶劣的天气，不得不在加利福尼亚各地迫降。当新闻记者问起比利对此事的看法，他开玩笑说：“你还能指望海军做些什么呢?”

不过，令人惊讶的是，在这场迅速演变成一场斗争的辩论中，海军中有不少人支持米切尔。除了杰出的海军上将威廉·S·西姆斯②，一战中欧洲战区的美国海军总司令(西姆斯上将曾经说：“新生事物所带来的变革会让一般人感到难以忍受……我相信，未来人们将看到，战舰上会

---

① 所罗门是大卫王和拔示巴之子，于公元前约 960—前 920 年统治以色列。在两名妇女争夺婴儿的案子中，所罗门作出的判决充分证明了他的智慧。——译者

② 威廉·索登·西姆斯(William Sowden Sims，1858—1936)，美国海军上将。19 世纪末和 20 世纪初美国海军现代化的推动人物。一战期间任美国海军大西洋-欧洲战区司令，两次担任海军战争学院院长。他极力主张建立海军航空兵，称战列舰已经过时。——译者

装载20架飞机而不是16艘战船和4架飞机，毫无疑问，除此之外的其他战舰将会被淘汰。”)——还有，不仅仅是美国人，比如伟大的发明家布雷德利·菲斯克[①]海军少将——还包括英国海军中的一些前辈人物，仿佛他们自己也是空军的人一样。皇家海军上将珀西·斯科特爵士，现代海军炮战的创始人，在接受伦敦《时代报》采访时质疑：“战列舰的用途是什么?”艾萨克·唐·莱文在米切尔的传记中，曾记录下英国海军部第一海务大臣、皇家海军上将杰克·费舍尔爵士说过的一段话，犹如《圣经》中的警言：“蓬勃发展的陆地和水上飞机将会击败现在的舰队，使敌人的入侵成为可能，我们作为岛国的优势将不复存在，未来的空中将像地面一样成为战场。那些不愿正视现实的人们，仍然在投入巨资制造那些在下一场战争中作用如同弓箭一般的武器，对于他们来说，现在只有一件事可做——停止这一切。就像埃及上空蜂拥而至的蝗虫一样，未来飞机也将布满天空，带着货物、人和炸弹，或疾或徐。有些飞机将扮演巡洋舰的角色，有些则是驱逐舰。所有的飞机都造价低廉并且——最重要的一点是——运行只需要几个人。”我们自己的海军上将W·F·弗拉姆也做了详尽的分析，并宣称今后“海洋力量将服从或依赖于空中力量”。

---

① 布雷德利·艾伦·菲斯克(Bradley Allen Fiske，1854—1942)，美国海军少将、发明家。1874年毕业于美国海军学院，先后在太平洋、大西洋舰队服役，并两次调入军械局任职。1886至1890年曾负责监造美国海军第一批现代铁甲舰“亚特兰大号”的火炮安装以及新型巡洋舰“费城号”的电气设备安装工作。1898年参加马尼拉湾海战。1911年8月晋升海军少将，任海军部长助理，分管督查工作；1913年2月任分管作战的部长助理(海军作战部长一职的前身)，积极推动组建海军总参谋部和扩军备战。1915年4月，威廉·谢泼德·班森接替菲斯克成为首任海军作战部长。1916年6月退役。菲斯克是当时美国海军非常出色的技术军官，先后发明和改进了船用通讯系统、舵角指示器、炮塔测距仪、望远瞄准器和鱼雷机。1910年，在防卫菲律宾群岛的作战中，他提出用飞机装载轻型鱼雷，并研制出轰炸机运载和投放空中鱼雷的装置。1915年，菲斯克指出，使用鱼雷机可以对敌人舰队的母港发动远距离攻击，他发明的不仅仅是一种新式武器，更是一种全新的战争形态。——译者

因此，米切尔与海军关于战列舰的争论，不仅仅是陆军、海军和小小航空勤务队之间简单的争斗。它实际上是那些支持空军和不支持空军发展的人之间理念的较量。但是，米切尔经常通过新闻媒体宣传自己的想法，试图把问题简单化。他想要进行轰炸德国战列舰的实验，但遭到了海军部长约瑟夫斯·丹尼斯等关键人物的极力反对，似乎将矛盾激化成了航空勤务队和海军之间的直接斗争。然而，很多人根本没有意识到，更大的阻力反而来自我们陆军内部。我们的长官，梅诺尔将军，无法理解也根本不愿了解米切尔的理论，但是他也控制不了比利·米切尔。此外，更糟糕的是，梅诺尔将军很少飞行。

无论身处何地，为了在公众面前树立起空军的形象，我们每一个人都尽心竭力。比如，1921 年，我曾经同鸽子进行比赛。那时，空对地的无线电还没有普及，只有很短的距离才能使用。较长距离的通讯仍然需要通过鸽子来实现。

旧金山的一家报纸开始讨论，到底谁飞得更快一些——鸽子还是飞机。我代表飞机接受挑战，通信兵则代表鸽子接受挑战。很快，我带着一笼鸽子——名气很响的鸽子——到了俄勒冈州的波特兰，比赛将从这里开始，飞到旧金山。这些鸽子都有名字、军衔和身份号码，其中有些鸽子在战斗中表现相当出色。

俄勒冈州长，本·奥尔科特，是一名飞行爱好者，一直想要和我一起完成这次旅程。我在塞勒姆接上他，一道去了波特兰。第二天一早，在众人的注视下，鸟儿们被放飞了。它们像往常一样，在机场上空转了个大大的弯，然后就向自己的家——旧金山方向飞去了。然而，我们就没这么顺利了。由于当时还没有电子启动器，能让飞机像鸽子一样随时自由起飞。而天气又太冷，力博特发动机启动很困难。我因为带了州长，就不能再带上机械师，所以身边也没有熟悉引擎的人。拉动力博特引擎的螺旋桨可不是小孩子闹着玩的事儿。也就是说，即使连州长来拉——包括机场上的每个人——也需要四十五分钟才能启动引擎。这就等于给了鸽子们四十五分钟领先的时间，所以当我们最终起飞时，它们早就看不见影儿了。

虽然那个时候无线电广播还很少见，但是各大报纸都刊登了这次飞行比赛的消息，旧金山的市场街上人潮涌动，交通瘫痪了数个小时，只为等待这场比赛的胜者归来。人们都在兴奋地猜测，甚至有“赌场”开出赔率，赌到底谁赢——鸽子还是飞机。

有一些视力特别好的人，能够识别出 2 000 英尺高空中的鸽子叫什么名字，一定是他们在向报社同步报告比赛进展情况，因为有比赛的最新消息不停地报道出来：“‘美国小姐’正在奥尔巴尼上空”；“‘战鸟’飞到了塞勒姆”；“‘哥伦比亚’到了罗斯堡”；“‘钻石头’到了尤金”。例如，“美国小姐”，在我的飞机抵达俄勒冈州梅德福德加油时，已经飞到雷德布拉夫了。

当一只又一只鸽子离它们的鸽舍越来越近时，还在梅德福德加油的奥尔科特州长和我，大口吃着三明治，心里已经做好了输掉比赛的准备。但是，显然这些鸽子们，有时候和我们的飞行员们一样，在完成它们的洲际飞行任务时步调不够一致，因为这些会飞的战斗英雄们，一直到四十八小时之后才飞到目的地。而我和州长已经在七个半小时之前就完成了任务。

那段时期，虽然我们航空兵部队规模很小，但是我们的飞行员都很出色。可以说，只要有合适的飞机，我们的小伙子随便挑一个出来，都能够完成横跨大洋或者大陆的不间断飞行。比如说，W · D · 科尼中尉，一直雄心勃勃想要完成一次横贯大陆的飞行。1921 年，他向我提出，想要在他的 DH 飞机上加挂油箱，以便他能够完成横跨全国的不间断飞行。

在准备进行这次飞行之前，有一天，在俄勒冈州的尤金，科尼中尉去参加陆军航空兵的首次降落伞表演。但是他的降落伞出了故障，突然提前打开了，这很可能导致他被拖出座位。另一位飞行员，洛厄尔·史密斯上尉，靠过来抓住了他。但喷射而出的降落伞像一根绳索飘向了飞机的尾翼，史密斯立刻意识到，如果降落伞打开将会导致的危险后果，因此他放开了科尼，以避免两个人都被拖出去。

此时，地面上的人群屏气凝神，紧张地注视着科尼，只见他冷静地从座舱中爬出来，下了舷梯，徒手抓住操控线，然后纵身跳下，整个人悬在空中。在时速 90 英里的风中，那些细细的线，锋利如刀，科尼双手不断地交换着，史密斯则让飞机减速，试图让降落伞从尾翼上脱落下来。

最后，科尼跳了下来。他打开了紧急降落伞并安全着陆，但是他的手已经被割得看得见骨头了。

此后不久，科尼开始了他计划已久的横跨大陆飞行。从加利福尼亚圣地亚哥的洛克威尔机场到佛罗里达的杰克逊维尔，他一共用了二十二小时二十七秒。返程中，在路易斯安那遇到了雷暴天气，飞机撞在树上，科尼不幸身亡。

让我们再回到美国东部，就在那段时间，发生了一件大事。1921 年 6 到 7 月间，米切尔终于完成了轰炸战列舰的心愿。虽然，这个故事为人们津津乐道无数遍，但作为一件改变历史的大事件，这里仍然值得再讲一次。

有很多人试图用各种理由来阻止这次试验。哈丁总统和国会承受了巨大压力，要求他们收回选择德国军舰作为实验目标的成命，以此来让试验流产。但是，哈丁总统喜欢比利·米切尔的做事风格和他那敏锐的直觉，以及比利在美国公众中的感召力。在总统去世之后，比利说，哈丁在他最后一次去阿拉斯加的致命旅途中，曾经留下了遗愿清单，位列之首的就是要在那儿建立空军基地。当然，比利在国会也有许多朋友。

前海军部长丹尼斯最终未能阻止这次试验，但出于海军的利益考虑，他一直明确表示强烈反对。他说，无论是什么飞机要轰炸什么战舰，他都会光着头站在舰桥上，祈求上帝，保佑战舰平安！他唯一遗憾的是，无法让那些迫不及待的飞行员们领教，在真正的实战中，战舰击落那些所谓的轰炸机是多么迅速。

结果，这位前部长的激烈言辞，却起了反作用。航空勤务队的飞行员们立刻找到米切尔，团团围住他，要求轰炸战舰的时候允许海军向他们射击。

“让我们快点儿动手吧！”飞行员们央求。这或许是自 1791 年在我家乡发生的“威士忌暴乱”① 之后，最接近于内战的事情了。

无论是身在西海岸的我们，还是国内其他任何一个航空站，都比乘坐在“亨德森号”战舰上的国际观察员们更加密切地关注着这场试验。6 月 20 日，我们先用德国一战投降后送给美国海军的 U - 117 潜艇小试牛刀，结果它下沉的速度之快超出我们的估计。百年老舰“得克萨斯号”战列舰正停靠在切萨皮克湾，米切尔的飞行员们在它的甲板上热火朝天地训练着。29 号，海军的飞行员用教练弹轰炸了由无线电控制的编号 BB - 4 的老“艾奥瓦号”战列舰，虽然只有两枚命中，却令不久前海军在老“印第安纳号”战列舰(编号 BB - 1)上用实弹进行的未公开试验所引发的激烈争议，再度爆发出来。

海军将这些试验的结果视作机密。在未经证实的、遭受重创的“印第安纳号”照片在英格兰公开之后，米切尔和其他几位军官将这些信息公之于众。十六年之后的 1937 年，鲍勃 · 奥兹在加利福尼亚海岸对“犹他号”战列舰进行精确轰炸实验，尽管当时天气很糟糕，但战舰还是被多次命中，这件事同样被海军视为“机密”。

---

① 威士忌暴乱(Whiskey Rebellion)，是一场在 1791 年至 1794 年间发生于美国宾夕法尼亚州西部的抗税运动。

7 月 13 日，搭乘“亨德森号”的观察员们，抱着强烈怀疑的态度，看着前德国驱逐舰“G－102 号”缓缓驶入海中。7 月 18 日，“法兰克福号”巡洋舰作为靶舰也已就位。起初，海军和陆军的飞行员们先使用轻型炸弹进行了首轮攻击，海军上将和他们的陆军伙伴们还是信心满满的。之后，W·R·罗森上尉率领六架载有 600 磅炸弹的轰炸机出现了。但是他们被要求先等等，在周围上空盘旋。那些观察员们乘“肖马特号”布雷艇登上了“法兰克福号”，去检查第一轮攻击的效果。海军将官们看了以后都兴奋不已，议论纷纷：要想击沉“法兰克福号”，还是只能靠他们海军的巨炮。

罗森上尉等得不耐烦了，用无线电呼叫：“必须在十五分钟内开始轰炸；燃料不够了。”当观察员们从靶舰退回来继续观看时，海军的舰炮也已经做好了准备，不过最后根本没用上。当罗森他们完成轰炸之后，“法兰克福号”的主桅杆已经折断了，船头也沉了。十一分钟之后，它沉入水中消失了。

但是，“东弗里斯兰号”战列舰就不可同日而语了，它曾经参加过日德兰海战，是号称“永不沉没”的无畏级战列舰，它才是这次试验的真正主角。因此，不仅仅是由于新闻媒体都站在米切尔一边，还有其他诸多因素，都极大吸引了公众的眼球，关注着“东弗里斯兰号”的命运。

第一次试验在 7 月 20 日的傍晚进行。由于大家并不清楚，根据试验的规则，米切尔被限定只能使用 600 磅的炸弹，那些站在弗吉尼亚海岬沙滩上的观察员们，认为米切尔失败了，因为他没能击沉那艘船。这正是他们所希望的！这艘前德国海军旗舰有四层分别独立的钢铁防水舱，无论哪一层进水都不会导致军舰沉没。在日德兰海战中，它不止扛住了最猛烈的海军炮火，还有一颗水雷在它正下方爆炸，最后仍然平安返航。

哈特拉斯岛的天气越来越糟糕，有的观察员开始晕船。潘兴将军和战争部长威克斯认为，这件事不值得他们第二天再来一趟。因此，当第二天傍晚，“东弗里斯兰号”被炸沉时，他们正舒服地坐在海岸边，只是远远地听到了爆炸的隆隆声。

不管守没守规则，比利·米切尔就是炸沉了那艘战列舰。他的第一轮攻击由八架“马丁”轰炸机实施，每架载有两个 1 000 磅炸弹，只扔了数枚炸弹，船就沉了。剩下的飞机还有九枚炸弹没有用。他们返回去，为了安全起见把炸弹丢进了海里。一两个小时之后，海军对米切尔采用的方法提出抗议。但是，这抗议声很快便淹没在公众兴奋的情绪中，有关试验成功的消息，迅速成为新闻头条。比利·米切尔已经证明了他的观点！他的轰炸机做到了，正如他所说的一样。

整个航空队都沸腾了；在兰利基地，他们派出飞机去迎接那些返航的轰炸机；当飞行员们走出飞机，跑道上站满了欢迎的人群。梅诺尔将军，作为“亨德森号”上的观察员，向米切尔发送了贺电。我很想知道，汤米·米林上校，米切尔任命的这次行动的指挥官，是否会想起莱利·斯科特在大学公园时发明的第一个投弹瞄准器。不过，估计他应该没有，因为在那个夜晚，航空队的每一个人都在憧憬着未来——而不是回首往事。

与此同时，素来与米切尔不和的梅诺尔将军，向战争部长威克斯先生提出要将米切尔解职。对于这样的建议，想必威克斯先生应该不会太介意。他正对米切尔的所作所为厌烦不已，并在华盛顿的一个新闻发布会上公开抱怨米切尔“在许多场合严重干扰了海军”。但是，在华盛顿，尤其是哈丁总统时期的战争部，没有人愿意卷入米切尔的是非当中。

当第一次爆出有关将米切尔解职的传言时，新闻媒体一片哗然，几乎一边倒地认为或许“某人”才应该被解职。比如，他们认为梅诺尔是

“陆军和海军保守派的代言人”。米切尔将军正在遭到迫害，不只是因为他超前的理念，更主要是因为他致力于建设独立的空军。

威克斯先生，则采取他的一贯做法，一方面将不循规蹈矩的比利训斥一番，另一方面劝说梅诺尔将军撤回他的请求。

1921 年 8 月，在华盛顿召开了有关军备限制的国际会议。米切尔是美国空军的代表。然而，就在这个特殊时刻，陆海军联合委员会发布了关于米切尔轰炸试验的调查报告。事实上，有报道说这份报告的签署人，并不是实际参与调查的陆海军联合委员会的几位官员，而是由潘兴将军一个人签署的。报告声称，没有证据证明空军发挥了决定性的作用。飞机是一种有用的辅助装备，但是不能依赖它们独立作战。战列舰“依然是舰队的中坚力量和国家海洋防御的保障”。

新闻媒体和国会议员们对这个裁决嗤之以鼻。

这之后，莫名其妙的——没人知道是怎么回事——一份关于比利·米切尔的报告，原本应该是躺在梅诺尔将军文件柜里的机密文件，被公之于众。它没有提到具体的人名，但却将海军上将们和潘兴将军那份关于轰炸战列舰试验的报告批驳得体无完肤。梅诺尔将军因此辞去了航空勤务队主任职务。

此后一段时间里，新闻媒体兴奋地猜测着，是不是比利会被任命为梅诺尔的继任者。我可以确定地说，在航空勤务队里(除了一些年轻的飞行员)没有人相信会有这个可能，尽管我们都希望这是真的。随着梅诺尔将军提出辞职，迫于形势，米切尔也提出了辞呈，但是没人把这件事当真。

10 月 5 日，在梅诺尔辞职两周后，潘兴将军的同学，原美国远征军空军部队的指挥官，梅森·M·帕特里克将军再次接管航空勤务队。他不是一名飞行员，尽管不久前在一次西海岸的旅行中他曾经开过飞机。但所有新闻报道都在关注的是，他是米切尔的朋友和前上司——一位有航空经验的朋友。

不过，我们都明白，新指挥官的航空经验只是次要因素，就总参谋部看来，他和米切尔曾经共事过的经历才是关键。如果说，整个陆军当中有人既了解米切尔的处事风格并且又能够治得住他，非帕特里克莫属。不过，据说帕特里克一上手也很不顺。在发生了这么多事情之后，比利仍然坚持，作为航空勤务队的高级飞行军官，必须授予他指挥上的特权。帕特里克虽然很通情达理，但在这一点上却坚定不移，既然自己是指挥官，那就必须由他来指挥。

米切尔说自己别无选择，只有从陆军辞职了。作为对比利的回应，帕特里克径直陪着他一起去哈伯德将军的办公室。这位陆军副参谋长在几天前刚刚拒绝了比利的辞呈，但同时也声称，如果比利再一次提交辞呈的话，将会立刻被接受。他们第一次去的那天恰好是星期六，哈伯德不在，因此比利也正好可以在周末的时候再仔细考虑一下。比利最终妥协并接受了帕特里克的条件，这是他一生中绝无仅有的一次。

此后，“东弗里斯兰号”事件一直被认为是空军发展的转折点，当然，它的确是。这场试验从技术上论证了比利的预言，随后比利对潘兴的报告进行了言辞犀利的抨击。他是如此公开、直接地攻击美国总参谋长签署的报告，这个参谋长不是别人，而是潘兴将军，那么一切就是明摆着的了，比利・米切尔的好日子不多了。

随着各类飞行竞赛活动的举办，人们在不断地尝试建造体积更大、载重量更大的飞机，飞机装备技术也有了大踏步的发展——一种使得夜间飞行和白天一样安全的装备出现了。这种装备是在博林机场到兰利机场的一系列夜间洲际飞行活动中出现的，最早由克莱顿・比斯尔中尉发明，后来也主要由他进行了逐步改进。1922 年 6 月 16 日，史蒂文斯上尉创造了另一项纪录——从飞行到 24 200 英尺高的“马丁”轰炸机上跳伞并成功着陆。这些成就让人们觉得，航空业很快就无所不能了。体积更大、载重量更大的飞机，应该在很短的时间里就可以制造出来，并且能够在随便什么时候带他们去世界上的任何地方。

正如我之前说过的，那时候能提供给飞行员们的只有老式“DH”和“JN”系列的飞机。不过，也有少数飞行员——比如那些在华盛顿和代顿机场服役的——会有一些特殊型号的飞机。我就很幸运，拥有一架“雷皮尔”飞机。“雷皮尔”比“DH”要先进得多，流线型机身，使它的速度每小时要快 10 英里，但是它的载油量太小，只能飞一个半小时左右。因此，我又给它加装了四个副油箱。

1919 年，我驾驶这架飞机在洛克威尔机场降落时，发生了严重的碰撞，撞击力让我的身体向前冲，结果被皮带搭扣刺伤内脏——这次受伤将我送进了医院，并且在 1922 年秋季旧伤复发，导致我不得不中断在旧金山的工作。

那时候，我驾驶着这架“雷皮尔”飞遍了整个西海岸，它的最后一次飞行是从旧金山到加利福尼亚州里弗赛德市附近的马奇机场。那天的天气非常糟糕，在特哈查比山口上空，我感到一阵剧烈的颠簸，发现连接机尾的控制线绷得很紧。我检查了一圈，但没发现什么问题。再说，我也没有降落伞，所以只能继续飞。当我飞到莫哈韦沙漠上空 7 000 英尺的高度时，一股气流冲上来，我向下看到飞机的木质机身底部破了一个大口子，并且显然还在继续开裂。

我小心翼翼地驾驶着飞机，不敢有任何闪失，如履薄冰似的将飞机降落在马奇机场。当我想要加大油门驶入机库时，已经不可能了。机尾快速翘起来，虽然引擎仍在转动，机身在我脚下直接裂成了两半。

从特哈查比山口到马奇机场，一路上我的老“雷皮尔”飞机仅仅靠着牵引钢索保持机身没有散架。“雷皮尔”的故事到此结束了。但洛克威尔机场那次事故对我身体的影响，在 1922 年秋天变得更加明显，在医院待了一阵子之后，我被免去了航空勤务队西部地区指挥官的职务，又被派到圣地亚哥的洛克威尔机场担任指挥官。

对洛克威尔机场的航空站，我并不陌生。它从一所航空学校发展成一座航空站，整个过程我很清楚。那儿有大约800名平民，少量士兵，9名军官，包括我在内。虽然人不多，但我们依然组建了一支棒球队，一支飞靶射击队和一支步枪射击队。

在洛克威尔机场，我明显感觉到了战争部和海军部在处理战后剩余物资政策上的差异。战争部的政策是统统丢掉，不管这些东西在和平时期是否还有用；海军则将大量建筑材料，包括油漆什么的都保留下来，在战后使用。在洛克威尔，因为有丰富的储备，海军给了我很多油漆、木材以及其他我们需要的物资。

1922年，在北岛的时候，我们与海军住得很近，因此一直与他们有联系，我经常和那些海军将校们一起参加各类庆典活动。基于所见所闻，我觉得两支部队在很多地方需要进行协调统一，统一行动标准，以及更均衡的资金分配。比如，为什么岛上这一头的陆军军官只能住在那种半人高的旧公厕改建而成的宿舍，而另一头的海军军官却能住在专门为他们修建的新居里？这没道理。所以，只有一个解决办法：统一标准——一视同仁，才能使陆军和海军最低限度地花纳税人的钱，而又能达到最高的效益。

在早期，由于飞机的飞行活动并不是太多，因此空难事故给我们留下的印象比现如今要深刻得多，也有可能是因为，当时失事的人大部分都是我们认识的。在没有多少农场和居民区的荒芜西部，我们的飞机经常一去不复返。有时候，在广袤的沙漠和山区地带，他们很容易就消失得无影无踪。

有一天，F·C·马歇尔上校，陆军骑兵部队的助理主任，来到洛克威尔，要我派一架飞机送他去凤凰城。第二天，我和我们一名比较优秀的飞行员、绰号“碧姬”的韦伯中尉一起送他。我甚至驾机护送他们飞过山区并确认天气没问题之后，才和他们挥手道别返回洛克威尔机场。

那天晚上，我们没有接到他们到达凤凰城的电报，我们用无线电呼叫并试图确认他们的位置，也没有回应。搜救行动立即展开，在第二天出动了超过100架飞机。搜救持续了数周。司令部要求我们一定要给个结果，迫于压力，我们甚至派出地面搜救队，开车沿路询问当地人，看看是否能够找到有关飞机的任何线索。

最后，连水晶球占卜术士也参与进来。一名圣地亚哥的占卜师打电话给我，说她知道失踪飞机的准确位置，出于良知所以找到我。她向我描述她能够看到一名年长的男人正在四处走动(这应该是指马歇尔上校)，另一名年轻的男人躺在地上，受伤了。她说那里有一条河水汇入一片巨大的水域，有一处悬崖，下面是一片沙滩。她甚至还描绘出，在一小片高地上有着伞状树冠的树林。

我问她是否到过墨西哥边境科罗拉多河汇入加利福尼亚湾一带的地方，她说从未去过。我告诉她她所说的地形地貌与那里完全一样。我真的派飞机去了那儿，找到了她所描述的所有东西——除了失踪的飞机。

两个月过去了，这起事故也渐渐被人们淡忘。5月1日，我们一帮人去圣地亚哥的山里钓鳟鱼。晚上，睡在吊床上，我做了一个梦。我看到马歇尔上校和韦伯中尉来到我在洛克威尔的办公室，我问他们：“你们到哪里去了?”

他们回答说：“我们降落在下加利福尼亚半岛海岸，我们没法再飞更长时间了。后来来了一艘帆船，但是船上没有无线电。他们带我们去了澳大利亚，我们刚刚返回。”

第二天早晨醒来，梦境依然历历在目，我在早餐的时候把梦讲给大家听。两天之后，一名牛仔在放牧的时候发现了马歇尔和韦伯的飞机残骸，两人的遗体被发现的地方，离我们钓鱼那天晚上的夜宿地不到半英里。

1923年，基于洛克威尔航空维修站工程师洛厄尔·史密斯上尉的独创设计，我们进行了人类历史上第一次空中加油试验。史密斯上尉在那年的6月向我提出了这个创意。他所有的装备——除了他和他的搭档J·P·里克特中尉的娴熟技术之外，就是一根普通的汽油软管，只不过长度增加了40英尺，还带有一根绳子，以便工作完成之后能够把汽油管拉回来。

利用这项技术，史密斯和里克特很快就创造了两项续航纪录，这项技术随之在全国范围被广泛报道，今天仍在使用，如果你想让飞机留在空中的时间更长一些、单凭自己的油箱又不够的话。

米切尔一直在督促我们莱特机场的工程师和设计师们，制造出更多性能更优良的飞机。成效非常显著，一些新的机型不断涌现出来，其中有的也让我们航空队创造了新的纪录。1923年，陆军购买了最新的“T-2”飞机。“T-2”是荷兰人安东尼·福克设计的。一战中，德国人使用他设计的“福克”飞机，在空战中打得相当出色。“T-2”飞机是大型单翼运输机，配置一台力博特引擎，有效载重量大约3 000磅，包括八名乘客。在经过两次失败的尝试之后——一次是由于天气原因，第二次是由于气缸水冷套破裂，1923年5月6日，凯利中尉和麦克雷迪中尉驾驶这架飞机，创造了第一次不着陆横穿北美大陆的飞行纪录，从纽约的米切尔机场起飞，到达圣地亚哥的洛克威尔机场，用时26小时50分钟。

同年，比利·米切尔最为期待的远程重型轰炸机——“巴灵”面世了，它是当时全美最大型的飞机。在“巴灵”的建造过程中，惊诧质疑之声不断，不仅是因为飞机本身的制造成本就要将近50万美金——在那个年代这是一笔巨款——而且，为了建造和装配它的专用机库，还需要再花费 70 万美金。

理论上，“巴灵”轰炸机的载重量可达到 10 000 磅，巡航半径约 1 000英里。但实际上它的表现远未达到理论目标。这架配有六台力博特引擎的轰炸机，于 1923 年 8 月 22 日，由 H · R · 哈里斯中尉驾驶进行了首航。不过，除了哈里斯之外，真正驾驶过这架“巨无霸”的人并不多。这架飞机很快就被弃用了，因为人们发现，为了将它从距离大约 400 英里的代顿飞到华盛顿进行展示，在加了足够多的汽油之后，这个大家伙居然无法飞越阿巴拉契亚山脉。于是“巴灵”轰炸机被保存在代顿用于研究，之后就被废弃了。最终被拆除销毁。

如果说，像“巴灵”这样的飞机并非是百分百的失败，人们可能并不理解。但的确如此，“巴灵”虽然没有达到它的设计目标，但是解决了许多航空机械方面的问题。因为即便风洞测试记录、元器件和装配件的理论分析数据以及新增装置部分在设计上都没有问题，但有时候还是必须要建造全尺寸实体模型。B－19 和 B－15 轰炸机都是类似的例子。霍华德 · 休斯①的大木头飞机也是如此。此类看起来“失败”的试验，所带来的积极影响比仅仅是纸上谈兵重要得多。“巴灵”轰炸机，客观地说，对之后轰炸德国的 B－17 和轰炸日本的 B－29 飞机的设计发展肯定起到了一定的作用。

派大型轰炸机编队空袭敌国关键工业设施的观点，在那个时代还远

---

① 霍华德 · 休斯(Howard Hughes，1905—1976)，美国航空工程师、企业家、电影导演。休斯一生热爱航空，热衷于制造飞机并亲自驾驶。1932 年创办休斯飞机公司，研制出单翼竞赛机 H－1B。1935 年 9 月 13 日休斯驾驶 H－1B 试飞五次，平均时速 567 公里，打破世界纪录并一直保持到 1939 年。1937 年 1 月他驾驶改装后的 H－1B 创造了 7 小时 28 分 25 秒的横穿美国大陆的速度纪录。1939 年休斯入主环球航空公司，在他的经营下环球航空迅速扭亏为盈，风光数十年，也使休斯成为美国第一个亿万富翁。文中此处所指的大木头飞机，是指休斯 1942 年开始研制的 HK－1 水上飞机，重达 30 万磅，翼展 320 英尺，是当时人类建造过的最大飞行机器。——译者

未出现。我们国家的政策，在当时以及之后相当长一段时间，都只是单纯的海岸线防卫，在我们的政府官员甚或是陆军和海军的许多高级将领中，也从未有过这样的想法。

第一次对“东弗里斯兰号”战列舰，和几周之后对“亚拉巴马号”战列舰(编号 BB－8)的轰炸，是真正意义上精确轰炸的开端。再后来的 1923 年 9 月，在弗吉尼亚海岬对“弗吉尼亚号”战列舰(编号 BB－13)和“新泽西号”战列舰(编号 BB－16)的轰炸，是这一理论的进一步发展。我们必须利用导航装置寻找到微小的目标并对其进行轰炸，炸弹必须击中目标本身，如果落在周围的水域里则是无效的。在 1923 年的试验中，按照战争部的要求，我们第一次使用了 2 000 磅的炸弹，从 10 000 英尺的高度投下。令许多飞行员自己也想不到的是，他们居然投中了。这次壮举应该归功于桑福德·摩斯博士的涡轮增压机，从那以后它就成了我们轰炸机的标配。

1923 年，我设法回到了美国东部地区，与比利·米切尔在华盛顿见了一面。他情绪很低落。尽管他一直在为之斗争，大声疾呼，但是他却说：“空军看起来根本没有前途。”虽然公众们兴致很高，但是华盛顿那些真正有影响力的人物却不感兴趣。这就是当时的现实。虽然有几种新的机型面世，但对米切尔来说不值一提——这根本不是他想要的。关于资金问题，更是一场持续的拉锯战。他一直用降低事故率或者诸如此类的理由，向海军部、战争部还有一些“愚蠢的”委员会申请资金。但只要是航空勤务队的资金，就必须先通过战争部的预算审查，然后再通过联邦预算审查，之后众议院肯定会进行削减，即使参议院最终会再给我们回调一点。总而言之，这是一件相当吃力不讨好的工作。

不过，这并不意味着比利已经停止战斗。一点也没有，他甚至比以前更加狂热。而且，和过去相比，他变成了一个更富有攻击性的对手。接替哈丁总统入主白宫的卡尔文·柯立芝，对于飞行器没什么特别的兴趣，当然也不会喜欢比利·米切尔那些离经叛道的做法。实际上，柯立芝总统的价值观，可能与飞行员们的正好完全相反。在他的同胞当中，总是能把他惹得怒火中烧的人，除了比利，估计再也找不出几个来了。

1924年的压轴大戏——第一次环球飞行，让航空勤务队受到了更加广泛的关注。参加这次飞行任务的飞机，是由唐纳德·道格拉斯特别设计的，能够在重负载的情况下仍然保持相当高的飞行速度。

弗雷德里克·L·马丁少校被选中作为此次飞行编队的指挥官，洛厄尔·史密斯上尉担任他的副手。后来，马丁少校的飞机在靠近阿留申群岛的阿拉斯加山区迫降，不得不与机械师徒步走到莫勒港，史密斯于是接替他担任指挥官。

这次飞行时间跨度长，需要制订详细的计划。从加利福尼亚的圣塔莫妮卡到西雅图这一段航程，飞机先进行陆上飞行。到了西雅图，飞机会被装上浮筒，然后在水上飞行，一直到加尔各答。在加尔各答，飞机卸下浮筒，再装上陆地起降的轮子，再次陆上飞行到苏格兰北部。之后，再一次装上浮筒，变成水上飞机飞越北大西洋，最终再度变回陆上飞机，完成整个行程。这就意味着，我们必须在沿途世界各地的机场部署好先遣军官和机组人员。

在马丁少校出事故之后，其他三架飞机的航程一路进展顺利。直到在飞越北大西洋的过程中，李·韦德中尉的飞机由于故障迫降，他本人逃了出来，飞机被一艘海军军舰救起。史密斯的飞机在格陵兰岛飞往拉布拉多半岛的途中，差点迷失方向，碰巧油泵也熄火了，在后面的飞行中，他的机组成员L·P·阿诺德中尉不得不用手动泵给飞机供油（此后许多天，他的胳膊都不能动）。最终，史密斯的飞机和艾瑞克·尼尔森中尉驾驶的飞机都完成了航程，抵达华盛顿，然后飞回圣塔莫妮卡，这次飞行的起点。

那年 8 月，吉米 · 杜立特中尉也完成了一次打破纪录的飞行，从佛罗里达的杰克逊维尔飞到加利福尼亚的圣地亚哥，他驾驶的仍然是一架一战时期的 DH 飞机。

第七章　1925 年至 1932 年：审判比利；流放北方；装备司令部

1924 年秋天，在道格拉斯巡洋舰[①]开始环球飞行后不久，派我去华盛顿陆军工程学院学习的公文到了。

在陆军工程学院的学习，对我来说意义深远。在我看来，当时战争部将汽车制造商作为飞机制造总承包商的方案，是一个严重的错误。以我在一战的经验，我根本不相信有哪个汽车制造厂商，能够从飞机制造商那里得到飞机的生产方案，哪怕是一个小小的设计参数，他们完全不懂航空金属的制造工艺，也没有这方面的技术人才。一种飞机从图纸设计到投入量产，无可避免地要耗费大量时间，培训生产技术人员也需要相当长一段时期。在陆军工程学院学习期间，我们在课堂上花了很多时间来讨论这件事情，最终达成一致意见。最佳的方案是，让飞机制造商作为主承包商——他们主要生产支架、模具、配件和特殊部件——而小的配件、组件则交给汽车业或其他行业的厂商生产，有必要的话也可以将合同分包。在这个过程中积累的经验，令我在以后的岁月里大受裨益。

陆军工程学院的学习结束之后，我在帕特里克将军手下担任情报部门主管。从比利·米切尔在华盛顿任职的最后一年，直到对他的军事审判结束之后的一段时间，我一直在情报部门任职。

此时，比利那像“马戏团鞭子”一样愈来愈犀利的言辞，引起了华盛顿很多人的注意。我个人觉得，比利之所以得罪人，有一半不是因为他所说的内容，而是他说话的方式。帕特里克将军，算是将军们当中脾气最好的一位（估计他一定不会忘记，我曾经受他之邀，对他在法国的空军指挥大加批评一事），不得不经常强出头为比利撑腰。

比利和我经常在一起讨论空军的未来发展和能够担当大任的人选。我们一致看好，有一位能力非常出众的年轻人，将来一定会扬名立万，在空军真正大发展的时候担当重任。他就是杜立特。

吉米·杜立特似乎从未缺席过空军发展历程中的大事。1934 年，作为贝克委员会成员，他特别强调，有必要将陆军、海军的空军力量统一，建立独立军种的空军，这件事的历史意义，就如同他那些曾经影响过历史进程的战场传奇一样。有意思的是，比利·米切尔后来在回忆那个最终判他有罪的庭审之夜时，唯独提起了杜立特一个人的名字。“我曾经预言过但没人相信的一件大事终于实现了，在我的心里，这远比对我的审判更有意义。它好像已经被淹没在纷杂的时事之中。这件事正好发生在对我的军事法庭审判接近高潮的时候，詹姆斯·H·杜立特中尉，陆军的水上飞行冠军，在海滨公园海湾，驾驶水上飞机飞了四次，以平均每小时 245.715 英里的速度，创造了他的第四个水上飞行速度世界纪录。”

“我之所以喜欢吉米，还有一个原因是他了解阿拉斯加。吉米是世界上最精通航空理论的飞行员之一，就在前一年，他还赢得了施奈德杯。凭着自己的沉着冷静和精湛技术，他已经在天空上书写了对我判决的答案！”

我一次又一次对米切尔说：“比利，想开点。我们需要你。别因为

---

① 道格拉斯世界巡洋舰（Douglas World Cruiser），是道格拉斯飞机公司在 1923 年为美国陆军航空勤务队第一次环球飞行而专门研制的飞机，在 DT 双翼鱼雷轰炸机的基础上改装而成。美国陆军共订购了五架用于环球飞行，一架用于测试和训练，四架用于实际远征。世界巡洋舰的成功，扩大了道格拉斯飞机公司的国际声誉。——译者

与那些什么都不懂的家伙斗气，就放弃了一切！空军正在发展！冷静下来吧，比利。有很多事情需要平衡好！你写的东西在出版之前先让他们看看。不要再说什么空军独立之类的话了，这会让那些陆军和海军的老古董们抓狂的！”

但他总是这样回应：“当高层官员不愿看清事实，某些非同寻常的事实，或许来一场爆发是有必要的。我所做的事是有利于空军的，是为了空军的未来，是为了你们这些伙伴。我能够承受这些。你不能。”

在那年，我自己也差点离开航空勤务队。可能很多人并不知道，泛美航空公司，这家伟大的国际航空公司，最初并非由什么资金实力雄厚的财团发起设立，而是当时不名一文的三个年轻陆军军官和一名前海军军官创建的。

从某种意义上而言，泛美航空公司的组建，可以说是美国用来对抗纳粹德国的第一项对策。尽管希特勒那时还不为美国人所知，他正因为11月初的慕尼黑啤酒馆暴动①在莱希河畔的兰茨贝格监狱里坐牢（20年后，兰茨贝格的机场成为我们第8航空队轰炸的目标）。

在担任情报官期间，我多次看到美国驻哥伦比亚使馆武官报送的关于一家德国航空公司——哥伦比亚航空公司的情报数据。这家航空公司由冯·鲍尔上尉负责运营，开通了哥伦比亚最大海港巴兰基亚和首都波哥大之间的航线。这家航空公司的全部飞行员、机械师和设备，都是德国的，他们经常飞越马格达莱纳河，这里太过靠近巴拿马运河，不能不引起我们的重视。后来，我接到情报，冯·鲍尔上尉计划将他这条运营

① 慕尼黑啤酒馆暴动，又称啤酒馆政变、希特勒暴动。1923年，纳粹党员发展到3万余人，成为德国一支新起的引人瞩目的政治力量。这时正值德国马克暴跌，金融界一片混乱，法国、比利时又出兵占领了鲁尔，激起了德国人民对政府的愤怒情绪和爱国热情。希特勒认为夺取政权时机已到，他联合德军前总参谋长鲁登道夫，企图仿效墨索里尼向罗马进军，利用暴力推翻魏玛共和国。1923年11月8日，希特勒和鲁登道夫带领冲锋队，利用巴伐利亚军政头目在慕尼黑一家啤酒馆举行宴会之际发动政变。最终政变失败，希特勒等数名纳粹党领袖遭逮捕和审判。——译者

比较成功的航线进一步拓展，不只要延伸到巴拿马，而且要穿过中美洲到古巴和美国运送邮件和乘客。

这就是压死骆驼的最后一根稻草了。我立刻去了战争部主管情报工作的G－2处，然后又去拜访了邮政部长纽尔。我问他，如果冯·鲍尔上尉到华盛顿来，向美国政府提出，从美国运送邮件到巴兰基亚和波哥大，根据法律邮政部是否必须同意与他签署合约。纽尔先生想了一会儿说，他认为是的，除非有其他的航空公司能够提供此项服务，如果是美国的航空公司更好。我又问他，这样的美国航空公司必须是“现有的”，还是正在组建中的也可以？他说他需要确认。

我回到办公室，拿出一张地图，画了一条航线的轮廓，从美国本土最南端的城市基维斯特到古巴首都哈瓦那，经古巴西部到尤卡坦半岛的东南端，然后穿过英属危地马拉、洪都拉斯、尼加拉瓜，之后到达巴拿马。我叫来斯帕茨少校和杰克·朱厄特少校，讨论了数个小时，之后又叫来一位名叫约翰·蒙哥马利的前海军军官。我们一起制定了航空公司的计划书以及预算。然后我们派约翰·蒙哥马利去纽约，由他去游说一些富商投资这条从佛罗里达到古巴和巴拿马之间的航线。我们发现，因为标准石油公司必须运送物资到哈瓦那、基维斯特和中美洲的港口，由此产生的货运费以及在基维斯特和哈瓦那之间运送邮件的运费，将足以支付这条航线的部分运营费用。我们还发现，我们计划着陆的大部分港口，虽然都能够提供海运服务，但是每次的航程至少要三十天。我们计划在初期为这些港口提供每周一次的空运服务，之后一周两次，这将为每批货物节约三十天到四十五天的运输时间。

有了这些信息，加上确定了纽约投资人的投资意向，我们再次去拜访了邮政部长纽尔，告诉他近期我们所做的一切。当迟来的冯·鲍尔上尉提出由哥伦比亚航空公司运营从巴兰基亚到巴拿马和美国的航线时，他被拒绝了。

无论在战争部还是巴拿马，当时只有极少数人知道，斯帕茨被委任负责这个新公司的运营，朱厄特掌管人事，蒙哥马利负责机场地勤管理；而我本人，则担任泛美航空公司的董事长和总经理。现在回想这一切，如果当时我一直待在华盛顿，后来的人生道路将会发生什么，还真难以预料。

1925年2月，帕特里克将军再次被任命为航空勤务队主任。而米切尔将军，却不再担任副主任一职，除了许多报纸评论员对此表示惊讶之外，并不是华盛顿的每个人都感到奇怪。比利被调往得克萨斯的萨姆·休斯敦堡，作为一名“航空兵军官”，永久军衔①变回上校，他的继任者是詹姆斯·E·费切特中校(不久之后成为准将)。

米切尔的离开，当然令我们都深感遗憾，尽管大家还是希望这只是暂时的。现在，米德尔堡的营房里再也没有温馨的聚会了，早晨的报纸上再也看不到他那引人注目的言论了，就像他留给我们的这段话：“除非掌握了制空权，否则，无论是陆军还是海军都很难生存下来。现在的情形再清楚不过了，在当今世界格局的巨大变革中，美国还没有做好建设现代化军队去适应这一变革的准备……而且……我发现，不可能指望战争部和海军部能够为空中防御做些什么。所以，我要把这个问题提交给国会和广大民众，在人们真正清醒之前我是不会停止的……我还没开始打呢②!”

我在网球俱乐部为比利举办了欢送午宴，一切都还算顺利，帕特里

① 美国军官晋升分为永久晋升和临时晋升两种。永久晋升的军衔称为“永久军衔”，亦称“正式军衔”，不经法律程序不得降级、停止或剥夺，为个人终身所用。临时晋升的军衔称为“临时军衔”，亦称“职务军衔”。一旦失去与这个军衔相当的职务，临时军衔也就随之消失，降回到原来的永久军衔。按规定，军官的永久军衔与临时军衔的级差，一般不超过两级。在特殊情况下，还另外授予军官“荣誉军衔”。——译者

② 此处引用了约翰·保罗·琼斯(John Paul Jones，1747—1792)的名言。琼斯是美国海军少将，独立战争时期的海军英雄。在1779年9月23日的海战中，他率领的“博诺姆·理查德号”战舰与船员、炮火速度等均占优势的英国战舰“塞拉比斯号”对阵，英国人喊话要他投降，他的答复是“我还没开始打呢!（I have not yet begun to fight)，为美国人民广为流传。——译者

克和费切特都出席了，这种级别的送别仪式是比利应得的。然而，晚上的烤肉聚餐尽管令人难忘，结局却不甚美妙。我去邀请帕特里克将军，他当时显然正在承受着某种特殊压力而烦躁不堪，而且他在发火时，喜欢用一连串的插话打断下属的汇报："好了，好了，我知道！好了，我知道，我知道……"

"长官，"我说，"我们正在……"

"好了，好了，好了，我知道！"

"我们想要……"

"好了，我知道，我知道！"他嘴上说着，但根本不在听。

"我们想要，长官，"我说……

"够了，我知道，我知道！"帕特里克将军还是没让我把话说下去。于是我想，好吧，或许他真的知道。我恭恭敬敬地离开了，然而邀请并没有成功。

聚会非常热闹，但是帕特里克将军终究没有来。

第二天早晨，他很生气地叫我过去，要我说明为什么米切尔的送别晚会没有邀请他。当我终于能开口说话时，我说："先生……"

"好了，好了，我知道！"他又来了，然后，他仿佛突然明白了一切，一言不发，从办公桌上拿起一个镇尺扔了出去。我默默地退下了。

比利启程去了得克萨斯。在那儿，他们仍然称呼他"将军"。比利暂且过了一段太平日子，尽管仍然不时有关于他的新闻诉诸报端。有一次，他和观察员差点死于坠机事故，结果他从飞机里走出来的时候，还轻描淡写地说："这就是日常工作。"

他不时会写些小便条给我，有时只是一两句话，讲一些事情证明他之前表达过的观点。有一次的便条上，心照不宣地写着他在美墨边境服役的时候经常挂在嘴边的一句话："情况越来越好。坚持下去。"

实际上，那个时候泛美航空公司的组建工作进展非常顺利，以至我已经下定决心要从陆军辞职了。然而，在9月1日和3日，接连发生了两件事。首先，我的老朋友，海军中校约翰·罗杰斯，以及四名机组成员，从旧金山飞往夏威夷的途中，在太平洋上空失踪。大规模的搜救动用了飞机、轮船以及潜艇，最终成功找到了他们。公众知道了事件的真相，他们飞机的载油量太少了，如果遇上逆风，根本不够用。米切尔在圣安东尼奥的电台上发表评论，称他们是"殉葬者"。紧接着在3号那天，他们还未被找到的时候，"谢南多厄号"飞艇坠毁的惨剧就发生了。

早在那之前，按照当时的约定，海军负责硬型飞艇、陆军负责软型飞艇的使用管理，航空勤务队对飞艇则没有什么兴趣。9月3日，两名顶级的海军飞艇专家，扎卡里·兰斯唐中校和查尔斯·罗森达尔中校，率领42名艇员从新泽西的莱克赫斯特出发，赴中西部进行巡展(顺便说一句，罗森达尔中校，至今仍是飞船的忠实拥趸，他对轻型飞艇的狂热就像米切尔对空军一样)。

第二天黎明时分，在俄亥俄上空，"谢南多厄号"遭遇了恶劣的强飑线天气①。尽管艇员们竭尽全力试图将这艘中型飞艇驶出风暴，但不幸的是，它仍然被撕裂成三段。兰斯唐中校和14名艇员从高空坠亡。罗森达尔，在危急关头表现出过人的勇气和高超的技术，设法操纵着像气球一样的飞艇艇首部分，并使其安全着陆，挽救了包括他自己在内的27个人的生命。

在约翰·罗杰斯他们失踪仅仅两天之后，又发生了这样的灾难，全国上下掀起了一场针对海军航空兵的质疑风暴。一时间传言四起，有说什么兰斯唐中校因为未对天气条件进行研究，曾经反对这次飞行，甚至还对妻子预言过自己的死亡，还有什么由于考虑"经济"因素"谢南多

① 强飑线天气是由许多雷暴单体排列成带状的狭窄云带，宽度约20公里至50公里，长度为几十至几百公里，维持时间可达4小时至18小时，飑线过境处风向急转，风速剧增，气压陡升，气温骤降，常伴有雷暴、暴雨、大风、冰雹和龙卷风等剧烈天气现象。——译者

厄号”关闭了重要的自动放气阀门等。

然而，在海军部长威尔伯看来，这两起悲剧不过是偶发事故，仅此而已，美国也不用担心任何空中力量的入侵。“大西洋和太平洋仍然是我们最好的防御。”他说。这番话或许是因为米切尔那份著名的声明——一份事先准备好的新闻评论——9月5日，发自得克萨斯的圣安东尼奥，让陆军、海军都一片哗然。

这份6 000字的声明，是比利一系列挑战的开端，里面的一些话，诸如“我们海军的飞行器所发生的可怕事故……是战争部和海军部无能的、玩忽职守和几乎属于叛国的国防管理所直接导致的”，在后来的军事审判中被他们大加利用。看着这份“令人憎恶的”报告，足以“令任何有自尊的人都会感到无地自容”。

米切尔指出，所有航空规则都是由非飞行专业的人制定的，而国会也只是把航空兵看作是战争部和海军部出于利益考虑组建的部门而已；他强烈地谴责，航空兵们不得不驾驶着老旧的“飞行棺材”；说我们这些航空兵们总是被愚弄、被强迫，因为害怕自己的职业生涯被毁掉，而不敢说出真相；还抨击那些官僚主义作风严重的高官们“歪曲事实，在有关空军的问题上公然向民众和国会撒谎”。

在结尾的地方他谈到，自己的个人理想可能无法实现了，他的晋升履历“在美国军队中可以算得上最好的……政府给了我一切，我却什么也没做。作为一名爱国的美国公民，面对战争部和海军部漠视我们同胞的生命、欺骗美国公众这些令人鄙视的做法，我再也不能袖手旁观了”。

两三天后，华盛顿那些兴奋的记者们从白宫一位新闻助理那里得到了消息，“是的，确定进行军事法庭审判”。

比利立刻写信给我，然后又发了电报，简要说明了他随身携带的记录和文件，并确定我为他的联系人。他和贝蒂到达的那天晚上，我驾车去联合车站接他们。消息已经传开，人们蜂拥而至，车站里挤得水泄不通，还有一个退伍军人协会的鼓乐团在奏乐。我费了好大劲儿，才把米切尔夫妇带到我的车上。

事实证明，比利所要面对的情况很复杂，他现在已被解除职务，面临的是军事审判。当时，莫罗委员会正在就空军地位和发展的问题展开听证，比利本来应该是航空兵部队的最佳代言人，应总统要求参与商讨美国空军是否应该拥有独立的地位。许多人认为，莫罗委员会真正的目的，是为了阻止由兰珀特议员牵头的对航空勤务队进行的长达一年的调查。不过，出人意料的是，他们非常支持米切尔关于空军建设的观点。

莫罗委员会，除了德怀特·莫罗①之外，还有一些非常有名望的成员，包括陆军副参谋长哈伯德将军，弗莱彻海军上将，我的老搭档霍华德·科芬，参议员海勒姆·宾汉姆，众议员卡尔·文森和詹姆斯·S·帕克。然而，遗憾的是，这个委员会并没有给美国空军的发展带来太多的帮助，比利·米切尔出席的作用也是微乎其微。

我至今仍然记忆犹新，我们所有人，包括我们的妻子一起挤在会议室里倾听比利陈述的情景。然而，比利那专家式的证词，并不像我们所期待的那样精彩而有力，他只是对着委员会干巴巴地念自己写的《空中国防论》。我仿佛又回到了1913年国会听证会的那个房间，比利自顾自地滔滔不绝，完全没注意他的听众是不是感兴趣。

我们听得如坐针毡，真想对他大喊一声："好了，比利，放下那本

---

① 德怀特·惠特尼·莫罗(Dwight Whitney Morrow，1873—1931)，美国商人、外交家。1913年成为美国最大的商业投资银行摩根大通的合伙人。美国加入一战后，莫罗担任国家战争储蓄委员会的新泽西州主任，并在海外担任盟军海上运输委员会的顾问，后期又到法国担任约翰·潘兴将军的首席文官助理。1925年9月，美国总统卡尔文·柯立芝命令陆军对比利·米切尔上校"对良好秩序和军事纪律有损害的行为"进行军事审判。考虑到审判可能引发的不良政治反应，并希望根据自己的经济观点制定航空政策，柯立芝总统邀请老同学、老朋友莫罗组建了莫罗委员会，对美国航空事业展开全面调查。委员会的报告在米歇尔判决前发布，建议在陆军内建立一支与通讯部队、后勤部队同等地位的空军，促成美国陆军航空兵部队在1926年7月建立。——译者

该死的书！回答他们的问题，然后离开，这才是你该做的！”但是他一直像个教授似的念啊念，直到最后，曾经是前航空兵军官并且是空军支持者的海勒姆·宾汉姆，实在忍不住说道：“上校，鉴于委员会的每一名成员都有你这本书的副本并且已经读过了……”

比利声色俱厉道：“参议员，我正在论证我的观点！”

于是只能继续了。接下来，莫罗委员会对航空勤务队和美国航空工业之间的关系显得尤为好奇，我觉得这正是比利最难以容忍的地方。（还有那用来粉饰太平的 DH 系列飞机）。“委员会主张大力发展民用飞机，”委员会在最终的报告中写道，“并且加大向外国出口飞机的力度，这样我们的政府既能够减少自身持有的飞机数量，同时又能够确保航空工业处于世界领先地位。”

军事法庭的情况要好一些，或许是因为每个人都看明白了，这只不过是一场精心安排的表演而已。比利被判有罪，当然，这是从一开始就确定了的。不管“被架上审判席的空军”会说些什么——其实，在当时的检方看来——事实就是这样，因为比利是有罪的，所以他才会被审判。除了比利自己，每个人都知道将会是这个结果，也知道它意味着什么。

我曾经尝试过，对这次著名的军事审判做出其他版本的诠释，但实在是编不出另外的说法来。有关这次审判的种种细节，早已传遍了大街小巷：最初任命的主审法官查尔斯·P·萨摩洛尔少将，因为存在偏见而被辩护方提出调换，他曾经对比利考察夏威夷回来后提交的秘密报告中流露出的“好战和敌意”而感到震惊①；比利的辩护律师，国会议员瑞

① 1924 年，美国陆军航空勤务队主任帕特里克将军派比利·米切尔前往夏威夷群岛和亚洲地区进行军事视察。回国后，米切尔提交了一份长达 324 页的报告，预言未来与日本将爆发战争，包括袭击夏威夷群岛的珍珠港。但米切尔低估了使用航空母舰发动袭击的可能性，认为受外海风浪影响，航空母舰难以运送足够发动空袭的飞机；他相信日本会利用太平洋岛屿上的陆基飞机对夏威夷进行突然袭击。1925 年，这份报告以《空中国防论》为名出版。——译者

德，在法庭上做了非常精彩的辩护；公诉人格里恩少校是如何咆哮公堂；后来换作豪泽将军主持的九位将军组成的审判庭，根本就不采纳有利于米切尔的证据和辩护意见。

比利和贝蒂在开庭前有时候会去骑马，然后兴高采烈地走进法庭，并在落座之前向那些审判官们打招呼(毕竟，大部分人都曾经是老朋友)。麦克阿瑟，后来他声明自己投了支持比利的一票；弗兰克·麦考伊，布兰顿·温希普，还有所有其他人；空军，陆军，海军，新闻媒体，包括挤进那座陈旧昏暗的大厅里的所有人——在此后的岁月里，这一切的一切都被人们无数次地谈论、描绘。在我的脑海里记得最清晰的，就是来自全国各地的退伍航空兵们突然出现为比利助威的情景，仿佛一支已经大比分落后的足球队，却仍然拼尽全力追逐着寻求突破的机会。尽管公诉人不想听到比利一方证人的发言，我已经记不清是格里恩还是莫兰德，反正是其中一位公诉人，还在法庭上提出“我反对!”但斯帕茨，赫伯特·达格，鲍勃·奥尔兹[1]，基尔默，肖夫勒，杰拉尔德·布兰特，贺瑞斯·西卡姆，我们出庭作证的每一个人，都义无反顾地冲向前去，坚持说完我们自己的证词。法官向布兰特提问：“在战争时期如果这样的不和(指陆军和海军之间缺少合作)会导致夏威夷发生什么情况?”他毫不犹豫地回答：“珍珠港将会被占领!”法官问斯帕茨：“所以你认为，航空勤务队战术部队的组建受到了战争部的限制?”斯帕

① 罗伯特·奥尔兹(Robert Olds，1896—1943)，美国陆军少将，战略空军理论家和独立空军建设的支持者。1923年调入陆军航空勤务队主任办公室作战计划处，担任副主任比利·米切尔准将的助手。在1925年10月的莫罗委员会听证会和11月的军事审判中，奥尔兹均出庭作证支持米切尔。1927年9月进入空军战术学校学习，1928年7月留校任教官，与同在轰炸机教研室任教官的肯尼斯·沃克、海伍德·汉塞尔等八名同事大力推动轰炸作战理论研究，人们称其为“轰炸机兄弟会”，对战略轰炸理论和日间精确轰炸理论的发展起到了重要作用。1942年4月任第3轰炸机司令部司令，5月任第2航空队司令，晋升少将。1943年4月死于心脏病。后来的美国空军参谋长柯蒂斯·李梅将军称其为“对美国空军建设影响最大的人”。其子罗宾·奥尔兹准将是二战和越战期间的王牌战斗机飞行员。——译者

茨不假思索地回答："是的！"他们全部明白无误地表明了自己支持米切尔的立场，甚至根本不需要引用或重复米切尔说过的话。豪泽将军用带着讽刺的语气问鲍勃·奥尔兹："你以为参谋部总是会听你的建议吗？""是的，如果现在有参谋部的话！"鲍勃回答。"那么你将如何组建参谋部？"布斯将军追问。"按照米切尔上校的计划！"鲍勃立刻回应。结果，公诉人把他赶出了法庭。

比利自己在法庭上的态度也很强硬，常常与公诉人甚至是法官对峙。然而，这一回可与莫罗委员会的调查完全不同。即便他对待公诉人和法官的态度可以装得像朋友一样和蔼可亲，但是想要与他讲和却没那么容易。他是一名斗士，公众站在他这一边，他知道自己是正确的并且深信不疑，如果有谁不认同他的观点那百分百是他的敌人。晚上，我们会带着妻子在他位于安克雷奇的公寓里聚会，"商量并计划第二天的对策"。

先确定一个小目标——这是在那个大裁军的年代，任何部队想要扩充自己的唯一可能性，但被他认为是一种可耻的妥协。即使大家都认同他的观点，但是在当时的条件下，无论从飞机的性能、引擎的可靠性还是导航设备的缺乏等因素来说，大家都觉得建立大规模的空军部队仍然不太现实。我们拥有的只有"人"——那些正驾驶飞机不断创造新纪录的飞行员们。飞机的时代，事实上，还远远没有来临。对我们来说，空军仍然在遥远的前方。

审判的结果世人皆知。为了找到判决的理由，法庭甚至引用了内战后不久对另一位不守规矩的军官的惩罚，乔治·阿姆斯特朗·卡斯特①，

① 乔治·阿姆斯特朗·卡斯特（George Armstrong Custer，1839—1876），美国陆军少将，以骁勇善战闻名。1861 年毕业于西点军校。1863 年晋升准将，年仅二十三岁，成为美国内战期间联邦军最年轻的将领。1867 年因擅离职守受到军法审判并被停职，1868 年又被召回。1876 年在袭击蒙大拿州小比格霍恩河附近的印第安人营地时战败身亡。——译者

他也被“停职并且数年军饷减半”。对比利的判决，显然更糟糕，他被停掉了所有军职。柯立芝总统也支持对他的判决，在这样的情况下，他不可能再在军中服役了。只有一个选择——从陆军辞职。

我们都知道没有其他办法了——按照陆军的规定，比利只能这么做。但在那个时候，我们还没有看透事情的真相。就像我们每个被传唤到法庭作证的人一样，整个航空勤务队都愤怒了。第一批跳起来试图继续抗争的人是赫伯特·达格①少校和我。我们在华盛顿工作多年，在国会和新闻界有很多朋友。于是，我们继续不断出入比利在米德尔堡的家，在国会山奔走，为比利写信抗辩。

然而，这一切立即招致更为严厉的惩罚。在比利·米切尔招惹的一堆麻烦事——特别是不得人心的审判之后——上面不允许再有任何风吹草动让这件事继续发酵了。我们现在终于明白了，要惩罚米切尔的正是柯立芝总统本人。对于信中有关改变航空勤务队地位这种“不守规矩”的想法，我们得到的回应是被叫去训斥了一顿。作为惩戒，达格被免去职务。至于我，像新闻报道的那样，“被流放了！”

我因此也打消了从陆军辞职、去新组建的泛美航空公司担任总裁的念头。被卷入风暴的我，已经不可能再从航空勤务队全身而退了。我被调去堪萨斯州的赖利堡，担任第16侦察中队指挥官。

现在回想起来，我并不认为战争部作为当时空军的管理机构，在“米切尔影响空军的年代”结束以后，又取得过什么实质性的进步。他们看起来似乎更加谨言慎行，固步自封，甚至于在把飞机作为战争中的

① 赫伯特·阿瑟·达格(Herbert Arthur Dargue，1886—1941)，美国陆军少将，陆军航空队早期的先驱飞行员和重要将领，首批获颁“杰出飞行十字勋章”的10名飞行员之一。1926年协助起草《航空兵法》，推动建立美国陆军航空兵部队。珍珠港事件后，战争部长史汀生任命达格任驻夏威夷陆军司令，并负责调查防御工作中的失职行为。在飞往夏威夷就任途中，因飞机失事遇难。达格是二战中第一位丧生的陆军将领。——译者

进攻性力量这一点上，反而更加退步了。与此相反，我们的海军，则对整个事件以及相关联的所有因素，都进行了仔细研究，然后开始大规模发展空中力量。他们还想方设法地发展出飞机在海战中的新用途。

我们全家准备启程去赖利堡的一幕幕情景，现如今仍然历历在目：我们聊起 1912 年我曾经在那里训练飞行时的赖利堡，以及当年那里的指挥官，是一位名叫尤因・E・布斯的严肃老派的骑兵，后来他也是米切尔审判团的成员之一。我的妻子把孩子们叫到身边，告诉他们此次行程的艰苦，他们必须做好吃苦头的准备；不许和赖利堡那些正等着“伏击”他们的骑兵孩子们打架。汉克，那时已经九岁了，很是不屑一顾。“他们比华盛顿那些海军的小孩还厉害吗？”他问道。

我们到达赖利堡珀斯特火车站的时候已经是晚上了，只有一名军官来接我们，费边・普瑞特上尉。普瑞特是一名航空军医——我后来发现他是个很好的人——但是在那个夜晚，他的到来对于我们来说尤为意味深长。实际上，他是代表所有人来迎接我们的。他解释说，那时他既是中队的代理指挥官，又是作战参谋，还要负责处理其他各种杂事。其他军官都不在岗。一位在堪萨斯州立大学进修，两位在西部海岸执行飞行任务，还有两位生病了，所以只剩下他。

在新宿舍里，我们把孩子们安顿上床后，我和太太碧翠丝惴惴不安地走向布斯将军宅邸，进行我们的首次拜访。那栋房子灯火通明。当我们被允许进入之后，我们看到将军正在举办扑克派对。客厅里宾朋满座。我们站在那儿，布斯将军看了过来，他显然认出了我。他起身向我们走过来，伸出一只手，然后十分亲热地将另一只手搭在我肩膀上。“阿诺德，”他充满真挚地说，“见到你很高兴。你来此任职我感到很骄傲。”然后，为了让所有人都听到，他大声说：“我知道你为什么来这儿，我的孩子。只要你在这儿，只要你愿意，那些破事儿，你可以随便说或者写。我唯一的要求就是你得先让我看看！”

没过多久我就发现，我在赖利堡的任务不仅仅是第16侦察中队的指挥官，还要负责第7军区的步兵和骑兵部队的飞机装备工作。第7军区由南北达科他、明尼苏达、威斯康星、内布拉斯加、堪萨斯和阿肯色州组成。另外，我还是骑兵学校的高级飞行教官。

我的侦察中队有八名左右军官，五架已经远远超期服役的DH系列型号的飞机，以及八到十架“珍妮式”飞机，主要用来培训夏令营的预备役军官。不过，在我到来后不久，我们就得到了一些更新更好的侦察机。

赖利堡也是一所骑兵学校。各个等级的军官源源不断地到赖利堡接受骑术训练，上校一级的军官还要进修其他高级军事课程，中校和少校学习校级军官课程，上尉和中尉学习尉级军官课程。在校学员人数高达250到300人。这里，对我来说，无论算不算是“流放”之地，却给了我一个绝佳的机会，能够向这些来自整个陆军的地面部队军官，灌输有关飞机的性能、用途以及我们能够如何利用它的理念。

基于这个目的，我说服校长同意，专门设置了一项课程，让那些来自骑兵、野战炮兵或是其他部队的学员，只要是来培训的各色人等，都坐上我们的飞机，作为观察员，带他们飞到不同的地区，观察地形和军事要塞，获取情报信息，让他们通过亲身体验，了解飞机能够发挥的作用，以及为集团军或是一个师的G－1、G－2、G－3、G－4等各个部门能提供什么样的帮助。校长对此非常感兴趣，因此这个项目很快排入骑兵学校的课程里——这下我们可有事做了。

然而，要说服所有的飞行员们相信这门课程的设计是出于军事用途，而不是为了看看那些骑兵军官们是否“认同”飞行，真的令我很伤脑筋。有一次，绰号“爱尔兰人”的飞行员奥康纳，载着一位骑兵军官飞了一圈儿刚刚落地。毫不夸张地说，那名骑兵军官的脸已经绿了，瘫坐在后座舱里几乎站不起来。奥康纳的起落架上拖着至少有300英尺长的电话线。当他从飞机上爬下来的时候，我一边看着那名骑兵军官，一边问他："奥康纳，你刚刚干了什么?"他一脸无辜状："没什么啊。""你拖在起落架上的电话线是从哪儿来的?"我问他。他说："那肯定是上次开飞机的人搞的，我起飞的时候没注意到。""奥康纳，你应该知道，我不可能相信你会在起落架上拖着300英尺电话线的情况下起飞。你到底从哪儿弄得?""我真的一点儿都不知道，"他说。看着那名很不爽的骑兵军官正慢慢走过来，我说道："奥康纳，我们正在这里努力促成一点点合作！从今以后，你给我飞在3 000英尺以上的地方！别让我再抓到你低于这个高度飞行!""是的，长官!"奥康纳答道。

没过多久，在赖利堡以北大约50英里的马里斯威尔，我们又组织了一次同样的飞行训练。当我载着自己的骑兵乘客降落在机场后，就问作战参谋是否所有人都回来了。"除了奥康纳都在。"他说。我是看着奥康纳在我之前起飞的，照道理他应该在我之前回来。我们大家开始担心，他是不是在哪里迫降了。终于，我们看到他回来了，或者说是看到一架飞机，高高地飞在天上，几乎看不清楚。我们看着它慢慢地盘旋，降低高度，最终着陆滑行，里面正是奥康纳。在后座坐着的还是那位骑兵军官。这次，他的脸不绿了。他的脸已经是紫的了，他穿着薄薄的夏装飞行服，一动不动，看起来快要冻死了。"奥康纳，"看着他冻僵了的乘客，我说，"这次你又在天上对这个可怜的家伙做了些什么?你在上面干了什么?""噢，"奥康纳带着委屈不平的腔调说，"你告诉我不能低飞。我就是飞得高一点儿，免得再挨批评。"

一段时间之后，我们组织了一次军事演习，模拟当骑兵和炮兵部队遭到飞机低空袭击时，如何能够以最快的速度躲避，并且把战场损失降到最低。演习非常逼真，留给那些人马从公路上撤离到指定隐蔽地点的时间只有十秒钟。他们的位置一开始用木桩标记，后来用真人大小的靶子做标记。然后飞机飞过来，在低空用机关枪和杀伤炸弹扫射这片区域，向人们演示了在真正的战斗中会产生什么样的杀伤力。这些演习持续了数月，对航空兵和骑兵部队都产生了无法估量的影响，所有参与演习的军官们都热情高涨。

我在赖利堡的那段时间里，航空兵作战部队在作战技术和作战战术方面都有了巨大进步。我们成长了。过去，我们只能组建中队规模的作战部队；现在我们可以考虑建立飞行大队和联队了。我们正在培养大队、联队一级的指挥官和更高级别部队的参谋人员。我们在各个军事学院之间进行了第一次大规模演习：莱文沃斯堡的指挥参谋学院，锡尔堡的炮兵学校，赖利堡的骑兵学校和本宁堡的步兵学校。这次演习动用了数量庞大的飞机，演练了轰炸、进攻和战斗机作战，在后勤补给、部队调遣和战场控制等方面的训练都非常有价值。

1927 年，正当我在赖利堡为这一系列活动忙得热火朝天的时候，却不得不再次暂时中断，因为阿诺德家庭又增加了新成员——大卫·李·阿诺德出生了。

1927 年春末，我接到命令，先去内布拉斯加州的北普拉特，然后从那里去南达科他州的拉皮德市，与白宫特工处的斯塔林上校会谈。我并不清楚此行的目的。当我到达拉皮德市，见到了斯塔林上校，他告诉我，柯立芝总统要来那附近的黑山国家森林公园度假。在他度假期间，我的人要负责为总统从北普拉特运送邮件到拉皮德，从华盛顿到北普拉特这段航程则由普通航空公司完成。在总统的夏季度假营地附近有一所学校，总统要求每周二和周四早晨，将邮件放在学校的课桌上。不得有任何贻误。

我们很快就领教了柯立芝总统对他的邮件有多么执着。无论是华盛顿和芝加哥之间由于下雨无法飞行，还是在芝加哥和北普拉特之间地面雾气太重无法降落，不管是什么原因，柯立芝总统就是要他的邮件！他必须拿到他的邮件！

通讯部长纽尔被召来，又开了第二次会议，他和军区司令官都明白无误地告诉我，必须把邮件准时送到。我自然不愿意让我的兄弟们冒着生命危险，但是我也要尽力满足总统的要求。此后一段时间，无论什么样的天气状况，无论我们的飞机是否能飞，每周二和周四，当柯立芝总统到达学校的时候，总是会有一个邮包放在了桌上。

有一位为总统运送邮件的飞行员，来自爱荷华州一个小镇上的杰克·芒森中尉，是个非常害羞和沉默寡言的人。参与执行这项重要任务，他有一个心愿，就是能够见到总统一面。于是，在一次执行任务时，他走进学校，请求保安人员能让他看一眼总统。保安人员说："在这儿等着。"几分钟之后，他和总统的秘书桑德斯先生一起回来了。

"你想要见总统?"桑德斯问。

"我只想看一眼他。我之前一直在为总统运送邮件。"芒森回答。

"跟我来。"桑德斯说。

芒森还没有回过神来，就已经到总统的办公室里了。这两个同样沉默寡言的人到底说了些什么，恐怕已经无从知晓了，不过芒森在那里足足待了超过 45 分钟。

在二战期间和之后很久，芒森一直都是乔治·马歇尔将军的专机飞行员。

在那段时间里，有许多大人物或名人来往于赖利堡，我和我的飞行员们发现，我们实际上成了空中的士司机。这些客人当中，有些人会比较客气，但是也有一些人会要求我们带他们飞到离赖利堡很远的城镇上，然后驾车扬长而去，甚至连一句"谢谢"都不会说。

威尔·罗杰斯①，则是一位与众不同的客人。有一次，他来到赖利

① 威尔·罗杰斯(Will Rogers，1879—1935)，美国幽默作家。在 20 世纪二三十年代，由于其作品的朴素哲学思想和揭露政治的黑暗而广受人们喜爱。同时他也是有名的电影演员、报纸专栏作家和电台评论员。1935 年死于坠机事故。——译者

堡，问我是否能带他去艾奥瓦州的得梅因市。我欣然应允。当我们到达了目的地，他问我："你现在打算干吗?"

我说："我准备回赖利堡。"

"噢，不，"他说，"来和我一起吃午饭吧。"

我说："威尔，你太忙了。还有一大堆人等着你呢。"

"噢，来吧。"他说。

于是我们一起去市区共进午餐，那真是一顿非常愉快的午餐。

在我们正吃饭的时候，得梅因的市长也来到那家餐厅，威尔·罗杰斯为我们做了介绍，我们三人坐下聊了会儿天。当我起身准备告辞时，威尔又问："你现在打算干吗?"

我说："我准备回赖利堡。"

"我搭你飞机一起回去。"他说。

"为什么？市长在这儿，还有所有想要见你的人。报纸还要采访你。你还有工作要做。"

但是他说："听着，我想和你聊天。我和你一起坐飞机回去。"

于是我们又一起驾机返回，路上聊了很多有关民用和军用航空的话题。过了一会儿，他问道："我说，你们有为那些飞行员们设立某种形式的基金或类似的经费吗?"

我回答："当然，我们有中队基金。"

"好的，"威尔说，"我想为这些孩子们做点什么。把这个交给中队基金。"然后他把什么东西塞进我衬衫口袋。等我回去之后发现，那是200美元。

从1920年到1929年这段时期，被人们称作"航空黄金时代"，可能的确如此吧。越来越多的跨越大洋和南北极的远距离飞行，需要有更好、更精确的导航仪器。我们再也不能只靠着"铁罗盘"飞行了。从军事角度来看，如果一架商用或者其他类型的飞机能够飞越大西洋或者从奥克兰飞抵檀香山，那么军用轰炸机也必定能够做到。

在1920年代，那些想要飞越大西洋的飞行员们，是无法从气象局那里得到他们需要的天气信息的。气象局的服务范围只是地面上的人或是海上的。气象学家詹姆斯·金布尔博士，是当时最杰出的天气预报专家之一。那些想要横跨大西洋的飞行员们，意识到自己必须要得到与众不同的天气预报服务，因此他们基本上都会去詹姆斯位于纽约的办公室，以获取自己航程中的天气预报信息。当陆军和海军的飞行任务遍及陆地和海洋时，每一个陆军和海军的航空站配备自己的气象预测服务就成了必然。只有这样，当数百架飞机需要执行任务时，就不必再等着从其他地方传来的天气情况报告了。

几年前，我曾经提出申请去莱文沃斯堡的指挥参谋学院进修。但每次都由于这样或那样的原因，忙于某项工作而无法分身。不过，在1928年，经过我的上司们——费切特将军、参谋长萨摩洛尔和战争部副部长F·楚比·戴维森的批准，我终于得到去莱文沃斯堡的机会了。

后来我听说，萨摩洛尔将军曾经发电报给莱文沃斯堡的学院院长，询问是否能够特殊照顾增加一名军官。回电说："可以，他是谁？"当看到是我的名字之后，第二封回电声称他们不希望我去，但是如果来了自然也会被接收。一直到那个时候，我还是不受欢迎。在一封给费切特将军的私人信件中，莱文沃斯堡的院长说如果我作为学员来莱文沃斯堡的话，我将会被"钉在十字架上"。我也记得，那位院长曾经是审判比利·米切尔的法官团成员，这或许与他的个人情绪有关。但是，无论如何，我下定决心要去。虽然他们的态度冷冰冰的，但是我发现那里的课程非常有价值。无论此行有多少艰难困苦，我都不在乎。当然，这所学校对于飞机用途的许多理念我都不能认同，我认为有朝一日当空军真正被人们关注的时候，这些课程就能够也应该被更新换代。

1928年6月，完成了在莱文沃斯堡的课程之后，我去了俄亥俄州的费尔菲尔德军事基地。在那儿，我负责管理当时最大的修理厂之一，对飞机、引擎、仪器仪表和零配件进行检测和维修。

到了修理厂之后，在经过一间仓库的时候我发现了一架老旧的“巴灵”轰炸机，静静地躺在那儿，有些部件还带着包装纸，没有任何人理睬它。当我问起，为什么它还没有通过检测。他们告诉我，每次提交检测报告时，总是被退回来，上面写着“目前没有需要‘巴灵’轰炸机执行的任务”。我找不到任何继续保留这架老旧飞机的理由，尽管我知道国会曾多次关注过它的命运——其中一个原因就是因为制造这架飞机和机库所花费的巨额资金——也自然可以理解航空兵主任为什么不愿销毁它。但是，这架飞机已经变成了一堆破烂儿，零部件扔得到处都是，机库也损坏得很严重，急需修缮。于是，我准备了另外一份检测报告，但不再写“巴灵”轰炸机，而是用它的技术名称——“一架重型轰炸机”，并且给它以“X”编号——比如X-32，或者是试验编号之类——然后把报告送往华盛顿。没有了“巴灵”这个名字，检测报告就通过了。这样一来，也就不会引发什么刁难苛责或是大惊小怪了。我们立刻把这个大家伙运到垃圾场，在那儿它和那些淘汰的、破损的和坠毁的飞机一起被付之一炬。这就是“巴灵”轰炸机的最终结局。

我们在代顿的那段时间里，飞机上出现了许多现代化的改进应用，包括第一款制动器和第一款可调节螺距螺旋桨，在数年前就已经开始设计研发了。“DH”系列型号的飞机终于从我们陆军航空队退役了，取而代之的是各种新型飞机。第一架完全由美国自主制造的全金属飞机已经投入使用。1931年我离开代顿时，第一架全金属驱逐机也面世了。在那个时候，无论从设计能力、技术能力还是实际需求来说，各方面都已经做好了准备，只等着迎接第一架时速200英里的轰炸机——30年代初期的B-10“马丁”轰炸机的出现。

当时，古根海姆基金会①已经开始资助研究生产性能更安全、更可靠的飞机。他们在飞行辅助装置方面取得的进展，使得吉米·杜立特能够在 1929 年戴着面罩完成首次真正意义的盲降②。他戴着面罩起飞，在空中飞了十五分钟后，依然戴着面罩降落。所有这些性能上的改进，让无论是飞机还是飞行员，都能够更好地适应各种天气状况，即便是在夜晚，也和白天一样。飞行开始变得越来越普及，航空公司拥有越来越多的飞机。信标光束的出现，更进一步改善了飞行安全。

正如我曾经说过的，在那段历史时期，所有的航空兵营地都仿佛站在十字路口，面临着何去何从的抉择。有一次，费切特将军来部队视察，陪同的是助理参谋长普雷斯顿·布朗将军。由于天气太糟糕无法继续视察，他们便返回营房，玩扑克牌碰对游戏。在整个玩牌的过程中，他们一直在讨论一个很经典的话题——一架飞机到底应该由谁来指挥，飞行员还是机上最高级别的军官？飞行员们自己很早就给出了答案，他

---

① 丹尼尔·古根海姆促进航空发展基金会(Daniel Guggenheim Fund for the Promotion of Aeronautics)：由美国熔炼公司总裁丹尼尔·古根海姆和他的儿子哈里·古根海姆(Harry Guggenheim)1926 年 6 月创立。哈里·古根海姆是一战中美国海军飞行员，战后父子二人成为航空技术发展的狂热支持者。1920 年代，他们设立“丹尼尔·古根海姆奖章”，奖励在航空工程技术上取得成就的人。1926 年至 1930 年间，基金会发放了 300 万美元，推动加利福尼亚理工学院、佐治亚理工学院、哈佛大学、麻省理工学院、斯坦福大学等十余所高等学府的航空航天研究。1927 年，丹尼尔·古根海姆提供 15 万美元奖金，发起“古根海姆安全飞机竞赛”，要求参赛飞机能够在恶劣天气中稳定飞行，虽然参赛机型未投入实际生产，但间接促进了飞机安全性能的提高。1927 年 5 月，美国著名飞行员、社会活动家查尔斯·林德伯格完成历史上首次单人不着陆飞越大西洋；7 月到 10 月，古根海姆基金会赞助林德伯格和他的“圣路易斯精神号”进行了行程长达 22 350 英里的美国飞行之旅，途经 48 个州、82 个城市，其间林德伯格发表了 147 场促进航空事业发展的演讲。——译者

② 盲降：又称仪表着陆系统(Instrument Landing System)，是应用广泛的飞机精密进近和着陆引导系统。它的作用是由地面发射的两束无线电信号实现航向道和下滑道指引，建立一条由跑道指向空中的虚拟路径，飞机通过机载接收设备，确定自身与该路径的相对位置，使飞机沿正确方向飞向跑道并且平稳下降高度，最终实现安全着陆。因为仪表着陆系统能在低天气标准或飞行员看不到任何目视参考的天气下，引导飞机进近着陆，所以人们就把仪表着陆系统称为盲降。——译者

们认为，就好像水手们早在一个世纪前就已经建立起来的规则一样，一艘船必须由真正的船长来掌舵，无论船上有多么显要的乘客，这一点毋庸置疑。费切特将军是飞行员出身，自然支持这个观点。飞行员应当掌控自己的飞机。布朗将军则持反对意见；长官就是长官，无论在地面上还是在空中。“你会怎么做，”吉姆·费切特质疑道，“如果你在一架飞机上，前方是雷电交加的暴风雨，飞行员掉头返航，但是你认为他应该穿过暴风雨，你会怎么做?”

“我会命令他那样做!”布朗将军啪的一声甩出纸牌，大声说道。

“假如他仍然不执行呢?”费切特问，“那么你会怎么做?”

“我会让他去做!”布朗将军说道。

“怎么让他做呢?”费切特将军追问。

“我会命令他那样做，”布朗将军回答道，“如果他不执行，我会开枪打死他!”

“好吧，然后呢?”费切特问道，“飞机没有了飞行员，你只能傻眼看着飞机掉下去了!”

这次谈话的直接后果，就是布朗将军此后不久报名参加了飞行员课程，学会了自己驾驶飞机。

还有一次，布朗将军在我这里过夜，说他希望我能准备一件装饰品，放在战争部战争委员会的圆桌中央。遵照他的指示，我准备了一块做工精致并经过精心打磨的木制立方，边长大约 6 英寸，其中一面刻有镀金铭文，取自《圣经·新约·路加福音》第 23 章第 34 段：“上帝原谅他们，因为他们不知道自己在做什么。”

1930 年初春，在基尔默将军的指挥下，我们在加利福尼亚的萨克拉门托举行了大规模军事演习。得益于极佳的天气条件，我们这场演习是当时规模最大也最成功的。一共有 250 架飞机参与了演习，我负责整个行动的后勤保障。我很快就发现，要搞定如此庞大的飞行舰队的调遣、补给和维护保养，首先要搞清楚究竟有多少“空中力量”会升空作战。演习结束后，我们以大型编队从萨克拉门托经旧金山飞至洛杉矶，在那儿解散并各自归队。

随后的1931年，我们在代顿再次进行了类似的演习，从全美集结了将近700架飞机。

此次演习由弗洛伊斯将军负责指挥，他当时在华盛顿费切特将军手下担任航空兵副主任，而我再次负责后勤保障。

通过这些演习，我们积累了在后勤补给、作战和指挥方面的经验。我们意识到，后勤补给不仅仅是供应汽油燃料。它还意味着要准备航空站；提供飞机停放的场地；即使是最小的机场也要提供商店和临时检修处；为官兵们安排住宿和娱乐消遣设施(一共1 400名军官和士兵)；保证各个部队以及与上级指挥部之间的通讯畅通也是必需的，主要是通过电话。归根结底，最重要的一点是，要做到有求必应。

为了获得足够的住宿和飞机停靠场地，让机场不至于太过拥挤，以保证参与演习的飞机能及时起飞投入战斗，因此各个部队不得不分散驻扎在俄亥俄州中部的各个地区。这也让我们对能够在未来战时被征用的地方有了一定的了解，如果届时我们需要调集1 000或2 000架飞机的话。

1931年，我在莱文沃斯堡学习时的指挥参谋学院院长E·L·金将军也来观摩军事演习，对我说了一席话，令我颇感意外。我在离开莱文沃斯堡时，曾经提交过一份报告，阐述了我对指挥参谋学院在飞行教学方面的一些看法。他说他对此非常欣赏，并对我在军演中负责管理后勤保障工作取得的成绩表示祝贺。这些话，来自一个曾经不想让我去莱文沃斯堡并且扬言要严厉惩罚我的人，令我颇感欣慰。

尽管我们一直在不断进步，但就我看来，直到1935年之前，我们在飞机的配件、安装、辅助装置、制造工艺和核心技术等方面，相对于打造真正的“美国空军”而言，条件均称不上成熟。说真的，如果能够多一点儿支持和资金的话，这个时间应该会提前几年。在整个1920年代和1930年代初期，航空兵没能体现自己真正的价值，也没有被视作我们国防力量的一部分，并对它的发展给予更多的关注。现在回顾那段历史时期，令我吃惊的是，我几乎看不到空军拥有过真正的发展机会。除了克罗威尔委员会曾经给过一点积极的建议之外，剩下的就是接受各种调查：拉瓜迪亚委员会，拉西特委员会，被称为珀金斯委员会的众议院特别委员会，莫罗委员会，豪厄尔委员会以及贝克委员会。

如果不是1934年吉米·杜立特入选贝克委员会，使得空军获得了应有的认可，在此之前，有关空中力量的论调只有一种，“独立的空中作战对于战斗的影响微乎其微，对于整个战争的结果更不会有任何影响”。

1933年，杜黑①的《制空权》被译成英文，吸引了全世界飞行员的关注。我们从实战演习中总结出来的有关空战与轰炸的观点，与他的理论非常一致。但是，一直到1935年3月，战争部才最终确认了陆军航空兵的地位。在那之前的1931年秋天，我离开了俄亥俄州的代顿，奉命前往加利福尼亚河滨市的马奇机场航空兵站担任指挥官。

① 朱利欧·杜黑(Giulio Douhet，1869—1930)，意大利军事理论家，制空权理论的倡导者。1912年任意大利陆军第一个航空营营长。1922年出任航空部部长。1923年辞职，专事著述。杜黑很早就注意飞机在军事上的应用。著有《制空权》《未来战争的可能面貌》《扼要的重述》。其中《制空权》流传较广，主要论述空中战争、空军的组织、制空权、独立航空与辅助航空、军用航空与民用航空等。杜黑根据飞机在第一次世界大战中的运用，第一个比较系统地提出空军建设和作战的理论。——译者

第八章　1932年至1936年：美好的五年，驰骋疆场

1931年11月26日，我到达马奇机场，立即接手了这样一项工作——将一所初级飞行学校改建为由两个飞行大队组成的航空兵作战基地，一个是轰炸机大队，另一个是战斗机大队。在已经着手开始前期工作的军官当中，有许多是我的老朋友。约瑟夫·T·麦克纳尼[①]少校，是原来飞行培训学校的指挥官，主动要求调往轰炸机大队，我也非常希望他来统领这支队伍。战斗机大队由绰号“修道士”的弗兰克·O'D·亨特[②]少校指挥，他是获得过四枚“杰出服役十字勋章”的一战王牌飞行员，精通飞行并且是一个天生的领导者。人称“图伊”的卡尔·斯帕茨少校，自从加入航空兵，就一直追随我左右，大家一起经历了风风雨雨、起起落落，现在作为我的执行官，负责基地的日常管理。这是一个强大的团队。

我们马上开始着手组建两支队伍。国会刚刚批准了像我们这样的部队可以在人员数量上小幅增加，但这只是理论上的可能性，实际上却没那么容易。我们有几位老资格的军官和士兵作为核心，还有一些不久前从夏努特机场技术学校毕业的机械师，但我们的大部分成员都是新兵。飞行员中大多数是刚刚从圣安东尼奥的高级飞行学校毕业的。就飞机来讲，我们有几架寇蒂斯飞机公司生产的“秃鹰”B－2和凯斯通飞机公司的B－4、B－5、B－6作为轰炸机，以及搜罗来的各式飞机作为战斗

机，主要机型是 P－12。

从飞行角度来看，这儿具有地理上的优势，加州和西部广袤的地形，使得长距离飞行练习成为可能。因此可以安排轰炸机和战斗机执行“拦截”任务练习，作为战术训练课程。而我们以此为基础发展起来的空中防务理论，一直不断改进，包括在整个二战期间也从未停止。

从位于干燥平原上的马奇机场起飞之后，很快就能看到下面炎热的沙漠，高耸的群山，大片的盐沼地以及太平洋。这种复杂而具有难度的训练场地，是我们在美国东部地区不可能找到的。在之后的四年中，我有时候会将整个中队拉去远离基地的地方进行训练，一次会持续数周。这些地方机场条件的艰苦，是美国其他地方的飞行员所难以想象的。只有后来二战北非战场上打阿拉曼战役的时候，布里尔顿、特德[3]和坎宁安[4]的联合空

---

① 约瑟夫·塔格特·麦克纳尼(Joseph Taggart McNarney，1893—1972)，美国陆军上将。1915 年毕业于西点军校。1916 年 7 月进入圣地亚哥陆军通信兵航空学校学习飞行。1917 年进入通信兵航空科和第 1 飞行中队，8 月赴法国参加一战。1918 年 5 月起先后担任美国远征军第 1、第 3、第 6 军团侦察机大队指挥官。1919 年 4 月调入驻巴黎美国远征军司令部，编写空中侦察作战手册。1947 年 10 月任新独立的美国空军装备司令部司令。1949 年 9 月任国防部行政委员会主席。1952 年 1 月退役。——译者

② 弗兰克·奥德利·亨特(Frank O'Driscoll Hunter，1894—1982)，美国陆军少将，绰号“修道士”，是战斗机战略战术的倡导者，顶级特技和试飞飞行员之一。1917 年 5 月加入陆军通信兵航空科学习飞行，一战中曾击落 9 架敌机，战后长期在陆军战斗机部队任职。1946 年退役。——译者

③ 阿瑟·威廉·特德(Arthur William Tedder，1890—1967)，英国皇家空军元帅。一战中曾随英国远征军赴法国作战，任第 70 飞行中队的中队长。战后留在皇家空军(1918 年成为独立军种)服役。1944 年 1 月任盟国远征军最高司令部副总司令，指挥盟国在西欧的全部空军作战。1945 年晋升为皇家空军元帅。1946 年任英国空军参谋长。——译者

④ 安德鲁·布朗·坎宁安(Andrew Browne Cunningham，1883—1963)，英国皇家海军元帅，绰号“ABC”。1898 年毕业于达特茅斯皇家海军学院。一战期间任驱逐舰舰长。1939 年 6 月任地中海舰队司令。1940 年 11 月指挥空袭意大利塔兰托军港，重创意大利海军，首开舰载机袭击军舰的先河。1941 年指挥了马塔潘角海战和克里特岛战役。1942 年底任北非盟国远征军海军总司令，参与指挥盟军在北非登陆的“火炬行动”。1943 年 1 月晋升海军元帅，10 月任第一海务大臣兼海军参谋长，先后出席了开罗、德黑兰、雅尔塔、波兹坦等会议，参与了盟军一系列重大战略决策。1946 年 5 月退役。——译者

军部队遇到的情况，艰苦程度可能和我们当时差不多。

我想起了一件发生在1932年到1933年冬天的小插曲，这件事可以看作是十五年之后伟大的“柏林空运行动”的彩排。那年冬天，一场史无前例的暴风雪横扫新墨西哥州、科罗拉多州西南部、犹他州南部以及亚利桑那州北部，那些因暴风雪被隔绝的印第安村庄居民面临着饿死的危险。当我接到是否能够提供帮助的询问时，尽管我们从未有过处置此类情况的经验，但是我说：“是的。”

接手这项任务，我们首先需要解决的问题，不是怎样应对这些地区的高风速山区气象，而是如何将那些糖、面粉、土豆之类的物品打包，使这些包裹空投下去的时候，不至于在冰冻的地面上摔得四分五裂。我们使用标准降落伞解决了这个问题。查利·霍华德上尉，带着他那著名的“神鹰”第11轰炸中队在马奇机场一次次地进行测试。后来，不管是什么样的物品，我们打好的包裹都是如此完美，以至于一位中士说，我们能够“空投一打鸡蛋也不会打破一个”。一连数周，我们的轰炸机从不同的机场起飞，沿着环球航空公司的航线，从亚利桑那州的金曼，东至得克萨斯州的阿马里洛，向沿途那些已经被雪深深掩埋的印第安人聚居区村庄和茅屋空投食品。

1931年到1933年期间，我们不断地进行着各种训练，单人、小队、中队和大队不同编队规模的，尤其是加强了夜间和高空飞行的训练。实际上，飞行员们发现，在夜间飞行反而比白天更加容易。我们也终于用上了配备增压器的引擎，这让大家欣喜不已——正是凭着增压器，才使得米切尔从10 000英尺高空轰炸“弗吉尼亚号”和“新泽西号”战列舰成为可能。现在，我们借助引擎增压器，能够飞越西南部最高的山峰。

斯帕茨、麦克纳尼、亨特、克拉伦斯·廷克和艾拉·埃克①都非常

---

① 艾拉·克拉伦斯·埃克(Ira Clarence Eaker，1896—1987)，美国陆军中将，指挥了第8航空队对德国的战略轰炸行动。1942年1月晋升准将，负责筹建驻（转下页）

精明强干，做事雷厉风行。在基地有一个故事广为流传，是关于无所不在的“图伊”斯帕茨的。一名生病的新兵，在医院接受检查的时候，医生问他：“能看见你眼前的那些点吗？”①“上帝！”士兵抱怨道，“难道我在这儿也必须看到他？”

有一天早晨，加州圣贝纳迪诺市的地方检察官和警长来到我的办公室，带来一份令我大为震惊的报告，真的是一点儿思想准备都没有。尽管在那之前，我也和大家一样，从报纸和杂志上看到过一些关于颠覆性活动的报道——赤色分子，诸如此类——我也知道在圣贝纳迪诺最近发生过骚乱。但是，我绝对没有想到事态会如此严重，赤色分子不仅在圣贝纳迪诺这座铁路城镇建立了各种各样的基层组织，每周举行集会，而且还把马奇机场作为他们的重要目标之一。

地方检察官递给我一份书面证据。他和警长一直在追踪那些赤色分子的集会，认为他们虽然不是非常危险，但仍然需要引起足够的重视，因此派了一个自己人加入他们的党组织，参与各种活动，并且做了速记。他们给了我这些笔记的副本，持续记录了几个月的时间。起先，阅读笔记的感觉很乏味。突然，我的眼珠子都要瞪出来了。尼尔森同志在他们的“学习班”上骄傲地宣称，他已经开始在马奇机场展开行动了。他们由一名机修军士领导，还有一名上士也经常出现。戴恩斯同志报告道：“我们再也不需要害怕马奇机场的机关枪、炸弹还有飞机了。我们已经搞定他们了！”地方检察官和警长把笔记留给我，让我仔细考虑怎么处理。

(接上页)英格兰第8轰炸机司令部，即后来的第8航空队，12月任该航空队司令。整个二战期间，埃克都是日间精确轰炸理论的支持者，并亲自参加了1942年8月17日对法国鲁昂的首次空袭行动。在1943年1月的卡萨布兰卡会议上，他协助说服盟军统帅部同意让美国战略空军对德实施日间轰炸。1944年1月任地中海战区空军司令，9月晋升中将。1945年4月任陆军航空队副司令兼参谋长。1947年8月退役。1970年入选航空名人堂。1985年4月，美国国会授予他空军四星上将军衔。——译者

① “点”的英文单词“spots”与斯帕茨的英文名“Spaatz”发音相近。——译者

我一筹莫展。我能怎么办呢？在我的基地里谁是赤色分子呢？我要怎么找出来？我没有任何处理这方面问题的经验。我把手下的军官们挨个儿琢磨了一遍，然后选了杰克·斯通中尉。我告诉他，有一个令人很不愉快的任务要交给他。这项任务可能有危险，但是我们必须把这两个来到基地传播“赤色”思想的人找出来——一个据说是“戴恩斯同志”，另一个是“尼尔森同志”。我想要知道他们长什么样，以及他们的车牌号码，以便在他们经过岗哨的时候能够被识别出来。

经过地方检察官和警长的安排，斯通中尉作为赤色分子领导人的陪同人员，参加一个大型集会。当他开始对着戴恩斯和尼尔森照相时，他的相机被夺走摔坏，他被推来搡去，衣服也被扯得乱七八糟，不过总算逃脱出来，没有严重受伤。凭借他获得的情报，我们得以在士兵们参加“赤色”课程时，将戴恩斯和尼尔森找了出来。

当我意识到，那个时候美国政府包括战争部对于这些颠覆性活动抱着“无所谓”的态度，问题就变得更加棘手。实际上，这种态度与此后几年我们在外交上对待日本和德国的绥靖妥协政策没有多大区别。我能做的只有调离那些军士们，让到期的人退役，对其他人进行严密监视，除此之外，想要进行军法审判，在当时那样的环境下，是不可能的事。

这件事之后，我派了一名最聪明的年轻人去洛杉矶做密探，他最终成功列席赤色组织的“核心集团”会议，能够及时向我们提供有关他们活动的最新情报。

我们越来越感到，缺少一个真正的轰炸靶场和空中射击靶场。实际上除了太平洋，我们没有其他选择，但我们的海军却说那里被“禁用”了。那里是他们的地盘。我们只好另寻他处。

从我们的基地向北，越过圣贝纳迪诺山脉，是广袤而荒无人烟的莫哈韦沙漠；那里除了响尾蛇和角蟾之外，没有其他生物可以生存；有水源的地方，则被那些游手好闲的富人们建成了沙漠度假聚居地。这里是理想的轰炸靶场。国土局的地图标明，莫哈韦的大部分土地都归属于美国联邦政府，除了南太平洋铁路沿线一条10英里宽的地带。这片区域的土地所有权是棋盘式分布的。1平方英里归政府，1平方英里归南太平洋铁路公司。在沙漠中还有少量被称为“学校用地”的区域，归属于加利福尼亚州政府。

我们必须先对这片区域私下里做一次勘察，以确定它真正适合我们的用途。因为我们知道，一旦人们知道军方对此感兴趣的话，这些原本是荒地的价格就会一飞冲天；矿工、勘探工的租赁条约等也会接踵而至，使我们有可能拿不到想要的轰炸和射击靶场。但对我们来说，这些靶场和马奇机场机库里的飞机一样重要。

南加利福尼亚汽车俱乐部的朋友们愿意给我们提供帮助，于是，某一天的凌晨3点钟，我们出发了——一行五人，两人是汽车俱乐部的，另外三个是身着便装的陆军军官。早上6点，我们到达一个叫莫洛克的小镇，边上有一个已经干涸的大湖，14英里长，7英里宽，干硬的湖底光滑得如同玻璃一般。这里的泥土是一种质地非常细腻的黏土——人们用这种黏土制成妇女用的面膜，石油工人也会在钻井时用在他们的钻头上。正是这种质地的黏土，使这里的土地无比光滑，成为飞机最理想的着陆场。它也是“天然的”轰炸靶场。后来，在这片干涸的湖区，数千名年轻人学会了如何把他们的炸弹准确地投向柏林、东京、罗马、托布鲁克，甚或是遥远的新几内亚和波兰的格丁尼亚港口。也正是在这里，人类第一次突破了音速。

在天色微明中，我们叫醒了住在镇上的一个人，他是一家杂货店主，也是火车站管理员。不过，他显然有些恼火。我们的朋友向他解释说，我们都是汽车俱乐部的成员，来检查一下路线和标志，并且很希望听听他的意见或者建议，如果他有的话。

令我们喜出望外的是，他立刻滔滔不绝地说了一大堆，简直能写一本书——如果可以打印出来的话！他那夹杂着粗口的答案对我们非常有价值。在返回马奇机场的路上，我们在车里仿佛炸开了锅，热烈地讨论着。之后，我们立即向县法院申请了一片土地的产权调查，那是莫洛克沙漠地带中一片长约 19 英里、宽约 9 英里的地方。

这件事看起来应该很简单；土地很便宜，并且大部分产权属于美国联邦政府。然而，尽管我们提前获得了政府部分土地的使用权，但我们的轰炸靶场获得合法产权，却是在三年后（1939 年）我调回华盛顿的事了。无论过去还是现在，莫洛克干湖都是世界上最好的轰炸和射击靶场之一。湖区的黏土地面太过光滑，以至于早期的飞行员在进入这片区域之前，都要接受特别训练。在这里，100 英里的时速看起来比普通机场上的 50 英里时速还要慢。这片区域太过开阔和平坦，让飞行员无法说清自己在着陆时，到底是在向前直行还是在转弯。除非他能够识别出建在附近山上的、隔 5 到 7 英里一个的检查站。飞行员们需要经过练习之后，才能学会应付这里光滑的地面，否则飞机降落时会在地面一圈圈打转。如今，莫洛克仍然是我们最重要的训练基地之一，在湖区超音速飞机以 150 英里时速着陆，和普通飞机以正常速度着陆一样安全。

莫洛克离马奇机场的距离很近，只需要飞几分钟就能够开始进行轰炸和射击训练。因此，轰炸、空对地以及空对空的射击训练都成了我们的日常训练项目。同时，很幸运，我们可以在整个加利福尼亚上空飞行，后来又扩展到整个西部。1933 年 3 月，我成为第 1 战斗机联队的指挥官，下辖驻扎在马奇机场、洛克威尔机场，以及靠近旧金山的汉密尔顿机场的战斗机部队。11 月份我又接管了第 1 轰炸机联队，管辖这三个机场的轰炸机部队。1935 年，在原有部队组织架构不变的情况下，新组建了“航空兵总指挥部直属第 1 联队”。

空中作战所涉及的各个方面，凡是能够想到的，都是我们的训练内容。比如，我们既有针对分散在各个点，诸如长滩、因皮里尔河谷和特哈查比关口山顶的飞行员与基地通过无线电联络的个体训练，也有对整个中队、大队的集中训练。我们尤为关注无线电和导航系统的发展，以及陆空无线电在联络和指挥方面的应用。我们的无线电话务员必须经过精心挑选，因为那些无线电装备价格昂贵，操作复杂而且不稳定。只要飞行线路中遇到无论高低大小的山头，通常就接收不到信号。

我还记得我和艾拉·埃克少校经历的一次意外。我们当时正在内华达山中，与几名林务员一起钓鱼。他们配备了一台无线电，用一头骡子驮着带在路上，以便我和艾拉能够与外部保持联络。那头老骡子一整天都在山路上哐当哐当地颠簸着。到了晚上，我们忙着收拾露营地，早把那些通讯设备忘到了九霄云外。那位赶了一天骡子的林务员，在烤鱼的时候突然想起来："天哪！我忘记开无线电了！"他冲到一个破箱子前，拉出天线，将电线连在两棵树上，然后打开设备呼叫话务员："你好，波特维尔，在吗？我是比尔。上面有什么指示吗？"

尽管在我们和波特维尔之间有一座10 000英尺高的山峰，对方的回应却马上传了过来。坐在一旁的埃克和我吃惊地张大了嘴巴。"这玩意儿值多少钱？"我问道。赶骡子的家伙说大概600美元。艾拉和我都觉得不可思议。我们航空队的设备每台要2 500美元，并且据说是所能买到的最好的设备！之后的七天，我们就依靠这台无线电与外面的世界保持着联系。而同样是这片山区，却令我们昂贵的设备和精心培养的话务员都变成了聋子。

那年春天，马奇机场来了一位朋友，此人后来在二战中为空军的发展做出了重要贡献。我在一战中曾经与他一起工作，深知他卓越的才能和专业学识。他就是加州理工学院的罗伯特·密立根博士①。他问我，

① 罗伯特·安德鲁·密立根(Robert Andrews Millikan，1868—1953)，美国著名实验物理学家。1896—1921年间，密立根在芝加哥大学进行了一系列测定电子电荷以及光电效应的卓越工作，包括著名的油滴实验，1923年荣获诺贝尔物理学奖。1921—1945年担任加州理工学院执行理事会主席，在他的带领下，学校成为美国领先的研究机构之一。——译者

是否能帮他进行宇宙射线实验。“是的，当然。”我说，然后问他实验具体要做些什么。

他说，实验需要将一个重量为500到600磅的铅球带到空中不同的高度。在这个金属球的内部，是各种各样测量宇宙射线强度的仪器设备。由于当时的轰炸机没有能够携带这个铅球的装备，我们中队的机械师们为此专门设计了一个特殊的架子。我们带着这个铅球，进行了许多次不同高度的飞行，直到密立根博士的实验得到满意的结果。此后，这位著名科学家又带着他的铅球去了一座石灰岩矿井井底，在距离地表500英尺以下的地方，测试射线是否能够穿透。当他想要测量不同海拔高度的射线强度时，发生了一起小事故。他带着设备到圣贝纳迪诺附近的箭头湖坐船，那艘船不太结实，就好像纸糊的，沉重的铅球穿透了船底，消失在35英尺深的水里。我后来再见到他时，笑称他为“海军上将”。

在第1联队，有一种无论面对什么样的任务，始终“勇往直前”的顽强精神。当时的马奇、洛克威尔和汉密尔顿机场装备奇缺，仅有的一些装备似乎也只是用来鼓舞士气的。然而，即使是在运输航空邮件那段悲剧频发的艰苦岁月，我们也依旧秉持着这种“勇往直前”的精神，包括后来在与德国人和日本人作战当中。无论发生了什么，飞行员们从不轻言放弃。唐纳德·W·巴克曼上尉和他的运输机在贝克斯菲尔德发生的故事，就是一个令人难忘的例子。

一天，巴克曼驾驶一架最早期的陆军运输机，从马奇机场飞往贝克斯菲尔德，机上载有六名士兵。就在巴克曼预计到达的时间之前，我们听到他呼叫贝克斯菲尔德的机场塔台。他说自己心脏病发作，疼痛非常剧烈，他不知道是否能够正常抵达。他将尽最大努力，但是为了以防万一，他想要让我们知道情况。

我们竭尽全力，通过无线电鼓励他坚持下去，并且安排好救护车等在机场。每个人都明白，在这种单翼飞机上，飞行员独自坐在前舱，没有任何办法与坐在后面机舱里的人联络。

终于，飞机出现了。它略微摇晃着，比正常的速度要快些，但是它的降落一切正常，轮子落地，然后刹停。我们长舒一口气，紧紧悬着的心终于放下来。当我们驾车飞奔到飞机旁，看到士兵们悠闲自在地从飞机上爬下来，完全不知道他们曾经处于何等的危险之中。然后我们看到驾驶舱里，巴克曼上尉仍然保持着驾驶的姿势坐在那里，已经去世。

1933 年的春天，是我人生中最意气风发的时光之一。我们在马奇机场举行了一场军事演习，有来自全国各地的飞机参加。陆军航空兵副主任奥斯卡·韦斯托弗①将军是总指挥，我则是这次行动的参谋长。在我多年的军旅生涯当中，我几乎做过航空队的每一种工作，从基层的中队飞行员到“高阶”的军官，但是我从来没有担任过参谋长，因此对这份工作充满了期待。这次演习旨在促进轰炸机和战斗机的联合作战技术。准备工作都很顺利，没有遇到任何麻烦。我们拥有整个西部海岸地区作为演习区域，以及新开发的莫洛克干湖用来投掷炸弹。

参加演习的部队按照计划陆续到达，聚集在马奇机场的飞机多达 300 余架。参演的士兵和军官们被安排住在帐篷、营房和单身军官的宿舍，以及我们所能找到的任何住处。时至 1933 年，我们仍然住在许多 1917 年在马奇机场临时搭建的焦油纸营房里。

演习的初始阶段非常成功。我们的实战演练一场接着一场，在大洋、山脉和沙漠的上空展开。

1933 年 5 月，演习刚刚进行了一半，我接到了来自军区司令的电

① 奥斯卡·韦斯托弗(Oscar Westover，1883—1938)，美国陆军少将，陆军航空兵第 4 任主任。1935 年 12 月，他接替本杰明·弗洛伊斯任陆军航空兵主任，晋升少将。1938 年 9 月在飞机坠毁事故中遇难后，本书作者阿诺德将军接替他的职务。——译者

报："你那里是否能够接收 1 500 名平民保育团[①]的小伙子，最好是下周?" 我没有多想，回电道："我们这里正在进行军事演习。全美航空队的所有战斗机都在这里。现在无法接收平民保育团的男孩们。" 在那个时候，我对平民保育团这个项目的了解十分有限，但是我很快就上了教训惨痛的一课。

不到 24 小时回复来了："你可能不知道。这是总统的行政命令，平民保育团营地由陆军负责建设和管理。你能立刻接收 3 000 名平民保育团的男孩吗?"

我短暂的参谋长生涯就此结束。我抱歉地告知韦斯托弗将军，我和我属下的大部分军官，将不得不退出演习，执行紧急的平民保育团任务。当时这件事令人感觉很扫兴，不过两年之后我们发现，这项突如其来的命令带给我们的实践经验有多么重要。

平民保育团的男孩们来了。有坐火车的，有坐汽车或卡车的，还有在路边搭顺风车来的。有人穿着外套，也有人衣衫褴褛，甚至还有人在腰间扎根绳，免得裤子掉下去。他们大部分看起来都饥肠辘辘，仿佛已经好几周没吃过任何东西。这些孩子们充满渴望，都积极地想要找事情做。我们给马奇机场紧急增配了一些帐篷，男孩们学着自己搭起来。热气腾腾的煮咖啡，不限量的面包、黄油和苹果派，让这些年轻人度过了一个非常开心的夜晚。我们教会他们如何烹饪，安排好用餐场地，没多久他们就能自己照顾自己了。

---

① 平民保育团(Civilian Conservation Corps)，是罗斯福新政最著名的改革项目之一。1933—1942 年间，美国政府对十九至二十四岁的单身救济户失业男性推行以工代赈计划，这些救济户都是在经济大萧条期间失业、难以找到工作的家庭。平民保育团提供人力劳动职缺，组织失业的年轻男性到联邦政府、各州与地方政府拥有的农村地带进行自然资源保育工作，九年中共有三百万名年轻男性加入平民保育团。美国政府为这些年轻劳工提供免费住处、饮食与衣物，以及每月 30 美金的维生薪资，其中 25 美金必须寄回给自己的家人。——译者

第一天晚上天气很冷，我们发现没有足够的毛毯给他们。于是，一支小分队悄悄地摸进营房，从每一个熟睡的航空队士兵身上扯下毛毯，分给了平民保育团的孩子们。

航空队从管理这些孩子们的工作中收获良多。此前，那些除了飞行从来不需要关心其他事情的军官们，突然发现自己要面对管理和人际关系的问题。随着一批批人不断地拥入，我们不得不为他们寻找新的宿营地，要确保干净卫生并且能够提供清洁的饮用水。每新来一批人，就必须要有足够的食品、毛毯、帐篷和帐篷地板，并且要装上卡车运到正确的营地。如果卡车把货物卸到了错误的地方，或者卡车滚下了山，这都是航空队军官们要解决的问题。平民保育团主管部门也会派少量的预备役军官来协助管理——能力参差不齐——但大部分人来的时候，和那些男孩们一样晕头转向。

平民保育团的小伙子会参加少量的军事训练，但对于他们的体力来说根本是小菜一碟，他们还有大把的时间可以为国效力。他们也提出请求，至少训练他们能够执行一些基本的军事任务。但是，在那段时期，我们不能做任何使美国被误认为在搞军国主义的事，甚至娃娃兵和玩具炮也会引来非议。因此，对平民保育团进行军事培训是不被允许的。当这些年轻人派代表来找我时，我向他们坦陈了这一点。他们询问，是否能够在起床和熄灯的时候，组织志愿者升旗和降旗，我同意了，小伙子们很开心。

我们接收平民保育团的数量持续增长，很快就有三十几个营房了，然而，此时高层指挥官对他们的漠视便凸显出来。我永远不会忘记，两个平民保育团连队被派去参加死亡谷国家公园工程建设的那件事。那些男孩都来自于新泽西州，泽西城、纽瓦克市、伊丽莎白市等各个地区。他们没有任何沙漠生存方面的知识，由于不知道如何保护自己，因此很可能会由于沙漠的干旱和酷热而丧生。不过，幸运的是，我一战中的战友约翰·怀特上校，是死亡谷国家保护区的管理人，还有他的助手T·C·古德温，他们都富有野外生存经验，给了我们非常宝贵的建议与帮助。

8月份，我们对死亡谷进行了勘察，这是一年当中最热的月份。我们发现，在谷底的极度高温中，想要一次开车超过四分之一英里都是不可能的事。在火炉溪农场，我问农场管理人，是否每年夏天都待在这儿。“是的，”他说，“除非天气太热。”“多热?”我问道，“算‘太热’?”“呃，”他说，“去年温度达到华氏135度①，我就离开了。”他的床放在一栋黏土房子的外面，在一间单坡棚屋下，沿着屋檐有一根管子会喷水下来。一台电风扇从外面将水往床上吹。在水雾到达床之前，就会由于高温而蒸发，但是空气会凉爽一点。

后来，我们有一位军官驾车去谷区，发现一具尸体躺在路边，明显死于干渴。我们赶紧报告了这件事。“你们在他身上发现了什么没有?”法医和警察漫不经心地问道。我们说什么也没发现。这个人试图从日光温泉步行25英里到火炉溪。“好吧，”他们说，“挖个大坑埋了吧。”我们只好埋了他，并在坟前放了一个石头的十字架。这种情况在穿越死亡谷的那些道路两旁相当常见。

1934年2月，罗斯福总统入主白宫后的一年多，一件算是和平时期最棘手的任务落在了陆军航空队头上。在运送航空邮件应该向政府收取的费率问题上，邮政部长詹姆斯·法利与商业航空公司争执不下。最后，他决定向商业航空公司摊牌，要求助理邮政部长哈里·布兰奇寻找邮件运输的替代方案。于是，陆军被推到了风口浪尖上，航空兵主任本·弗洛伊斯将军，将这件事应承下来了。

由于这个决定，弗洛伊斯遭到了强烈指责，并为此一直承担着责任。但是，就像我之前曾经说过的，无论是否具备经验，空军具有勇于

① 约57.2摄氏度。——译者

接受任何挑战的精神。因此我认为，即使换作其他任何一位空军将领，也会做出相同的决定。

然而，不到两个星期，我们就不得不面对残酷的现实，尽管凭借“勇往直前”的精神能够完成这项任务，但我们所付出的代价与战时执行战斗任务的牺牲不相上下。勇气无法替代多年的越野飞行经验，勇气无法替代装备完善的飞机，勇气无法替代能够用于盲飞的仪表装置，而这些都是商用航空公司的飞行员已经具备的。

奥斯卡·韦斯托弗准将是负责这项任务的指挥官。纽约司令部的B·Q·琼斯少校，负责指挥“东区”；贺瑞斯·M·西卡姆中校负责指挥芝加哥到夏延一线；从夏延向西到太平洋沿岸的“西区”则由我负责，我的指挥所设在盐湖城的一家旅馆内。

我们有十天的准备时间。也就是说，我们的飞行员们有十天时间来“熟悉”飞行线路的地形地貌和天气特征。我手下的飞行员大部分都是预备役。他们已经服役了两年时间，但按照当时战争部的政策，一个中队每年只能有25%—30%的预备役军官转正。这些飞行员只飞过很少的几条“常规”商业空邮线路。他们的飞机还没有装配任何特殊的辅助飞行仪表装置。我们只能飞现有的机型，包括教练机。如果是那种敞开式座舱的战斗机型，甚至都没有足够的空间放得下邮包，他们也必须想尽办法把邮包塞进去。

2月19日，我们正式出发了。仿佛冥冥之中造化弄人，在那之后的一周，全美国的天气都极度恶劣。严寒、暴风雪、雨夹雪、冰暴、飑风。狂风暴雨在整个美国大陆上空肆虐。每一个已经有记忆的人，都不会忘记那段时间东部的天气有多么可怕。在西部，情况也好不到哪儿去，我们有些基地的海拔高达7 000英尺，还要飞越12 000英尺的山峰，穿过浓雾笼罩的海洋，天气情况也相当糟糕。航线沿途的灯塔还没有全部建好，并且也不精确。在我们第一批执行任务的飞行员中，杰克·克罗斯维特中尉从旧金山飞到洛杉矶，结果发现洛杉矶的机场全部关闭，不得不返航，在他还没能找到可以降落的地方之前，飞机在萨克拉门托附近坠毁。几天之内，全国各地事故频发，怨声四起。第一周里，坠机事件的报道将希特勒、总统新政和法国的斯塔维斯基事件①统统挤出了头条。三周的时间过去以后，坏天气没有减弱的迹象，我们的伤亡也在不断增加。这真的令人十分恼火又心痛不已。

在陆军开始运送邮件的第十天，举国上下开始民怨沸腾了。最早发难的是报社的编辑和电台的评论员们，特别是那些希望看到总统能够在与商业航空公司的斗争中获胜的人们，纷纷将矛头对准了我们。航空队到底是怎么回事？如果他们连这样的任务都执行不了，又怎么能去打仗？难道在战争时期就不会遇到坏天气了吗？这不正好是一次绝佳的测试机会。

不过很快，一部分有判断能力的公众开始意识到，这或许压根不是什么绝佳的测试。政治博弈的成本是众多年轻人付出了生命的代价。他们夜以继日，前赴后继，所付出的努力远远超出人们的想象。有人指出，我们的出勤次数实际上与那些商业航空公司的固定航班次数差不多，不过我们的相当一部分伤亡事故是发生在“集散”和“摆渡”过程中，当时飞机上并没有运送邮件。随着悲剧的不断发生，也有人提出另一种观点，如果这些年我们一直在争取的飞机、人员和训练资金能够到位的话，完成空邮任务的效果应该会好得多。

从某种意义上来说，这的确是一次绝佳的测试。它给了我们应对作战飞行、恶劣天气飞行和夜间飞行的宝贵经验；但最重要的一点是，它

---

① 斯塔维斯基事件，1933 年底法国发生的政治事件。亚历山大·斯塔维斯基(Alexandre Stavisky)长期从事投机诈骗活动，发行大量伪债券而暴富。1933 年底败露，其诈骗和先后贿赂 1 200 名政界人士的罪行被公之于世，成为轰动一时的丑闻。——译者

使得给我们的飞机配上最新的导航和夜间飞行仪成为可能。在那段悲剧频发的日子里，偶尔也会有一些笑料。当时我们正在讨论芝加哥航空站指挥官的人选，贺瑞斯·西卡姆给战争部发了一封很有名的电报："不管是谁负责选人这件事？下决心吧。爱你，吻你！贺瑞斯(签名)。"

不管发生什么事，其实那段时间每天都有意外发生，我们飞行员的意志也从未消沉过。一遇上恶劣的天气，我经常整夜不睡觉，因为我知道会有坏消息不断地传过来。

为了能让飞机多装一些邮包，我们不得不绞尽脑汁。后来听说，在陆军停止运送邮件的任务之后六个月，一个航空站的技师在对一架飞机进行检修时，打开仪表盘的盖板，发现里面竟然也塞了一个邮包。这个故事是不是真的，我不敢保证，但我下面说的另一件事却是千真万确，能够让大家见识一下我们拥有什么样的飞行员。我手下的一位年轻飞行员，是飞盐湖城到洛杉矶航线的，有一天在盐湖城西南 80 英里的地方遭遇了暴风雪。一切都湮没在黑暗中，他看不到任何光亮和方向，而他驾驶的训练机也没有装备无线电。突然，透过暴风雪，他看到几乎就在正前方，有一道光一闪而过，他知道那是一座机场。为了躲避暴风雪的袭击，他加速飞行，并顺风着陆。

当时，在司令部的我们都不知道到底发生了什么情况。他本应在几小时前就抵达我们的一所航空分站了。后来，电话铃响了，话筒另一端传来了他的声音："长官，我从廷蒂克向您报到。""你还好吗?""是的，长官。我很好。""你的飞机怎么样?"我问道。"呃，长官，它有一点破损。""有多严重?"我追问。他支支吾吾起来。"呃，起落架没了。""就这样吗?""呃，下层的机翼也没了。""还有吗?""呃，尾翼折断了，引擎也从机身上飞出去了，长官。"实际上，第二天地勤人员发现，他那架飞机的零部件四散在整个机场上，邮件散落的区域大约有好几英亩的面积！

5月16日，我们停止了运送邮件的业务，在商业航空公司重新接手之前，公众舆论强烈要求展开一次调查，不仅是针对航空邮件运输的经营状况，还有六七件与此相关的飞行事故。总统或许是不想让国会下属的委员会冒这样的风险，于是任命了一个军方委员会，由休·A·德拉姆少将领导，弗洛伊斯将军也是成员之一。不久之后又设立了一个由民间著名人士组成的委员会，由前战争部长牛顿·D·贝克担任主席。得益于贝克委员会的工作，第二年成立了“航空兵总指挥部”，这是真正意义上迈向美国独立空军的第一步。

在结束了运送邮件任务，回到马奇机场之后，我和夫人安排了一次前往怀俄明州牛仔小镇杰克逊霍尔的钓鱼之旅。然而，我们的车刚刚开到盐湖城，一封封急电和一个个电话就把我叫了回去。一封电报正在等着我，来自弗洛伊斯将军。要我立即去莱特机场报到，然后组织和率领一支轰炸机编队去阿拉斯加。

到达代顿之后，我发现这次行动使用的飞机是新型的“马丁”B－10。在B－17出现之前，B－10是那个时代轰炸机中的经典。它是第一架全金属轰炸机，也是第一架时速达到200英里的轰炸机。它的航程约为900英里，低单翼机型，设计非常简洁。在与韦斯托弗将军和其他人就此次飞行计划讨论过之后，我意识到这次任务的重要性。兰利机场的休·科诺尔少校，在航空队负责轰炸战术的研究，被任命为我的副指挥官。

此次行动的航程是从代顿飞到华盛顿特区，然后经明尼苏达州的明尼阿波利斯，加拿大的里贾纳、埃德蒙顿、乔治王子城、白马市，最后到阿拉斯加的费尔班克斯。我们的任务是飞越广袤的阿拉斯加地区，拍摄航空照片，为绘制进出阿拉斯加的航线地图收集详细信息，以及从俄罗斯或者经北极圈进入阿拉斯加各个港口的信息。我们会经过阿拉斯加州的首府朱诺和太平洋沿岸的西雅图返回华盛顿。飞行编队由10架新型

“马丁”轰炸机、14 名军官和 6 名士兵组成。

在经过将近一个月的精心准备之后，我们于 7 月 18 日从华盛顿出发。在完成任务返回马奇机场之前，我们飞行了 18 000 英里，飞越了北美洲飞行难度最高的部分地区，全程没有发生事故，除了有一架 B－10 在安克雷奇附近的库克湾掉进了水里，我们还把它从 40 英尺深的水中打捞起来并继续投入使用。这是一次与在本土飞行完全不同的任务，家里毕竟有机场提供保障。所以这里我必须提一下亨利·普森斯科技术军士的杰出表现，他是我那架 B－10 的机修组长。这次行动之后，他一直担任我专机的机修组长，直到大约十三年之后，我作为陆军航空队司令退休。

虽然在此前并无先例，但这次任务也算不上非常艰巨。我们平均一天飞 820 英里，除了从朱诺到西雅图那一段，由于中间没有可供降落的机场，我们必须穿过浓雾和暴风雨，不间断地飞行 990 英里。在 8 月 22 日到达华盛顿后，我们返回到自己的基地马奇机场。大约五六天之后，我们又被召集去东部参加麦克阿瑟将军指挥的演习。这次演习的目的是要搞清楚，一个现代化的轰炸机编队从美国西海岸转移到东海岸到底要花多长时间。我们在这次演习中的表现不算太好。预先的计划是我们应该在 24 小时内飞抵目的地。但是，恶劣的天气和引擎故障拖延了时间。我们于 9 月 3 日凌晨 2 点从马奇机场起飞，在 4 号的凌晨 1 点 20 分到达兰利机场。

暂且不论阿拉斯加飞行拉练的作用和对于轰炸理论发展的意义，有两件与此相关的事一直令我记忆深刻。那次飞行拉练结束之后不久，英国上议院开会讨论皇家空军军官的退休年龄时，提到了我们。一名议员认为，当时军官的退役年龄太年轻了。他引用了一封信，来自他加拿大萨斯喀彻温省里贾纳市的一位医生朋友。我们在里贾纳降落时，他朋友曾经来过，想要看看美国的轰炸机以及他们的指挥官是什么样的。令那位医生大吃一惊的是，当美国航空队的指挥官从飞机舷梯上爬下来，转过身来一看，居然是“一位满头白发的老先生”！（那正是本人，“快乐的”阿诺德，那时候已经四十八岁了！）

另一件事是我在费尔班克斯的宾馆里，曾经遇到一位陌生的访客。那段时间一直在下暴雨，没法执行航拍任务，我们只能无所事事地闲坐着。一天，我房间的电话铃响起来，是一个带着异国口音的陌生男子，说他想要来与我聊聊。

等他来了才知道，原来是一位曾经在一战中当过飞行员的德国人。战争结束以后，他一直在世界各地云游，做过各种各样的工作，在俄罗斯、英格兰和法国学习过飞行，最近是在德国。他对我们的 B－10 非常感兴趣，此前他曾经在机场里看到过，但他看起来似乎有些欲言又止。最后，他问道：“你认为你们的轰炸机很好，是吗？”

“世界上最好的，”我说，“绝对是！”

他说：“如果我告诉你，德国人现在有一种轰炸机比你们的 B－10 好得多，你会怎么看？”

我回答道：“我没什么好说的，要么你是个骗子！”

他说：“真的，他们有。”

我表示这绝不可能，因为一战后，盟国的监督官员遍布全德国的工厂，盟国的监督委员会一直在到处巡视，以确保没有武器装备在制造。他咧开嘴笑了。

“只要让你们的大使馆武官去容克斯、海因克尔或者多尼尔的工厂，好好看看被他们叫作‘高海拔运输机’的飞机到底是什么。他们也在制造驱逐机。组件工厂和总装工厂是分开的，但是只要你们的武官够聪明，他会找到的。”

我几乎不能呼吸了。我问他：“你在阿拉斯加做什么？”他说他已经组建了一家航空公司，在费尔班克斯到莱文古德之间开展货运和客运业务。“你用不着怕我，”他说，“我已经提交了加入美国国籍的申请书；只不过这些事是你应该知道的。”然后他起身离开了。

我一回到华盛顿，就和情报部门 G－2 说了这件事。但是，战争部的情报机构并没有得到任何有关德国人正在制造运输机和战斗机的消息。我要求驻德国大使馆武官就此事进行调查，尽管我知道在纳粹德国，一般的武官很难搞到这方面的情报。几个月后，我们在柏林的武官依然没有什么收获。1935 年的 3 月 16 日，戈林宣布，他正在重新组建德国空军，并且夸耀说，纳粹德国的空军将是世界上最强大的空中力量。

贝克委员会的工作卓有成效，美国的空军建设开始打开全新的局面。我们设立了“总指挥部”，即航空兵总指挥部，由陆军航空兵的“精英力量”组成，弗兰克·安德鲁斯①少将担任指挥官。尽管航空兵主任的职务仍然存在，航空兵主任办公室也继续负责所有采购和后勤保障事务，包括航空兵总指挥部的，但是后者不隶属于航空兵主任办公室的管辖范围，航空兵总指挥部与航空兵主任办公室平级，都直接向陆军总参谋长报告工作。

1935 年 3 月 9 日，安德鲁斯在兰利机场组建了指挥部，下辖 3 个飞行联队。我被任命为航空兵总指挥部第 1 飞行联队的指挥官，从中校晋升为临时准将。我的管辖范围和执行航空邮件任务期间“西部地区”的范围差不多。我的指挥部仍然设在马奇机场。下辖的队伍也相同：马奇、洛克威尔、汉密尔顿机场的三个战斗机大队和三个轰炸机大队，都是原本就由我指挥的。

陆军航空兵部队和位于旧金山的第 9 军区司令官，在管辖权上仍然

---

① 弗兰克·马克斯韦尔·安德鲁斯(Frank Maxwell Andrews，1884—1943)，绰号“安迪”，美国陆军中将，美国空军的创始人之一。他继承了比利·米切尔等人未完成的事业，为建设独立空军做出了贡献。位于马里兰州的安德鲁斯空军基地是为了纪念他而得名。——译者

存在着交叉的问题，比如，他拥有对我们的军事审判权。

弗洛伊斯将军是“航空兵主任”，负责航空兵部队的行政管理、采购和其他职责。而总指挥部的出现，使得人们认为航空兵被一分为二，也由此产生了不少争议——航空兵总指挥部下辖的“独立航空战术部队”，包括后勤和人员培训等，到底应该由航空兵主任指挥，还是应该直接向总参谋长报告。

即使存在这些争议，总指挥部的建立对于空军的发展仍不啻于一针“强心剂”。我们的新型 B－10 已经被更先进、性能更佳的“马丁”B－12 轰炸机取代，亚拉巴马州麦斯威尔的陆军航空兵战术学校，也开始设立有关战略和战术的教学课程，为后来我们在二战中的空战奠定了理论基础。

当时的战略轰炸理论，仍然是在“杜黑理论”的基础上，又结合我们的单纯防御思想进行了一些修正。我们第 1 飞行联队，为这项理论的发展进行了大量实践性测试和验证，也由此在轰炸机护航方面产生了与杜黑不同的看法，以及对精确轰炸完全不同的观点。

最初，B－10 和 B－12 与战斗机的对抗演习对我们产生了一些误导，因为当时这些时速 200 英里的轰炸机仅仅比最快的战斗机（P－26）时速慢了 20 英里左右。一时间令我们想当然地认为，轰炸机即使没有护航，也能够逃脱战斗机的攻击。而设计中的四引擎 B－17，时速达 250 英里，比当时任何战斗机的速度都快，并且是全副武装，这更进一步支撑了我们的这种观点。不过，我们也开始相信——至少我自己已经这么认为——远程重型轰炸机不仅需要增强火力以保护自身和相互支援，而且也需要具有高度机动性的战斗机护航。

产生这个想法的一部分原因，与飞机类型的多样化以及越来越精进的性能有关，同时也与莱特兄弟有关。在飞机刚刚出现的那段岁月里，还根本没有“战斗机”和“轰炸机”的概念，莱特兄弟的一种观点就深深地印在我脑海中："大型飞机与小飞机虽然外形一致，只是尺寸大些，但是它们的性能一定会有不同。"

第二次世界大战的时候，为我们轰炸机护航的远程战斗机实际上一直到 1943 年秋天的危急关头才投入实战，这让很多人认为我们的轰炸机的表现堪称奇迹。他们显然没有意识到，诸如 B－29 此类的飞机，早在战前我们就已经开始研发了。如果可以选择，我倒希望自己从来没有派出过无护航的轰炸机去德国执行任务。

飞机上的武器火力日益增强，特别是看到 50 口径机枪和 37 毫米火炮能够轻易地穿透新型 B－10 和 B－12 的金属外壳时，我深感焦虑。当众议院军事委员会的议员要来参观时，我意识到这是一个绝佳的展示机会。虽然我们自己有 30 口径和 50 口径的机关枪，我还是从国民警卫队借了一门 37 毫米火炮。一开始，我用 30 口径的机关枪向一架飞机的金属机身进行射击，几乎没有造成什么损伤。然后，换成 50 口径的机关枪，机身上被打了几个洞，但是也没有严重影响。接下来，我们换上了 37 毫米火炮。这一次，机身被打开了一个大洞，爆炸性弹头穿过去，整个金属机身都被撕裂了。这次演示令国会议员们印象深刻。我自己也是。按照规定，我立刻提交了一份完整的报告，通过军区司令部上报华盛顿。但这份报告在旧金山就被退了回来，上面的批语直截了当："谁授权你使用 37 毫米的火炮?"我回复："我自己。"报告再次退回来："37 毫米的火炮是谁的？谁签收的？谁为此事负责？谁应当承担责任?"这次我没再回复，我去华盛顿直接向陆军总参谋长汇报了此事，他对此非常重视。然后我才去旧金山给他们一个解释。这件事就这样过去了。但是，这件事也体现出经费紧张时期后勤保障部门的普遍态度。对于他们来说，说明武器的用途，远远比证明现代武器对金属机身的攻击力这件事重要得多。

当我在写这段文字的时候，面前摆着一张过去洛克威尔第 19 轰炸机大队的训练记录表。这张表显示，19 大队从 15 000 英尺高度，使用诺登瞄准器进行投弹练习，第一天他们轰炸的目标在 520 英尺范围以内，第 7 天缩小到 480 英尺，第 27 天是 300 英尺，第 41 天时，这个数字是 164 英尺，还不及一座小木屋大。

我们对德国的轰炸，是从将近两倍于 15 000 英尺的高度进行的。然而，对于 1935 年的我们来说，这不亚于要从 3 英里外用步枪射中靶心。诺登瞄准器的使用，使我们的轰炸准确度得以不断提高，飞行员们也能够自信满满地谈论起“把它扔在泡菜桶里”，或者“从 25 000 英尺高度射击一枚 10 分硬币”之类的话题。

因为这些，特别是作为一支“独立的空中力量”，第 1 飞行联队被认为是非常牛的部队。毋庸置疑，它确实是第一流的。但是，这份荣誉并不总是能够为我们赢得朋友，或者是感化到落基山脉另一侧的人们。有一天，一位来访的总参谋部军官在观看我们演习时，不无嘲讽地说道：“这很棒，将军，但是我不认为它将会成为 S. O. P（标准作战程序）。任何与‘快乐’阿诺德有关的事情背后都会有‘死亡之吻’。”

我们兴致勃勃地进行着各种各样的试验，还好有一些已经被人们完全遗忘了。有一段时间，我们开展了一项使用 5 磅炸弹对空中飞行的轰炸机编队实施“空对空”轰炸的试验，还拍摄了清晰的航空照片。如果打起仗来，这些试验对我们自身是一点儿好处也没有，但假如被德国人知道了，反倒是无价之宝。二战当中，德国人应对我们空袭的那些笨办法，从来没有对我们造成什么大范围的危害。但是看过这些试验照片的专家们却无一不在惊呼，如果德国空军掌握了我们在“加利福尼亚”想出来的主意，我们那密集的 B－17 编队就不知道会是什么下场了。德国人是没有这样的编队需要我们去炸的。

我个人觉得，空军部队希望独立的其中一个原因，是心理上的因素。我们队伍中的大部分人，在一战中都没有去过海外战场。一战中的飞行员培训工作取得了高度成功，成千上万人获得了飞行员证书；但是由于当时飞机的生产进度太慢，无法满足需求，导致大部分飞行员从未真正驾驶过飞机。而那些去了海外的飞行员，也大多数待在英国或是法国的飞行学校里，并没有真正上过战场。因此，在美国西部地区的那些飞行大队中，虽然只有少数人是一战回来的英雄，但其实拥有许多优秀的飞行员，他们便自然而然地抱成了团。

很少有地面部队的高级将领，会像我们空军的指挥官那样辛苦地工作，并且与下属们打成一片，气氛融洽。我们的那些年轻指挥官们，肩负重担——一位年轻的空军上校负责指挥的人和装备，常常比地面部队配有两名准将级别副手的少将还要多——这也引来了一些对我们的非议。当我回到华盛顿时，对我们的这股子怨气快要冲破天了。我们的飞行员被指责“太自大，太自以为是，纪律涣散，太自由散漫！”对于这个问题我的看法是，在空军的所有问题当中，最大的问题在于我们让自己的工作看起来太过容易。而我的这种感觉现在比以前甚至更加强烈。

所以，就像我说的，在那些天高皇帝远的地方，虽然有一些埋怨，但总体氛围还好。然而一旦到了华盛顿，整个空气中都弥漫着抱怨与不满。哎，我很快就要对此有所领教了！

本·弗洛伊斯，1935 年 12 月之前一直担任航空兵主任，是一位老朋友。弗兰克·安德鲁斯，航空兵总指挥部的总指挥，也是一位老朋友。在他们的参谋部，和战争部里一样，有许多军官都是我过去在华盛顿工作时认识的老朋友。甚至近几任的陆军总参谋长，也都是曾经与我愉快共事并且私交甚好的朋友。萨摩洛尔是我在西点军校读书时的教官，我们关系一直挺好。道格拉斯·麦克阿瑟在 1911 到 1913 年的时候曾经和我一起在华盛顿共事，有关他在比利·米切尔的军事审判中投反对票的著名故事，也是米切尔自己告诉我们的(一位华盛顿的娱乐记者在法院门廊的垃圾桶里发现了麦克阿瑟写着反对理由的那张票)。现任陆军总参谋长马林·克雷格(1935 年任命)，在旧金山任第 9 军区司令时，给当时驻扎在马奇机场的我们提供过许多便利，我们也因此建立了良好的私人关系。

然而，对于我来说，与华盛顿保持距离似乎是更好的选择。我知道那里将会发生些什么(至少我自己是这么认为的)。在“航空兵主任办公室与航空兵总指挥部”之争中，我自然倾向于后者，因为我们联队是它下辖的三支联队之一，而且，它也是令我们能够看到空军独立最有可能的希望。诚然，航空兵总指挥部在整个航空兵建制中只代表很小的一部分。诚然，航空兵部队的采购和后勤保障，与战争部有关“航空兵支援部队”控制权的斗争；以及许多与航空兵前途命运相关的政治斗争，决定权还在航空兵主任弗洛伊斯将军(不久就是韦斯托弗将军了)的手上。而且，航空兵总指挥部所辖的空军部队是否能够承担独立(战略)职能，还不太明确。不过，小小的航空兵总指挥部却是空军发展的一大步。并且，我们还认为，身在西海岸的我们，正在带领它走向更远大的前景。对于安德鲁斯将军和他的总指挥部不需要向航空兵主任汇报工作，而是直接隶属于总参谋部这一点，我们举双手赞成。

1935 年 12 月，韦斯托弗将军接任弗洛伊斯将军成为航空兵主任几周之后，我接到命令，刚刚成为陆军参谋长的克雷格将军让我飞去华盛顿，这个消息对我不亚于晴天霹雳。韦斯托弗将军已经请求让我担任他的助理主任——而克雷格将军认为这是个好主意!

我非常喜欢奥斯卡·韦斯托弗——从个人角度而言——但是我一百个不情愿离开我的西海岸和心爱的银色翅膀；真的，我宁愿做一名在前线指挥的中校，也不愿成为华盛顿参谋部的一名将军！但是回天无力，克雷格将军已经批准了调令。

1936 年 1 月，我们全家人含着泪水与马奇机场依依惜别，重新回到那座繁华之都——华盛顿。我的情绪很消沉。对于我来说——我相当了解这座城市——嘈杂拥挤的交通，人头攒动的大楼，看不到尽头的走廊里抱着一摞摞文件跌跌撞撞的职员们，鸡尾酒会上传播着那些自己并不了解的蜚短流长的长舌妇们，这些不仅仅是这座城市的表象，而已深入骨髓。无论在这里有没有朋友，我都认为，这儿不是我的菜。而且，来到这里就意味着和一线指挥作战说再见了！

如果那时候知道我将会在华盛顿待十年，一直到退休，我恐怕会调转车头，载着我的满车家当直接回加利福尼亚。虽然最后结果证明，它给了我又一次当司令官的机会——并且是在历史上最大规模的战争中。但就算是做到航空兵的最高职务，其实我依然是半个参谋军官。航空兵主任同时兼任美国陆军的副参谋长。日后陆军航空队司令将会成为位高权重的美军参谋长联席会议①和英美联合参谋长委员会②的成员。这是一段殚精竭虑、压力重重的日子，虽然也有许多激动人心的时刻，但在西海岸当一线指挥官那种意气风发的感觉却再也没有回来了。

---

① 美军参谋长联席会议(Joint Chiefs of Staff)，根据美国《1947年国家安全法案》(*National Security Act of 1947*)正式建立，该法案由第80届国会制定，1947年7月26日表决通过。虽然美军参谋长联席会议在1942年2月9日就召开了首次会议，但一直没有法定地位，为时任总统罗斯福依据战时总统特权建立起来的跨军种协调参谋机构，当时的成员有莱西上将、陆军参谋长马歇尔上将、海军作战部长金上将和本书作者陆军航空队司令阿诺德上将。1942年7月20日，莱西有了正式职务——总司令参谋长(Chief of Staff to the Commander in Chief)。《1947年国家安全法案》正式授权建立了参谋长联席会议，明确了职能，规定了法定成员为三位军种主官，法案中并没有规定参联会主席，而是依然延续了莱西的职务称谓，规定若设有总司令参谋长的话也是法定成员，还授权建立了由不超过100名军官组成的联合参谋部，作为参联会的下属机构。1949年修正案授权增设了参谋长联席会议主席，但该职务仅为主持人，而无投票权，陆军上将布雷德利成为首位参联会主席，修正案同时将联合参谋部的组成军官人数限制改为200名。——译者

② 英美联合参谋长委员会(Allied Combined Chiefs of Staff)，第二次世界大战时期英美军队共同对法西斯作战的军事战略策划机构。1941年12月7日太平洋战争爆发后，美国参加反法西斯战争，为协调与英国共同对轴心国作战，经两国军政界最高首脑协商后，于1942年2月6日在华盛顿宣布成立英美联合参谋长委员会，成员包括美国三军参谋长和英国驻美的海陆军官员，该机构对美国总统和英国首相负责，任务是制定和指导美英联盟大战略。——译者

我的新职位需要面对的问题很多。因为航空兵主任办公室和总指挥部是存有争议的两个阵营，而我现在要从自己倾力支持的一方跨入另一方。很快，这种角色转换的切身体验，就让我收获良多，对我和韦斯托弗接任的职务也有了一种全新的认知。这份工作所要应对的麻烦事，远远不止是与航空兵总指挥部的管辖权较量。既要对付战争部、国会、经费预算和公众舆论，还要研究制订航空兵的未来发展规划——当时没有人对航空兵的未来做过任何有真正意义的规划，哪怕是航空兵总指挥部。还要与媒体就我们的飞行事故率唇枪舌战，自从 1934 年航空邮件灾难之后，媒体就对此大肆渲染。所有这些令人头痛的事，都是我作为航空兵助理主任的工作内容。而且还要常常面对更为棘手的问题，我们的“对手”航空兵总指挥部在闹独立。不让战争部把我们可怜的经费全部用来购买支持地面部队的轻型飞机，则是我们那段时期最艰苦的斗争之一。

尽管如此，履行这个新职务，这份吃力不讨好的工作，是我人生中的又一件幸事；甚至比以往都要幸运。

因为，几乎就在我到达华盛顿的同时，美国第一支真正称得上空中打击力量的空军出现了。这一次，不再只是想象中的远见卓识，性能优越的海防飞机，或是可以预见的技术革新，而是在历史上第一次，能够让我们从此拥有发言权的空中力量。它不在我刚刚离开的遥远的加利福尼亚，而就在华盛顿附近。

1936 年的初春，第一批两架四引擎轰炸机降落在弗吉尼亚的兰利机场。

第九章　真正的空军力量：四引擎轰炸机进驻兰利空军基地

现在，是时候说说四引擎轰炸机的发展了，之所以延后来讲，皆因它的出现，在空军的发展当中——乃至在世界格局的演变当中，都具有转折点的意义。因此，我们有必要花一点时间，仔细聊聊四引擎轰炸机究竟是什么，以及它真正的意义所在。

波音公司的“飞行堡垒”——B－17是第一架四引擎轰炸机。它在空军历史上所具有的重要地位，在它的前任中，恐怕只有一架能够与之相提并论，那就是1908年导致汤姆·赛尔福里奇中尉身亡的，莱特兄弟的第一架“军用飞机”。令人伤心的是，它们的经历也颇为相似。1935年10月30日，在俄亥俄州代顿举行的首次官方试飞中，已经决定订购意向的众多航空兵高级军官们，眼睁睁看着第一架B－17在面前坠毁，这次事故造成波音公司的试飞员和P·P·希尔少校死亡，他是航空兵最优秀的试飞员之一；机组另外四名人员受伤。试飞结果看起来完全失败。维修人员对飞机的新性能不熟悉；操控水平尾翼面的升降舵没有正确解锁，使得这架巨大的新型轰炸机几乎在刚刚离开地面的时候，就燃起了熊熊大火。

无论如何，和第一架莱特飞机一样，尽管发生了事故，但由于第一架B－17所具有的性能和先前令人惊艳的出色表现，使得它并未就此被封杀。功率750马力的引擎，在希尔少校之前的试飞中，已经得到了验证，身形庞大却翩若惊鸿，令那些经验丰富的观众们也叹为观止。副驾驶座位的出现——它最初的设计意图并不是为了让两个飞行员共同工作，而是考虑到这架飞机的设计飞行航程是一名飞行员无法完成的——展示了航空发展的新理念。

“装有这么多机枪，它看起来就像是个会飞的堡垒。”有人这么说，“飞行堡垒”这名字便叫响了，尽管与后来配备的武器相比，早期的武器配置简直不值一提。

坠机事故的发生，没能阻挡后续试验的进程。但是事情也没这么简单。面对来自各方的责难，韦斯托弗将军不得不出面，他对航空兵给予了坚定支持，同时也向下属们提出警示，应当从事件中吸取教训，类似的批评在战时可能会导致指挥官被撤职。最终 B－17 获得了十三架的订单，正如之前说过的，第一批的两架“飞行堡垒”实际上已经交付给航空队，到达兰利机场，几乎就在我抵达华盛顿的时候。

从此以后，与其说 B－17 成为我们制定战略规划的聚焦点，不如说航空队为了争取空军建设的努力——那些真正意义上的空军建设规划——终于获得了陆军的认可。“精确轰炸”，当然也不再是什么新鲜事物了。正如之前提到的，在西海岸，我们的第 7 和第 9 轰炸机大队已经配备了第一代的“马丁”B－10 轰炸机，和第一批诺登投弹瞄准器，在发展轰炸作战理论方面做了大量有益的探索。在飞机研发和申请项目的过程中，最棘手的部分就是要说服国会、战争部和公众，使他们认识到一个项目的研发，至少需要五年时间，否则很难获得有价值的成果。正常来说，从设计师产生创意到飞机投入使用，至少需要五年时间。在整个过程中，必须要有足够的资金保障，否则项目就难以延续。在航空兵隶属于陆军的那段时间里，我们的采购项目总是被那些短视的政客们拖后腿。

那几年，在休·内尔少校的领导下，东部地区的航空兵部队也取得了巨大的进步，尽管他们既没有适宜于轰炸靶场的有利地形，也没有和我们一样先进的装备。内尔指挥的第 2 轰炸机大队驻扎在兰利机场，得到了第一架 B-17。

在四引擎轰炸机出现之前，我们的作战能力受到诸多限制。由于此前的轰炸机无论在航程、火力、载弹量——各个方面都无法胜任，因此我们长久以来一直笃信的，比利·米切尔曾经无数次描述过的，仿佛已经实现了似的战略轰炸，空军的“另一个”独立作战功能一直都未能实现。

其实，这种新机型的“战略”价值，在那个时期的国防策略下，仍然只是发挥了“战术”作用。B-17 也只不过是打算用来击沉那些靠近美国海岸线的敌舰而已。此后的一段时间，弗兰克·M·安德鲁斯将军仍然不得不以 B-17“尤为适用于海岸巡逻”为由，为它的采购事宜据理力争。不过在当时，对敌舰的拦截一般也就是在海岸线数百公里之外，而“飞行堡垒”一个小时的航程，比敌军高速舰艇一个晚上的航程还要远(海军很快意识到这一点，好像地主发现小偷偷了他东西似的，大吵大闹不肯罢休)。

自从“杜黑理论”传到美国，航空兵战术学校几年来一直将它纳入理论学科的教学内容。四引擎轰炸机的出现，算是美国人创新运用这一理论的首次积极实践。《凡尔赛条约》签订之后，大多数战略家都将德国视为下一个敌人，包括比利·米切尔，但是他的另一个观点，认为日本将会在“某个晴朗的星期天早晨”对我们进行空袭，却没有引起大家足够的重视。

大型轰炸机是“轰炸机争论”的核心。如果人们注意观察 1936 年的世界局势，就会发现，这是西班牙内战开始的一年，是墨索里尼侵略埃塞俄比亚之后的一年，是日本即将入侵中国的前一年，也是希特勒再次占领莱茵兰的一年，对于战争部来说，似乎是时候开始对美国空军的发展有一个清晰的规划了。但是并没有。

尽管有种种传言，但其实空军的发展并没有传说中那么顺利。我的意思是，空军真正的核心作战能力，只有在四引擎轰炸机出现之后，才从技术上看到了实现的希望；而真正获得法律上的地位，是 1938 年 9 月 28 日在罗斯福总统的办公室里。

那些持反对意见的高官们，陆海军的高级将领们，以及那些将比利·米切尔治罪并想要让他消失的当权者们，他们的所作所为远远无法阻挡空军发展的脚步。实际上，他们甚至也控制不了比利。他们深深地伤害了他，但是自审判之日起，公众舆论就一边倒地支持比利。但问题是，这种公众意见的支持对空军的发展起不到决定性作用。

在我们的心目中，比利·米切尔有三种不同的形象：一个是受到他们军法审判的米切尔，不为人知的殉道者，生命不止，战斗不息；另一个是空军建设的先知，极具远见卓识却不被大众所认同；第三个才是公众和航空队真正喜爱的米切尔，他当然兼有前面讲到的两点，但真实生活中的比利远不只是这些。除了赫赫战功，跳跃式的思维，米切尔还是一战的战争英雄，美国公众也一直站在他的一边——他是风度翩翩、富有魅力的实干家，他敢于打破那些条条框框，公然挑衅那些迂腐的大佬们，指着权贵们的鼻子咆哮："什么，我不能击沉你的船?"然后将它们葬身海底；他揭露那些龌龊的利益交易，与迷人的姑娘结婚，总而言之，这一切只有比利才能做到。作为一名军人，他的言行有些过火了，于是他的上司们毁了他，但公众和航空队依然热爱着他。而且，比利虽然脱下了制服，依旧一往无前，没有停止战斗。但是我想要说的是，就算那场审判的结果不同，对空军的发展也不会有什么立竿见影的效果。人们早已经习惯于说，比利·米切尔超越了自己所处的那个时代，有时候都忘记了这个曾经真实发生过的故事。

在 1930 年代末期之前，只有一段时间，在技术进步和国际形势的双重影响下，“空军力量”得以有机会蓬勃发展，那就是一战结束前的那段时间。

当时，由米切尔指挥的盟军飞行队中，尽管其中只有不到40%的美国人，并且使用的是英国设计的飞机，但他们在决定性的圣米耶勒和马斯河战役中，均发挥了重要作用。总共大约1 500架飞机，集中进行大规模空中打击，所产生的“战术”支援效果要远远好于单机作战。而在协同作战中，无论是从敌军战线侧翼发起攻击，还是切断敌军后方补给和交通线，轰炸机都发挥了一定作用。当时有一种说法，称这支独立的盟军攻击部队，第一次真正展现了空中力量的作用，本来还将继续执行更进一步的“战略”任务——空袭柏林，等等。然而，就在这些行动付诸实施之前，1918年11月到来了。

之后的几年，世界上的所有国家都沉浸在对永久和平的幻想当中，除了战败的德国和俄罗斯；还有意大利和日本，这两个只是理论上属于胜利者的国家。1920年代，公众们对于比利·米切尔击沉“法兰克福号”“东弗里斯兰号”以及之后废弃的美国战舰所表现出来的热情，并非是对空军的建设感兴趣，只是对比利个人的敬仰而已。而对于一些空军支持者所希望和鼓吹的——空军在未来战争中将发挥无可替代的作用——这种观点并不为大众所认同。实际上，就当时的美国民众看来，比利和他那些老旧的轰炸机，与其说是一种新式武器，不如说是所有武器的终结者。让所有武器都见鬼去吧，让一切与战争有关的东西都见鬼去吧！而对于海军来说，更多的是一种强烈的危机感，因为当时正好在华盛顿和伦敦召开世界海军裁军会议。

就公众而言，什么飞机啊，飞行啊，都还挺有趣的。但是轰炸机，在他们看来，除了能扔炸弹，没有其他意义。大约就在1936年我回到华盛顿的那段时间，一些大学的学生们成立了具有嘲讽意味的“未来战争退伍军人”组织(这也是公众舆论容易随风转向的一个例证，不到六年，这群男孩中的许多人都成了我们的飞行员，迫不及待地想要冲上战场。有一些甚至等不及，在美国参加二战之前，就直接追随“神鹰中队”和“飞虎队”跑去英格兰和中国打仗）。当第二次世界大战的脚步越来越近，公众舆论对于轰炸的印象，已经成为战争罪犯的同义词。西班牙内战期间，德国和意大利的飞机在格尔尼卡、巴塞罗那和巴达霍斯上空肆意地狂轰滥炸，以及墨索里尼对埃塞俄比亚当地村庄的轰炸，使得人们的这种看法更为普遍。

在华沙大屠杀之后，希特勒的下一个攻击目标是哪里，人们并不确定，但无论是伦敦、巴黎还是鹿特丹，美国人可以肯定的是，他一定是从空中发动袭击——轰炸。早在此之前，对于轰炸的偏见之论就在盎格鲁-撒克逊国家中兴起，他们认为相对于步兵作战、16 英寸火炮攻击或者其他不那么野蛮的战争形式来讲，轰炸或许不够人道主义。实际上，从某些方面来说，这种争论在我们与希特勒和德国人的战争过程中一直都存在。我还记得有一份公开的电报，特别令人愤怒，它来自一群代表全美基督教联会的精英人士，在 1944 年，正是我们第 8 航空队遭受最惨重损失的时候，义正词严地抗议我们对“没有设防的德国城市”进行轰炸。

会不会与德国人打第二场战争？日本人会不会在某个星期天的早晨对我们发动空袭？空军战略战术上的争论，以及建设以阿拉斯加、加拿大圣劳伦斯和巴西纳塔尔的空军基地为支撑点的“三足鼎立”的国家防御体系，都不是人们太关注的话题。只有钱袋子——才是大家最关心的。但是在这方面比利有点儿没想明白，因为有一点很明显，尽管一艘战列舰的价格可以购买相当数量的飞机，但在和平时期，即使是建立一支最小规模的空军，所要花费的预算也远远超出了那个年代整个国防预算的总和。而且，各个军种之间难免相互攀比；为了能够得到充足的预算，陆军地面部队和海军也会要求大幅增加军费开支。然而关键的问题是，无论是战列舰还是轰炸机，甚或是美国步兵的1903式来复枪，都不再是讨论的重点——因为美国根本什么武器都不买。假如1920年代的公众有机会了解到1930年代中期空军建设的规划和开销的话（这正是我回华盛顿两年之后考虑的问题），他们一定难以接受。

让我们看看当时英国的情况。特伦查德并没有遇到我们这样的困扰，但是在1935年到1936年间，英国皇家空军的情况也没有比我们好到哪儿去。在一战结束前的1918年，英国皇家空军就成为了第三支独立军种。但是直到1935年，也就是波音公司刚刚制造出第一架B－17的时候，皇家空军才有了第一架"曼彻斯特"轰炸机（后来的"约克·兰开斯特"轰炸机的前身）和四引擎轰炸机"斯特灵"和"哈利法克斯"①的设计计划。特伦查德，这位伟大的空军之父和组织者，从他一战在法

---

① 曼彻斯特（Manchester）、斯特灵（Stirling）、哈利法克斯（Halifax）和兰开斯特（Lancaster）均为二战时期英国皇家空军使用的重型轰炸机，根据重型轰炸机使用主要城镇名的传统而得名。

"斯特灵"是英国皇家空军的第一种四引擎重型轰炸机，肖特兄弟（Short Brothers）飞机公司研发，1939年5月14日试飞，1940年5月服役。二战开始不久即被"兰开斯特"和"哈利法克斯"轰炸机取代。该机的主要缺点是翼面积小，升限低，操作困难，起落架在起飞和降落时经常折断。生产总量2 375架。

"曼彻斯特"重型轰炸机，阿弗罗（Avro）飞机公司研发，1939年7月25日第一架原型机试飞，发现发动机功率明显不足，较大的翼载荷使飞机极难操纵；1940年5月26日第二架原型机试飞，增加机翼翼展后投产。但发动机功率不足导致飞机损失率居高不下，所以投产后一直在研发后继方案，只保持低水平生产，在生产202架后停产。

"兰开斯特"重型轰炸机，是英国最大的战略轰炸机，阿弗罗飞机公司研发，原型机为四引擎"曼彻斯特"3型，1940年1月9日首飞，随后安装了更大功率的"梅林"发动机，机首、机尾、背部和机腹都安装了炮塔，增大了载油量，配置了自动充气救生筏，于1940年10月31日再次试飞成功。总产量为7 734架（也有8 095架之说，含加拿大生产的430架），1940年底服役，二战期间共出击156 000架次。

"哈利法克斯"重型轰炸机，由汉德利·佩季（Handley Page）飞机公司研发，并与英国电气公司等多家企业共同生产；1939年9月24日首飞，1940年11月服役，共生产6 176架，使用4台1 800马力"武仙座"100型星型发动机。二战期间共出击82 773架次。——译者

国担任陆军皇家飞行团指挥官起，就一直在倡导战略轰炸和“独立”空军的重要性。他的英国皇家空军很快获得了独立地位。在我从马奇机场调回华盛顿之前的这十八年间，英国皇家空军有自己独立的机构和独立预算，有自己的制服和附属服务部门。但是，却没有真正形成空军的战斗力。

当希特勒的纳粹空军在西线战场如入无人之境、德国陆军的装甲洪流席卷法国之时，英国皇家空军除了同仇敌忾的信念和勇气之外，所拥有的空中力量可以说微不足道，那些性能优越的“喷火式”和“飓风式”战斗机①大多留在了英格兰本土。即使在战事紧急的时刻，它在法国所谓“先进的攻击力量”也不超过100架飞机，其中三分之二是老旧的轰炸机，剩下的则是过时的战斗机。在德国入侵波兰之后的一年里，轰炸机增加的数量也很少，甚至还没有达到1935年和1936年规划中设想的规模。

在世界的其他地方，英国皇家空军的情况也大同小异。尽管大英帝国在和平时期，对于常规军队的规模一直保持着相对积极的政策，皇家空军作为独立军种待遇同样也不错，但是英国空军的实力并没有取得真正的发展。

谈到英国皇家空军的这些情况，并非是对他们的嘲讽，而是为了解释我们陆军航空兵在战前关于“独立”问题的真实情况。这一点常常被人们误解。

那时的英国皇家空军，在军费预算乃至各个方面获得的支持都很有

---

① “飓风式”（Hurricane）战斗机是二战中英国皇家空军主力战斗机。霍克（Hawker）飞机公司研发，采用了许多当时较先进的技术，单翼，流线型机身，前半部覆以全金属蒙皮；密封式座舱盖向后滑动打开，方便飞行员跳伞时紧急脱离。1935年11月试飞成功，1936年量产。不列颠空战中，“飓风式”多用于攻击航速较慢的轰炸机，而性能更先进的“喷火式”则负责对付德国空军Bf－109战斗机。二战期间英国和加拿大共生产14 231架，有2 952架依租借法案援助苏联。——译者

限，而这正是为了完全独立所付出的代价。时至今日，我们“独立”的美国空军，仍然依附于陆军，无论是技术、行政、总务或是任何想要的，都可以藉由“保持飞行状态”得到需要的支持。但是反观1920和1930年代的英国皇家空军，所得到的支持少得可怜，各种军需供给都得从她自己的口袋里出：补给物资，各种人员培训，不只是飞机和飞行员，还包括厨师、理发师、军警、信号兵、医生——所有的一切。

因此，在面对各种调查委员会时，我们一贯的态度就是，在能够真正负担得起之前，我们不想要空军独立。

甚至直到1936年的7月，在一次听证会上，我仍然这么说：“航空兵总指挥部的成立是这个时期应该迈出的革命性的一步……但在现阶段，我们还不能独立。”我还谈到了大载弹量远程轰炸的时代已经来临（“5 000英里2 000磅炸弹”以及“8 000英里的轰炸范围”），现在看来，我当时的预言太过保守和谨慎了。

战争部对待航空兵的态度，弗兰克·安德鲁斯不是很赞同，因而他提请召开一次专门的听证会，尽管关于我们之间的分歧有着种种误导的传言，但是我认为他是对的。我赞同他在调查中的证词，“由于”陆军G-3部门担心“航空兵，包括航空兵总指挥部的发展可能会令战争部其他部门都相形见绌……”“在当前时期，如果战争部能够致力于空中力量的发展，最大的受益者将是陆军”。

另外我也赞同航空兵主任（韦斯托弗将军）的观点：“建立另一个能够自行制定作战计划的独立部门，即使不得不受制于海军或是陆军的规划，会面临有点复杂的局面，但也比现在这样的双重领导组织要简单得多。”

“我们的物资供给、维修保养以及日常生活都需要依靠地勤供应，所有这些都可以藉由陆军和海军现有的机构提供。我认为，空军能够脱离其他军种独立运作的时间还没有到来。”

但这并不表示航空兵的所有军官都认同这一点——在1936年，航空兵仍然只不过是陆军的一个分支，就像骑兵或是通信兵一样。B-17的出现，将有助于航空兵总指挥部向公众证明我们“空军”自己的作战能力。对此我们都满怀信心，尽管它的表现究竟如何，仍然只在猜测当中。此时的我们，亟需这样一架飞机来证明自己，而它也真的出现了。

在那段时期，几乎所有的新闻媒体都在谈论和报道空军的话题，但令人们心存疑虑的是，我们的作战能力是否只有等到与敌军真正交火的时候，才能够被证明。此时的航空兵正试图在国防体系建设中获得更多的份额，并且想要鱼与熊掌兼得，一并解决空军部队的地位问题。我们当时希望组建的空军组织管理架构，与二战期间实际设立的情况已经非常相似了。

有一些人，迫不及待地想要空军“独立”。二战时期的组织架构，是以盟军联合参谋长委员会为领导机构，具体指挥由每个国家陆海空三军组成的参谋长联席会议负责。不过有些人仍然没搞明白，美国陆军中的航空兵，实质上是独立运作的，它的地位与陆军所有的地面部队是平级的，它的指挥官是陆军的副参谋长，并且既是盟军联合参谋长委员会也是美军参谋长联席会议的成员。

在本书中，我始终坚持避免拿某些个人举例子，即使是那些非常重要的、由于对空军的错误判断而知名的人物。因为写作本书的目的是不想让任何人觉得尴尬；而且这本书也没有足够的容量，对每个人的是非对错都加以评判。即便有人会提起，诸如犹他州参议员艾尔伯特·托马斯（参议院军事委员会主席）在德国和日本战败后，于1946年4月在《美国杂志》上发表文章，声称精确轰炸是“一场骗局”，从来没有这回事，等等，此类事情也不值得多加评论。因为上帝知道，当我们的海军和陆军地面部队最终进入德国和日本领土时，看到的景象已经说明了空军所做的一切，不需要再找什么证据来证明。

不过，为了客观地还原历史，人们有必要了解，在美国空军发展的重大转折点来临之前，也就是在1936年到1938年这最后的两年当中，我们的真实处境，以及为什么我会说，此前我们没有“独立”是幸运的。

自从1921年比利·米切尔炸沉战列舰的试验之后，此前颇多来自专业人士的指责与嘲笑声，渐渐平息了。人们如何评论已经不再重要，重要的是陆军和海军在自身条件有限的情况下，如何抓住机会。海军一如既往地更加专注于自己的利益。他们已经注意到英国皇家海军改造的“百眼巨人号”航母，一年后，世界上首艘建造的航空母舰[①]——美国“兰利号”航空母舰下水，这就是比利在弗吉尼亚海岬炸沉战列舰试验所带来的最直接的后果。此后的几年中，海军的将军和高级船长们纷纷开始学习飞行，展示了他们想要超越我们的决心。而在1936年至1938年间，B－17轰炸机的出现，是我们给海军的一个迎头棒喝，使我们从此能够与他们旗鼓相当地抗衡。

反观那时的陆军，仍然畏缩不前，甚至对飞机成为必不可少的军用武器还在持怀疑态度。对于他们来说，飞机的意义仍然只在于为地面部队提供支援、空中侦查、通讯与运输功能。就飞机的轰炸功能而言，只能说从某种程度上算是得到了认可，但双引擎的B－10和B－12看起来已经足够用了。在战争部，“独立飞行任务”的概念——类似二战中B－17和B－24[②]空袭德国，以及B－29轰炸日本那样执行战略打击任务，

① 此处说法有误，“兰利号”也是由“木星号”运煤船改装的，世界上第一艘以航空母舰标准设计建造并最先完工服役的航空母舰应为日本海军的“凤翔号”。——译者

② B－24“解放者”轰炸机，是联合飞机公司设计制造的四引擎远程重型轰炸机，共生产约19 000架。采用肩带式高宽比戴维斯机翼和双尾翼设计，巡航速度快，载弹量大，但其低速性能和坚固度不如波音飞机公司的B－17“空中堡垒”，因而空军机组人员更喜欢选择B－17。B－24在二战期间的各个战场都得到了广泛运用，和B－17一起成为对德国实施战略轰炸的主力，在太平洋战场、对日轰炸和大西洋反潜作战中都发挥了重要作用。——译者

根本没有得到太多的认同。

马林·克雷格任职陆军参谋长期间，尽管随着战争部部长伍德林一起经历了宦海沉浮，但却从未改变过战争部的基本观念，就是那些本就不多的飞机购置经费，应该投入到中型轰炸机和其他地面支援机型上。直到 1937 年，乔治·马歇尔接任陆军参谋长。上任之初，乔治对于飞机并没有太多了解。但他的过人之处就在于，他具备极高的领悟能力，是我所见过的最具天赋的军事奇才，因此，不久之后，他便成为美国空军建设最强有力的支持者。

我之前曾经提到过，一位战争部官方发言人在 1936 年 7 月的一段言论，便是那时官方对于空中力量态度的典型例证。对于斯坦利·D·恩比克①准将个人而言，这是无可厚非的，因为他只不过是作为总参谋部"党派路线"的发言人而已。在一次非正式的发言中，他向委员会保证，德国和日本都不可能"发动恶意的空中侵略"，按照他们一贯的说法，他谈起了"特定领地"的问题。

"就陆地和海洋的军事力量而言，应该说陆军和海军的作战区域是没有任何重叠之处的。划分的界线就是海岸线。但是空军则不然，它的作战区域既和陆军也和海军有重叠。

"陆军和海军永久保有自己特定的领地，并且能够在自己的领地中得到和保持独有的控制权。

"从另一方面来说，空中力量只能够在它特定的领地里保持很短的时间；它必须从其他一个或者两个军种的领地上起飞和降落，它无法控

① 斯坦利·邓巴·恩比克(Stanley Dunbar Embick，1877—1957)，美国陆军中将。毕业于西点军校，曾担任总参谋部作战计划处主任参谋、海岸炮兵学校校长、菲律宾港口部队司令官，1936 年任作战计划处少将处长，一年后提任陆军副参谋长。二战期间先后担任联合战略规划委员会主席、国会美洲防务委员会主席，参加了筹建联合国的敦巴顿橡树园会议，是罗斯福总统的高级军事顾问，也是盟军中国战区参谋长魏德迈将军的岳父。——译者

制任何领地，即使是属于它自己的，它的控制也只能是暂时的并且是有限的区域。因此，空军力量不能与地面部队相提并论，它既无法占领陆地也无法控制海域。”

恩比克讲这番话的时候，是希特勒入侵波兰的三十七个月之前。在这样的场合下，没有人能够粗鲁到当面提醒官方发言人，所有的海洋船舶，除了被诅咒的“飞翔的荷兰人”① 之外(即使是静止的灯塔船)，也是有他们的岸上基地的。直到日本轰炸珍珠港，按照海岸线划分职责这样的观念，才被打破。

1928 年，梅森·帕特里克从航空兵主任的岗位上退下来，曾经抱怨道：“航空勤务队，也可以说是美国的空军，自从我们参加一战以来，被美国政府调查的次数可能是最多的。”

事实的确如此，不过当时的我们身处其中，还看不太明白，实际上这对我们是有利的。对空军管辖权的质疑——“究竟要谁来管这件事，为什么?”——是比利·米切尔留给我们最伟大的遗产。而这件事的特别之处就在于，正是由于管辖权之争从未被解决，才令我们得以保留并生存下来。即使 1947 年批准空军成为独立军种的立法②，也仍然没有完全解决这个问题——远程轰炸机，就是由海军和空军共同建设和管理的。

① 飞翔的荷兰人(Flying Dutchman)，是西方传说中一艘被诅咒的幽灵船，永远漂流在海上，四处航行，却始终无法靠岸。——译者

② 1947 年国家安全法案(National Security Act of 1947)，是第二次世界大战后美国政府在军事和情报体系做出的重大战略调整。法案将陆军航空兵及其他陆军航空部队从陆军中独立出来，成立了美国空军，将原来陆军航空队司令的职权全部转移到空军参谋长，并建立了空军部(Department of the Air Force)，作为主管空军的军种部门。法案授权成立了国家军事机构，设立了国防部长一职，作为国家军事机构的首长。将剥离了空军后的陆军指挥单位——战争部更名为陆军部，只负责陆军事务，同海军部和新成立的空军部一起纳入国家军事机构管辖，作为其军种本部，国家军事机构成为统管陆海空三个军种部的统一的军事机构，但三大军种的部长依然保持准内阁成员地位。1949 年修正案将国家军事机构更名为国防部(Department of Defence)，并取消三位军种部长的内阁成员地位。1947 年国家安全法案与杜鲁门主义、马歇尔计划一起成为杜鲁门政府的主要战略。——译者

1936年到1938年时的世界局势，欧洲、非洲和亚洲都已经笼罩在战争的阴云之下，我们小小的陆军航空队又该何去何从呢？

实事求是地说，我们当时的规模小得几乎可以忽略不计。贝克委员会帮我们设立了航空兵总指挥部，争取到了至关重要的B－17的生产许可，并根据吉米·杜立特等少数军官建设独立空军的建议，帮我们制定了一份在之后起到重要作用的历史性文件。但是直到1938年底，我们才得到全部的十三架B－17——而且还是在经历了一番斗智斗勇的情况下。那时候，我们的军官有1 650人，士兵大约16 000人（所有的飞行员都算在内）。我们的初级飞行学校一次招收学员的数量从未超过500名，高级飞行学校更是少到了270名。机修培训学校则从来没有达到1 000名以上地勤人员的规模。1936年，我们只有极少量性能优越的飞机——一部分是P－26战斗机，还有很少量的B－10和B－12轰炸机。其余则是些各式各样的老旧过时装备。

不过，尽管我们规模很小，并且经历了一次又一次的打击，但情况并不全是那么糟。科技工程研发方面的进展还是很大的。在我的老根据地代顿，装备部门在资金有限的条件下，取得了斐然的成绩。韦斯托弗找到国家科研委员会寻求帮助，因为有些问题对于我们航空兵的工程师来说太过棘手了。当时我们已经在和委员会里的大神级人物共事了，诸如R·A·密立根博士、范内瓦·布什①、C·F·凯特林、C·J·韦斯

① 范内瓦·布什（Vannevar Bush，1890—1974），是二战时期美国最伟大的科学家和工程师之一，战时他创立的美国科学研究局（OSRD）对美国取得二战胜利起到了重要作用，当时几乎所有的军事研究计划都出自他的领导，包括发展核武器的“曼哈顿计划”、登月飞行直到“星球大战计划”的众多重大科学技术工程。美国政府依据布什的建议和构想批准成立的国家科学基金会（NSF）和高级研究规划署（ARPA）等科研机构，保证了美国在尖端科技领域的长期领先地位。同时他还是模拟计算机的开创者，信息论之父克劳德·艾尔伍德·香农是他的学生。1945年，范内瓦在论文《诚如所思》（*As We May Think*）中提出了微缩摄影技术和麦克斯存储器的概念，开创了数字计算机和搜索引擎时代，被称为“信息时代的教父”。美国国内两个著名的高科技工业园区——加利福尼亚的“硅谷”和波士顿128号公路的“高科技走廊”的诞生，都凝结了布什的心血。——译者

特、弗兰克·里利、F·B·朱厄特、卡尔·康普顿、莱曼·布里格斯、阿瑟·康普顿、J·B·柯南特，以及其他一些杰出的科学家们。小航空队和大科学家们之间建立起来的这种紧密合作关系，并没有得到战争部高级官员的太多关注——而这种关系在后来的二战期间发挥了重要作用。这些科学家们将在海外战场上与我们的将士们并肩作战，为了采集更多的科研数据，他们经常随战斗任务一起飞行。

有一次，在乔治·马歇尔成为参谋长之后，我邀请他与这群人共进午餐。他很惊讶我居然认识他们。“你们和这些人物在一起，到底想要做什么?”他惊呼道。

“用他们，”我回答道，“用他们的智慧帮助我们研发飞机的设备和配件——那些对于航空兵工程师来说难度太大的部分。”

“还有其他陆军部队与这个组织有合作关系吗?”乔治问。我必须承认这个问题我不知道。

在与这些科学家们打交道的过程中，令我印象最为深刻的一次是1934年参观加州理工学院时，密立根博士向我介绍了负责气象研究的欧文·克里克博士，他当时正在对瑞典的气象情况进行系统研究，什么空气团、冷锋、暖锋、热带气流还有极地气团。在加州理工的“气象部”，克里克博士对我讲述的，是我二十年飞行生涯中听到过的最难忘的事之一。他十分平静地说，根据他的研究，当海军的“阿克伦号”飞艇①在1933年4月4日起航时，它的厄运就已经注定了。当它完全被强湍气流

① “阿克伦号”（Akron）飞艇：一战结束后，美国军方开始研制硬式飞艇。20世纪二三十年代，美国斥资600万美元，制造出两个当时世界上最大的空中巨无霸“阿克伦号”和“梅肯号”（Macon）。1933年4月4日，“阿克伦号”在常规训练时，一股强烈的下降气流将它吹到了海面，飞艇头部朝上，尾部却掉进了海中。1935年2月12日，“梅肯号”结束训练返回基地途中遭遇异常气流，失去平衡后坠落海面，40分钟后沉没。两次大风带来的悲剧，使美国投入巨大人力物力的“空中航母”计划受到怀疑。罗斯福总统决定暂停相关项目。1937年5月，德国“兴登堡号”飞艇在美国新泽西起火，烧死五人，美国政府最终放弃了飞艇项目。——译者

包围时，实际上已经飞进了一处晴空区。它唯一的希望就是继续飞进那片晴空区。一旦它试图转向返回，必然会与那些锋流正面遭遇。无论它往哪个方向转，都无法逃脱毁灭的命运。不幸的是，在 1933 年的美国，几乎没有这样的天气预测。

自然，从那之后，我就对克里克博士的研究给予了高度关注。天气是飞行任务成功的首要条件。在 1934 年运送航空邮件，或者是 1936 年至 1938 年间，只要我们损失一架飞机就会成为报纸头条的悲情岁月里，这样的理论无疑是令人振奋的，它给了我们一点儿信心，通过科学研究，原来天气也是能够被战胜的。一天，克里克博士对我说，他真的能够对一个月之后的天气进行预测。他给我看了一些电报。有一封是发给加拿大新斯科舍省一位圣诞树采伐人的，建议能够躲避霜冻的最佳采伐时间。预测结果非常准确。另一封来自一位拖船主，想要在穿越密歇根湖时躲过风暴。克里克博士告诉他，在伊利诺斯河里停留两三天，之后就可以继续航行了，那位船长发现天气真的放晴了。还有一封来自阿拉斯加一位金矿主，询问在冬季停产之前他能够开采多长时间，克里克博士告诉他何时停止开采，诸如此类的电报。从那时起，我们航空兵便拥有了先进的气象服务。后来，克里克博士更是直接加入我们的部队，成为我们二战时期天气预测的关键人物。在他来部队之前，我们发现希特勒所有的军事行动，无论是前进还是驻军，都与天气有着奇妙的关系，这让我相信，在德国一定也有一位“克里克博士”。

就我们的装备设备来说，当时已经发展得很先进了。飞机上安装了各种各样的复杂仪器，对于普通的美国民众来说是难以想象的。投弹瞄准器、得克萨斯翁多导航学校里使用的导航设备、新型 B－17 轰炸机上装配的武器——所有这些都在不断地推陈出新，精益求精。

现在回想起来，我个人认为，从“空军思维”的角度来看，我们的航空队规模虽小，但实际上已经发展成当时世界上质量最高、最全面、最为均衡的空中力量。然而，由于我们仍然隶属于陆军，哈罗德·李·乔治[①]的“战略轰炸”课程和陆军航空兵战术学校的其他课程，都不允许偏离支持地面行动的“战术”性宗旨。在已经是独立军种的英国皇家空军，情况也是如此。一直到了1942年的利比亚战役，在特德、坎宁安和蒙哥马利的共同指挥下，才有了真正意义上的地空协同作战。

其实在利比亚，布里尔顿将军率领的混合编组战略沙漠空军中，美国的作战飞机和飞行员发挥了中坚作用，但他们也在北非战场上和英国人那里学到了很多经验。

在那段最艰难的岁月，航空兵已经培养组建起一支执行“战术”任务的部队，包括一个攻击机大队、三个轰炸机大队、五个驱逐机大队以及十四个侦察机中队。虽然我们只是规模最小的一支空军队伍，但至少我们一直保持着昂扬的斗志和进取精神，我们通过自己不懈的努力，让更多的人理解并支持空军的发展建设。这支部队的骨干力量在后来的战争中，成为了航空队司令部、师、联队和大队各个层面的指挥官。

战争部虽批准了我们的B-17生产计划，但一直停留在书面上，到后来他们还想废除它。当我1936年1月来到华盛顿时，关于采购B-17的资金额度已经变更过十次了。1937年8月17日终于确定了采购13架的订单，尽管少得可怜，但还是让我们重新燃起了希望。不管是来自作战支援型飞机代替轰炸机的压力，还是因为便宜而倾向于双引擎轰炸机

---

① 哈罗德·李·乔治(Harold Lee George，1893—1986)，美国空军先驱人物之一，陆军中将，帮助建立和发展了日间精确轰炸理论。1931年9月进入航空兵战术学校学习，12月毕业后留校任教官，1934年担任学校战略战术部门负责人，是人称“轰炸机兄弟会”的领导人。他们主张发展拥有独立武器防御和作战能力的重型轰炸机，推动研究日间精确轰炸理论，有力推动了重型轰炸机大型编队独立作战战术的发展，影响了一大批飞行员，对此后二战及战后的空战产生了重大影响。1942年4月任陆军航空队运输司令部司令，晋升准将。乔治将一支只有130架旧飞机、1.1万人的运输部队发展成为拥有3 000架现代军用运输机和30万人的强大队伍。1945年晋升中将，1946年12月退役。后来与轰炸机部队的同事艾拉·埃克陆军中将一起加入休斯航空公司，为其发展作出重要贡献。——译者

（比如，一架 B－17 对两架 B－10 的优势，对于伍德林①部长和他手下的人来说，始终是无法理解的神话），理由很多，总之战争部一直在拖延，尽管我们为了迎接 B－17 的到来已经准备好了跑道。

直到 1938 年 5 月 13 日，战争部的副官长写了个便条给部长助理："在 1939 或 1940 财年，没有用于购买实验性增压舱轰炸机的军事需求。已经告知航空兵主任，1939 到 1940 财年的研制和试验，只限于近距离地面支援的飞机，诸如中型和轻型飞机、驱逐机和其他轻型飞机的设计生产。"

当我们得知了没有四引擎飞机军用需求的消息后，奋起而抗争。我们想尽一切办法，想要扭转当时人们的看法——既包括那些高层人物也包括社会公众们。

与此同时，海军方面却独具慧眼，悄悄地盯上了 B－17。他们在 1937 年印发了一份机密作战手册，其中对于"飞行堡垒"战略意义的关注远甚于陆军。"当部队准备前进甚或是继续驻扎原地不动时，它必须做好准备，在前线和后方压制敌人的行动。"还有，"构建战线取决于飞机所能飞到的边界，但是必须在飞机的航程范围之内。在敌人前线的后方，没有什么能完全避免被侦察和攻击"。

我们还看到这样的句子："如果菲律宾落到了日本人手里，在针对日本控制下的中国海和西太平洋的防御中，空中力量将会发挥更大的潜力。"

最后："这里需要重申的是，对于敌国内陆目标进行持久的空中打击，尚属于战略空军的试验测试内容，这完全不属于陆、海军的常规军

① 哈利·海因斯·伍德林（Harry Hines Woodring，1890—1967），美国战争部部长。早年就学于莱巴嫩大学，后在金融界供职。1933 年任战争部助理部长，1936 年出任战争部部长，支持孤立主义，反对罗斯福政府对欧洲各国出售武器与转让军事技术，以防止美国卷入欧洲战争。——译者

事行动范畴。”

不管陆军的态度如何，我们已经认识到了远程轰炸机的必要性，很显然海军也一样。海军的航空兵们也很清楚，远程轰炸机能够执行航空母舰无法完成的任务。但是，海军是希望陆军航空兵继续发展壮大呢，还是他们也想得到那些 B－17，自己来做这件事呢？

韦斯托弗的工作最辛苦，比任何人都辛苦。他几乎飞遍了全国，还常常自己驾驶飞机。经常是飞到某个城市，与这样或那样的部门刚刚讨论好航空兵的事务，而此时他的副官已经做好去往下一站的准备，之后又继续飞到下一个城市，发表一场慷慨激昂的演讲。对于任何一位像奥斯卡这个年纪的人来说，长期如此高强度的工作，还要自己驾驶飞机，实在是太危险了。

现在回想起来，我认为在我们的发展过程中，最大的失误之一就是没有建立我们自己的空军情报组织。在阿拉斯加，那个偶然来访的德国人告诉我关于他们的“新型轰炸机”，这件事令我至今难以忘怀。说起来简直有些可笑，我现在才知道，当时在德国的美国记者和普通游客对于德国空军建设计划的了解，比我这个美国陆军航空兵副主任还要多。

我们派往西班牙的陆军观察员，提供的空战报告内容空洞无趣，没有太大价值。有关希特勒空军的情况，在林德伯格 1939 年回国之前，没有人能给我们提供什么有用的情报。后来，我们选择对德战略轰炸目标的情报，以及最终决定轰炸优先次序所依据的情报，都是在美国参战之后才建立起来的。造成这个问题的原因，一部分是由于我们自身的失误，一部分是由于与战争部情报部门 G－2 缺乏合作；还有一部分原因则是 B－17 的设计理念发生了改变，由最初的防御性武器转变为能够摧毁敌方工业设施的进攻型武器。

1938 年 9 月，奥斯卡 · 韦斯托弗驾机飞往加利福尼亚，我临时接替他担任航空兵的代理主任。21 号的下午，大约 5 点钟，我刚刚从军需大楼回到切维切斯社区的家里，电话铃响了起来。是K·B·乌尔夫上校打来的长途电话，他是我们驻洛克希德工厂的军代表，在加利福尼亚的伯班克。他告诉我，韦斯托弗将军和他的机师海曼中士，在着陆过程中坠机。他说就在和我通话的这一刻，飞机仍然在跑道上燃烧着。奥斯卡和海曼都死了。

我叫了妻子一起下楼，等在肯尼迪·沃伦大厦的大堂里，希望能在收音机播出消息之前，找到韦斯托弗夫人。

八天之后的29号，我收到任命，接替奥斯卡的陆军航空兵主任职务。

第二天，不费一枪一弹，希特勒的空军和装甲部队就为他赢得了二战中的第一场重要胜利。

内维尔·张伯伦在慕尼黑签署了绥靖协议。

第十章　慕尼黑转折点；管空军的闲事；“我们要和谁打仗?”；罗斯福总统闪起了绿灯

在对我的任命确定之前的八天里，发生了一件事。

我估计，无论是谁，在众人注视之下，登上权力的宝座，都要做好思想准备成为舆论指责的靶子，甚或是面对污蔑与诽谤。当我的名字被提交给总统时，有人告诉他我是个酒鬼，在檀香山任职期间，经常被看到在公众场合酗酒。不过，事实上我从未被派驻去夏威夷岛，这个谣言也就不攻自破。况且，我的朋友们也都知道，自从 1920 年起我就不再喝烈性酒了。对我的任命并没有被延误太久，但是很明显，有些人——我从来没找出，也不想找出是谁——不希望我担任航空兵主任一职。

我上任之初的几天里，并未发现有人在窃听我办公室的电话——或者以某种其他方式刺探信息。我第一次发现有问题，是我给俄亥俄州代顿市的装备处打了一个私人电话。在不到三刻钟的时间里，一位国会议员就谈到了我之前电话的内容，这引起了我的注意——他和我电话里讲的那件事毫无干系。调查显示，再没有人与代顿有过联系或者有时间调查电话内容。我把办公室搜了个遍，也没有找到窃听器。不过，据我所知，此后也没有再发生类似的事件。在美国参战之前，皇家空军中将伯蒂·哈里斯率领英国采购团来美期间，也曾抱怨过同样的事情。他在宾馆房间里与英国空军人员召开高级别机密会议的时候，接了一个跨大西洋的电话，碰巧听到有另外不知道什么人的电话串线了，谈论的内容正好是他们采购合同的机密细节。在华盛顿，你永远无法知道，此刻有谁正在探寻些什么，是如何做到的，以及为什么那样做。

不久以后，令我颇为诧异的是，航空兵主任居然被认为是个“肥差”了。政府官员、商人以及各色人等，都想来插上一手。因为他们相信，在当时的国际局势下，总统一定会加强国防力量的建设，势必会带来很多机会。突然之间，莫名其妙的，似乎每个人都想来切一块航空兵的“蛋糕”。经过一番深入细致的调研，我提交给总参谋长一份报表，列举了航空兵主任在处理公务过程中，需要与42个不同的政府部门打交道。后来，在乔治·马歇尔成为总参谋长之后，这份表格为我们在战时争取到了相对自由的空间。但在最初的那段日子里，人人都想要分一杯羹，让我陷入了左右为难的困境。我还没有真正开始大展身手，就差一点儿毁掉了自己在美国空军的前程。不过还好，最终总算否极泰来。

我第一次意识到外界对于航空兵的兴趣，是从国家青年管理委员会(NYA)主任奥布里·威廉斯那里。他向战争部提议了一项计划，希望接管所有多余和不用的工具和设备，用于他们的航空机械师培训项目。从正常角度来看，这是个不错的方案。自从在西海岸负责过平民保育团项目之后，我就希望那些掌管人力资源的国家民政部门，能够做一些有助于弥补我们国防力量不足的工作。但是我并不希望看到航空兵最重要的器械装备以及人员培训，由其他部门来接手。即便那些外部机构是出自善意，但是航空兵机械师培训对我们来说太过重要，不放心交给任何可能是“漫不经心”的项目来做。我们的机械师需要通过经年累月地练习，才能对我们的装备有全面系统的了解和认知。他们必须技术娴熟，细致严密，这对于飞行员来说，甚至比他个人的飞行能力更加重要。机工长必须在航空兵内部培养。所幸在持续了一段时间之后，NYA对这个项目就没了兴趣，不久便退出了。

下一个对我们感兴趣的政府部门是公共事业振兴署(WPA)。但这一次的情况有所不同——这是与航空兵以及我个人，建立起来的最有价值的联盟之一。初次联系是通过我的老熟人，绰号“小手指”的哈林顿上校，他那时在 WPA 工作。他的老板哈利·霍普金斯①，后来不仅成为我的挚友，并且在之后最关键的几年里，成为航空兵坚定不移的支持者，同时他也是航空兵之外给予我帮助最大的三个人之一。另两位是乔治·马歇尔和鲍勃·洛维特②。

霍普金斯当时刚从西海岸回来，罗斯福总统满脑子都在考虑希特勒下一步是否会像对付欧洲一样，染指西半球，因此派他对航空工业的总体情况以及扩张能力进行调研。霍普金斯和哈林顿提出的建议对我们非常有利。因为很明显，即便是战争还没有开打，美国也急需大规模扩容飞机生产能力，所以他们建议，使用 WPA 的资金来帮助建设更多的飞机制造工厂。

而我认为，如果我们想要最快速度地提高产量，现有的飞机制造厂商在生产技术方面必须要改变思路。总之，当下的任务就是要确定飞机的需求总量——不仅要满足我们对友国提供的援助，而且要考虑到在不远的将来，美国陆军和海军空中力量的需求。在我们合作之初，我就发现哈利·霍普金斯是一位富有远见和极具智慧的人，只要有报告提交给他，他总是能够很快拍板决定或者指出问题所在。

在看过他的调查报告之后，我安排了一次会议，召集全国所有的飞

① 哈利·劳埃德·霍普金斯(Harry Lloyd Hopkins，1890—1946)，美国政治家。1938 年至 1940 年任商务部长，是罗斯福总统的重要顾问之一，也是新政的主要设计者之一，参与组建并领导了公共事业振兴署。第二次世界大战期间，霍普金斯是罗斯福的首席外交顾问，并在《租借法案》的制订和实施中扮演了重要角色，有“影子总统”之称。——译者

② 罗伯特·艾伯克龙比·洛维特(Robert Abercrombie Lovett，1895—1986)，哈里·杜鲁门时期的美国国防部长。1951 年至 1953 年任杜鲁门总统内阁的国防部长，参与指挥了朝鲜战争。1961 年至 1963 年任约翰·肯尼迪总统顾问。洛维特是被称为“智者”的资深外交政策人员团体的核心人物，美国社会学家威廉·多姆霍夫称其为“冷战建筑师”。——译者

机、引擎以及大型配件厂商代表参加。随着英国、法国和瑞典陆续与美国签订飞机和引擎购买合约，以及欧洲局势的发展，我预感到留给我们打造自己空军部队的时间不多了——又要和以前一样，夜以继日地撸起袖子大干了。我意识到，如果是出于先满足欧洲朋友需求的目的，对航空工业的大力扩张能够立刻开展的话，那么将来满足我们自己所需的动力装置、场地、设备工具等，也会更容易得到。

然而，就在这次会议之前，与我的参谋人员召开的另一次会议上，让我对我们自己狭隘的惯性思维深有感触。当初，甚至是在《慕尼黑协定》签订之后，为了得到那些少得可怜的飞机、汽油、飞行员、机械师等每一样东西，我们都需要经过长时间的努力争取，这使得参谋人员们面对当下的时局转变观念颇为困难。在这次会议上，航空兵参谋部的参谋们围坐在一张长桌子旁，旁边放着一个画架，我说明了在欧洲目前的形势下，我们有必要做好准备，向总统、战争部、总参谋部以及国会，提交一份应对当前危急局势的兵力方案。

我们必须要有多少架飞机？我让他们每一个人充分发挥自己的想象力，不要有任何顾忌！我沿着桌子绕了一圈，依次询问每一个人，在纸上写下他的估计数字，并挂在画架上。所有人的估计数字加在一起总共是 1 500 架——1 500 架战斗机，满足全世界各地的美军需求！（最终，在 1940 年至 1945 年间，工厂生产飞机的订单总量，包括美国提供资金加拿大生产的，是 229 230 架。）

我对此感到震惊。于是，我尝试换一种方法。“如果你作为驻菲律宾的指挥官，负责菲律宾的防守，你需要使用的飞机最大数量是多少？”同样，把答案写在纸上并挂在画架上。“如果你是驻巴拿马的空军指挥官呢？”“夏威夷？”“全美国？负责培训呢？保卫我们的海岸线呢？保卫东海岸？西海岸？一支强有力的空中打击力量需要多少？”在这样的基础上，估计数量大幅上升。但是直到最后，他们估计的总数也只有 7 500

架飞机。我把那些数字留在画架上，在此后的几个月里，每当有哪位参谋看上去在质疑我们的扩军计划是不是规模太大了，我要做的就是告诉他，过去写的那些纸片还一直挂在会议室里。

到了 1938 年末，对于扩充我们自己的国防航空力量，政府的态度仍然有些模棱两可。罗斯福总统很大程度上考虑的仍然是，美国的工业力量如何为那些正在被德国逼入绝境的友邦们提供帮助。就航空事务的技术顾问来讲，他的首选，或者说首选之一，便是我了。

从我们航空兵的角度来说，即便美国航空工业的扩充计划里没有直接包括扩充我们自己空军力量的规划，我们仍能由此获得许多积极的成果。在那个时候，我们仍然饱受“不能列入正规兵种”的困扰。但就是我们这样的杂牌军，却研发出了从 B－9 到 B－17，直至后来的 B－29，每一款机型都是在恰好的时机发挥了重要的作用。在飞机更新换代这一重要问题上，我们没有犯德国空军的错误，而这一点，也可以说是导致德国输掉这场战争的原因之一。

在 1938 年，如我之前所述，我们对于德国空军的了解，远远比我们应该知道的要少。比如，在一份关于西班牙内战的分析报告中，有一项对于我们来说本应意义重大的内容，那就是，出于安全角度的考虑，机场的飞机应当分散停靠。“飞机停靠的间距为 20 码，机场按照不同小组划分成不同的区域，但任何机场不能停放超过一个中队的飞机。”虽然后来我们在海外的所有基地都采用了这种方法，但如果在珍珠港事件之前，夏威夷就采用这种方法的话，或许我们的损失就不会那么惨重。还有来自一位美国派驻佛朗哥阵营那边的武官发回来的消息：“我看到机场上有几架梅塞施密特 Me－109 战斗机[①]，但是很明显他们有意绕开我

① 梅塞施密特 Me－109（又叫 Bf－109），二战时期德军主力战斗机。1934 年，德国空军发出招标，要求研制一种接替 He－51 双翼机的新一代战斗机。巴伐利亚飞机厂（开头字母缩写即 Bf）主任设计师威利·爱米尔·梅塞施密特（Willy （转下页）

观察的方向，所以我看不到更多细节。回到巴黎之后(这位武官继续着他的任务)，我听说它们在西班牙并不是很成功，因为它们的速度太快并且缺乏机动性。迄今为止，没有任何西班牙的飞行员操控过这种飞机。”对于Me-109，这种后来令我们在欧洲的轰炸机群和战斗机飞行员，以及非洲的地面部队大吃苦头的致命武器，德国人的保密工作做得很好，没有泄露任何信息。而我们，本来应该从这些字里行间知道得更多。

“在这些战斗机上，移除了无线电装置而节省下来的重量，”在另一份报告中写道，“用以在飞行员座位后方安装一个装甲护盾，而这项装置被证明效果很好。”后来，我们的战斗机飞行员座椅也安装了这样的护盾，而且质量更好。但是在那时，我们对于装甲板知之甚少，而我们的盟友英国和法国，则和我们未来的敌人一样，对我们小心翼翼地保守

(接上页) Emil Messerchimitt，1889—1978)设计的Bf-109单发单座单翼全金属活塞式战斗机，采用了当时最先进的空气动力外形、可收放的起落架、可开合的座舱盖、自动襟翼、下单翼等，在试验中以无可争辩的优势击败了其他对手，首批型号Bf-109B在1936年开始生产。1938年7月，巴伐利亚飞机厂更名为梅塞施密特飞机厂，德国政府改以梅塞施密特的开头字母缩写Me来命名他设计的飞机，以此为分界点，该年以前设计的机种，无论生产到哪一年，飞机正式称呼以Bf开头，该年以后设计的飞机则使用Me开头的编号，但通常人们包括历史文献资料上亦将Bf-109称为Me-109。从技术上讲，它在构造上合理选用了高强度薄铝板和精密压铸件，反映出当时德国工业技术的先进水准，使其达到了活塞式飞机的最高水平，曾创造实用螺旋桨飞机陆上飞行速度的最高世界纪录。二战期间德军“闪击战”屡屡得手，与其拥有强大而先进的空中机群是分不开的，Me-109战斗机功不可没。Me-109除V型为原型机外，从A至S共开发出十几个改型，其中又包含近百种亚改型。在长达23年的时间里，先后在德国、西班牙和捷克等地累计生产33 000架，其中德国自产30 480架，这在世界航空史上单一型号产量纪录中是极少见的。绰号“古斯塔夫”的Me-109G是最重要的改型，下面又分成十几种亚改型，共生产21 600架(一说23 000架)，于1942年夏季服役。Me-109K是最后一个改型，由于牺牲了火力和装甲而使整体质量减轻，与早期各型相比，K型的飞行速度更快、作战反应更敏捷。K型之后，Me-109系列放弃发展，梅塞施密特开始全力研发Me-262喷气战斗机，可称作Me-109的终极型。德国头号王牌飞行员哈特曼少校长期使用的就是K型战机，个人击落敌机352架，创造人类战争史上的空战绝对纪录。据统计，在二战期间，德国空军总战果的一半以上是由Me-109取得的。——译者

着这些秘密。

从西班牙共和派那边传来的另一份报告也值得我们关注。“从一支重型轰炸机编队当中，我们发现德军战斗机数量大为增加，这令人十分不安。”（显然，在西班牙的 Me－109 飞机数量比我们知道的要多得多。）还有下面这条情报，或许会对我们自己关于战斗机护航的看法产生影响：“他们会为执行任务的轰炸机编队进行往返护航，战斗机的数量是轰炸机的两倍，甚至超过两倍，尽管轰炸机自身有战斗能力，但是为他们双侧护航是必须进行的。”而彼时的我们仍然在争论战斗机是否有必要为轰炸机护航。

那年秋天，与航空工业代表们的第一次大型会议在军需大楼里召开了。这是一场热闹非凡的盛会。让这些代表们为了几架飞机或是半打引擎的合同来华盛顿争争吵吵，在那时是很少见的，而且我们也不可能给他们任何承诺。但是他们知道国外当前的形势，因此兴致很高。从我的想法当中，他们敏锐地觉察到，未来对飞机的需求可能是成千上万架，而不再是像之前那样，只有十几或百来架。但是，当我说到在生产方面我们将会遇到巨大的困难，他们必须要作出重大改变时，一些代表开始推三阻四。现有的飞机生产厂，在随后必须转变为类似于总装配厂。小型部件、各种零配件必须分包出去，连同明细图纸一起，以便任何工厂都能够复制生产。我必须说服他们中的大部分人接受这个观点，但是一些人立刻跳起来嚷嚷：我们不可能让随便什么人都来做我们的产品，因为他们根本不懂怎么加工航空金属材料！——他们无法理解我们的设计规格！——我们的技术和他们的完全不一样！等等。尽管这样，会议还是取得了进展，大家都希望近期还能再召开一次类似的会议。

当时，英国人有一项相当成功的“志愿预备队”计划，让他们实现了将飞机零部件生产交给分包厂商的想法，而这也成为独立的英国皇家空军仅有的几项领先于我们的优势之一。在这个始于 1936 年的所谓“影子工厂计划”中规定，在紧急状况下，英国的汽车工业应当立即与飞机制造厂合并生产。

虽然一直饱受管辖权问题还有经费预算的困扰，以及为了 B－17 的投产审批进行了上上下下的斗争，但到了 1938 年，航空兵部队还是获得了长足的发展。与我当初学习飞行时，飞机简陋得如同风筝似的时代已经不可同日而语了。

这一年本身也是喜讯连连、捷报频传的一年。4 月，我们的军官人数获准扩充到了 2 092 人！6 月，士兵人数增长到 21 500 人！H·L·尼利中尉驾驶一架舍维尔斯基①飞机公司制造的 P－36②，以平均时速 287 英里的速度飞越美国大陆。8 月，三架 B－17 成功试飞哥伦比亚的波哥大。同月，第一架 B－15 抵达第 2 轰炸机大队，这是一款比 B－17 体型还庞大的轰炸机，不过它在我们心目中的地位已经被降级了，不久之后就被弃用，但还是保留下来用作多样化试验的样机。在 1938 年，B－24 “解放者”轰炸机也开始了设计研制。

这一时期还有许多技术上的进步，包括旋翼飞机的使用。10 月，

---

① 亚历山大·德·舍维尔斯基（Alexander Nikolaivich Prokofiev de Seversky，1894—1974），美国航空业先驱人物之一，俄国空战王牌飞行员、战争英雄、发明家、飞机设计师和作家。十月革命爆发后，舍维尔斯基留在了美国，并效力于美国陆军航空队，作为飞机工程师和试飞员，成为“空军制胜论”提倡者米切尔将军的助理，参与了著名的米切尔轰炸试验。1923 年创建舍维尔斯基飞机公司，制造飞机和部件，1929 年大萧条时期倒闭。1931 年再次成立舍维尔斯基飞机公司，接下来 10 年里他完成了一系列飞机及设备的设计，诸如金属机身硬壳式结构、航空机枪火控系统、可收缩式起落架/浮筒、陀螺稳定轰炸瞄准仪以及一些专门的飞行仪表，共申请了超过 346 项专利。舍维尔斯基一生中给人影响最深刻的就是持之以恒地推广“空中制胜论”，这虽不是他的原创，但他把这些论点整理起来，向广大美国民众推广。在十年时间里他写了两本书，二十多篇专稿，并用上百次电台演讲来阐述这个论点。——译者

② 此处应为 P－35。——译者

B·S·凯尔西中尉驾驶着我们研制出的新型飞机[①]，从代顿至布法罗的平均飞行时速达到了350英里，陆军航空兵也因此获颁“科利尔奖”。B－18[②]轰炸机则完成了从加利福尼亚的汉密尔顿机场到纽约米切尔机场的第一次不间断横贯大陆飞行；1937年，G·L·格雷恩上尉和G·V·霍洛曼上尉因研制发明了自动着陆系统而获得“麦凯杯”。

罗伯特·奥尔兹少校在1月份驾驶一架B－17，成功往返于弗吉尼亚和加利福尼亚之间——去程十三个小时，返回到兰利基地十一个小时。随后，他的第2轰炸机大队驾驶六架B－17在2月份启动了那趟著名的布宜诺斯艾利斯之旅——创造了B－17的最远飞行纪录。这一时期的部分飞行员，在日后成长为二战中的空军将领：罗伯特·奥尔兹、A·Y·皮茨、文森特·梅洛伊，还有罗伯特·B·威廉姆斯[③]，在伦敦大轰炸中担任轰炸机观察员时，失去了一只眼睛，两年半后他带领第1轰炸机师执行了轰炸施韦因富特[④]的任务；凯莱布·V·海恩

---

① 洛克希德XC－35，1935年，洛克希德公司研制出世界上第一架具有增压密封座舱的XC－35试验机，并于1937年5月7日进行了首次试飞。此后，各种飞机都相继采用了这种座舱。美国陆军航空兵也因此获得了当年的“科利尔奖”。——译者

② 道格拉斯B－18“大刀”式轰炸机(DouglasB－18Bolo)，是二战期间服务于美国陆军航空队和加拿大皇家空军的一款轰炸机，由道格拉斯飞机公司以DC－2民用运输机为蓝本设计而成，1942年首飞，虽然不是当时最先进的设计，却是二战中首批用于战斗巡逻的轰炸机。该机的自卫火力比较弱，仅装有三挺13.2毫米机枪，载弹量2 948公斤。——译者

③ 罗伯特·博伊德·威廉姆斯(Robert Boyd Williams，1901—1977)，美国陆军少将。1939年任第49轰炸机中队中队长。1940年9月调任驻英国军事观察员。1941年4月任第2轰炸机大队指挥官。1942年10月起先后任第2、第1轰炸机司令部司令。1943年9月任第1轰炸机师师长。1944年10月任第2航空队司令。1946年退役。——译者

④ 施韦因富特(Schweinfurt)，位于德国巴伐利亚州，滚珠轴承生产基地，二战期间的产量占全德国的三分之二；雷根斯堡(Regensburg)，位于德国巴伐利亚州，梅塞施密特公司的战斗机生产基地。1943年8月17日，美国陆军第8航空队对两地进行了轰炸，对德国军工生产造成了沉重打击，但也付出了不小代价。美军第1、3航空师共损失B－17轰炸机60架，还有许多飞机无法修复；在失踪的601名机组人员中，有102人遇难，381人被俘。同年10月14日，第8航空队对施韦因富特（转下页）

斯[①]，担任中缅印空运指挥官，上任后的第一项工作便是为杜立特空袭东京提供燃料供给。还有，人称“萨米”的约翰·A·桑福德，是弗雷德·安德森以及其后杜立特担任第8航空队司令时候的参谋长；科尼利厄斯·W·科斯兰，在1942年7月带领第一支B-17编队(著名的第97轰炸机大队)飞抵英格兰；哈罗德·李·乔治，曾经在陆军航空兵战术学校担任战略轰炸理论的首席讲师，二战时担任陆军航空队运输司令部司令；柯蒂斯·E·李梅[②]，日后成为著名的航空队指挥官，指挥了对德国的轰炸行动，以及后来的B-29空袭日本行动。

没过多久，在第二年的春天，奥尔兹又进行了一次飞行试验，这次试验的结果虽然令我们航空队为之振奋不已，却导致战争部颁布了一道命令，让我们深受打击。为了测试我们的导航装置性能究竟如何，航空兵总指挥部派了三架B-17到海上“拦截”意大利邮轮“雷克斯号”。

(接上页)进行了再次轰炸，损失也很惨重，但毁掉了该地67%的轴承生产能力。——译者

① 凯莱布·万斯·海恩斯(Caleb Vance Haynes，1895—1966)，美国空军少将，其母亲具有华裔血统。1942年4月任中缅印空运司令部司令，7月任美国驻华空军特遣队轰炸机司令部司令，10月任美国驻印度空军特遣队司令。1943年6月任美国驻印度阿萨姆空军基地司令，9月任第1轰炸机司令部司令。1944年7月任第3轰炸机司令部司令。二战后历任大西洋空运司令部司令、得克萨斯州谢泼德空军基地司令等职。1953年1月退役。——译者

② 柯蒂斯·爱默生·李梅(Curtis Emerson LeMay，1906—1990)，美国空军上将，是战略轰炸思想的信奉者与实践者，被称为“冷战之鹰”。1942年负责组建并训练了第305轰炸机大队，开赴欧洲战区，率先提出“无规避行动”和“交错式”飞行编队等战术，提高了轰炸战果。1943年6月任第4轰炸机联队司令，9月任第3轰炸机师师长，组织了著名的“雷根斯堡空袭”，B-17执行单程轰炸任务，从英国起飞，轰炸德国纵深地区，最后降落非洲。1944年8月调任驻印度第20轰炸机司令部司令，指挥新型远程轰炸机B-29从印度、中国起飞，对日本进行空袭。1945年1月调任驻关岛第21轰炸机司令部司令，采取火攻战术，运用燃烧弹夜间低空轰炸日本。战争结束时，李梅亲自驾驶B-29飞回美国，从日本的北海道飞到伊利诺斯州的芝加哥，途中未停留，创造了新的世界纪录。1945年7月任驻关岛第20航空队司令，8月任太平洋战区战略空军参谋长，12月任美国陆军航空队司令部负责研发的副参谋长。1947年10月任驻欧洲美国空军司令，组织了规模浩大的柏林空运。1957年7月任美国空军副参谋长，1961年7月任美国空军参谋长。1965年2月退役。——译者

奥尔兹和他的同伴们在距离我们的海岸615英里处，正好“击中”了“雷克斯号”的船头——投下一个邮包在它的甲板上，然后便带着大功告成的喜悦返航了。然而，他们立刻被迎头泼了一盆冷水。

海军的某些人显然立即联系了总参谋部的某些人，在我们还来不及解释这件事的时间里，战争部已经发了一道命令，限制陆军航空兵的所有行动不得超越美国海岸线100英里。巧的是，没过多久，罗斯福总统就宣布，陆军航空兵的职责不仅是要阻止敌人在美国本土上着陆，而且也包括南美洲。或许是罗斯福总统没有听说过战争部此前的禁令吧。

关于“100英里”禁令有许多蹊跷之处——它是如何发布的，谁接收的命令，等等。事实情况是，它是通过口头传达给航空兵总指挥部的。更加让我们恼火的是，我们就从来没有看到过纸质的文件。我曾多次尝试从战争部档案室拿到复印件，但是一直都没有成功。据我所知，这项指令也从来没有被撤销过。所以，如果就事论事来说，参与轰炸德国或是日本的每一架B－17、B－24还有B－29，都违反了现行有效的指令。

德国空军在《慕尼黑协定》谈判过程中所发挥的重要作用，令总统还有哈利·霍普金斯和乔治·马歇尔深受震动。在这项协议签署之前的两天，总统召集我们在他的办公室开会。战争部部长伍德林也在场，海军部部长艾德森、财政部长摩根索以及他们的助理，财政部的奥利芬特先生，我们战争部长的助理路易斯·约翰逊，总参谋长克雷格将军和他的副手乔治·马歇尔、斯塔克①海军上将，此外还有总参谋部的秘书长

① 哈罗德·R·斯塔克（Harold Raynsford Stark，1880—1972），美国海军四星上将，第8任美国海军作战部部长。1939年8月任海军作战部部长，晋升海军上将。他极力促成美国国会批准建立两洋舰队，加强海军军备，最先提出“先欧后亚”战略思想。1940年，兼任大西洋舰队司令。日军偷袭珍珠港后被解除海军作战部部长职务。1942年3月调任美国驻欧洲水域海军司令、罗斯福总统驻伦敦的个人军事代表，在盟军协调合作方面做了大量工作，完成了多项外交和政治任务。——译者

伯恩斯[①]上校和我。当然，还有哈利·霍普金斯。

我想，总统对发展空军力量毫无保留的支持态度，令会议室里的每一个人都深感意外，除了我和哈里，当然，我是暗自窃喜的。飞机——马上——大量生产！在当时，战争部仍然掌管着整个地面和空中部队的发展，但是罗斯福总统对他们汇报的内容并不满意。无论是建立新的野战炮兵团，还是在怀俄明州建立新的陆军营地，以及军械兵工厂配备的新型机器设备，他一针见血地指出，这些都伤不了希特勒一根毫毛！他想要的就是飞机！只有飞机才是能够遏制希特勒扩张行动的战争手段！

那天参会的一些人，面对总统如此坚决的表态（我想这其中有一部分应该归功于哈利·霍普金斯和我多次的促膝长谈），明显有些猝不及防。大家开始发表意见，反对的声音出现了；如果航空兵打算这样大幅扩张的话，海军部和战争部说他们也会有类似的考虑。

这显然是在出难题，但是总统同样明白无误地表明，他召集此次会议的目的，是为了讨论飞机的生产和空军力量的发展。而他个人所提的主张显然也不是出自于一时冲动。根据我的会议记录，他的提议主要集中在修正现有的采购清单方面，不能使飞机制造商谋取大量个人私利，但作为激励，要给他们合理的、一定比例的利润。在现在的紧张局势下，必须避免不必要的竞争。法律必须要进行修改。所有的合同都必须是“成本加固定费用合同”，对于固定资产投资部分，扣除折旧之后允许给予适当的利润返还。

我们的目标是，在飞机类型上稍作调整，生产线的速度要更加高效——总之，既要为我们的海外盟友，也要为我们自己，成功生产出大

---

① 詹姆斯·亨利·伯恩斯(James Henry Burns，1885—1972)，美国陆军少将。1935 年 5 月任总参谋部预算和立法规划委员会预算科科长。1936 年 5 月任战争部助理部长办公室主任。1941 年 10 月任租借物资管理办公室副主任。1943 年 11 月任白宫紧急事务办公室主任。1944 年 12 月退役。——译者

批量的战斗机。总统重申了我们自己的责任是保护整个西半球的领空安全。他说希望美国的飞机生产能力可以达到20 000架/年，实际产量能够达到10 000架/年。他让我对其他国家的空军力量做了分析——法国能用的战斗机有600架，英国有1 500至2 200架。而敌人方面，德国有6 000架一线战斗机，有大约2 000架储备机；意大利则有大约2 000架一线战斗机和1 000架储备机。总统就这些问题，以及其他一些与空军相关的问题，诸如覆盖南北极的航线和空域问题，发表了意见。不过，他谈得最多的还是“批量生产”。总统关于提升飞机制造厂产能的观点，在我听起来非常熟悉，其他人可能也有同感。因为战争部助理部长路易斯·约翰逊、他的办公室主任伯恩斯上校和我自己，以及哈利·霍普金斯和我之间，曾经就这些问题进行过多次讨论。因此，关于如何最快速地提升飞机产量，在我们当中是不存在异议的。

根据我自己笔记本上的记载，我很快召集飞机制造商们进行了第二次会议，告诉他们现在不再是竞价投标了，而是会有一个固定的8%—10%利润率返还。我也着重强调了，既要达到总统要求的“批量生产”，同时也必须保证质量。仅仅有很多飞机，还算不上是真正的空军力量（意大利空军的命运很快就证明了这一点）。“一支空军的实力，不能仅仅只从飞机数量方面衡量。其他因素也很重要——飞机制造的能力、培养飞行员和机械师的能力以及基地的建立。一个完善的储备力量培养计划也是必不可少的。”这就意味着，人员和装备的流动，无论在空中还是在地面上，都应当以作战团队的形式，从而保证在任何时候都具备完全的作战能力——即便是发生损失的时候。还有，技术改进的措施也必须引入。飞机在投入生产之时便开始过时了。研发一种新机型有时需要花费五年时间，在此期间不能够出现空档，研发试验必须要持续不断地进行。

培训需求将是巨大的，特别是在当时空军力量非常薄弱的情况下。训练机采购和战斗机采购必须精心地协调好。保持源源不断的储备力量——人和飞机，可能是所有工作当中最重要的。在一定范围的会议上，我不可能全面阐述自己的观点。因此，我只能告诉哈利·霍普金斯，通过他转告总统。虽然总统仍然专注于运送飞机和物资给英法的问题上，但似乎也接受了我的观点。

我们曾经花了很长时间试图说服战争部总参谋部接受这种观点。根据罗斯福总统建立一支拥有 10 000 架飞机的美国空军的设想，战争部做了两份预算——一份是 178 架飞机，1940 年的常规预算；另一份是额外增加的 10 000 架飞机。总拨款大约是 3 亿美元。罗斯福总统希望就此事拟订一份计划。如果政府能够自行投资建立一部分工厂当然最好，但是眼下的当务之急是如何能使飞机的年生产能力尽快达到 10 000 架，然后是每年 20 000 架(不过很快航空兵就让他看到，我们其实能够做得更好，第一年就达到 20 000 架，第二年的产量达到了 40 000 架)。

经过多方论证之后，罗斯福总统批准了我的请求——立即建立一支拥有 7 500 架飞机的陆军航空兵部队(3 750 架用于作战，3 750 架作为储备)，以及额外的 2 500 架，可用于全国各地的培训机构。

会议结束之后，吉米·伯恩斯上校和我采取的第一步行动就是趁热打铁，开车直接把总参谋长马林·克雷格将军拉到了我的办公室，给他办了个如何组建空军部队的“速成班”。他是一位非常聪敏的“学生”，从那时起直到任期结束，他一直在为我们空军建设尽心竭力地奔波。

看到这里大家应该明白了，我为什么会说是在 1938 年 9 月 28 日的会议上，航空兵终于争取到了自己的“大宪章”。这是我们历史上第一次拥有了自己的建军规划，我们第一次有了明确的目标——工厂生产多少飞机，学校培训多少人员。这一天在白宫的这场胜利，可以和后来二战的胜利相提并论——或者说至少促进了那场大战的胜利，因为对于美国空军力量的建设来说，时间是最重要的因素。从设计者产生创意到飞机通过安全测试，需要五年时间，对新兵的培训需要一年时间——这些都是无法替代的。

更令人激动的是，总统不止批准了而且要求大力发展远程重型轰炸机，“100英里禁令”就这样不了了之。

那时担任副总参谋长的乔治·马歇尔，给予我们的帮助是巨大的。他充分理解，并且也向总参谋部解释了，为什么我们必须选择B-17——而不是B-18或是其他中型轰炸机，那些外行人看起来更经济实用的机型。有一天，他打电话给我，说他想要制定一份真正的空军规划，但是从陆军总参谋部那里得不到他需要的数据。于是，我们两个一起动手，为战争部制订了一份详细、完整的空军建军计划。当然，后来情况发生了一些变化，但是总体来说，针对各个类别机型的需求规划——战斗机、侦察机、轻型轰炸机、中型轰炸机、重型轰炸机、运输机和训练机，还是相当精确的，我们后来使用的便是这份方案。

二战结束以后，一次偶然的机会，我看到一份华盛顿专栏作家写的“内参”报告，令我啼笑皆非。报告上说，在那次著名的会议上，所有人当中唯独我一人，对总统关于大批量生产飞机的建议提出反对意见。让我感兴趣的不是专栏作家所犯的错误，而是他的信息来源，因为我仍然很清楚地记得当时的场景——我环顾四周，发现除了我之外，没有一个人在记笔记，这令我感到惊讶。所以，这一定是某人的记忆刚好和我的记录相反吧。

可想而知，新的飞机订单仿佛给航空工业打了一针强心剂，而我们也在如何快速进行人员培训方面另辟蹊径。我们现有的培训机构，尽管大多数都是用来培训飞行员的，但面对当下的需求，也是杯水车薪。我的培训主管们认为，如果伦道夫机场①和类似的培训机构不能满足当下

① 伦道夫机场（Randolph Field），有美国“空军的西点军校”之称。根据1926年国会通过的《航空兵法》，陆军航空兵开始了五年扩军计划，培训设施出现短缺。时任陆军航空兵主管训练的副主任弗兰克·珀迪·拉姆准将建议筹建新的（转下页）

井喷式需求的话，我们就应该建立更多的伦道夫机场——因为它的教学质量是无可挑剔的。伦道夫机场已经积累了一整套成熟的教学经验。对于这些培训机构必须提供最好的培训质量、标准绝不能下降的观点，我很认同。但是，我们总共需要建造多少个伦道夫式的培训机构呢？又要花多少时间才能全部建成呢？在当时，如果我们能一天二十四小时三班轮换，伦道夫机场一年可以完成 1 500 名飞行员的培训——但实际运作效果又会如何呢？

人们常常会问我，是不是经常否决我手下专家们提出的意见？答案是，是的，当我认为必要的时候。事实上，我曾经在航空兵参谋部下面设立过一个计划科，聘请民间的华莱士·克拉克咨询公司的管理学专家们来为我们出谋划策。

这一次，我就否决了航空兵参谋部的意见。之后，我邀请了国内最好的民间飞行学校的管理人士到我办公室，请他们提供建议。我告诉他们，目前我手里没有任何预算，但是我肯定能够在下一批的拨款计划中得到国会的支持。他们各家是否愿意出钱，在自己的私人飞行学校里，为陆军航空兵建设诸如食堂、宿舍之类的设施，并且培训飞行学员（当然，仅仅是初级培训）。眼下，我们需要培训出 10 万名飞行员，而我们自己的培训能力一年只有 750 名。根据我的设想，整个工作进程大致如下：

他们将自己的飞行教练先送去伦道夫机场，在那里学习陆军航空兵的飞行员培训方法。我们将为他们提供飞机和少量必要的监管人员；他们将按照完成培训的学生人数获得报酬，同时被淘汰的人数也会按照相

（接上页）飞行培训基地，选址得克萨斯州圣安东尼奥市附近东北方向，机场以 1928 年 2 月 17 日在得克萨斯州高曼机场飞机失事殉职的威廉·密立根·伦道夫（William Millican Randolph）上尉的名字来命名。1930 年 6 月被专门用作陆军航空兵教育训练中心总部，1931 年成为陆军航空兵主要的飞行学校所在地。——译者

对低一点的标准计算报酬。我保证，将由西点军校的毕业生来向他们授课，并且按照伦道夫机场目前这一套行之有效的方法，帮助他们建立类似的培训模式。我手下的培训专家们都觉得我有点儿疯了。

起初，这些民间学校的代表们大为吃惊。当他们开始交头接耳讨论的时候，我离开了会议室。过了一会儿，他们派了几名代表来到我的办公室。代表们说："好的，我们可以做这份工作，但是每一间学校需要先投入20万美元的启动资金。"我回答道："在我得到国会拨款之前，你们可以先贷款，不是吗？"他们觉得可以。那天下午稍晚些时候，他们又来找过我一次，告诉我没有任何问题了——他们能够做到！

他们做到了！是的，他们真的做到了！东圣路易斯大学帕克斯航空学院的奥利弗·P·帕克斯；加利福尼亚州格兰岱尔市寇蒂斯 & 莱特技术学校的C·C·摩斯利；奥克兰州波音航空学校的提阿非罗·李；以及以下众多学校的管理者们：亚拉巴马航空学院，芝加哥航空技术学校，达拉斯航空技术学校，内布拉斯加州的林肯飞机和飞行学校，圣地亚哥的莱恩航空技术学校，加利福尼亚州圣玛丽亚的圣玛丽亚飞行学校，俄克拉何马州塔尔萨市的斯巴达航空技术学院——这些学校教练团队为我们培训出来的学生都非常出色。

工厂也接受了同样的挑战，他们一次要培训100到125名机械师学员，为他们提供食宿，让他们在正在建造的飞机上接受培训，就像多年前的汤姆·米林和我在代顿工厂简陋的莱特飞行器上学习一样。偶尔会有厂商代表不理解或是找麻烦，但最后我们总是能够说服他们。

还有一项重要的工作，就是无线电报务员、射击手、导航员和投弹手的培训。这需要在全国范围内选择合适的专业学校，建立一套综合推进方案。不过，这项工作已经在进行当中了。

现在，只剩下一件事仍然没有敲定。在任何部队的作战计划中，有关战斗损耗量的估计必定是建立在纯理论基础上的，除非个别武器和作战方案曾经在特定的战斗条件下进行过测试。没有哪一场战争会和之前的一样，在二战的空中战场上，更是完全没有先例可循。对于人员、飞机和其他装备的损耗，我们应该如何作出估计呢？而这或许又是所有问题中最为关键的，因为除非所有的损耗都有替补，否则最初的战斗力数据是没有意义的。

德国人不久前也感受到了这一点。他们的真实战斗力，与英国一样，在经过几周的实战之后，损失惊人。当看到我们对于参战后伤亡率的预计和补充计划时，空军的老兵们可能会有一点儿震惊。时至今日，这个数据可以公开了——我们当时预计，飞机和战斗人员每个月将有25%的损耗率。所有培训学校、工厂和部队中后备力量的估计，都是基于这个数据的。幸运的是，在整个战争期间，只有一两个月当中，我们的损失率达到了这个比例。

时间到了 1939 年。和奥地利一样，捷克斯洛伐克也被占领了，德国空军的目标接着又指向了波兰。然而，总统在 1938 年 9 月会议上大力发展空军力量的态度，并不代表所有美国公众的意见。在 1939 年春天的时候，我仍然不得不为了飞机的增长数量而向国会申辩。

“你能向委员会解释一下，你说的‘紧急’是什么意思吗？”“什么是‘突发事件’？”“我们要担心的新兴国家是指哪个国家？”

我谈到《慕尼黑协定》，谈到英国和法国眼下正在亡羊补牢，倾尽全力打造各自的空军。我提醒那些秉持“孤立主义”观点的国会议员们，目前对于美国来说，只有尽快扩充自己的空军力量才是最安全的。现在回想起来，那段时间战争部长、参谋长、副参谋长几乎每周都会被叫到国会山，回答同样的质询。直到 1939 年夏天，那帮国会议员仍然在义愤填膺地质问着同样的问题：“但是我想要问你——我们将要向谁开战？”

第十一章　摩根索和施密特；林德伯格和棒球比赛；老式的总统

1939 年的夏末，我卷入了一场针对我个人的“孤立主义”旋涡之中。一时之间，在华盛顿，我变成了一个被孤立的人。也就是在那个时候，我终于体会到人人都在谈论“从航空兵那里分一块蛋糕”究竟意味着什么了。1938 年底的时候，围绕着航空兵这块大蛋糕垂涎欲滴的，除了已有的 42 个政府部门之外，又增加了第 43 个。财政部长显然注意到了英国的飞机采购是由比弗布鲁克①爵士掌控的。罗斯福总统要求向我们的外国朋友提供飞机援助，对于这一点，摩根索②先生有着强烈的兴趣，他下令对那些用于扩建工厂生产出口海外飞机的投资资金予以税收豁免，令总统很是满意，因为毋庸置疑，这些扩建的工厂，很快将为我们自己国家的国防建设所用。对此我颇有同感，因为当下的情况与 1916 年一样，我非常清楚，当我们进行备战的时候，英法的军事力量能够坚持多久对于我们的意义，也知道现在我们同样需要再次依靠他们。同时，我也很清楚自己对于国家和军队建设所应当担负的责任。在“帮助武装我们未来的盟友”和倾囊相助之间，我们必须有一道理性的底线，否则，建立真正的美国空军只能是纸上谈兵。

当时，由于各个部门职责权力的交叉和混乱，给我造成麻烦的源头可能来自四面八方。但是，在 1939 年的那几个月当中，将我置于被排挤、被打压状态的那股力量，肯定来自于摩根索先生的办公室。

联邦航空委员会在 1938 年到 1939 年发布的有关陆海军飞机和装备的保密规定在那时仍然具有效力，总统发布的新政中也并未撤销此项规定。考虑到当时“未来盟友”和我们之间有关武器装备方面的信息仍然相互保密，遵照总统的指令，在向他们出口飞机时，我们继续按这个原则执行——军用战斗机只有在第二批“产品”交付至少六个月之后，才能够用于出口(也就是说，这些出口的飞机属于我们自己空军的“现役”飞机)。这项命令还规定，对属于保密政策范围之内的飞机，飞行测试时不得有外国代表在场。

早在 1938 年 12 月，法国就曾派过一支代表团来美国，希望参观当时仍属于高度机密的新机型——“道格拉斯”A-20③ 歼击轰炸机。对于这项超出保密政策规定之外的请求，当时只有三个部门有权力批

---

① 比弗布鲁克(Beaverbrook，1879—1964)，原名威廉·马克斯韦尔·艾特肯(William Maxwell Aitken)。加拿大裔英国报业大亨和激进的帝国主义分子，两次大战期间均在英国内阁任职的三人之一(另两人是温斯顿·丘吉尔和约翰·西蒙)，是丘吉尔的密友和坚定支持者。1917 年获男爵称号，保守人士，主张保留大英帝国及其关税制度。1940 年 5 月由丘吉尔延揽入阁任飞机生产大臣，大大提高了飞机生产能力，为赢得不列颠空战作出了重要贡献。——译者

② 小亨利·摩根索(Henry Morgenthau，Jr.，1891—1967)，美国政治家，富兰克林·罗斯福总统时期的美国财政部长，负责监督为美国摆脱经济大萧条的新政实施的各项计划所需 3 700 亿美元拨款的使用。摩根索与罗斯福总统私交深厚，曾帮助罗斯福竞选纽约州州长。罗斯福当上总统后，他先代理财政部长，1934 年出任财政部长。二战期间，他主张积极援助英、法，对抗法西斯德国；同情中国抗战，曾对华商订一系列贷款协议；极力要求对日本实行经济制裁，尤其是石油和战略物资的禁运。1944 年 9 月在第二次魁北克会议上提出消灭德国工业潜力的《摩根索计划》，当时曾为罗斯福和丘吉尔所赞同。1945 年 4 月罗斯福去世后，因与杜鲁门在对德政策上的分歧而辞职。——译者

③ A-20 轻型轰炸机，也被称为道格拉斯 DB-7，是第二次世界大战中用途最广泛的轻型轰炸机之一，1938 年 10 月首飞。法国曾大量订购，参加了抗击德军入侵的战斗。1940 年 6 月法国投降后，有 162 架转而售与英国，更名为“波士顿I”和“波士顿II”(发动机稍有区别)，其中 147 架“波士顿II”被涂成黑色，用于夜间攻击，更名为“浩劫I”，专门在夜间奇袭敌后目标，少数几架还装有截击雷达用于夜间空战。不久英国又购入 100 架，称作“浩劫II”。英国通过《租借法案》先后得到 1 000 架以上，美、苏、澳、法、荷等盟国空军均有使用。——译者

准——白宫、战争部和海军部，但是法国人绕开了他们，直接去找了财政部长，或许是因为摩根索先生拥有“统管一切采购”的职权，涉及政府部门的很多供给和出口事务。

我第一次听到这项交易，是在随同摩根索先生去战争部的途中，他要求我向洛杉矶的道格拉斯飞机制造厂下命令，对法国代表团的要求要“百分之一百的配合”。摩根索告诉伍德林先生，总统的一封信中也有此意。起初，我是反对的，因为这不符合我们现在执行的政策，但是部长告诉我这是总统的意思，于是我立即向我们在道格拉斯飞机制造厂的军代表 K·B·乌尔夫少校发了一封授权电报。

1 月 23 日，潘多拉魔盒打开了。美联社报道说，一架美国最新型轰炸机的试验机起火坠毁，造成飞行员身亡，机械师和机上的一名乘客受伤，这名乘客起初被称为“施密特先生”，但后来被证实是法国航空部的一名技术顾问，名叫“科米德林”。地面上有十人被失事飞机的残片击中受伤，其中包括四名妇女；九辆汽车损毁。报告这则消息的急件送到我这儿时，我正在参议院军事委员会的听证会上，为陆军航空兵来年的预算进行说明。

第二天，在参议院军事委员会召开的会议上，对于这种漠视法令、明目张胆的违规行为，班尼特·克拉克参议员和委员会的其他人(其中一些是著名的孤立主义者)火药味十足也是情理之中——“难道是财政部在指挥航空兵吗?”“航空兵采购是他说了算吗?”等。我就是浑身长满嘴也说不清了。

对我的第二场责难来自于财政部长，当他看到参议院委员会会议的电传记录时，顿时暴跳如雷：“签署命令的人就是阿诺德自己!”他咆哮道。

蹊跷的是，尽管这起事件在公众当中激起了轩然大波，一时间，关于我们违反保密规定、政府部门管理混乱等方面的指责铺天盖地。这等于是在质疑财政部长，为什么欧洲友邦的使团能够毫无遮拦地接近我们航空兵的最新装备，这才是最让他恼火的。显然，财政部长一分钟都没耽搁，立即前往白宫，为自己辩护去了。

虽然之前我们的关系还不错，但此后不久我就开始感觉到，我在白宫快要失业了。总统在战争部和海军部包括部长在内的全体高层军官面前，以毋庸置疑的口吻，强调了在向国外销售飞机和最新型装备的事情上必须要合作配合。他希望每个人在回答国会委员会的问题时要特别小心，对于以前我们回答问题的方式他表示不满，特别是对战争部那些出庭作证的人。然后，他看着我说，某些不"合作"的官员应该被送到某些地方去——比如关岛。他也暗示说，如果各个部门的头儿在委员会面前管不住自己的嘴，就有必要让副手或是三把手出面处理这些法律上的事务。这实际上是在委婉地批评我"拖后腿"。

打造一支陆军航空兵队伍的职责，可不是财政部长的事儿。他可以把你手上有的东西都送掉、卖掉，无论是已经进入生产阶段的飞机，还是处于研制阶段的最新型飞机，或者是最先进的装置设备等，他并不会因此有任何损失。但必须要有人对这些事情负责，这个人就是我。建设我们自己的空军，是我对国会、对总统、对美国民众的责任。虽然这项工作在我看来还很遥远，因为那时我们还没有空军。完成这项工作必须要经过精心策划和周密部署，否则是不可能成功的。在我们的计划中不可能有这样随心所欲的政策——允许财政部长按照自己的想法，向法国和英国人随便赠送任何他认为可以的东西。

然而，说这些都没有用了，事实是，在很长一段时间里，我在白宫成了个"忌讳"。所有那些重要的会议——决定对外政策，决定陆海军未来的发展，以及对我来说至关重要的空军的未来，我都不能参与。这一次，我是真的感到焦虑了，因为这或许是我职业生涯中最为关键的时候，我却失去了总统的信任。有时候，我也有一种惴惴不安的感觉，自己在华盛顿的日子不多了。

战争部部长哈里·伍德林和助理部长路易斯·约翰逊，一点都帮不了我，因为这不属于他们的职权范围。不过，幸运的是，我还有两位真正的朋友——乔治·马歇尔和哈利·霍普金斯。在整个事件过程中，他们一直与我保持着联系。

现在看来非常奇怪的是，在白宫召开的前几次会议中，没有保留任何录音或是备忘录；之后，是乔治·马歇尔感觉到有必要进行会议记录，才下令安排战争部的一名下级军官参加会议，坐在会议室一个不起眼的地方，对所有会议情况进行记录。后来这些会议记录帮了我的大忙。

一直以来，我们都在想方设法了解德国空军的最新动向。而纳粹在“保密”方面的工作，除了苏联无人能比，并且一贯如此，这使得我们一般的外交武官想要搜集到他们的情报非常困难，即使像派驻柏林的杜鲁门·史密斯和亚瑟·瓦纳曼这样的高手。我曾经接到过戈林的间接邀请，让我去德国访问，我自己也打算深入虎穴跑一趟。但战争部的“高层”认为，在当下的特殊时期，这样的访问有违美国政府当时的对德政策，容易引起误解。所以我只能抓住一切机会，找那些从德国回来的，和有机会参观过德国空军机构或武器装备的人，把他们对德国空军动态的所见所闻告诉我，或是写下来。

查尔斯·林德伯格在1938年的时候住在英格兰，也就是在那时，他和所谓的“克利夫登帮”① 的关系，使他在国内的声名受损。在一次对

① 克利夫登帮(Cliveden set)，克利夫登是南希·阿斯特子爵夫人(Nancy Astor, Viscountess Astor)位于英格兰白金汉郡的庄园。1930年代，阿斯特夫人和一批亲德政界人物经常在克利夫登庄园聚会，对英国政府实行绥靖政策产生过一定影响。——译者

德国的特别访问中，戈林和恩斯特·乌德特[1]邀请他参观过德国空军，这是其他外国人不可能得到的待遇——我们的武官更不可能。一回到英格兰，他就着手写了一份详细的报告，以一名预备役军官的身份，将它交给了驻伦敦的武官雷蒙德·李上校和负责空军事务的武官马丁·斯坎伦上校。肯尼迪大使看到这份内容详实、信息量巨大的报告之后，印象深刻，于是将它呈交给了国务院。

后来，据我所知，由于这份报告给人一种感觉，那就是德国空军和德国的战争机器看起来真的非常强大，这也使得公众们普遍认为，在张伯伦推行绥靖政策的问题上，林德伯格这份报告对他的影响比英国内阁还大。我自己从来没有看到过林德伯格的这份报告，尽管我相信国务院肯定把它给了总参谋部的 G－2 部门。有关林德伯格获得参观德国空军的特权这件事，是柏林的瓦纳曼武官告诉我的，他极力催促我，“尽快与林德伯格接触，因为对于德国空军，他比任何人知道的都多。”我立即行动起来，与当时在英格兰后来又去了诺曼底的林德伯格取得了联系。他的回信里充满了令人震惊的信息，我写信告诉他，一旦他回到美国，我非常急迫地要与他谈一谈。

1939 年 5 月的一天，我和妻子正打算驱车前往西点军校，看望我们的儿子汉克，林德伯格从船上发电报给我，说他将在星期五晚上抵达纽约。我回复说，那天晚上我将在宾夕法尼亚州多伊尔斯敦的喷泉旅馆等他，在他有空的时候希望与他碰个面。

那天晚上大约午夜时分，旅馆老板跑上楼来，非常激动，他叫醒我，说林德伯格来电话了。我立刻跳了起来，穿着睡袍就跑下楼，问他

① 恩斯特·乌德特(Ernst Udet，1896—1941)。德国一战王牌飞行员，战绩 62 架。纳粹德国时任空军总监，一级上将。英吉利空战失败后被认为忽视战斗机生产，饱受指责，入侵苏联后对前景悲观绝望，且和戈林严重失和，1941 年 11 月自杀身亡。——译者

我们在哪里见面。他说自从船进港之后，为了躲避蜂拥而至的上百名记者而不得不东躲西藏，花了很长时间好不容易刚刚从船上下来，他可不想再遭遇这样的情况了。于是，我想到了一个隐蔽的好地方。

“我和太太请你在西点军校里的泰勒宾馆吃午餐如何?”他同意了。

第二天，林德伯格和我们夫妻在泰勒的主餐厅共进午餐。为了帮助林德伯格躲避好奇的人群，宾馆经理安排关门谢客，并把已有的客人转移到外面去烧烤。在那里，我们安安心心地谈了大概三个小时之后，服务员们开始不时地探头探脑张望，让我们意识到他们必须要使用场地准备晚餐了，但是我们还没谈到一半呢。我们得去哪里继续我们机密的谈话而不被打扰呢?

在学校的操场上，军校学员们正在和锡拉丘茨市篮球队进行一场比赛。于是我们向球场走过去，在跑道上停留了一会，并没有什么人认出这个瘦高个儿是谁。当我们向看台走过去的时候，有两三名学员认出了这位著名飞行员，其中一个请求是否可以给他拍张照片，就没有更多人来打扰了。

那天下午剩下的时间，林德伯格就在这里继续和我们讲述希特勒的德国空军，我们就这样不引人注意地坐在看台上，混杂在那些为球赛加油喝彩的学员们中间。在我们的前排，恰好是一排来自纽约的报社记者们，而这些报社此刻正在整个东海岸拼命寻找着林德伯格的踪迹。

林德伯格所提供的德国空军的信息——它的装备情况、指挥人员、建军规划、训练方法以及现阶段存在的缺点，是我迄今为止得到的有关德国空军最为准确的描述。在那时，德国空军元帅所面临的问题看起来似乎在于装备到位而人手不足，其战斗能力可能撑不过 1940 年。

戈林对于战略轰炸和后勤补给问题的重视不足，此时尚未显现出来。但是，德国的工业化生产能力非常强大，德国空军主体部分是由具备战略攻击能力的轰炸机组成的，它们几乎能够抵达欧洲的任何地方，而且像 Do－17[①] 和 He－111[②] 系列的轰炸机也能够被用于近地支援地面部队作战。林德伯格认为，希特勒已经具备了摧毁欧洲大陆或者不列颠群岛上任何一座大型城市的能力。

我问他是否愿意加入我们的一个委员会，来决定我们自己在飞机的研发上应当如何改进。他同意了。他和基尔纳将军、斯帕茨上校和奈登上校以及利昂少校一起，自 1939 年 5 月 5 日开始，着手对我们五年扩军计划中所有军用飞机的军事性能进行修校。他们取得的工作成果具有不可估量的价值。在他们工作的那段时间，我经常能看到这样的一幅景象——可怜的林德伯格板着脸，疾步穿过军需大楼的大厅，身后跟着一群兴奋的职员和紧追不舍的报社记者。尽管由于他反对美国参加二战的数次演讲遭到了总统的公开批评，导致他在 1941 年 4 月退出了预备役，但在整个二战期间，他还是为我们提供了许多重要的技术协助。

珍珠港事件后的第三天，林德伯格要求再次志愿加入航空兵，但是作为"美国第一委员会"[③] 的核心成员，已经使他被罗斯福总统彻底排斥，总统拒绝了他再次服役的请求。值得一提的是，在太平洋战争中，林德伯格为我们志愿试飞 P－38 战斗机时，曾击落 2 架日本零式飞机，

① 道尼尔 Do－17，因狭窄的圆柱形机体而被戏称为"飞行铅笔"，是德国道尼尔公司在二战前研制的一种双引擎轰炸机。该机在二战初期相当活跃，后期则服务于二线任务或被移交给其他仆从国家军队。Do－215 是 Do－17 换装液冷发动机后的出口型号，但后来主要供德国空军自己使用。Do－17 和 Do－215 在战争后期被更先进的 Do－217 和 Ju－88 所取代。——译者

② 亨克尔 He－111(Heinkel He－111)，是二战初期第一种德国空军中型轰炸机，也是德国二战期间使用最频繁的轰炸机。1936 年开始生产，1937 年加入"秃鹰"军团，在西班牙内战中进行实战检验。到二战后期，虽然 He－111 的技术早已过时，但由于德国忽视了对重型轰炸机的发展，其后继型号 He－177 也迟迟未形成大批生产能力，所以仍不断得到重用，直到 1944 年才停止生产。He－111 有不少改型，每种改型又派生出一些小改型，共生产 7 300 架。——译者

③ 美国第一委员会(America First Committee)，是反对美国参加二战的最重要的孤立主义团体，成立于 1940 年 9 月 4 日，1941 年 12 月 10 日即珍珠港事件后第三天解散。曾有 450 个分会和 80 万会员，是美国历史上最大的反战机构。——译者

当时他的身份仍然是一位平民。

"基尔纳-林德伯格委员会"的工作成果之一是与英国和法国达成谅解，在以下情况下他们能够从我们这里购买任何型号的飞机：（1）他们能够将自己最新型的战斗机资料提供给我们；（2）他们定期提供所购飞机的应用技术信息，使我们能够对飞机进行更新升级。在我们的重型武器——大口径机关炮、防漏型油箱、远程战斗机以及轰炸机机尾炮塔的研发中，这个协议都产生了积极影响。

在1939年的整个春季，我们的进步很大，问题也不少。最为突出的成绩便是在民间飞行学校的陆军飞行员初级培训大获成功。起初我们给这些学校的目标是一年培养出2 400名飞行员。这个目标很快便提高到12 000名一年，后来，到了1939年底时，成了30 000名一年。面对着层层加码的指标，这些民间飞行学校应对自若，毫无为难之色。

另一方面，随着欧洲战事的逼近，我们面对的问题自然是千头万绪。其中最令人头痛的事情之一，便是对付那些战争部的高官们，尽管我们一直在苦口婆心地讲道理，向他们灌输理念，以便让他们明白，仅仅有多少多少架飞机的预算是不够的，还不能称其为真正的空军。但是，对于战争部许多高级军官们来说，比起让我们自己的航空兵得到至关重要的B－17，他们对给国外提供"成千上万架"飞机以及对南美海岸提供保护更感兴趣一些。当看到这些B－17的制造成本远远超出其他型号的飞机时，他们就转而支持那些成本低的"可大批量生产的飞机"了。不过，尽管战争部取消B－17订单的做法令我们大为光火，但稍许令人安慰的是，我们还是得到了一些B－17，虽然它们还不能构成令人满意的美国战略轰炸核心力量。在那一年，我们还订购了B－24，但这些"解放者"直到1941年才交付给我们。

为了保有真正的空中打击力量B－17，我不得不采取"先斩后奏"的手段。在提交给战争部审批的飞机需求清单里，为了能够得到合理数量的 B－17，而又不超出预算，我列入了一些“轻型飞机”——就是那种小型廉价飞机，诸如风笛手公司制造的“幼兽”小型机之类的，飞行员们喜欢在周日下午开着这些“小飞机”去兜风。不过，后来陆军想把它们作为联络机使用，大家也就皆大欢喜了。

1939 年 7 月，我们得到了第一架 B－17——一架生产样机。这架 B－17 在 7 月和 8 月分别创造并打破了五项飞行距离和载重量的世界纪录。它用自己的出色表现为我们找到了说服战争部的新理由。其中一项从加利福尼亚伯班克到纽约的飞行纪录保持了很长时间，这次飞行耗时 9 个小时 14 分钟，平均时速为 260 英里。另一次表现出色的飞行纪录是七架 B－17 组队飞往巴西里约热内卢，然后返回，整个行程当中没有出现任何问题。德洛斯·C·埃蒙斯①准将，后来接任弗兰克·M·安德鲁斯将军成为航空兵总指挥部总指挥，担任这次飞行行动的指挥官。

9 月 1 日，乔治·马歇尔和我，分别乘坐两架飞机，飞往我们西海岸之行的第一站丹佛。途中，我的无线电话务员接到消息，乔治已经被任命为美国陆军总参谋长。值得注意的巧合是，我们后来获悉，也是在同一时间，希特勒入侵波兰，第二次世界大战拉开了帷幕。由于我并不知道当时乔治飞机的具体位置，便向天空中发送了一封贺电，希望他能收到，如若这样，这便是他升任新职位后收到的众多贺电中的第一封了。

在返回东海岸的途中，观摩了由陆军和海军共同参加的第一次真正的两栖作战演习之后，乔治表示要发一封电报给海军作战部长斯塔克上将，祝贺此次演习成功。在飞抵亚利桑那州上空的时候，我们按照常规方式发出贺电，但是直到我们抵达华盛顿，也没有收到回复，要知道斯

① 德洛斯·卡尔顿·埃蒙斯(Delos Carleton Emmons，1889—1965)，美国陆军中将。1939 年 3 月任陆军航空兵总指挥部总指挥。1941 年 6 月任航空兵作战司令部司令；12 月任夏威夷军区司令。1943 年 9 月任西部防卫司令部司令。1944 年 6 月任阿拉斯加军区司令。1946 年 8 月任武装部队参谋学院院长。1948 年 6 月退役。——译者

塔克上将可是出了名的注重礼仪啊。不久之后，率队在南极考察的伯德海军少将发了一封回电，表达了言辞略显谨慎但又不失热情的感谢。

经过调查发现，这封电报在从我们飞机上发出的时候是完全正确的“由马歇尔发给斯塔克”。陆军地面接收的第一站在得克萨斯州的厄尔巴索，但是电文标题却写成了“马歇尔发给鹳[①]”。接着，电文再经由陆军在莱文沃斯的地面基站发送到海军在阿灵顿的基站时，标题变成“马歇尔发给鸟[②]”似乎也就顺理成章了。

回到华盛顿，从波兰传来的消息给了我们当头一棒。在这历史性的短暂一周当中，随着战事的发展，这一点已经表露无遗——我们对于德国空军的担心已经得到了证明，他们带来的威胁不仅仅是对于美国航空兵，而是威胁到每一个人。戈林只动用了前线空军战力的40%而已——1 500到2 000架作战飞机，包括大约250架三引擎Ju－52[③]运输机，还有少量的轻型联络机。正是在德国空军的帮助下——700架双引擎轰炸机，大部分是Do－17和He－111；400架战斗机，Me－109和Me－110以及He－51——他们的地面部队才能够长驱直入。波兰人在自己的机场上就被打败了，因为德国空军压根儿就没让波兰的飞机起飞。一位波兰将领痛苦地说道：“德国人胜利的决定性因素就在于他们压倒性的空中优势，空军与独立作战的机械化部队保持密切协作，帮助其快速击溃波

---

① 英文单词为Stork，与斯塔克的名字Stark差一个字母。——译者

② 鸟的英文单词为Bird，与伯德的名字Byrd同音。——译者

③ Ju－52运输机，德国容克公司研制，1930年9月首飞。战前曾作为民航机广泛运用，Ju－52/3m型客机是德国汉莎航空公司的骨干机型，占整个机队75%，外国航空公司也大量购入，二战前容克公司共售出400架该型客机。在德国扩军备战时期，Ju－52/3m的改型Ju－52/3mg3e被作为轰炸机使用。1936年7月，首批20架Ju－52/3mg3e参加西班牙内战，成为德国空军参加实战的第一批飞机，曾运送超过1万人的摩洛哥军队进入西班牙。1936年8月起开始执行轰炸任务，但由于其速度太慢，损失很大，1937年4月停止执行轰炸任务。根据西班牙的实战经验，德国停止了Ju－52/3mg3e轰炸机的生产，但其在西班牙作为运输机的表现是杰出的，因此成为德国空军的标准运输机。——译者

兰军队的抵抗。”另一位波兰军官也说：“德国人决定性的优势首先在于他们的空军，其次才是他们的装甲车辆和大炮。”

德国人采取的战术和我们后来用来打败他们的战术一样，只不过我们的规模要大得多：首先，摧毁敌人的空军力量，然后是那些为地面部队运送后勤补给的目标。同时，对敌人后方进行战略打击。那些将华沙和其他城市变成一片废墟的轰炸机，虽然无法和四年后我们和英国皇家空军回击德国的相提并论，但至少在这一阶段，德国人对战略空军做了一个完美的示范。德国飞机的航程虽然不长，但它们不用从国内的基地起飞。德军在推进中不断抢占波兰人的机场，这极大地提高了德国空军的机动作战能力。

德国人在这一阶段所展现出来的战略空军理念，此后却由于某些原因被摒弃了，并且从德国空军的作战思想中彻底消失了，再也没有出现过。我曾经常常希望能够在戈林自杀之前，有机会问问他，为什么会这样？

自然，波兰闪电战立即在华盛顿产生了巨大影响。9 月 8 日，罗斯福总统宣布全国进入紧急状态。

我立即派了两名最优秀的航空兵军官，“图伊”·斯帕茨中校和乔治·C·肯尼①少校，作为战地观察员奔赴欧洲战场。我不知道他们能够

① 乔治·丘吉尔·肯尼(George Chiurchill Kenney，1889—1977)，美国陆军四星上将。1939 年任航空兵装备处生产工程科科长。1940 年 2 月作为空军联络官前往法国，考察欧洲战场空军作战情况，提出了将 30 口径机枪升级为 50 口径机枪、改装防漏油箱等一系列装备和战术上的重要建议；但他对纳粹空军和美国航空兵的比较引起不少高层军官的不快，4 月被调回航空兵装备处任技术主管。1941 年 1 月任航空兵工程学校和实验基地指挥官，晋升准将。1942 年 3 月任第 4 航空队司令，晋升少将；7 月任西南太平洋战区盟国空军司令，9 月兼任美国陆军第 5 航空队司令，10 月晋升中将，成为道格拉斯·麦克阿瑟将军的得力助手。1944 年 6 月任远东空军司令，下辖第 5、第 7 和第 13 航空队，1945 年 3 月晋升上将。1946 年 4 月任新成立的美国战略空军首任司令。1948 年 10 月任美国空军大学校长。1951 年 9 月退役。1949 年出版《肯尼将军报告：太平洋战争回忆录》。——译者

有多接近真实的战场，但是以我对他们的了解，相信他们一定会拿到第一手的实战资料。的确，之后他们关于法国沦陷和不列颠之战的详实报告，对我们的备战和作战计划都产生了影响。巧合的是，斯帕茨后来成为我们对德战略轰炸行动的指挥官，肯尼则负责指挥对日本的战略轰炸。

随着战事的发展，一些物资出现了严重短缺，诸如那些特种机械设备需要的原材料，这些问题让我们大伤脑筋。特别是铝的供应出现了极度短缺。当时我们绝大部分的铝土矿来自英属圭亚那，而德国潜艇在加勒比海上对来往商船的袭击使得铝矿石供应急剧减少。在大西洋上他们也一样没闲着。

当海军力争在战列舰、驱逐舰和航空母舰的生产上要比重型轰炸机有优先权的时候，我们还在忙于四处游说，希望政府能够在加快作战飞机生产上开绿灯，而不是仍停留在纸上谈兵阶段。不过，孤立主义势力的各种活动、总审计长办公室的文字游戏、飞机制造商之间的明争暗斗，都是摆在我们面前的障碍。我个人认为，每一家工厂都必须开足马力，争取最大产量的订单，无论他是否曾经在飞机设计方案或飞行测试中获胜，也无论他是生产自己设计的飞机还是其他厂家的。我们的飞机生产必须形成一条产业链，靠那些总是想自己一家包打天下的人来实现是不可能的，有这样想法的人在各个政府部门和企业中有太多太多。

比如，我特别不习惯的一点是，在财政部召开的会议上处理不同意见的方式。在他们的会议上，会提出一个议题进行讨论——但不是以我们陆军所习惯的那种讨论方式。我一直认为，无论是在军中还是民间，高层决策者在做出任何最终决定之前，不仅应当而且要欢迎技术专家和顾问们各抒己见。但是在财政部，情况完全不同。我们会被暗示，被质问："那么是不是要我告诉总统，你将不会遵照他的指令吗?"财政部长同总统的私人关系非常亲密；我以为我已经搞清楚了，但实际上并没有。

我之所以坚持不懈地进行说服工作，其中一部分原因是为了让摩根索先生和其他人明白，鉴于——与我们并非毫无关系的——欧洲局势，我们必须现在就播下能够让美国空军茁壮成长的“种子”。从长远来看，这将会成为我们为盟友所作出的一项巨大贡献。

如何使人们相信，飞机的研发测试、成熟定型、采购投产是一个漫长的过程，也是一件相当令我头痛的事。从飞机的设计到制造出厂、投入飞行，往往需要延续数年的时间。比如，B－25 最早在 1938 年设计，但是第一架飞机在 1941 年才交付。P－38 是 1939 年设计的，直到 1941 年才投入使用。同年交付的 P－47①，1937 年就已经完成了设计图稿。B－17的设计始于 1934 年，但是第一架测试机交付已经是 1936 年。而第一架真正的 B－17 直到 1939 年才交付给航空兵。罗马不是一天建成的，我们也不可能一觉醒来就建成一支空军。

欧洲严峻的形势，让我们对另一个方向——太平洋的局势也相当担忧。在 9 月的晚些时候，我和我的副官毕比少校，乘坐泛美航空的客机从旧金山去夏威夷，对那里的空中防卫情况进行视察。我们花了将近一个月的时间，对这片区域的机场和岛屿，逐个进行了全面视察。

在我们返回华盛顿的途中，报纸上发表评论文章，引用了我的话，大意是，我最大的心愿就是希望在珍珠港能够有机会尝试空军和海军力量的联合作战。无论我是否真的说过这些，这个目标是一个飞行员的梦想——海空联合作战，可望而不可即。但实际情况却更糟糕，这也意味

① P－47“雷电”战斗机，美国共和飞机公司研制，1941 年 5 月首飞成功，试飞时在 8 470 米高度创造了时速 690 公里的最大平飞速度纪录，故名“雷电”。生产总数达 15 683 架，在欧洲和太平洋战争中发挥了重要作用。1942 年 6 月交付部队使用。1943 年初投入欧洲战场，主要任务是为英、美两国的轰炸机群护航，也用于对地攻击。1944 年盟军在欧洲的反击战中，共有 19 个战斗/轰炸机大队装备有“雷电”战斗机。1943 年夏天，P－47 战斗机进入太平洋、亚洲战场，曾在南太平洋国家、印度、缅甸和中国大陆等地作战，主要对手是日本的零式战斗机。1944 年春天，两个 P－47 战斗机大队被派驻中国成都地区，主要任务是为 B－29 轰炸机护航。——译者

着——尽管对此我不便公开发表任何评论——在夏威夷缺乏统一指挥。在这里，我所看到的景象，正是那个令人无语的“陆军和海军应当以海岸线为界”理念的现实写照。事实上，没有人负责全面指挥，也就没有所谓的全面防御。我还记得，在1926年的时候，比利·米切尔提出“空中国防论”时，莫菲特①海军少将曾经说过的一句话。在被问到如果夏威夷遭到攻击时，应该由谁说了算，是陆军还是海军负责指挥我们在太平洋上的联合作战，莫菲特回答道：“如果在那时他们之间发生了争论的话，争论的问题应当是至关重要的。所以它应该被提交给战争部长和海军部长，他们或许还得拜会总统。当然，那时候战斗或许已经结束了。”

通过这次视察，我得出一个结论，“统一指挥”永远比各个山头的“最高利益”更重要。这让我一直念念不忘。

自从在罗斯福总统办公室那次令人不愉快的会议之后——就是不合作的陆军和海军官员将被发配到“关岛”的那一次，九个月过去了，我终于获邀赴白宫参加一个小型晚宴。在一张放置鸡尾酒配料的桌子旁边，我受到了总统的亲切问候。

“晚上好，哈皮，”他说，“我帮你调一杯古典鸡尾酒如何？”

“谢谢，总统先生。”我回答道，“我大概二十年没喝过了，但是我保证我会非常享受您的这杯酒，非常。”

然后我们一起交谈了很长时间。我们谈论了对英国的援助、飞机生产、如何打造一支空军部队以及太平洋局势，当我从椅子上起来，走进一群更高级别的“要员”当中时，我知道我已经摆脱了“冷板凳”。

---

① 威廉·阿杰·莫菲特（William Adger Moffett，1869—1933），美国海军少将，海军航空兵创始人。1890年毕业于美国海军学院。参加过美西、美墨战争。一战期间任大湖海军培训中心指挥官，建立了飞行培训项目。1918年至1921年任“密西西比号”战列舰舰长，创建了第一支舰载侦察机部队。1921年筹建海军部航空局，任局长，推动了美国海军航空母舰和舰载机以及飞艇技术的发展。1933年4月4日，因“阿克伦号”飞艇失事而遇难。——译者

第十二章　戈林意料之外的损失；我们清算了科伦坡德国航空运输协会

1940年，对于我们航空兵，甚至对于全世界来说，都是至关重要的一年。而在这关键的一年当中，对我们影响最为重大的事件之一，则是1940年7月10日，亨利·L·史汀生①上校重返战争部部长的职位。他阅历丰富，富有见地，只要是他提出的意见，无论是白宫还是每一个政府部门都会认真对待。从我们的立场来说，亨利·史汀生无疑是一位出色的人选。之后就职的副部长罗伯特·帕特森法官，虽然有时候航空兵采购和生产部门的头儿们会觉得他有点“冥顽不化”，但他坚定不移、雷厉风行的个性，和极为丰富的法律经验，使得他在处理那些金额巨大的交易当中，具有显著的优势。

新任的战争部第一助理部长，J·J·麦克罗伊，同样素以高效率著称，也是史汀生团队中重要的成员之一，不过我本人与他联系不多。还有我之前已经提及的，乔治·马歇尔，当时的参谋长，如果没有他，难以想象在二战中美国航空兵能有什么作为。1940年11月7日，战争部高层的名单里加入了一个新名字，一位对于我们航空兵来说极为关键的人物——罗伯特·A·洛维特，他来到华盛顿履任战争部分管空军事务的助理部长一职。在鲍勃·洛维特身上，我发现了自己最为缺乏的品质，他是一位极富同情心的队友与合作伙伴，具有平静和隐忍的力量。每当我变得急躁、失去耐心，想要大喊大叫，充满了要把战争部和海军部撕成碎片的愤怒时，鲍勃·洛维特总是知道如何恰到好处地让我冷静下来。他会带着安静的微笑说："哈皮，你真棒！我多么希望自己能有你这样的激情和活力！现在……让我们静下心来，面对现实。"于是我就赫赫然如梦初醒。在1940年到1945年底那段艰难岁月里，我无法想象还能有比这更好的共事团队了。

到了1940年春天，飞机生产成为我面临的最棘手的问题。无论是军种之间的纷争，孤立主义派国会议员所带来的麻烦，来自各方的风言冷语，还是人员培训方面的问题，与之相比都显得微不足道了。当时，不仅工厂建设速度没有达到既定的目标，甚至连一个能够真正满足英国、法国、俄罗斯和中国，以及我们自己陆海军需求的生产方案都没有制定出来。尽管为了这个问题，我们一直在讨论不休。造成这种局面，并不是那些飞机制造商的错，问题出在政府提供给他们的飞机生产规划上。政府的规划应当是考虑周全的，不但要确保在指定日期前生产出规定数量的飞机，还要包括后续为这些飞机提供稳定的备品备件，使我们自己的空军建设能够保持稳步增长。那些飞机厂商只有在这样的规划基础之上，才能制定出自己的具体计划，确定需要投入的机械设备和原材料，需要培训的技术人员，从而估算出他们能够达到的产量。对其他引擎和配件制造厂商也是同理。

我个人觉得，罗斯福总统在委任财政部长摩根索管理飞机生产事宜的时候，是相信他能够胜任这项工作的。总统可能认为，摩根索先生将会参照英国的先例——英国的军备生产由比弗布鲁克负责，他做得非常

---

① 亨利·刘易斯·史汀生（Henry Lewis Stimson，1867—1950），美国政治家、战略家。第一次世界大战期间，曾作为一名炮兵军官赴法参战。1928年至1929年任菲律宾总督。1929年至1933年任国务卿。日本发动"九一八"事变占领中国东北后，宣布美国不承认远东由武力引起的损害中国独立与行政完整的变化，史称"不承认主义"。日、德成为战争策源地后，呼吁美国放弃孤立主义。第二次世界大战爆发后，主张支援反法西斯国家。1940年至1945年担任战争部部长，动员美国工业转入战时轨道，主张尽早开辟第二战场，负责监督原子弹研制，主张对日实施核打击。——译者

出色。但是，我们面临的情况与英国是不同的。他们没有《租借法案》的困扰，他们只需要一心一意地建设英国皇家空军，单纯而简单。而某些美国人抱着天真的幻想，认为只要把我们所有的武器送到国外那些需要战斗的人们手中，便能够拯救全世界和我们自己。直到这样的做法削弱了我们自己的空军力量甚至是动摇了它的根本时，某些人似乎才会明白这种想法有多么糟糕。

让我们来看看 1940 年飞机和发动机数量分配的情况：

1940 年 1 月 11 日，法国订购 25 架 P－40①；芬兰订购 40 架 P－35。

1940 年 1 月 12 日，英国就 20 000 架飞机的订单进行磋商。

1940 年 3 月 19 日，美国政府颁布法令，规定有关军方的研发情况不得泄露给任何国外客户，除非新型飞机已进入实质性生产阶段。军方的生产订单不允许延迟交付。

1940 年 5 月 16 日，我召集飞机制造商开会，商议加快陆军飞机生产的方法和途径，可能需要增加的设施、机器设备以及需要政府提供的帮助。17 号，财政部长向陆军参谋长要求会议暂停。18 号，会议重新“开始”，不过这次是由财政部长召集，因为他希望会议在他的办公室举行；自然，就没有航空兵司令什么事儿了。

会议在财政部长办公室召开了，但是并不成功，因为没有一个厂商代表明白会议的目的，或是他们为什么被叫到华盛顿。会后，许多厂商

---

① P－40“战鹰”战斗机，美国寇蒂斯公司研制，1938 年 10 月首飞成功。以该公司先前设计生产的 P－36 战斗机机体加装了埃里森液冷发动机，是一款较为先进的全金属下单翼战斗机，也是该公司自 1920 年代开始研制的“鹰(Hawk)”系列的最后一种。由于 P－40 基于已经批量生产的、经过实战考验的 P－36 机体，所以价格低、交货快，成为美国唯一能大量装备的主力战斗机，生产线于 1944 年 12 月关闭时，共生产 13 738 架。P－40 是太平洋战争中最先击落日本飞机的美国战斗机和产量居第三位的主力战斗机，也是抗日战争中后期对抗日机的主力，飞虎队与中美联合航空队巧妙地采用战术，击落大量日机，造就了大批中国和美国空战英雄。——译者

代表来到我的办公室，询问我是否能够给他们解释这个所谓的“方案”。我们到底归谁管？他们需要做些什么？于是，我再向他们仔细介绍了陆军航空兵的规划。

6月5日：瑞典提出对P-36机型的需求，而这也是陆军航空兵自己所急需的。

6月18日：财政部长安排确定由谁来负责“罗尔斯 & 罗伊斯”发动机的设计蓝图。他最终决定由陆军航空兵装备处来负责此事。

7月9日：英国向财政部提出安排3 350台发动机的交付事宜。

8月9日：在陆军航空队也短缺的情况下，财政部要求向英国提供50台“埃里森”发动机。我们自然要提出抗议，因为我们自己还有飞机没装引擎，飞行员没有飞机可驾驶。最终财政部长撤销了这项方案。

8月15日：会议讨论英国提出的订购需求，他们要求在美国生产42 000台发动机，或者将我们总产量的80%提供给他们；如此一来，只有剩余的20%可供我们自己的陆海军使用。

8月26日：英国提出订购68架B-17，和已生产的B-24的一半数量。

如此种种，可以想象一片混乱是必然的。首先，需求的提出往往来自多个渠道，有时甚至是不相干的部门。而且，很多时候下达的指令是互相矛盾的。

当大规模“闪电战”横扫法国之时，我们深知英国也在劫难逃。但是，向深陷困境的盟国伸出援助之手却没那么容易。太多时间已经被浪费了。“民主国家兵工厂”的叫法听起来很美，但实际情况却是眼睁睁看着德军即将大举进攻英伦群岛，而我们的飞机还没造好，无法帮助他们延缓敌军攻势，英国皇家空军也没能赶上驾驶着美国造的飞机拯救英国。而来自“民主国家兵工厂”第一次真正意义上的援助，已经是在敦刻尔克大撤退之后，对英国人撤退中损失的武器装备进行补充。

到了1940年夏天，我们必须要做好应对英国可能战败的局势了。除了陆海军还有航空兵之外，其他人似乎才终于发现，已经几乎没有什么可用的武器留给“民主国家兵工厂”自己了。而一旦英国能够挺过来，接下来我们必定要与她并肩战斗。

在这种形势下，当威廉·S·努森于1940年5月29日被任命掌管美国军备武器和飞机等军事工业生产时，陆军航空兵的官兵们莫不感到欢欣鼓舞。虽然对于之前的失误，他已经无法挽回，但是在他接手之后，能够有效地阻止混乱继续扩大，并开始让我们的生产步入正轨。无论对生产管理，还是制造工艺，以及机器设备和工厂布局，比尔·努森都是内行。随着他来到华盛顿，航空兵生产中遇到的困难逐日减少，许多令我头痛的问题也渐渐消失了。比尔·努森是我们真正的知音。

然而，对他的任命还是有些为时已晚。1940年4月9日，德国入侵挪威和丹麦。6月15日马其诺防线被攻破。6月22日，法国彻底沦陷；贝当签署了停战协议。8月8日，德国空军开始了对英格兰的空中“闪电战”。9月27日，德国、意大利和日本签署了有效期十年的《三国轴心协定》。日本当时仍然把中国当作自己的练兵场，像曾经的德国、意大利和苏联在西班牙一样。唯一不同的是，日本人留下来并控制着被征服的地区。此时，从欧洲的西海岸到亚洲的东海岸，已经是四处硝烟弥漫。

对于欧洲的战况，史汀生部长在1940年8月9日做了如是评论：“空军已经成为影响国家命运的决定性因素；德国人凭借他们强大的空中舰队，征服了一个又一个国家。虽然他们在地面遭遇了大规模部队的抵抗，但每一次正是空军的助力，最终决定了这些国家的命运。法国陆军，尽管有350万人，也难以抵挡。之后发生的灾难，在很大程度上，可以说是由于法国在空中力量上的不足造成的。”

1940年8月，在不列颠之战前夕，德国空军看起来仍然是当时世界上最强大、最精锐的空中力量。不过，单单看数字往往会有误导作用。比如说，德军前线大约有 7 000 架飞机，还有替补的 3 500 架飞机以及机组人员，而盟军在欧洲战场能够召集的飞机总量大约是 6 000 架。后来，我们发现德军的战力是真实的，而盟军的不是。盟军的数字当中包括了法国空军，他们除了 2 000 架五花八门的飞机，以及一群良莠不齐的机组人员之外什么也没有，并且其中大部分是用来近距离支援陆军作战的。英国皇家空军有大约 3 000 架战斗机，但他们时刻准备着保卫英伦群岛，他们派往法国的空中打击部队也是作为近距离支援力量，并且从来没有超过 500 架(不过后来的战局演变证明幸好如此)。因此，留在欧洲大陆上的所谓盟军“联合空军”只是徒有虚名而已。

与强大、高效的德国空军相比，盟军的空中力量既没有制定战略计划，也没有统一指挥，甚至连常规的战术计划都没有。因此，在德国空军对盟军的机场和通讯设施发动空袭时，摧毁了不少盟军飞机，使盟军空军战斗力丧失殆尽，只能单打独斗地对德军机场进行零星反击。

这里说一下，斯帕茨、肯尼还有其他一些人在发回国内的报告中指出，虽然我们在战术学校里讲授的理论课程看起来与德国人的战术大体一致，但盟军手上的大部分美国造飞机已经过时了。还有一点很明显，正如我们之前已经预见到的，轰炸机需要战斗机的护航。但是，当时世界上还没有哪种战斗机有足够长的“腿”，能够伴随轰炸机的航程距离全程进行保护。而且，一旦德国人在欧洲大陆上完全占据了制空权，那么他们任何型号的老飞机都能派上用场。德国人甚至连他们的小型飞机——菲泽勒公司制造的“白鹳式”观测联络机都用上了。

在这一时期，德国人已经真正实现了地面与空中部队的联合指挥和协同作战，让我们听听德军高层在攻击波兰之前是怎么说的：

“在现代化的战场上准备与现代化的部队作战时，我们必须不受任何传统或者先例的束缚。”

“在各支参战部队之间绝对不能有冲突；绝不允许存在。”

“战争一旦打响，你就必须投入全部的人力和物力；战争必须成为一种国家存在的模式。夺取了一个地区的制空权，部队的推进速度就会比拿破仑曾经梦想的速度还要快上数百英里。这就是今天的‘闪电战’理念。”

其实，这只不过是腓特烈大帝①军事理念的现代化版本：“不要仅仅为了打败敌人而去战斗；你的目标应该是执行绝不可能失败的计划……只有弱者才会想要守住所有东西。聪明的人会集中精力在主要问题上：避重就轻，小不忍则乱大谋。那些想要保住一切的人，最终会失去一切。”

不过，伟大的腓特烈却没能预料到这场战役的结果。1940 年 8 月 8 日，英国皇家空军的战斗机司令部发起了反击，他们要拯救英国，到 9 月份战役结束，他们真的做到了。

从许多方面来说，在人类历史上还从未有过这样的战斗。它不只是世界上第一次全部在空中展开的战役，或许也可以称得上最英勇、最壮烈的一场战役。转瞬之间，那些看似笨拙的“猎物”变成了狐狸一样的“猎手”。皇家空军上将道丁②深谋远虑，雷达预警系统也发挥了巨大作用，当南部机场被炸毁时，各基地之间的战斗机快速转移，再加上高效的空地指挥控制系统，飞行员们不懈的战斗精神、高超的技术和昂扬的

① 腓特烈二世（Friedrich II von Preußen，der Große，1712—1786），史称腓特烈大帝。普鲁士国王，1740 年至 1786 年在位，统治时期普鲁士军事大规模发展，领土扩张，文化艺术得到赞助，使普鲁士在德意志取得霸权。——译者

② 休·道丁（Hugh Caswall Tremenheere Dowding，1882—1970），英国皇家空军上将。道丁重视空军装备研发工作，推动了雷达以及喷火式和飓风式战斗机的发展。在不列颠之战中以正确的战略战术指挥空战，保持了英伦上空的制空权，粉碎了德国的战略意图。——译者

斗志，以及性能出色的“喷火式”和“飓风式”战斗机——英国人众志成城，终于赢得了这场关键性的胜利。

在这场鏖战的高潮阶段，戈林的德国纳粹空军突然之间就泄了气——无论从战果还是意志上都输给了英国人。战役末期，双方的空军力量都已经到了临近崩溃的极限；不论是英国还是德国的飞行员和飞机都濒临耗尽。然而，在这场彼此的消耗战中，英国最终获得了全面胜利——不只是体现在英国皇家空军以 1∶2 的比例击落德军飞机的战果上——更重要的是，盎格鲁-撒克逊民族在经受了来自日耳曼人最猛烈的攻击之后，依然坚强不屈、屹立不倒；从此之后，德国人的颓败之势便日渐增长。

德国人失败的原因有很多：戈林个人对前线指挥的干扰（正如 1945 年他抱怨元首个人的干扰一样），糟糕的战斗机战术——离轰炸机太近而无法给予他们真正的支持，轰炸机上火力配备的不足，替补力量的极度匮乏，轰炸机和战斗机部队之间的不和等，不一而足。从那以后，除了在北非战场上支援隆美尔，以及在斯大林格勒战役中提供支援之外，德国空军再也没有发动过这样规模的攻势。在德国空军发展的高峰时期，他们集中了许多力量投入到单引擎战斗机的研发上，目的是对付我们的昼间轰炸机，但也以失败告终。

不列颠空战之后，我们立即派了大队人马去英国学习取经。

到了 10 月底，远在美国的我们开始感到轻松一些了。另一场针对德国空军的打击行动正在悄无声息地进行当中，这是一场没有硝烟的战斗，从未被公之于众过。

在这本书的前面，我曾经提到过 SCADTA 航空公司，由冯·鲍尔上尉和一群前德国、澳大利亚空军军官于 1919 年在哥伦比亚成立。冯·鲍尔曾经在 1924 年到过美国，想要和美国以及欧洲的商团组建一个航空公司，运营自佛罗里达的基维斯特经巴拿马运河到哥伦比亚的航线。冯·

鲍尔到了华盛顿之后，美国商人和他只是纸上谈兵。当他意识到不可能从美国得到航空业务的合同时(特别是得知我们的泛美航空公司先于他设立之后)，他放弃了这个想法。但是，这并没能阻挡德国人在南美开辟新航线的脚步。

事实上，在1940年之前，德国人和意大利人在南美控制运营的固定航线已经超过了20 000英里。他们的航线穿越南大西洋到达巴西的累西腓，然后从那儿向南到达布宜诺斯艾利斯，之后到达智利的圣地亚哥。另外，他们还开辟了通往巴西北部的航线，并且飞越安第斯山脉，到达太平洋沿岸的利马。

早在1934年，拥有南美所有德国公司控股权的汉莎航空，就开拓了欧洲中部和南美之间的每周固定航班的航空邮政业务，并且覆盖了南美洲的西海岸。这是世界上第一条越洋直飞航线。为了确保安全，他们在大西洋中投放了补给船，飞机能够从这些补给船上弹射起飞。他们使用的是海陆两基的飞机，包括三引擎的“容克-52型”和四引擎的“福克沃尔夫-200型”①。这些德国人和意大利人运营的航空公司，员工都是德国和意大利人，其中大部分都是他们本国的退伍或是现役军人。这些公司的经营活动，对于巴拿马运河和我们可能跨越南大西洋开展的任何行动来说，都是一种潜在的威胁。

在距离巴西东北海岸300英里的地方，是费尔南多-迪诺罗尼亚岛。这儿曾是意大利和德国横跨大西洋航线的控制和通讯中心。在我们参战之后，意大利安装在这里的无线电装置依然在运转，给我们造成了不少

① 福克沃尔夫-200(Focke-Wulf Fw200)，德国福克沃尔夫飞机公司研制，1937年7月首次试飞，为全金属结构、四引擎单翼机，载25名乘客，航程3 000公里。德国汉莎航空公司及丹麦航空公司将其改型Fw200B作为民航中远程客机。二战爆发后，Fw200C被空军用做远程侦察机、海军轰炸机与运输机，绰号“秃鹰”，共生产263架，在1941年至1944年夏季频繁获得使用。对于英美之间的北大西洋运输线，德军大多数轰炸机都鞭长莫及，只有Fw-200勉强能覆盖到冰岛至亚速尔群岛一带的海域，曾重创英国海上运输，丘吉尔称其为“大西洋上空的瘟神”。——译者

麻烦。在我们将纳粹势力从巴西清除掉之前，很可能就是这些装置导致我们损失了数架越洋飞机。

我们担心德国可能会在南美采取军事行动，所以我们小心翼翼地通过外交策略，使 SCADTA 航空公司从哥伦比亚退出。1940 年，泛美航空公司通过哥伦比亚政府购买了足够的股权，从而接管了德国的航空公司。在这一时期，巴西国内也从亲纳粹转变为亲美——或者说更进一步，加入了反轴心国的阵营。这对于我们来说至关重要，因为我们正试图在向风群岛至南美洲北部海岸、再向南至纳塔尔一线建立空军基地，这样不仅能够为我们跨越大西洋的行动提供保障，同时也使得我们能够开辟另一条到印度、中国和远东的路线。

尽管孤立主义的行动仍然没有停止，但是巴黎的沦陷足以令这个国家的核心机构转变观念。国会拨款委员会开始提出这样的问题："你们需要多少拨款?""你们能使用多少?"（不再是"我们准备和谁打仗?"）在 1940 年 1 月 1 日到 1940 年 10 月 8 日之间，航空兵得到了 23. 804 085 7 亿美元的拨款——这是用来制造 19 960 架飞机的资金。新的工厂、学校和营地如雨后春笋般在全国各地开始兴建。然而，不管怎样，已经浪费的时间是无法用金钱弥补的。光修建这些工厂、制造机器设备和建立生产线，就需要一年到一年半时间；另外，就算是在生产设计图都完成的情况下，飞机从开始制造到出厂还需要六到九个月时间。

在对 1940 年和 1941 年初的空军备战情况进行评价的时候，不能忘了我们的国家当时仍然没有参战。我们应该要看到罗斯福总统比普通人的先知先觉，他提前了六个月到一年就开始未雨绸缪，竭尽所能为那场不可避免的战争做好准备。

这一次，鉴于当前危急的局势，航空兵计划在 1942 年 10 月 1 日之前，将人员规模扩充至 100 万；1942 年之前拥有 18 000 架飞机。接下去每年要为陆军航空兵生产 36 000 架飞机，如果再加上运往英国、苏联和中国的飞机，一年的生产总量要达到大约 57 000 架。这项方案需要满足在 1942 年 4 月 1 日之前组建 25 个作战飞行大队的需求，必须注意到(这一点很重要)，我们所有关于飞机、装备和人员的规划并没有考虑损失和消耗。也就是说，我们的军力必须保持增长——不管这个过程中同时会发生多高的战斗损失——直到建成我们规划中的最大作战力量。

比尔·努森立刻意识到，以我们现有的生产能力，既要满足援助英国飞机的需求，同时又要按照规划建设我们自己的空军，这是不可能办到的。他面临的第一项艰巨任务便是建造新的工厂，使产量提升到现在的两倍甚至是四倍。随之而来的问题就是在一年之内，急剧扩张的飞机制造业需要补充 50 万劳动力，而现有的工厂根本无法安置这么多人。

没过多长时间，他便拿出了方案——新的飞机制造工厂将在全国各地兴建：在俄克拉何马市新建一座道格拉斯飞机公司的工厂；在沃斯堡新建一座联合飞机公司的工厂；在达拉斯新建一座北美飞机公司工厂；在哥伦布和辛辛那提各新建一座寇蒂斯公司的工厂；在奥马哈新建一座马丁公司的工厂；在佐治亚州的玛丽埃塔新建一座贝尔公司的工厂——所有这些工厂都将采用现代化的先进设计，生产效率高，产量大，并且工作环境极为舒适。

之前曾经提到过的"西半球防御"计划(这个计划并非是针对德国)，需要在夏威夷部署 250 架飞机，包括一个 B-17 飞行大队。在那段非常时期，除非我们接到日本有可能入侵菲律宾的确切情报，否则美国政府不会有出兵的意向，因此我们也不可能向那一地区再派遣更多的军队、飞机和装备。在加勒比海，我们计划部署两个重型轰炸机大队和两个战斗机大队。在波多黎各，我们正在修建波林昆大型军事基地，并且已经与英国达成一致，在特立尼达部署一个重型轰炸机大队和一个战斗机大队。

虽然一直到今天，在我们的国防规划中，阿拉斯加也没有得到应有的重视，不过在1940年，我们仍然计划至少向那里派遣三到四个中队。另外两个地方，米切尔曾经在“空中国防论”中提到过——加拿大的纽芬兰和巴西的纳塔尔——从理论上讲我们也算做到了防空覆盖：在纽芬兰部署了一个战斗机大队、一个中型轰炸机大队以及一架重型轰炸机，并且在巴西的纳塔尔、累西腓和贝伦都建立了大型军事基地。巴西美军基地的建设过程颇为艰难，能够取得成功，多半要归功于乔治·马歇尔在访问巴西时所做的斡旋。巴西人并不希望我们在当地派驻军队。起初他们只允许技术人员进入——不允许有携带武器的部队。我们所有的武器只能偷偷地装在工具箱里运入巴西——而且士兵也不能公开使用。后来，巴西新任总统和战争部长在这一问题上的态度发生了转变，以及乔治·马歇尔的成功出访，使我们终于获得了许可，能够光明正大地建造军事基地了。

随着维希政权的建立，靠泊在马提尼克岛[①]上的法国舰队，自然也成为我们关注的对象。但是，我们对那里的情况几乎一无所知。维希法国政府和我们的国务院都发出警告说，只要美国飞机从该岛上空经过，就会遭到攻击。我与艾拉·埃克上校曾经就此事专门讨论过一次；之后不久，他驾驶一架水陆两用飞机从向风群岛往南飞行途中，突然遭遇引擎故障，只好迫降在马提尼克岛上。他拜会了当地的法军指挥官，并向他说明了情况，那位指挥官给他二十四小时的时间修复飞机。这段时间里看到的情况足以令埃克确信，马提尼克岛上的舰队与居民，并没有要帮助德国人与我们开战，或是想要找美国商船麻烦的迹象，我们总算松了一口气。

---

① 马提尼克岛(Martinique)，位于北美洲加勒比地区向风群岛最北部，1674年，法国宣布该岛为法领地；1946年成为法国海外省，1977年成为法国的一个大区；居民均拥有法国公民身份，并具有充分的政治权利和法律权利。马提尼克在法国参议院中拥有两个议席，在法国国民议会中拥有四个议席。——译者

美国在友好邻邦建造的大部分机场和军事基地，都是在泛美航空商业合同的掩护下进行的。因为按照国际法，美国陆军航空兵是不能与这些国家在军事上公开进行接洽的。我们当时还没有参战，表面上的礼仪仍需保持，尽管我们的护航舰队已经和德国潜艇在海上交过火了。再说，按照我们的想法，一旦和敌人打起来，最好是在他们自己的国土上。

陆军航空兵所遇到的棘手问题，大部分是通过类似私人关系的方式解决的。比如说，金属铝的短缺问题。当时，从南美向北运输铝矾土（特别是铝矿石）的船只，被德国潜艇击沉的越来越多。我们觉得，如果航空兵以英属圭亚那为基地，为这些船只进行护航，或许能够解决这个问题。但是，即使所有这些运输铝矿石的船都能够顺利抵达，我们也没有足够的生产能力，加工出能够满足1940年飞机生产所需要的铝锭。1940年初的时候，我们的金属铝短缺量估计在1 800万磅左右。然而，在所有那些主要的政府机构中，没有人愿意相信情况有这么糟糕。我忧心忡忡地四处求人，得到的结果却是他们认为我太悲观了——不可能存在这么大量的短缺。在绝望之余，我向乔治·马歇尔发出邀请，问他是否愿意一起去打猎。他欣然应允。我们驱车去了格伦·马丁飞机公司位于巴尔的摩以北黑河附近的工厂，那里是一个打野雁的好地方。格伦·马丁来接我们，因为在雁群开始起飞之前还有足够的时间，我向乔治建议，先去新的马丁工厂看看。格伦对我的配合相当默契。在他的工厂里，除了一小部分车间在正常运转之外，大量的新机器一排排停放着，车间里没有一个工人，都处在停产状态。全国其他地方飞机生产商的情况和这儿大同小异。只不过，马丁工厂的情况属于其中最糟糕的。当我们从那些闲置的机器旁走过时，我问马丁为什么不使用这些机器。“我又能怎么办呢？”他回答道。“你的意思是？”我问道。“没有铝啊。”他说。乔治·马歇尔猛地停下来看着他问道：“等等。你说什么，‘没有铝’？”——接下来，他和马丁交谈了很长时间。在我们返回华盛顿之后的第二天早晨，乔治就提交了措词严厉的报告，要求生产更多的铝。这比一位焦急的航空兵军官的请求管用多了——这可是来自总参谋长的要求。于是，一夜之间，那些人关于铝生产的态度就完全不一样了。我们得到了新的设备、更多的产量计划。铝短缺的问题就这样从我的问题清单中勾掉了。

说服那些人同意将我们的培训规模提高到与飞机产量相适应的规模，也是一个艰难的过程。配备相应量的培训机和维修人员，与生产飞机是同等重要的。1940 年 5 月 14 日，在白宫召开的会议上，总统同意给我们拨款 1.06 亿美元，用于培训项目，包括培训学校的建造成本、汽油、运输费用，以及初级、基础和高级培训飞机的购置。

国会一批准这项行政命令，我们就启动了每期培养 6 300 名飞行学员的培训行动。我们的新方案能够使航空兵以每年 7 000 名的速度快速培训飞行员，并且在一年之内确保为我们提供 12 000 名飞行员。在新的培训机制下，我们每年还可以从民间飞行学校得到大约 10 批、每批 400 名的毕业生，这个数量后来提高到每批 1 000 名。事实证明这个方法非常成功，到战争结束之前的 1945 年，我们培养飞行员的速度达到了每年 105 000 名。在其他专业人员的培训方面，诸如机械师(现在每期可以培训 5 000 名)、导航员、投弹手、无线电报务员、射击手以及各种地勤人员，也保持了与飞行学校一致的增长速度。

1940 年 10 月 30 日，除了担任航空兵司令之外，我又被任命为陆军副参谋长，主管所有陆军航空事务。陆军总参谋部现在有三位副参谋长了，另外两位是威廉・布莱登将军，负责所有行政事务；和 R・C・摩尔将军，负责大部分基建、维保和物资军备事务。对于这项新的任命，我不是很热心，因为现在作为航空兵司令已经够我忙得焦头烂额了。但是，这项新职务在扩大航空兵规模方面，所能够发挥的作用也是显而易见的。由于之后肯定会经常缺席航空兵的日常事务，因此我委任乔治・

布雷特[1]少将作为代理航空兵司令，并要求他每天向我汇报情况。

就在那段时间，曾经发生过一个小插曲，可以看出我们仍然需要同怎样的官僚作风作斗争。有一次，我去堪萨斯城会见战争部部长。在乘坐他的专机时，我担任副驾驶。飞行途中，前方出现一片云层，我准备操控飞机直接穿过这片云层。这时，飞行员摇着头说："我们必须绕过去。"我说："为什么不直接穿过去呢?"他指了指仪表盘上的一个标签念道："飞机不能从雨中或潮湿云层中穿越。"

我简直不敢相信自己的眼睛！要知道民航客机能够在暴风雨天气和正常天气一样飞行已经有很长一段时间了。而这可是战争部长的专机，如果陆军为部长提供的飞机连民用客机都比不上的话，那我们真是糟透了。由于飞行员对此事也提供不了更多的信息，于是我发了一个无线电给代顿的装备处，要求在我们到达时，召集所有与此事相关的人员，包括负责部长飞机装备事宜的和给它制定飞行限制条款的。

和战争部长在堪萨斯城开完有关飞机生产的会议之后，我中途在代顿做了停留。有大约 18 个人在等着——工程师、绘图员、装备专家——但是对于飞机的点火线装置不允许飞机在潮湿云层中飞行这件事，谁也不愿承担责任。我也没能找出是谁下令在仪表盘上贴上那张标签的。

我讲这件事是想说明，尽管我一直在努力为我们争取最好的装备，但战争部在航空兵装备购置方面的政策依然是——谁出价低合同就给谁，总会计师支持这种做法。这件事便是明证——战争部长的专机——

① 乔治·霍华德·布雷特(George Howard Brett，1886—1963)，美国陆军中将，陆军航空兵的重要将领之一。1939 年 11 月接任阿诺德将军任陆军航空兵司令。1941 年 6 月美国陆军重组，阿诺德再任陆军航空部队司令，布雷特被派往英国负责援助皇家空军的租借物资工作。珍珠港事件之后，1941 年 12 月任美英荷澳联合司令部副总司令。1942 年 2 月任驻澳大利亚美国陆军司令。1942 年 4 月任西南太平洋战区空军司令；11 月回国任加勒比海地区美国陆军司令至二战结束。——译者

就是出价最低的产物。虽然他本人也看过那架飞机所有的详细说明，也知道我们的专家认为它的点火线装置不能保证飞机能够安全穿越暴雨或是潮湿云层。我让他们为战争部长的飞机安装一个新的点火线装置——但是这个要求却行不通。在场的这些人里，无论是军职的还是文职的，都太过习惯于固守成规、抱令守律。

于是，我说："好吧，忘了这件事吧。我自己搞定。"然后就飞回华盛顿了。我回去之后，立即打电话给美国航空公司，从他们正在使用的同型号飞机那里，搞来两台点火线装置，把它们安装在战争部部长的专机上。我们为此向这家民用航空公司表示了感谢，战争部长的专机从此再也不用绕开潮湿云层了。

这件事之后，我发现在装备处办事变得容易多了。他们终于想明白了。从那以后，如果那些所谓的"法律条文"——哪怕是飞行安全程序——危及到机组和乘客生命安全的，或者由于不合适的装备而影响到飞机性能的，这些死板的教条就必须，也应当被打破。

第十三章　不平静的东方；“我也想当个机长”；我遇到的第一次空袭

1941 年初，美国对太平洋的防御策略发生了根本性的转变。此前，在战争部和海军部的战略规划中，压根儿没有考虑过为驻扎菲律宾的美军部队制定增援方案，认为只需要让他们自力更生就行，能坚持多久算多久。1941 年 2 月，战争部总参谋部驳回了陆军航空兵关于开辟一条重型轰炸机飞越太平洋到远东地区路线的请求。战争部不但没有开辟这样航线的计划，而且还告诉我们，也没有任何必要派遣重型轰炸机到那一地区。

然而，没过多久，美国对菲律宾的战略规划骤变，我们航空兵的整体规划也因此受到很大影响。现在，美国不但要守住菲律宾，而且要加强兵力。但我们航空兵当时的作战计划里，却没有任何一架重型轰炸机是派往菲律宾的。所以，我们必须从分配给其他地方——比如那些靠近欧洲战场的战区配额中，调配出来给菲律宾群岛。

不止如此，还有其他问题。比如，如果这些大型飞机用船运送到马尼拉，需要先分拆，然后装卸，下船后重新组装再飞往目的地，这个过程将花费大量的人力。而开辟一条飞越太平洋的航线则要简单得多。在菲律宾境内建造更长、更坚固的铁路也是必要的，而当时正忙着为菲律宾共和国建设国防体系的麦克阿瑟将军也需要更多的资金。

最便捷的一条航线是经夏威夷、中途岛、威克岛、拉包尔岛和达尔文岛，然后到达菲律宾。我们的 B－17 已经飞到过夏威夷，就飞行距离而言，我们相信完成剩下的航程是没有任何问题的，因为从旧金山到夏威夷的2 400英里是整条航线中最长的一段距离。不过，在我们能够开始为麦克阿瑟运送B－17之前，必须在其他基地建设适合重型轰炸机起降的机场。当我们意识到这条航线完全暴露在日本的攻击火力下之后，很快又规划出另一条相对隐蔽一些的航线——途经圣诞岛、坎顿岛、萨摩尔岛、斐济、新喀里多尼亚、汤斯维尔、澳大利亚，向北经达尔文岛，然后到达菲律宾。但是，后面这条线路所需要进行的基础建设工作更多，直到日本偷袭珍珠港之后几个月才得以完成。

1941年夏季，B－17飞越太平洋的行动开始了，我们选择了更直接的中途岛—威克岛—拉包尔岛那条航线。起初，我们认为只有四引擎的“空中堡垒”和“解放者”才能够飞越太平洋，而所有的双引擎和单引擎飞机计划通过船舶运输。直到后来我们通过实践证明，双引擎飞机完全能够飞越太平洋，这个事实不但将原本的“不可能”变成了我们的“标准操作程序”，同时还打破了另外一件原本也被认为“不可能做到”的事。我们曾经被告知，只经过两三个月时间培训出来的导航员是不可能“识别”出航程沿线那些小型岛屿的。“导航”这项技能，被蒙上了一层神秘的面纱，大家普遍认为，只有海员或是经过长时间培训的人才能掌握。而我们正在进行的导航员培训，课程只有不到三个月的时间。那些心存疑虑的人们一直警告我们，这么短时间的训练，即使能力出众的导航员也不可能发现太平洋里的环礁。根据以往越洋飞行的经验，使用双引擎飞机飞越太平洋是肯定不行的。在如此长距离的飞行中，万一其中一个引擎出了故障怎么办？如此种种的言论我们已经听过许多次了。不过，和从前一样，我们航空兵的年轻人并不知道专家们曾经说过的这也不能、那也不行，所以他们是无知者无畏，冲上去就这么干了。他们不但驾驶着双引擎飞机飞越了太平洋，而且一次又一次准确地找到那些小岛，从未失手。

在我担任陆军副参谋长期间，同时也是联合委员会的成员——在某些特定情况下。当发生与空军有关的问题时，我作为委员会的成员参与；而在其他时间里，我只能是一名“旁听者”而不是成员身份。因此，有关日本在太平洋动向的绝密情报，只有战争部和海军部的那些最高级别的军官才能获悉，我从来没有机会接触到。

比如，在“珍珠港事件”之前，我从未看到过美国截获的日本情报或是破译的密码电报。所以，对于日本当时的军事动向，我的了解非常有限，往往只能通过一些只言片语进行猜测——比如联合委员会的会议文件，与斯塔克将军和马歇尔将军的谈话中，或者是陆、海军的作战计划里。对于日本正在一些托管岛屿上修建防御工事，以及在他们力所能及的海岛上建造空军基地的情况，我一无所知。但我能揣测到，他们正在为某些事做着准备——那到底是什么呢？

1941 年初，为了能够从欧洲战场获得更多的情报信息，我们从航空兵的各个组织机构——战斗部队、参谋部、培训中心以及装备司令部中调派军官去海外。无论他们所在的机构有什么样的特殊性，都一视同仁。在整个二战期间，我们一直都坚持沿用这项政策。因为我认为，把这些人送到战场上感受实战所带来的冲击，远远比他们在华盛顿四平八稳的办公室工作重要得多。对于自己在一战中未能奔赴海外战场的遗憾，我至今都耿耿于怀。因此，经过一段时间的实践，我们对其中的困难逐渐有了充分的认知之后，便开始在整个航空兵部队中推行这项“轮岗”政策，但是——并不是所有单位都愿意接受。国内有太多太多的指挥官们，想方设法找各种理由和借口留住自己最能干的手下。

航空兵的参谋长们，诸如斯帕茨、埃克、M·F·哈蒙①、斯特拉特

① 米勒德·菲尔莫尔·哈蒙(Millard Fillmore Jr. Harmon，1888—1945)，绰号“米夫”，美国陆军中将。1942 年 1 月任陆军航空队司令部参谋长，7 月任南太平洋战区陆军司令。1944 年 8 月任太平洋战区空军司令兼第 20 航空队副司令。1945 年 2 月因空难失踪，1946 年 2 月宣告死亡。——译者

迈耶、德洛斯·埃蒙斯等人，以及担任顾问职务的乔治·C·肯尼和后来的弗兰克·M·安德鲁斯，都被派往海外战场担任大型司令部的指挥官。因此，航空兵司令和副司令的代理人常常会变化。但可惜的是，仍然有许多军官，无论他们的表现多么优秀，始终没能获得机会证明自己的军事才能。

1940年的时候，建立一条真正的跨北大西洋空运航线的需求，变得愈加迫切起来，我们制定出了几套方案。当时，英国皇家空军和加拿大皇家空军，已经通过一个位于加拿大纽芬兰岛甘德的航空站和另一个位于英格兰的航空站，执行北大西洋空中运输的任务。由于人手紧张，他们向罗斯福总统请求帮助。总统转而问我，在把美国造飞机运到英国这件事上我们还能做些什么，帮助减轻英国和加拿大空军飞行员的压力，让他们能够投入更多的力量去执行战斗任务。我建议，把这项工作交给我们的一些民间机构来做应该是可行的，如果是航空公司则更好。总统同意了我的方案，由此启动了我们的海外空运业务。

当我们深入研究之后发现，天气和英国的无线电服务水平是执行空运任务中的不确定因素。如果一切正常，这些飞机就能够圆满完成越洋飞行。可一旦出现机械故障、遭遇恶劣天气，或是飞行员偏离航道，那就什么事都有可能发生，并且往往真的发生了。

1940年9月3日，作为罗斯福总统赠送50艘驱逐舰的回馈，英国政府允许我们在其领地上的一些重要地点建立航空基地。因此，我们开始在加拿大纽芬兰岛、百慕大群岛、特立尼达岛和英属圭亚那建造机场。

很快我们就发现，除非在纽芬兰和英格兰岛或苏格兰岛之间有个中转机场，否则北大西洋运输航线是不可能成功运作的。对于近程飞机来说，这些中转基地是必需的，以备在出现故障或是恶劣天气的情况下使用。并且，这些增设的航道和灯塔，对于所有的越洋飞机来说都会有帮助。爱尔兰自由邦，由于自身的政治原因，被永久地排除在我们的规划地点之外，尽管北爱尔兰后来成为我们的中转基地之一。很明显，如果能够在格陵兰岛和冰岛上建设机场，同时在更加向北到达北极圈的位置建造气象站——例如在巴芬岛上，那么我们建立北大西洋运输航线的设想才有可能实现。1941 年初，我们获准对格陵兰岛和冰岛的海岸线进行勘探，寻找建设机场的合适地点。我们反复研究地图，以求找到可能的最靠近北极的位置建造气象站。但有一个问题，那就是曾经在北极地区待过足够长的时间、对那里的情况比较熟悉的人大概只有几十个。在巴芬岛上，自从 1857 年之后，就没有船只进入过它的港口。对那些将要驻守在这一片冰天雪地之中的将士们，我们必须善待他们，必须考虑周全，慎之又慎。

我个人认为，无论其他战区发生什么情况，阿拉斯加过去一直是，现在也是高优先级考虑的战略要点。但是，我们从来没能得到足够的资金或者拨款，可以在那儿建立我们想要的基地——而现在比以往任何时候都更需要。经过大量艰难的斡旋、说服工作以及关于北极圈战略考量的争论之后，我们获准组织一个勘探特遣队，由约翰·C·H·李上校、戴尔·加夫尼少校和朗费罗少校组成，于 1938 年初前往阿拉斯加，寻找一处适合建立极地环境实验基地的地方。在那年的夏季，我们选定了阿拉斯加的费尔班克斯。秋季，第一批建设人员飞往费尔班克斯，之后又派了第二批。无论是那里的拓荒者、专家、建筑工人还是当地的原住民，让所有人惊讶不已的是，我们最终完成了这个不可能完成的任务。混凝土工程，还有木工活儿，在阿拉斯加的整个冬季也都没有停止过。到了 1940 年初夏，费尔班克斯项目的指挥官加夫尼少校，对顺利完工已经成竹在胸了。1940 年 9 月，第一批飞行部队抵达阿拉斯加，至此，我们在北极地区的第一座空军前哨基地宣告建成。

因此，在开通北大西洋航线的时候，我们已经积累了一些在寒冷天气条件下飞行的经验。说实话，这还算不上完整的实践经验，因为我们在那里待的时间不够长，不过我们掌握的经验也足够用了。对于在这种严寒天气条件下飞行，我们已经知道要采取什么措施，来应对温度的极端变化。费尔班克斯的极地气候试验基地一直运行到 1943 年，后来根据一项租借协议，我们把这些设施转给了苏联人，他们以这里为起点，开辟了一条经过西伯利亚向苏联运送飞机的航线。

几年前，我的前任，韦斯托弗将军，曾经请斯蒂芬森博士①组织编写过一本书，讲述他在北极的生活，以及如何在这片荒无人烟的地方生存。但是由于这本内容详尽的书部头太大，普通士兵们根本没兴趣看。因此，我将这本书进行了提炼浓缩，作为所有派驻北极的航空兵将士们必备的生存指南。这本手册虽然只涉及了阿拉斯加地区，但其中的主要方法对整个北极地区都是适用的。

但是，对我们来说，如果能找到一个曾经在北极生活过的人，那会比任何书都有用得多，如果可能的话，我们希望在每一个航空基地都能配备一个这样的人。我们计划在格陵兰岛西海岸至少建立两个航空站，巴芬岛一个，冰岛一个，加拿大的拉布拉多半岛上一个，并且在纽芬兰岛上再增加一个。

一天，一名参谋进来报告说，有个人等在外面，一个特别适合去格陵兰岛工作的人——只要我批准。格陵兰岛的确是个比较麻烦的地方。曾经踏上过那一片冰原地带的人可以说是屈指可数。那里是什么样子的，怎样才能到达那里，如果真的到了那儿该如何生存，几乎无人知晓——而现在，居然有一个曾经在格陵兰岛生活过多年的人找上门来。

“好吧，那么你们为什么不给他许可呢?”我问道。

---

① 维加尔默·斯蒂芬森(Vilhjalmur Stefansson，1879—1962)，加拿大极地探险家、人种学家。祖籍冰岛，1906 年至 1907 年在爱斯基摩人当中生活了一年，熟习他们的语言和文化。1908 年至 1912 年在加拿大西北地区的马更些爱斯基摩人和科罗内申湾的科帕爱斯基摩人当中进行人种史和动物学的研究。第二次世界大战中任美国政府顾问，调查阿拉斯加的防卫条件，为军队编写了报告和手册。——译者

“按照规定，”我的参谋回答道，“他是个盲人。副官长说不行。”

“他是怎么变成盲人的？”我问道。

“我也不知道他是不是真的看不见，”参谋说道，“但是他确实很了解格陵兰岛。”

参谋告诉我，此人名叫埃斯坎宁，是个丹麦人，曾经在格陵兰岛那样艰苦的环境下工作和生活过七年多时间。

“让他进来吧。”我说。

这个人的谈吐和见识都令我颇为欣赏。他戴着一副镜片很厚的眼镜。我问他：“你能把眼镜摘下来吗？”然后我伸出三根手指，“能看到什么？”我问道。

他说：“什么也看不到。”

他离开后，我去了战争部部长史汀生的办公室。“部长先生，”我说，“我想请您批准一个人参加我们航空兵。”

“哦？”战争部部长说，“为什么你不按照常规方式批准呢？”

“因为战争部不允许。”我回答道。

“什么原因？”部长问。

“他看不见。”我说

“看不见？”部长重复了一句，“那你为什么还想要他？”我向他讲述了整个过程。史汀生是个雷厉风行、没有半点官僚作风的人，只要是应当做的，他不会拖延一秒钟。几周之后，埃斯坎宁先生，那时候已经是美国陆军的埃斯坎宁上尉，就在格陵兰岛履行他的特殊使命了。

直到那时，我们对格陵兰岛的认知仍然极为匮乏，我们只知道那里海平面上的冰层大概有 7 000 英尺厚；整个岛被冰雪覆盖着；时常有时速高达 200 英里的狂风。据说，在那些表面光滑的冰层之上还有 14 000 英尺高的山脉。但是这只是谣传；人们总是对自己不了解的事情充满了好奇心。

名门之后一直是舆论关注的焦点。当我批准埃利奥特·罗斯福成为一名航空兵上尉时，我就成了众矢之的，有各种各样版本的故事在到处流传。一天晚上，我坐在自家的餐桌旁边，看到我十四岁的儿子大卫，衣服翻领上别着一枚圆形小徽章。上面写着："爸爸，我也想成为一名上尉！"

不管怎么说，埃利奥特·罗斯福是第一个带着格陵兰岛冰原飞行计划来找我的人。他已经选好了机组成员和飞机，就等着我授权批准了。埃利奥特·罗斯福的飞机，是第一架飞越格陵兰岛冰原的飞机。他为我们带回了第一手资料。那里没有什么14 000英尺高的大山，只有几座丘陵和山脉，但都不是很高。总体上，他说，格陵兰岛的冰盖是一个大大的冰穹，全部是坚冰。那儿看起来的确经常有暴风雪，但是并不是完全不具备飞行条件。有许多地方是适合飞机降落的，埃利奥特认为，我们甚至可以建立应急机场，以备紧急状况下飞机起降。他描述的场景，揭开了几个世纪以来笼罩在格陵兰冰原上那层神秘的面纱。后来，当我们的飞机有时候在冰原上发生迫降时，年轻人能够在那里生存数天——甚至数周——而且是在没有配备许多文章中提到的那些北极探险家认为必需的装备的情况下。他们使用飞机上的应急装备，最大限度地发挥其作用，直到我们能够定位到他们，投下降落伞，然后用狗拉雪橇或者其他办法把他们救出来。有几次，我们甚至出动了雪地飞机进行营救。

埃利奥特·罗斯福在完成了北大西洋探险之后，又提出要求去非洲进行航空勘测拍照。我对此事极为感兴趣，因为那时候法国政府实际上已经由德国掌控，但是他们自己还控制着一条航线，从塞内加尔的达喀尔向东通往苏丹的喀土穆。这条航线上的基地，恰好与我们的一条航线平行——从位于几内亚湾的阿克拉①，就在非洲"后脑勺"的下面，飞

① 阿克拉(Accra)，加纳首都和最大港市，全国政治、经济、文化中心，位于国境东南部，濒几内亚湾，是非洲最靠近0°经线和0°纬线的大城市。——译者

往喀土穆。

我们就是通过这条航线，给澳大利亚的麦克阿瑟、印度的韦维尔①以及中国的蒋介石运送援助物资和人员。有时候，我们的飞机偶尔会偏离航线，在维希法国的机场上迫降。机组人员会遭到拘禁，尽管我们发出了措辞严厉的外交通牒，但他们中的有些人还是直到北非战役结束之后才被释放。

在德国人控制了北非海岸线以后，他们派机动部队穿越沙漠，建立了空军基地。然后对我们阿克拉到喀土穆航线上的飞机发动攻击，摧毁我们的机场设施，烧毁汽油和补给物资。在非洲中部地区，汽油几乎像黄金一样宝贵，很难弄得到。比如，在一个被德国人攻击过的基地——拉密堡②，我们不得不使用骆驼运送汽油。而一架 B－24 轰炸机的油箱，需要 24 头骆驼运送的汽油才能填满。

因此，当有人提出来要去非洲、对那里的法国空军基地进行勘测拍照时，我会如此感兴趣也就不难理解了。埃利奥特·罗斯福是志愿执行这项任务的，而且完成得十分顺利。他所带回的资料，使我们能够了解那里当时的状况，以及法国人军事基地的设施、装备情况。

在 1941 年 12 月 7 日之前，我们实际上已经进入战争状态了。我们驶往英格兰的护航舰队遭遇了攻击，至少对于海军来说，大西洋上真枪实弹的战争已经开始了。但是就在这段特殊时期——（孤立主义国会议

① 阿奇博尔德·珀西瓦尔·韦维尔（Archibald Percival Wavell，1883—1950），英国陆军元帅。毕业于桑德赫斯特皇家军事学院，曾参加英布战争。1939 年 7 月任中东英军总司令，1940 年 10 月晋升上将。1941 年 7 月调任印度英军总司令。1943 年晋升陆军元帅，6 月 19 日被任命为印度总督。——译者

② 拉密堡（Fort Lamy），现乍得首都恩贾梅纳。位于非洲中部，建城历史悠久，为古代撒哈拉沙漠南缘队商贸易要站。1880 年代沦为法国殖民地，1900 年法国在此建立军事据点，命名为拉密堡，1920 年成为殖民地首府，1960 年乍得独立后定为首都，1973 年改为现名，是重要的工业中心和交通枢纽。二战期间是戴高乐领导的自由法国运动的重要军事基地。——译者

员和参议员们依然在愤怒地讨伐“战争贩子”)——我遇到了一些比飞机生产、采购以及人员培训更令我困惑和难以处理的问题。

其中一个问题，实际上一点儿也不复杂，但着实令人伤脑筋，是英国皇家空军驻华盛顿代表团提出来的。他们建议，如果美国参战，我们的飞机加上我们的机组人员，算成一个作战单元，纳入他们自己的飞行中队，以充实已经消耗殆尽的英国皇家空军力量。我简直不敢相信这个建议不是在开玩笑。当然，提出这样建议的人可能没有经历过 1917 年至 1918 年的那场战争，一定不曾听过潘兴将军和我们美国远征军的故事，历史上最可歌可泣的英雄事迹之一。

说到这儿也有点意思，至少，1917 年那会儿航空勤务队的地位还属于“后娘养的孩子”，在战场上不是主力。但现在却是今非昔比了，因为在二战初期，没有盟军士兵能够接近西欧战场，除了飞行员。不列颠空战之后，全美国上下弥漫着一种对英格兰的热烈情感。我们对他们倾囊相助，甚至连我们自己没有的也想送给他们。所幸，用美国航空兵的飞机和人员去充实英国皇家空军的这个主意，最终还是未被采纳。而对于这样的结果，最应该高兴的还是英国人自己。

英国人向我们提出了这么多难题，让我觉得有必要安排一次赴英格兰的访问了。我希望能与英国皇家空军上将查尔斯·波特尔①爵士进行私人会晤，坐下来面对面地谈，相信比通过电报或者是信使的沟通效果要好得多。

此次对英格兰的访问，我对行程的安排知之甚少。除了知道会与皇家空军上将波特尔及其下属们进行会晤；我想也许还会安排我与比弗布

① 查尔斯·波特尔(Charles Portal，1893—1971)，英国皇家空军元帅。1940 年 4 月任轰炸机司令部总司令，7 月晋升实职中将并被授予巴斯勋爵，主张对德国工业区实施战略轰炸。1940 年 10 月任皇家空军参谋长，晋升临时上将。1942 年 4 月晋升永久上将。任职期间反对皇家海军接管空军的海岸司令部和陆军组建航空队，大胆任用阿瑟·哈里斯(Arthur Harris)主持对德轰炸作战。1944 年 1 月晋升皇家空军元帅。其弟雷金纳德·波特尔(Reginald Portal)是英国皇家海军上将，1943 年 1 月至 1944 年 11 月曾任皇家海军助理参谋长。——译者

鲁克勋爵碰面，他当时主管英国的军备制造生产。除此之外，我想我应该没有机会受到其他哪位英国高级官员的接见，或是有与他们会晤的可能。因为很明显，那时候我们航空兵在美国只是属于“小联盟球队”的级别，在军队体系中我们还没有达到“大联盟球队”的地位。我希望从波特尔那里，不只是学习到英国空军的装备和管理，还能对当时的战局以及其他兵种的作战情况有个大致的了解。

我到达伦敦的第一晚，便听说了英国飞行员对德国进行的日间轰炸效果不佳的传闻。一位曾经飞抵过德国上空 24 次的飞行员说，在德国人的重型高射炮和战斗机的攻击下，要想使用投弹瞄准器进行精准轰炸是不可能的。那些飞行在德国城市上空的轰炸机，忙于规避德军炮火的攻击，根本无法保持足够长距离的水平直线飞行以进行精确瞄准。在后来的很长一段时间里，英国人就一直贬低和质疑我们实施的日间轰炸，不断地试图说服我们一起参与他们皇家空军的夜间轰炸。

我与波特尔在他住的多切斯特酒店共进晚餐，我和我们驻伦敦的武官斯坎伦上校也住在这家酒店。初次见面的寒暄之后，我告诉波特尔，我此行的任务，总的来说是“寻找一个美国陆军航空兵能够为英国提供最大限度帮助的切实可行的办法”。波特尔和我就这一问题进行了深入细致的商谈，但由于旅途劳顿，我感到非常疲惫，因此约定会谈第二天继续进行。

第二天是 4 月 13 日——复活节——我们和皇家空军中将斯莱塞①、M·F·哈蒙将军、驻英国空军观察员斯坎伦上校以及我们的军事武官李上校，开会讨论能够达成我此行目的的最佳方案。我们必须知道“当务之急”是什么，以及哪些事是可以延后一些时间进行的。

---

① 约翰·斯莱塞（John Slessor，1897—1979），英国皇家空军元帅。热衷于空军作战理论的研究，1936 年出版专著《空中力量与陆军》。1943 年 2 月任英国空军海岸司令部司令，积极配合海军在大西洋与德国潜艇作战。1944 年 1 月任英军驻地中海和中东空军总司令和地中海盟国空军副总司令，参与指挥 8 月在法国南部登陆的“龙骑兵行动”。——译者

那天早晨，大概有20家报纸的男女记者，还有一大堆摄影师在等着我，让我体会到英国和美国一样狂热的新闻宣传。我同他们做了一个简短的访谈，拍了照片，之后便继续我的公务活动。

尽管那天是复活节，我们还是立刻着手开始工作。我们同加罗德皇家空军少将召开了会议，他主管英国皇家空军的训练工作。我们就以下问题展开了讨论：(1) 开放美国三分之一的飞行训练设施供英国使用的计划；(2) 由我们派飞行员将所有援助英国皇家空军的飞机运送过大西洋；(3) 关于我们设立的那条经过格陵兰岛和冰岛穿越大西洋的航线；(4) 英方提出希望能够使用我们在迈阿密的导航学校。

我告诉他们，完全有理由相信，在我离开之前，我们能够就这些议题达成初步一致意见。但这位皇家空军少将不相信美国飞行员能够学会导航技术。在他看来，“如果你们的人连导航都不会，真是很令人忧心——那么在飞行过程中就只能借助于灯塔和导航信号之类的辅助设施，但是在实际战斗中根本就没有这些玩意儿。”很显然，在他曾经短暂的美国之旅中，留下了完全错误的印象。不管怎么说，我们第8航空队的导航训练还是得到了英国皇家空军周到细致的帮助。几个月之后，我们的双引擎运输机在飞越太平洋的过程中，对航线上那一个个小小环礁的精准识别，简直令人不可思议。自然，关于我们导航员的训练以及他们的能力，我们也就用不着向任何人做出解释了。他们那一次次成功跨越太平洋的飞行，已经说明了一切。

复活节当天晚些时候，我拜访了波特尔的副手、皇家空军少将弗里曼①，

---

① 威尔弗里德·罗兹·弗里曼(Wilfrid Rhodes Freeman，1888—1953)，英国皇家空军上将。1940年11月任皇家空军副参谋长，此前他领导的机构改组为飞机生产部，由比弗布鲁克爵士接管。1942年底他又回到飞机生产部，继续主管飞机研发生产工作。弗里曼长期负责“飓风”“喷火”“蚊式”“兰开斯特”“哈利法克斯”“暴风”等主战机型的生产采购，为皇家空军装备建设作出了重要贡献；在北美飞机公司研发P-51“野马”战斗机过程中，是他建议采用罗尔斯 & 罗伊斯公司的“梅林”发动机替换表现不佳的“埃里森V-1710”发动机。——译者

我们就援助飞机型号的优先次序安排进行了讨论。在讨论间隙，我第一次体验到了英国习惯的下午茶。后来，我发现在英国，无论在哪儿，无论在和谁谈话，只要是下午茶时间到了，茶点端上来了，即便是在开会也要暂停一会儿。和许多来到英格兰的美国人一样，我很快也喜欢上了这个习俗。

在从弗里曼办公室返回多切斯特酒店的途中，有一段是曾经遭到过德国轰炸的地方。整个区域已经被夷为平地。我在伦敦的第一和第二个晚上没有遇到空袭，我承认对此我还有一点儿小小的遗憾。我希望能够有机会亲眼看看——德国空军是怎么投炸弹的，英国人的高射炮有什么样的战术和技巧，而我自己又会有什么样的判断。但是，我不得不继续等待着。

接下来一天是14号，我和美国驻英大使怀南特进行了一次坦率的谈话。他同意我的观点，在所有的政府机构和委员会当中，都应该派驻航空兵的人，这样我们的机构设置才能与英国相平衡——陆军、海军和空军。

上午晚些时候，我去了比弗布鲁克勋爵的办公室。他那时主管所有陆军、海军和空军的军备生产工作。我们就美英两国的飞机制造，包括运输方法进行了讨论。总体来说，他同意我提出的关于美国飞机生产和供给英国配额的所有建议。我向他提出，是否能给我们两架“喷火”、两架“飓风”、两架“威灵顿”① 以及两架夜间战斗机，拿到美国进行测试。他答应了。然后，他安排我去参观英国的飞机和工厂，并且告诉我可以看我想看的任何东西。这对我来说无疑是个好消息，也表明了英

① “威灵顿”（Wellington）中型轰炸机，英国维克斯公司制造，1936年6月首飞。1938年10月开始装备英国海岸司令部。在1941年四引擎重型轰炸机到来之前，“威灵顿”一直是英国皇家空军的主力轰炸机。截至1942年初共装备轰炸机司令部驻防本土的21个飞行中队。1945年10月停产时总产量达到11 462架，衍生出13个轰炸机型、海上巡逻机型以及教练型号。——译者

国人的合作诚意远远超出了我的预想。作为一名中立国观察员，我将获得一次机会，最直接地观察英国皇家空军在用的各种型号的飞机，以及装甲、机枪、无线电等附属设备的情况。美国人此前从来没有拿到过这些方面的详细资料。比弗布鲁克给我留下了深刻的印象——而且这种看法自此未再改变过——一位大权在握、能力超群并且富有远见的人。

那天我第一次见到了威廉·埃夫里尔·哈里曼①。他当时在英格兰作为执行《租借法案》的特别代表。同时在场的还有考特尼皇家空军中将，我们三人一起共进了午餐。我将此行的原因和目的向哈里曼原原本本讲了一遍，哈里曼告诉我，丘吉尔想在这周的星期六会见我。对我来说，这预示着我将第一次超出“空军”的职责范围，开始应对处理更多具有外交性质的事务。

待在哈里曼办公室的时候，有一个情况让我深感意外，那就是他办公室里的每一位工作人员，都是那样的镇定自若、气定神闲，令我大为折服。没有人匆匆忙忙，也没有人大呼小叫。哈里曼了解英国人，知道他们的专业素养和优良品质，能够帮助他将工作进行得井然有序。而他们也喜欢他，钦佩他的才干。

一走出办公楼，情况就变了——一切都不一样了。放眼望去，到处都是沙袋、防空洞、弹坑、隔离墙和铁丝网。无论去哪儿都需要通行证，进进出出都必须经过各种各样的哨卡盘查。办公楼的外面弥漫着战争的气息，而里面却是一片祥和宁静。这座城市的上空和英国每一处重要工业中心的周围，都飘满了防空气球，仿佛就是要吸引德国轰炸机注意到这些要害重地。一位负责布设防空气球的官员对我说，

① 威廉·埃夫里尔·哈里曼(William Averell Harriman，1891—1986)，美国商人、外交家、政治家，出身富豪特权家庭，父亲是 19 世纪后期的美国铁路大王爱德华·亨利·哈里曼。在二战后成为商务部部长，主持马歇尔计划。——译者

在战争期间，迄今为止这些气球已经导致114架英国飞机坠毁，而德国飞机被碰下来的只有17架。不知是真是假，但他就是这样告诉我的！

结束与哈里曼和考特尼的午餐之后，我又去拜访了哈罗德·贝尔福，英国分管空军事务的助理大臣。在那儿我与弗里曼、贝尔福和考特尼进行了会谈。他们给了我一张通行证，让我进出所有政府部门办公大楼时走特殊通道，不用在门口排队等哨兵检查证件或安全引导。这替我节省了大量的时间。

在回酒店的路上，我经过白金汉宫时注意到，最近一次空袭的弹着点距离宫殿如此之近，许多窗户都被震碎了；白金汉宫的地面和对面的街道上，到处都是弹坑。

在与比弗布鲁克会谈的时候，他告诉我，德国人对英国飞机制造厂的轰炸，曾经使英国飞机的产量在短短几个月中下降了三分之一，但损失未再继续扩大。比如，3月份的飞机产量本来应该是1 800架，实际上却缩减到了1 200架。第二天，我又去了一趟比弗布鲁克的办公室，就涉及英美两国飞机生产方方面面的问题，以及每一种能够提高产量的可能性和方法，进行了全面研究。我们讨论了引擎规格的标准化，配件和装备的制造，英国皇家空军与美国莱特空军基地互派专家开展学习交流。我们还讨论了飞机转运的问题；生产的优先次序安排以及12 000架飞机的新项目。在讨论过程中我发现，英国人对我们的飞机生产情况完全没有概念：我们下一步的计划是什么；我们正在建设什么样的航空兵部队；以及我们是否真的做好了将飞机送到他们家门口的准备。就我与比弗布鲁克及其助手道森的谈话来看，可以说，他们对美国航空兵提出的方案总体表示赞成，这些方案此前我们也已经提交给总统、总参谋部和国会了。当然，他们总归还是希望能得到他们想要的所有飞机。

下午，我叫上克萨达[1]一起，去看望美国志愿飞行员组建的“飞鹰中队”[2]。他们当时和英国皇家空军之间产生了一些矛盾——主要还是因为，在这些美国志愿飞行员当中有不少人桀骜不驯，难以管束。实际上，在那个时候，有许多比“飞鹰中队”组建、训练还要晚的英国皇家空军、殖民地空军以及其他志愿者组成的飞行中队，早已经奔赴非洲、马耳他或者在英格兰本土的战场上投入战斗了，而“飞鹰中队”却仍然在坐冷板凳，等待着分配任务。道格拉斯[3]刚刚做出决定，立刻安排美国的志愿者们上战场，否则局面就不好收拾了。我告诉他，我认为这件事不难处理——要么上战场，要么就地解散，让这些人回家。道格拉斯

① 埃尔伍德·理查德·克萨达(Elwood Richard Quesada，1904—1993)，美国空军中将，绰号“保险箱”。1929 年 1 月参加了卡尔·斯帕茨、艾拉·埃克组织的代号“问号”的空中加油飞行试验，荣获“杰出飞行十字勋章”。随后曾担任驻古巴大使哈里·古根海姆和战争部分管空军的助理部长杜比·戴维森的专机驾驶员，是陆军技术最好的飞行员之一。1944 年 2 月起先后任第 9 空中支援司令部司令、第 9 战术空军司令部司令，负责支援诺曼底登陆和西欧战场的作战行动。——译者

② 飞鹰中队(Eagle Squadrons)，由美国民间志愿者飞行员组建的战斗机中队，从 1940 年 9 月开始协助英国皇家空军抵抗德国入侵。在美国参加二战之前，一些美国人加入加拿大皇家空军学习飞行和空战，其中不少人前往欧洲参加了芬兰抵抗苏联侵略的“冬季战争”。当时生活在伦敦的美国富商查尔斯·斯维尼效仿一战时期的“拉斐特飞行队”，招募美国志愿者组建了隶属法国空军的分遣队。法国陷落后，这批飞行员便加入了英国皇家空军，被授予皇家空军军衔，身着皇家空军制服作战，但佩戴印有白色秃鹰和“ES”字符的“飞鹰中队”徽章。1940 年 9 月至 1941 年 7 月，他们先后被编成第 71、121、133 三个战斗机中队。1942 年 9 月，被整编为美国陆军第 8 航空队第 4 战斗机大队下属的 334、335、336 战斗机中队。此时，最早一批加入“飞鹰中队”的 34 名美国志愿飞行员中，只剩下 4 名幸存者，另有大约 100 名志愿飞行员牺牲、失踪和被俘。美国空军第 4 战斗机联队至今依然保留着这些部队的番号，驻扎在北卡罗来纳州西摩约翰逊空军基地。——译者

③ 威廉·肖尔托·道格拉斯(William Sholto Douglas，1893—1969)，英国皇家空军元帅。在不列颠之战中，他反对战斗机司令部司令休·道丁和第 11 战斗机大队基斯·罗德尼·帕克的“小编队打了就跑”的战术，支持第 12 战斗机大队特拉福德·利·马洛里的“大编队”战术。1940 年 10 月，查尔斯·波特尔就任皇家空军参谋长，支持道格拉斯的观点，并于 11 月任命他接替休·道丁任战斗机司令部司令。1943 年 1 月，利·马洛里接任他的职务，道格拉斯调任中东战区皇家空军司令。1944 年 1 月任皇家空军海岸司令部司令，配合诺曼底登陆作战。——译者

同意我的观点。

离开“飞鹰中队”之后，我们又去参观了防空司令部，看到他们正在使用的推演板。他们向我们简单介绍了如何使用这些推演板来指挥战斗机群的方法——如何定位德军飞机；如何识别他们；特别是当英国飞机起飞时，如何告诉他们起飞的方向，以及飞到什么位置拦截进袭的德军飞机。就在这时，我们从图板上看到有四架德军飞机从加来附近的机场起飞了。英军飞机立刻起飞前去拦截。看来过一会儿，我们就能在眼前的推演板上看到一场空战了，但是不知什么原因德军飞机返航了。这一天不会有什么战斗了。但这天下午的参观，让我掌握了许多皇家空军内部的详细资料，了解了什么才称得上是真正的空中防御——此前我们在美国只听说一些零零碎碎的信息。

从道格拉斯那里，我了解到一个极为有价值的情况，对美国很有帮助：一架昼间战斗机在23 000英尺到37 000英尺的飞行高度时性能最佳，这可能需要两架飞机编组作战。“道格拉斯DB－7”（就是那位法国的科米德林先生在道格拉斯飞机厂观摩其测试飞行、发生事故后引发激烈批评的飞机）是一种轻型双引擎飞机，性能优良，既可作为夜间战斗机也可作为昼间轰炸机使用，不过还需要进行一些改装。英国人打算至少让三分之一的飞行员驾驶这种型号的飞机。

道格拉斯还告诉我，在战斗机上没有安装自动驾驶装置的必要。当时，美国的陆军航空兵总指挥部正在花大价钱为所有战斗机安装自动驾驶装置。英国人的经验帮助我下定决心。如果英国皇家空军在实战中都不需要这种装置，那么我们美国肯定也用不着。英国机场当时已经全部使用硬质跑道了，所有新建机场都只有一个机库。结束了与道格拉斯这场令我受益匪浅的会谈之后，我返回了伦敦。

那天晚上，我发现无论自己是否情愿，都已经置身于“最高阶层”之中了。澳大利亚总理孟西斯安排了一场晚宴，到场的全部是“达官显贵”——而且都是“大人物”：大英帝国总参谋长、陆军元帅约翰·迪尔[①]爵士；第一海务大臣，皇家海军上将达德利·庞德[②]爵士；几位内阁成员；劳工部长贝文先生；空军大臣阿奇博尔德·辛克莱爵士和他的助理贝尔福；皇家空军上将波特尔和他的助理弗里曼；国会议员托马斯·森普尔伯爵，他1917年到1918年曾经因为“汉德利·佩季”飞机生产项目出访美国，我们打那时起就认识了(就是他曾经在上议院读那封来自加拿大里贾纳的信，说我是一名“花白头发的老先生”，当时我正率领一支飞行中队前往阿拉斯加进行远程训练)；还有阿瑟·格林伍德以及怀南特大使。在晚宴上，我们谈论的内容涉及战争的各个方面。我的座位在孟西斯和贝文中间。我们聊起了美国当前的局势——劳工状况、工人罢工、英美两国工厂的生产效率，美国参照了德国和日本的哪些政策，万一发生意外事件应该如何处理——全是些我可能不应该谈论的话题，但是他们显然对此兴趣浓厚，希望能听到我说点什么。作为这种“一流队伍”中的菜鸟，我已经尽力了。

晚宴结束之后我动身返回酒店。刚走到街道上，就响起了刺耳的警报声，探照灯划破了天空，高射炮开始隆隆作响。伦敦又一次遭受了空袭。街对面摄政公园里的高射炮，还没来得及开火，我便听到第一枚炸弹爆炸的声音。爆炸声变得越来越近，城市的天空变成了红色——房屋和工厂正在燃烧。德国飞机的目标看来是伦敦市中心。摄政公园里的高射炮开始发出震耳欲聋的炮声。德国飞机就在头顶上了。

---

① 约翰·格瑞尔·迪尔(John Greer Dill，1881—1944)，英国陆军元帅，二战前曾担任英国陆军参谋学院院长、陆军部作战与情报局局长、驻巴勒斯坦英军司令、奥尔德肖特军区司令。1941年12月起任英美联合参谋长委员会英方首席代表，为协调英美两国的战略计划作出了突出贡献。罗斯福总统称他为“以卓越的协调能力推动我们两国联合军事行动的最重要人物”。——译者

② 达德利·庞德(Dudley Pound，1877—1943)，英国海军元帅。1891年参加海军，历任海军部计划司、作战司主任和地中海舰队参谋长、司令等职。1939年6月出任第一海务大臣，在制订和实施海军战略上发挥重要作用。——译者

一时之间，炮声、爆炸声此起彼伏，震彻云霄——然后，就像这场空袭来的时候那么突然一样，这些声音倏忽间就消退了，一切又重归平静，只剩下天空依旧被熊熊燃烧的大火映得通红。那天晚上 12 点，又来了一次空袭。我站在酒店的屋顶上进行了观察。我必须承认，这看起来非常令人震撼，但却还不是——我想象中的——真正空中力量的展示。

第十四章　不列颠和大联盟；“空中堡垒”展翅飞翔

第二天，我先是会见了英国科技工业部常务副部长亨利·蒂泽德[①]爵士，然后去了位于伦敦“南城”的轰炸机司令部，时任指挥官是皮尔斯皇家空军中将。据皮尔斯说，英国对发展轻型轰炸机没什么兴趣。轻型轰炸机所具有的功能，中型或者重型轰炸机都能够实现，甚至更好。这个观点与我们总参谋部的观点相去甚远，他们认为轻型和中型轰炸机能够解决一切问题。

皮尔斯的整个指挥机构都建在地下。他本来已经部署好了，那天晚上派出 200 架飞机轰炸柏林，但由于天气原因计划改变了，轰炸目标改成了不来梅。

当时，英国皇家空军的飞行员和投弹手们对一种重达 4 000 磅的炸弹寄予厚望。它装有 3 000 磅炸药，外壳是由薄金属板铆接的——这是管道工或钣金工的活儿，而不是我们当时用的锻造或者焊接工艺。按照我们的传统工艺，具备制造炸弹技术的人，在战时很难找得到。英国的这种炸弹制造方法，没有这么高的技术要求，因此节省了宝贵的人力。这种 4 000 磅炸弹——堪称“巨型炸弹”——和德国空军曾经使用的一种炸弹很相似，都是在地面上方爆炸，靠爆炸产生的冲击力而不是碎片来产生杀伤力。与德军的巨型炸弹相同，它也装有一个扰流器来控制速度。德国空军曾经在亨顿投过这样一枚炸弹，造成 36 间房屋被完全损毁；还有100多间受损无法居住。皮尔斯想借此来个以牙还牙。而美国当时还没有类似这样的炸弹，这个信息我得带回去给我们的专家。

那天晚上，当夜幕降临时，我看到英国皇家空军的攻击行动开始了。飞往不来梅的轰炸机是140架而不是200架。参战飞机数量的减少，说明战时皇家空军要解决的难题，一点儿不比尚未参战的我们少。显然，保留一定的后备力量，对维系战斗力是十分必要的。

我走到外面去，对其中一些轰炸机进行了仔细观察。每一架飞机都装了六箱燃烧弹和一枚500磅的炸弹。只有两架飞机装了4 000磅的炸弹。轰炸机的起飞间隔是两分钟。在夜间空袭中，参战飞机没有相互支援的必要。他们的目标是不莱梅造船厂。我听着中队指挥官向他的队员们做了战前的简报，和我们的套路基本一样，因为我们的战前战术简报最早就是从英国皇家空军学来的。我一直等在机场，直到执行任务的飞机返航。我想知道空袭的结果如何，并听听那些机组人员向基地的情报官汇报些什么内容。他们的情报官们，坐在询问桌边，好像心理医生一样，对那些参战人员循循善诱，以得到尽量准确的信息。这趟任务的飞行里程是400英里，参与执行任务的所有飞机都平安归来。据参战机组人员说，除了一枚之外所有炸弹都命中目标。有一架Ju－88突然从机群正后方的云层中出现，但是立即被击落了。它甚至都没来得及朝轰炸机

① 亨利·蒂泽德(Henry Thomas Tizard，1885—1959)，英国科学家，帝国学院院长，建立战时雷达防御系统的关键人物。一战爆发后加入要塞炮兵和皇家飞行团服役，后调入军工部任职。战后重返牛津大学任化学热力学讲师，期间提出了衡量燃料(汽油)抗爆性的指标“甲苯数”的概念，即后来的“辛烷值”。此后担任科技工业部助理部长、常务副部长，期间推动了特丁顿化学研究实验室建设和空军科学技术的研究发展。1929年至1942年任伦敦帝国学院院长。1933年任航空研究委员会主席，1935年起致力于推动雷达技术研发和防空预警系统建设，后在不列颠之战中发挥重要作用。1940年率科学代表团访问美国，将英国最新发明的共振穴磁控管等雷达技术、燃气涡轮发动机和代号“合金管”的原子武器项目介绍给美国。1946年任国防科研政策委员会主席，1948年任国防部首席科学顾问。1950年起还主持了UFO的研究。——译者

开火。

英国人在机场设立了引导标识，以便返航的飞机识别，我对他们的方法非常感兴趣。在机场的中央，有一排红色灯光——全部都是用电控制的。每一架准备进入机场的飞机会发出一个识别信号，机场附近的灯塔便会引导飞机靠近。当飞机开始在机场上空盘旋时，有一个球形灯便会亮起来，等到飞机进入机场上空并且明确已经识别出自己降落的跑道时，球形灯便会关闭。跑道上安装了滑行道信号装置，当飞行员降落的角度太大时会亮红灯，角度太小时会亮黄灯，角度调整正确时亮起绿灯。当飞机靠近机场边缘时，泛光灯会亮起，直到飞机轮子着地然后关闭；之后会有一辆亮着昏暗灯光的小卡车引导飞机到自己的停泊位置。他们在这方面如此小心的缘故，是因为发生过几次德国飞机跟随英国轰炸机回到基地，并且将他们在降落过程中击落。

第二天，我发现自己再一次置身于这个国家的最高决策层当中。我拜访了帝国总参谋长、陆军元帅迪尔。他和他的两位助理，温宁将军和奈伊将军，与我一起讨论了有关苏联、土耳其、西班牙、葡萄牙、巴尔干以及英格兰和希腊的局势；如果德国人下定决心，从海滩登陆发起进攻，英国要如何才能守住从沃什湾到兰兹角这一带的海岸线。约翰·迪尔爵士希望能够重现 1918 年的情景，德军莫名其妙的突然溃败。在这一点上，我决定挺身而出，我说：这一次，那个“莫名其妙”的理由就是通过空军的轰炸行动，使德国陆军丧失必备的作战条件。约翰·迪尔爵士，具有典型英国人的保守，说道：“或许如此吧。”

我们还就战斗机、轻型轰炸机以及“小型机”（诸如风笛手公司的“幼兽”小型机之类）在配合地面部队作战时的优劣势进行了讨论。我发现炮兵倾向于“小型机”，但英军参谋部更喜欢轻型轰炸机。他们一致认为“旋翼飞机”和观测气球已经完全没有市场了。执行近地支援任务时，对飞行速度的要求是很高的，虽然观察员在细节的观察上会有损失；但是速度慢的飞机很难逃脱敌人的攻击。在我们的会谈结束之前，伊斯梅①将军——后来成为丘吉尔的参谋长，走了进来。在我曾经会谈过的帝国总参谋部的官员当中，他是最乐观的一位。

那个时候，英国参谋部总体上认为，山脉将能够阻挡德国人的装甲铁骑，但是“希腊-南斯拉夫战役”却并没能印证这一观点。德军装甲师所向披靡，他们的装甲车在大量飞机的空中支援下一路猛进，而英国人显然还没有找到什么办法能够阻止他们。即使有些坦克可能会掉入陷阱或者沟渠，但是其他的会继续前进，整个装甲兵团依然在向前推进。迄今为止，唯一成功的防御方法就是让他们的战斗部队先通过，然后阻断其辎重部队。没有了汽油——战斗部队就无法继续推进了。

通过在英军司令部的这些交谈，我发现英国人一致认为，德国一线的空军力量大约是2 000架飞机，这比我们的情报预估的数据要低，我们认为德军作战飞机总数大概在5 000架左右。或许他们是对的。英国人的推理方法大致如此：当德军飞机从机场起飞时，通过拦截无线电信号，就可以准确地记录下每一架飞机的情况；无论它是从德国哪里起飞，英国人都能够掌握每一个飞行中队的位置以及它的精确兵力——甚至常常能准确到飞行员的名字和说话的声音。要得到德国空军总体兵力的情况，只需要将这些无线电拦截信息进行汇总整理就可以了。

我所到的每一处，都受到了英国人的热情款待，仿佛我是美国战争部特派的密使，带着来自战争部长、总参谋长甚至可能是总统的最高级别的国书。帝国总参谋长甚至带我参观了他们的作战室——他们的“至

① 黑斯廷斯·莱昂内尔·伊斯梅(Hastings Lionel Ismay，1887—1965)，绰号“巴哥犬”，1938年任帝国防务委员会秘书，1940年至1945年被丘吉尔选任为国防大臣参谋长，兼战时内阁副秘书长，并在丘吉尔的坚持下，成为由三军参谋长组成的参谋长委员会的成员。他是丘吉尔和帝国总参谋长艾伦·布鲁克子爵之间的主要协调人，在促使政府和军事部门工作顺利运转上发挥了重要作用。1946年退役后，仍活跃于军政界，历任印度总督路易斯·蒙巴顿的幕僚长；1951年丘吉尔再任首相后，任英联邦关系国务大臣，1952年出任北大西洋公约组织首任秘书长。——译者

圣之地”——所有陆军、海军和空军的作战行动都在这里调度指挥。他们向我演示了，如何在一张巨大的地图上记录下每一支陆军和空军部队的行动路线；如何使所有地图随时保持更新；他们防御体系的优势与劣势；他们还给了我德军指挥作战时发布的命令，这是他们——英国参谋部——所掌握的全部情报。我觉得自己的脑袋都被机密情报装满了，真担心会在梦里说出来。

第二天，我启程飞往剑桥。一路上，炸弹弹坑随处可见——近至机场和市区，远至乡村，有时甚至连那些远离城市和军事目标的大型庄园附近也能看到。看起来好像是德军飞行员为了减轻飞机重量，而把炸弹随意扔在他们能看到灯光的地方。但其实，真正的原因则是，英国人能够通过无线电控制，让德国人的无线电波发生偏离，从而令德国飞行员无法准确判断自己所处的位置。德国人也同样用过这个办法来对付英国皇家空军。

在飞机上，我们再次聊起有关昼间轰炸的话题。一位英国皇家空军军官一再告诉我，昼间轰炸是不可能的。他解释说，因为如果要使用任何投弹瞄准器的话，飞机在接近目标时，至少要保持二十秒钟的直线飞行。他们相信，在德军极为精准的高射炮和飞机的攻击之下，想要保持直线飞行是根本不可能的。只有一个办法能够实现，就是在最高极限高度飞行。

在当时所做的笔记中，我找到了下面这段话：“要么我太过乐观，要么就是无知者无畏，但是我认为英国人在轰炸方面仍然有许多地方要学习。不过，要对英国皇家空军两年的实战轰炸经验进行质疑，我又算是老几？一回去，我们要立即着手对整个日间和夜间轰炸做系统研究。我们送给英国人的斯佩里瞄准器他们也没在用。”

在前文中，我提到过德国空军曾对亨顿发动了空袭。在飞机降落的时候，我们看到了那枚浅色外壳的 4 000 磅德国超级炸弹所造成的后果。

那里满目疮痍，整个街区的房子都被损毁，无法居住。这场景着实令人毛骨悚然。

当我们的飞机在亨顿着陆时，还能看得见伦敦上空仍然飘散着烟雾，前一晚空袭的硝烟尚未散尽。飞行员说，伦敦一直是轰炸的重灾区——前一天晚上的空袭是有史以来最严重的——当我们驱车离开机场，从亨顿到多切斯特，一路上随处可见炸弹爆炸留下的痕迹。街道上遍地都是玻璃残片；一栋栋房屋被夷为平地；人们正在从损毁的房屋中捡拾物品；消防队员忙着四处救火，帮助人们重建家园。在那些道路破损无法通行的街区，正在重新规划交通路线。如果这样的混乱场景发生在美国的某一座城市，一定会引起交通大瘫痪——就像大型橄榄球赛散场时那样。然而，这儿是伦敦，尽管到处断壁残垣，遍地狼藉，人们不得不绕行，但交通秩序却依然那么有条不紊、井然有序。有传闻说，赛尔福里奇百货公司被炸毁了(后来证明是假消息)。在我住的酒店 150 英尺之内的范围里，有四枚炸弹落地，两栋房屋被彻底摧毁。轰炸导致水管和煤气管道破裂，但是英国的维修人员准备了特殊的分节管道，能够迅速将断裂的管道连接起来，以保证水和煤气正常供给。有 500 架德国飞机参加了前一晚轰炸伦敦的行动，空袭从晚上 10 点开始，直到次日凌晨 5 点钟才结束。轰炸引起的大火燃烧了一整天。

当比弗布鲁克回到家时，发现自己的房子也被炸弹击中了。房子门廊立柱上的一个木雕狮子，被炸弹的冲击波震飞到了外面的街道上，比弗布鲁克试图把它捡回来时，被一群愤怒的伦敦市民团团围住，他们误以为他是个趁火打劫的强盗。

那天，在与英国皇家空军、皇家海军和英国陆军召开的会议上，我有这样的感觉：皇家空军对赢得这场战争是比较乐观的，主要是基于以下几点，在从冰岛到新加坡的广阔空域里都能够成功地开展空中侦察，从英格兰可以对德国的任意目标发动空袭，空军的海岸司令部在协助皇家海军对抗纳粹潜艇方面也相当成功。

然而，海军却没有这么乐观，他们面对着几个相当麻烦的难题。海军的兵力散布在全球各个大洋，以尽力降低德国潜艇的威胁，提防着德国人发起的一次又一次偷袭，保证护航船队的通行。但是，对于是否能够为那些从美国开往英国的载有军火和补给物资的船队提供必要的护航，他们并没有十足的信心。事实上，皇家海军对战争的结果还有些悲观。

陆军则明确表达了悲观。在很长一段时间里，他们的兵力都过于分散，并期待着得到增援。此前的败退很大程度上影响了他们对未来战事的看法。在1941年的那个4月，由于一直处于待命状态，再加上兵力和装备的不足，让英国陆军显得倍感颓丧。有意思的是，在之后的几年里，在英美联合参谋长委员会召开的会议上，对于未来战事的发展，他们似乎依然保持着各自的这种态度——皇家空军十分乐观，皇家海军不甚乐观，英国陆军则十分悲观。

那天晚上的空袭造成了数百人伤亡。但对于每次空袭的伤亡情况，报纸上只会发布一篇很不起眼的通告——只是简单地提一句“在空袭中死亡”。没有更多的细节报道，没什么大不了的，也没有人关注。在那些倒塌的房屋废墟中，偶尔能看到窗台上依旧摆放着鲜艳的花束。赛尔福里奇百货公司的大火还在燃烧，但已经在采取措施逐步开放一楼的商场。人们仍然在自己房屋的废墟中翻寻着有用的物品。我们一路前行，看到许多建筑物上都留下了被炸弹碎片击中的疤痕，越来越多被炸毁的房屋，火仍然在废墟上燃烧着，之前一排排的房屋现在都变成了巨大的深坑。那天晚上，有6 000枚炸弹掉落在这座城市的土地上，600人死亡，4 000人受伤。医院里挤满了人，一些伤员被疏散到乡下或是小镇上。尽管如此，人们依然保持着镇定从容，积极投身于清理重建工作当中。

当时我冒出了这样一个想法：德国最多也就是派了500架飞机，就给伦敦造成了如此惨重的损失。在美国，我们对轰炸作战的想法是，一次至少要出动500架，甚至多于1 000架轰炸机。假如昨晚遭遇的是800或1 000架飞机的轰炸，估计伦敦的大部分地方都要从地图上被抹去了。空军作战就是这样，足够多数量的飞机就意味着彻底地摧毁目标。

那天我去萨沃伊饭店用午餐。在饭店和河道之间有一枚地雷爆炸了，把地铁附近的地面炸出一个大洞。地铁入口的两端满是碎片，萨沃伊饭店正面所有的门窗都破裂了。请我吃午饭的人是辛克莱，是他第一次带我去了空袭防范办公室。那儿有一张伦敦地图，上面标注了所有炸弹落地的位置。它们布满了整个伦敦，大多数靠近铁路站点、岔道口、电力供应站、变电站、桥梁、码头、仓库和工厂；但也有许多落在了居民区。每一枚炸弹落下的位置都被精确标注，因为有许多炸弹并没有爆炸，拆弹队必须找到它们，挖出来，移除导火索，然后引爆。

我们在萨沃伊饭店的用餐轻松愉快，一起讨论了美国能够向英国提供的援助。此时讨论这个问题正是合适的时机——前一天伦敦刚刚遭遇最大规模的空袭。在我心中，有一点越来越清晰，那就是空军要发挥作用，必须进攻，把战争打到对方的家门口，摧毁他们的空军力量，让他们没办法找上门来。

我发现，与英国最高层的这些领导人物打交道，是一件令人愉悦的事。虽然他们待人接物的风格与我们不同，但是因为我有一战的经验，对此是有心理准备的。比如说，我很高兴有机会同查尔斯·波特尔爵士建立熟络的关系。在我看来，他是英国总参谋部最睿智的人之一。他思维敏捷、逻辑缜密、富有远见，在许多问题上我们都有共鸣，因此相处得极为融洽。

帝国总参谋长约翰·迪尔爵士，是一位天生的心理学家，他仿佛具有一种与生俱来的能力，能够迅速洞悉人们的心理并控制他们。后来，我曾经陪同约翰爵士在美国进行过数次访问，无论在什么场合，他都能泰然自若，从容应对。他了解美国人和他们的处事方法。

在这次伦敦之行中，我没想到能够有机会与第一海务大臣达德利·庞德爵士见面。我此前与英国海军没有联系，因此能够见到他并有机会参观海军部，与他的参谋部开会，令我倍感惊喜。达德利爵士，是一位能力出众的人，也是一位杰出的统帅。他是一位资深望重的“老水手”，在十四岁的时候就加入了皇家海军并为之奉献终生。他对自己的海军和其他所有国家的海军都了如指掌。当时，他的健康状况已经开始快速恶化，但是他的头脑依然思维敏捷、求真务实。

伊斯梅将军，不久就将成为丘吉尔的参谋长，总是英国参会者名单中排在最后面的那个。他很快就进入了角色，相当适应这个岗位，他有一种与所有人都能融洽相处的能力，善于在复杂的情况下迅速做出决断。在这方面，他和哈利·霍普金斯颇为相似。在我此行见过的所有英国官员当中，没有谁比“巴哥犬”伊斯梅更适合丘吉尔参谋长这个职位了。

而此次伦敦之行中，最出乎我意料的一件事，便是能够得到与首相阁下会谈的机会。当接到周末去迪奇雷城堡参加丘吉尔家庭晚宴的邀请时，我发现自己有点尴尬了。我从美国出发之前，曾经请教过驻华盛顿的英国官员，是否需要准备晚礼服，得到的答复是，在战时的英格兰肯定不会有人穿这种衣服的。然而，当我向我们驻伦敦的军事武官询问，去迪奇雷城堡应该穿什么服装时，他说：“晚礼服。”于是，我不得不四处寻找，想办法去搞一件来。我们航空兵驻伦敦的武官麦克·斯坎伦上校，和我身材相仿，所以最后我借了他的衣服穿。

迪奇雷城堡的主人是罗纳德·特里家族，他们在我到访伦敦之前刚刚买下了它。这是座建于 17 世纪初的古堡，占地面积很大，绿草如茵，还有一片湖泊，高大的树木和低矮的灌木丛分布都相当齐整。花园里用灌木修剪出的各种造型，比绽放的鲜花还要惹眼。城堡里面，摆着不同历史时期城堡主人狩猎的战利品和鹿头，大部分是早期的王室成员。在每个鹿头下面，都有一个名牌，上面标注着这头鹿被射中的时间和地点。比如，其中一块上面就刻着：

> 1608年8月26日，星期一。在詹姆斯国王的追赶下，我一路狂奔，跑到了格瑞尔门，死神却在那儿等着我。

我和埃夫里尔·哈里曼一同驱车前往迪奇雷城堡，他给我做了一个相当精彩的背景介绍，帮助我为这次与丘吉尔的会谈做好功课。在伦敦我已经同怀南特大使聊过，但我得到的信息还不够。除此之外，哈里曼还告诉我，丘吉尔很可能会聊到深夜——不过我可不希望他可着劲儿地说。

参加晚宴的只有我们几位——丘吉尔夫妇、哈里曼、特里夫人、布莱登·布雷肯[①]、我自己以及丘吉尔的卫队长。晚宴结束之后，男人们来到一个小房间，坐成一圈儿，开始聊天。谈话的内容非常广泛。我们聊了美国的情况；如果我们参战，英国希望得到我们什么样的帮助；我们的第一仗会在哪里打；美国会派多少飞机和飞行员赴英国参战；以及向皇家空军提供多少援助飞机和装备。

我还清楚地记得，我向丘吉尔先生问起有关苏联的问题。苏联那时还是个谜；它未来在欧洲的动向，对当时的国际局势来说，是一个大大的问号。在苏联还没有与德国开战时，她的态度反复无常，变化莫测，大家都搞不清楚苏联下一步会怎样。于是，我向丘吉尔问起他对苏联的

---

① 布莱登·布雷肯(Brendan Bracken，1901—1958)，英国商人，《金融时报》创始人，保守党政治家。从1923年协助温斯顿·丘吉尔当选下议院议员起，两人便建立起长期的政治盟友关系，被称为丘吉尔的“门徒”。二战期间坚定支持丘吉尔对抗纳粹德国，常常担任丘吉尔的私人代表参与协调重大决策。1941年至1945年任新闻大臣。——译者

看法。他的回答令我终生难忘："苏联就像是一条没有道德观念的鳄鱼，潜伏在深处，等待着任何可能来到它面前的猎物。"

在 1941 年的这个时候，丘吉尔还看不清楚英国如何才能在这场战争中有所获益。他说，德国陆军的铁蹄已经在整个欧洲大陆上肆意践踏了。如果美国能伸出援手，那么北大西洋战役就一定能够，也必须取得胜利。他表示，1942 年我们应当增强兵力，做好反击德国人的准备。他同意我提出来的，必须在格陵兰岛上建立美国空军基地；而且我们必须尽可能早地在英国部署远程轰炸机。他认为，英国陆军存在着装备有余但是人手不足的问题。那天晚上，我再一次听到了首相的那句名言："英国可能不会总是赢得每一场战斗，但总是会赢得战争。"他的观点很明确，那就是盟军必须尽早制订关于扩充装备、兵力和培训的计划，甚至把 1943 年也要考虑进来。

谈到这个话题的时候，查尔斯·波特尔爵士加入了进来。他强调说，我们必须重视发展有增压舱的飞机、远程轰炸机和重型轰炸机。看起来，丘吉尔相信通过现有的护航模式，能够消除德国人潜艇的威胁。那段日子，德国人的"福克沃尔夫-200"正在大西洋上兴风作浪，对英国的护航船队构成了严重威胁。英军统帅们认为，必须让驱逐机从护航舰队的船上起飞作战，来对抗福克沃尔夫的四引擎轰炸机。在场的人一致认为，在结束战斗之后，那些驱逐机必须降落在其所携带燃油允许飞得最远的地方，飞行员要尽可能自救逃生。

在那天晚上的谈话中，我还第一次听到了跳弹攻击的战术。他们说，在 4 月份，英国皇家空军海岸司令部使用这种新方法击沉的德国船只，超过了英国和盟军被击沉的船只。轻型轰炸机在水面上低空飞行，当接近目标时投下炸弹，让炸弹保持几乎平行的角度击中水面。而当它们一接触到水面就会弹起，然后在吃水线上下的位置穿透船体。英国人称，这种新战术已经取得了极大的成功，效果比高空轰炸要好得多。

我一回到美国，就在佛罗里达州埃格林基地的训练场组织开展了跳弹轰炸试验。后来，在攻击日本舰队南进珊瑚海的战斗中，肯尼将军运用了这种方法，也获得很大成功。

那天晚上，我们几乎彻夜长谈，直到第二天凌晨3点左右，我觉得脑袋里满满当当的，阵阵睡意袭来，方才准备休息。

第二天，首相阁下和我继续会谈。我们讨论了英国在巴士拉建立军事基地的问题，以及美国在开罗南部建设一个空军补给站的计划；挪威未来的局势发展；如何尽一切可能在亚速尔群岛建立基地；还有北非局势，以及准备打北非战役的问题。我们还谈到了苏伊士、格陵兰和冰岛。

丘吉尔还提到了控制舆论宣传的必要性。依他看来，美国现在的宣传方式并不正确。美国急需采取一种恰当的舆论导向，引导公众了解当前的世界局势，以及美国人必须要采取的行动。这种舆论控制包括恰当的宣传，由了解美国公众心理的人来掌控，合理选择信息投放时机，使其能够发挥最佳效果。布莱登·布雷肯也赞同这个观点。我觉得罗斯福总统实际上就是这么做的，在对国际形势的判断上，他比一般人要领先六个月到一年。丘吉尔表示认同，但仍然坚持说，这种舆论掌控必须由政府圈子里的高层人物来组织实施。

第二天午餐，确切地说是同一天，一起用餐的包括首相及首相夫人，捷克斯洛伐克总统贝奈斯①和他的总理以及参谋长，还有埃夫里

---

① 爱德华·贝奈斯(Edvard Beneš，1884—1948)，捷克斯洛伐克政治家，开国三元勋之一。1915年开始支持捷克和斯洛伐克独立运动。1916年任捷克斯洛伐克民族议会总书记。1918年法国承认捷克斯洛伐克民族议会为计划中的捷克斯洛伐克共和国的唯一代表，并在《凡尔赛条约》的交涉过程中有发言权。在巴黎和会中，贝奈斯推翻美国总统伍德罗·威尔逊建议的让苏台德地区进行民族自决的建议，将其并入捷克，解散了当地的独立运动。1918年捷克斯洛伐克共和国成立后出任外交部部长，1921年任总理，1935年任总统，1938年10月辞职。1940年在伦敦建立流亡的民族委员会。1941年任流亡政府总统。1946年再次当选为总统。1948年6月辞去总统职务。——译者

尔·哈里曼。贝奈斯总统想知道，为什么美国不承认他的政府、不愿给他提供援助。我的回复是，这个问题我不能回答，我很抱歉，但是我们的国务院有自己处理外交事务的方式，而且只有与之相关的人才知道具体情况。

贝奈斯总统给我的印象是一位温文尔雅、思路清晰并且勇敢无畏的人——愿意为他的祖国、为他认为正确的事业而战斗到底。我对他的印象非常好。他通晓国际时事，并努力将自己国家所面临的困境披露给世人知晓，以争取更多援助。

午餐之后，丘吉尔、贝奈斯、哈里曼、布雷肯和我一起驱车前往30英里之外的捷克军营，在那儿我们检阅了贝奈斯总统的陆军部队。他不无悲伤地说："2 000人；150万人的部队就剩下这些了。"当丘吉尔开始检阅时，这些老兵们做了一次精彩的演练。他们身穿英军制服，拿着英国提供的武器，看起来那么的英姿飒爽，机敏矫健。

告别了军营，我们改为骑马，沿着乡间小路穿行，一路上经过了许多小村镇。我们继续着先前讨论的话题。我发现丘吉尔对古往今来各个历史时期发生的军事行动，都了如指掌。他有着超乎寻常的记忆力。这让我想起了罗斯福总统出游的场景，每到一处都会受到空前热情的民众发自内心的热烈欢迎。我注意到，丘吉尔非常善于审时度势，随机应变，面对不同场景或者不同的人，他会改变自己的方式和态度。他时而会是忧郁感伤的，又或是和蔼可亲的；也可能是满怀悲痛的，又或是充满喜悦的；时而热情洋溢、时而深表同情、时而温柔仁慈，所有这些表情都取决于他面对的是一位敦刻尔克大撤退阵亡士兵的遗孀，还是一个向他献花的小女孩，或者是前来向他表示欢迎的社区民众代表。

那天晚餐之后，大部分时间是温斯顿·丘吉尔和查尔斯·波特尔爵士在交谈。谈话中，尽管首相对空军有不少嘲弄之词，有的是认真的，有的是开玩笑，波特尔始终克制谦让，彬彬有礼。无论是在餐桌上，还是在餐后的谈话中，很大一部分时间我们都在讨论，谁才是德国的首脑——是希特勒还是希姆莱，或者是那个时期其他看起来接近权力核心的德国将领。在场的英国人都一致认为，希特勒才是德国所有重要决策真正的幕后主使。

后来，丘吉尔和波特尔开始一起做我的思想工作了，说我们——美国人——必定会参战，而且很快。不知不觉中，我们又谈到了凌晨2点。我已经尽我所能，记住所有要带给总统、战争部部长和马歇尔将军的信息。

随着时间的推移，与首相阁下交谈得越多，我就越为他那包罗万象、无所不知的大脑和强大的人格魅力所深深折服。他似乎上知天文、下知地理，古今中外、无所不通，他谈论的话题可能是盖茨堡战役、英布战争、一战或者二战——甚至是美国的时事。他简直就是大英帝国在这段艰难岁月中天生的领导者。

第二天早晨(或者不如说是同一天早晨晚些时候)，丘吉尔按惯例在床上口授指令的时间，我插空进去同他谈了二十分钟。他有许多口信要我转给总统，归根结底就是一句话："你代我转告总统——有你们——美国人——一起作战，我们一定会赢。"

英国领导人对我们满怀期望也是情理之中的事。他们实在是极度缺乏武器装备；他们正在战斗而我们没有；他们不知道我们是否能够建立起一支真正的空军，就算我们建立了空军，也不知道它到底会表现如何。

不过，我要面对的情况也相当微妙。我想要给英国人所有他们能派上用场的武器装备，但也没有一样多余的东西。在参观一座皇家空军基地时，我看到我们的几架B－24仍然停放在那里，等待着不知道哪一天才能被送去改装中心。而如果我们能够留下这些飞机，每一架能为我们训练出四组甚至更多的作战机组人员。

当我走出迪奇雷城堡的正门时，发现一支仪仗队正等待着我检阅；我欣然接受了这份礼遇。检阅完仪仗队之后，我和皇家空军上将波特尔一起前往赫特福德，在那儿与比弗布鲁克勋爵会面。在赫特福德，他们将向我展示英国各款最新型的飞机。这真是一场令人印象深刻的展览。英国人无疑将自己的家底都兜给我看了。除了有新式的“飓风”和此前我没怎么听过的“蚊式”① 飞机的模型机之外，他们还在一架美国造的“道格拉斯 DB－7”上加装了 12 架机枪，另外一架上加装了四门加农炮。展览场地上有一大群高级军官等在那里，和我一样焦急地期待着飞行秀的开演。

在那儿我第一次见到了福莱斯特②。哈里曼、怀南特大使、我们的军事武官李上校都来到了现场。在航展参观结束之后，我搭乘比弗布鲁克的车离开。整个下午，我们都在讨论关于空运保障、援助飞机的交接、互派专家的必要性、英国的飞机生产、空袭对英国飞机生产的影响以及“佩刀”引擎的研制计划。

那天晚上，在比弗布鲁克的乡间别墅里举办了一场愉快的晚宴。出

---

① 蚊式轰炸机(Mosquito)，英国德·哈维兰飞机公司制造，1940 年 11 月试飞成功。因为机身结构以木材为主，有“木制奇迹”的绰号。该公司设计师采用了一种少见的木质结构“模压胶合成型木结构”，并进行了改进，将木质胶合结构中间的木料改为一种轻质木材巴尔沙木，木质结构重量进一步减少，强度有所增强。采用全木质结构是德·哈维兰公司最具深谋远虑的决定，充分预见到战时英国的铝合金将出现匮乏，掌握飞机金属结构制造技术的工人也将十分短缺，木质的飞机能够由任何技术熟练的木匠进行生产，英国的钢琴厂、橱柜厂、家具厂都能投入飞机的生产。“蚊式”除担任日间轰炸任务以外，还有夜间战斗机、侦察机等衍生型，是战时英国飞得最快的双发军用机，和“兰开斯特”“喷火式”两种飞机一起，成为大战中皇家空军三大支柱装备。二战期间，仅英国皇家空军的“蚊式”轰炸机就出动过 39 795 架次，投下十多万颗炸弹，其中仅有 254 架被击落，战损率只有千分之六点三，还不及一般轰炸机的三分之一，创造了皇家空军轰炸机作战生存率的最佳纪录。——译者

② 詹姆斯·福莱斯特(James Forrestal，1892—1949)，1940 年任海军部第一副部长，主管海军生产和采购，对促使战时海军发展起过重要作用。——译者

席的客人包括海军大臣亚历山大①，陆军元帅迪尔，防空炮兵总司令派尔将军以及两位国会议员。席间所谈论的话题比较敏感，是仅限于没有外人在场时，英国参谋部官员的小圈子之内才能够议论的。显然，我正在听到的是来自这个国家权力核心阶层的牢骚话。而这些谈话之所以给我留下深刻印象，或许是因为他们谈到了美国参战的必要性，也或许是因为他们的直言不讳——但无论如何，这些话听起来都充满了极度悲观的情绪。

所有在场的人当中，都弥漫着一种恐怕会输掉这场战争的隐忧与恐惧；但同时，又有着要决一死战，战斗至最后一刻的冷静与坚定。当比弗布鲁克转过身来，对我说的一席话，毫不夸张地说，着实令我大吃一惊："你们美国人会怎么做，如果德国人将丘吉尔绞死，我们剩下的人都躲到了苏格兰，被德国人追得四处逃亡——那么美国人会做些什么呢？这些事随时可能发生。我们的对手是这个世界上有史以来最强大的军队！"这个突如其来的问题让我有些猝不及防，况且那天是我在这些英国领导人面前的首次亮相。

几乎所有在场的人都认为，德国随时能够在英格兰的海岸线上建立滩头阵地，只要她愿意付出代价，进攻的最佳地点应该是在多佛港附近一带。英国可以在英吉利海峡沿岸设立一道地雷防线，并通过释放烟幕弹来隐蔽地雷阵，同时通过持续的空中轰炸阻止登陆行动。德国人是否能够登陆不是问题所在，问题是：在他们登陆之后，英国是否能够阻挡他们滩头阵地的推进。

---

① 阿尔伯特·维克多·亚历山大（Albert Victor Alexander，1885—1965），英国工党政治家，1940 年至 1945 年任海军大臣，克莱门特·艾德礼任首相期间还担任过国防大臣。1922 年当选下议院议员。二战爆发后，支持丘吉尔取代张伯伦出任首相，1940 年 5 月任海军大臣，为维护战时多党联合内阁的团结发挥了重要作用，也深得丘吉尔信任。——译者

那天晚上，伦敦又一次遭到轰炸。滑铁卢桥被炸弹击中被迫关闭，泰晤士河道发生堵塞，两条铁路线也被关闭了。当我们第二天早晨回到伦敦市区，看到四处又是一片狼藉。

这天下午，我同詹姆斯·福莱斯特和戈姆利①海军中将进行了会谈。此前，在伦敦设立军事计划委员会的时候，我和戈姆利中将曾经讨论过，除了我们的陆、海军军官之外，是否有必要安排一名美国的航空兵军官参加这个委员会。因为我认为，我们的组织结构必须和英国海、陆、空的军种设置相匹配。在现代战争中，空军扮演着如此重要的角色，在我看来，在如此高层面的军事委员会当中，必定要有空军的人参加。然而，当时这个委员会并没有为美国航空兵代表预留席位。戈姆利将军拒绝了我的提议。

此次访问期间，同波特尔、丘吉尔以及其他人的会谈，给我留下这样一种印象，那就是只需要通过空中力量的打击，就能让德国人彻底退缩，或许没有必要再安排地面部队对付登陆行动。当然，德国人也能够通过空中打击促成登陆行动的成功。海军可以保卫英格兰国土的安全，但只有空军才能深入到德国腹地作战，打击他们的士气，摧毁他们的要塞，损毁他们的补给。那段时间，英国皇家空军正在协助海军打击德军的“福克沃尔夫”，它们攻击护航船队，摧毁潜艇和水面舰艇基地，给皇家海军造成了严重威胁。我在英格兰交谈过的所有人都认为，通过空军对德国内陆的工厂和军事设施实施轰炸，就很可能使纳粹的“斗志”瓦解。这难道是英国人的异想天开吗？不见得。他们都赞同，陆地战在

---

① 罗伯特·李·戈姆利(Robert Lee Ghormley，1883—1958)，美国海军中将。1906 年毕业于美国海军军事学院。一战期间在“内华达号”战列舰上服役。1927 年起历任海军委员会秘书长、主力舰队参谋长、“内华达号”战列舰舰长。1938 年任海军部副部长兼作战计划处处长，10 月晋升海军中将。1940 年任派驻伦敦的海军特别观察员。1942 年任南太平洋战区司令，同年 10 月调任夏威夷军区海军司令。1944 年 12 月任驻德美国海军司令。1946 年退役。——译者

某些时候可能只是一种辅助手段。现代战争已经完全颠覆了旧有的战争概念。

在伦敦访问过程中，我还了解到，英国收到的援助物资，90%都是经过利物浦和格拉斯哥这两个港口。

有一点是显而易见的——要么是英国人自己知道，现在真的是处在了生死攸关的紧要关头；要么就是他们有意把情况说得尽量严重些，希望我能报告给美国总统。现在，通过这段时间的观察，我倾向于前一种判断。英国真的是危在旦夕，危急到他们已经不再顾及他们保守主义的面子，放弃了他们一贯的保守政策。他们真的渴望得到帮助，极度渴望，并且对此毫不隐瞒。

英国国防部的首席科学顾问亨利·蒂泽德爵士，对我们的飞机质量和研发能力表示担忧。皇家海军上将奥斯本则比较关心我们飞机上的炮塔供货渠道单一的问题。对于我们美国造的产品，他们每个人都有这样那样的看法或者意见。

我花了大半天时间在海军部，听庞德海军上将解释护航舰如何为来自美国的船队进行护航，如何与船队会合并护送他们进港。他还向我介绍了德国潜艇经常伏击护航船队的水域；那些德国潜艇正逐步扩大它们的巡航半径；在德国潜艇出没的水域，如果运输船队没有护航会发生些什么；以及英军的护航驱逐舰不得不航行到越来越远的水域，去迎接那些在德国潜艇活动区航行的运输船队。在战争初期，驱逐舰只要从爱尔兰出发，就可以赶在德军潜艇之前与船队会合。不过后来，德军潜艇的巡航范围不断扩大，起初是到达西经 17 度，然后是 22 度、30 度，最后到了 35 度的地方。这就使得英军的护航驱逐舰必须开到距离英格兰越来越远的地方，才能与船队会合，护送他们入港。在那段非常时期里，这些驱逐舰已经把它们的性能发挥到了极限。因此，美国在格陵兰岛、纽芬兰岛和新斯科舍建立巡航基地是非常重要的，只有这样，盟国的海军力量才能覆盖整个大西洋的所有航道。英国在苏格兰和北爱尔兰已经建立了基地，但是庞德上将希望我能够让总统和海军部长诺克斯[①]知道，皇家海军的防务范围目前只能覆盖到大西洋的东半部分。

那天晚上，我和约翰·迪尔爵士共进晚餐，他和我聊起在这场战争中他所面临的许多问题。二战爆发的时候，他们陆军已经是既没有枪炮也没有坦克，补给少得可怜。他说，当他的部队在非洲以 5 000 人之兵力，便俘获 12 万意大利士兵时，他才意识到意大利军队的战斗力有多么可怜。关于北非的那场战役，他谈了自己的看法，德国人之所以命令意大利人发起进攻，是因为意大利的沙漠部队浪费了太多的水——这种宝贵的资源，德国的非洲军团可不想看到被白白浪费。这下好了，意大利人成了俘虏，德国人再也不用为盟友之间的用水问题而苦恼了。

那天，空袭警报声在白天和夜里都响过，并持续了数个小时，但是德国的轰炸机并没有出现在伦敦上空。

我再一次造访空军部，并与其情报部门在作战室进行了会谈。他们告诉我，当时英国夜间轰炸机的损失率非常高。举个例子，在一次夜间空袭任务中，共出动 28 架“威灵顿”轰炸机，六架坠毁，其中四架完全烧毁，所有机组人员全部丧生。另有三架未能返回。后来我们自己发现，我们执行日间空袭任务的损失率有时候会忽高忽低，这受到许多因素的影响。

第二天，一份莫大的惊喜突然降临，我被告知国王要在中午 12 点钟接见我。接到这个消息之后，我就被各种各样有关觐见国王的礼仪介绍

① 弗兰克·诺克斯(Frank Knox，1874—1944)，美国出版商，1936 年共和党副总统候选人。二战爆发后，他积极支持英国。1940 年 7 月，罗斯福总统改组内阁，延揽共和党中的主战派加入内阁，诺克斯成为美国第 46 任海军部长，大力发展美国海军装备，使之成为具备两洋作战能力的强大战略力量。珍珠港事变后，他积极推荐欧内斯特·约瑟夫·金担任美国海军总司令和海军作战部长，并大幅改组海军指挥机构，扭转了太平洋战争的战局。——译者

轮番轰炸。每一个认识我的人——英国人以及有经验的美国人，都来向我介绍该做什么、说什么、什么不能做，该如何举手投足。我到了白金汉宫后，进入一间等候室，那儿有一位侍从武官，是一位少将，负责接待我并将我引见给国王的秘书。国王秘书与我交谈了几分钟，之后一位传令官进来，说国王要接见我。我们穿过一段长长的皇宫走廊。这段走廊似乎一眼望不到尽头，透过走廊里被炸坏的窗户，不时吹进来一阵阵冷风，墙壁上依次挂着皇室成员的画像以及前任国王们坐骑的画像。对于这些画像为什么会在这里，以及每张画像背后的故事，我的向导都如数家珍。

然后我来到一间房间，国王就在那儿。

我们握了手，然后坐在一个壁炉前，开始交谈。那种阴冷的感觉消失得无影无踪。没有初次见面的尴尬——乔治国王非常健谈。我们无所不谈，从希特勒到华盛顿，从战争到和平，从欧洲两年前的局势到现在的局势；我们对英国的援助，我们美国航空兵，以及他曾经服役过的英国皇家空军。他很有人格魅力，给我留下了深刻印象。他就是那个我一直以来想象中的英国国王。

和国王的会谈超过了四十五分钟，我忽然想到他一定公务繁忙，我应该告辞了。但是，我突然发现我不知道下面该怎么做。每个人都告诉我应该如何觐见国王，但对于该如何离开却没人提过一个字。该怎么说呢？该做些什么？应该由谁提出会见结束？国王还是我？我在脑海里把所有看到过的有关国王接见的知识都回忆了一遍，也没找到答案。最后，我只好硬着头皮站起身来说："陛下，我知道您非常繁忙，还有许多事要处理，所以我先告辞了。"他和我握了手，脸上带着和蔼的笑容。返回的时候，我感到相当奇怪，怎么没有人带我穿过那条长长的、阴冷的走廊。直到我回到放帽子的接待室时，我才意识到自己所犯的错误。"天啊！阿诺德！你是不能离开国王的！绝对不行！只能让国王离开你!”

好吧，不管他们觉得这个问题有多严重，至少国王自己看起来没那么在乎。他几乎立刻就以个人名义给华盛顿发了电报，向总统和战争部长，对他们的合作以及对美国提供的援助，表示了感谢。

在等待安排返程飞机的空当里，我去拜访了安东尼·艾登①，与他交谈了很长时间。他主要和我谈了美国向摩洛哥提供援助的可能性。他说，美国有必要进入这个国家，并在德国人真正站稳脚跟之前赢取当地人的信任。目前，德国人已经进驻摩洛哥，并且在当地人心目中树立了良好的印象。只要美国人的军舰出现在那里的任何一个港口，局面将会大为改观。当然，我们应该派船去卡萨布兰卡，看看那里的局势。他还说，我们应该对亚速尔群岛给予更多关注；我们应该派战舰去那里，去阻止德国人接管这个群岛。他说埃及现在急需援助——坦克、轰炸机、反坦克炮以及高射炮。他，和其他所有人一样，对达喀尔的局势非常关注。我向他允诺，在我回程的路上会经过达喀尔，去看看那里的情况。

第二天是休假日。我参观了英国的飞机制造厂。我注意到，他们在工厂周围布置了烟雾罐，我们加利福尼亚的橘园里也有类似的装置。从那些罐子里散发出的烟雾，能够将这些工厂完全遮掩起来。但是，飘浮在这片区域的气球，却使得敌机能够在数英里之外便识别出这里是重点

① 罗伯特·安东尼·艾登(Robert Anthony Eden，1897—1977)，英国政治家、外交家，二战时期曾任英国国防委员会委员、陆军大臣、外交大臣和副首相等职。1955 年至 1957 年出任英国首相。1930 年代的欧洲，德意法西斯势力极其猖獗。英、法两国统治集团妄想以牺牲弱小国家和民族的利益谋求“和平”。与此同时，英国统治集团中少数有远见的政治家不同意推行绥靖政策，主张联合苏联在内的欧洲国家，抵抗法西斯侵略势力。艾登就是这种有远见的政治家之一，要求推行以军事实力为后盾的外交，否则“在这个剑拔弩张的世界上任何外交政策也不会有获得成功的希望”。当时未参加政府的丘吉尔称他为“政府中唯一的优秀成员”。1940 年 5 月，丘吉尔出任内阁首相，艾登受到丘吉尔器重，出任陆军大臣。同年 12 月第二次出任外交大臣。二战期间，艾登始终在丘吉尔领导下工作。丘吉尔一再表示，如果他有什么意外，就由艾登接任首相。——译者

区域。机库和工厂的其他建筑物的屋顶以及外墙，都用喷涂了颜色的幕墙完全遮盖起来。我看到这些幕墙是用车床和磨床的金属下脚料制成的，它们起到了非常完美的伪装效果，从100英尺远的距离就看不出这里是工厂了。大多数工厂都在山谷里建有防空洞。

我与那些曾经飞到36 000英尺高度的试飞员们聊天，并再三让他们确认，根据他们的说法，飞这个高度他们没有感到任何不适。后来，我告诉我们驻伦敦的航空军医观察员，与这些飞行员们保持联系，找出为什么他们能够做到而我们做不到的原因。

之后的一天，我去了布里斯托尔，考察了布里斯托尔飞机和引擎制造厂，经过市区时看到轰炸对这座城市造成了严重破坏。那天晚上，我被安排在F·O·威尔斯家里过夜，他是英格兰最大的烟草制造商之一。他的住所距离布里斯托尔市中心大约一英里。晚上，防空警报声又响了起来。我们走出去观察空袭的情况，高射炮开始射击，炸弹不断坠落在城镇里，这样的场景持续了一段时间。看了一会儿之后，主人邀请我睡在防空洞里，但是我不能因为自己的安全，而占据他的家庭成员在防空洞里的床位。于是我婉拒了，然后回到为我安排的卧室里，沉沉睡去，像块木头似的什么都不知道。第二天早晨，威尔斯先生告诉我，空袭造成的后果很严重，布里斯托尔有一大片区域被炸毁了。想到昨天晚上自己还酣睡不醒，我不禁担心会让他心生厌恶。

在离开威尔斯家去往机场的途中，我们遭遇了一连串意外事件，令波特尔安排护送我的皇家空军军官沮丧不已。首先是来接我们的车子迟到了；然后，那个说知道机场在哪儿的向导迷了路，我们不得不停下来问路。结果皇家空军的飞行员成了向导，原来的向导倒成了迷路的人。之后，我们住处的主人，威尔斯先生，驾车赶了上来，说他会为我们带路。我们跟着他，却再一次迷了路。在问了几个人之后，我们再继续赶路，这一次终于找到了机场——还好，距离飞机起飞仍然有足够的时间。

这么多人——即使是英国本地人——也会迷路，这件事并不令我感到奇怪。因为在这段时间里，路上已经没有任何标识了。为了防备德国人的入侵，所有的路牌都已被移除，德国人来了将和我们一样，一时之间难以辨识出正确的道路。最后，我们总算到了机场，搭乘安排好的DC－3客机离开。接着又换乘荷兰皇家航空公司的一架内部装着窗帘的飞机，在飞行了大约1 000英里之后，于下午5点20分降落在葡萄牙的里斯本。我们住在安飞士酒店里，由于里斯本那时候是名副其实的间谍中心，所以我们按照惯例，把秘密文件锁在大使馆的保险柜里。在我的手提包里还有几份文件，都是些即使遗失也无关紧要的。我随身携带的其他物品里，有两张照片，一张是被德国人伪装之前的汉堡港；另一张则是他们巧妙地使用木筏进行伪装之后的，只有专业的照片判读人员才能够识别出哪个是真的港口，哪个是假的。他们的伪装如此精细——在那些木筏子上甚至布置了假的道路和房屋。

第二天一大早我就出去散步了。当我回来时，果不其然，我发现我的手提包被翻动过了。那两张汉堡港的照片不见了。所幸，在大使馆的保险柜里我保留有复印件。

下午，我们坐飞机离开里斯本，前往葡属几内亚的博拉马，飞行距离1 830英里，机上有28名乘客。我对机长说，由于一些特殊的原因，我想要飞到喀布尔上空看看。他说这是违反规定的，如果我们这么做，会给国务院惹麻烦的。我告诉他，对于我来说，搞到那些需要的情报比担心惹麻烦要重要得多。第二天清晨，我们靠近达喀尔。在港口里停泊着14艘商船；一艘我们最初以为是航空母舰，但后来经过仔细观察发现是一艘正在修理的法国战列舰，另外还有三艘战舰，两艘潜艇以及三架水上飞机。在机场的跑道上，有14架双引擎战斗机和两架双引擎驱逐机。机场有两条跑道，每一条大约5 000英尺长，两条互相垂直。很明显，这座机场可供任何类型的飞机使用。在港口四周的高地上，可以看到有几门防空炮。如果此时能有一台照相机就完美了，可惜在离开里斯本的时候，葡萄牙海关已经检查了我们的相机，并将它们封存，到了博拉马要再次进行检查，看看封印是否被打开过。

途中我们分别在博拉马、巴西的帕拉(后来名字改为“贝伦”)和特立尼达停留，第二天晚上到达百慕大，最终于第三天上午 11 点 35 分降落在纽约的拉瓜迪亚机场。我直接回到华盛顿，将此次访问的情况向参谋长和战争部长做了汇报，向他们递交了那些机密文件，并做好向总统汇报的准备。

第十五章　提交总统的报告；阿金夏

从英国回来以后，我接连去白宫与总统进行了两次会谈。每次会谈哈利·霍普金斯都参加了。罗斯福总统对我带回来的有关英国领导人的故事非常感兴趣，他也询问了许多关于英国的军事部署情况以及他们有关德国军事力量和未来可能意图的估计。

我们讨论的细节内容主要有：(1) 英国已经没有能力再向西扩展他们驱逐舰和飞机的护航范围；而德国潜艇的作战范围日益扩大，德国潜艇群能够开到非常接近美国海岸防护炮火射程范围的地方，对运输船队发起攻击；(2) 英国对于这一问题的解决方案是，协助美国在格陵兰岛、拉布拉多、纽芬兰和冰岛建立航空运输、空中巡逻和驱逐舰基地；(3) 我们接手这些事务的必要性和可能性；(4) 我们通过现在只是部分建设完成的运输路线，跨越北大西洋向英国运送全部援助飞机的可能性；(5) 英国皇家空军需要我们尽快提供援助飞机；(6) 在南大西洋建立空军和海军基地的必要性、为那些穿越南大西洋的船队提供保护。讨论在百慕大、西印度群岛、包括特立尼达、亚速尔群岛、英属圭亚那、纳塔尔和阿森松岛建立基地的可能性。我还向总统和总参谋长提出，我们的军方高层应当和英国的领导人认识熟悉，并且建议总统和丘吉尔也尽快熟悉起来。面对面的交流比通过电报和书信的沟通要有效得多。

我印象中这是第一次，总统和他的内阁成员，包括国务卿、战争部部长和海军部长，获得来自英国高层关于欧洲军事部署和局势看法的完整报告。

我在英国所获取的最重要的信息之一，是有关英国制造的第一架喷气式飞机——我之前从未见过这样的飞机。这是一种由“惠特尔”喷气推进式引擎提供动力的全新型设计；据我所知，在美国这样的设计还只是停留在草图阶段。在英国，我看到这种飞机绕着机场滑行并进行了短距离的飞行。我当时就决定，必须要将这种飞机的设计和技术参数带回美国。

我和英国负责全部武器装备生产的比弗布鲁克勋爵、技术专家亨利·蒂泽德爵士以及飞机生产部长穆尔·布拉巴赞上校就此事进行了商讨。他们一致同意，我可以将现有的全部设计图和技术参数带回美国。剩余部分只要一完成，随后就会交给我们。他们提出的唯一要求就是，整个项目必须保密。

我曾经听说惠特尔①大约在 1936 年就开始喷气推进式引擎的试验。引擎设计完成并安装在一架格罗斯特飞机上是在 1941 年，我的运气足够好，在它进行首次滑行和测试飞行时刚好在英国。

与总统的会议一结束，我就打电话给贝尔飞机公司的拉里·贝尔先生和通用电气公司的 D·R·舒尔茨先生，来我办公室开会。我说明了什么是喷气式飞机——它的优点和缺点，并告诉他们我希望通用电气能够负责研发引擎，贝尔公司负责制造飞机。他们的工程师应当密切配

① 弗兰克·惠特尔(Frank Whittle，1907—1996)，英国航空工程师、发明家、喷气推进技术先驱。1923 年加入皇家空军。1928 年首次发表关于燃气涡轮和喷气反作用飞机的论文，提出喷气热力学的基本公式。1930 年取得涡轮喷气发动机设计的专利。1937 年至 1944 年担任英国喷气动力有限公司的总工程师。惠特尔研制的单转子涡轮喷气发动机于 1937 年 4 月 12 日首次运转成功。1941 年 5 月 15 日安装惠特尔设计的 W－1 发动机的格罗斯特公司 E－28/39 飞机试飞成功。二战后期和战后英国使用的“流星”和“吸血鬼”等喷气战斗机，都是在这种飞机的基础上研制的。1950 年代初又先后研制出世界上第一种涡轮螺旋桨旅客机“子爵号”和第一架涡轮喷气客机“彗星号”，使英国的航空喷气推进技术一度居世界领先地位。1948 年被授予空军准将军衔和爵士勋位。——译者

合，像一个团队一样工作，把喷气式引擎和喷气式飞机作为一个项目来协作完成。我对他们的要求就是，这个项目的推进必须是一个整体。在与代顿的工程处协调此事时，我第一次听说，几年前通用电气的工程师们就已经产生了喷气式引擎的想法，但是一直没能拿出成果来。

我想，在这里或许应该对第一台“惠特尔”引擎做一个大体描述。它有十个燃烧室来为一个涡轮机提供动力，使它的转速达到每分钟17 750转。这就意味着，涡轮叶片的选材将会是个问题。比如我们的增压引擎所使用的金属材质，在如此高速的运转时就无法满足要求。这种重量650磅的引擎，所产生的推动力比罗尔斯 & 罗伊斯公司的“梅林”发动机要大得多，而后者的重量是1 650磅。英国人的试验表明，喷气式飞机在4万英尺高度飞行时速能够达到300英里，2万英尺高度则能到达400英里时速。它的性能远远超出了任何一种传统类型的飞机。而且在喷气式飞机上的活动部件数量，比使用传统引擎的飞机减少了五分之一。

喷气式飞机最大的缺点在于它的燃料消耗量非常大，大约是普通飞机的两倍。另一方面，它能够使用任何类型的燃料——酒精、煤油或者柴油，英国皇家空军甚至保证说，淡啤酒和苦啤酒也可以！我知道，第一架喷气式飞机在美国可能几年之内都生产不出来，而且，等它真的面世了，战争“赛程”可能已经接近尾声，它也未必能够参加我们的战斗任务。但无论如何，我的想法是，如果英国人在制造喷气式飞机，那么德国人也有同样的机会。实际上，德国空军也在1941年试飞了第一架喷气式飞机，与英国人的试飞大约是同时进行的。在战争末期，戈林的梅塞施密特Me－262的生产工厂，成为我们对德国工业实施轰炸的重点。

我回到美国之后的工作重点之一，就是推动燃烧弹的研发。我们在这个领域取得的进步很小，尽管英国和德国的燃烧弹与我们的不同，但他们都取得了显著成果。依照英国和德国的燃烧弹为样本，我召集了军械处、军事化学局和范内瓦·布什博士一起开会进行研究。

在与他们的讨论当中，我第一次听布什博士提到一种胶状燃烧物。当装有这种物质的炸弹击中目标之后，炸弹外壳破裂，里面的胶状物碎块便会四散飞出。这些碎块黏在墙上之后自燃，所产生的火焰很难扑灭。我们还进一步讨论了这种胶状物炸弹如果能够保持一种半流体的形态，就可以装在任何一种容器当中。

这种新型炸弹，我们后来称之为“凝固汽油弹”，爆炸威力巨大并且燃烧剧烈，如果它掉在洞穴或者建筑物的入口，燃烧会迅速耗尽内部所有的空气，里面的人都会死于缺氧。它们还可以用在水上，和陆地上的攻击效果一样。

我们也由此开启了陆军航空队燃烧弹发展的新纪元。

鉴于当下整个世界的局势，美国和英国的友好传统，以及与德国和日本的对立局面，我们和英国参谋部再召开一次会议看来是势在必行的。因此，当哈利·霍普金斯叫我去白宫，告诉我他将于7月出访英国时，我一点儿都不觉得意外。我们就之前曾经讨论过的许多话题，以及我在伦敦与英国总参谋长讨论过的内容又进行了商谈，此外还有两国军方之间经常性召开军事参谋会议的必要性，以及会议的类型和人员组成。之后，他带我来到总统的卧室，总统仍然躺在床上，我们继续进行会谈。

我再一次见到哈利·霍普金斯，已经是在加拿大纽芬兰的阿金夏湾了，他乘坐英国的“威尔士亲王号”战列舰抵达之后，登上美国的“奥古斯塔号”巡洋舰。但当时在华盛顿和他商谈的时候，对于这么快就会召开联盟会议，包括会议在哪儿举行以及这次会议将会带来的重要意义，我都一无所知。

在随后的几周里，我接到哈利从伦敦发来的几封电报，告诉我他的提议，或者计划中的提议，关于飞机的转运和分配、跨大西洋运送飞机以及英国飞行员的培训。他发来的信息表明，我们正在与英国结成非常紧密的联盟；对于那些虎视眈眈的国会调查委员会和孤立主义参议员们来说，这样的关系实在太过亲密了。他们对任何可能导致战争的行动的反对情绪正在日益增长。

为了能够运送飞机飞越北大西洋、南大西洋以及太平洋，我们必须尽快建造我们的航空基地。同时，我们必须为那些将要建立在拉布拉多、格陵兰岛、冰岛、西印度群岛南部岛屿、巴西以及亚速尔群岛的基地做好人员储备。

罗斯福总统亲自逐个批准这些基地的设立，并且在他的推动下，使得这些项目建设完成所花费的时间比正常情况下少得多。比如，在 1941 年 7 月 5 日，我们就有一个驱逐机中队搭乘“大黄蜂号”航母飞往他们位于冰岛的基地。

在世界的另一端，即便正值美国国内进行“路易斯安那大演习”期间，我们仍然没有放松获取更多在中国的日军情报。我们委派克拉格特将军①与中国官员进行接洽，为我们传回关于中国的机场设施以及装备等方面的情报信息，以及我们应该如何帮助他们发展自己的空军力量。

5 月，就在我从英国回来后不久，罗斯福总统发给战争部一份备忘录，说他认为应当把我们的重型轰炸机产量提升到每个月 500 架。与此同时，我们航空兵的参谋人员，在看过 B－29 的初步设计，并与波音公司的工程师们交谈之后告诉我，这种超级空中堡垒可以从英国的任何地方起飞，到达德国的任何地点——如果它们部署在那儿的话。无需多

① 亨利·布兰克·克拉格特(Henry Black Clagett，1884—1952)，美国陆军准将。1941 年 4 月任驻菲律宾美国空军司令兼援华空军代表团成员；8 月任空军援马来亚、荷属东印度群岛代表团成员；10 月任驻菲律宾美国空军代司令；11 月任暂编第 5 拦截机司令部司令；12 月任驻澳大利亚美国陆军代司令。1942 年 1 月任驻澳大利亚美军第 2 后勤基地司令；3 月任得克萨斯州谢波德机场指挥官。1943 年 5 月任航空兵战术学校校长；8 月任航空兵第 4 基础训练中心指挥官。1944 年 1 月任美国陆军航空队司令部联络官，同年 11 月退役。——译者

言，我们在这个项目上走在了英国人的前面。

苏联这时已经进入战争状态，正试图从美国这里获得援助——用他们特殊的处事方式。为了得到我们最好的飞机，他们立即开始发布舆论，慷慨激昂、言辞激越，说我们的飞机没有一架好的。他们不想要什么B－25或者B－26，他们唯一想要的就只有B－17。但是在那个时候，包括未来一段时间之内，我们能生产出来的B－17数量非常有限，没有援助别国的可能。

1941年7月初，总统要求战争部长和海军部长，对打赢这场战争所需的武器装备总产量做一个预测。航空兵的第一份生产计划，预计到1944年之前，必须拥有26 000架战斗机和37 000架训练机；另外有17 000架飞机提供给英国皇家空军。总统意向性地批准了这项计划，代号为“AWPD－1”。实际上，在当年的6月份之前，“AWPD－1”计划中的重点工作已经开始实施。我们开始从商业航空公司召回我们的运输机，因为我们已经预见到必须建立自己的航线，把那些执行向英国运送飞机任务的转运飞行员带回家。

英国提出的在美国培训英国皇家空军飞行学员的计划，于1941年5月20日获得总统的最终批准。之后，第一批4 000名来自英国和英联邦各个领地的男孩们很快就来到了美国。

与此同时，我们的国防计划，由于他们的后知后觉，遇到了大麻烦——特别是在飞机生产上——比之前为了向英国、法国、苏联、挪威和中国提供援助飞机，与壮大我们自己的航空兵力量之间所引起的矛盾还要严重。工厂里掀起了一波又一波的罢工热潮。尽管有英明睿智的比尔·努森的帮助，但他也独木难支。无论是在总装厂，还是配件厂都发生了罢工，在北美飞机公司有11 000人罢工了六天；寇蒂斯 & 莱特和福特的工厂，以及木材加工业都没能幸免。而发生在匹兹堡的罢工，使得材料加工厂和飞机制造厂之间的钢材和货物运输停滞，这几乎“要了我们的命”。在 1941 年的前六个月，在飞机制造厂或者飞机制造业的附属工厂里，总共有 20.4 万名工人参加了罢工。某些人口口声声说，与其他原因导致的损失相比，这些罢工不会真的导致生产工时的严重损失。这样的比较并不合适。我们的国防生产才刚刚开始，这些生产时间的损失——无论是一天、六天或者十天——都成了为希特勒赢得的时间，而他正在以小时为单位，精确计算着他的时间优势。在军事化管理的德国，他们是不会允许发生这样的问题的。如果不是德国人在其他方面出现严重失误的话，美国罢工潮在整个战争中对我们的时间进程所产生的影响，可能会是灾难性的。如果再有一次全球性的战争来临，二战的经验表明，至少我是这么认为的，如果我们的工业生产不能以战时的方式招募和管理劳工的话，就是对那些去海外为保卫我们而战的年轻人的不公平。1941 年之前，身处困境之中的英国就已经找到办法并且付诸实践，不单是男人，连女人都被要求参加到国防建设之中。

英国人的实战经验毋庸置疑地表明，我们轰炸机和战斗机在投入与德国人或者日本人的战斗之前，必须经过改装。起初，我们把飞机交给我们的修理厂进行必要的改装，后来由于工作量巨大，我们建立了正式的改装中心。而我关于运送转运飞行员回国的考虑也被证明是有道理的。1941 年 7 月 23 日，我收到哈利·霍普金斯从伦敦发来的一封电报，说在他与首相、比弗布鲁克以及空军部代表召开的会议上，讨论了关于我们投入更多人员为英国和中东运送飞机的事宜。他要求我就这一问题做更进一步研究，包括在美国设立训练机构，对来自加拿大的学员进行培训，使他们能够驾驶任何型号的飞机飞到英国。

就在十天之后，当我正在美国东南部对培训学校进行考察的时候，我接到马歇尔将军的消息：“立即返回华盛顿；不得迟于周六晚 10 点。马歇尔。”等我回到华盛顿，马歇尔将军告诉我，周日我们要出趟远门，8 月 3 日下午，从砾石点公园附近的华盛顿机场出发。他说，要准备正式制服，做好出差大概十天左右的准备。他没有告诉我任何其他信息，关于我们将要去哪儿或者要做什么。我必须克制住自己的好奇心不去想象，甚至不能猜测我们的目的地。

星期天的整个上午，我都在整理与航空兵相关的详细资料，特别是关于装备生产的，因为我觉得或许用得到，不论我们去哪儿。在机场，我发现除了马歇尔将军和我自己之外，同行的还包括伯恩斯将军和邦迪上校。伯恩斯将军已经在战争部助理部长办公室，负责主管所有武器装备生产事务好几年了。邦迪上校则供职于美国陆军总参谋部的作战计划处。

在纽约哈德逊河的第 125 街码头，我们见到了海军中校弗里斯特·谢尔曼，我的一位老朋友。在那儿，海军上将斯塔克和海军上将特纳①也加入了我们的行列。我们乘坐驳船登上河中一艘大型驱逐舰，然后沿着哈德逊河南下经过地狱之门到达大学岬，海军上将金的旗舰“奥古斯塔号”重型巡洋舰和“塔斯卡卢萨号”重型巡洋舰都停泊在那儿。马歇尔将军和斯塔克上将登上了“奥古斯塔号”，我上了“塔斯卡卢萨号”。

我们向东沿着长岛航行，前面有四艘驱逐舰开道，那天晚上我们停在史密斯敦湾过夜。第二天早晨，我们继续前行。当我和弗里斯特·谢尔曼站在“塔斯卡卢萨号”的舰桥上时，看到“奥古斯塔号”上挂出了信号旗，我问他这些旗子是什么意思。他告诉我，这是金上将在用旗语指挥各艘军舰。在我的请求下，他向我解释了那些旗语代码的含义。金

① 里奇蒙德·凯利·特纳（Richmond Kelly Turner，1885—1961），美国海军上将。1908 年毕业于美国海军学院，曾参加一战，1940 年任海军部作战计划处处长。太平洋战争爆发后任海军总司令欧内斯特·约瑟夫·金的助理参谋长。1942 年 6 月任南太平洋地区两栖作战部队司令，8 月率美国海军陆战队第一师在瓜达卡纳尔岛登陆。1944 年 3 月晋升海军中将。曾多次担任海军特遣编队司令，先后参与指挥在塞班岛、硫黄岛、冲绳岛等岛屿进行的两栖登陆作战。1945 年任太平洋两栖作战部队司令，5 月晋升海军上将，参加了东京湾受降仪式。二战后任美国驻联合国军事参谋部海军代表，1947 年 7 月退役。——译者

上将的舰桥位于“奥古斯塔号”的最高处；在他的下面，是船长的舰桥。突然，“奥古斯塔号”上挂出了许多旗子，我这辈子从来没看到过哪艘船挂出来这么多的旗子——两三根旗绳上全都挂满了。“弗里斯特，”我大声喊道，“你能告诉我这究竟是怎么回事吗?”谢尔曼犹豫了一下，最后有些不情愿地告诉我：“那是金上将在问‘塔斯卡卢萨号’的船长，刚刚他以为他在做什么，大概是这样吧。”

我们的军舰驶过蒙克角和布洛克岛，晚上停泊在马撒葡萄园岛。在“塔斯卡卢萨号”上度过的这段时光非常惬意。船上住宿条件舒适，还有美味的餐食，这段旅程真是令人十分愉悦。8 月 4 日，星期一，在舰队靠岸停泊期间，特纳海军上将、伯恩斯、邦迪和我前去拜会海军上将金。由于我们没有遵循礼仪——没有提前通知我们的到来，让金上将有点儿生气。不过，还好他的火气很快就平息了。

这个时候，马歇尔将军和斯塔克海军上将走进来，告诉了我们这次出行的目的。晚上，总统将乘坐“波托马克号”游艇与我们会合，第二天一早我们将启程前往纽芬兰岛的普拉森舍湾，在那儿与丘吉尔首相召开会议。他们还说，萨姆纳·威尔斯①和埃夫里尔·哈里曼将会在普拉森舍湾的阿金夏港与我们会合，而哈利·霍普金斯将随同首相乘坐一艘英国战舰抵达。

“波托马克号”在当晚如期与我们会合，它的乘客登上了“奥古斯

① 萨姆纳·威尔斯(Sumner Welles，1892—1961)，美国外交官。1914 年毕业于哈佛大学，后进入外交界。历任国务院拉美司司长、驻古巴大使等职。1933 年至 1943 年任助理国务卿和副国务卿，任内制定和推行富兰克林·罗斯福对拉丁美洲的“睦邻政策”，多有建树。1937 年中日战争爆发后，曾反对对日本采取强硬路线。1940 年受命出使欧洲，了解交战各国对和谈与停战的态度，曾与意大利的墨索里尼和齐亚诺、德国的希特勒和里宾特洛甫、英国的张伯伦和丘吉尔、法国的达拉第和雷诺分别进行会谈。由于希特勒坚持将德国人集中居住的波兰领土划入第三帝国版图，英国政府表示不能接受希特勒的条件和德国议和，威尔斯使命未取得任何成果。1941 年随罗斯福出席大西洋会议，协助起草《大西洋宪章》。后因与国务卿科德尔·赫尔不和而辞职。——译者

塔号”。第二天早晨6点半，我们启程向南塔基特岛驶去。

4号和5号两天，我们一直都沿着蜿蜒曲折的北美海岸线航行。

如果有机会，我一定要说服马歇尔将军和斯塔克上将——两位陆军和海军的最高领导人，还有总统，让他们批准包含以下要点的一份建议：(1) 大力发展我们的陆海军以及航空兵军力，赶上当今的国际水平；(2) 对于英国、中国以及其他国家，只提供他们能够有效使用的物资装备，并且首先要满足我们自己的计划和需求，这一条应当作为一项政策固定下来；(3) 对于英国人提出的建议和要求，以及由此衍生出来的相关事项，除非经过我们的专家研究之后，否则不能做出允诺。

马歇尔将军和斯塔克上将接受了我的意见，最终总统也同意了，令我略感宽慰。在我此前的英格兰之行中，对英国人在准备此类会议时表现出的周全缜密而印象深刻。不过，我感觉我们自己也在逐渐变得清醒起来。

我有时候有些好奇，我是怎么被划进“阿金夏会议”的名单里的。在此之前，在较高级别的会议中，航空兵事务都是由总参谋长或者总参谋部代为处理的。在所有的会议中，即使有航空兵的代表参加，也是由总参谋部或者总参谋长发言。后来我听说，这是因为哈利·霍普金斯鉴于英国人陆、海、空军的三军构成，从而认为我们的组织架构必须与他们保持对等，于是我被选为空军代表参加了这次会议。而这也是之后的联合参谋长委员会的雏形。

我们于8月7日早晨进入普拉森舍湾，停泊在阿金夏港。上午10点，罗斯福总统召集了一次会议。他接到一份华盛顿发来的电报，是关于我们向苏联提供援助飞机事宜的，他要求我们就此准备一份回复。我们同意在9月、10月、11月三个月向苏联提供大约70架战斗机，并在这三个月内每月提供5架B－25轰炸机。另外，这次会议还决定，美国将立刻在菲律宾部署空军部队——一个整建制的P－40大队和一个B－

17 大队。这是一个政策上的重大转变。这就等于告诉麦克阿瑟将军，要做好防御空中入侵的准备。

我登上“奥古斯塔号”重型巡洋舰的时候，总统正在钓鱼，此前他已经钓上来一条蟾鱼、一条角鲨和一条大比目鱼了。他和我讨论了援助苏联和英国的问题，以及加强菲律宾军事力量的计划。他还问我，是否能安排他的儿子埃利奥特明天之前到“奥古斯塔号”上来。埃利奥特那时正驻守在加拿大的甘德空军基地。我告诉他这能办到。我也向总统提出了我的那项建议，希望那几点考虑能够在我们与英国人会谈之前获得批准。他基本上同意了。8 月 7 日下午，我们在“奥古斯塔号”上又召开了一次会议。起初会议只有陆军和海军的人员参加。在这次会议上，达成了以下几点决议：(1) 我们要对美国人民负责，他们用于建设我们陆军和空军的拨款，我们都用来做了些什么。我们花了钱，我们花费了时间，他们——美国民众，需要知道结果。(2) 我们有能力提供的援助物资，务必想方设法送抵英国，因为他们要维持生存。但是他们必须保证物得其所、物尽其用。(3) 我们，美国，必须做好组建武装力量参战的准备。如果我们参战了，当美国人民决心付出牺牲的时候，我们这些肩负领导责任的人就责无旁贷，必须扛起全部责任。时间，现在对于我们来说，和英国人一样，生死攸关，刻不容缓。

在后续召集的会议当中，总统谈到了船队的护航问题，美国在保护那些货物的安全运输上应该担负起责任。他说，在已经遭到德军潜艇的攻击之后才开火还击就太迟了；对运输船队应当全程护航，而不只是某一段航程。他在地图上画了一条线，从亚速尔群岛东部到冰岛东部，这条线以内的区域都是美国海军的护航范围。他提到英国人可能会向海事委员会就此事提出请求；他们还会向陆军要坦克，向航空兵要飞机。他说，他希望冰岛海岸防御的压力能通过美国派兵得到缓解。然后他谈到了援助苏联飞机；加强菲律宾驻军的补给和装备，在那里部署 B－17、

P－40、坦克以及高射炮的必要性。他说，他或许会容忍日军入侵泰国，但如果他们入侵荷属东印度，美国就不能坐视不理。

第二天，我刚刚准备好参加下一次参谋长会议所需的资料，哈姆斯将军和埃利奥特·罗斯福上尉到了。哈姆斯是驻纽芬兰地区的美军总司令，而他，和其他战区的指挥官一样，麻烦事一箩筐。

就在我们和哈姆斯商量怎么处理他那些麻烦的时候，马歇尔将军走进来说："来吧，我们搞到一架水陆两用飞机，总司令同意我们飞到甘德湖和圣约翰。"于是，马歇尔将军、罗斯福上尉、哈姆斯将军和我一起，从阿金夏飞了两个半小时到了甘德湖和圣约翰，然后再飞回来。我们注意到海军在阿金夏的基地建设速度，看起来比我们航空队的要快得多。

我们发现在港口里增添了一些新的舰船。有几艘小型护卫舰、新型驱逐舰、两艘大型驱逐舰、巡洋舰、一艘战列舰、两艘油轮、一艘航空母舰以及大约 18 架 PBY 型和 PBYM 型的"卡特琳娜"水上飞机①。这相当于集结了一支舰队——是德国潜艇的绝佳目标。就在我们准备登上"塔斯卡卢萨号"重型巡洋舰的时候，碰巧萨姆纳·威尔斯和埃夫里尔·哈里曼也乘坐一架四引擎的水上飞机来了。

第二天早晨——8 月 9 日，星期六——我们和埃利奥特·罗斯福与哈姆斯将军开会讨论了很长时间，关于将向英国运送飞机的航线改为经加拿大的蒙特利尔、丹麦的荷尔斯泰因堡到英国的格拉斯哥，使用在加拿大巴芬岛、希莫堡和西北河的备用机场，以便绕开格陵兰岛南部、冰岛和冰岛以北那片地区极端恶劣的气候条件。就在会议进行到一半的时

① PBY"卡特琳娜"水上飞机，美国联合飞机公司研制，是二战期间广泛装备于美英海空军及苏联航空兵的一型水上飞机，也是历史上产量最大、用途最为广泛也是最为著名的水上飞机，被用于反潜、轰炸、侦察、反舰、运送突击队等。虽然 PBY 速度较慢，但这并未影响其在美国海空军服役 20 年间的卓越表现，为二战胜利立下了汗马功劳。——译者

候，我们听到一阵嘈杂声，一名传令兵进来报告说，“威尔士亲王号”战列舰正在入港。我们停止了开会，跑到甲板上，看到“威尔士亲王号”在两艘驱逐舰的护卫下，正在缓缓驶入港口——船上军旗飘扬，鼓号齐鸣，水手们列队站在甲板上举手敬礼，海军陆战队员们举枪致敬。这场景令人禁不住热血沸腾。

我们“塔斯卡卢萨号”上的军事参谋人员接到命令，在早晨9点30分登上“奥古斯塔号”。总统、斯塔克海军上将、马歇尔将军、金海军上将、沃森①将军、总统的两个儿子埃利奥特·罗斯福和小富兰克林·德拉诺·罗斯福海军中尉都已经在甲板上了，我们加入其中。第一个出现在甲板上的是萨姆纳·威尔斯，然后是埃夫里尔·哈里曼。不久，从“威尔士亲王号”那边开出来的一艘小艇停靠过来，哈利·霍普金斯走上船来。他看起来气色不好，看来有关他健康状况不佳的传闻绝不是夸大其词。然后，乐队开始演奏英国国歌《天佑国王》，仪仗队行礼致敬，船员们列队等候，温斯顿·丘吉尔，戴着一顶海军帽，身着海军制服，登上舷梯，向总统致意。紧随在他身后的是皇家海军上将庞德、约翰·迪尔爵士、皇家空军少将弗里曼以及其他成员。在互相做了简要介绍之后，大家便热烈地交谈起来。

随后，我们在“奥古斯塔号”上共进午餐。餐后，马歇尔将军、约翰·迪尔爵士、伯恩斯将军、埃夫里尔·哈里曼、弗里曼少将、邦迪上校和皇家空军的一众下级军官来到我在“塔斯卡卢萨号”上的套房。在

---

① 埃德温·马丁·沃森(Edwin Martin “Pa” Watson，1883—1945)，美国陆军少将。富兰克林·D·罗斯福总统的朋友和高级副官，承担着军事顾问和秘书的职责，类似现今白宫幕僚长的角色。1917年主动申请加入远征军赴法国参战。一战后留在法国参加巴黎和会，参与了《凡尔赛和约》的起草，并争取和会采纳伍德罗·威尔逊总统提出的“十四条”引导战后世界秩序。1933年担任罗斯福总统的高级军事副官，1938年任总统秘书，协助处理白宫日常事务。二战期间，沃森陪同罗斯福总统参与了一系列重大决策，出席“德黑兰会议”。1945年2月，尽管健康状况不佳，沃森还是参加了“雅尔塔会议”，病死在回国途中。——译者

那儿，我们开会讨论了有关对英援助的问题，会议持续了整个下午。会议中，英国人提出的一项要求令我十分震惊：他们要求我们援助6 000多架重型轰炸机，比我们当时正在生产的总数还要多。这可真是让我倍感头痛，陷入了深深的焦虑之中。

下午4点半，我们登上“威尔士亲王号”做礼节性拜访。我有幸与它的指挥官约翰·里奇舰长相识，他曾经指挥过与德军“俾斯麦号”战列舰的海战。在那场战斗中，英国的“胡德号”战列巡洋舰被“俾斯麦号”击沉。

我们一起来到舰长的休息室里享用雪利酒。这时，丘吉尔首相走了进来，加入了我们的谈话当中，我们聊起了在英国的会晤之后，战局发生的变化。然后，我们去了作战室，那儿保存着所有被炸沉的、被击沉的军舰、货轮的详细资料，这是为首相特意准备的。那天下午，我们一直在“威尔士亲王号”上待到大约5点钟，才返回“塔斯卡卢萨号”。

就在晚餐开始之前，一名传令兵进来说，有消息要传给马歇尔将军。我说：“他不在这儿。”之后，又来了一个消息：“如果马歇尔将军在船上，请通知他于18点45分在‘奥古斯塔号’上用晚餐。”我回了一个消息——一个信号，这是海军的叫法——说：“马歇尔将军在‘奥古斯塔号’上。”同样的信息又传过来一次，我也又一次给了同样的回复。6点45分，我们的晚餐吃到一半时，一名传令兵送来了“奥古斯塔号”传来的信息：“我之前的消息中，马歇尔的名字应当替换为阿诺德。”

这下子我彻底尴尬了。就算现在马上出发，赶到总统、首相还有一众身份显赫的四星海军、陆军上将和空军上将出席的晚宴，也要迟到十分钟了。我立刻与同进晚餐的人们告辞，换了衣服，乘坐舰长的快艇出发。登上“奥古斯塔号”，看到晚宴桌旁聚集的人群，我走了过去，向首相和总统致歉。这次晚宴的主人是海军上将金，我认识他已经很久了，走过他身边的时候我说道："欧尼，非常抱歉迟到了，但好像出了点岔子。"他回道："你迟到了吗？我没注意。"

晚宴之后，总统和首相分别作了讲话。丘吉尔告诉我们，实际上，这是一场机械之战，不再像 1917 年和 1918 年那样，步兵们在泥水里和战壕中你死我活、一决高下。这是一场机动之战，在空中，在地面，在海里。这是一场科学之战，机械化装备的使用将是超乎想象和前所未有的。

他说，英国需要轰炸机，把战争的恐惧带到德国本土，就像德国人把它带到英国一样。英国，他继续说道，不能放弃自己在近东①的地位；他们在那里苦心经营那么多年，如果放弃，会令英国人颜面尽失。美国必须给予英国慷慨援助，包括人员、舰船、坦克和高射炮。

他指出，从现在起，英国的政策将会是对德国发起全面进攻，特别是在德国人那已经被过分拉长的交通补给线上，英国将会与他们展开较量。通过持续的进攻，或许能够阻止德军进一步扩张，而且英国的进攻将有助于从根本上击垮德军的士气。

他继续说道，美国必须帮助英国接管对北大西洋船队的护航，从而使英国能够抽调 50 艘轻巡洋舰和驱逐舰去守护其他要害地区。丘吉尔解释说，德国人一直在使用潜艇，从那些要害部位发起攻击，以最小的代价造成最大的破坏。当英国向西进一步扩大驱逐舰和轻巡洋舰的护航范围时，他说，德国潜艇也扩大了他们的作战范围，直到现在，实际上英国皇家海军已经覆盖了整个北大西洋，而德国人已经将他们的潜艇群南下进入南大西洋了，在那儿他们正在对往来船只造成巨大的危害。

他坚持美国、英国和苏联，必须针对远东局势向日本发出最后通

① 近东，是欧洲人指亚洲西南部和非洲东北部地区，但伊朗、阿富汗除外，通常指地中海东部沿岸地区，有时还包括巴尔干。——译者

牒，如果日本向南进入马来半岛，或者进入荷属东印度，美英苏将使用必要手段使其撤兵；如果需要，我们将使用武力。

他最后敦促，在欧洲纷乱的局势平息之后，我们要建立某种形式的国家联盟，或者共同体，来维持整个世界的秩序，让我们当下正在经历的可怕悲剧不再上演。

那天晚上首相的讲话，实际上已经给了我们明确的暗示，在后续的军事参谋会议上英国人将会提出什么样的要求。第二天是星期六，我们在“威尔士亲王号”上做礼拜，总统、首相和双方随行人员，以及所有船员都参加了。

礼拜仪式结束之后，我和弗里曼开会，进一步商定他们提出的援助数千架飞机的具体需求。弗里曼手上有一份 10 000 架飞机的英国皇家空军军力建设的计划书，我希望能够得到一份副本。他要求我们立刻援助 4 000 架重型轰炸机，着实令我烦恼不已。当时英国的飞机生产计划是 500 架一个月，但实际上只有 250 架。我们也达不到 500 架一个月。所以，我们一时半会儿是不可能满足他们 4 000 架重型轰炸机的需求的，或许，只能牺牲我们航空兵自己的利益了。

弗里曼的立场很明确。英国人此前从我们的飞机生产部门那里得到了一些看起来非常乐观的数据。他们对这些数据深信不疑，根本没有进行分析，也没有根据我们现有的实际生产规模，拿出一些真实可行的数据。如果按照英国人草率地统计出来的这些需求，美国生产的全部飞机都得送给他们。我们的陆军和海军，荷兰、中国、苏联一架都拿不到。我向弗里曼解释了这些，令他大失所望。他原本以为我们已经在生产那么多飞机了，他们应该会得到想要的。

在“威尔士亲王号”上与总统和首相共进午餐时，我们没有再讨论工作。这是一顿丰盛的午餐——鱼子酱、伏特加、牛杂汤、松鸡、香槟酒、波特酒、咖啡还有白兰地。总统和首相的讲话都只有短短几分钟就结束了。皇家海军上将庞德说，后面两天他将召集一次参谋长会议。

我们一班人于6点钟返回“奥古斯塔号”——罗斯福总统和丘吉尔首相，陪同人员有马歇尔、弗里曼、迪尔、伯恩斯、沃森和我。我们召开了一个圆桌会议，就以下内容进行了讨论：增加坦克、重型轰炸机的产量；利比里亚机场，以及在达喀尔、亚速尔群岛、佛得角和加那利群岛等各地机场的建设情况，它们的优先顺序以及建成之后带来的影响。然后我们又登上了“威尔士亲王号”，冒着大雨和潮湿的雾气——纽芬兰最常见的天气。那天晚上，约翰·迪尔爵士在舰上的将官客舱里请我们几个人共进晚餐。

第二天，我们终于意识到，在我们现有的组织架构下，与英国人的谈判进行得有多么艰难。在这天的会议当中，英国空军事务方面的代表只有皇家空军少将弗里曼一个人，而美国方面的则有斯塔克海军上将、马歇尔将军、特纳海军上将、伯恩斯将军、谢尔曼海军中校、邦迪上校（当然，还有我自己），有关我们的飞机使用和配额问题，每个人都会有自己的看法和意见。

所以，当星期一，8月11号，弗里曼离开的时候对我说了这番话也就不足为奇了：“波特尔再来的时候，我一定会告诉他只需要见两个人；一位是美国总统，另一位是你。”我和他说，如果能这么安排的话，我认为我们的工作效率会高很多。

那天下午，由庞德上将主持，我们在“威尔士亲王号”上召开了另外一场会议。在会议期间，有人问起比弗布鲁克勋爵在哪里，我们才知道他已经在甘德机场降落，将于第二天到达。

第二天早晨，我问邦迪，他是否愿意过去找马歇尔将军聊聊，看看有没有什么最后的指示，因为次日所有人就要分道扬镳，各自返回了。我会乘飞机返回华盛顿，因为我想要多看看纽芬兰，特别是阿金夏港的海军基地。马歇尔和斯塔克会陪同总统乘坐“奥古斯塔号”返回。“威尔士亲王号”则会把英国的领导人带回家。

顺便提一下，在整个阿金夏会议期间，哈利·霍普金斯都病得很重，以至于在整个会议期间都在输血治疗。有的会议他压根儿就没有参加，有的会议则姗姗来迟。

在会议期间，他告诉我，苏联人对击败德国人是如何的信心十足。苏联人宣称，他们现在每天能生产 25 架战斗机，其中还不包括每天 15 架训练机的产量。虽然他们的两座飞机制造厂被空袭摧毁了，但是并没有降低他们的产量。斯大林还告诉霍普金斯，他们当时正在服役的坦克就有 24 000 辆。苏联人还说，鉴于苏联的防御战术，德国人不得不改变他们的装甲师组成和战术。苏联人先把德国人的先遣部队放进来，然后沿着他们的交通补给线从后方发起攻击。因此，德国人不得不为所有的摩托化部队配备坦克和装甲车。这倒是我从未听到过的情况，我们之前听到的有关苏联战场的所有消息都是，苏联人一败涂地，局势岌岌可危。

我发现，哈利·霍普金斯对美国公众在政府全力以赴加大军工生产问题上所持的态度，感到非常生气。他提到 60 万辆汽车的产量。这是为谁而生产？这些汽车源源不断地生产出来，都是为了那些寻欢作乐的人们，而我们却面临着飞机、引擎和坦克的巨大缺口。他说，汽车行业的生产能力是完全可以转换成飞机生产的。

会议结束那天早晨 10 点半，我们从“奥古斯塔号”前往“威尔士亲王号”，与英国人道别。我们见到了丘吉尔首相，他邀请我去他的房间喝了一杯波特酒。随后，我和霍普金斯、哈里曼以及比弗布鲁克，一起来到舰长室坐了一会儿。(比弗布鲁克刚刚从甘德赶到。)中午，我们举行了两国军队参谋长的最后一次会议。在这次会议上，我们讨论了美国参战后要如何展开军事行动；还讨论了 ABC(美英中三国合作)计划；甚至还谈到了要重新组建英国派驻在华盛顿的使团。我们正在为战争做好准备，尽管我们还没有真正加入进来。

我们在用完午餐后离开“威尔士亲王号”，返回“奥古斯塔号”。斯塔克上将、马歇尔将军、金上将、特纳上将、伯恩斯将军、邦迪上校、谢尔曼中校和我，在军舰机库的前面站成一排。然后小富兰克林·罗斯福随同总统走了出来，站在我们对面。庞德上将、约翰·迪尔爵士、弗里曼少将轮流过来与总统道别，然后又走到我们一排人面前，致意道别。最后是丘吉尔首相走过来，按照同样的顺序道别。然后在乐队奏响的《天佑国王》乐曲声中，他们一个接一个走下舷梯，登上小艇离开。等总统走后，我们和金上将以及他的船员们道别，然后我乘坐“亚利桑那号”战列舰离开，那天晚上我将在这条船上度过。

从“亚利桑那号”战列舰上，我看到“威尔士亲王号”上正在升起旗帜，低垂的云幕遮住了海岸，一团团雾气弥漫在海面之上。“威尔士亲王号”上站着一排排水手，合力将锚从水中拖起，乐队奏响了美国国歌“星光灿烂的旗帜”。当“威尔士亲王号”鸣响汽笛，缓缓驶离港口时，我们还能看见温斯顿·丘吉尔、海军上将达德利·庞德爵士、约翰·迪尔爵士和空军少将弗里曼站在后甲板上。

当这艘巨舰开始起航时，“奥古斯塔号”上的乐队演奏起《天佑国王》。“亚利桑那号”上的水手和水兵们在甲板上立正致意，乐队也奏响了《天佑国王》。“塔斯卡卢萨号”的乐队紧接着也奏响了《天佑国王》。英国的驱逐舰和护卫舰马上加速，跟上“威尔士亲王号”，一时间，所有舰艇从四面八方亮起灯光、升起旗帜，发送信号致意。然而，这是我们最后一次看到“威尔士亲王号”了，不久之后，日本飞机就在马来半岛海域将它炸沉。

然后，“奥古斯塔号”也开始加速驶出港口。我们看到马歇尔将军、斯塔克海军上将、绰号“老爸”的沃森将军、当然还有总统，都站在舰桥上。紧随其后的是“塔斯卡卢萨号”，之后是几艘驱逐舰，一艘接一艘地消失在雾霭之中。留在港口里的除了两艘驱逐舰，一艘油轮之外，就只有“亚利桑那号”战列舰了。

这次会议给英美两国军方将领创造了一次了解彼此的绝佳机会，让我们之间能够有一个直观的认识；也让我们更清楚地认识到英国当前所处的困境，以及他们竭尽所能拯救自己国家命运的迫切渴望。毋庸置疑，英国的参谋长们这一次是有备而来的。尽管或许有些仓促，但一定是事先做了准备的，因为他们在所有讨论的议题上都保持了一致意见。而我们的参谋长们此前却并没有碰过头。我们没有准备议事计划，因此，面对他们提出来的每一项问题，我们都只能临阵抱佛脚。

在 1941 年夏季到来之前，英国已经得到来自美国援助的 1 985 架飞机。大部分的 P－40 战斗机都需要进行改装，改装的速度大约是一周 30 架。用作夜间战斗机的道格拉斯 DB－7 同样也必须进行改装。同时，英国皇家空军还得到了 23 架 B－24 和 20 架 B－17。

英国人告诉霍普金斯说，他们有大约 400 名飞行员在从事飞机转运，他们希望这些人手能够被美国人替换下来。他们希望这年冬季，飞越大西洋运送的飞机数量能够达到每个月 200 架。他们还提出，在中东建立一个美国航空站，以便美国的飞机能由美国的机械师来维修保养。对于这些要求，我们都同意了。之后，道格拉斯飞机公司在红海海岸建立了一座航空站，所有在中东的美国飞机都在这儿由美国机械师进行维修和养护。

他们还提出，增加中东地区的运输机，把经过加纳塔科拉迪航线的转运飞行员送回英国；提高驻守中东的飞行中队的机动性；还要支援在非洲的自由法国抵抗组织。这就意味着我们必须与商业航空公司签订合同，因为在那时我们的运输机产量无法满足这些需求。

我们航空兵驻伦敦的武官罗伊斯[1]将军提出，或许可以由我们的海军运输船先运送战斗机跨越大西洋，然后让这些战斗机在距离尼日利亚的拉各斯大约200英里的地方，从运输船上起飞，在拉各斯着陆进行补给，之后再飞往喀土穆。这将加快向近东地区运送战斗机的速度。这个建议为英国人所采纳，并经由霍普金斯向我提议。后来，我们采用了这个方法。当英国准备发起将隆美尔赶出非洲的阿拉曼战役时，我们得以及时向开罗运送了一个战斗机大队，加入蒙哥马利和亚历山大的部队。

---

① 拉尔夫·罗伊斯(Ralph Royce，1890—1965)，美国陆军少将。1934年7-8月间，参加了本书作者阿诺德将军率领10架马丁B-10轰炸机往返华盛顿与阿拉斯加费尔班克斯的远程飞行训练。1935年2月，他率领第1驱逐机大队进行了一系列极寒条件飞行训练。1941年3月任第20轰炸机联队司令，4月晋升准将；5月任美国驻伦敦大使馆助理武官，7月任负责空军事务的武官。1942年1月调任驻澳大利亚美国陆军主管空军事务的参谋长，有力地支援了菲律宾战役。1942年5月任西南太平洋战区盟国空军部队高级参谋，6月晋升少将；9月回国担任东南训练中心指挥官。1943年4月任第1航空队司令，9月任中东战区美国陆军司令。1944年3月调任驻英国的第9航空队副司令；10月任第1战术航空队司令，配合美国第6集团军作战。1945年1月回国任战争部人事调配司令部司令。1946年7月退役。——译者

第十六章　比尔·努森；又一个疯子；珍珠港

从阿金夏港回来以后的几个星期里，我比过去任何时候都更欣赏比尔·努森。他用自己特有的丹麦人的方式解决问题，和遍布全国的数百家不同机构进行沟通协调。来自英国、苏联和中国的飞机订单，还有来自澳大利亚、加拿大和新西兰的飞行员，他总是能够在未来的六个月里全部搞定，让人绝对放心，这还只是他能力的一个方面。他还要负责坦克、机枪、火炮等各种战争装备的生产，但最让他头疼的还是飞机。

随着时间的推移，不管是我们在华盛顿的参谋人员，还是身处一线的指挥官，对空军所肩负的使命都有了新的认识。支持空军扩编的详细计划很快就制订好了，选好了建造军事基地、航空站和培训学校的地址。尽管实际上还没有宣战，但随着由平时逐步转入战时，空军的地位发生了极大变化。

与此同时，我继续在全国各地马不停蹄地跑，推进我们的训练计划，督导空运组织工作，天晓得那段时间我忙成啥样子了。也是在那段日子，我们很痛心地失去了像贺拉斯·希卡姆①这样的硬汉。如果他还活着，肯定是二战中最伟大的指挥官之一。

还有弗兰克·安德鲁斯，起初他在巴拿马服役，后来带队支援欧洲战场，1943 年初的时候，因运输机在冰岛撞山而丧生。我一直认为，如果安德鲁斯将军依然在世，将是二战中欧洲战区美军总司令的最佳人选，他具备胜任这一岗位的所有条件。

技术娴熟、经验丰富的军官对我们来说太少了，以至于每次失去其中一位，我们几乎都找不到接替人选。

空军参谋部的每一位同事都顶着巨大压力夜以继日地工作。从很多方面而言，我们已经处在战争状态了。从海外的局势来看，盟国的事业已是四面楚歌。在北非，11 月 17 日起，英国人发动了新的攻势，隆美尔②采取了暂时的撤退，但战局看上去并没有好转的迹象，反而可能进一步恶化，随后的情况果然如此。一直到第二年，在美国空军力量的支援下，英军才在阿拉曼扭转了局面。莫斯科已经处于包围之中，斯大林格勒也正在退守最后的防线，整个苏联前线随时都可能崩溃。在大西洋，德国潜艇击沉的船舶吨位正在以惊人的速度持续增加，U 型潜艇甚至猖狂地开进了墨西哥湾。7 月份以后，日军开进了南印度支那。在华盛顿，来栖三郎和其他几位彬彬有礼的日本使节依然在微笑着和美国人谈判，尽力把和平的“希望”一直维持到 12 月 7 日那个星期天的早晨。

---

① 贺拉斯·米克·希卡姆（Horace Meek Hickam，1885—1934），美国陆军中校，陆军航空队早期指挥官，夏威夷希卡姆空军基地就是为了纪念他而命名。1908 年毕业于西点军校，参加过美墨战争和一战。1917 年 9 月调入陆军通信兵航空处，晋升少校，负责筹建航空大本营。1923 年 1 月任凯利高级飞行学校副校长。1925 年 11 月曾出庭为比利·米切尔作证。1926—1928 年在指挥参谋学院和陆军战争学院进修。1928 年进入总参谋部作战计划处。1932 年 3 月任第 3 攻击机大队指挥官，晋升中校。1934 年 11 月在训练无灯光跑道夜间着陆时，因撞机事故身亡。——译者

② 埃尔温·约翰内斯·尤根·隆美尔（Erwin Johannes Eugen Rommel，1891—1944），德国陆军元帅，是德国极少数以中产阶级出身以及未进入过参谋学校而获此头衔的军人，史称“沙漠之狐”。1919 年起历任步兵连长、德累斯顿步兵学校战术教员、戈斯拉尔市猎骑兵营营长、波茨坦军事学校教员、维也纳新城军事学校校长等职。在当战术教官时写的《步兵攻击》一书被希特勒看中，1939 年调任其大本营卫队长。1940 年 2 月任第 7 装甲师师长。1942 年 1 月任非洲军团司令，5 月被授予元帅军衔。1943 年 8 月任驻意大利北部集团军司令。1943 年 12 月任驻法国 B 集团军群司令，并负责沿海要塞工事的构筑。1944 年 7 月 17 日，乘车视察前线返回途中遭美国飞机袭击负重伤。“7·20 事件”后被指控为同案犯，10 月 14 日服毒自尽。希特勒为其举行国葬并亲自送葬。英国首相丘吉尔对其评价：“我们面对的是一位大胆与熟练的对手，一位伟大的将军。”——译者

最让我感到头疼的是每天都有接不完的电话，还有来访和信件。既要讨好白宫、国会和战争部的高官们，还得应付好各行各业的人们——官方的、民间的，以及英国、法国、荷兰、中国、泰国、波兰、苏联的军事、外交代表，还有德意两国的难民。有人会批评美国空军的某些做法，也有人提出意见和建议，再有就是要求优先分配我们的援助物资。

在1941年秋天的时候，我必须要做出一个重大决定，这件事一直到今天都很少人了解。

就像前面已经讲到过的，我们建设空军的全部努力越来越围绕以轰炸为中心——日间的精确轰炸，一切都是为了B-17。现在我必须做出决定，这种四引擎的轰炸机，还有这些年来我们不断为之奋斗的以轰炸为导向的空军发展战略，是不是应该让位于什么更重要的事情了。这一次的问题不是空军以外的人强加于我们的，而是我们自己必须慎重地面对这个问题。这并不是说我们对精确轰炸的发展战略失去了信心，而是我们现在还有可能打造出更强大的空战武器，如果将来我们不得不和德国人开战的话。这个东西就是我们在1917年和1918年前后设计的、绰号"飞虫"的无人驾驶飞行炸弹的高级版本，这些年来，最初的研发工作在"抠门政府"的资金支持和严密关注下得以继续。

近期恢复的实验表明，"飞虫"已经可以投入实战应用。它在1941年12月份的测试飞行距离已超过200英里，而且射程和精准度还能进一步快速提高。最初的设计概念已经被突破了，"飞虫"现在受无线电控制，我们还能够运用许多其他新的科技装置来保证它自动计算飞向目标的路径。总之，这种无人驾驶的虫子，已经成为一种成熟的现代化武器。每一枚的成本在800美元至1 000美元之间，能够迅速投入大规模生产，而相比之下，一架中型轰炸机要耗资20万美元，重型轰炸机则要40万。

一架B-17轰炸机满载6 000磅炸弹的价格，足够我们发射500枚

"飞虫"到敌国领土上，每枚可装填800磅炸药。还有比钱更重要的因素，就是可能挽救许多人的生命。此前已经有人提到，在我们做出决定之前最好做好准备，一旦爆发全面的空中战争，我们战斗机和飞行员的损失率可能会高达每月25%。

不过后来的事实证明，就算是第一次轰炸施韦因富特-雷根斯堡、第二次轰炸施韦因富特和1944年1月中旬轰炸奥舍斯莱本、哈尔伯斯塔特和不伦瑞克①那段艰苦的日子里，总体伤亡比例也没有那么高。不过，根据战争部的最终统计，除了一直最苦逼的步兵，在陆军和空军的所有部队中，以及全部地面部队中，包括空降兵和装甲兵，都没有在德国执行任务的重型轰炸机机组人员的伤亡比例高。像这种不得不面对的残酷战役，其实我们在1941年12月的时候也能够预见到，所以我们才觉得"飞虫"项目是个颇有吸引力的选择。

通用汽车的查尔斯·凯特林是真正的"飞虫"之父，他不仅从一开始就清楚地看到了"飞虫"的发展前景，而且在整个研发过程中不断地革新各种配件装置来完善它。曾经为第一架无人驾驶飞机制造控制系统的埃尔默·斯佩里虽然去世了，但是他的斯佩里陀螺仪公司依然如日中天。奥维尔·莱特和风神公司一些最早和我们一起搞飞行试验的人，也都积极性很高。毫无疑问，"飞虫"应该可以在非常短的时间里投入大规模生产。

我召开了一次只有凯特林、比尔·努森参加的会议，讨论了备选基地、打击目标、成本和产量，对比了"飞虫"和重型轰炸机的生产，以及两种武器生产所需的原材料。最后我们得出一致结论，就算使用最新型的"飞虫"，我们从英格兰最远能够打击到的地方也只能是巴黎和法

① 1944年1月13日，美国陆军第8航空队出动1 400架飞机轰炸了位于奥舍斯莱本（Oschersleben）、哈尔伯斯塔特（Halberstadt）和不伦瑞克（Brunswick）的飞机装配厂，共损失59架重型轰炸机和5架战斗机。——译者

国其他的一些大城市，还有比利时或荷兰，却无法打到敌人真正的心脏——德国内陆。

假如当时我们是处在德国人的地理位置，而德国人是住在英伦三岛上，那么历史就会被改写了。我们可以也一定会每次集中千枚以上的“飞虫”，打击英格兰岛的中南部地区，那里是主要的工业区。这种飞弹攻击可能在 1942 年底或 1943 年初达到高潮，每次袭击的规模可达数千枚或上万枚，而德国人基本上没有办法防备这种袭击。如果是这样，那么第一枚嗡嗡响着飞过英吉利海峡的无人驾驶飞弹，就不会是 1944 年 6 月 12 日晚上从德国人的基地里发射出来了，那是我们的地面部队在诺曼底登陆之后的一个星期，我和凯特林、努森在办公室里开会讨论“飞虫”的两年半以后。

早在 1941 年初的时候，英国人就开始要求我们支援 B－17。我们给了他们 20 架，就像我前面讲到过的，当年的上半年就交付给他们了。这些“飞行堡垒”又被英国人送到改装中心进行了改装，皇家空军称之为“高效轰炸机”。自 1941 年 7 月起，英国轰炸机司令部开始派 B－17 执行轰炸法国海岸的战斗任务。

接着问题又来了，我们的轰炸机部队如何与皇家空军保持长期的合作。事实上，这个问题一直到 1943 年 1 月的卡萨布兰卡会议上，在“图伊”·斯帕茨和艾拉·埃克的鼎力支持下，我们才说服罗斯福总统和丘吉尔首相同意使用 B－17 进行日间精确轰炸的战略。我们提供了美国第 8 轰炸机司令部对法国境内德军目标实施轰炸的战果作为证据，尽管所有的英国人一致反对，日间精确轰炸还是继续被确定为优先战略。不过 1941 年的时候，让人期盼已久的 B－17，在皇家空军手上的战斗表现确实非常糟糕。

我们曾经仔细地提醒英国人，第一批 20 架 B－17 在实战中应当注意的事项。这些飞机都不是那种具有大垂尾和旋转炮塔、扎着 14 挺 0.5 英寸口径机枪的“飞行堡垒”，也就是后来英国人再熟悉不过的机型，甚至美国的每一位小男孩都能认出来。皇家空军在1941年初拿到的20架是B-17C型。它们只装配了4挺手控回旋机枪，没有计算瞄准系统，甚至也没有装尾部机枪，也就是被称为“刺”的机尾炮。只有一名机枪手趴着从机腹防护钢板的开孔后面向外射击，而后来的机型都改成了球形炮塔。

在最初的实战应用中，英国人忽视了之所以设计B-17这种机型的基本理念。它是一种依靠自身火力护航的集群轰炸机，当采用密集编队时，机群中装配的全部0.5英寸口径机枪所构成的交互防御火力，使其能够抵挡战斗机的进攻。而一开始，皇家空军在使用B-17时根本谈不上什么编队。他们总是派出两三架“飞行堡垒”出击，经常被击落，根本无法完成任务，取得的战果非常可怜。在头四个月里，皇家空军指派给B-17的任务中，有46%最终都被取消了。只有大概5%是出于机械故障，其余的41%是因为恶劣的天气条件或其他原因。没有一架B-17能够飞到靠近德国的任何目标。

这种情况到了后来的皇家空军轰炸机司令部一帮人手上就大为改观了。1942年5月以后，在哈里斯[①]的领导下，他们在夜间大规模轰炸行

---

① 阿瑟·特拉弗斯·哈里斯(Arthur Trayes Harris，1892—1984)。一战时加入南非的罗得西亚团，在南非和西南非服役。1915年回到英国，加入皇家飞行队。后曾在法国和英国数度指挥飞行中队。二三十年代先后在伊拉克、印度和英国服役，对发展夜间轰炸和高难航行技术有着突出贡献。哈里斯认为，皇家空军应该摆脱陆军的控制而独立执行作战任务，极力主张发展高性能的轰炸机，把空军轰炸机部队建设成为一支主力部队，在战争中对敌方的重要目标实施大规模空袭，使其迅速丧失战争能力，从而赢得战争。1927年进入坎伯利参谋学院学习。1933年8月至1937年5月在空军部任职，曾任计划处副处长，致力于发展新式重型轰炸机。1937年6月起先后任新组建的轰炸机司令部所属第4、第5轰炸机大队指挥官。1940年底任皇家空军副参谋长，晋升空军中将。哈里斯是“轰炸机致胜论”的倡导者，人称“轰炸机”哈里斯，也因主张对平民无差别轰炸被称为“屠夫”。1942年2月担任皇家空军轰炸机司令部司令，实施大规模“饱和轰炸”战术，即集中大批轰炸机对一个城市进行大规模袭击，旨在完全将之摧毁，给纳粹德国占领的欧洲带来极大破坏。1946年1月晋升皇家空军元帅，不久后退出现役。——译者

动中采用了灵活的战术策略。不过皇家空军战斗机司令部依旧是老样子。

在英国轰炸机司令部对德国城市实施轰炸达到顶峰的时期，他们发展出一套成熟的战术，包括复杂的导航系统、雷达、熟练地投掷燃烧弹标识目标和引路，领航轰炸机在目标上方低空盘旋，为数英里后的“哈利法克斯”和“兰开斯特”机群指引瞄准点，等等。

皇家空军有很多值得美国第 8 航空队学习的东西，特别是在雷达、无线电和导航辅助设备方面。不过刚开始的时候，对于第一批 B－17，皇家空军轰炸机司令部的兄弟们确实没有用到点子上，他们本来也应该好好研究一下的，但可惜没有。

起初，也就是在不列颠战役刚刚结束的时候，对双引擎“布伦海姆”① 轰炸机加装机枪以后，让皇家空军觉得这种相对较轻型的轰炸机可以执行对德日间轰炸行动。就连图伊・斯帕茨上校也在信中写道，他和人称“修道士”的亨特上校也认为这应该行得通，“以两组经过良好训练的三架英国轰炸机编队，可以形成足够的火力，对付德国战斗机任何形式的进攻，”他对“布伦海姆”上进行的机枪改装比较乐观：“我们见到的飞行员对他们新飞机的日间作战能力充满信心。”不过随着“布伦海姆”的损失直线上升，这种信心很快就被击个粉碎。

面对德军高射炮和战斗机部队的猛烈反击，英国人转变了战术，由日间远程轰炸变为夜间轰炸。在那段雷达还没有普及的日子里，这可以让飞行员们有更多的机会安全返航，至于其他的好处则值得怀疑。皇家空军没有让“飞行堡垒”参与远程轰炸，不过从另一个角度来说，或许是我们给他们的 B－17 数量太少了。

---

① 布伦海姆(Blenheim)轰炸机，二战英国空军使用的双发轻型轰炸机，由布里斯托尔飞机公司研制。1936 年 6 月试飞，当年装备部队。该机在二战初期性能先进，速度比老式战斗机还快，除了装备英国空军外，不少盟国都进口了该机，总共生产 4 422架。在“不列颠之战”最紧急的时候，为了弥补战斗机的不足，该机曾加装机枪，改为战斗机和近距支援机使用。——译者

终归还有一件鼓舞人心的事情。就是英国人总是能把在恶战中被德军战斗机或高射炮打得千疮百孔的 B－17 开回来，设法降落在自家的空军基地，换成二战中的其他任何飞机都不可能撑得下来。有时候它们可以说已经被打得支离破碎了，但还是飞回来了。在遭遇战斗机攻击的时候，皇家空军飞行员往往按照培训教程采取俯冲躲避动作，但德国人的 Me－109 战斗机俯冲得比 B－17 还快，立马就能赶上来一顿猛揍。

比如，8 月份的时候，两架“飞行堡垒”被派去轰炸停泊在法国布雷斯特港的“沙恩霍斯特号”和“格奈森瑙号”战列舰。这一次，两艘战舰很明显吃了来自 31 000 英尺高空炸弹的苦头。附近的德国战斗机中队迅速升空，与轰炸机在空中遭遇。其中一架 B－17 被 He－111 和 Me－109 打惨了，满机身都是 20 毫米航炮打穿的弹孔，有六枚炮弹在机身内部爆炸。这架 B－17 飞起来都摇摇晃晃的，弹仓门也关不上了，一侧的副翼被打没了，方向舵也遭到了严重损坏，飞机几乎无法控制，后轮也被击中，垂了下来无法收放。尽管被打成这样，机组人员最后还是成功飞回了基地。

这自然让我们感到非常高兴，因为这些报告使我们进一步确信，“飞行堡垒”具有超强的抗打击能力。英国皇家空军的战斗实践，也印证了我此前做出的、以 B－17 为核心组建美国空军力量的决定。也就是从那时开始，我开始提议援助 B－24“解放者”轰炸机给英国。在四引擎轰炸机中，“解放者”的性能无论在哪个方面都应该远远胜过“飞行堡垒”，在海岸巡航和其他各种任务中的应用都非常成功。

根据我们生产计划的安排，在 1941 年 8 月份之前，皇家空军每个月可以拿到 25 架 B－24。我们还盘算着，如果每月提供给英国人的 B－17 的数量，以能够弥补他们先前拿到的 20 架的损失为限，估计他们就不会再要求提供更多的“空中堡垒”了。我们的空军军官对这一决定感到很高兴。

当时罗斯福总统决定将重型轰炸机的出口增加到每月500架，但海军却积极开展活动反对给予重型轰炸机最优先生产的权利——这一权利使得B－17和B－24成为最优先生产的项目。航空委员会每一次开会的时候，托尔斯海军上将都会为增加战列舰、驱逐舰、巡洋舰和航空母舰的产量而吵上一番，反对增加轰炸机的产量。不过1941年6月23日的总统备忘录明确了有关大型轰炸机项目的意见，此后就不再有人公开反对了。

1941年8月，我派乔治·布雷特将军前往英国，要求他想方设法排除困难，尽力执行落实好此前多次会议上与英国空军首脑协商达成的计划。我提醒他，除了英国人要求我们援助之外，还有荷兰人和中国人也在开口，此外还要考虑到我们自己空军部队的需求。因此，他必须平衡好来自全球的需要，而不是仅仅照顾好哪一个国家。

夏末的时候，我起草了一份文件给战争部长，希望能成为制定未来有关飞机和空军设备援助计划的指导原则，着重强调了以下几点：

1. 如果对德宣战，美国必须发动猛烈的空中攻势；

2. 即便美国提供了足够的物资援助，英国可能仍然无力主导这样的空中攻势。眼下她驾驭自己那支小规模的空军力量已经十分困难，因为她显然缺乏战斗机飞行人员。不过，英国的轰炸机部队还需要进一步增强。英国轰炸机飞行人员的短缺情况不算太严重；

3. 美国人有能力建设一支足够强大的空军力量，在今后两年中，如果英国人能够挺下来并提供空军基地，我们就可以对德国实施决定性的空中打击；

4. 如果大量的远程轰炸机被用于出口或非决定性的军事行动，美国将无法组建能够进行决定性打击的空军力量；

5. 如果希望英国能够支撑下去，并为我们的空中攻势提供基地，就必须对她援助美国生产的飞机；

6. 最适合出口给英国的是中型轰炸机、轻型轰炸机和战斗机；

7. 我们的重型轰炸机是用于对德国发起决定性的空中打击；

8. 轴心国集团的胜利将危害美国的安全，必须保持一支最小规模的部队用于保卫本土和海外领地。

在归纳自己观点的时候，我写道，美国必须尽快建立一支可以对欧洲轴心国实施决定性空中打击的空军力量，这支空军将以重型轰炸机为主导。

战争部部长采纳了这些意见，他在给总统先生的备忘录中这样写道："我认为眼下已经到了首要考虑推动建设一支装备精良、结构齐全、训练有素的美国空军的时候了。经过深入仔细的研究以后，我得出的结论是，继续从我们的空军那里拿走生产配额将是不明智的，直到美国空军的主要装备完全配备到位。"

很快，史汀生部长给努森先生下达了关于生产计划的配额比例。包括：每年生产 36 000 架战斗机，其中 17 400 架分给美国空军，4 000 架给美国海军，大约 11 000 架可用于出口。在备忘录中，他写得很巧妙："至于 11 000 架飞机的分配，相信应当由英美联合军事委员会决定。"

有了史汀生部长的支持，再加上哈利·霍普金斯和我自己的努力，使得 10 月份我与英国内阁分管空军事务的助理部长贝尔福的会晤成为可能。我们和各自的参谋人员一起讨论了未来美国的飞机生产计划，以及如何最大限度地发挥这些飞机的作用，商定了分配给大不列颠及其附属国的飞机额度。从那个时候起，皇家空军的代表就开始经常坐在美国陆军航空队总司令的办公桌前，商量接下来六个月里应当交付给英国的飞机数量，很少再需要上层首脑出面拿意见，我印象中只有一次提交到了总统那里。

在那段时期，战争部分管空军事务的助理部长洛维特为了空军的发展做了不少"分外"之事。年初的时候，我们发现机器设备发生严重短缺，在战争生产所涉及的各个工业部门之间的分配也不均衡。鲍勃·洛维特很重视，会同战时生产管理局一起开展工作，让无论是生产飞机、战舰还是坦克的企业，大家都能分配到一些机器设备，而不是仅优先照顾某一个部门。类似这样的问题一个接一个，他都很好地摆平了。这让比尔·努森那里的活儿能轻松很多，也减少了我们计划执行过程中遇到的障碍。

不久，航空工业生产所需的螺旋桨、引擎、铝板和其他配件又供不应求了。寇蒂斯 & 莱特、马丁、波音、布莱特 & 惠特尼和道格拉斯等企业均反映，由于缺少关键零配件，无法达到原定飞机产量。要想解决这些问题，洛维特先生不得不和各种各样的部门、机构打交道，直到找到了彻底的解决方案。刚开始，做出一项关于飞机生产计划的决定，至少需要听取九个人的意见。你应该可以想象得出，鲍勃·洛维特在修正生产计划和分配方案中存在的问题时，将会遇到多少困难。接下来他首先要做的事就是彻底改变这种局面：他把需要经手的环节减少到两个人。

1941 年 11 月，在出发前往西海岸之前，我给鲍勃·洛维特发了一系列提醒他注意事项的备忘录。包括：关于我们计划选派到中国参加飞虎队的预备役军官的身份问题；向英格兰运输战斗机的问题；有关完全破译日军密码可能性的问题，当时日本驻罗马大使馆的武官给东京发了一份电报，列出了美国陆军航空队所有军事基地的名单，因为与我们的原件一模一样，所以从这份名单入手应该很容易破译日军的密码(此时我并不知道海军已经破译了日军密码，对太平洋上一些事情的内幕也不知情)。备忘录中还提到，要在 12 月 6 日之前向菲律宾增援 65 架重型轰炸机；环球航空的四引擎飞机驾驶学校要发挥最大能力，每月培训 24 组机组人员；金德尔伯格①需要为 B－25 做好越冬防冻准备；以及在太平

① 詹姆斯·霍华德·金德尔伯格(James Howard Kindelberger，1895—1962)，美国企业家，航空业先驱。1934 年任北美航空公司总经理。1935 年至 1967 年，该公司是美国最大的军用飞机供货商，二战期间共为军方生产 42 000 架飞机。——译者

洋上出现的僵局，海军想在巴尔米拉岛建设基地，但陆军航空队却需要在圣诞岛建一个机场——而且十分迫切(圣诞岛的工程在1月30日前即可完工，天晓得巴尔米拉岛的工期要拖到什么时候)。

在我准备去西海岸的时候，所有这些事情都还悬而未决。但有了我写的备忘录，我觉得战争部助理部长洛维特一定能够把大部分事情都搞定，所以我就放心地出发去加利福尼亚了，前往视察飞机生产企业和空军基地，说不定还能忙里偷闲去打个猎。

1941年11月中下旬，也就是我出发去西海岸的时候，陆军航空队一共有32.5个各种机型的战斗大队，部署在世界的不同地区。军官2.2万人，士兵27万人。国内部署飞机9 000架，海外1 100架。

在陆军航空队的9 000架飞机中，只有3 000架是战斗机，但实际上其中适合投入实战的仅1 100架。我们虽有159架四引擎飞机，但它们分散在全美国各地(用于训练目的)，还有夏威夷，也有一部分正在飞往菲律宾的路上。截至1941年12月1日，菲律宾有26架B－17，另有13架B－17在美国西海岸集结，正准备飞往夏威夷，最终也将飞往菲律宾。

我一直想得到贾卢伊特环礁①和特鲁克岛②的航空照片。为此，我们特别改装了两架B－24，当它们飞往菲律宾途中经过日军占领岛屿时，

① 贾卢伊特环礁(Jaluit Atoll)，西太平洋马绍尔群岛的岛屿，由一系列珊瑚环礁组成，陆地面积11.4平方公里，所抱潟湖为优良锚地。在二战日本占领时期，其中的贾博尔岛曾为马绍尔群岛行政中心。在马绍尔群岛战役中遭美军轰炸，破坏严重。——译者

② 特鲁克岛(Truk)，位于加罗林群岛核心，呈三角形，是天然良港。一战后成为日本委任统治地，经数十年苦心经营，成为日本在太平洋上最重要的海空基地和联合舰队司令部所在地，被誉为“太平洋上的直布罗陀”和“日本的珍珠港”。特鲁克群岛是南太平洋日本“内防卫圈”的心脏，扼住美军从中太平洋进攻的咽喉，处于进可攻、退可守的有利地位。东可支援吉尔伯特和马绍尔群岛；南可威胁新几内亚和所罗门群岛；西可庇护帛琉至菲律宾群岛一线；北可成为小笠原群岛、马里亚纳群岛以至日本本土的屏障，战略地位十分重要。1944年2月17日，美军对特鲁克岛发动空袭，给日本海军联合舰队造成沉重打击。——译者

可以进行拍照。

10月初的时候，刘易斯·布里尔顿将军被派往菲律宾，担任麦克阿瑟将军手下的空军司令。尤金·L·尤班克上校也率领第19轰炸机大队第1梯队抵达了菲律宾，他们装备了第一批带有机枪旋转枪架的、真正的战斗型B－17。亨利·B·克莱杰特准将任拦截机指挥官，劳伦斯·丘吉尔上校负责后勤装备。他们是1941年12月1日驻防在菲律宾的高级军官。在夏威夷，弗雷德里克·马丁将军是所有夏威夷群岛陆军航空兵部队的总指挥。当然，他们当时都在驻夏威夷陆军司令沃尔特·坎贝尔·肖特将军的直接指挥之下。

陆军与海军之间的指挥权限和职责划分往往比较微妙，不仅是在夏威夷，菲律宾也一样。有时候似乎不太可能划分得很清楚。

过去我们在建设夏威夷驻军的时候，一直遵循夏威夷是不可攻破的最后一道防线的总体原则。但就像前面已经讲到过的，到了1941年中期的时候，我们改变自己的政策，把重心转向了菲律宾，开始加强那里的军事力量。这里需要提一下，就在12月1日，我还向自己的办公室人员发出一份备忘录，并同时将副本发给了夏威夷的马丁将军，要求尽快把所有能够搞到的B－17都派往菲律宾。

在我看来，只要有两个人同时在指挥，就永远也不可能制订出一份令人满意或足够管用的防御计划来。但在1941年的时候，无论菲律宾还是夏威夷，都是这种状况。在夏威夷，海军负责海岸线以外的作战行动，遇到进攻时及时发出警报。在敌军突破海岸线之前，由海军负责防御，之后便是陆军的责任了，阻止敌军飞越领空或在岛上登陆。这样的政策显然不可能带来有效率的作战行动。菲律宾的情况有所改善，因为在麦克阿瑟将军的坚持下，他与海军司令哈特上将达成了一个切实可行的约定。

1941年12月6日，我降落在加利福尼亚的汉密尔顿军事基地。我把准备驾驶13架B－17经停夏威夷、再飞往菲律宾的军官们召集起来，告诉他们这一路上可能会遇上麻烦。当我对他们说可能会用得上机枪的时候，我脑子里想的是他们在飞越特鲁克岛附近日本人托管统治的海岛时，可能会遇到麻烦。我确信日军舰队已经离开了亚洲东海岸，向东航行经过那些托管的岛屿，现在已开到离夏威夷群岛不远的地方。那条有关日军舰队已经起锚的情报，战争部和海军部的许多军官都知道，但一直没有给过我。就像战争部的大多数军官一样，我当时的想法也是，如果日本人发动进攻，首先应该是针对菲律宾，接下来是亚洲东海岸的新加坡，然后是婆罗洲、爪哇、苏门答腊诸岛。

所以，我担心我们的B－17会在日本人宣战以后，有可能在西南太平洋遇到危险。尽管当时日本人所谓的“和平特使”依然在华盛顿和国务卿谈判。

后来人们经常会讨论，为什么夏威夷陆军航空队的飞机会扎堆停放在一起，翅膀紧靠着翅膀，才使得日本人在发动袭击的时候能将它们一举全部摧毁。要想搞明白这一点，我们必须理解当时的情势。

当时肖特将军是所有部队的总指挥。他把战争部的战争警告命令理解成了防止阴谋破坏活动。在他看来，防止对飞机进行阴谋破坏的方式就是把它们集中在一起，这样就可以使用最少的警卫部队来保护。此外你还必须了解，当时陆军航空队被夏威夷司令部用于执行各种各样的任务，远远超出他们本来的职责和所受训练的范围。在夏威夷处于紧急状态时，很多空军技术人员被派作军事警察或执行巡逻任务，而空军司令马丁将军却无法指挥他们。有几位军官，陆军和海军的都有，在认真研究了夏威夷的情况之后认为，夏威夷将遭受日本人的袭击，而且说明了进攻到来的方向和时间——真的就是在星期天早晨。珍珠港遇袭之后，他们说一切都是应该被预料到的。我一直没有搞清楚他们是如何推断出来的，包括日本人的进攻是来自东北方向——但事实证明他们猜对了。

很多军官都说，在当时夏威夷群岛的指挥体制下面，日本人的空袭很有可能成功，最终也确实导致了一场灾难，除非我们的陆军和海军指挥官能够协调一致。

然而，就算在当时的背景下，当12月6日晚上我在汉密尔顿军事基地向B－17机组人员发表简短讲话的时候，我也没有料想到他们在夏威夷群岛变成了送上门的猎物。假如我知道日本联合舰队正驶离那些托管岛屿，我可能会有不同的想法——但也未必。

我目送那些飞机向西消失在太平洋上空，然后登上自己的专机飞往加利福尼亚的贝克斯菲尔德，在那里会见了飞机制造商唐纳德·道格拉斯。第二天早上，12月7日，星期天，我们一起去打鹌鹑。当我们下午回到林中木屋的时候，道格拉斯先生的父亲正坐在汽车旁听收音机。

当我走过去的时候，他说："日本人攻击珍珠港了！"

我不相信他说的。于是他就告诉我从收音机里听到的细节：日本人是如何击沉我们的战舰，摧毁我们的飞机，以及他们在珍珠港和火奴鲁鲁造成的混乱。战争已经开始了。

现在回想起来，我还是非常怀疑，当时能有多少陆军和海军军官真正意识到日本人会以袭击珍珠港来开始这场战争。除了我前面提到过的例子之外，绝大多数人都认为日本人首先攻击的应该是菲律宾。或许一些此前就接触过拦截到的日军电报的军官们能够更好地接受眼前的现实，但显然我不行。

接下来他们会进攻哪里？他们会在夏威夷群岛登陆吗？或者，他们会不会乘我们的舰队被打瘫掉的机会，袭击我们位于西海岸的飞机制造厂，在那里他们将以很小的代价造成灾难性的破坏。从狩猎屋骑马赶往贝克斯菲尔德机场的路上，一连串的疑虑闪过我的心头。

到了机场，我发现每个人的情绪都很激动——到处弥漫着躁动、混乱和困惑。华盛顿要求你立即与他们联系！无线电、电报、电话都可以！立刻与华盛顿取得联系！旧金山的陆军司令部也让你立即回话！马上呼叫马奇机场！参谋长要求你给华盛顿回话！你在华盛顿的办公室要求立即与你通话！这些消息我都顾不上了，即刻爬进专机直飞马奇机场。到那里以后，我建立了司令部和电台，通过电报和电话也与华盛顿和旧金山取得了联系。很快我就与马歇尔将军通了电话，告诉他第二天一早返回华盛顿。他觉得我应该去见一下德维特将军，旧金山卫戍区的陆军司令。我答应他会去的。我在马奇机场尽可能多地做一些工作，那是自己过去十分熟悉的地方，我通知那里的部队进入战争状态，以防备洛杉矶地区遭到偷袭。

然后我再启程飞往旧金山。找到德维特将军的时候，他正忙得不可开交，高度警觉，非常担心日本人可能会给西海岸捣乱。坦率地说，我根本没有办法替他分忧。与德维特将军和空军司令菲克尔将军一起，我们商定了下一步行动计划。临走的时候，德维特将军让我带一些信息给马歇尔将军。

一路上，我经过了一个又一个军事哨所和军区司令部，了解到更多的有关珍珠港袭击的信息，所以当我抵达华盛顿的时候，已经知道发生了什么。有一点我没有搞清楚，日本人是如何能够从距离珍珠港只有200英里的地方发动攻击并成功逃脱的。当时我们海军派出了一支特遣舰队，就在瓦胡岛以北海域演习，似乎正好处在他们的进攻路线上。在我看来，好像应该可以采取一些拦截行动。当然，我不是海军方面的权威，有很多事情我可能永远也无法理解。

就和预料的一样，在珍珠港遭到袭击之后，很快每个人都开始申请飞机，各个战区的指挥官都需要飞机来阻止日军的进攻。他们都在要求增加重型和轻型轰炸机、巡逻机、战斗机，还有系留气球用于保护固定设施。阿拉斯加有可能遭到入侵，西海岸肯定是下一个进攻目标，而夏威夷群岛日本人更是可以毫不费力地把它拿下来。

顺便说一句，这可不是危言耸听，日军袭击珍珠港造成的破坏和混乱是如此严重，随便他们在这个岛上的什么地方登陆，驻守在那里的陆军、海军和海军陆战队可能都无法进行有效的抵抗。由于日本人对希卡姆机场的成功轰炸，在 12 月 8 日的时候，我们比 12 月 6 日又少了几百架飞机；随后的几天里，他们又成功摧毁了麦克阿瑟将军在菲律宾的飞机。

坐在旁边说风凉话，讲我们应该做些或不做什么才能避免这样、那样的问题发生是一回事——当你有责任搞清楚眼前的问题时就是另外一回事了。

一等到电话接通，我马上与驻火奴鲁鲁的空军司令马丁将军取得了联系，了解为什么他的飞机会如此集中停放，以至于在袭击中悉数尽毁，没一架飞机有机会起飞。随后我才知道其实也有例外，有几位战斗机飞行员驾机升空迎敌，打得还不错，击落了两三架日军飞机。但从总体上而言，空军并没有实施成功的拦截作战。在那里，飞机被当成了和火炮、坦克一样的战争装备，它们作为一种高度机动打击武器的价值似乎被丢掉了。我们可以不去计较眼下糟糕的战局，但是绝对不允许再犯同样的错误。

所以，我紧接着又与菲律宾的布里尔顿将军通了电话，告诉他珍珠港发生的情况，以避免他的空军因为同样的问题而被摧毁。他告诉我会尽力而为。但是，尽管我们已经发出了预警，尽管书本上也都教过了，而且我们在历次演习中也都演练过，所有的战法在战术学校里也都学过了，在随后的几个小时里我们还是失去了菲律宾的大部分飞机——实际上是全部的 B－17 和大多数战斗机都被击毁在地面上。这让我不得不认为一定是我的航空兵司令部哪儿出了问题，我把这种想法告诉了布里尔顿。

我收到了一封麦克阿瑟发来的电报，算是对我心中疑问的答复。这封电报让我再一次认识到前线与后方的天差地别，我们坐在华盛顿的办公桌后面照着教科书制订完美的作战计划，而他们身处菲律宾的克拉克机场或其他仅有的一两个机场，既要照顾好那为数不多的B－17，还要设法在与日本人的交战中把损失降到最低。

麦克阿瑟的电报中讲到："面对每一次战斗警报，远东空军能够用来应对的时间和资源都是有限的。他们的失败完全是由于敌军占有压倒性的优势。敌我兵力从一开始就相差悬殊，但没有哪一支部队能够表现得比他们更出色。他们的勇气是有目共睹的，战斗力也不错。他们从尚未建设成熟的机场系统起飞作战，各方面的条件都十分简陋，与精心准备的敌军相比，这让他们处于明显的劣势。您应该为他们感到骄傲。麦克阿瑟。"

对任何一位司令官而言，忠诚于下属与效忠上级一样重要。麦克阿瑟将军一直对部下非常关心——哪怕是他部队里级别最低的士兵。

不管怎么说，最终我一直都没有真正搞明白菲律宾究竟发生了什么情况。布里尔顿日记里的叙述不够完整和精确。麦克阿瑟的参谋长萨瑟兰将军也没有解释清楚。历史的事实依然摆在那里：在日本人发动进攻的头几天里，其实夏威夷和菲律宾陆军航空队的飞机已经被全部摧毁了。尽管我们是被偷袭，数量上也不占优势，这都是事实，但我总是希望我们的飞行员是开着它们在空中战斗，而不应该毫无准备地被击毁在地面上。这是一个让我非常伤心的打击。如果这样的问题继续下去，我们就永远不可能建成一支空军。因为在战争刚刚开始的时候，我们所有战区的兵力全都处于劣势。

第十七章　总统参谋班子的固定成员；联合参谋长委员会；丘吉尔来到华盛顿；“阿卡迪亚”会议

1941年12月8日是历史性的一天，美国对日宣战，一切都为之改变。

从某种意义上说，此前在阿金夏湾召开的参谋长会议是“非正式的”，因为当时我们还没有参战，与大不列颠也不是“战斗”的盟友。不过，美英两国的军事参谋人员在战前已经有了某种接触，阿金夏会议进一步推动了这方面的工作，会上讨论了如果美国参战将采取的行动。所以我们已经开始筹备一个常设的联合参谋机构。日本人偷袭珍珠港之后，“联合参谋长委员会”成为常设的最高参谋部门。

1941年12月21日，一个星期天的下午，在罗斯福总统的书房里，他把哈利·霍普金斯、斯塔克海军上将、金[①]海军上将、战争部长史汀生、海军部长诺克斯、参谋总长马歇尔将军和我召集在一起。从那个时候起，陆军航空兵总司令就当然成为总统参谋班子的成员，也是联合参谋长委员会的成员，无论此后这个机构的名称怎么变化，始终都是这样。

以下内容来自当时我做的笔记。

在那天的会议上，罗斯福总统告诉我们，丘吉尔首相将在皇家空军上将波特尔、皇家海军元帅庞德、陆军元帅迪尔和其他82名军官、随员的陪同下，于次日抵达华盛顿。罗斯福总统说，星期二下午5点我们将与英国人开会讨论两国共同面对的总体战略问题，周一晚上他将与丘吉尔先生单独会晤。在此之前，他非常希望听听我们大家的意见。

预备会议开始后，总统问我们对接下来与英国人的会谈有什么好的计划。马歇尔将军报告了战争部设想的步骤框架和形势评估。总统与我们讨论了远东局势以及如何利用空运来支援这一地区，包括绕道南非的航线。他很关心通往菲律宾的空中运输问题。我详细汇报了当时还未被日本人切断的几条菲律宾航线，但估计很快就会被切断，无论是威克岛还是拉包尔都即将沦落敌手。接下来我向他报告了新的航线，通过圣诞岛、萨摩亚、斐济和澳大利亚，以及预计开通的时间。最后介绍了绕道南大西洋——赤道非洲——南亚的航线。

总统先生把话题转向了南大西洋和攻占亚速尔群岛的可能性，还谈到了达喀尔和佛得角群岛，这引发了与会者的热烈讨论。我主张占领亚速尔和达喀尔，因为对空军而言，这两个地方都是大西洋航线上必不可少的支点。史汀生部长同意我的看法。

然后总统又谈到占领冰岛作为陆军管理的基地，如何利用北爱尔兰，以及从英格兰和北非给予英国人空中援助的可能性。我告诉他这些问题都已经着手研究，一旦集结起必要的空军力量，就会派他们到英格兰或北非作战。

罗斯福总统问我什么时候能够完成北大西洋航线的准备工作。我告

---

① 欧内斯特·约瑟夫·金（Ernest Joseph King，1878—1956），美国海军五星上将。1901 年毕业于安纳利斯海军学校。第一次世界大战时，先后任驱逐舰舰长、驱逐舰分队长、大西洋舰队助理参谋长。战后曾任潜艇分队长、潜艇基地司令、“列克星敦”号航空母舰舰长、海军航空局局长。1941 年 2 月晋升海军上将，并担任大西洋舰队司令，12 月升任美国海军舰队总司令。1942 年 3 月至第二次世界大战结束，担任海军作战部部长，是唯一一位曾经兼任海军舰队总司令和海军作战部长这两个职务的将军，是美军参谋长联席会议和英美联合参谋长委员会成员。在他的影响下，美国在二战中改变了对战列舰的看法，不再把它看成是海战中起决定作用的舰种，而主张加速建造航空母舰。他还是“太平洋优先”战略的倡导者。1944 年 12 月，晋升海军五星上将。——译者

诉他可以很快完成，但在北极圈冬季的气候条件下，不可能实现正常飞行；不过，我们有望在来年春天建立起全天候运作的飞行基地和设施。

最后，他讨论了为“塔科腊迪——喀土穆——卡拉奇——远东”航线充实更多、更先进飞机的必要性。我向他保证，我们会不断加强这一航线，正在增建机场并力争尽快投入使用。事实上，我们当时正通过这一航线，为欧洲和中国输送飞机；同时也通过澳大利亚航线给麦克阿瑟增派飞机。

在散会之前，大家讨论了“最高战争委员会”（指美英联合军事代表团，当时还没有被称为“联合参谋长委员会”）在哪里开会，最后大家决定会议放在华盛顿。同时还决定，每一位“最高战争委员会”的成员都要明确一名代表，而且这名代表要保证随叫随到，能够参与所有的主要议题。散会的时候，总统先生再次提醒我们，接下来的星期二下午5点，和英军的参谋长们将有一场大型会议。

星期一，在英国人到来之前，马歇尔将军和我又商量了几件事，包括我们认为应该在会议上讨论的主要问题。这样，第二天晚上我和查尔斯·波特尔爵士、哈里斯中将会谈空军合作的时候，就不会无所准备。

波特尔的首要兴趣是将来美国空军力量的部署使用，在什么地方以何种方式作战，以及他们与英国空军的关系。我向他保证，美国空军可以飞到参谋长联席会议决定的任何地方作战，并且与英国人的地位是平等的。

波特尔接着告诉我，英国人非常担心新加坡的局势，他们承受不起新加坡被日本人占领的打击。我回答说，美国人一样无法想象菲律宾沦落敌手的后果，虽然我们不希望这样的事情发生，但可能还是不得不接受这样的现实。我答应我们会尽可能加强菲律宾、澳大利亚和荷属东印度的空军力量。在澳大利亚已经调集了大量军需补给物资，交由布雷特将军指挥，接下来我们还将把目前能够集结的飞机全部派往澳大利亚。

波特尔继续说，日本人一共只有 3 600 架战斗机，同时他们的生产能力只有每月 300 架。他问我们打算如何收拾他们。我对他讲了一些粗略的想法，比如我们打算利用中国的华东地区开展空袭，还说了根据当时与苏联人的初步谈判，我们可能很快就能使用符拉迪沃斯托克[①]附近的军事基地。波特尔对此表示怀疑，他认为我们不可能得到符拉迪沃斯托克郊区的军事基地（后来的事实证明，波特尔远比我了解苏联人和他们的为人处事，我们确实没能拿到那些基地）。

波特尔说，在他看来，进攻日本是海军的事，就算在那个战争刚刚开打的时候，航空母舰也可以悄悄摸到日本附近海域，以他们偷袭珍珠港的方式，对日本发动突然袭击。他声称，前往偷袭日本的航空母舰，不会比英国袭击塔兰托[②]和日本偷袭夏威夷的航空母舰所冒的风险更大。这样的战略行动可能会导致日本海军舰队返回日本近海。我一直在想波特尔为什么这样关心太平洋的空战战略，个人觉得他可能担心美国空军会动用重型轰炸机空袭日本，从而将削减他得到的援助飞机的数量。

---

① 符拉迪沃斯托克（Vladivostok），原名海参崴，清朝时为中国领土，1860 年《中俄北京条约》将包括海参崴在内的乌苏里江以东地域割让给俄罗斯，俄罗斯将其命名为符拉迪沃斯托克，意为“镇东府”。1871 年俄罗斯在此建设军港，将太平洋舰队驻地从尼古拉耶夫斯克迁于此。1875 年设镇，1880 年升格为市，1888 年成为俄国滨海省行政中心。1903 年直达莫斯科的铁路线建成后，城市发展迅速，成为俄罗斯在远东的重要城市和港口，苏联解体前是俄罗斯联邦滨海边疆区首府。现为俄罗斯海军第二大舰队太平洋舰队司令部所在地。——译者

② 塔兰托战役，被称为拉开航母时代序幕的开端战役。1940 年 11 月 11 日，英国海军地中海舰队为夺取地中海制海权，以航空母舰舰载机奇袭意大利海军基地塔兰托，取得重大胜利。英国“光辉”号航母上的舰载机用了一个多小时击沉意大利战列舰 1 艘，重创 2 艘，击伤意大利巡洋舰及辅助舰各 2 艘，英军只损失 2 架飞机。这次战役改变了二战初期英意两国在地中海的海军力量对比（战前 4∶6，战后 4∶3），使英军取得了地中海周边区域的战略优势。塔兰托战役是航空母舰舰载机问世以来首次大规模袭击港内舰艇，显示了舰载航空兵的巨大突击威力，成为一年以后日本海军袭击珍珠港的预演，使航空母舰取代战列舰成为海军主要舰种，迎来了在海上实施海空一体作战的新时期，使“巨舰大炮，舰队决战”的海战模式成为历史，在世界海战史上占有重要地位。——译者

然后波特尔介绍了英军总参谋部的总体考虑。他们认为，英军必须控制地中海的整个北非海岸线。只有这样，英国人的船队才能够顺利到达北非东部，否则他们就不得不航行 12 000 英里绕过整个非洲大陆。如果他们重新打开只有 3 000 英里的地中海航线，就可以运送大量的补给物资。

他认为，只要外交处理分寸得当，法国人应该会允许使用法属摩洛哥，这样美英两国就可以在北非海岸建立空军基地。接下来他论述了可能针对佛得角群岛、达喀尔和亚速尔群岛的作战行动，与我的看法一致，亚速尔群岛被列为首要目标。

波特尔说他盼望着美国轰炸机部队能够驻扎在英格兰，帮助皇家空军提高轰炸作战能力。他说皇家空军的战斗机部队已经是竭尽全力，因为他不再像从前那样拥有足够的战斗机飞行员。就英格兰的战斗机中队来说，所承担的任务已经达到了饱和点。不过，他说自己的轰炸机司令部还没有发挥出全部战斗力，手下的轰炸机机组人员比轰炸机还多。美国必须为北非战场提供战斗机部队的支援，包括飞机和飞行员。

然后波特尔小结了自己的讲话，他估计英国每个月可以生产 2 500 架飞机，美国的月产量为 3 000 架，苏联 1 500 架，加在一起我们每月总共能够生产 7 000 架飞机用于抗敌。我们一点都不用担心空军部队在数量上的优势，因为德国人每个月最多只能生产 2 500 架飞机，加上意大利 300 架、日本 300 架，每个月总共增加 3 100 架。

大家一致同意，盟国“最高战争委员会”此次会议的任务是：（1）制定完整的战略计划；（2）讨论实现上述战略计划所需的部队和装备；（3）部队、装备和设施的建设计划；（4）装备分配方案。

波特尔总体上同意美国战争部准备的、马歇尔将军和我已经在会前讨论过的计划方案。我告诉他我也赞成英国军方的计划。大家还一致同意，在总统和首相联合召集的会议上，两国军方的参谋长们都会拿到一份关于各个讨论主题的简要提纲。

我们会前的筹备工作一般都是按照这样的程序：首先，美军的参谋长们与他们的作战计划参谋人员进行研究；然后参谋长们与总统先生商定大政方针；最后参谋长们再次召集参谋人员，根据总统的决定对主要计划作必要的修改。

不过，这里值得一提的是，在所有这样的会议中，但凡美国总统提出的原则性问题，都是依靠他的参谋长们论证后形成的——以便制订计划确保这些总体想法最终能够变成现实。如果我们单独做出了什么决定，事后也肯定会向他报告。

另外一个方面，英军的参谋长们看起来似乎不太愿意单独制订什么计划，他们总是等机会与自己的首相大人一起商议时再拍板。这是英国人在运作方式上与我们的主要不同。

1941 年 12 月 23 日，星期二下午，美英联合参谋长委员会举行了第一次正式会议。出席会议的有美国总统罗斯福、英国首相丘吉尔、史汀生部长、诺克斯部长、比弗布鲁克男爵、约翰·迪尔爵士、马歇尔将军、斯塔克海军上将、金海军上将、沃森将军、霍利斯将军、贝道尔上校和我。总统坐在自己的办公桌后面，左侧坐着丘吉尔首相。英美两军的参谋长们大致上各坐一边，为了遇到有争议的问题时方便讨论。

后来我们陪同总统和首相在华盛顿、魁北克、开罗和德黑兰再次会晤的时候，会场也大致是相同的安排。以下内容来自我当时的会议记录。

总统先生宣布会议开始，并声称他和丘吉尔一致认为，在我们赢得完全的胜利之前，将不会再有什么和平。接下来又说道，他和首相先生均同意尽快从英格兰实施重型轰炸机作战行动。刚开始的时候飞机数量不一定很多，但在人心士气上的价值是非同一般的。随后，他问起我们能够派往英国的最小作战部队有多少。我回答我们至少需要派遣一个大队，因为大队是我们最小的独立作战单位；在接下来的 3 月份，我应该可以将第一个轰炸机大队调往英格兰。（在和总统、首相一起讨论的时候，与我们平时和总统一起开会的规则一样，任何人在任何时候都可以畅所欲言。）

随后，总统召集大家一起研究议定了以下事项。

关于冰岛：应该在那里建立联合司令部，美军将取代英军在冰岛驻防，海上运输问题将得到改善。

关于格陵兰：格陵兰需要驻扎一支小规模的部队，主要从事气象、无线电和机场维护工作。

关于中大西洋：需要在这一地区建立海军基地。亚速尔群岛、非洲西海岸和佛得角群岛都在考虑范围之内。总统先生讲，美国认为佛得角群岛对于维持南大西洋航线是极端重要的（值得一提的是，这第一次会议之后的历次会议上，佛得角群岛几乎没有再被谈到过）。

关于西南太平洋：总统和首相都强调，哪怕我们失去菲律宾，也必须坚守新加坡和东印度群岛；还必须保证新西兰和澳大利亚的安全。

关于中国：我们必须支持中国人的抗战。总统同意我的意见，在中国为我们的轰炸机和运输机建设空军基地，并立即增加运往中国的援助物资。他也认识到对中国的援助将不得不通过空运进行，这是“驼峰”行动的肇始。

关于苏联：总统先生说，他知道苏联正从远东地区抽调部队支援西线抗击德军，因此在三四月份之前，不能指望苏联人攻击日本。（实际上，一直到战争临近结束，在对付日本人上，苏联从来没有帮过我们什么。）

关于北非：我们必须先于德国人占领北非西海岸。总统先生不相信德国人正准备进攻西班牙、葡萄牙、直布罗陀和摩洛哥，但他确已得到情报，称德国人将于 12 月 27 日进入葡萄牙。但这些情报有时可靠有时也不可信，他也不知道是否该采用，就随它去吧。

关于空军远征军：我们必须有一支空军远征部队，随时准备派往我们打算开辟的远方战场。

关于运输：运输应当首先保障盟国“最高战争委员会”认为最重要的军事行动，不管使用的是哪一个国家的人力和运输工具。关于海军将“西点号”“曼哈顿号”和“华盛顿号”巡洋舰改造成航空母舰的计划，总统决定暂时搁置，直到搞清楚到底需要什么样的运输工具。跨越太平洋的空中和海上航线必须马上建立起来。

关于爱尔兰：美国军队将占领北爱尔兰。南、北爱尔兰都可以考虑作为“卡特琳娜”水上巡逻机和反潜巡逻机的基地。总统认为我们应该把整个第69纽约步兵团派驻到南爱尔兰，或许还能够迫使爱尔兰人做些事情，而不是光说闲话。这样的做法眼下对总统不太有利，但他觉得为了把爱尔兰留在盟国阵营里，我们必须做些什么。

关于援助英国的战舰：总统认为我们短期内不可能移交那么多，因为英国缺乏训练有素的水兵。他最后决定让斯塔克和庞德制订一个解决方案。

关于1944年的目标：总统先生推断，如果我们在1941年或1942年初启动战争生产计划，将会在1944年拥有实现我们战争目标的足够数量的飞机、坦克和弹药。

当总统讲完之后，丘吉尔首相接着发言。他说总体上赞成总统先生的全部意见，并怀着难以言表的感激之情，感谢美国已经在空军作战上给予的援助。他强调了派遣三个美军装甲师到北爱尔兰替换英国驻军的必要性，以便将这些英军解放出来用往别处。

丘吉尔详细分析了法国人的态度，认为维希政权很快就会成为迫在眉睫的问题。他说如果出现这样的情况，英军将攻占的黎波里，与德意联军在利比亚作战，预计在一个月内可以推进到突尼斯边境。这样的胜利，再加上美国的参战，一定会打击德国人的嚣张气焰，提振法国人的士气，激励他们为自己的权利而奋起战斗(实际上，在此后的很长时间里，我们一直都没有打到的黎波里)。美国政府必须派出一支远征军，1942 年在摩洛哥登陆，加入北非战役。

总统先生赞成丘吉尔的意见，紧接着问他法国军队是否有可能从后方配合进攻达喀尔。但这个问题没有进行更深入的讨论。

丘吉尔强调，美国军队必须尽早参战，包括对德国和对日本作战，这既是给世界上的其他民主国家打气鼓劲，同时也提高了盟军部队进入挪威的可能性。他还着重指出，应当尽快派遣美国轰炸机到英格兰，并对德国部队和工业设施以及德国潜艇使用的法国港口实施轰炸。

即便是在这个早期召开的会议上，我们依然希望能够确定某些军事行动的具体日期。但实际上，当时我们手上既没有部队、没有装备，也没有运输工具，在这种条件下确定时间表是很困难的。

接下来，丘吉尔讨论了用于防御美国西海岸、阿拉斯加和夏威夷的部队；以及对我们的工业进行疏散的可能性，尽量不要把它们集中在一个重要的地点，比如说洛杉矶。在英格兰，工业设施已经进行了疏散，以减少因轰炸导致的停产。丘吉尔建议比弗布鲁克和努森一起研究一下，看看在美国如何进行(当时美国整个西海岸都处在一种歇斯底里的状态。所有人都认为日本人会突然冒出来，大批日军将在某个不知名的地方登陆，他们还将轰炸我们的城市和工厂。实际上，从日本到美国距离遥远，尽管我们的大部分海军力量已在珍珠港被摧毁，但日本人其实既没有足够的装备也没有下定那样的决心来进攻美国本土)。

丘吉尔继续说，我们必须保持太平洋补给线路的畅通。他认为，英国人应该占领东大西洋，而美国人则必须控制太平洋。他还说有必要尽早开辟叙利亚战场，希望春季在那里发起攻势。最为重要的是，他说，英国人必须控制尼罗河流域，由于苏联人对德军和英国人在北非取得的胜利，让他现在更有信心做到这一点（就在几个月以后，隆美尔几乎打到了开罗的大门口，尼罗河谷唾手可得。当然他没有成功，但他着实让开罗的每个人吓了一大跳，更不用说世界上那几位大人物了）。

接下来，丘吉尔开始讨论我们的空军建设计划，以及在英格兰建设美国空军基地和飞行学校所需要的援助物资。最后，他提到了马来亚的问题。他说，英国人的策略是，在马来半岛尽可能地拖延时间，但一旦退守新加坡，他们将坚持到底。

讲到这里时，我问他对保持滇缅公路的畅通有什么考虑。丘吉尔回答说，他们将为此坚持战斗，必要的时候将动用印度部队；韦维尔已经得到了增援，将尽全力保卫滇缅公路（滇缅公路很快就被切断了，在随后的两年里，从印度运往中国的援助物资只能通过“驼峰航线”的空运）。

以上就是我对首次联合参谋长会议的笔记。

从笔记的具体内容可以看出，“两巨头会议”讨论的话题是非常广泛的，事前我们必须掌握大量的情报，才可能制订出指导我们摧毁德日两国战斗力的明确决定。在这样的会议上把重大意见分歧解决以后，英美两国的参谋长们就能够决定哪些事情需要优先处理，哪些事情需要转给各自的工作委员会。

这些委员会通常都由来自各国陆海空军的代表组成。我们自己的工作委员会一般都会准备好计划草案，先提交给美军参谋长联席会议，参谋长们逐个审核好以后，在下次与英国人开会之前呈报给总统。同时，英国人也会通过他们的工作委员会拿到报告。这些文件将被列入联合参谋会议的议程，提交会议讨论并形成决议。

英美两军参谋长们联合召开的会议（这个组织也因此而得名）是非常

正式的。在长条会议桌的一侧正中坐着的是艾伦·布鲁克[①]爵士，大英帝国总参谋长。他的右侧是第一海务大臣达德利·庞德，左侧是皇家空军参谋长查尔斯·波特尔。波特尔的左边一般是约翰·迪尔先生，再左边是伊斯梅将军，丘吉尔首相的军事代表。相关参谋计划人员、专家则坐在庞德的右边和伊斯梅的左边。

坐在布鲁克对面的，一开始是海军上将斯塔克，莱希[②]海军上将担任总统参谋长之后就是莱希。莱希的右侧是马歇尔将军，再接下去是我。莱希的左侧是海军上将欧内斯特·金。我们的参谋计划人员和专家坐在靠近长条会议桌两端的地方。有时候座次会发生一些变化，但基本上是这样的安排。

峰会开到1月14日结束。在这期间，每天至少召开一到两次会议，有些是工作委员会的会议，有些是参谋长们自己的会议，还有就是与总统先生和首相大人一起开会。

在1942年1月14日之前，美国军方已经使用了“参谋长联席会议”这个名字，因而英、美两军参谋长的议事决策机构就被叫作“联合参谋长委员会”。

---

① 艾伦·弗朗西斯·布鲁克(Alan Francis Brooke，1883—1963)，英国陆军元帅，大英帝国总参谋长。毕业于英国皇家军事学院，一战时曾指挥加拿大和印度部队，战后先后担任坎伯利参谋学院和帝国国防学院教官、陆军部军训局局长、防空司令和南方军司令。二战初期随远征军赴法国作战，任第二军军长，后又担任英国第二远征军司令。1940年7月被任命为英国本土军司令，预防德国登陆。1941年12月出任英帝国军队总参谋长，参与了大多数重大战争决策，去世后发表的日记显示了他对战争的洞察入微和对温斯顿·丘吉尔直率的批评。——译者

② 威廉·丹尼尔·莱希(William Daniel Leahy，1875—1959)，美国海军五星上将。1897年毕业于美国安那波里斯海军学院。一战期间曾指挥一艘海军运输舰，同当时任海军部助理部长的富兰克林·罗斯福总统结成生死之交。历任军械局局长、航行局局长、美国海军作战部部长，1936年晋升海军上将。1939年因年迈退休。后又被罗斯福总统先后任命为波多黎各总督、驻维希法国大使。美国参加二战后，担任新设置的总统参谋长职务并主持美国参谋长联席会议。1944年成为美国历史上首位获五星上将军衔的军官。——译者

在我们参谋长们召开的会议上，最难解决的问题之一就是，美国陆军、海军在太平洋上的共同作战行动，以及美国、英国、荷兰在东南亚的联合作战行动，是否需要统一的指挥。在排除了很多困难之后，我们组建了“ABDACOM”（美国—英国—荷兰—澳大利亚盟军联合司令部），韦维尔担任总司令，一直到爪哇和苏门答腊岛陷落。不过，虽然太平洋战场上只有美国一个国家的陆军和海军，但是我们却未能实现统一指挥。在艾森豪威尔①担任总司令一职后，盟军在欧洲战场也实现了统一指挥，但在战后占领德国的行动中又没能做到这一点。

日本人在这方面一直占有明显优势——比如，整个西南太平洋战场由一名司令官指挥，东南亚战场也是如此。统一指挥的司令官能够在他希望进攻的任何方向集中投入地面部队，可以选择最佳时机和地点运用他的空军、海军力量。与日本人相比，我们往往有两到三个指挥官，分别代表着陆军、空军和海军，而且在指挥区域和调动人员装备的职责范围上还存在重叠交叉。

就统一指挥权的问题，比如“美英荷澳盟军联合司令部”，英美联合参谋长委员会的认识不够统一。在1941年圣诞节之后不久召开的一次只有美军参谋长出席的白宫会议上，战争部长提出关于这个战区统一指

① 德怀特·戴维·艾森豪威尔（Dwight David Eisenhower，1890—1969），美国第34任总统。1915年毕业于西点军校，当时在班上排第61名，只得到军士长的军衔。1925年先后在参谋学校、陆军军事学院学习。1929年被派到战争部助理部长办公室工作。1933年2月调到陆军参谋长道格拉斯·麦克阿瑟手下，1935年麦克阿瑟到菲律宾任军事顾问，他继续担任其助手。由于艾森豪威尔熟悉菲律宾和太平洋地区的军事情况，更有丰富的参谋工作经验，在“珍珠港事件”发生后第5天，陆军参谋长马歇尔即电召他速回华盛顿，先后在参谋部任作战计划处副处长、处长。1942年起先后任欧洲战场美军司令、北非战场盟军司令，晋升中将、上将。1944年任欧洲盟军最高司令，成功策划指挥了盟军开辟欧洲第二战场的诺曼底登陆战役，晋升为五星上将。1945年继乔治·马歇尔任陆军参谋长。1948年2月退役，任哥伦比亚大学校长至1953年。1952年作为共和党总统候选人参加竞选总统获胜，成为美国第34任总统，1956年再次竞选获胜，连任总统。——译者

挥的问题。史汀生坚持必须实行统一指挥，马歇尔将军和我都赞成。这的确是不得不做的事情。总统先生同意了我们的意见。

然后我们开始讨论人选。总统问我是否有可能让麦克阿瑟离开菲律宾。我向他保证，如果我们抓紧采取行动应该没有问题。总统认为，相比澳大利亚人、荷兰人和英国人，派一名美国人担任总司令更为合适，他建议麦克阿瑟去。接下来他又问，副总司令的人选是谁。

事实上，我们几位参谋长已经讨论过上述问题。当我们一致提议让英国人韦维尔担任总司令、另选个美国人作为候补人选或当副手时，我觉得总统显得有些惊讶。经过深入讨论，我们的建议得以通过，马歇尔将军强调说，指挥不统一比没有指挥还要糟糕。

接下来，当我们和英国人谈的时候，发现大家的意见完全相反。最终给我的印象是，大多数英国人其实根本不赞成统一指挥。但当总统提出让韦维尔将军担任 ABDA 战区总司令的时候，英国人就不再有异议了。时任美国陆军航空兵司令的布雷特将军被任命为副总司令。

会后总统让我留下来，马歇尔将军和其他人都离开了。总统告诉我，他已经与比弗布鲁克爵士谈过了飞机产量的问题。比弗布鲁克说，一个人口只有四千万、所有原材料都依赖进口的国家生产的飞机，数量上超过了那个有三倍人口和丰富自然资源的国家。很明显，他在把英格兰与美国作比较。

总统问我如何看待这个问题。我提醒他，我们不像英国人参战那么久，而且我们的飞机产量也一直在增长。事实上，我们一部分工厂的生产热情已经显现出来，随着所有企业的积极性都调动起来，我们将很快超过英国的产量。如果没有这种主观上的热情，我们就做不到这一点。我举了个例子，波音公司就在开足马力。我们的原定计划是每月生产 37 架 B－17 轰炸机，但实际上波音在 1941 年 12 月份生产了 50 架，预计 1 月份将达到 75 架。

罗斯福总统还问了我一些当时战局的其他情况。他认为我们应当尽快在远东地区建立基地，然后一步步地向北推进，最终把日本人从他们现在占领的全部土地上赶出去。我让他放心，从空军的角度而言，这个时间应该不会太久远。尽管我们把大量飞机运给了英国和苏联，我们仍将在很短的时间内取得空中优势。这时总统问："你什么时候能做到?"我回答："今年春天，我们就能有足够的飞机对付他们。"我的估计有些偏差，实际上一直到当年秋天，我们的空军才形成对日本人优势。

就是在那段时间的会议上，关于登陆北非的问题开始被提出来。我们认真讨论了各方面因素，比如部队的数量，到哪里征调船只，登陆地点，需要建立的基地，以及登陆时间。事实上，"体操家计划"① ——在卡萨布兰卡和北非海岸登陆行动的第一个代号，在 1942 年 1 月 1 日之前的英美联合参谋长委员会会议上就已经被议到了。

在联合参谋长委员会召开的第一次会议上，还就以下问题形成了决议：

调用"伊丽莎白王后号"邮船以运载美军部队至澳大利亚。

调用"阿奎坦尼亚号"邮船在旧金山和夏威夷之间运送部队。

调用"玛丽王后号"邮船从纽约经科德角往澳大利亚运送部队。

确定美军部队运往北爱尔兰的航行日期。

美国运往苏联的援助物资可能对"体操家计划"作战行动造成的影响。

有可能在北非实施登陆的最早时间(我们定为 1942 年 5 月 25 日)。

英美联合参谋长委员会的职能。

界定联合参谋长委员会作战计划人员的岗位职责。

---

① 体操家计划(GYMNAST)，是"火炬计划"(TORCH)在筹划阶段使用的名字，即第二次世界大战中的北非登陆战役，美国、英国和加拿大在 1942 年 11 月 8 日至 10 日间登陆法属北非的军事行动。——译者

成立联合秘书处负责委员会的日常工作。

联合作战计划参谋人员的人选。

我们一致认为，联合参谋长委员会应当研究战略层面的问题；对武器装备的分配提出指导意见；决定海外军事行动的次序。

委员会每周召开一次会议，或根据需要随时召集；每次会前要把议程通知委员会成员，以便他们有机会收集和研究关于会上讨论话题的情报、资料；英国陆军元帅约翰·迪尔爵士需要常驻华盛顿，作为联合参谋长委员会英方成员的高级代表；美国要负责保卫巴西东北部的安全；3 月份之前，24 000 人的美军部队要确保抵达冰岛，另有 21 000 人需要派往澳大利亚。

丘吉尔首相听了有关部队调遣的总体安排之后，说他担心这些计划制订得太过于仓促了。接下来大家开始讨论方案的利弊，以及缩减或延后运输援助苏联物资的影响，他们一定会像被打入地狱一样地提出强烈抗议。不过，大家最后决定不能缩减支援澳大利亚的兵力，然后再仔细研究一下，说不定也不需要克扣对苏联的援助物资。

哈利·霍普金斯说短缺的运输船一共只有七艘，但美国和大不列颠手上在用的有超过 2 400 艘船，补上那七艘的缺口应该不是什么难事。

最后决定由总统和首相负责找到那七艘船，这样运往苏联的补给就不会出现任何延误。我提出那七艘船也需要给远东参战的空军部队运送补给，少了它们那里的飞机就派不上用场。比弗布鲁克则说他为这些船从大西洋上被调走而感到难过。这时候丘吉尔首相问道，是不是所有的问题都是阿诺德将军的空军惹出来的。我回答说是的，并进一步解释如果那七艘船延误一个月，空军的作战行动可能会中断 60 天到 90 天。

霍普金斯不认为我们讨论的那七艘船是什么大不了的事情，当时我们每个月可以造出 40 艘船下水。

首相说，如果我们达成了一致意见，大家就想办法找出那七艘船；

但如果未取得一致，总统先生就不得不去和苏联人说了。

总统回答说："你怎么会那样想呢？我们大家都愿意去做！"

为了讨论夏威夷至澳大利亚新航线所需配套设施的问题，我们又单独开了一次会。这条航线从夏威夷经巴尔米拉岛、圣诞岛、坎顿岛、美属萨摩亚、斐济，到新喀里多尼亚。会议同意由美国负责巴尔米拉岛、圣诞岛、坎顿岛、美属萨摩亚和博拉博拉岛(计划在那里建造一座新机场)当地的防御。新西兰自治领负责斐济的防御，美国人给予协助。防守新喀里多尼亚首先应当是澳大利亚的责任，但作为一项临时措施，美国要尽快派遣部队负责这个岛的防御。

在1月4日的会议上，我先后会见了哈利·霍普金斯、总统先生和丘吉尔首相。霍普金斯询问了空军组建的情况，问有没有什么阻止或妨碍空军扩张发展的事情。我向他保证，参谋长联席会议正全力计划建设一支拥有100万兵员、115个大队的空军力量，这是我们那时的目标，唯一拖后腿的事儿就是尚未得到总统的批准。只要得到总统和国会的批准，我们就能够在1942年12月31日之前组建115个空军大队，在1943年12月之前将会有800架重型轰炸机派驻英格兰，欧洲战场上也将拥有六个驱逐机大队(432架飞机)。

我告诉总统和霍普金斯，在接下来的两个月中，我们打算在远东地区组建两个重型轰炸机大队，80架飞机；四个驱逐机大队，320架飞机；一个俯冲轰炸机大队，52架飞机。我们相信，这样一支空军力量，再加上英国皇家空军，就能够在东南亚战场上获得对日本人的空中优势。

在讨论组建计划的时候，霍普金斯问我可能会遇到哪些困难。我告诉他，关于人员训练的问题我们考虑得过于乐观了，但我们会以文职官员替换那些将要轮换到战术单位的空军军官。我还进一步对他说，无论遇到什么样的困难，我都决心摆平它们。

总统先生提到了飞机产量的问题，说他希望1942年的飞机产量达到

48 000 架，1943 年要达到 100 000 架，就像霍普金斯此前已经告诉我的。

我说，为了满足我们武装部队的需求，整个美国都已经行动起来了，看起来我们很快就将达到最高产量。我再次提到了寇蒂斯和波音公司产量的跳跃式增长。总统先生问起海外空军的作战情况，我抓住机会又一次汇报了兵力 100 万、115 个航空大队的空军组建计划，并说自己认为应该能得到他的批准。他真的很快就同意了。

罗斯福总统还讨论了巴西纳塔尔军事基地的问题，深入分析了巴西总统瓦加斯迟迟不愿批准更多美军进驻纳塔尔半岛的原因。瓦加斯总统一定是对自己的地面部队充满了信心。我对总统说，纳塔尔对于我们建立南大西洋航线是至关重要的。他说他已经认识到了。

丘吉尔想知道我和波特尔元帅谈得怎么样，我们打算调派什么机型的飞机给英国，派往英格兰和远东地区的是哪些空军部队。我把已经向霍普金斯和总统先生报告过的内容又说了一遍。他看上去很高兴，问我们的军事人员何时能到英格兰，到时候他们肯定会领教英国人的行事风格和毛病。

我答应他美方军事人员将尽快成行，数周之内，不会一拖几个月。他表示非常满意，并问了很多有关在美国飞行学校接受培训的英国飞行员的问题。最后，他说自己将离开华盛顿一周左右时间，让我有机会和波特尔好好聊聊。我告诉他这正是我求之不得的，因为我想带波特尔去一趟佛罗里达，接触一些美国普通老百姓，看看这个国家不同的另一面。

波特尔和我真的去了佛罗里达，一起钓鱼，四处闲逛，玩得很开心。波特尔虽身为皇家空军元帅，但和当地百姓处得相当好，包括当时的坦帕市市长，简直快成为下一任市长的候选人了。

1 月份英国人走了之后不久，总统和美军参谋长联席会议又召开了一次会议，会上提出了一个接下来困扰了我两年的问题——如何增加援助中国的物资。我告诉总统，唯一的办法是通过空运，我们正在开辟一条新的航线，作为当时中华航空公司从印度飞中国航线的补充，希望能够尽快投入使用。

总统问道，“怎样把重型轰炸机送到韦维尔将军手上?”我告诉他，重型轰炸机通过澳大利亚、爪哇、苏门答腊到印度的航线直接飞过去，小型飞机(驱逐机)则用船运过去。不过，我说眼下最迫切的一个问题是，尽快修复德国人为切断我们的空运航线而轰炸拉密堡所造成的破坏，这是通往喀土穆的最后一站。那里的燃料损失造成了严重后果。

我们讨论了在非洲更南端开辟航线的问题，包括也谈到了阿森松岛①。我提出我们必须尽快把阿森松岛搞定，作为短程飞机飞越南大西洋航线的中转站。

接下来就是轰炸日本的问题。我们如何才能做到这一点?需要解决的相关问题有哪些?在那个时候，“杜立特计划”已经启动，但当天的与会人员都还不知道这个计划，当然我们也不想让太多人知道。所以我就避开这个话题，提出从中国和苏联出发轰炸日本，困难在于我们如何把油料和其他军需物资运到那里的空军基地。我说无论从日本人还是美国人的心理角度而言，都有必要尽快对日本实施轰炸。我们商量了如何在中国地区和阿留申群岛②建立军事基地。

---

① 阿森松岛(Ascension Island)，是位于南大西洋的英国海外领地。1942年，美国陆军工兵部队在阿森松岛修建了怀德威克空军基地(Wideawake Base)，作为美洲至南非之间的运输中继站及物资储备地。怀德威克空军基地的巡逻飞机在大西洋战役的反潜战中作出了很大贡献。——译者

② 阿留申群岛(Aleutian Islands)，位于白令海与北太平洋之间，自阿拉斯加半岛向西伸延至堪察加半岛，由超过300个细小的火山岛(当中有57座火山)组成，长1 900公里，总面积17 666平方公里。群岛原属俄国，称凯瑟琳群岛。1867年，美国人以720万美元从俄国沙皇亚历山大二世手中将阿留申群岛与阿拉斯加一起买下。一战期间，荷兰港曾用作油料补给站。1940年，美军将荷兰港扩建为海军基地。二战期间，在1942年6月爆发的阿留申群岛战役中，日军侵占了群岛西部的基斯卡岛、阿图岛和阿加图岛，1943年7月被美军夺回。阿留申群岛为美国在北太平洋的战略要地，处于日本和远东通往北美、北欧最短的路途上；群岛地处白令海前哨，西端距俄罗斯科曼多尔群岛320公里，是美俄之间距离最近的地方。群岛是（转下页）

这里需要提一下，因为正在返回大不列颠途中的丘吉尔首相没有批准，韦维尔将军未能就任 ABDA 战区总司令的职务。而且，荷兰人也一肚子火气，怪我们没有征询他们的意见。这是一个必须要解决的问题。随着日本人向南扩张的范围越来越大，一些小国家和从属国的领导人日益迫切地提出了这个关系到他们尊严和面子的问题。他们该如何向自己的人民交代呢？

澳大利亚政府希望在联合参谋长委员会中享有与英国同等的代表权。如果这样的请求获得批准，联合参谋长委员会最终可能会庞大、臃肿到无法运转。我们只能坚守这样的立场，让联合参谋长委员会一直保持最初的组织架构。

很显然，英军参谋长们必须返回英格兰，不可能出席每周一次的例会。因而他们都任命了代表常驻美国，参加联合参谋长委员会的各种会议。但当“两巨头”（罗斯福和丘吉尔）或“三巨头”（罗斯福、丘吉尔、斯大林或蒋介石）在世界各地开会的时候，英美两军的陆海空高级军官都会到场，为总统和首相提出各种建议和方案。

比如，达德利·庞德海军元帅和查尔斯·波特尔空军元帅随首相回国以后，他们留下了陆军元帅约翰·迪尔担任联合参谋长委员会的高级代表；海军中将查尔斯·里特尔爵士作为皇家海军的代表，空军中将 A·T·哈里斯作为皇家空军的代表。

珍珠港事件发生的时候，我们已经往菲律宾派去了 52 架俯冲轰炸机，但几天之后日本人就开始进攻菲律宾了。运载 52 架飞机的船显然不可能在马尼拉靠岸了，只好开去澳大利亚。

（接上页）美国在太平洋地区重要的海空军基地。靠近阿拉斯加半岛东岸的荷兰港（在乌纳拉斯卡岛），是天然深水不冻良港，为美军潜艇基地；埃达克岛和谢米亚岛为空运中继站；在阿留申群岛的西北顶端为阿图岛，是毗邻俄罗斯最近的一个岛。该岛多港湾，形势险要，是天然的舰船停泊地。——译者

当时，我不得不记住美国陆军航空队每一架飞机的位置，因为总统和战争部长经常会找到我问，“昨天应该离开夏威夷——纳塔尔、喀土穆——的那两架飞机现在到哪里去了?”

幸运的是，我那时的记忆力相当好，当时可供调遣的飞机也没有那么多，让我能够对答如流。不过那 52 架飞机倒是一件让人头疼的事，它们被运到澳大利亚的汤斯维尔以后，当地没有熟练技师负责拆箱和组装。尽管每个箱子都有装填物品的清单，但汤斯维尔的人没有经验，不知道控制机载机枪开火的螺线管就固定在装箱板的内侧。飞机从箱子里取出来之后，装箱板就被堆起来烧掉了。于是，当飞机组装完成以后，就是找不到螺线管，飞行员也没有办法让机枪开火。很快电报就发到了美国，要求配发螺线管，只有这样他们才能把飞机投入实战，真正帮上麦克阿瑟的忙。我几乎每天都能接到白宫和战争部的电话，让我写报告讲清楚把那些螺线管搞哪里去了。

事实上，我通过太平洋航线空运了 104 支螺线管给他们——足够那些飞机用的；为了保险起见，另外 104 支通过太平洋的海运给他们，还有 104 支通过大西洋、非洲、亚洲的航线空运至澳大利亚，所以我一共发出了 312 支螺线管，至少应该有一批最终会送到他们手上。

不过，人们总是没有足够的耐心。一天，战争部部长把鲍勃 · 洛维特叫去了。

“鲍勃”，史汀生说，“你们飞机上缺的那些玩意儿到哪里去了？就是那个让飞机能够开火的玩意儿——唉，叫什么名字来着——痔疮(译者注：英语发音与螺线管相近)！那些痔疮到底哪里去了，鲍勃?”

在整个战争期间，我努力让陆军航空队的行动能够遵照以下几条基本原则：

1. 空军最主要的任务是轰炸作战；轰炸机大型编队必须在敌人发起进攻之前去攻击他们。简而言之，最好的防守就是进攻。

2. 我们的飞机必须适应在从北极到南极的任何气候条件下作战。

3. 日间作战，包括日间轰炸行动必须取得成功，因为这是实现精确轰炸的唯一途径。我们必须使用精确投弹瞄准器作战——而且是在白天——这就意味着我们将不得不与敌方空军展开决战以夺取制空权。

4. 我们必须拥有高度先进、训练有素、密切协作的工作团队——无论是地面上的维修保养，还是在天上战斗。

5. 为了把战争引到德国和日本本土，摧毁支撑他们战争能力的基础，我们必须对深入敌国领土的关键目标实施战略性的精确轰炸，比如飞机制造厂、炼油厂、钢铁厂、铝厂、潜艇锚地、海军基地，等等。

6. 除了战略轰炸，我们还要实施战术作战，以配合地面部队的行动。为此我们必须装备战斗机、俯冲轰炸机和轻型轰炸机，攻击敌人的机场、通讯中心、汽车运输队和部队。

7. 所有的轰炸作战必须由战斗机护航。不列颠之战已经证明，这一点是非常必要的。此前我们自己组织的轰炸机、战斗机对抗演习也表明，不管轰炸机飞多快，单凭其自身根本无法躲开现代驱逐机的攻击。

8. 我们的空军必须随时准备着与陆军和海军实施联合作战。

9. 我们必须保持研发最新装备的科研项目，并尽可能快地把它投入实战。

10. 空军的战斗力并不仅仅是飞机构成的。空军战斗力包含多种因素：飞机、机组人员、维修保养人员、空军基地、后勤补给以及在飞机和机组人员两个方面的后续补充力量，无论敌人给我们造成多大的损失，始终能够保持战斗力连续不断。此外，我们还必须在美国拥有强大的航空工业作为后盾，为我们提供各种装备，以及大规模训练机构负责提供所需的专业人员。

威廉·努森中将继续用超凡的才华引领着美国的军工生产。世界上只有很少几个国家(英国是其中之一)能够像我们在美国做到的，在几个月之内把一家钢琴公司改造成生产机翼的企业，让一家火车机车工厂转而制造飞机，一家玩具厂成为我们所有飞机零配件的代理商。还有一些例子，轮胎厂负责制造机身和机尾，腌制食品厂开始生产飞机滑橇和浮筒，原本生产围裙和束腰的工厂负责制作降落伞。还能举出数百个例子来说明美国工业部门发生的巨变，如果没有科学的组织领导，维持紧急状态下的运转是非常困难的。比尔·努森就是这样一位战争期间的工业界领导人。

陆军航空队的总体计划是，尽可能在最短的时间内形成对敌人的压倒性空中优势。我们的战场遍布全球，需要来自各行各业的人们。每个人都有用武之地，不管他之前是宾馆服务生、铁路工人、船员、理发师、汽车技工还是画家。我们都需要他们，每个人都会找到一个合适的岗位。我们要尽快完成管理人员的培训，以便把那些会开飞机的军官置换出来。有必要马上建立一所候补军官学校。

在早些年的时候，很多空军军官认为空军中的每一个人都应该是飞行员，不管和平时期他是个开酒店的、经营汽车队的还是搞水培花店的。

就和办其他事一样，这一回我同样也遇到了老问题——其实就是磨洋工。每次我问建立一所候补军官学校需要多长时间，他们总是回答我："好吧，建设学校大概要六到八个月时间，找到必需的教官和教材大概也要六到八个月"。

我把这件事搁置了一段时间，到了1942年2月，我在自己华盛顿的司令部里召开了一次训练专家的会议。我再次提出了这个问题："建立一所基础军官学校大概要多长时间？"回答还是老套路："选址要三个月，造学校要三个月，抽调教官、准备教材也要三个月，还有一些其他事。"我告诉他们希特勒不会等那么久，我也一样。军官们都坐在那里，等着听我下面还会说什么。我叫来了自己的秘书，对她说："帮我接通哈蒙①将军的电话，打到路易斯安那州的什里夫波特。"

---

① 休伯特·雷利·哈蒙(Hubert Reilly Harmon，1892—1957)，美国陆军中将，（转下页）

我的秘书阿德金斯小姐是个很机灵的人，她说知道了，显得和往常没什么不同。几分钟后，她打响了我办公桌上的铃。我拎起电话，说话的声音让在场的所有人都能听到："是你吗，哈蒙？……OK，最近过得怎么样？是不是相当忙？……你需要更多的人手？……好吧，如果你干我的活儿，也一定不会满意这里的环境。……没有什么值得奇怪的。……帮我搞定路易斯安那州立大学需要多长时间？……你觉得三四天就能搞定？那真是太好了！我告诉你要干什么，我打算搞到那样一块地方用来建候补军官学校。……是的，建一所候补军官学校，我们可能会有两三千名军官生，也许会比我们过去培训的还要多。不过你认为三四天时间真的能做到吗？……好的，真是太好了，哈蒙，非常感谢你！"

我放下电话，说："先生们，看看吧，世上无难事，只怕有心人。"

这个时候，沃尔特·韦弗将军从椅子上跳了起来，说："能否请您原谅，我想马上赶回迈阿密！"

我说："当然可以。"

当天下午，他又打来电话，说已经飞到佛罗里达，如果我批准，他可以马上在迈阿密海滩包下300家酒店，下周一就能让学校开张。我告诉他放手去干。事情并没有在"周一"搞定，但学校确实在那一周就开张了。

与"哈蒙将军"的那一通长途电话，其实电话线的另一端根本没人，在外面一间办公室里等着挂电话的只有阿德金斯小姐。

(接上页)二战期间空战杰出指挥官，为建立美国空军学院做出了突出贡献，并任第一任校长。1915年毕业于西点军校，先后在门罗堡、安德鲁军事基地和巴伦机场等地服役。1918年在法国伊苏旦完成高级空战课程训练，1920年转入空军部队。1920年10月任华盛顿航空办公室行政助理和白宫联络官。1927年起先后任派驻伦敦的空军联络官、西点军校教官。1935年完成指挥参谋学院进修。1936年起历任第19轰炸机大队指挥官、总参谋部作战处人事科长、高级飞行学校校长和海岸空军培训中心指挥官。二战爆发后，1942年起先后担任第6航空队司令、南太平洋战区航空兵副司令、第13航空队司令。1944年3至6月，负责指挥所罗门群岛战役的盟军航空兵部队。战后曾任联合国军事委员会高级空军代表，积极参与美国空军学院筹建工作，1954年8月任该学院首任校长。——译者

租用那些酒店设施的费用大概是每人 119 美元，使用完以后我们还将它们归还给所有者。我们的确没有必要建设永久性校舍，那样成本一般要高达每人 1 000 美元。不过，我们还是费了很大的劲儿才说服战争部、海军部的高层官员，让他们相信租房子比造房子便宜。但在项目获得通过之前，空军已经租下了超过 500 家酒店，包括必需的机库、剧院和仓库等各种设施。通过这种办法，我们就可以很快开办起候补军官学校和其他培训学校。

这笔生意对迈阿密海滩酒店的老板们其实是一项福利，当时他们中的大部分人都已经濒临破产了。但后来，战争快结束的时候，这批老板又向政府提出了赔偿请求，说军方征用影响了他们的生意。

珍珠港事件之后，世界各地要求我们增加兵员、飞机、汽车和其他军需物资的呼声不断。船运速度太慢了，而且容易成为潜艇攻击的目标。如果受到效率如此之低的运输方式的制约，我们将输掉这场战争。飞机作为一种战争武器，一定不能被束缚在地面上，否则就变成了我们的负债而不是资产。我们要让它们待在天上，不停地飞。这就要求后勤补给和替补力量要源源不断地跟上。

早在这之前空军就组建了运输司令部，时任司令是鲍勃·奥尔兹将军。他来找我说，由于受到非洲黄金海岸外几内亚湾里潜艇的威胁，无法将飞机和装备运到阿克拉，导致位于拉各斯和阿克拉的基地无法建设。我问他有没有向海军部反映。他说反映过了，但海军没有足够的舰队赶跑那些潜艇。

我说：“好吧，鲍勃，你有没有考虑过搞一支自己的海军？”

他问：“什么意思？”

我告诉他：“这样，去搞一些旧船，加上装甲，装上机枪，就可以用你自己的海军把几内亚湾的德国潜艇赶跑了。”

鲍勃·奥尔兹是一员干将，他就是需要一些点子，只要是人能办到的事，他都能干成。

他嘴角一弯，笑着说："能这么干?"我回答："当然。"他扭头就出门了。

我又把他喊回来："等一等。在你行动之前，先去告诉海军，就说我说的，无论对我们自己还是同盟国，运输部队都太重要了，对海军也一样。如果他们不能把那些潜艇赶跑，我准备批准你组建自己的海军，只有这样才能保证空军基地的建设。"

没过多久鲍勃就回来了，说："我们没必要建自己的海军了。他们答应派驱逐舰队去那里，保障我们的运输线路。"我相信，如果真有需要，鲍勃一定能把自己的海军搞起来。

1942 年 7 月，空军运输司令部的名字从 Air Ferrying Command 改成了 Air Transport Command，下属单位遍布世界各个地区。我找到当时的美国航空公司总裁 C·R·史密斯①先生，让哈罗德·李·乔治将军担任空军运输司令部司令，史密斯做他的副手。他们是一对非常完美的搭档。奥尔兹将军被调到一支作战部队任司令。

自从我让乔治和史密斯两人负责空军运输工作以后，我就再也没怎么为此操过心。不管交给他们什么任务，我知道都会得到不折不扣地执行。他们俩在能力、经验和决策力上互为补充，构成了一个完美的组合。

空军运输部队是紧紧伴随着整个陆军航空部队的发展而发展的。一开始只有两位军官和一间小办公室，两年内就变成了一支超过 8.5 万人的队伍，运输航线通向世界的每一个角落。举个例子，在一天之内，空军运输司令部就可以把 68 万磅军需物资运到任何一个战场。

---

① 塞勒斯·罗莱特·史密斯(Cyrus Rowlett Smith，1899—1990)，美国陆军少将，美国航空业历史上的传奇人物之一。1934 年至 1968 年、1973 年至 1974 年担任美利坚航空公司首席执行官。二战期间曾担任空运司令部副司令，在林登·约翰逊总统时期担任过商务部长。——译者

第十八章　媒体来搅局；杜立特轰炸东京；民用航空巡逻；苏联的绝地反击；出使不列颠；“轰炸机”哈里斯的照片；埃克和女子学校；海军讲：“没什么”，克拉克和我都觉得艾克是个爷们

我记得在那些苦战的日子里，一些自大、无知的报纸媒体会拿敌我双方的飞机作比较，贬低我们自己的，赞誉敌人的。不仅我们的P－38、P－39、P－40“远远落后于”日本的零式战机，就连我们的P－47和P－51[①]也不是纳粹空军Me－109和Fw－190战斗机的对手。有的专栏作家、评论员到海外做了一些蜻蜓点水式的考察，回国以后就发表评论、撰写文章，宣称与德国的航空工业实力相比，我们美国的航空工业水平实在是落后得可怜，并预言美国的小伙子们将为此付出代价。

这种说法在国内传开来，空军里那些正在战斗或即将奔赴战场的小伙子们的父母、妻子和朋友也都看到、听说了。我意识到，这种不良影响必须尽快予以纠正。我觉得只要说服其中抨击最强烈的一两位，比如纽约《先驱论坛报》的杰弗里·帕森斯，还有纽约《每日镜报》的特克斯·麦克雷，应该就可以帮助其他批评者回到正确的舆论导向上来。

所以，我准备了一张大型挂图，用于分解展示飞机的各项性能，比如速度、爬升力、机动性和火力，囊括了当时世界上所有类型的战斗

机——日本的、德国的、美国的和英国的。由于有些飞机安装了引擎增压器，最大飞行高度可以达到7 000英尺，有的达9 000英尺，还有些达10 000英尺、15 000英尺甚至20 000英尺，但没有哪一款飞机可以既在低空又在高空占尽所有优势。

不同类型的战斗机有不同的作战目的。所以，就单架战斗机而言，有的在7 000英尺转弯性能比较好，另一类型则可能在10 000英尺，其他的也可能在13 000英尺或20 000英尺。在我的挂图上，转弯性能都以数字标注出来。对一个外行人来说，他可以看到挂图上有很多交叉曲线，每条线上都有一个数据，代表着某一型号飞机的性能。

一切准备就绪以后，我向杰弗里·帕森斯先生发出了邀请，让他帮我一起挑选美国陆军航空队应该使用的最佳机型。他觉得这让他有点勉

---

① P－39“空中眼镜蛇”战斗机，美国贝尔公司研制，1939年4月首飞成功。该机尝试将发动机放在座舱后面，通过一根延长轴驱动机头的螺旋桨，座舱布置相应靠前，采用前三点起落架；装配4挺机枪，在发动机延长轴内还布置了1门37毫米机炮，在二战期间的战斗机中属于较强的火力。但它的结构革新并不受美国空军欢迎，认为其性能较差，大多将其作为辅助战斗机大队的教练机使用。美苏签订武器租借协定后，P－39被大量援助苏联，其大口径机炮适合在东线执行对地突击任务，获得极大成功。同时P－39也被广泛使用于空战，在苏联飞行员手上，它的性能似乎并没有那么拙劣。盟军第四号王牌飞行员，两次“苏联英雄”称号获得者格里戈里·列奇卡洛夫大尉取得的58架战果中，有44架是用P－39完成的。至于P－39的大口径火炮单发命中带来的破坏性威力，给苏联人留下了深刻印象，这也是苏联战后从米格-9开始的一系列飞机安装37毫米火炮的原因。

P－51“野马”战斗机，美国北美航空公司研制，由曾在德国梅塞施密特公司工作过的工程师雷金纳德·里斯和埃德加·施密特设计，1940年10月首飞成功。属轻型战斗机，采用先进的层流翼型，机身简洁，气动阻力大大下降，且载油量比同类飞机增加3倍，使其航程达到1 370公里，适合掩护轰炸机远程攻击。1942年改装英国劳斯莱斯公司授权美国派卡德公司生产的梅林发动机(V－1650)，性能得到很大提高，高空最大时速达709千米。P－51是美国海陆两军使用的单引擎战斗机当中航程最长、对于欧洲与太平洋战区战略轰炸护航最重要的机种，总产量15 875架。1943年10月17日，首批8架P－51B抵达昆明巫家坝基地，后陆续配备美国陆军第14航空队和中美空军混合联队，帮助中美空军逐渐掌握了制空权。无论是最初的P－51B还是后来的P－51D，对日本主力战斗机都具有绝对性能优势。抗战胜利后，中国人民解放军接受、修复使用的P－51也达到39架。1949年10月1日，中华人民共和国成立时，还有9架P－51战斗机参与了开国大典。——译者

为其难。我回答说，“不会吧，您刚刚从国外回来，还在《先驱论坛报》上发表了关于当今世界最先进战斗机的文章。这说明您是位专家。您拥有200万读者，他们都认为您是专家。所以我觉得并没有为难您。”然后我就向他详细地介绍那张挂图，接着请他选出最佳机型，以便我们生产。

他犹豫了很长时间，最后问：“这一款怎么样？”

“好吧”，我说，“就像您看到的，这张图表确实有些复杂，不过您选的这一款确是我们自己的飞机——P－47。”

接着他又问：“好，还有这一款呢？”

“这是我们的P－38。”我告诉他。

“那么这一款呢？”他又指着其中的一条线问道。

我说，“那是我们的P－51。”

最后他说，“我放弃了，你赢了。你为什么不把这些告诉美国的老百姓呢？”

我回答，“帕森斯先生，我可不敢这样做。如果向公众公开了，希特勒和裕仁天皇就会对我们的飞机了如指掌，就会知道我们正在干什么，就像您现在这样。”

帕森斯先生是位宽厚而富有远见的人。于是他说，既然这样，接下来最重要的事就是让我去趟纽约，和《先驱论坛报》总编奥格登·里德先生和编辑部的同事们会谈一次。“您肯定可以帮到我们，直接告诉他们真相，就像刚刚您告诉我的。”我说很乐意效劳。我去了趟纽约，给他们开了一次讲座。从那以后，纽约《先驱论坛报》就变成了空军最好的朋友之一。

我用同样的办法说服了纽约《每日镜报》的特克斯·麦克雷。当我讲完以后，他只是看了我一会儿，说他想加入空军。我把他派到了海外，负责处理第8航空队的公共关系事务。

还有一位批评者，我从来没能把他说服。其实他和很多空军军官都是好朋友。不知道什么原因，他似乎认为我，而且是我一个人应该为没有采购他制造的全部飞机负责。他拥有自己的飞机制造厂，尽管我们在怀特堡基地对各种飞机都进行过测试，但他始终认为自己造的飞机是最好的。这个人就是亚历山大·德·舍维尔斯基。我手下的军官们来告诉我，是我错怪他了，他其实没有我想象的那么糟，建议我应该和他谈谈。

舍维尔斯基少校来到我的办公室，礼貌性地寒暄两句之后，我告诉他，“现在看来，亚历山大，你的确是个内行，全美国人民都承认这一点。我只想问你两个问题：第一，如果你坐在我的位置上，有哪些我正在做的事而你不会去做；第二，根据你的想法，接下去有哪些事情是我必须要做的？”

舍维尔斯基看着我，显得很惊讶，说：“好吧，不过我显然无法坐在这儿马上回答这些问题，这对我来说太突然了。”

我问：“OK，那你需要多长时间？”

他说：“一周里面我可能完不成。”我说：“好的，我们就说好十天吧。十天以后你再来一趟，到时候我们再讨论。”根据我的回忆，舍维尔斯基没有再来过。在那段日子，想听到一些建设性的批评意见确实比较难。

珍珠港事件之后不久，罗斯福总统坚持要求我们，想一切办法对日本本土实施轰炸，让日本人也真实地感受一下战争。我们为此研究了好几个星期，我先和空军参谋部的主要成员一起论证方案，然后再报给总统。我已经记不起来是谁最早提出从航空母舰上起飞轰炸日本的想法。不管怎样，在 1942 年初的时候，金海军上将就来找过我，问 B-25 是否能够从航空母舰的甲板上起飞。我向他保证我认为是可行的，只要航空母舰的甲板足够大，可以容纳执行这一任务的 B-25 轰炸机。从那时候起，“杜立特轰炸东京”就成了最高机密的作战方案。在空军和海军中，只有极少数军官知道。罗斯福总统一直在关心着这一作战方案的细节。

为了确保在技术上万无一失，我们与海军始终保持着密切合作。海军部指派米勒上尉负责在训练期间协助杜立特，让 B－25 在航空母舰上练习起飞和降落。他的表现很出色。

1942 年 4 月 1 日，在加利福尼亚的阿拉梅达军港，16 架 B－25 被起吊到“大黄蜂号”航空母舰上。第二天，在两艘巡洋舰、四艘驱逐舰和一艘油轮的护卫下，受命执行此次任务的空军官兵和 B－25 轰炸机驶过了金门大桥。威廉·哈尔西①海军中将是这次远征的指挥官。一直到飞机从航空母舰上起飞的那一刻，机组人员都不知道他们此次出行要干什么。

挑选杜立特来领导这次近乎自杀性的任务，并不让人感到惊讶。就像我此前讲到过的，他无所畏惧，技术精湛，是一位难得的领导者，不仅可以担当不可能完成的任务，而且还以自己的精神激励着其他人。

举个例子，1942 年初我们刚刚从工厂里接手 B－26 的时候，大多数飞行员都觉得它是一款很危险的飞机。事实上，它和 B－25 相比几乎没有区别，试飞驾驶员也称它的性能和 B－25 差不多。然而，因为一些这样那样的原因，让它的名声不太好。而且，一款飞机一旦落下了坏名声，就很难改变。

---

① 小威廉·弗雷德里克·哈尔西(William Frederick Halsey Jr.，1882—1959)，美国海军上将，因作风勇猛而获绰号“蛮牛”，因为人随和又被称为“水兵的海军上将”。1904 年毕业于美国海军军官学校，曾任“弗鲁塞”号驱逐舰舰长、驻德国大使馆海军武官、“怀俄明”号战列舰副舰长。1935 年任“萨拉托加号”航空母舰舰长。1937 年任彭萨科拉飞行学校校长，晋升海军少将。1938 年任第 2 航空母舰分遣舰队司令，次年任第 1 航空母舰特混舰队司令，1940 年春升任航空母舰特混舰队司令，指挥太平洋舰队所辖全部航空母舰，晋升海军中将。1942 年 10 月任南太平洋战区最高司令兼第 3 舰队司令。先后参与指挥空袭东京、瓜达卡纳尔岛战役、所罗门群岛战役、莱特湾海战、登陆硫磺岛和冲绳岛等一系列重大军事行动。1945 年 12 月晋升海军五星上将。——译者

我们的新飞行员开始惧怕驾驶 B－26，空难事故也是一起接着一起。看起来似乎，飞行中的 B－26 只要有一个引擎发生故障，它就会坠毁。

就在 B－26 引发的危机达到最高潮的时候，我把杜立特找来办公室，希望他去领一架 B－26，开到配备这种飞机的部队，向他们展示各种条件下的飞行动作，让小伙子们知道开这种飞机与其他飞机没有什么两样。杜立特去了，在他离开这支部队之前，教会了小伙子们依靠一个引擎飞行、降落和起飞，就像他们正常情况下有两个引擎一样轻松。

空袭东京的原定计划要求轰炸机黄昏时分从“大黄蜂号”上起飞，对东京发动夜间袭击。然而，当任务部队航行到距离东京 650 英里的地方时，被日本海军巡逻艇发现了，全日本都有可能收到了警报。哈尔西将军决定让 B－25 在早上 8 点钟起飞。这比预定时间提前了 8 个小时，这一情况被立即提供给蒋介石委员长。他好像不太喜欢这次作战行动，一直在想办法推迟。

这些突发情况并没有干扰杜立特和他的机组人员。他们在飞机上多装了两罐汽油，以便在飞行途中给油箱加油。他们知道自己还要再飞大约 650 英里才能抵达东京，义无反顾地出发了。

第一个驾机起飞的是杜立特本人。他从滑翘式甲板上起飞。海面风浪很大，航空母舰上下起伏，有时候拍起的海水比飞行甲板还高。还从来没有重型轰炸机能够在这样的条件下完成起飞。但杜立特率领的每一架 B－25 都顺利地升空了，大概花了一个小时，所有的飞机集合起来飞向日本。然后海军特遣舰队掉头返航，没有发生任何冲突。

轰炸机直飞东京，一路上没有遭到任何日军飞机的拦截。他们飞抵东京上空的时候，那里碰巧正在进行空袭警报演习。杜立特的领航机在中午时分发动了攻击，其他轰炸机陆续跟上来，一架接着一架完成投弹，当中只间隔几分钟。

后来我们了解到，轰炸造成的真正损失其实相当小，但对日本民心士气的影响是巨大的。炸弹击中了油田、工厂、仓库，其中一颗还击中了一艘停在干船坞中的航空母舰，也有一些炸弹落在了人口密集地区。16架轰炸机中的15架飞抵到预定目标上空，然后他们飞向中国境内的临时“主场”机场，在一个他们从来没有看到过的大陆上。但幸运之神不再眷顾他们了。黑暗中他们遭遇了暴雨和云团。轰炸机的机组人员看不清方向，地面上也没有任何辅助导航设施，他们无法找到预定降落的机场，不得不在地面强行着陆或跳伞。一架B－25向北飞往苏联，在符拉迪沃斯托克附近着陆，机组人员遭到了软禁。两架飞机在敌占区着陆，有两名机组人员被日本人抓到后处决，还有一人死在了战俘营里。有14个飞行机组的成员最终活了下来，16架飞机全部都损毁了。

着陆以后，杜立特尽可能地把大家集合在一起，并通知中国政府当局协助找寻其他人。能找到的所有人员都被带到了重庆，在那里他们接受了蒋介石夫人的授勋表彰，接着都返回了美国。杜立特一回国就被召到白宫，总统亲自授予他荣誉勋章。他夫人也飞来了华盛顿，不过一直到授勋仪式开始，她都不知道杜立特前面干什么去了。

同一时期，德国潜艇对大西洋的威胁日益严重，糟糕到美国人在南部沿海沙滩散步的时候，可以看到U型潜艇临时在沙洲旁停靠，还敢放小船下来，有时候则任意地在浅水区巡航。光知道打电话报警是没用的。我开始越来越关注“民间义务航空巡逻队”的工作。我的老朋友——航空专家、民用航空业的权威人士、一战时期的陆军飞行员，吉尔·罗伯·威尔逊早在1938年的时候就来找过我，提出过这个想法，时间就在《慕尼黑协定》签订之后不久。一起协助他的还有《科利尔周刊》的汤姆·贝克和盖伊·甘尼特，都是报纸出版商和航空爱好者。民间义务航空巡逻队最终建成了一个有点像在“列克星敦和康科德”打响独立战争第一枪的半官方的民兵组织——“飞行民兵”。

当时海军和陆军所用的飞机都严重短缺，几乎没有用于执行海岸警戒巡逻的飞机。我们不得不寻找其他资源解决巡逻机和驾驶员的问题——哪怕是一时的。义务航空巡逻队的民用飞行员大多数都是开着自己的私人小飞机，帮着发现希特勒派出的那些目中无人的海上入侵者，很快就扭转了局面。最终，义务航空巡逻队一共吸纳了大约 8 万人从事各方面的工作。他们驾驶的飞机大多是风笛手公司制造的“幼兽”型低速、短程飞机，此前很少有人敢进行穿越大面积水域的飞行，但现在他们都在这样做，无论男人还是女人，表现相当不错。而且他们变得越来越专业，始终充满工作热情，尽管补贴他们全部飞行费用的金额每次不会超过 8 美元。也有几个州政府，比如吉尔所在的新泽西州，为他们提供的补贴和协助更好一些。

有一次，一位义务航空巡逻队的飞行员发现一艘潜艇在浅海水域航行，对这种从头顶上飞过的、不构成直接威胁的小型飞机，潜艇一般是不会在意的。飞行员说他把飞机飞得足够低，朝潜艇扔了一把扳手，还砸中了它。但 U 型潜艇在浅水里继续航行，样子就好像是一艘带客舱的小型游艇。后来这艘潜艇从浅滩的防御空隙穿过，击沉了一艘轮船。

我找来吉尔 · 威尔逊，问他义务航空巡逻队的人会不会因为穿便装和没有军人身份而反对在他们的小型飞机上携带炸弹？威尔逊像往常一样兴致很高，反问我：“我们有必要担心吗？”

为此，我让某个空军基地生产了一种特殊的炸弹挂架——可以在很短时间内安装到小型飞机上。我们还生产了成本较低的轰炸瞄准器，从那以后大部分义务航空巡逻队的飞机都带上了一种 50 磅重的炸弹，飞行员可以用来轰炸潜艇。他们都知道，如果自己穿着便装被俘虏，将不会被看作是正规军队的战俘，而是游击队。

在战争结束之前，义务航空巡逻队的飞行里程超过了 2 400 万英里，大部分都是使用单引擎、小型陆基飞机在海面上飞行。他们同时也执行一些其他任务。比如航空通讯服务，为防空炮兵连拖靶，配合探照灯训练，沿墨西哥边境搜寻间谍的警戒飞行任务。他们还帮助发现和扑灭森林火灾，当发生洪水或其他灾害的时候执行紧急救援任务，在山区和森林地带搜寻失事飞机。除此之外，他们还为陆军航空队提供了一个军官生和兵员的蓄水池。他们在战争期间的工作非常出色，而且确实还炸沉了一些德国潜艇。

到了1942年春末，我们的战略计划逐步明确下来。总统先生决定在太平洋战场采取“守势”作战——尽可能把日本人圈在当时他们已经占领的地区。防御是主要目标。只要条件允许，我们也可以攻击日军的交通补给线和对日军占领区实施轰炸。海军则尽可能摧毁更多的日军舰船。

在印缅战场，主要任务是开辟一条空中补给线，动用一切可用的运输机，通过“驼峰”给中国运输军需物资，以维持她的抗战。与此同时，如果英美盟军能够做到，我们希望发起一次攻势作战，以重新打开中缅公路。

总统先生不断地强调，苏联红军击毙的德国人和摧毁的装备物资，比其他24个盟国加在一起还要多。因而，援助苏联是我们的首要考虑，我们必须保持对苏联的物资输入。但同样重要的是，我们也必须设法开辟第二战场。为了在西欧地区展开地面作战，我们至少必须掌握荷兰、比利时和法国上空的制空权。总统又再一次重申，我们必须在西欧某地建立战线，“尽快真正地与德国地面部队进行面对面的战斗！”——这不仅可以迫使德军从东线回撤，减轻苏联的压力；而且可以确保苏联不会因为我们的拖延而动摇其在盟国世界战略布局中的立场。如果希特勒再次得到机会集中精力对付一个敌人，他依然可能赢得战争。

大西洋战场，包括整个欧洲，被总统放在优先地位，将采取攻势作战。有一些将领提出，1943年之前不可能在欧洲发起作战行动，总统对这样的观点深感忧虑。他强调指出，只要有可能，我们必须尽早在欧洲战场或北非展开某种军事行动。他甚至说，英美两国在1942年的军事行动，可以被称为不得不打的“背水一战”。

战略思想明确以后，陆军和航空队立即以此为指导原则，着手制定作战计划。不过这还是一件让人头疼的事儿，“欧洲优先”的战略嘴上说说容易，但面对太平洋战场上不断喊着追加飞机的诉求，是没有办法用总体战略上两个战场的次序来答复的。关于战场优先次序的纠葛，是整个战争期间始终困扰我的一个主要问题。

在战争刚刚开始的日子里，我们还没有那么多的部队编号、兵力和装备，大家都在为如何部署这点儿可怜的部队而犯愁。每个人都想要！设计一场在德国或日本占领区边缘地带发动进攻的战役还是比较容易的，但就未来的作战行动进行策划，特别是规划那些最终可能结束战争的作战行动，就困难得多了。在早期的军事会议上，大家常常为了一些小规模作战行动而颇费周章。

在 1941 年 12 月罗斯福总统和丘吉尔首相联合召开的参谋长联席会议上，要求每个人都谈谈如何才能赢得这场战争，我至今还清晰地记得当时自己那大言不惭的发言。

“我认为，”我说，“赢得战争的方法就是选择给德国造成最大损害的地方发起进攻，恰恰就是她力量最强大的地方——就是从英格兰穿过海峡的对岸，用最短和最快的路线打下柏林。我们将使用空军摧毁他们的工厂、交通线、基础设施和补给中心，并击溃纳粹空军。我们也可以通过轰炸，将登陆部队打算集结的海岸线地区与内陆隔离开来。我们应该能够掌握制空权，为正在登陆的部队清除威胁。”

史汀生部长赞同我的想法，但来自英国人的反对声音很多：现在时机未到；需要做大量的准备工作；此前还有其他作战行动要考虑。美国战争部的作战参谋人员也支持我的观点。

在 1942 年初的时候，乍看起来盟国好像正在输掉这场战争，我们不得不倾全力作战。美军参谋长联席会议担心，除非我们尽力推动早一些实施跨越英吉利海峡的登陆作战，否则我们永远也不会做好准备。就在日本人偷袭珍珠港之后不久，丘吉尔首相访问华盛顿期间确定下来的第一个军事行动，是登陆北非的“体操家计划”（后来被称为“火炬计划”）。当时他提出北非计划绝非随口说说，而是典型的英国人行事风格，有备而来。相比之下，美军参谋长们对自己主张的跨越海峡作战行动，却说不出个所以然来。

丘吉尔忘不了敦刻尔克，说脑子里始终回闪着“英吉利海峡漂满了英军士兵的尸体”。他侃侃而谈，急于设法说服罗斯福总统相信，在当时那个时候，攻击“柔软的小腹”才是唯一可行的方案。英国人从来都不喜欢横渡海峡的进攻方案，一直到登陆成功了才不再说什么。

另一方面，苏联人则希望我们尽快在诺曼底海滩发起攻击，哪怕我们还没有做好准备。

我现在觉得，当然是事后诸葛亮，1942 年至 1943 年时候的盟军空军力量，可能还不足以保持在欧洲大陆建立桥头堡的空中优势，更不要说掩护盟军向内陆推进。就连对德国实施的战略轰炸，也是到了 1943 年末期才算达到了效果。但不管怎么说，在 1942 年初的时候，战争形势确实看上去像是为横渡海峡这样大胆的作战行动提供了最佳机会。

无论是不是丘吉尔首相对罗斯福总统施加了影响，或是其他的什么原因，但我当时的会议笔记都显示，在那个战争刚刚开打的时候，参谋长们对横渡海峡的作战行动尚没有形成具体、清晰的计划。就像我前面讲到的，史汀生部长虽然赞成这个计划，但英国人提出反对意见之后，当时就没有再继续讨论这个话题。

不过，在 1942 年 4 月 1 日之前，美国战争部总参谋部和陆军航空队参谋部就制定好了横渡海峡的总体作战计划（即“波莱罗计划”和“围捕计划”，后来并称“霸王计划”）。4 月 1 日，哈利 · 霍普金斯邀请我到白宫吃午餐，并与总统进行了会谈。在面见总统之前，哈利和我讨论了可能对德国展开的主要军事行动，我告诉他战争部正在考虑从英格兰对德国发动全力一击的作战计划，直接插向德国的心脏地带，首先进行最大规模的空中打击，接着让地面部队登陆法国，在德军部署最强大的地方展开决战。我还告诉霍普金斯，整个计划完成以后，我觉得他应该会感到满意。

霍普金斯坦率地说，我们前进的道路上可能会遇到一些障碍，既有来自我们自己海军高层军官的，也有来自英国人的。我不认为自家海军的反对会很强烈，因为总统收到计划方案并组织讨论的时候，金海军上将应该是在场的。但英国人就不一样了，我和霍普金斯都觉得有必要派人到伦敦跑一趟，向丘吉尔和英军总参谋部兜售我们的想法。哈利建议让我带队去。我坚持应该让马歇尔将军出马，他在英国高层中的威望要比我高得多。霍普金斯最终同意了我的观点。

哈利还讨论了采用什么方法说服丘吉尔，他知道除了横渡海峡的计划之外，丘吉尔已经在考虑其他几个对德作战方案。最后哈利说，在他看来，最好的办法就是直截了当地告诉丘吉尔，按照我们美国人的脾气，就是要尽早发起全力以赴的战略决战，看看丘吉尔怎么回应。

午餐以后，霍普金斯和我去会见总统，进行了简短的谈话。然后，总统和霍普金斯又把战争部长史汀生、海军部长诺克斯、斯塔克海军上将、金海军上将、马歇尔将军和我召集起来一道研究。参加类似这样的会议，我们一般都是从后门进来、后门出去，以避免引起白宫里记者们的注意。

会上，总统先生提出了对德战略决战的话题。马歇尔将军介绍了陆军打算在 1943 年实施“围捕行动”的计划。总统一边听，一边逐段往下读书面方案，不停地提出问题。最终罗斯福总统批准了这一方案，指示我们继续推进，做好必要的准备工作。他还特别强调了空军部队进驻英格兰的问题。

哈利·霍普金斯这个时候发话了："我想确认一下，在座各位是不是都同意这项计划。金上将，您认为还有什么妨碍计划的实施吗？"金回答："不，我觉得没有。"

霍普金斯又问："假如远东和太平洋战场的部队得不到进一步增援，这项计划会不会妨碍您的作战行动？您的作战飞机够用吗？"

金上将回答："我当然想多一些，但我也有思想准备在数量上做出牺牲，因为我觉得还能够应付。"

接下来一个话题是关于武器装备的分配。我说，讲到这个问题，空军的待遇就好像是后娘养的。其他国家的要求全部满足以后才轮得到我们自己，美国空军拿到的都是剩下的。我指出，照这样下去，我们的部队无法去打仗。总统和史汀生部长都说这样的分配程序必须停止。从这以后，美国空军拿到的飞机配额，都是基于我们实际执行的任务需要。

在马歇尔将军具体汇报了部队调遣和舰船准备情况之后，自由讨论就结束了。罗斯福总统让马歇尔将军和我自己商量由谁带队出访英格兰。我告诉总统，以个人意见，毫无疑问应该是马歇尔将军，他远比我有资格去阐述我们的总体作战方案。最后总统决定，让马歇尔将军陪同霍普金斯一同出访，尽早成行，整个行程安排不要超过一个礼拜。

在批准通过的"围捕计划"中，我最感兴趣的内容是要求空军部队尽快开拔并投入实战。赴欧作战的空军部队应当在 1943 年 4 月达到最大规模。到那时，我们将在英格兰拥有大约 1 500 架战斗机和 1 000 架轰炸机。如果我们不被其他战场分散资源，并且继续保有优先权，我敢肯定到时候我们一定会达到这个数字。与此同时，在 1943 年 4 月 1 日之前，还将在英格兰集结 40 万地面部队。

这次会议对我来说具有特别重要的意义，因为全世界各战区的陆、海军司令官都在围着我讨要飞机，实在招架不了。当然，每个战区的司令长官都认为自己那块儿是最最重要的，应该享有最高的优先权。

总统对此战略计划的批准，极大地推动了我们空军的作战部队在完成训练之后，就尽快将轰炸机和战斗机向欧洲转场。

马歇尔将军和哈利·霍普金斯在 4 月 4 日早上出发前往英格兰，成功地推销了横渡海峡作战计划，当然也遇到了不少反对意见。英国人同意为 1943 年夏季在法国西北海岸登陆做准备，或在那之后尽早实现登陆。但这并不意味着取消 1942 年晚些时候在北非登陆的作战行动。

大概两周以后，罗斯福总统召见我，花了很长时间讨论援华空运路线的问题。他告诉我，他希望战斗用途的飞机能真正用于战斗，只有货运飞机才能被用于运输援华物资。我们将尽可能延长 DC－3 型运输机的服役时间。此外，还要争取在苏联建设空军基地，以便实施对德“穿梭轰炸”，这样我们对位于东德的目标进行轰炸以后，就没有必要再长途跋涉返回英格兰。至于轰炸日本，除了重复“杜立特空袭”的套路，当时还没有更好的办法，因为我们既没有相应的空军基地，也缺乏适用的机型。

我向总统保证，让飞机在英格兰、意大利和苏联之间穿梭飞行，沿途轰炸东德目标，是当时的最佳作战方案。我告诉他自己将很快着手实施。然而，就像与苏联人合作的其他项目一样，大把的时间被浪费在无休止的讨价还价和拖沓延误之中，实际开始轰炸的时间比预计的要晚很多。

总统多次召集研究对德、对日作战的战略方针，以及美国生产的武器装备和军需物资的分配方案，带来一个明摆着的结果，就是要削减援助英国和苏联的飞机数量。罗斯福总统同意了。

1942 年 5 月 19 日，总统写信给他的朋友，大不列颠的“老水手”①，

① 丘吉尔写信给罗斯福时候的自称。——译者

阐明了他对飞机配额进行调整的想法——美国空军分配的飞机会增加，原定援助英国的飞机数量将有所减少。他还进一步明确，将把最大数量的飞机投入到实际战斗中，把预备部队和训练中的飞机数量降到最小；将会有远比现在多的美国飞行员和机组人员，驾驶着美国造的飞机投入到战斗第一线。

在与霍普金斯和我商量之后，总统要求海军航空兵司令托尔斯上将和我立即赶赴伦敦，就这一问题与皇家空军上将波特尔进行会谈。如果有需要，伦敦会谈结束以后，可以邀请波特尔随托尔斯和我到华盛顿来。5 月 20 日，在我们出发之前，一次马歇尔将军、金上将、托尔斯上将、霍普金斯和我出席的会议上，总统先生重申了他向丘吉尔提出的意见，并强调这些意见总体上适用于所有的战区。可能也会有一些个别的例外，比如苏联。出于地理环境、后勤保障和国家关系等因素的考虑，援助苏联的飞机原则上将由苏联人自己驾驶和维护，不过将来还是有可能使用美国自己的军事人员。最后一个问题是英国运输和海岸警卫部队的飞机是否作为例外。经过深入讨论，我们决定至少在当时的北非战场，英国人还是要驾驶美国提供的援助飞机，而且我们要尽可能提供足够的援助，以维持他们当时的战斗力。这就要求我们还必须建立维修美国军事装备的基地，为遍布澳大利亚、西非、印度和叙利亚的美国空军部队提供装备和保养。

美国将不得不为所有的海外部队提供后续装备补充，包括美国和盟国正使用美国造飞机的全部部队，这还没有算上每个月可能损失的飞机。在 1942 年，我们预计美国空军最多将建成 270 个航空大队，但当年年初的时候我们还不到 50 个。如果我们继续把那么多的飞机用于援助其他盟国，就不可能多组建 220 个航空大队，不管它们是已经投放到战斗前线，还是依然在本土的训练基地里。

1942 年 5 月 23 日，一架高级军官代表团乘坐的 C－54 运输机从波林军事基地起飞，成员有：马克·克拉克①少将，当时担任地面部队司令麦克奈尔②将军的参谋长；德怀特·艾森豪威尔少将，战争部作战处处长；艾维尔空军中将，托尔斯海军上将，霍伊特·S·范登伯格③上校

① 马克·韦恩·克拉克(Mark Wayne Clark，1896—1984)，美国陆军四星上将。1917年毕业于西点军校，即前往法国参加一战。1940年3月任陆军战争学院教官，协助后来担任陆军地面部队司令的莱斯利·詹姆斯·麦克奈尔准将，组织了旨在提高美军作战能力的“路易斯安那军事演习”，为参加二战做准备，参演兵力近40万人、机动车5万辆，深得时任陆军参谋长的马歇尔将军赏识。1941年8月从中校直接晋升准将，提任陆军助理参谋长。1942年1月任美国陆军地面部队副参谋长，4月晋升少将，5月任参谋长；6月调任驻英格兰陆军第2军军长，7月任欧洲战区美国陆军司令，参与拟定反攻欧洲的作战计划；10月任地中海战区盟军副总司令，协助总司令艾森豪威尔将军指挥登陆北非的“火炬行动”；11月晋升中将，年仅46岁，是当时陆军最年轻的中将。1943年1月任美国陆军第五集团军司令，率军参加意大利战役。1944年12月任盟军第十五集团军群司令。1945年3月晋升上将，在美国陆军中也是最年轻的。欧战结束后曾任驻奥地利美军总司令、第六集团军司令、美军地面部队司令。1952年5月，克拉克接替西点军校的同学马修·李奇微将军任“联合国军”总司令，指挥朝鲜战争。1953年7月27日，克拉克代表联合国部队在板门店签署停战协定。——译者

② 莱斯利·詹姆斯·麦克奈尔(Lesley James McNair，1883—1944)，美国陆军上将，被称为“美国陆军的建筑师”，在陆军地面部队训练方面发挥了重要的领导作用。1904年毕业于西点军校，参加过一战，1918年10月因战功晋升为当时陆军最年轻的准将，一战后恢复少校永久军衔。1924年至1928年在普杜大学教授军事科学与战术。1929年毕业于陆军战争学院，任陆军野战炮兵学校助理指挥官。1935年5月任第2野战炮兵旅旅长，晋升上校。1937年3月晋升准将。1939年4月任指挥参谋学院院长，主动为应对二战培养军事人才。1940年7月任陆军地面部队参谋长，9月晋升少将；1941年6月晋升中将。1942年3月任陆军地面部队司令，负责海外远征军的组建和训练工作。1942年11月参与指挥北非战役，因负伤荣获紫心勋章。1944年7月25日，在诺曼底战役的“眼镜蛇行动”中，为了鼓舞士气，他不顾副官反对亲临前线指挥，死于美国陆军第8航空队重型轰炸机支援步兵作战的误炸。艾森豪威尔在事后的报告中说曾多次提醒他不要冒不必要的危险，并对这次误炸极为震怒，此后再也没有动用过重型轰炸机空袭战术目标。1954年7月，美国国会特别授予麦克奈尔上将军衔。——译者

③ 霍伊特·桑福德·范登伯格(Hoyt Sanford Vandenberg，1899—1954)，美国空军四星上将。1923年6月毕业于西点军校。1926年1月任第90攻击机中队中队长。1927年调马奇机场航空兵初级飞行学校任教官。1930年11月任驻夏威夷惠勒机场第6驱逐机中队中队长。1931年9月调伦道夫机场任教官。1934年8月至1936年6月先后在航空兵战术学校和陆军指挥参谋学院进修。1936年9月进入陆军战争学院，专门研究菲律宾的空中防御建设。1939年6月毕业后，时任处长的（转下页）

和我；还有我们各自的副官和秘书。飞行路线是从波林空军基地到蒙特利尔，再到纽芬兰的古斯湾，然后飞苏格兰的普雷斯蒂克。

说服英国人接受租借物资配额调整是没有问题的。包括飞机，我们很清楚这是他们最需要的，我们也表示尽可能予以满足。问题在于我们是否还能够继续承担目前援助皇家空军重建的义务，同时又不至于拖累美国空军自身的建设。我们已经无力提供这个国家需要的那么多优秀的年轻人。在我印象中，毫无疑问，世界上再没有一个地方像英格兰这样，吸引了美国如此之多的军事人员和武器装备。

皇家空军采用的夜间区域轰炸和美国空军极力推动的日间精确轰炸有很大不同，这给生产制造和采购都带来了不小的麻烦。虽然我们的作战理论尚未得到实战检验，但我们坚信自己是正确的，所以在生产制造的优先权上也不能让步。

在漫长辽阔的海岸保卫作战中，英国人使用了美国造的 B－24 轰炸机和剩下的少量 B－17 轰炸机，在反潜和攻击海面舰船上效果都不错，但在对德空袭作战中运用得不是太好。

皇家空军轰炸机司令部也在扩充部队。但这种扩军和作战需求，会不会超出英国航空工业和人力资源的供给保障能力？我认为会的。在我们两个国家之间，很有必要就空军建设问题达成一个新的整体共识，特别是在飞机分配上进行更好的合作。这是我们此行伦敦的主要原因，至

（接上页）卡尔·斯帕茨准将挑选范登伯格进入航空兵参谋部作战计划处，主管作战和训练工作。1942 年 6 月调往英格兰，协助组建北非战区空军部队；任新筹建的第 12 航空队参谋长；12 月晋升准将。1943 年 2 月任北非战区战略空军部队参谋长；8 月回陆军航空队司令部任副参谋长；9 月随哈里曼大使出访苏联，任空军代表团团长。1944 年 3 月晋升少将；4 月任盟国远征军空军副总司令兼所属美国空军司令；8 月任第 9 航空队司令。1945 年 3 月晋升中将，7 月任陆军航空队助理参谋长。1946 年 6 月至 1947 年 5 月任中央情报局局长。空军独立后，1947 年 10 月任空军副参谋长，晋升上将；1948 年 4 月接替卡尔·斯帕茨将军，任空军参谋长。1953 年 6 月退役。——译者

少我是这么想的。

我们在普雷斯蒂克降落的时候，天气十分糟糕，大家商量着接下来去伦敦的路怎么走。B－24“解放者”轰炸机和其他美制飞机停靠在机场四周的空地上，有人正在加装炮塔和副油箱，但大部分都还没有安装好。英国人对“解放者”又进行了改装，大概耗时两个礼拜，约有8 000人正忙着改装飞机的工作。不过在我看来，当某些地方迫切需要它们的时候，有太多的飞机被晾在了地面上。

当天晚些时候，我们又看了看天气，还不够好，于是托尔斯海军上将、艾森豪威尔将军、克拉克将军和艾维尔空军中将决定坐火车去伦敦。范登伯格、我的副官毕比和我打算第二天早上乘飞机。不过就在这个时候，一切都敲定了，我们收到了丘吉尔首相的电报，称第二天一早就打算开会，希望我们当晚一道乘火车前往。于是我们开车到格拉斯哥，登上了开往伦敦的“苏格兰酋长”号列车。代表团被安排在一节特殊保卫的车厢里。

次日上午，会议在皇家空军上将波特尔的办公室召开。会前，我抽空会见了弗里曼皇家空军中将、钱尼①将军、怀南特大使、埃克将军和麦克莱兰上校。怀南特先生说刚刚与苏联外交人民委员莫洛托夫会谈过，在我们差不多离开普雷斯蒂克的时候，他已经启程前往美国，与总统进行首次会晤。莫洛托夫和苏联人希望与美国签署一个条约，以保证欧洲主要国家的领土完整。

---

① 詹姆斯·尤金·钱尼（James Eugene Chaney，1885—1967），美国陆军少将。1932年1月任日内瓦裁军谈判会议美国代表团技术顾问；6月任陆军航空兵计划处处长。1934年7月任陆军航空兵副司令。1938年9月任米切尔空军基地指挥官。1940年2月任空军防御司令部指挥官；10月任驻英格兰特别军事观察员。1941年5月任美国陆军驻英特别军事观察团团长。1942年1月任驻不列颠群岛美国陆军司令；6月任欧洲战区美国陆军司令。1943年5月任陆军航空队训练中心和技术学校指挥官。1944年9月任英美出访葡萄牙使团美方团长；11月任硫磺岛战役中的美国空军司令。二战后曾任战争部人事委员会主席。1947年7月退役。——译者

我们具体讨论了美国驱逐机的问题。钱尼将军对 P－38 和 P－39 的性能都提出了质疑。他觉得我们使用两者中的任何一款可能都是错误的。我告诉怀南特大使和钱尼，在我们说它们不行之前，至少给它们一个在实战中试试身手的机会，因为它们在和平时期的测试中表现还是不错的，所以才能够获批生产。

10 点钟我和波特尔会面之后，11 点钟我们一起前往拜见丘吉尔首相，举行全体会议。出席会议的有首相本人、皇家空军的代表和美国军事代表团。丘吉尔说他无法理解，为什么美国一年总共要生产 6 万架飞机，却只能分配 5 000 架给英国。他希望确保每一个战区，抑或说所有战区的战斗力都不会遭到削弱。

总体上而言，他同意由美国飞行员驾驶美国飞机，但他重申我们必须对敌人保持最大的压力。我们必须始终确保将最大数量的飞机投入实战，尽可能投下更多的炸弹。如何保持“接下来几个月”的战斗力是一个需要引起重视的问题——战争可不是一年半载就能够打赢的。他结束讲话的时候说，希望我们开诚布公、畅所欲言，紧接着问我有什么意见。

我告诉丘吉尔，美国有很多出色的小伙子准备参加空军，他们是国家的“精英”，开美国飞机不会比其他任何国家的年轻人差。我向他讲述了国会召集的“租借物资和防御援助听证会”的情况，战争部部长、参谋长、空军司令和国会议员们一致同意，在向其他国家提供飞机之前，必须加强美国的生产能力以满足我们自身的需求。我告诉他，美国人民是知道这种情况的，现在他们想要建设美国自己的空军，他们想来欧洲打仗。

我们当时的飞机产量根本无法满足澳大利亚、皇家空军、美国西海岸、苏联、美国海军和中国的需求，如果我们要同时加强美国自身空军建设的话。我们只有限制防御区域的空军力量，以加强欧洲战区的空军。因为我们不想减少目前各战区用于实战的飞机数量，相反我们还要尽力增加它。我说明了各方对美国飞机的需求情况，并估算出总数，是一个很惊人的数字，我们当时每年生产的6万架肯定是不够用的。

丘吉尔首相简要介绍了各个战场的形势，提醒大家要特别关注印度和中东局势的危急情况，中国战场以及“波莱罗——围捕计划”（盟军登陆法国的计划）的进展情况。

讲完以后，他又点名想听听托尔斯海军上将有什么想说的。托尔斯说，他的问题很简单，也很容易解决。英国海军只需要鱼雷轰炸机、俯冲轰炸机和执行航空母舰、海岸巡逻任务的战斗机。就这些。

这时，丘吉尔首相指示下午将进行具体讨论，会议暂告一段落。然后他叫上我去了唐宁街10号的后花园，在那里我们或坐下来小憩，或慢走散步，聊了大概一个小时，关于美国的飞机产量和分配额度。离开他之后我得出一个结论，我们应该可以将飞机分配的全部政策和盘托出。后面的时间都是在会议中度过的——不同的级别，不同的地点，不停地会谈。

除此之外我还会见了杰姬·考克兰小姐，她想在不列颠为皇家空军组建一支女子航空运输队。也正是这一次会谈，让我开始考虑在美国空军建立一个女子飞行员组织（“WASPS”）。

我发现和我上一次来相比，伦敦发生了很大的变化。人们不再像过去那样无所事事，城市打扫得很干净，轰炸过的痕迹很快就看不出来了。不过，轰炸废墟引发的大火还是一个比较麻烦的问题，这在1666年伦敦大火之后就没有发生过。

第二天上午，我去了哈里斯中将领导的轰炸机司令部，检视他们对罗斯托克、奥格斯堡及其他德国工业城市实施毁灭性空袭的情况。他给我看了亨克尔飞机制造厂的照片，机身从炸毁的厂房里被拖了出来，只能排在露天的场地上组装。他告诉我轰炸机司令部当时总共拥有640架飞机，其中450架执行实战任务；但他手上的飞行员和机组人员只够飞其中的380架。我可以看得出来，皇家空军轰炸机司令部的工作相当出色。他们在有些方面是我们努力的方向。

第二天我还召集了一次会议，了解他们海岸警卫司令部的需求，他们希望能有九个飞行中队共 144 架飞机，同时还计算了过去七个月的损失——大约 100 架，所以海岸警卫司令部要求在 1942 年 5 月 31 日至 12 月 31 日得到一共 244 架 B－17 轰炸机。他们要负责 1 400 英里长海岸线的巡逻警卫任务。我翻看了一下笔记本，了解到他们将在 5 月至 8 月份收到 150 架“卡特琳娜”水上飞机。于是我说他们要求的飞机数量看起来有点儿多了，这个问题的解决需要一个前提：到底什么才是更为重要的——是重型轰炸机带着炸弹前去空袭德国？还是让他们去大西洋猎杀德国潜艇？这是一个需要更高层面决策的问题。

第三天我造访了埃克将军的第 8 轰炸机司令部，它选在威克姆阿贝女子中学，还在初建之中。等飞机到了以后，他就能投入实战。埃克要求自己的部下每天下午都要出去参加强制性体育锻炼，以保持良好状态。女校的建筑看上去很高尚端庄，旁边湖面上的天鹅悠闲地游着，一群军官正在学校的草坪上玩触身式橄榄球，忽然我看到一个打小就看着长大的小伙子。那是弗雷德里克·C·卡斯尔少校，1907 年还在上幼儿园的时候我就认识他。18 个月以后，1944 年圣诞节前夜，已经身为准将的弗雷迪牺牲，当时他正率领自己的空军联队执行战斗任务，死后被授予荣誉勋章。

美国政府各部委办局对待援助英国问题的想法是不一致的，我就注意到，每当丘吉尔首相或波特尔空军上将向美国海军提出什么协助的请求，比如是否可以调派一些部队支援海岸警卫司令部，得到的答复一般都是：“国内有太多的任务等着我们完成。”如果征询他们的意见，如何增加产量、援助英国更多的飞机，或如何增加空运数量，海军代表们的回答是：“让长滩飞机厂停止生产 B－17，转产运输机。”当弗里曼中将问，如果陆军航空队停止生产 B－17，海军能够提供什么帮助，我们的海军军官回答：“没有，海军好像帮不上什么忙。”在我看来，当时我们就好像是在单行道上开车。人们都希望陆军航空队能有求必应，但没有人打算帮助陆军航空队。从那时起，没有办法，我也只能采取更加强硬的态度了。

我们和皇家空军一起，摊开地图，详细讨论了美国空军部队在英格兰使用的机场。大家一致同意跳开繁文缛节，直奔主题。我们讨论了美军接待中心的建设问题；我们的驱逐机中队如何运作——一开始先和英国人联合作战，等我们的部队变得成熟了，再编入美军的战区和司令部；如何划分轰炸机部队和战斗机部队各自的防区；所有美军使用的机场都必须在12月份之前完成，完工以后尽快移交、尽快进驻。对大家来说，机场是永远都不够用的，但我们还是把机场数量增加了一倍以上，以便容纳计划组建的所有轰炸机和战斗机部队。

波特尔和我商定了几条需要我带回去请示罗斯福总统的问题：

1. 总体而言，各战区的空军力量都要保持或增加。

2. 美军机组人员负责飞美国制造的飞机。

3. 美国需要为“波莱罗行动”提供300架重型轰炸机，并配齐机组人员。

4. 除了海岸警卫司令部还有可能得到重型轰炸机的援助以外，英军其他部队将不再得到重型轰炸机。为了满足任务需要，海岸警卫司令部应当从美国海军得到尽可能多的PBY“卡特琳娜”水上飞机。

5. 皇家空军将在海岸警卫司令部下设四个航空大队，尽可能多配备“卡特琳娜”水上飞机，144架“飞行堡垒”或其他替代机型，以及100架损耗替补飞机——这些都要在1942年12月31日前完成。（当时我就已经向波特尔表明，我不同意给他们“飞行堡垒”，建议他们换用“解放者”。）

6. 除了向北非战场支援108架B－26并配齐美军机组人员之外，英国不再需要中型轰炸机的援助。

7. 英国能够得到他们所需要的全部马丁“巴尔的摩”轰炸机①；此外，我们还将援助他们洛克希德公司生产的“郝德逊”双引擎飞机②，还有道格拉斯公司生产的 DB－7(A－20)轻型轰炸机，英国人称之为“波士顿”轰炸机，构成几个中队配合地面部队作战。

8. 英国提出的 1 440 架驱逐机可能超出了她真正的需求量。他们说至少需要 1 000 架，但又无法提供更多的机场。

9. 在近东地区，英国人需要 100 架重型轰炸机。如果美国不能配备机组人员，就由英国人负责。这就意味着，我们要么再增加一个完整的航空大队，让布里尔顿将军统领 2 个大队；要么，另一个选择，就是给英国人提供 100 架重型轰炸机。

就在那个时期，哈里·A·霍尔沃森上校被任命指挥一个“解放者”轰炸机大队，专门执行从中国起飞轰炸日本的任务。不过，在他们前往中国的途中经过中东的时候，他们被暂留在北非参加训练，准备参加轰炸普罗耶什蒂油田的特别作战任务，那里是德国的产油中心，位于罗马尼亚境内。布里尔顿将军已经从远东地区被调到北非战场任职，负责指挥蒙哥马利司令部麾下的所有美国空军力量，帮助皇家空军和“沙漠之鼠”③ 把隆美尔逐出埃及。

---

① 即 B－26 中型轰炸机，因早期事故率较高，让 B－26 得到了“谋杀犯马丁”“巴尔的摩娼妓”等绰号。——译者

② 郝德逊(Hudson)海上巡逻轰炸机，美国洛克希德公司制造，1938 年 10 月首飞。从代号为 14 的“超级莱克伊特(Super Electra)”飞机发展而来，是为英国采购委员会 1938 年 6 月发出的 200 架飞机订单设计的，初衷是用于执行远程侦察任务。至 1943 年 6 月，共有约 2 000 架“郝德逊”飞机运抵英国。1941 年至 1942 年，美国陆军航空队也收到了几百架本来为英国生产的“郝德逊”，命名为 A－28/29。美国陆军也拿到 217 架带有炮塔的“郝德逊”，命名为 AT－18，用作飞机炮手教练机和靶机，另有 83 架无炮塔的 AT－18A 被用来训练领航员。——译者

③ “沙漠之鼠”，指英军陆军第 7 装甲师。当时该师在北非战场，由于该师的徽章是一个白布条衬托的红圈，该师师长觉得过于单调，就叫自己的妻子按当地跳鼠的外形重新设计了徽章。随着在北非战场胜利中该师所发挥的作用，沙漠之鼠就成了该师的称谓。此后第 7 装甲师下属的第 4 旅和第 7 旅被分别派往意大利西西里（转下页）

10. 英国需要的480架驱逐机没有其他来源，只能依靠美国制造的战斗机。

11. 波特尔认为，就上述事项，他必须陪同丘吉尔首相一道前往美国，以达成最终决定。

我告诉他会把这些商量的意见带回华盛顿，报给罗斯福总统一道研究，最终会给他一个答复。

那天晚上，我还与英军的科研主管亨利·蒂泽德爵士进行了会谈。他告诉我，皇家空军当时已经拥有三架喷气式飞机，一架样机已准备好试飞，一架的引擎还在测试，一架正在安装远程飞行设备。他们对取得的成果感到非常满意，对未来喷气式飞机的发展充满了信心。当然他们还是遇到了一些不断冒出来的问题，但相信能够解决。我也简要介绍了当时我们喷气式实验的运作和进展情况。

在与钱尼召开的小范围会议上，他有点儿为我担心，觉得我在独自代表空军行事，有些事项明显是应该由斯帕茨和亨特来决定的。斯帕茨将来英国接管美军驻英的全部空军力量，亨特负责指挥战斗机部队。钱尼担心我管得过于具体了，比如驱逐机部队的训练方法，还有战斗机使用的指定机场。

我告诉他，我唯一关心的就是如何让我们的战斗机部队尽快进驻英格兰，确保他们来的时候机场和设施都已经准备就绪，还要安排他们熟悉皇家空军的战术、通讯技术、指挥流程和语言，所有这些问题都必须尽快明确下来。进驻以后部队如何作战就不是我的事儿了，但为他们做好万全的准备是我分内之事。我还让钱尼放心，除了作战原则之外，我会把一切都安排妥当，而且，即便是我同意的事情，斯帕茨和亨特接手以后还可以做出调整。最主要的问题是

(接上页)与缅甸作战，徽章也分别改为黑色和绿色跳鼠徽章。后来这两支部队一直留用下来，参加了很多英国的战事。——译者

如何确保最强的战斗力，让我们的部队抵达英国之后能够尽快投入实战。

那天再晚些时候，我会见了皇家空军中将肖尔托·道格拉斯，他负责指挥英国的战斗机部队。我告诉他，我已经和钱尼谈好了美国战斗机部队的初期训练、驻地机场和斯帕茨、亨特的职责分工等问题。亨特将指挥美军驱逐机部队，但刚开始由道格拉斯负责指挥所有作战行动，直到美国空军站稳了脚跟，能够独立作战。

深夜回到酒店以后，克拉克、艾森豪威尔和我一起讨论了英国的局势，大家认为我们需要任命一名战区司令官，负责与英国高级官员进行对等的沟通。大家一致同意这个人应该了解我们内部的运作并有亲身经历，对战争部的作战计划非常熟悉。他还必须深得马歇尔将军和战争部长的信任。而且大家还一致认为，这个人选应该尽快确定，尽快到伦敦走马上任。

艾森豪威尔走了以后，克拉克和我留下来继续讨论人选的问题。最后我们俩人的结论是一致的，这个人就是艾克(艾森豪威尔的昵称)。克拉克觉得我比他更熟悉马歇尔将军，建议在我们三人向参谋长汇报结束以后，由我向马歇尔推荐我们商量的人选，并建议马上操作。等我们一回到华盛顿就办这件事。

第二天早上，我听说波特尔空军上将准备签署有关皇家空军飞机配额的协议。这份协议与我当初离开华盛顿时候的设想没有多大变化。那天下午，我收拾了行李打包，然后去“契克斯庄园”拜访丘吉尔首相。同行的还有托尔斯海军上将，我们在下午 5 点 30 分左右到了那里。

那天晚上出席宴会的客人有怀南特大使，波特尔，首相的军事顾问、人称“巴哥犬”的伊斯梅将军，哈里曼，托尔斯和我。

我过去经常说，在我见证空军成长的四十年历史中，我的运气犹如神助，那些关键性的转折点，我碰巧都经历了。

那天晚上是5月30日，从某种意义上来说，真是运气把我们大家聚在一起。在我们坐下来吃晚饭之前我就知道，皇家空军已经出发，前往执行截至当时规模最大的轰炸行动。就像数小时前丘吉尔打电话给白宫的霍普金斯所讲的，这次皇家空军出动的飞机数量，不只是上次大规模轰炸德国的两倍。如果从字面上来理解，这还是一次吓唬人的“千机轰炸”，除了我们这些真正知道英国重型轰炸机数量的人。从英格兰中、北部起飞前往轰炸德国科隆的1 047架“轰炸机”中，有715架是双引擎的“威灵顿”和“惠特利”① 等老式轰炸机，甚至还包括少量几乎都没有希望飞抵目标的“牛津”教练机。按照皇家空军的标准，它们也就勉强称得上是中型轰炸机。

不过这没有关系。事实上此前轰炸机司令部已经成功组织了对吕贝克和罗斯托克的空袭②，而且尽管此后皇家空军只凭借400架重型轰炸机对一个又一个德国城市造成的破坏其实比首次“千机轰炸”科隆还要大，但在世界和德国人的眼中，这次行动才是“空袭欧洲”真正的开始，对德国实施“不间断的”空中打击。在那天晚上，整个英格兰都变成了轰炸机基地。

作为一个鼓说“轰炸理论”这么多年的航空人，我和丘吉尔本人一样兴奋。但这就是我前面说的运气，身为美国陆军航空兵总司令，此时

---

① “惠特利”（Whitley）双发重型轰炸机，1936年3月首飞，1937年交付使用，是英国皇家空军第一种重型夜间轰炸机，性能一般，二战初期英国轰炸机司令部的主要机种之一，多次执行空袭德国本土的任务；后逐渐被淘汰，转用于海上反潜巡逻、向敌占区空投突击队和训练飞行员等，共生产1 824架。——译者

② 1942年3月28日，英国191架轰炸机轰炸了吕贝克（Luebeck）。吕贝克的意思是“迷人的地方”，是北欧著名的旅游城市，至今仍保存着大量的中世纪的古迹。1942年4月24日至27日，英国468架轰炸机轰炸了罗斯托克（Rostock），导致了城区60%以上建筑物的大火。罗斯托克是德国在波罗的海沿岸的三大港城之一，也是重要的军工生产基地和军事港口。——译者

此刻我也正好在现场。回顾历史上，每一次我努力向丘吉尔和他皇家空军的参谋们兜售美国的日间精确轰炸理论而他们却总是坚持自己的轰炸战略时，我都会说起那天晚上的事。

这不仅仅是晚上还是白天作战的问题。这是一种全新的概念，“夜间区域轰炸”从那天晚上的闪亮登场开始，就是针对精确轰炸理论的，后者瞄准的是具体的工业或军事目标。在出发之前的简会上，部署了轰炸科隆的“瞄准点”，机组人员马上就明白了，他们在这些点上播撒的高爆弹和燃烧弹，将迅速蔓延、吞噬整个城市。高层司令部担心机组人员对执行这种新任务的内心感受，于是就简要地告诉他们，造成工人和市民的死亡或让他们无家可归、士气低落，与摧毁工厂一样，都是对德国战争机器的打击。

像科隆这样的目标是非常吸引眼球的，在美国也一样颇受关注。其实第二天一大早，伦敦一些发行量有限的小报社和 BBC 就开始了连篇累牍地报道，随后的几天里，令人振奋的电台广播也传遍了整个美国。一切都不出丘吉尔和皇家空军所料，这正是他们希望看到的。一位当晚驻在英国马汉姆空军基地的美军情报官后来像说笑话一样告诉我，在机组人员起飞之前，皇家空军少将鲍尔温说，整个世界都在关注着他们的行动，尤其是，鲍尔温故意眨了一下眼睛，“我们那些海外的朋友们”需要加把劲儿。这位美国军官说，这个时候大家都齐刷刷地朝他这个方向看过来，场面一时显得有些尴尬。但少将又戏剧般地喊了一句：“你看！到处都是他们的耳目！”让大家哄堂大笑起来。

哈里斯和埃克也来一起吃晚饭，告诉我们最新战况。我们边吃边聊，丘吉尔首相看看桌上都是空军的人，就问了几个有关我们飞机的技术问题，我却答不上来。于是我问：“我的飞行员就在附近，是否要请他过来？”丘吉尔说：“务必尽快。”我打电话让毕比上校赶过来，在餐桌紧靠丘吉尔首相的位子上坐下，回答我们几种飞机机型的战斗力和性能。

大家坐着聊了几个小时，等到了该上床睡觉的时间，“千机轰炸”也已经结束了，但首相先生还是兴致盎然，毕比上校也不知道是该回去还是继续留在契克斯庄园。丘吉尔打消了他的疑惑，说：“你就留在这里过夜吧。”毕比回答：“但是我没有带睡衣。”于是，矮毕比上校六英寸的丘吉尔提出借给他一套。睡衣几乎都罩不住毕比的手脚，但他还是穿着睡了一个晚上。

晚宴结束以后，丘吉尔和我重新审议了我与波特尔在会议上达成的备忘录。首相给我的感觉是，他几乎完全赞成协议的内容，但一直到次日早上我才得到他的最终答复。皇家空军还是希望能得到更多的四引擎轰炸机。

第二天早上我一觉睡到9点钟。摇铃呼叫男佣的绳子就系在床头边上，我扯了一遍又一遍，一直到9点30分都没有人来，但我又找不到自己的衣服。最后，在我几乎要火冒三丈的时候，男佣终于拿着我的衣服出现了，还打来了热水，让我刮了胡子。接着我要求洗个澡，男佣告诉我已经准备好了。我下了楼，看见一间浴室的门开着，就跳进澡盆里搓了起来。

没多大会儿，浴室门开了，男佣的头探进来说：“请您原谅，先生。这间浴室是女士们用的，您的浴室在走廊里面。”但一切都太迟了。

当我收拾妥当走下楼，除了“巴哥犬”伊斯梅，其他人都不在。首相还在床上办公，波特尔已经回伦敦工作了。伊斯梅、托尔斯和我一起吃了早饭，谈论着昨晚空袭的情况。科隆依然在熊熊大火之中，德国广播电台谴责这是一次血腥的屠杀。轰炸机司令部仅仅损失了39架飞机。早餐后，我和托尔斯都去了洗手间。那儿的门是伊丽莎白时代的，有点儿复杂，还带锁。我挺顺利，但托尔斯却锁在里面出不来了，只好十分尴尬地大声喊我回去帮忙。三十多年前，正是由于他的贡献，飞行员开始有了第一根安全带，但眼下他却对一把厕所的安全锁无可奈何。

我把男佣喊来了。他又先后找来了水管工、木匠和女仆。因为是星期天，他们正好都在乡村酒吧里。

又过了好一会儿，我正陪着丘吉尔夫人在花园里散步。突然，我们看见一只脚从契克斯城堡二楼一扇窗户里伸了出来，接下来是蓝色军裤，最后是一身戎装的美国海军上将从里面爬出来了。丘吉尔夫人说："哎呀，多么令人叹服的出门方式!"

从 11 点 15 分到下午 1 点 15 分，丘吉尔首相和我一直坐在花园里聊新的飞机分配额度问题。最终，他同意了我向波特尔提出的建议。我可以回华盛顿了。

当天晚上，我和波特尔进行了临行前的会谈，我们一起又把数字核了一遍。第二天早上，我先后向波特尔、弗里曼、辛克莱、怀南特大使和钱尼将军道别。怀南特向总统发出了这样一封电报："英格兰是我们赢得战争的大本营，尽快把飞机和部队派过来。"

我和波特尔签署了各种各样的协议，留了一套副本给他，其他的全部带回了美国。

代表团的飞机在暴风雨中穿越了大西洋，半夜在古斯湾的机场降落，等着我们的是一顿又冷又糟糕的晚餐。同行的还有蒙巴顿[①]勋爵、皇家空军中将斯莱塞和哈里曼先生。驻地美军的炊事班长说，因为我们的食物配给比较好，所以和加拿大人之间出现了一点儿小麻烦。他们不允许我们自己开伙。"其实，将军，"炊事班长说："他们把我们做好的饭菜拿出去埋在树林里了。"我心里想，等我回到了华盛顿，一定给古斯湾这帮家伙们一点儿颜色看看。

---

① 路易斯·蒙巴顿(Louis Mountbatten，1900—1979)，英国陆军元帅，维多利亚女王的曾外孙。1942 年任英军联合作战司令部司令，1943 年起任东南亚战区盟军总司令，协调史迪威、斯利姆、温盖特的行动。1947 年任印度总督，提出"蒙巴顿方案"，使印度和巴基斯坦分治。1955 年任英国海军参谋长。1956 年晋升元帅。1979 年因所乘游艇被爱尔兰共和军炸弹袭击身亡。——译者

第十九章　支援阿拉曼战役；“火炬行动”；我们的轰炸机开始空袭欧洲；肯尼总算对了麦克阿瑟的路子；罗斯福总统说：“猪是猪，飞机是飞机”；视察南太平洋战区；海军部长结束了会谈

日本人投降以后，马歇尔将军在回忆录中曾这样描述1942年的夏天：

“那是一段非常黑暗的岁月。

7月份，金海军上将和我去了伦敦，与英军总参谋部高层继续协商，是否有可能立即采取一些行动，以减轻苏联承受的压力，当时苏联红军处境危急。由于缺乏足够的装备，尤其是用于登陆的舰船，如果使用小型船只横渡海峡，天气允许的时间窗口又非常短，让我们未能在1942年展开牵制性的‘大锤行动’。

经过漫长的讨论，大家的认识逐步明朗，当年唯一有可能取得成功的作战行动就只有‘火炬计划’了，也就是在北非实施登陆。那儿虽然距离德国有些遥远，但多少也能减轻一些红军的压力，而且可以有效地改善中东地区的紧张局势。因而计划得到了罗斯福总统和丘吉尔首相的批准，要求尽早对北非发动进攻。这就意味着不仅取消了1942年在西欧展开军事行动的任何可能性，而且还会导致

无法在1943年内完成横渡英吉利海峡作战的准备工作。‘火炬’将会烧掉大西洋战区的大部分资源，而且还会限制我们在太平洋上守住夏威夷——中途岛防线和澳大利亚交通补给线的作战行动。

艾森豪威尔将军已经在伦敦组建了司令部，指挥在英国集结的全体美军。这次英国政府很大方，同意艾森豪威尔担任总司令，负责统一指挥执行北非登陆作战任务的英、美军队……时间确定在11月初。”

6月份我从英格兰回来以后，事情开始进入了快车道。我和波特尔签署的一系列协议，让我们摆脱了束缚，在保证盟国援助物资的同时，我们可以放开手脚加快扩建美国空军部队。我向总统和马歇尔将军汇报了丘吉尔、波特尔对援助飞机问题的看法，他们很感兴趣。我指出，丘吉尔并没有打消自己心头最大的疑虑：就是我们无法按时向英格兰提供飞机，无论是重型轰炸机还是地面支援飞机。他认为美国有必要扩建空军，也希望我们能够拥有一支世界上最强大的空军。但他也希望这支部队能尽快到英格兰去，和皇家空军并肩作战，他担心这会遭到拖延。

我告诉总统，我们已经在尽一切努力，保证按照我和波特尔达成的数量，如期向大不列颠提供我们援助的飞机；每半年由我本人来召集各方，根据最新产量调整一次援助配额。总统完全赞成我的意见，并关照我如果遇到麻烦，可以随时告诉他。

不过这次会谈是在6月份的时候，在做出1942年全力保障北非作战计划的决定之前几个星期。这一决定把美国陆海空三军的原计划都打乱了，我们空军首当其冲。当时我们本来打算尽快扩充驻扎在英国的重型轰炸机部队，在次年4月份组织1 000架“飞行堡垒”和“解放者”空袭德国，现在只能再等等了。

我不得不把情况的变化告诉伦敦的图伊·斯帕茨和艾拉·埃克，他们那个空壳子轰炸机司令部正热切期盼着第一个战斗大队的到来。然而我却只能对他们说，不仅原定的增兵计划被取消了，就连他们翘首以盼用来开张的第 97 轰炸机大队也被拿掉、派到非洲去了。不过将另有两个重型轰炸机大队代替第 97 大队进驻英格兰。“修道士”亨特准将率领的第 8 战斗机大队也将在夏末进驻。美军第 8 航空队只留下一个第 4 大队在英格兰，这个大队的飞行员都是此前已经在援助皇家空军作战的“飞鹰中队”里的美国志愿人员，其他的部队全部转战北非。与此同时，我暗地里拿定主意，不管发生什么新的情况，我都会设法以最快的速度扩充第 8 航空队的力量。

就像我接下去还要讲的，由英美两国空军对德国直接实施战略轰炸，是击败德国的主要途径。这种空中攻势除了能够对希特勒的兵工厂、城市、油库和交通线，以及德国人的士气进行打击之外，还能够迅速改观苏联和非洲英美两条战线的局势。果然不出所料，不列颠基地的轰炸机开始把纳粹空军从上述战场吸引回来，以加强法国和帝国自身的空中防御。在随后的 10 个月里，我们那力量依然很薄弱的第 8 轰炸机司令部发起的日间轰炸，就已经彻底打乱了德国战斗机部队的部署。1943 年 1 月，42%的德国战斗机集中在西欧地区，33%在苏联东线，25%在地中海战区。到了那年 10 月，苏联战线上还剩下 19%，地中海还剩下 12%，西欧地区则达到了 60%。如果原本我那个 4 月份之前在不列颠集中 1 000 架重型轰炸机空袭德国的计划没有被延迟，不知道是否能够更快些改善苏联和地中海的战局。根据还算保守的估计，我们原定的空袭欧洲作战计划至少被“火炬行动”延后四个月。这种随后与皇家空军夜间轰炸配合实施的空袭作战，当然也属于“第二战场”。

马歇尔将军写信给艾森豪威尔说，在华盛顿的军方高层看来，登陆北非的作战计划只有 50%的成功希望，包括他本人的观点也是比较悲观的，称这是一次“草率和武断”的行动。

我们既要设法搞定“火炬行动”的大量准备工作，又不能让任何人知晓我们想干什么，压力是巨大的。美国公众的目光都盯着太平洋，这是另一场我们自己的战争。就在差不多同一时期，这边的火也烧起来了。看来我只好亲自去跑一趟，为了筹备“火炬行动”所必需的空军力量，只有暂时委屈一下太平洋战场。当时，海军舰载机航空兵在中途岛之战中赢得胜利，让新闻界更加觉得太平洋战场上迫切需要更多的飞机。从哪里来呢？当然找我们！陆军航空兵来提供！

这些呼声中自然包括要求增加重型轰炸机。新闻界和美国公众并不知道有“火炬计划”。我当时正在筹建的，而且仍处在发育成长中的那支小航空队，每一个组成部分都处在非常重要的战略位置上，就像身体里的每一根血管都十分重要一样。但当时它确实无法同时满足来自公众的、盟国的和第二战线的需求。

原本驻在阿拉斯加巴特勒岛的空军已经到了中东，就是布里尔顿率领的第 9 航空队，驻在夏威夷的威利斯·黑尔的第 7 航空队，还有一些驻地偏远、默默无闻的空军部队，比如波斯湾和冰岛的部队，其实都在发挥着至关重要的作用。但他们都称不上是第二战线。不过，调动他们中的任何一个，从当时的形势来看，都会在某种程度上破坏空军力量部署的平衡。

在那个艰难的冬季，为了让飞机和机组人员能够实现轮换，第 8 轰炸机司令部动用了第 92 轰炸机大队的 B－17，这本来是计划将来投入使用的战略储备力量，但眼下确实顾不上那么多了。第 92 大队的首批飞行员几乎在战斗中损失殆尽，这让它所在的老部队更加雪上加霜，因为它本来就是为了弥补第 91 大队的 303、305、306 中队的损失才组建起来的。

我个人对于“火炬行动”的看法，是站在更大的战略角度，而不是仅仅局限于空军自身。在我看来，而且这不是我一个人的看法，就是我们正在分散自己的军事力量，甚至是在这支力量真正形成之前。按照“既定”的对德战略，是要求我们集中全部的——空军、地面部队和海军——力量，从英格兰出发，选择最直接的地点，尽早发起全力一击。

尽管总统已经做出了决定，但海军和其他一些持不同观点的人还在继续争辩，特别是当太平洋战场形势危急的时候。是总统自己和丘吉尔决定了“火炬行动”这一规模庞大的牵制性作战行动，把我们在资源分配上的最优先权也付之一炬。如此一来，实际上罗斯福总统在不知不觉中，给了海军紧接着反对他“不惜一切代价”坚守瓜达卡纳尔岛决定的借口。我的意思并不是说瓜达卡纳尔岛不值得去守，也无意去抹杀海军陆战队在那里所表现出的英勇。我只是想强调，在一场多军种、多战场的战争中，我们必须始终保持对敌优先战略的稳定。

在那一段时间，总统先生随口说的一两句鼓舞人心的话，也会被马上抓住作为证明他改变主意的证据。其实据我所知，无论总统说过什么，在内心中他始终没有改变过首先击败德国的初衷。不过，就像史汀生先生说的，“地中海盆地对总统的吸引力要远远超过对美军参谋长联席会议的”，这个情况也是事实。

一年之前，1941 年夏天，希特勒已经为军校学员们送上了一个历史上最残酷的教学案例，说明分散兵力造成的后果到底有多么可怕。根据德军最高统帅部成员，比如凯特尔①、约德尔②、豪辛格③和其他一批最

---

① 威廉·凯特尔(Wilhelm Keitel，1882—1946)，德军陆军元帅，最高统帅部总长。1901 年入伍，一战中多次荣立战功。1929 年 10 月任德国军队组织处处长，参与秘密扩军的活动。1935 年 8 月任国防部军队局局长，1938 年 2 月起任武装部队最高统帅部参谋长，一直到战争结束，是希特勒最亲信的军事顾问。他始终以服从为天职，对希特勒绝对忠诚，犯下了不少战争罪行。1945 年 5 月代表德军签署无条件投降书，1946 年 10 月在纽伦堡审判中被判处绞刑。——译者

② 阿尔弗雷德·约德尔(Alfred Josef Ferdinand Jodl，1890—1946)，德国陆军大将，第三帝国最高统帅部作战部部长，是希特勒在军事作战方面的主要顾问之一，威廉·凯特尔的副手，直接参与策划德军的各项侵略扩张计划和行动。1945 年 5 月代表德军签署无条件投降书，1946 年 10 月在纽伦堡审判中被判处绞刑。——译者

③ 阿道夫·豪辛格(Adolf Heusinger，1897—1982)，德国陆军上将。二战前在总参谋部任职，二战爆发时任陆军总司令部作战指挥处处长，1944 年 6 月起任副总参谋长，“7·20”谋杀希特勒事件后被盖世太保短期关押，1945 年 5 月德国战败后被俘。二战后继续为西德军队服务，1957 年任联邦国防军总监(相当于总参谋长)。——译者

后留下来人员的观点，就从这里开始，在希特勒认为只有这样才能赢得战争的时候，他其实已经输掉了战争。

不列颠战役之后，德国的战争机器依然控制着欧洲。虽然遇到了一些挫折，但德国人仍然占据着北起北海之滨、南到地中海北岸、西起英吉利海峡、东至苏联边境的广大地区。即便是那些没有实际占领的地区，对德国国防军来说也是探囊取物，比如说巴尔干。尽管皇家海军进行了英勇抵抗，但希腊的克里特岛还是丢了。三天里面，德军在克里特岛的三座机场空降了 25 000 名伞兵，占领了这座至关重要的海空军基地。韦维尔好像被扼住了咽喉。那些驻扎在克里特岛的大批德国空军和空降部队，无时无刻不在困扰着他，随时准备着在他的后方降落。比如说马耳他岛，一直到战争结束以后，皇家空军始终都没有评估过，就算岛上驻有最勇敢的空军防御部队，都无法抵挡住德国空军一次 400 架轰炸机规模的集中攻击，而这样规模的空袭对德国空军来说是小菜一碟。整个地中海地区，包括埃及、苏伊士、叙利亚、伊拉克油田产区，都岌岌可危。很明显，大英帝国通向印度的生命线已经不复存在。

是希特勒帮助盟国解了燃眉之急。他很快就将地中海地区集结的大部分空军力量抽调回德国东部边境，在克里特岛陷落三周之后，德军入侵苏联。

第二年，1942 年春天，本着一样的赌徒心态，希特勒和戈林又突然把苏联前线的重型轰炸机部队抽调回地中海。但这时已经太晚了。我们抓住希特勒送给我们的时间，调来了美国制造的 P－40(英国人将其改装成战斗轰炸机，称“凯蒂轰炸机”)、A－20(英国人称“波士顿轰炸机”)和其他型号的美制飞机，充实到特德的中东司令部和坎宁安的西部沙漠司令部。从此沙漠中的战斗就不再是坦克与坦克的对决，英国地面部队也不再担心空中威胁了。就像特德元帅讲的：“这里是空军的战场。放他们飞出去，你们撤回来等着；等他们飞回来，你们就可以前进了。”

不过最后托布鲁克[1]还是丢了，主要是由于隆美尔攻占了昔兰尼加平原上的飞机场，对其形成了包围圈，使托布鲁克超出了英国战斗机和攻击轰炸机的防御范围。但皇家空军的飞机基本未受损失，地面设备的损失也相对较小，他们进行了熟练地撤退。

尽管轴心国空军力量在数量上占据优势(只是书面上的数字优势，意大利空军也算在内)，但事实上皇家空军在过去的一年中实力大增，已经开始在西部沙漠和中东战场展开战略进攻行动(轰炸运输船队和港口等)，攻势即便没有超过纳粹空军，至少可以说旗鼓相当。尽管新近生产的一批 Me－109 战斗机在性能上有了很大改进，但沙漠地区的德国空军实力在整体上没有多大提升。当“火炬行动”准备工作临近结束的时候，在阿拉曼战役前线，布里尔顿的战斗机、战斗轰炸机和 B－25 全都投入了战斗，与英国人并肩作战。他那少量的 B－17 和 B－24，也经常在夜间进行单机和双机编队作战，对德军脆弱的后勤补给线进行了有效打击。

当时大家的后勤补给都非常紧张，哪怕击沉敌人一艘船都可以称之为胜利(难怪布里尔顿在写给我的信中，会为他的轰炸机击沉一艘隆美尔急盼的万吨油轮而感到高兴)；自己损失一艘船则意味着灾难(有次布里尔顿在信中为一艘英国货轮的沉没而黯然神伤，那艘船上装着他在厄立特里亚的古拉建立新航空站所需的全部设备，项目被迫延迟了好几个月)。在第 9 航空队的战术飞机配合坎宁安西部沙漠司令部作战的过程中，美国空军的飞行员得到了很好的实战锻炼，接下来他们还要飞同一型号的飞机。布里尔顿的少量战略轰炸机归特德空军元帅统辖，但具体

---

① 托布鲁克，位于利比亚东北部，临近埃及，是地中海沿岸港口城市，具有重要的战略意义。在第二次世界大战的北非战役中，德意军队与英美盟军反复争夺该地。此处是指 1942 年 6 月 21 日，第 2 南非师等 3.4 万名托布鲁克守军向德意军队投降，此时丘吉尔正出访美国，让他受到重大打击。——译者

作战仍由布里尔顿指挥。在阿拉曼战役期间，英美盟军共有飞机 1 281 架，其中布里尔顿的部队只有 164 架，但承担的任务超出了他们在飞机数字上的比例。轴心国空军大概有 2 000 架飞机，但其中超过一半是意大利的。

不过，盖斯勒将军率领的纳粹空军进驻西西里岛之后，基本上让希特勒掌握了地中海西半边天空的绝对制空权。这是“火炬行动”参谋计划人员最大的心头之患。联合参谋长委员会在经过非常审慎的研究之后决定，既然阿尔及尔已经处在纳粹空军的航程之内，任何试图在菲利普维尔和博内以东地区登陆的作战行动都可能是自杀性的，但选择的地点应尽量靠近真正的目标——突尼斯。

登陆行动结束以后，地点的选择引发了争议——我们觉得已经够靠近了，但依然还是显得那么远，有人认为我们应该更加冒险一些。在“火炬行动”中襄助艾森豪威尔的盟国海军司令、皇家海军的安德鲁·布朗·坎宁安上将就坚持这么认为，讲我们事实上错过了抵近突尼斯登陆的大好时机。但同时他也说，必须讲清楚，他也“不愿”把舰队派往布日依以东，因为盖斯勒已经开始对那里进行空袭。

在“火炬行动”即将开幕的那个年代，在比利·米切尔击沉“东弗里斯兰号”战列舰的二十一年之后，美国空军当中已经没有能够称得上英明睿智的领导人了——如果从军事的角度来看的话，地中海战场的问题，已经变成主要是空军的事儿了。交战双方都有空军，但西北非战场上的盟国空军的处境却不太有利。在美国人看来，“火炬行动”提供了一个空军长期以来梦寐以求的大展身手的机会。但实际上当时我们自己关于空军使用的指导原则中，每一条都不允许在敌国两栖登陆的作战中使用空军，现在终于不得不破例了。

关于维希法国会不会参战的政治谋略和传言取消了我们轰炸机部队的“软化”作战(指登陆前对重要目标的轰炸)。但不管怎样，除了进出繁忙的直布罗陀海峡，当时整个法属西北非就没有什么具备战略价值的轰炸目标。尽管梅森·麦克法兰总督①和艾森豪威尔努力寻找在登陆前夜的全面空袭中值得打击的目标，但剩下的也就只有希特勒的朋友佛朗哥②在离直布罗陀几码远的铁丝网外架起的大炮，以及那暴露在沙漠地带无所遮挡、已经被我们炸得千疮百孔的燃油补给线了。

从军事的角度来看，那里没有像样的工业，也没有航空站、油库、火车站和物资堆栈。有一些建筑物，我们还希望能够保持完好无损，以便我们自己登陆以后使用。沿海岸只有一条从卡萨布兰卡经阿尔及尔到突尼斯的狭长公路，显然没有人愿意去破坏它，巴顿的西路军还要靠它尽可能快地向前推进。少数几个宝贵的飞机场更加不是用来轰炸的，而是地面部队必须迅速夺取的目标。直到它们确保安全了，我们的空军才能够展开作战。

当我们的人冲过摩洛哥海岸的巨浪登陆时，还无法得到陆基飞机的支援。美国海军航空母舰的舰载机为摩洛哥海岸的登陆行动提供掩护，美国海军和英国皇家海军航空兵支援奥兰和阿尔及尔的登陆作战。这就是当时登陆部队唯一能够得到的空中保护，直到我们的地面部队拿下法属北非的机场，能够投入即将运来的 P－40 作战，还有将来以阿尔及尔

---

① 梅森·麦克法兰（Mason-MacFarlane，1889—1953），英国陆军中将。1909 年加入皇家炮兵，参加过第一次世界大战，多次荣获勋章。一战后曾担任过驻匈牙利、奥地利、瑞士和丹麦等国大使馆武官，二战爆发前任驻德国大使馆武官，曾建议暗杀希特勒，未获批准。二战开始后任英国驻法国远征军司令部军事情报主任，在敦刻尔克撤退时负责指挥右翼掩护部队。1940 年 7 月至 1941 年 3 月担任英属直布罗陀城市和要塞的指挥官，成立了陆海空三军联合情报组，负责在西班牙遭到德国入侵时协助佛朗哥将军进行防御作战；如果西班牙不抵抗，则对城市和要塞进行最大限度的破坏。1941 年 6 月任英国驻苏联军事代表团团长。1942 年 5 月至 1943 年 2 月任直布罗陀总督。——译者

② 弗朗西斯科·佛朗哥（Francisco Franco，1892—1975），西班牙国家元首，长枪党党魁。1936 年 7 月发动西班牙内战，由于得到德、意法西斯支持而英、法等国采取“不干涉”政策，最终获得胜利，自 1939 年开始到 1975 年统治西班牙长达 30 多年，1947 年自任摄政王，长期实行法西斯独裁统治。——译者

为基地的皇家空军中将韦尔奇的“喷火式”战斗机。我们知道海军航空兵小伙子们的素质无可挑剔，但他们依然是一支初出茅庐的部队，是否能把性能优良的“德瓦蒂纳”战斗机和过去美国卖给法国空军的P－36(《慕尼黑协定》之后，法国空军部长皮埃尔·科特所采购装备的残余部分)打下来，就不仅仅是个人技术和勇气的问题了。

第一批到的P－40属于乔·坎农①将军的西路空军，他们从航空母舰上直接飞向摩洛哥的梅迪亚机场，希望能够在那里找到他们的地勤部队而不是充满敌意的法国人。地勤部队的人员必须随第一攻击波登陆并占领那里，否则，我们的P－40将耗尽燃油而坠毁。

我们知道P－40是可以从航空母舰上顺利起飞的，就在不久前，我们用“突击者号”航母运载过68架P－40，前往增援印度、中国战场和布里尔顿将军。尽管事实上此前还没有人尝试过驾驶P－40从航空母舰上起飞，但最终他们还是全都飞到125英里外的阿克拉机场着陆，没有出任何意外。然后再从那里出发，穿越非洲中部，飞经中东、南亚，到达中国。还有一次，在那年早些时候，我们的“大黄蜂号”航空母舰两次运载皇家空军的“喷火式”战斗机前去支援马耳他岛。

还有一些支援奥兰和阿尔及尔登陆作战的飞机，是从英格兰直飞直布罗陀要塞的。这是一段危险而又漫长的飞行，最后还要在佛朗哥的高射机枪枪口下完成着陆。

---

① 约翰·肯尼斯·坎农(John Kenneth Cannon，1892—1955)，美国空军四星上将。1942年11月，北非战役开始后担任西路空军第12空中支援司令部司令、第12轰炸机司令部司令。1943年5月担任支援西西里和意大利战役的盟军战术空军副司令，12月任第12航空队司令兼地中海战区盟军战术空军司令。1944年8月指挥了欧洲南部登陆行动的空军作战。1945年3月任地中海战区盟军空军司令，5月任驻欧洲美国空军司令。战后历任空军训练司令部司令、驻欧洲美国空军总司令、战术空军司令部司令。1954年3月退役。——译者

在等待“火炬行动”D 日①的日子里，还有一个让大家密切关注的地方是西属摩洛哥②，就位于直布罗陀海峡的对面。艾森豪威尔和他的作战参谋们有点儿担心希特勒和佛朗哥，记得在 1936 年 7 月的时候，纳粹空军用 Ju－52 运输机把那里的摩尔人雇佣军运到西班牙北部，把西班牙独裁者扶上了台。支援“火炬行动”的飞机在直布罗陀集结，最后有超过 600 架拥挤在一个狭小的机场上，要想赶去支援奥兰和阿尔及尔地区的作战，他们必须在登陆行动实施前很早起飞。当飞到那附近的塔法拉欧、迈松布朗什和卜利达机场时，飞机就快没油了，那里的地勤保障最好能够提前准备好一切，否则，这些飞机就什么作用都发挥不了。

如果一切顺利，它们就可以加满油并尽快回到空中，等着对付纳粹空军必定会发起的反击。计划中还包括一支从英格兰直接飞过来的远程空降部队。最糟糕的是，北非的雨季马上就要开始了。无论哪一方赢得这场终点是突尼斯的比赛，要想真正在那里立足，都必须依赖拥有足够硬跑道的机场和布局合理的集散点。

因为在这次进攻行动中空军面临的形势比较复杂，所以我为“火炬行动”制订了一个远比其他任何登陆行动都要详尽的作战计划。不过在当时，我却把这一切看得很平常，觉得如果能得到像这次一样多的物资保障，这个仗在世界上随便什么地方都能打。

我让斯帕茨担任艾森豪威尔的空军总指挥，全权负责从不列颠到北非的空军行动；让刚担任新组建的第 12 航空队指挥官的吉米·杜立特留

---

① D 日，在军事术语中，D 日经常用作表示一次作战或行动发起的那天。二战中，诺曼底登陆的 D 日被定为 1944 年 6 月 6 日，这天也被广泛地由 D 日这个缩写来代替。——译者

② 西属摩洛哥，1912 年 3 月 30 日签订的《费兹条约》把摩洛哥大部分变为法国的被保护国，即法属摩洛哥。同样根据该条约，同年 11 月 27 日西班牙得到了摩洛哥北部和南部地区保护者的地位，即西属摩洛哥。1956 年 3 月 2 日，法国同意废止《费兹条约》，承认摩洛哥独立；西班牙也在 4 月 7 日跟进，废止该条约。——译者

在伦敦，与艾森豪威尔的参谋班子一起负责战术细节。

后勤补给是我最头疼的问题。支援“火炬行动”的飞机要在哪里集结？就像陆军的马歇尔、海军的欧尼·金，我在空军中就是负责解决这种问题的。不管经过多长时间的勘察、研究和争吵，随便哪个战场最终总要有一个作战计划，这时指挥官就会跑到参谋长联席会议对我们说：“好吧，就是这儿了。这是最低要求了。这就是我们需要的。”然后呢？

接下来就需要我们替他们搞定了。联合参谋长委员会完全对美国总统和英国首相负责，当然，有时候两巨头也可能不批准我们达成一致后提交的作战方案——“火炬行动”本身就是一个活生生的例子。但一旦他们同意了，就意味着我们可以放手去干了。而且，尽管不同的国家之间、不同的军种之间关系微妙、矛盾重重，参谋长们最终都必须达成一个一致意见。这也意味着某些战区可能要做出一些牺牲，有时候付出这种牺牲的正好就是你的国家和人民，也不管你是空军、陆军还是海军。

大家开始为“火炬行动”的准备工作忙做一团，而太平洋战场为自己争取最优先地位的努力也一直没有停止，就在这个时候，我们第一次动用重型轰炸机，对纳粹德国盘踞的欧洲进行了轰炸。

执行这次任务的是哈里·A·霍尔沃森上校率领的13架B－24，1942年6月12日从埃及的法伊德起飞，前去轰炸最重要的战争目标——位于罗马尼亚普罗耶什蒂的炼油厂。目标受到的损毁并不严重。往返两千英里的航程出乎所有人意料之外，这是最大的安全保证，行动中并没有遇到激烈的抵抗。

所有的飞机执行完任务都必须返回中东地区的机场，有四架被土耳其扣留，一架在伊拉克的哈比巴尼亚着陆时坠毁。苏联人觉得美国人的轰炸行动给他们的前线带来了令人振奋的惊喜。皇家空军的特德元帅和他的手下也有同感，此前他们还对霍尔沃森说我下达的命令是不可能完成的。这次行动的规模，远比不上后来的1943年8月1日，驻意大利的专门用于远程轰炸的美国第 15 航空队对普罗耶什蒂进行的载入史册的轰炸。而且在那段时间的报纸上，有关这次行动报道的标题，也没有同一星期太平洋战场上中途岛战役①的那么吸引眼球，使得这次当时非同一般的空军行动事实上变得无人知晓。

7 月 4 日独立日，为了纪念这个特殊的日子，六名美国轻型轰炸机飞行员和六名皇家空军飞行员一起，驾驶“波士顿”轰炸机从英国的斯旺顿摩尔利空军基地起飞，对荷兰沿海的机场进行了低空轰炸。两名美国飞行员和一名皇家空军飞行员没能回来。凯格尔曼上尉在攻击一座高射机关炮塔楼的时候，自己被打掉了一个引擎，一侧的机翼也撞到了地面上，但他还是用机枪干掉了对方，然后靠着一个发动机飞回了家。当晚，艾森豪威尔在伦敦读到了这位欧洲战区首个与敌军交火的美国军官的战报，便立即写了嘉奖推荐信给战争部。

8 月 17 日，在艾拉·C·埃克准将的指挥下，第 8 航空队的首批 12 架 B－17 揭开了著名的空袭鲁昂②的序幕。第二天，他们又派出了 24 架

---

① 中途岛战役(1942 年 6 月 4 日—6 月 7 日)，第二次世界大战的重要战役，太平洋战场的转折点。美国参加二战后，日本深知美国的军事潜力，其巨大的工业生产能力一旦完全纳入战争轨道，日本就很少有获胜的希望。所以日本希望在这种情形出现之前就逼迫美国坐到谈判桌前，迅速结束与美国的战争。日本海军企图寻机将美国太平洋舰队引到中途岛一举歼灭，为此日本海军几乎倾巢而出，投入大半兵力，是日本海军在二战中最大的战略进攻，舰队规模甚至超越后来史上最大海战“莱特湾海战”时的联合舰队。此役美军只损失 1 艘航空母舰、1 艘驱逐舰和 147 架飞机，阵亡 307 人；而日本却损失了 4 艘大型航空母舰、1 艘巡洋舰、332 架飞机，还有几百名经验丰富的飞行员和 3 700 名舰员。美国海军首脑事后评价道：“中途岛战斗是日本海军 350 年以来的第一次决定性的败仗。它结束了日本的长期攻势，恢复了太平洋海军力量的均势。”——译者

② 空袭鲁昂：1942 年 7 月 1 日，美国陆军航空队的首架飞行堡垒(编号 B－17E41－9085)飞抵苏格兰普雷斯蒂克机场。8 月 17 日，第 97 轰炸机大队的 18 架 B－17E 对欧洲大陆发动了第一次空袭，目标是法国的鲁昂-索特威尔铁路调度场。其中 12 架实施了轰炸，其余 6 架在法国海岸上空佯动。第 8 轰炸机司令部司令艾拉·埃克准将亲自坐镇“美国佬号”(Yankee Doodle)轰炸机(编号 B－17E41－9023)参加了空袭行动。——译者

战机支援迪耶普突袭[1]登陆作战；两天之后，再派 12 架战机轰炸了勒特雷的小型造船厂。尽管在战报中，他们投下的炸弹“磅数”与皇家空军的相比有点儿难为情，但我们重型轰炸机的作战毕竟开始了。

第四次轰炸在规模上是最小的，但历史意识非凡。8 月 21 日早晨，在其中两架 B－17 由于机械故障起飞失败之后，九架“飞行堡垒”编队前往轰炸鹿特丹的港口。眼看已经飞到荷兰海岸了，他们又接到无线电命令放弃任务返回。就在他们沿海岸线调头折返的时候，突然有 20 至 25 架当时世界上最强悍的战斗机——Fw－190[2] 和 Me－109 从云层中钻了出来。经过一场激烈的追逐战，缺少战斗机护航的“飞行堡垒”竟然

---

① 迪耶普突袭，是英国海军上将蒙巴顿勋爵的联合作战指挥部在法国沿海实施的作战行动，以吸引德军注意力，缓解东线压力；同时通过实战试验新装备，获取两栖登陆作战经验；还有一个重要目的就是窃取当时德国的四转子恩尼格玛密码机或相关资料，以便英国谍报部门破解。这次代号为“庆典”的奇袭行动选在法国港口小镇迪耶普(Dieppe)，它地处英吉利海峡最窄处，进攻路线短，而且处于皇家空军战斗机的作战半径之内。突击行动从 1942 年 8 月 19 日 5 时开始，至 10 时 50 分被迫撤退，超过 6 000 名步兵参与，主要是加拿大部队，并得到皇家海军和皇家空军的支援。该行动没有达成主要目标，6 086 人中有 3 623 人伤亡或被俘，达 60%；德国空军损失飞机 48 架，盟军损失飞机 96 架；皇家海军还损失军舰 34 艘。迪耶普奇袭对登陆作战带来了很多启示，对北非(火炬行动)和诺曼底(霸王行动)登陆作战的筹备工作有很大帮助。迪耶普奇袭还使希特勒误以为盟军在两年后仍会选择在英吉利海峡较窄处的加来登陆，并将德军主力错误地部署到该地区，使盟军在诺曼底的登陆得以顺利进行。蒙巴顿上将后来评价说：“我毫不怀疑，诺曼底战役是在迪耶普的海滩上取得胜利。对于每个死在迪耶普的士兵，至少令 10 个人于 1944 年在诺曼底幸免于难。”——译者

② Fw－190“百舌鸟”(Focke-Wulf190 Würger)，二战时期德国经典战斗机，绰号“屠夫鸟”，是飞机设计师库尔特·谭克博士 1930 年代后期设计的一种单座位单引擎战斗机，由不来梅的福克-沃尔夫飞机制造厂制造，与 Me－109 同为德国空军两大主力战斗机。1940 年 10 月开始生产，为适应新的任务需求不断改进，形成了 Fw－190 系列飞机，分成 A－0 至 A－10 共十一种亚改型和一百多种更细的改装型，总产量超过 2 万架，包括约 6 000 架战斗轰炸机型。前机身上方安装 2 挺 7.92 毫米或 13 毫米机枪，在机翼内安装 4 门 20 毫米机炮，另在翼下或机身下还可悬挂各种炸弹或 300 升副油箱，其火力之强，为当时战斗机所少见。动力增强装置和新型重型机炮的使用大大提高了它的性能，与盟军战斗机不相上下，被视为二战期间最优秀的战斗机之一。——译者

把它们赶跑了。斯塔克斯中尉是其中一架 B－17 的驾驶员，他的副驾驶沃尔特中尉牺牲了，是第 8 航空队首位在战斗中牺牲的“飞行堡垒”驾驶员。斯塔克斯的双手也严重烧伤。投弹手康涅斯中尉——我印象中他还是一名飞行学员——爬到驾驶舱里，把飞机开了回来。他们依靠剩下的两个发动机支撑着，跟在其他飞机后面，最终迫降在皇家空军的一个基地。但他们毕竟回来了！他们是随后几年中硬撑着飞回来的上千架飞机中的第一例！

这真是太雷人了！我们在华盛顿听到这个消息，高兴得心脏都快跳出来了。很多人为此感到震惊，首当其冲的是斯塔克上将和他手下的一班人，当时他们主张对欧洲的日间轰炸必须等配备好远程护航战斗机以后再实施，那要再等上一年半的时间。

当时美国派驻在海外的航空队一共有七个，国内还驻防着四个实力相对更强一些的，他们纷纷写信给我请缨出战。一封来自阿拉斯加巴特勒岛的信最具有代表性，来信只有四个字：“万事俱备！”

其实各方面都真正妥当的只有一个地方，就是北大西洋的运输航线。

我在古斯湾基地吃的那顿冷饭最终让那里因祸得福。我一回到家就想起了那个把烧好的饭菜拿到树林里挖坑埋掉的家伙。我找来了共同历经了两次大战的老朋友——A·D·史密斯少校(后来晋升准将)，让他从新墨西哥州的阿尔伯克基飞来华盛顿，告诉他我希望他去古斯湾基地干什么，然后甚至没有给他留出换下夏季制服的时间，就安排飞机送他去了加拿大的拉布拉多。从那以后，那个要紧要慢的基地就再也没有惹过任何麻烦。加拿大人很喜欢史密斯，他也很快就和他们打成了一片。

从北极到南太平洋上的不同气候条件，给我们的无线电和其他设备带来了各种各样稀奇古怪的问题。有时候，在某种气温条件下，一台完全正常的设备却根本无法工作。这也充分说明了一场全球性战争给我们造成的麻烦。

比如，就在船运非常紧张的时候，我们真是为夺取荷属东印度的汽油而感到喜出望外。这就是天上掉下来的馅饼嘛！我们进驻到那里的飞机，应该可以很轻松地获得燃油补给，不必再担心长途运输的问题。然而事情并不像想象中那么简单。

当时我们正在为所有的飞机加装防漏油箱。在国内的测试中，包括在英国，那些油箱使用下来都不错。但是，当它们到了澳大利亚，加注了荷属东印度产的汽油，没过多久金属油箱壳内壁的自封口化合物就开始分解。这不仅让飞机油箱里的燃料都变成了一坨坨果冻一样的东西，还把飞机的油路也堵塞了。很快，我们不得不使用高芳香烃化合物与汽油相混合，来对付这种自封口油箱。

还有的时候我们不得不应付人为因素的“化学反应”。1941 年至 1942 年的冬天，我们组建了 ABDA(美英荷澳)盟军司令部，韦维尔将军担任总司令，布雷特将军担任副总司令。大家都觉得，韦维尔应该能够召集起足够的地面部队、装备和空、海军以阻止日军侵占苏门答腊、爪哇和新几内亚。然而，爪哇在 3 月初陷落了，接着 3 月底是苏门答腊。这等于让 ABDA 司令部彻底倒台了，所以韦维尔也就完成了他的历史使命，回印度去了。布雷特将军是处理行政和后勤事务的一把好手，去了澳大利亚。在那里他组建了一套有效的后勤补给体系，并负责指挥全体驻澳美军，直到麦克阿瑟将军到任。

麦克阿瑟将军是 1942 年 3 月 17 日抵达澳大利亚的，从一开始就很明显，他和布雷特将军搞不到一起。布雷特只好靠边站，因为他是下级。我听说这个情况后，向马歇尔将军作了汇报。他同意我的意见，必须作人事调整。

我盘点了一下手头的军官，想起了乔治・肯尼，一位参加过一战的资深军官。从那个时候起，他在陆军航空队干过各种各样的“杂活”，干什么像什么。他在空军司令部干过，在军校当过教官，担任过本土航空队的指挥官，还负责过军需处，对美国空军的整体情况比较熟悉。他的名字被发给了麦克阿瑟，答复同意，很快肯尼便赶去澳大利亚，担任麦克阿瑟手下的空军司令。

有一个始终纠缠着我们的老大难问题：我们的飞机应该分配给谁？这不仅仅是在战区之间搞平衡那么简单。其中有件最头痛的事情，就是给国内的商业航空公司留多少运输机。关于这个问题，总统先生给我发过一个很有意思的文件，时间是1942年5月5日，标题是："给战争部部长和参谋长的备忘录"。内容如下：

> "我完全了解总参谋部4月27日备忘录里提出的关于援助苏联运输机的需求，巴拿马和阿拉斯加对运输机的需求，以及接下来另外几个地方的军事行动对运输机的需求。
>
> 我也没有什么高招儿。从眼下和将来的巨大需求来看，只能把美国商业航空公司的运输机征调为军方所用。
>
> 请让我知道，美国一共有多少商业航空公司的飞机在运送旅客和邮件，包括它们的服役时间、运量和飞行半径。
>
> 俗话说，'猪是飞不起来的'。这里我们似乎应该把它翻成现代的说法：'只要是飞机，总是可以飞上天的。'
>
> 只要陆军和海军说缺少飞机，那就不管民间眼下有什么飞机，都可以征调过来为军方所用。
>
> 签名：富兰克林·D·罗斯福"

作为答复，我也给参谋部发了一份备忘录呈报总统，回答了他的问题，并提出了以下建议：

a. 关于国内航空：只有直接参与战争事务的相关人士可以乘坐商业

航班；所有货物和邮件均不再实行空运，军方需要的或产品用途指定为军需的除外。

b. 关于美国航空公司的海外业务：海外航线承运的人员、货物和邮件，将根据我国外交政策的需要进行限制。

总统批准了上述建议。

1942年5月6日，我收到了总统发来的另一封备忘录，时间标注是1942年5月5日，“秘密”级，内容如下：

“亲爱的阿诺德将军：

我得知中国的空运航线正处在极度危险之中。而我们援助中国的唯一途径也只有通过空中。

我希望你和洛维特先生能立即就备选航线的问题会晤宋博士①和沈将军②。但愿你能竭尽一切可能，包括争取飞机和开辟航线。

---

① 宋子文(英文名 Tse-ven Soong，1894—1971)，父亲宋嘉澍是美南监理会的牧师及富商，孙中山革命支持者。宋子文是民国宋氏家族的一员，与大姐宋霭龄的丈夫孔祥熙、二姐宋庆龄的丈夫孙中山、妹妹宋美龄的丈夫蒋介石关系都很密切。毕业于上海圣约翰大学，继入美国哈佛大学经济系，博士毕业于哥伦比亚大学。曾任广东革命政府中央银行行长、财政部长、国民党中央执行委员、中央商务部长等职，为蒋介石夺取国民党的党政军大权积极提供财政支持。后又历任南京国民政府财政部长、中央银行总裁、行政院副院长兼财政部长、代理行政院长。1933年10月后辞去政府职务，专门从事财政金融活动，次年4月兼任中国银行董事长。1936年12月参与和平解决“西安事变”。太平洋战争爆发后出任外交部长，常驻美国，频繁活动于欧美各大国寻求支持和帮助。1942年与美国签署租借协定，获得美援超过8亿美元。同年，与英美等国就取消外国在华治外法权等特权签署新约。1945年7月出席旧金山联合国制宪会议，宋子文是四位主席之一。1946年1月任国民党最高经济委员会委员长。10月再任国民党政府行政院长，劝说美国杜鲁门政府支持蒋介石发动内战。1949年1月去香港，随后侨居美国纽约。1971年4月25日病逝于美国旧金山。——译者

② 沈德燮(1895—1983)，字少悦，福建福州人。初考入烟台海军学校第八届驾驶班，1913年7月毕业后入北京南苑航空学校学习飞行，1917年3月毕业后即被保送到英国皇家空军学院深造。1924年4月供职于北洋政府航空署第二航空队，不久出任保定中央航空教练所所长(后改为国立保定航空学校校长)。1925年1月 (转下页)

无论遇到什么样的困难，我们的航线都必须保持畅通。

您最真诚的

富兰克林·D·罗斯福”

上面还贴着一张哈利·霍普金斯写来的纸条：

“亲爱的哈皮：

总统非常担心，如果可以，你最好今天就去见宋子文。

H. L. H.”

我当天就去见了宋博士，与他一起商定，计划组建空运司令部，负责援华物资的运输。宋子文看上去非常高兴，向我保证将尽快把开辟空运航线的消息转告蒋介石。

各个战场上的形势变化，要求我们时刻注意调整相应的策略。比如下面这份总统发来的备忘录：

白　宫

华盛顿

机　密

（接上页）任国民第三军航空司令。1925 年 12 月 6 日被北洋政府授为陆军少将。1927 年南下转投国民革命军。1930 年 4 月任国民政府海军部航空处处长。1932 年春出任空军第八队队长。1933 年 7 月任国民政府军政部航空署军务处处长、上海航空工厂厂长。1934 年 5 月任航空委员会参谋处处长。抗日战争爆发后出任空军南京第一军区司令，后迁兰州，负责接收苏联飞机。1939 年 1 月出任航空委员会训练总监。1940 年 5 月晋升空军少将。1941 年 3 月任航空委员会副主任，驻美空军代表。1943 年作为中国空军代表参加开罗会议。抗战胜利后离开军界，曾任“中航”总经理。——译者

阿诺德将军亲启

宋子文向我通报了以下情况：

a. 上海正在制造生产大量日军装备。

b. 这些设备依靠上海电厂提供动力，而且是唯一的来源。

c. 如果能摧毁这一电厂，日军的军工生产将延误6个月。

因而他提出建议，尽早对上海电厂实施轰炸，尽量让它停止运转。他认为我们的飞机可以从印度起飞，这样就能做到出其不意。飞机完成对发电厂的轰炸以后，返回重庆附近的成都机场降落。

有空请回复。

F. D. R.

我在第二天进行了答复，我们对宋博士提出的轰炸上海发电厂的建议进行了仔细研究，初步结果显示从印度起飞实施轰炸是有可行性的，但需要中途或返程时在中国的某个地方加注燃油。

我一直主张我们的轰炸作战计划必须要有明确的目标。我们不能让轰炸机飞行员逮到什么就炸什么，也不能顺从国内那些好心的外行人士的一腔热情。科学合理地选择正确目标，和筹备集合一击必破的战斗能力同等重要。根据轰炸作战的基本原则，那些目标之所以被选中，是因为摧毁它们能够很大程度上削弱敌人的战争潜能。在我们的全球空中战争中，目标的选择就像我们的投弹一样精准而严格。在联合参谋长委员会研究轰炸目标的时候，德国的工业密集区域始终排在前列。当明确由波特尔和斯帕茨负责组织实施战略轰炸之后，他们就放手去干了。

1942年七八月份的时候，理查德·D·休斯中校、亨利·伯利纳少校等一班人在汉塞尔将军、卡贝尔上校的带领下，开始在华盛顿组建空军情报部门的核心班底，专门负责协助英国研究轰炸目标的问题。故而这个机构被称为“联合目标委员会”，也被叫作“操作工委员会”，他们最终研究确定的目标，都会转化为颇有价值的作战情报。到1943年底的时候，无论我们打算轰炸德国的哪个目标，都能够了解到它当时的最新情况。具体细节包括英美两国科学家对航空照片的评估解读，我们自己和皇家空军机组人员的最新战报，多诺万[1]将军领导下的战略情报局从敌军后方发回的报告，英国经济作战部和我们自己的经济作战局的专家们提供的评估报告，等等。

当遇到要害目标的时候，我们经常把参与建造或曾经在里面工作过的工程师、雇员找来，和制定作战计划的人坐在一起讨论，建筑内部的构造被搞得一清二楚。我们关于轰炸目标的资料，除了极少数做不到，绝大多数都非常详尽。一名年轻的轰炸机指挥官可以很轻松地告诉自己的手下，厂区里的哪一个点是最脆弱的，精确到就好像在那个阳光明媚的下午，他自己正信步穿过德国人的工厂。

关于日本和亚洲其他关键目标的资料，华盛顿也开始着手研究、搜集。

因此，每当我们收到类似上海发电厂这样的情报，就会被添加到总的目标名单中，评估如果摧毁它将会对敌军的作战行动造成什么影响，并与其他的目标进行慎重的比较研究。

夏初的时候，西南太平洋战区的各位司令官就开始吵着增加飞机。有九个重型轰炸机大队被派往了中东地区，十一个大队去支援北非作战，西南太平洋战区也得到了九个大队的增援。我们原本计划在英格兰集结五十四个轰炸机大队，用于对欧洲发动空中进攻，现在只剩下二十五个了。根据当时的战局，我实在看不出有什么必要调九个大队去西南太平洋。

---

① 威廉·约瑟夫·多诺万(William Joseph Donovan，1883—1959)，美国战略情报局局长(1942—1945)，毕业于哥伦比亚大学。早年从业法律界，1912年入伍，参加过一战。1940年至1941年间负秘密使命前往英国、巴尔干诸国和中东地区考察。1942年建立战略情报局并任局长。1944年获少将衔。同年到中国与国民党军统头目戴笠签订《中美合作所补充合同》。二战后曾任驻泰国大使、国际情报研究所所长。——译者

这里是我 1942 年 7 月 29 日写给参谋长的报告：

“眼下，盟国的空军力量是我们手上唯一能够给德国造成直接压力的武器。这些空军的作战行动，必须持续很长时间，直到开辟第二战场。而且，就算不是完全考虑苏联前线的形势，空袭也是我们目前对德军发动直接进攻的唯一作战方式。

空袭成功与否，取决于是否能够集中空中力量，对关键性目标进行持续不断地打击。德国依然是我们的首要目标，我坚持认为，以联合王国为基地的对德直接空袭，必须保持足够的力量，确保坚决贯彻这一原则。

根据我们最近的作战计划，西欧正在变成空军真正的战场。然而，我们在这一战场上的空军力量，已经减少到原定空地联合作战计划中设定规模的一半以下。与原本我们的设想相比，这里的形势已经发生了很大变化。

在西南太平洋战区，主动权依然掌握在敌军手中，发动全面进攻的时机可能尚不成熟。眼下还有一个值得注意的问题，就是这一战区的空军基地场地和设施均十分有限，难以安全容纳增援过来的 9 个大队，这样的集中是危险的。

为了更好地发挥陆军航空队的战斗力，对主要敌人的关键目标实施直接打击，我强烈建议：

a. 尽早集结最大数量的空军部队，从联合王国的基地起飞，对德国展开直接的空袭行动。

b. 增援西南太平洋 9 个大队的计划暂缓启动，直到修改后的‘波莱罗计划’和‘火炬计划’首先得以完整实施。

c. 无论在何种形势下，美国本土都必须保有空军的机动预备队。

签名：H·H·阿诺德”

在 1942 年 8 月 7 日的笔记中，我找到了当时做的记录：

> “白宫，午餐——总统，罗斯福夫人，威廉明娜女王①和侍女，还有她的参谋长，海军上将金，我和海军上将莱希。”

午餐后我们被召集到总统书房，向威廉明娜女王简要介绍我们关于战争进程的考虑。女王、总统和我打算乘白宫的电梯上去——没想到这个不争气的东西竟然卡在了两层楼的当中。

8 月 24 日，总统给马歇尔将军发出了以下指示：

> “1943 年需要为陆军和我们的盟国制造多少包括什么类型的飞机，请让阿诺德将军提出他的意见，必须确保对敌人形成绝对的空中优势。
>
> 准备这份报告的时候，请不要考虑现在的生产计划，或可能的产量，以及那些本来就自相矛盾的军需报告。我之所以提出这样的要求，是因为我想知道，从理论上而言，达到绝对空中优势的需求。
>
> 我充分了解，打造一支空军力量存在很多制约因素，比如飞行员、高辛烷燃油、运输能力和其他主要武器弹药的质量。
>
> 同样，我希望您和海军上将金能以此为基础，提出下步计划，以及空军与海军和地面部队之间如何恰当地合作。”

四天之后，我向参谋长提交了一份计划，并转呈报给总统，美国军方一共需要 134 934 架飞机，其中美国陆军航空队需要 60 670 架作战飞机、32 647 架训练飞机——总计大约 9.9 万架。下面一张表列出了各个方面对作战飞机的需求：

---

① 威廉明娜女王(Wilhelmina Helena Pauline Marie，1880—1962)，荷兰女王(1890—1948)和王太后(1948—1962)。1898 年 9 月 6 日正式登基，统治荷兰长达五十年。她尊重君主立宪制和议会制度，在位时见证了荷兰和世界历史的很多转折点：一战和二战、1933 年经济大萧条危机，以及荷兰脱离主要的殖民帝国行列。——译者

陆军航空队	60 000
海军	2 500
大不列颠	14 300
澳大利亚	3 100
新西兰	792
加拿大	2 464
荷兰	155
苏联	12 000
中国	2 540
巴西	577
墨西哥	149
其他拉美国家	158
作战飞机总计	98 735

事实上，我们为陆军航空队测算的数字非常接近战争结束时的实际状况。作战飞机总数没有到 6 万，实际数字是 5.7 万。

随着太平洋战事的发展，要求增援飞机的呼声变得越来越频繁。对我而言，显然迟早我都要去西南太平洋战区跑一趟，以判定那里的局势，看看到底需要什么类型和多少数量的飞机，是否有必要调整我们空军的作战计划。根据我所掌握的情况，在中部、南部和西南太平洋战区——也就是说，包括麦克阿瑟、戈姆利和尼米兹[①]的司令部，美国一共有 1 314 架飞机可供调遣，另外还有 302 架增援的飞机在途中，总数可达 1 616 架。而根据

① 切斯特·威廉·尼米兹（Chester William Nimitz，1885—1966），美国海军五星上将，海军作战部长。1905 年毕业于美国海军军事学院，先后担任过驱逐舰、潜艇、战列舰舰长。1920 年任珍珠港潜艇基地司令兼第 14 潜艇分遣队司令。1922 年进入海军军事学院深造，形成了以航空母舰为中心的环形编队思想，为后来海战指挥工作奠定了基础。珍珠港事变后，根据罗斯福的指示，尼米兹于 1941 年 12 月 17 日晋升海军上将，担任美国太平洋舰队总司令、太平洋战区盟军总司令，主导对日作战。1944 年 12 月晋升海军五星上将。1945 年 12 月任海军作战部长。——译者

我们掌握的有关日本人的情报，他们在这里一共有 554 架飞机。

然而，日本人却占尽上风，关键就在于他们是统一指挥。他们只有一个司令官，可以把部队、舰艇和飞机从战场的一个地方调集到另一个地方，在他希望的时间和地点形成局部优势。他用不着耗费精力去协调自己与其他司令部之间的行动。

而且，在内线作战的时候，他们能够比较自由地调动军队——比如，从麦克阿瑟的战线抽调到尼米兹的战线——让日军在与美军的作战中占尽先机。而我们在戈姆利(后来是哈尔西)与麦克阿瑟、麦克阿瑟与尼米兹之间人为地设置了界限。

从西南太平洋战区还不断传来关于 P－39“空中眼镜蛇”战斗机的负面评价。陆军航空队的 M·F·哈蒙将军称 P－39 在他的战区根本派不上用场，除非碰上非常紧急的情况，而海军的 F－4－F① 要好使得多。哈蒙希望得到 P－38“闪电”战斗机。但单单凭我们收到的西南太平洋上陆军指挥官写来的书面报告，对查找问题的帮助并不大。

对我们这些坐在华盛顿办公室里的人来说，要想搞清楚其中的问题当然十分困难，更何况当时 P－39 对阵日军“零式”的战绩已经达到了 4∶1。在 8 月份的最后一个星期，也就是取得 4∶1 战绩之前的大约一个月，这个比分还是 2∶1。而且，我们国内的试飞员也说，P－39 的性能至少与海军的 F－4－F 大致相当，在某些测试上还胜出。它的火力更

① F－4－F“野猫”战斗机，二战时期美国海军舰载主力战斗机，诺斯罗普·格鲁曼公司研制，1940 年 12 月装备部队，是美国海军在战争第一年的主要机型，也是遏制日军“零式”神话与稳定美国在太平洋地区制空权的关键角色，其昵称“野猫”(Wild Cat)也成为格鲁曼公司以猫作为战斗机昵称的初始产品。机翼上装备有六门点 50 口径机关枪；作为轰炸机使用时机翼携带两枚 100 磅炸弹；实施远距离作战时机翼可携带两个 58 加仑附加油箱。尽管 F－4－F 不是零式战机的对手，但生存能力强，结构坚固，往往能使飞行员在危机中安然逃脱。1943 年被 F－6－F“地狱猫”取代，但 F－4－F 继续被轻型航空母舰使用到战争结束。野猫战斗机除格鲁曼公司生产外，还被东部飞机制造公司 General Motors 生产，后者生产的被命名为 FM－2 野猫。总产量 7 906 架，其中 1 082 架销往英国。——译者

猛、装甲更厚，还拥有油箱保护装置，在一定高度的航速也更快，但机动性差一些，爬升也不够快。

但是，我们拿不出更多的 P－38。洛克希德飞机厂在生产上遇到了困难，产量很小。我们告诉哈蒙将军，只要从飞机上卸下 1 500 磅的装备，就能提升 P－39 的性能；同时我们还问了麦克阿瑟将军，看他是否能够匀出一些 P－38，但他回复没有。紧接着哈蒙将军之后，戈姆利和尼米兹两位海军将领也开始向高层反映 P－39 性能上的问题，搞得华盛顿每一位头面人物都知道了。

就像前面讲到的，我一时有些不知所措，想不出下步该怎么办。西南太平洋是二线战区。根据我们掌握的情报显示，从西里伯斯海①向东到所罗门群岛的广大地区，日本人一共只有大约 535 架飞机，这个数字还包括两艘航空母舰上的 150 架舰载机。而美军在澳大利亚、西南太平洋诸岛和夏威夷地区，仅陆军航空队就有 900 架飞机，还有 280 架在增援的途中。而且，在那段特殊的时期，所罗门群岛中只有两个机场可供陆基飞机对日作战。尽管如此，海军的指挥官们还是在不停地吵着要更多的飞机。如果不从欧洲战场上抽调，我们就没有飞机分给他们。

我们知道当时海军被困在了瓜达卡纳尔岛。他们确实需要打一针“强心剂”，而且很迫切。但我实在是不确定，把飞机送给他们会比留在英格兰打击德国更有价值。

所以，当马歇尔将军告诉我，他认为是时候让我到西南太平洋转转了，我一点儿都不觉得惊讶。我说：“好啊，或许能够帮助我改变一些

① 西里伯斯海（Celebes Sea），现印度尼西亚苏拉威西海（Laut Sulawesi）的旧称，在太平洋西部，是菲律宾和印度尼西亚之间的岛间海。位于苏禄群岛、棉兰老岛、加里曼丹岛、苏拉威西岛和桑义赫群岛之间，是一个被许多群岛环抱的海。西北通马来西亚的苏禄海，西南通过望加锡海峡进入爪哇海、巴厘海，东连太平洋，东南经马鲁古海峡通马鲁古海，是沟通东南亚各国以及通往太平洋、印度洋的重要水域。——译者

关于飞机部署和使用的想法。”我能够给“火炬计划”和第 8 航空队帮上忙的最好办法，就是两个都不要去打扰，动身去太平洋看看。

在同一天召开的参谋长联席会议上，火药味十足。当海军上将金要求为南太平洋战区增加飞机的时候，我说他们眼下需要的不是飞机：在那里着陆才是关键因素，而不是飞机。哪怕有再多的飞机，只要超出 80 或 100 架，多余的就只能停在那边为数不多的几个机场里睡大觉。缺少足够的训练，飞行员的状态也会疲软；而在英格兰，他们每天都能投入对德国的空袭作战。

金回答说：“每当战局出现新的危急状况时，飞机分配都会被重新予以考虑；海军眼下的处境就非常艰难。”那天是 1942 年 9 月 16 日。我告诉金，马歇尔将军和我已经同意调剂 15 架 P－38 派往西南太平洋，再从夏威夷调一个重型轰炸机中队过去。他回答说我们必须让西南太平洋战区的飞机始终保持充足状态。我反问道：“什么叫充足状态？肯定不是几百架飞机停在后方的机场上无事可干。这对我们没有任何好处，反而可能有害。”接着我告诉他，我会去那里跑一趟，看看到底应该做些什么，并要求等我回来再采取进一步措施。

M·F·哈蒙将军是西南太平洋战区的陆军总司令。他手下还有：亚历山大(桑迪)·帕奇①将军，地面部队司令；内森·特文宁②将军，空

① 亚历山大·帕奇(Alexander Patch，1889—1945)，美国陆军上将。1913 年毕业于西点军校。曾参加一战，战后长期执行部队训练任务，在本宁堡陆军学院试验三三制师编制，后来在二战中得到普遍应用。1941 年珍珠港事变后任美洲师少将师长，赴太平洋作战。1942 年 12 月参与指挥瓜达卡纳尔岛战役。1944 年 3 月调任欧洲战场美第七集团军司令，先后参与指挥铁砧-龙骑兵行动、萨尔盆地战役、攻克纽伦堡和慕尼黑等一系列重大战役。——译者

② 内森·法拉格特·特文宁(Nathan Farragut Twining，1897—1982)，美国空军上将，二战期间对日空战的杰出指挥官。1943 年 1 月至 11 月任第 13 航空队司令，指挥对驻所罗门群岛及新几内亚日军的战略空袭，并为瓜达卡纳尔等战役提供空中支援。1944 年至 1945 年领导驻意大利的第 15 航空队，对德国及巴尔干半岛进行战略轰炸。后返回太平洋，指挥第 20 航空队对日本的轰炸。1953 年任美国空军参谋长，1957 年至 1960 年任参谋长联席会议主席。——译者

军司令。从“米夫”哈蒙还是个西点军校学员的时候我就认识他，当时我在总督岛任职。后来他就和我一起共事，从一名中尉一直干到我的参谋长，在他调到西南太平洋之前。我对他的能力充分信任。他已经在空军干了超过十七年时间，对飞机和如何使用它们都了如指掌。所以我盼望着去和他聊聊那里的真实情况。

1942 年 9 月 18 日，在启程前往西南太平洋战区之前，我跑到马歇尔将军那儿取取经，听听自己应该干什么和不该干什么。他给了我一些非常好的建议，我完全赞同，并尽力照办。这些建议有：1. 多听听别人的说法。2. 千万别上火。3. 先听后说。

9 月 20 日，我和圣克莱尔·斯崔特①将军、C·P·卡贝尔上校和艾米特·麦卡比上校，以及我所有在华盛顿的作战参谋，一起从汉密尔顿机场飞往夏威夷，再经过圣诞岛、斐济到新喀里多尼亚。在火奴鲁鲁我们会见了德洛斯·埃蒙斯和威利斯·黑尔两位将军。埃蒙斯将军在担任驻夏威夷空军指挥官之前，在本土空军总司令部任职。我们

① 圣克莱尔·斯崔特(St.Clair Streett，1893—1970)，绰号“比尔(Bill)”，美国陆军少将。曾担任美国空军先驱比利·米切尔将军的副官，也颇得本书作者阿诺德将军的赏识，被看作是他的“灭火队员”。1916 年毕业于西点军校，同年底进入弗吉尼亚的寇蒂斯飞行学校和俄亥俄的莱特机场学习飞行。一战末期曾在法国服役。1920 年率领一个空军中队完成了从纽约到阿拉斯加诺姆的首航。1921 年 7 月协助米切尔完成了著名的炸沉“东弗里斯兰号”战列舰的实验。1926 年 8 月任第 1 驱逐机大队指挥官。1928 年 3 月任莱特机场试飞员兼飞行主管。1932 年 8 月起先后进入指挥参谋学院和陆军战争学院学习，毕业后进入总参谋部作战计划处。1939 年 6 月进入海军战争学院学习。1940 年 7 月任第 11 轰炸机大队指挥官。二战爆发后，1942 年 3 月任总参谋长办公室作战处战区组主管。1942 年 11 月任驻佛罗里达的第 3 航空队司令，负责 B－26“掠夺者”中型轰炸机的训练和改进工作，大幅降低了事故率。1943 年 9 月任驻科罗拉多的第 2 航空队司令，负责 B－24“解放者”重型轰炸机的训练工作。1944 年 1 月任第 13 航空队司令，在西南太平洋战区对日作战。1945 年 1 月回国协助阿诺德将军组建美洲大陆空军司令部，任副司令，着手战后空军的重组工作。1945 年 11 月，根据他的建议，美国空军建立独立司令部，下设东部和西部防空司令部、战术空军司令部、训练司令部。1946 年 3 月大陆空军司令部重组为战略空军司令部，他仍留任副司令。1949 年 10 月任空军装备司令部副司令。1952 年 2 月退役。——译者

见面的时候，他刚刚从南太平洋的战场上回来，在那里他和哈蒙、戈姆利、麦克阿瑟一起待了很长时间。在听完埃蒙斯关于麦克阿瑟将军对形势评估的报告后，我多少有些沮丧。埃蒙斯觉得，当时麦克阿瑟的健康状况好像不太好，他还指责我们的空军指挥官应该对菲律宾空战的失败负责。

在与尼米兹海军上将和他的作战参谋会谈之后，我发现尼米兹要比埃蒙斯将军乐观许多。埃蒙斯觉得瓜达卡纳尔岛肯定守不住；尼米兹则认为一定守得住。尼米兹的观点是，日本人的舰船损失如此严重，他们不可能长时间维持现有的作战规模。日本人正变得越来越着急。尼米兹对战局的预测是：

1. 日军可能会守住新几内亚北部沿海地区，并试图占领南部海岸的莫尔兹比港，进而从东南方向进攻瓜达卡纳尔岛。

2. 日军增援的兵力只能达到我们的一半。

3. 我们能够掌握他们的动向并拦截、击败他们。

4. 瓜达卡纳尔岛上的机场在几天内就可以投入使用。

5. 日军的增援路线将经过爱丽丝岛。

6. 日军上个月的飞机损失是惊人的——从中途岛到瓜达卡纳尔岛和新几内亚一共损失了650架。

7. 两艘航空母舰上的舰载机已经损失殆尽。

8. 日军飞机和飞行员的质量、素质都很差劲，单从这点来讲，太平洋战争就赢定了。

9. 对德国实施的战略轰炸作用不大。

10. 驻澳大利亚空军的首要目标是确保舰队航行安全。

11. 阿拉斯加根本不需要再增加飞机。

12. 日军没有向东进攻阿拉斯加的想法。

13. 日军没有能力增援基斯卡岛①，无论是飞机还是舰船。

14. 日军正在把所有力量向东南方向集结——包括飞机、地面部队和舰队——从苏门答腊、菲律宾群岛、婆罗洲和西里伯斯群岛。

尼米兹承认他的舰队损失也很严重。在和尼米兹海军上将道别的时候，我告诉他返程的路上还会来看他。

我遇到的每一个人都讲不清楚日军的主力到底在什么位置。但每个人都知道它就在不远的地方，新几内亚北部、瓜达卡纳尔岛西北部或者是特鲁克岛南部。

我们出发前往西南太平洋战区，一路上还经过了圣诞岛、斐济的维提岛(西部空军司令部所在地)和汤加塔布，最后在新喀里多尼亚降落。绰号“屁股”的特文宁已经在那里等着我们，然后换乘一架 B－17 再飞 120 英里到另一个机场。那里距城市还有 30 英里，是一个只有两根短跑道的小型机场。

这是我们这趟旅程中第一次在穿孔钢板跑道上降落——一种陆军总工程师尤金·雷博尔德将军研制的跑道，在战争初期的时候我把它推广使用。现在全世界的机场都在使用它，可以让重型飞机像在纽约拉瓜迪亚机场一样平稳地降落和起飞，而这些地方此前可能连一个人走在上面都不安全。

然后我们开车前往新喀里多尼亚的首府努美阿，帕奇将军正在那里等着我们。哈蒙将军当时正在瓜达卡纳尔岛前线。我们在帕奇的宿舍里换了衣服，再前往戈姆利海军中将所在的旗舰。

我很明显地感觉到，这一战区的海军军官们正承受着巨大的压力。

---

① 基斯卡岛(Kiska Island)，位于阿留申群岛西部，隶属美国阿拉斯加州。日军于 1942 年 6 月占领该岛和临近的阿图岛，并在该岛驻军约 6 000 人。1943 年 5 月美军收复阿图岛，6 月底开始对基斯卡岛进行航空和舰炮火力准备，迫使日军于 1943 年 7 月 29 日前撤离基斯卡岛。——译者

同时，他们也显然有些愤愤不平。戈姆利中将说，自己已经忙得快一个月没有走出过旗舰上的办公室了。我告诉他，这可能就是他所面临麻烦的一部分原因。因为无论是谁都做不到，每天面对着纷繁复杂的问题，连续窝在一间小办公室里指挥作战，而不会感到身心疲惫。在长时间的持续压力下从事一件消磨人的工作，很有必要换换环境。

有人告诉我，在出访伦敦的时候，他们给我起了个绰号叫“砍刀”——意思是无论谁提出飞机和人员上的需求，都会被我砍上一刀，谁都别想在我这里得到满足。我不知道驻努美阿海军司令部的人是怎样看待我这次造访的，但显然有一些我不知道的事情。一上来戈姆利中将就告诉我，这里是“他”的战区，不需要有人教他该如何指挥打仗。我向他保证，我此行只是为了解情况而来；从来没有想过要影响他的作战指挥。这之后气氛虽然缓和了下来，但有一点大家都看得很明白，戈姆利和这个战区的其他海军将领——约翰·西德尼·麦凯恩和丹尼尔·卡拉汉都对战局非常担忧。

戈姆利特别关心后勤补给问题。他还有 80 艘船停在港口里无法卸货，但瓜达卡纳尔岛的油料和补给已经告急。运输船很难接近瓜达卡纳尔岛。他担心日军会从东南方向发起另一场大规模进攻，而海军的弟兄们已经快撑不住了。

第一个让我感到纳闷的问题是，为什么靠在努美阿港口里的那 80 艘船无法卸货。戈姆利手下的人告诉我，一个原因是他们不知道船上装的是什么东西；还有，他们解释说，这些运输船最终要到新西兰去卸货，新的装货单都已经出来了。在当时那个时候，全世界各战区的运输船都奇缺，制订“火炬计划”的作战参谋们找船都快找疯了！

麦凯恩将军是戈姆利手下的空军司令。他和我们陆军航空队的人，包括绰号“金发”的桑德斯上校驻在圣埃斯皮里图岛。麦凯恩对我们飞行员的作战情况，以及重型轰炸机的战术都很熟悉。而且，在他认为自己应该发表意见的时候，从来都不会犹豫。

很明显，如果日本人的轰炸机不停地对运输船卸货进行轰炸，瓜达卡纳尔岛上的海军就无法获得补给；而如果他们得不到补给，海军的弟兄们就肯定守不住瓜岛。

麦凯恩的话相当坦率。他们必须把 B－17 派出去做侦察巡航飞行，同时还要有战斗机拦截日军的轰炸机。这里同样让我感到奇怪，战前我们就从海军的宣传中了解到，他们的大型 PBY 水上飞机是用于侦察和远程巡逻的，这时候为什么又向我们陆军要远程轰炸机呢？

从戈姆利将军那里回来以后，帕奇将军坚持说海军根本就没有补给计划；现在陆战队和海军都像身处炼狱一般，而他的军需库存已经用去大半。帕奇说陆军必须给海军和陆战队提供 2 万双靴子和数吨其它物资，海滩上的战斗才能够继续打下去。而且，海军对机场建设和燃油储备都不够重视。所以，在登陆瓜岛之后的相当长时间里，只有一个机场可供使用，根本没有燃油储备，能够投入实战的飞机很少。

当我问起 P－39 战斗机与其他机型的性能比较时，特文宁将军说他们的飞行员对 P－39 非常满意。麦凯恩将军引用他手下飞行员的话说，P－39 的性能或许不错，但他们就是想要 P－38。

离开戈姆利的办公室，我回到帕奇将军的司令部，在那儿会见了达让利厄将军①——驻新喀里多尼亚的自由法国军团司令官。他是来道别的，即将领兵前往斐济、大溪地和达喀尔。他虽然没有说去干什么，但大家都知道他是在按照戴高乐将军的命令展开行动。

根据在戈姆利司令部了解的情况，我估计：海军的仗确实打得很艰苦，当时的形势可谓千钧一发。他们的后勤机构效率低下，无法保障他

① 乔治・蒂耶里・达让利厄（Georges Thierry D'Argenlieu，1889—1964），法国海军上将、外交家，二战时期自由法国运动的重要领导人之一。——译者

们打胜仗。陆战队已经筋疲力尽了，想抓住一切可能提供帮助的东西——以重树他们的信心；这个时候所有人都很自然地想到了 B－17 和 P－38。

海军参谋军官们在聊的时候谈到，新几内亚的战局已经糟得不能再糟了。有人听说澳大利亚打算放弃抵抗，不打一枪就撤退。莫尔兹比港可能会沦陷。日本人很快就会占领新几内亚全境。在我看来，好像南太平洋前线的每个人都得了恐惧症一样。

第二天我再次会见了戈姆利将军和他的作战参谋。麦凯恩将军对我说，“你们的轰炸机在英格兰发挥不了什么作用，把那么多战斗机弄到欧洲也是浪费。这儿才真正是它们的用武之地，也只有在这儿它们才会有战果。麦克阿瑟可能需要它们，但我们比他更迫切。”

所以，所有的新问题其实还是围绕着那个老问题：“到底应该在哪里赢得战争？我们的计划到底是什么——如果我们有计划的话？这不是美国人自家的事吗？不应该这样看待问题吗？”非常明显，我觉得海军部和南太平洋战区的每一个人都被灌输了这样的想法，美国政府是有战争计划的——也是盟国的战争计划，而且一切都必须遵照执行。

当时我发现的所有迹象都表明，必须要有统一的领导人——从火奴鲁鲁到澳大利亚由一个人负责指挥；统一制定作战方针，统一发布命令；这个人可以调动这里所有的空军、海军和地面部队，到他认为应该去的地方，以发挥出最大的战斗力。就像我前面说的，日本人就是在这个方面比我们明显有优势。

在研究使用 P－38 去努美阿以外地区作战的问题时，我们遇到了一个情况——没有办法把它们从运输船上搞到机场。它们的体积太大了，无法通过公路运输，这里也没有靠近机场的港口。看样子我们只能把它们运到一个适合搭建临时机场的海滩上。

和哈蒙将军会谈以后，我确定他已经转变了对 P－39 的看法。现在他也认为 P－39 是很不错的飞机，或许没有他期望中的那么好，但对付日本人的飞机足够了。

很快又冒出另外一个问题引起了我的注意。海军的人普遍都反对高空轰炸，不过，基层军官很明显是受到了高层观点的影响。尽管我们的 B－17 高空轰炸机已经成功执行过很多这样的任务，而且还多次挫败日军对瓜达卡纳尔岛和新几内亚的增援。在大多数时候，我们的重型轰炸机都是在最远航程距离上作战。就确保轰炸机安全而言，最好不要出现这种情况，但在这里已经是司空见惯。

有一件事我觉得令人非常遗憾。帕奇将军手下有两个师驻扎在新喀里多尼亚，没有用在瓜达卡纳尔岛。他很想带上其中一个或者两个师都上，前去增援瓜岛，但海军的司令官始终没有给他这个机会。海军陆战队有时候行军经过他的驻地，就在外面嚷嚷：“陆军为什么不参加战斗？陆军为什么不上瓜岛？陆军窝在这儿干什么？”

海军航空兵的运输机部队，就像他们的其他部队一样，表现非常出色，可以说很棒！他们要飞 800 英里才到瓜岛，要带上足够的返程油料和 3 000 磅货物。回来的时候尽可能多带上一些伤员，只要飞机上还能塞得下。

9 月 25 日，我离开了努美阿，前往大约 850 英里外的布里斯班。我们中午抵达那里，发现肯尼将军正等着我们。我们换乘一架“洛克希德”运输机前往布里斯班附近的一座机场，会见麦克阿瑟将军和迪克·萨瑟兰将军。一见到我，还没有寒暄两句，麦克阿瑟就开始谈他打赢日本人的计划：

1. 日本人比德国人能打。
2. 日本人关注的重点在南太平洋。
3. 他现有的兵力不足以遏制日军的进攻。

4. 肯尼将军来了以后，空军的战斗力有了很大提升。沃克①将军和怀特海德②将军也都很出色，他不希望手下的空军有任何人被调换。

5. 他担心日军将攻占新几内亚；如果他们进而再占领斐济，就能控制整个太平洋。

6. 日军的总体战略计划是占领阿留申群岛，再准备对阿拉斯加发起总攻。

7. 要阻止日军的攻势，他还需要增加 500 架飞机。我们的飞机性能很好，太棒了！无论什么类型的作战飞机他都要！

8. 英格兰只能被看作是一座“围城”。

9. 从英格兰开辟第二战场是非常困难的。

10. 北非的军事行动是浪费军力。

11. 英格兰无法提供足够的空军基地，以保证开辟第二战场需要的制空权。

12. 日军在团队协作上要强过德军。

13. 我们目前横跨太平洋的“防御警戒线”已经完全过时了，就像是马车时代的东西。

---

① 肯尼斯·纽顿·沃克(Kenneth Newton Walker，1898—1943)，美国陆军准将，对美国空军战略战术理论的发展有比较突出的影响和贡献，1943 年 1 月在作战中牺牲，追授国会荣誉勋章。1928 年 9 月进入空军战术飞行学校学习，1929 年 6 月毕业并留校任教官。沃克支持建设独立军种的空军和战略轰炸理论，为此公开发表学术论文，并成为人称“轰炸机黑手党”的组织成员。在学校期间，他研究发展了“对精心选择的关键工业目标实施精确轰炸”的战术。1933 年 9 月至 1935 年 6 月进入指挥参谋学院学习。1935 年 10 月任第 7 轰炸机大队情报与作战主任。1938 年 2 月任驻夏威夷第 18 驱逐机大队指挥官。1941 年 1 月任航空兵主任办公室计划处副处长。1941 年 8 月，在美国参加二战前夕，他成为被挑选进入空军作战计划处的四名军官之一，负责研究战争期间空军对军工生产的总需求，即《胜利计划》的空军部分。——译者

② 埃尼斯·克莱门特·怀特海德(Ennis Clement Whitehead，1895—1964)，美国陆军中将。1935 年 7 月任陆军航空兵总指挥部督察员。二战后曾任太平洋空军司令、远东空军司令、美洲大陆空军司令、防空司令部司令。1951 年退役。——译者

14. 我们应该加强对苏联的援助；派地面部队过去，从内线进攻德国和日本。

15. 我们应该停止建设那些不派用场的陆军；多造一些可以派到海外战场的坦克和汽车。

16. 我们应该加强澳大利亚的建设，作为我们军需补给、地面部队和空军的大本营，可以随时准备在任何一个方向上进攻日本人。

和麦克阿瑟将军聊完，给我的感觉是，他好像得了战斗疲劳症；他好像没有意识到，自己已经没有机会了解到整个世界的战局。他无法知道其他战场正在发生的具体情况。我之所以有这种感觉，是因为我一直都非常尊重他的判断力、知识、直觉和处事方式。我一直把他当作我们最高水准的军事领导人之一。我敢肯定，他刚刚在办公室来回踱着步对我讲的这番话，再过六个月就绝对不会再这样说。所以，大部分内容只好听过算数了。

不过有一件事是确定的——也是我最希望从麦克阿瑟将军这里得到的信息：他对肯尼将军、沃克将军和怀特海德将军绝对放心。他喜欢目前空军拥有的飞机和装备，而且他相信，再有多一些飞机就能遏制住日军的攻势，再有多一些地面部队就能把他们赶回去。

当天下午我又会见了肯尼将军，他告诉我，已经从澳大利亚空运了一个整旅的地面部队去莫尔兹比港，及时堵住了日军的进攻。一开始觉得不太可能做到，后来他就让人用乙炔焊枪把卡车底盘切割成两半装进飞机，到新几内亚降落以后，再用焊枪焊接起来开上前线。

肯尼无疑已经成长为一名真正的领导人，带出了一支我所见到过的最优秀的飞行员和机组人员队伍。在他刚刚到这里的时候，很多人都觉得精神紧张、筋疲力尽，纷纷提出要打道回府了，现在都撤回了申请，希望继续留下来。

肯尼将军和我接着又去了汤斯维尔和莫尔兹比港，在那儿分别会见了澳大利亚陆军的布莱梅和罗威尔两位将军，以及美国陆军航空队的沃克将军。

大家一起吃早饭的时候，我们聊起了对第19大队接下去的安排。这个大队是我在加利福尼亚州马奇菲尔德任职时候的老部队，也是第一批装备B－17并派驻到菲律宾的空军部队，被打得很惨，等撤到澳大利亚的时候，原班人马和飞机所剩无几。机组人员普遍厌战。他们需要离开一段时间，重新恢复活力。怀特海德和沃克都认为整个大队应该撤回美国。

我和艾克尔伯格①将军谈了很长时间。他已经制订了从防御转向主动进攻的计划。如果没有这样的目标，莫尔兹比港的美国人会被赶到海里去。空军是整个作战团队中不可或缺的组成部分。

在莫尔兹比的时候，我听说了这样一个故事——可能是肯尼将军手下某个参谋军官传出来的，是关于当时肯尼、艾克尔伯格和布莱梅空运澳大利亚旅前去阻止日军进攻港口的。

当这个空运地面部队及其装备的大胆计划已经成功启动以后，肯尼将军觉得自己应该向麦克阿瑟将军汇报一下。于是他去见了麦克阿瑟，说："将军，我眼下正在做的一些事情需要向您报告。"

"什么事，乔治？"将军问。

"好吧，"肯尼说，"我已经着手把一个旅空运到莫尔兹比港，估计天黑前就能全部运完。"

据说麦克阿瑟将军听了以后说："什么？你没有告诉过我！我认为太好了！真是太好了！"

然后肯尼将军接着说："将军，我建议把另外一个旅也运到那里去，

---

① 罗伯特·劳伦斯·艾克尔伯格(Robert Lawrence Eichelberger，1886—1961)，美国陆军上将，人称"残忍的普鲁士人"。1944年升任第八集团军司令，参与指挥反攻菲律宾的战斗，发展了以小分队进行两栖挺进的战术。1945年参加对日本本土的进军。战后率第八集团军占领日本。1948年退役。1954年获上将衔。著有回忆录《从丛林打到东京》。——译者

艾克尔伯格、布莱梅和我很快就能做好准备。”

麦克阿瑟说：“好的！太好了！不过，乔治，我的作战参谋知道这件事吗？”

“不知道，长官。”乔治·肯尼说，“他们一点儿都不知道。”

“那就别告诉他们，看在上帝的分上。”麦克阿瑟回答说，“你会把他们都吓死的。”

在视察了地面部队、空军部队和机场设施，以及和布莱梅、艾克尔伯格、肯尼、怀特海德和沃克几位将军会谈之后，我对新几内亚的战局做出了如下评估：

1. 如果我们不马上发起主动进攻，日本人就会把我们赶跑。

2. 我们的兵力足够，因为在新几内亚的那一小块地方，日军只有4 000兵力。

3. 通过这一攻势，我们能够确保布纳、莱城和萨拉马瓦空军基地的安全，进而对拉包尔发动更猛烈的进攻。

4. 如果我们不发起这场攻势，我们将失去莫尔兹比港和新几内亚南部，澳大利亚北岸就门户洞开，或将被日军占领。

后来，在圣埃斯皮里图，我与“金发”桑德斯上校和菲奇①海军少将聊了很长时间。菲奇是个实在人，没有给人感觉总是想着海军自己的事。他也想增加一些飞机，但没有说其他战场的坏话。他很通情达理。

在飞回努美阿的路上，我突然冒出来一个想法：越是在前线和日本人面对面战斗的年轻人，越是无所畏惧。他们毫不怀疑自己修理日本人的能耐，毫不犹豫地积极展开行动。比如，菲奇将军就不那么担心瓜达

① 奥布里·菲奇（Aubrey Wray Fitch，1883—1978），美国海军上将。1940年春任驻珍珠港的第2巡逻机联队司令、第1航母分遣舰队司令。1942年5月参与指挥“珊瑚海海战”，成功阻止了日军对莫尔兹比港的攻势；9月，在美军首次两栖作战“瓜达卡纳尔岛战役”开始六周之后，菲奇接任南太平洋战区空军司令，有效支援了“所罗门群岛战役”“圣克鲁斯海战”和“瓜达卡纳尔岛战役”。——译者

卡纳尔岛，桑德斯也不担心和日军开战。肯尼、沃克和艾克尔伯格都对击败日本人信心满满。

在与太平洋各战区的作战人员会谈之后，其他一些问题我也基本上搞清楚了：

1. 高空轰炸作战是富有成效的。

2. 高空轰炸可以连续不断地组织实施。

3. 我们的损失尚未超出限度，空袭还能够继续。根据他们报给我的数字，海军俯冲轰炸机的损失与我们陆军航空队大体相当。

4. 低空云层妨碍了俯冲轰炸。如果没有透过云层的观测设备，低空云层对高空精确轰炸的影响也很大。

5. 如果遇到日军飞机的拦截，俯冲轰炸机大多数时候就回不来了。但 B－17 通常能够飞回来。

6. 我们评估了实战中的损失，我们每损失一架 B－17，日本人的“零式”要被击落十架。根据桑德斯的统计，在南太平洋空战中，轰炸机的损失是 320 架被击落，另有 34 架在降落时撞船而毁。

到努美阿降落以后，我给马歇尔将军和我的参谋长斯特拉特迈耶①将军发去了内容详尽的电报，然后去了帕奇的司令部，和他好好聊聊。

下午 4 点 30 分，我登上戈姆利将军的旗舰，参加了一次会议。出席会议的还有尼米兹、戈姆利、卡拉汉和特纳将军；麦克阿瑟的参谋长萨瑟兰将军；哈蒙、肯尼、斯崔特将军，和里奇上校。尼米兹海军上将简要介绍了召开这次会议的起因。戈姆利将军通报了作战进程、日军动向

① 乔治·爱德华·斯特拉特迈耶(George Edward Stratemeyer，1890—1969)，美国空军上将。1915 年毕业于西点军校，参加过第一次世界大战。1942 年任陆军航空兵参谋长。次年赴太平洋战场，历任印缅战区美国空军司令、盟国东方航空部队司令等职，参与指挥盟国空军在东南亚战场的作战。并曾敦请美国政府派遣军事使团到中国抗日民主根据地，以搜集日军情报。1945 年任中国战区美国航空队司令，指挥第十、第十四航空队对日作战。战后，1946—1949 年任美国空防司令，1950—1951 年任美国远东空军司令。朝鲜战争期间指挥“联合国军”的空军。——译者

和海军下一步的作战计划。萨瑟兰将军转达了麦克阿瑟的想法。特纳将军谈了海军的战略构想。我讲了世界形势和各战区的总体作战计划，以及各战区已经提出的对飞机、坦克和舰船的迫切需求。

那次会议的结果是让我更加确信，如果我们想实现资源集约和最大战斗力的话，太平洋战场的行动就必须实施统一指挥。在我看来，戈姆利部队与麦克阿瑟部队的进攻轴线，一定会在拉包尔附近出现交叉。所以在这之前，双方都会动用远程轰炸机对同一个目标发动空袭，彼此之间却没有协同。还有类似的问题，尼米兹即将发起的进攻与麦克阿瑟的前进路线也存在交叉，又会出现同一个地区有两位司令官都在指挥自己的空军作战，或许还有海军。与此同时，他们的地面部队也一定会在某个地方碰上。

我本来总是希望我们的 B－29 远程轰炸机能够尽快投入战斗，为尼米兹和麦克阿瑟准备发起的进攻开路。他们还将直接对日本本土发动空袭，这对尼米兹和麦克阿瑟的作战行动均会产生有利影响。然而，面对他们战区目前这样的状况，我也只好自己掌握着对 B－29 的指挥权——这非我所愿。我既不能把它们给麦克阿瑟，因为这样他们就会在尼米兹之前开始行动；也不能把它们给尼米兹，那样他们也会超在麦克阿瑟之前。所以，最后所有人都纳闷，我为什么非要自己指挥第 20 航空队——装备了 B－29——在太平洋战场指挥权不统一的情况下，我实在没有其他的办法。我找不出这里有哪一个人希望让指挥权统一，除非由自己担任最高总司令。

戈姆利旗舰上的军事会议结束以后，我们就打算回国了。但我必须等卡贝尔上校回来，他到瓜达卡纳尔岛收集军事情报去了，以了解当时那里的实际情况。第二天早上，卡贝尔回来了，带着他的报告。根据他的考察，瓜岛上的海军陆战队希望知道什么时候能让陆军来替换他们。陆战队员们以为，他们在岛上的时间不会很长了，然后就会被撤换下来。陆军又在哪里呢?

当然，既然整个战区都由海军指挥，这是他们该考虑的事情，不是我们。

在西南太平洋战区的考察，不能不给我留下这样一种印象，海军尽量不要陆军的帮助，自己把这里的仗打下去。这是他们的战斗，海军的战斗；是他们与日本人的战争；如果可以，他们希望自己收拾干净。

在太平洋行程的每一站，我都会见一见那些被“抛到”太平洋里、在橡皮艇上漂了几天再获救的机组人员。橡皮救生艇是轰炸机上的必配装备，但有时候总是会少那么一两个。我还了解到，水罐里的水更换得不是很勤快。配给食品也经常是腐烂的，有时候机组人员都懒得把它们搬到救生艇上。

我们的一支战斗机部队告诉我，日本空军和美国空军使用的是同一个无线电通讯波段，偶尔可以听到日军飞行员在电台里讲英语。有一次，我们一个战斗机大队飞过新几内亚布纳上空的时候，看到有12架“零式”战机正准备起飞。于是我们机群的指挥员就朝下面的日本人喊话：“快点儿飞起来，你们这些狗娘养的黄肚皮杂种！在地面上干掉你们就拿不到勋章了!”于是就等每一架“零式”飞起来，我们的小伙子就把它打下去，一连串击毁了十架。剩下的两架飞行员关掉了引擎，从飞机里跳出来就跑。我们的飞行员才把它们击毁在地面上，P－39无一损失。但就是这样的报告也无力改变P－39已经背上的骂名。

当我们回到夏威夷，埃蒙斯将军正等着我们。埃蒙斯和尼米兹相处得很好，他认为尼米兹是他认识的最杰出的海军军官之一。他们有这样的交情对陆军和海军都是好事，但退一步说，这也不是很常见。

在整个太平洋战场，陆军觉得不舒服的事情太多了。一个很明显的因素就是海军想方设法掌握控制权。他们的军官衔级比我们陆军高①，所以一般都是海军的人担任司令官。当时海军军官经常指挥陆军部队，而陆军军官鲜有指挥海军的机会。对此陆军总的印象是海军既不懂得地面作战的战术，也不知道陆军航空兵的战术。他们不会按照陆军系统的做法，给部队安排好后勤补给。他们把空军分散开来配属部队作战，而不是集中使用大机群摧毁日军的空中力量。在我看来，这真是一种浪费，而且是在我们的飞机和熟练飞行员都如此紧缺的时候。我们空军的作战原则是，尽早集中力量摧毁敌人空军的后方基地。

我们 10 月 1 日从夏威夷起飞，前往 2 400 英里外的旧金山。当晚上飞抵旧金山上空时，探照灯从四面八方朝我们的飞机打过来。考虑到旧金山四周环山，我真不知道飞行员如何穿过这些刺眼的灯光而不会遇上麻烦。但我早已经习惯了坐在一旁，看看这些小伙子到底怎么操作。

我们在汉密尔顿机场没有停留很长时间，晚上 9 点 50 分降落，当晚 11 点 15 分再次起飞。在起飞的过程中，4 号引擎的增压器着火了，看起来它好像打算叫停我们这最后一段旅程。我们才刚刚离地面大约 20 英尺高，突然一团火苗从增压器里喷出来，朝后拖出差不多也有 20 英尺远。我们考虑了一下，它有可能烧掉整个机翼，因为火势越猛压力越大。与此同时，整个机舱里面弥漫着刺鼻的汽油味。就算飞机翅膀不烧掉，只要有个火星飘进机舱里，飞机上的所有人就都拜拜了。

还好，4 号引擎关掉以后，火势小了下来，最终熄灭了，我们依靠剩下的三个引擎继续爬高。我和机组人员交换了一下意见。他们觉得可

① 参加二战之前，美国陆军的规模比较小。1939 年 6 月 30 日的陆军现役军人总数 187 893 人，其中陆军航空队 22 387 人；主要作战部队包括陆军 9 个步兵师、2 个骑兵师、1 个机械化骑兵旅；另有国民警卫队 18 个步兵师、199 491 人；所以大部分陆军指挥官在战争刚刚开始时军衔较低，大多为校级军官。而二战前美国海军在世界上数一数二，拥有大西洋舰队、太平洋舰队“两洋舰队”，实力与英国相当，英国总吨位多一些，但航空母舰力量不如美国，所以当时海军指挥官大多为将级军官。——译者

以再次打开4号引擎，把里面的什么东西吹出来。我们既可以返回汉密尔顿机场，也可以继续飞往华盛顿。飞机上有足够的油料飞越整个北美大陆。我告诉他们继续往前飞。

次日下午4点，我们抵达华盛顿。我们的行程从9月20日开始，10月2日结束，一共十二天，行程21 143英里。机组人员累了，参谋长累了，我也累了。但这是一次很有价值的旅行。我们每个人都学到了很多东西。

一回来我就向马歇尔将军做了非常详细的汇报。他告诉我，这些情况应该报告战争部长和海军上将金。我又向战争部长做了汇报，他认为我还应该报告总统——我照办了。史汀生部长也主张我把相关情况告诉海军部长和金上将。当我向金上将做汇报的时候，他和手下几位参谋都在场。他们看上去都对我发现的问题很感兴趣。海军部副部长福莱斯特也在场，问了很多问题。他显得急于了解一切真实情况。

不过，后来海军部诺克斯部长对我的接待就不怎么热络。他通知我过去，说如果有帮助，他很愿意和我聊聊这次旅行。我告诉他问题所在——缺乏统一的指挥；世界上其他战场的船艇都如此紧张，那边的船却挤在港口里无所事事；在每个人都喊着要飞机的时候，那里的备用飞机和机组人员都积压在一起，派不上用场；以及那些违背陆军航空队基本作战原则的情况。

我刚刚讲完这些记在笔记本上的问题，诺克斯部长却对我说，他是不会在意我批评海军的！我回答他，我只是在讲述自己旅途中看到的事实，而且也不是我主动要求会见他的；如果他真不在意我讲什么，对我也没什么关系。我们就这样结束了会谈。

第二十章 八个橡皮艇理论家；“守住瓜达卡纳尔岛！”；航空兵大队由45个增加到237个；海军接管；空中护士；“我还是很高兴认识您！”

马歇尔夫人在她的回忆录中，讲述了她和我妻子，还有我听到“火炬行动”成功登陆消息时的情形。当时她买了几张夜场足球票，邀我们大家一起去看比赛。马歇尔将军突然因故不能参加了，具体原因马歇尔夫人也不知道。我是知道缘由的，但也不好说什么，一直到比赛突然中止了，球场里的观众都安静了下来，只听扩音器里讲，“美利坚合众国总统宣布，美国远征军在非洲海岸成功登陆。这是我们开辟的第二条战线。”

“就像大海里翻腾的波浪，”马歇尔夫人写道，“欢呼的人群站起来、坐下、再站起来，伴随着长时间不停地呼喊。队员们球也不踢了，开始在球场中心翻筋斗。观众们变得更疯了，对美国人来说，这真是一个激动人心的好消息。他们受够了一次接一次的失败，等待了太长的时间。我们必须进行反击。”

就像前面讲过的，从空军的角度来看，登陆地点的作战条件不是最理想，但我们的部队表现非常出色。我们负责战区支援作战的空军部队及其指挥官们，在听到那些要害机场已经得手的消息后，都是随第一批部队冲上滩头的。德马斯·T·克劳（绰号“尼克”）上校和皮尔庞特·

M·汉密尔顿上校为此都获得了国会荣誉勋章。尼克不知道在空中经历过多少次九死一生，这次却在地面战斗中倒在了北非法军的枪口下，令人甚为痛惜。乔·坎农的 P－40 战斗机部队，从“希南戈号”航空母舰上起飞，降落在布满弹坑的梅迪亚机场，尽管有些飞机撞坏了起落架，但都成功着陆了。这个时候他们的机械师和其他地勤保障人员也赶到了，总体上都很顺利。C－47 的飞行员们将空降部队从英格兰运到奥兰，刚刚夺取那里的机场，第二批战斗机几乎就在同时降落了，油料车队也从登陆海滩飞驰赶到。飞机迅速加满油，再次升空作战。关于“火炬行动”的细节，包括从阿尔及尔到奥兰、卡萨布兰卡的战斗，英国人和美国人都写过很多书，这里我就不再重复了。

拿下并守住机场之后，巴顿将军手下的空军司令，坐镇卡萨布兰卡指挥的杜立特，才开始真正面对他最棘手的任务。

在一封落款日期为 11 月 19 日的信中，也就是他们在非洲登陆十一天之后，杜立特这样写道：

“以卡萨布兰卡为基地的美国海军舰载航空兵，和以奥兰为基地的英国皇家海军舰队航空兵，构成了空战的主力。在地面机场被拿下之前，北非法国空军大部分都已经被歼灭了，有的在空中，有的在停机坪上。乔·坎农在卡萨布兰卡的指挥非常出色。第 33 战斗机大队为巴顿将军的部队提供了必要的侦察和火力支援。乔让 72 架飞机从停泊在利奥泰港口的‘希南戈号’航空母舰上起飞。但因为附近机场的主跑道已经被炸毁而无法使用，跑道以外的地面又比较松软，造成 70 架飞机在着陆时遭受轻微损坏。其中部分飞机后来被转移到卡萨布兰卡机场，有超过 35 架被安排到‘射手号’航空母舰上。

除此之外，乔手上现在还有第 310 大队的六架 B－25，后续还会有更多增援。根据他的请求，还给他派来了第 62 大队的运输机。

除了利奥泰港，在塞拉、拉巴特和卡萨布兰卡都有不错的机场。卡萨布兰卡的机场很大，但跑道还没完全建好，而且也承载不了 B－17 的重量。我试着降落过一次，结果飞机陷到土里去了。很明显，这里的草地支撑不住那个大家伙的小轮子。乔和乔治·巴顿相处得很不错，他们牢牢把握住了西线的战局。

登陆日中午时分，奥兰的第一个地面机场到手了。霍金斯麾下第 31 大队的 24 架‘喷火式’战斗机从直布罗陀飞过来。另有四架飞机在机场上空做麻花 8 字飞行，一开始我们的小伙子们把它们看成是‘飓风式’战机了。当‘喷火式’中队正着陆的时候，那四架飞机却直冲下来发起攻击。一架‘喷火式’刚刚放下起落架和襟翼，就被打下来了，飞行员伯德中尉阵亡。有三架尚未着陆的‘喷火式’立即向那四架飞机发起进攻，才发现那是法国空军的‘德瓦蒂纳’520① 战斗机，击落了其中

---

① 德瓦蒂纳战斗机，由法国著名飞机设计师埃米尔·德瓦蒂纳(Emile Dewoitine)设计的 D 系列战斗机。1927 年，德瓦蒂纳曾将自己的事业转移到瑞士，并设计出一种单翼战斗机 D. 27，1931 年被瑞士军队采用。1931 年德瓦蒂纳返回法国，为法国空军提供了 D. 27 的改进型 D. 37；次年开始设计法国第一种现代化的下单翼战斗机 D. 500，并以此为基础发展出 D. 510、D. 520，中国空军在抗战期间就曾引进过 D. 510 战斗机。D. 520 是 1940 年 5 月法国战役爆发时法国空军最好的战斗机，但数量极少，开战时只有 GCI/3 飞行团装备了 36 架，且训练时间不足一个月。至停战协定生效时，图卢兹兵工厂一共生产出 437 架 D. 520，351 架交付法国空军，52 架交付法国海军海空兵。法国的战败，使法国航空工业全面停滞，包括 D. 520、VG. 33 等优秀飞机也完全停止了发展。法国投降后，大约有 153 架 D. 520 留在了维希法国控制区，175 架逃到了北非殖民地，还有 3 架逃往英国控制下的直布罗陀并加入了自由法国军队。维希法国于 1941 年将 D. 520 作为其空军的标准装备，希望能够重新启动生产线。1941 年 4 月，德国停战委员会准许维希法国空军生产 550 架 D. 520，至 1942 年 11 月共制造出 349 架。此后，维希法国空军的 D. 520 战斗机和盟国空军展开过多次空战，包括 1941 年的叙利亚战斗和 1942 年 11 月盟军登陆北非的“火炬行动”，法国王牌飞行员皮埃尔·勒格朗就曾驾驶 D. 520 击落过英国皇家空军的 6 架“飓风”和 1 架“斗士”。火炬行动后，法国北非殖民地宣布加入自由法国，德军立刻出兵占领了维希法国控制区，缴获了包括 D. 520 在内的 1 876 架各型飞机，交付给德国、意大利、保加利亚的空军使用。1944 年 8 月，随着法国南部的解放，法国军队又缴获了很多落在德国人手中的原法国飞机，并以 D. 520 战斗机为主，先后成立了“多雷”飞行团(名称取自 D. 520 首席试飞员马赛尔·多雷)和法国大西洋空军部队，参加对德作战。二战结束之时，法国境内仅剩下约 10 架 D. 520 还能保持飞行能力。——译者

三架。第四架逃走了。‘德瓦蒂纳’520 显然不是我们现代战机的对手。

英国飞行大队的表现还是不错的。他们两次阻止了敌装甲部队从南部对塔法拉欧机场的进攻。地面部队继续推进，前往夺取下一个拉塞尼亚机场，那里距离奥兰更近。如果没有‘喷火式’战机的有力支援，塔法拉欧机场和我们驻在那里的空军部队就玩完了，奥兰地区的战斗也会拖得更长、更血腥。有一支装甲部队属于法国外籍军团，是从他们位于西迪贝勒阿巴斯的司令部赶来的。我们的战斗机击毁了他们五辆坦克，袭击了行进途中的步兵和给养。

拉塞尼亚机场到手了，又丢了，再夺回来。在整个争夺战过程中，我们的空军实施了轰炸，法军也进行了炮击。最后我们开进了拉塞尼亚机场，但和塔法拉欧机场一样，都需要进行修复才能再次使用。

要想让地面部队和空军在战场上实现协同作战，就必须进行训练和作战组织上的研究。尽管我们强调协同性压倒一切，但还是犯下了两次错误。有一次，我们受命攻击阿尔泽湾拉玛卡塔以东的一支敌军装甲部队。但收到的书面命令却要求我们前往拉玛卡塔以西。等飞机到了那里，果然有一支装甲部队，但其实那是我们自己人。尽管从飞机上看起来有些像美军，但飞行员认为那一定是法国部队，于是开始猛烈扫射。还好，我们的坦克不像法国人的那么不堪一击，地面部队没有遭受多大损失。但我们的飞机却被自己人打下来两架。

事实上，实战当中辨别敌我还是很快的。我们的部队仗打得不错，大部分表现都很出色。

令我担忧的问题主要有两个：一是我们在直布罗陀部署的飞机过于集中，容易被人一锅端；二是这个季节的天气已经开始变坏，从联合王国过来的远程飞行是否安全。现在看来，直布罗陀的威胁已经排除了，长途飞行也远没有我预想的那么困难。

当我抵达卡萨布兰卡的时候，那里已经有大约 4 000 名空军战斗人员登陆了；昨天，在奥兰，我们也有 1.4 万人部署到位，其中有大约 1 000 名军官。他们分别驻扎在塔法拉欧和拉塞尼亚机场。

战线已经向东推进。为了把德国兵尽快赶出突尼斯，我们必须和皇家空军以及安德森将军的陆军部队并肩作战。为了确保盟军空中力量的统一指挥，这里的安排是由英国人发布命令，美国人只管开飞机。

我们必须维持直布罗陀海峡畅通无阻，并提供空中保护。稍后，还要为我们沿北非、西非海岸航线的船队提供潜艇护航。”

国内的节奏愈发紧张起来了，因为不仅要保障北非战事的顺利推进，还有许许多多的事情需要搞定。

比如，在“火炬行动”前夕，有件事一直萦绕在我的脑海里，就是前不久我在西南太平洋战区巡视期间，和前线小伙子们聊天时发现的橡皮艇配备不足的情况。我现在发现，这种情况相当普遍，经常是六个人、有些时候甚至是八个人挤在一条救生艇上，而且大部分时候艇上的紧急救生设备也都掉到海里去了。

一回到华盛顿，我马上把代顿军事基地负责设计、采购橡皮救生艇的人找来了。人集合好以后，我让他们把一条四人艇充好气。他们照做了。然后，我让前排的八个人坐进去，他们站着好像没有听懂一样，回答我说：“长官，但这是一条四人艇。”我说：“我不管它是不是四人艇还是几人艇，总之爬进去！”

他们只好乖乖地爬进去了，大家可以想象得出，就那么点儿地方，他们的脚只好在中间位置叠在一起，相当不舒服。接着我又问：“你们当中有谁真正在水里坐过救生艇?”我至今记得当时没有一个人答话。“好吧，今天下午，大家去波托马克河。我希望你们能把八个人装进四人艇，同时希望这八个人是从河里爬进去的。其中一个人要站在或跪在救生艇的一侧，因为在海上他们必须这样做，当这个人的重量集中在一侧的时候，你们试试看会发生什么。如果你们没有救生衣，现在最好去找一件穿上。这是一次实战测试，等你们都通过了，回来我再找你们聊。”

发布完命令，我忽然又想起一个问题：“是谁负责救生艇上的钓鱼装备?”一名青年军官站了出来。我问他：“这些渔具是哪里搞来的?”他回到说：“从代顿市一家运动用品商店。”我又问：“那家店主在深海里钓过鱼吗?”其实，那家为救生艇提供深海渔具的店主，也就是在代顿以北的印第安湖里钓过鱼。我告诉他，救生艇上的渔具必须重新设计，以及如何将这些设备固定在艇身上，就算它们从飞机上被扔下去，救生设备也不会从艇身上脱落到海里。

第二天早上，一班人又回到我的办公室，报告说完成了波托马克河里的实验。我问他们是否喜欢八个人挤在四人艇里。他们都说不喜欢。这个时候我告诉他们：“在我们拥有更大型的救生艇或更多的小型艇之前，你们必须了解这种情况是经常发生的。因为任何一架作战飞机上的救生艇都有可能被机枪子弹打成筛子。从现在开始，我们必须为每一架重型轰炸机配备两条五人艇和一条四人艇。”我们还邀请具备深海捕鱼经验的人重新设计了救生艇渔具，请专业人士教会我们如何从海水中提取淡水。

让那些高高在上的战区司令长官们，提前两三年预测他们在未来作战中需要的飞机数量，是一件极为困难的工作。这既要摸清楚未来的实战需要，还要统筹考虑已经确定下来的飞机分配额度。假若满足他们每一个人的需求，我们就无法完成我们的“一号目标”：组建美国空军驻英格兰的轰炸机司令部。我们同样也无法在国内建成那么多培训基地，无法组建飞行训练司令部，最终导致无法按照飞机生产的速度而快速组建相应数量的战斗飞行大队。

比如，1942 年 10 月 24 日，我收到一份备忘录副本，是总统写给海军上将莱希、海军上将金、马歇尔将军和我的，内容如下：

“对西南太平洋的战局，我深感忧虑。在这紧要关头，为了守住瓜达卡纳尔岛，我们要不惜一切代价，把所有可用的武器装备都调集过去。很快，我们就会发现自己在两个战线上同时作战，两个战场都需要得到足够的空中支援，尽管这意味着我们可能会延迟兑现对盟友的承诺，特别是英国。如果我们不能倾全力应对好眼前的危机，我们的长远规划就可能被打乱。

因此，我希望你们周末前再认真研究一下，是否有可能从你们各自的战场上临时抽调出一些增援力量，告诉我有多少。同时，也请告诉我目前美国本土大陆在用的作战飞机数量。

签名：罗斯福”

有必要提醒大家注意这份备忘录里个别语句的表述，“很快，我们就会发现自己在两个战线上同时作战”，还有“尽管这意味着我们可能会延迟兑现对盟友的承诺，特别是英国”。我想说的是，引用的这两句话中所包含的意思，可能是总统已经完全改变了我们对德作战的战略计划；因为，如果我们增援太平洋战场，就会延误对英国做出的承诺，这毫无疑问将推迟我们的对德作战行动。至于备忘录中的另外一条：“同时，也请告诉我目前美国本土大陆在用的作战飞机数量。”我想这个数字我已经反复论证过了，为了对派往海外的空军人员事先进行必要的培训，国内必须保留一定数量的作战飞机。而且，我们每一个训练基地都尽量使用老型号的飞机和设备，既保证培训出来的作战人员具备实战操作能力，又避免把最新型的飞机滞留在国内。

我们必须不断更新自己的认识，根据形势变化而调整完善原定的扩军计划。我们主要通过以下办法：一是增加每个飞行大队的飞机数量。比如，重型轰炸机部队起初每个大队只有 35 架飞机，现在我们把这一数字提高到 55，中型轰炸机大队从 57 提高到 69，战斗机大队从 80 提高到

105，等等。二是把每个大队的飞行中队数量从三个增加到四个。三是通过增加飞行大队的数量。还好空军的人手从来没有明显的短缺，因为它现在是一个很热门的兵种。

在1941年秋天的时候，我们的计划是组建45个飞行大队。到了1942年1月，目标变成了115个大队；7月份，数字又增加到了224个大队。1942年9月，我们最终获得批准的空军建设计划是组建273个飞行大队，并一直延续到差不多战争结束。

要想实现这个规模不断扩大的空军建设计划，就需要有足够的装备从生产线上制造出来，以及培训学校里输送的人员。这两件事都是工程浩大。搞定这些工作，及时向总统报告并得到他的祝福是非常必要的，还好他对我们提出的大项目基本上都是开绿灯。在哈利·霍普金斯的帮助下，无论是数量庞大的飞机生产计划，还是大规模的人员培训项目，在通过白宫走法定程序的时候，都没有遇到什么麻烦。

在我自己华盛顿办公室的行政班子中，设有一个“顾问委员会”，是一帮年轻人，都是我能找到的最聪明的小伙子，坐在靠近我的一间办公室里。我给他们的指示是：“不要整天陷在事务堆里。我希望你们做的就是坐下来思考。思考我们面临的问题，思考解决这些问题的办法。拿出新思路、新创意来。如果谁能两三天就冒出个新点子，我会很高兴。你们不需要插手这间办公室的日常事务。思考！好好想想我们空军的未来！”

这个也就是三五名军官组成的“顾问委员会”，发挥的作用对我来说难以估量。他们给我带来了很多新的创意，让我保持与时俱进，还有最重要的一条，在上级出难题的时候，我很少被考倒，总是能够想出一些办法。

在华盛顿，以我为首的庞大工作班子总是不断进行调整。这种变化，视我们承担的不同任务而定。大到一个局，小到一个科，今天还是独立的，明天就可能被撤并掉。当一个机构走上了正常运转的轨道，我就开始撒手不管了。因为即便我不再事无巨细地过问，也大可放心自己的命令应该能够得到贯彻执行，于是我就放手让手下的人去干，忘掉他们。举一个例子，比如筹建“飞行训练司令部”。刚开始的时候，有一大堆问题——技术训练、飞行训练、地面训练、地勤指挥官训练，等等。当所有的问题都开始各行其是，朝着正确的目标发展，彼此之间的协作配合也进入常态，最后我就把这些工作统统整合在一个大的“训练司令部”下面，让我西点军校的同学巴顿·K·扬特中将统辖。从此以后，我再也用不着为飞行训练司令部操心了。我知道它一定会按照接到的指令运转。

空中运输司令部也是这样。在它遍布全球的基地建好，乔治将军和C·R·史密斯将军接手以后，我就可以把它抛诸脑后了。我需要做的，就是不断地发出各种各样的命令，因为世界各地战场的局势在不断变化，我们的需求也在不断变化。

就这样，尽管陆军航空队以惊人的速度在扩张，指挥链条实际上反而变得简单了。随着每一次机构重组，和我直接打交道的人数变得越来越少。

我自己的参谋班子由以下人组成：航空队参谋长，三名副参谋长，以及分别主管人事、情报、训练、物资和分配、作战和计划的助理参谋长。

在战争快临近结束的时候，我们一班人回过头去看看那几年经手处理的各种军事行动、项目和工程，数量之大、花样之多，真是令人难以置信。举个例子：水栽培法，一开始这个名字和我们没有任何关系，直到有一天，我在迈阿密视察的时候，发现一家伤兵医院里有个水培花园——说是“花园”，其实就是一根藤条上长着三四种新鲜的蔬菜。一个水罐里盛满了普通沙砾，不时地将营养液倒进去，确保各种植物能够最快地生长，蔬菜的产量就能最大化。

在世界的某些地方，如果那里的居民不太讲究使用肥料，或者那里的土壤比较贫瘠，这种“花园”就会变得很有价值。所以，1943 年的时候，陆军航空队在迈阿密的那家医院开办了水培学校，我们挑选适合这种“花园”培植的蔬菜，并培训专门的技术人员。到了那年底的时候，我们的水培“花园”就在英属圭亚那、阿森松岛和太平洋的一些地区开辟出来了。如果战争继续打下去，水栽培法无疑会发挥出更大的作用。

1942 年 9 月，空运司令部的运输部队首次开始使用女性飞行员。与此同时，在得克萨斯州淡水城的一所学校里，启动了训练女性飞行员的培训项目。于是，美国陆军妇女飞行团，简称 WASP，在战争剩下的岁月里变得闻名遐迩。这支娘子军不断扩大，最后陆军航空队中一共有超过 1 500 名女性飞行员在服役。她们除了负责美国与加拿大各地之间的运输航线外，还执行气象侦察飞行任务、行政飞行任务；有时候作为货运飞机驾驶员，负责运送设备到急需的地方；还有运输机的转场，以及为防空部队训练拖曳靶机。我们始终不允许将她们作为作战部队一样使用。

女子飞行团为陆军航空队作出了非常突出的贡献。在执行国内空运任务的时候，经常有指挥官说，他宁可要女子飞行团，而不要男性飞行员，因为女子飞行团的飞行员通常会比男飞行员提前一二天抵达目的地。问及原因，答案就是女飞行员一般不会把通讯簿带在身上。

但后来，美国国内对女子飞行团的政治敌意却越来越浓重。在我看来，是由于国内航空公司的飞行员们对她们心存嫉妒，可能是担心战后抢了自己的饭碗。最终，在 1945 年，当我为女子飞行团申请拨款的时候，很明显是在男性飞行员团体的运作下，国会取消了女子飞行团的编制。这个时候战争已经快要结束了，空军兵员紧张的阶段也已经过去了。

众议院的公务员事务委员会，就是否继续保留女子飞行团作为一个政府组织，进行了甚为激烈的辩论。在场每个人都承认她们的表现是出色的。但当这一问题提交至国会时，答复却是：“不行！没有资金！把你的娘子军解散，让她们回家吧。”

关于政府采购合同的浪费问题，社会上有很多传言，经常暗指采购活动中隐藏着丑闻，但真正了解其中内幕的人相当少。比如，1942 年初，我意识到我们补给仓库的运作效率低下，成本过高。为了能听到有关仓储补给管理的最佳方案，我去请教 R·E·伍德①将军，他原本是西尔斯罗巴克②公司的总裁，并问他是否愿意过来帮我。他同意了。在接下来的三年时间里，他不停地从一个仓库赶往另一个仓库，从一个补给中心跑到另一个补给中心，尽量简化我们的管理流程，削减不必要的开支和成本。到 1942 年 6 月，经过他的不懈努力，我们一共取消了价值 3.5 亿美元的非必需物资采购合同。

不过，这里需要说明一下，伍德在二战之前和芝加哥一些人的交往，让罗斯福总统非常反感。尽管我尝试了几次，但还是没能给他恢复军职。他所有的工作，就像同一时期的林德伯格一样，都是以民间身份完成的。

我们所承担的培训任务是异常艰巨的。到 1942 年底的时候，我们已

---

① 罗伯特·艾尔金顿·伍德(Robert Elkington Wood，1879—1969)，美国企业家、陆军准将。1900 年毕业于西点军校。1905 年任巴拿马铁路公司首席军需官和主管，长达十年之久，负责巴拿马运河的开凿建设。一战结束前夕，任陆军总军需官，晋升准将。1919 年再次退役进入商界，任零售企业蒙哥马利华德公司副总裁。1924 年进入西尔斯罗巴克公司，先后任副总裁、总裁和董事会主席，直到 1954 年，为该公司发展做出巨大贡献。作为共和党人，伍德是 1920 至 1960 年代美国保守主义运动的领导人之一，30 年代曾反对“罗斯福新政”。同时伍德也是孤立主义组织“美国第一委员会”最主要的资金支持者，反对美国加入二战。——译者

② 西尔斯罗巴克公司(Sears Roebuck)，是美国乃至世界最大的私人零售企业，拥有 30 多万名职工、1 600 多家连锁店和 800 多家供应商，子公司遍布欧美各大城市。由理查德·西尔斯于 1886 年创建，经历了美国社会生活的几次大变革，跟上了潮流，在稳定中增长和发展，成为美国经营最成功和最赚钱的企业之一。在西方商业界享有“零售业科学院”之誉。——译者

经培训了26.6万技师。到1944年底，培训结业的技师人数达到了99.7万。我们组建飞行员训练学校的方法简直让人难以置信。1941年，我们现役的飞行员只有9 000人，1943年底的时候我们有2.5万人在学习飞行。到了1944年底，就已经有22.6万名飞行员结业了。事实上，我们当时的飞行员队伍是如此庞大，故而我们心里很清楚，这个仗哪怕再打几年，我们的飞行员还是足够用的。所以，尽管当时我们培训飞行员的速度已经达到每年结业10.5万人，我们只好主动控制培训的速度，到了1945年3月，结业人数回落到每年3万人。

与此差不多的情况是，重型轰炸机的产量从1941年的100架增长到1942年的2 500架，1943年再增长到8 600架。其他型号飞机产量的增长速度与之成正比，到1943年的时候，空军已经接收了超过12 000架战斗机。

在1942年，我们还曾经告诉总统，美国空军一共需要大约60 000架飞机。到了1944年，我们手上的飞机其实已经达到72 700架。

1943年底，我们派驻海外的空军部队已近百万。眼下我们讨论战后空军的规模时，是大约70个飞行大队。至于和平时期保留多少数量的大队比较合适，战时空军的发展思路或许值得借鉴。1941年时，我们派驻海外的是18个飞行大队；到1944年，海外空军的总数达到了214个大队。

有时候我觉得，马歇尔将军一定对我提交的那些个备忘录感到有点儿烦，但他从来不会表现出来，他就是这么个人。在一份我1942年8月21日写给他的备忘录中，我提醒他注意，在北非海岸登陆的作战行动需要大约675架美国陆军航空队的飞机、150架英国人的飞机，以及80架到100架海军的飞机，总计大约925架。我们估计，德国人在第一天将派出大约495架轰炸机，第二天估计将有623架轰炸机，以及相当数量的战斗机。

在备忘录里我还报告了我们陆军航空队的部署情况，主要是遵循这样的原则：尽量加强我们在阿拉斯加、夏威夷、西南太平洋、澳大利亚、印度、近东和北非地区的空中优势；与此同时，还要在加勒比海地区保留一支相当大规模的空军部队。我举了个例子说明，在阿留申群岛，日本人的飞机大概不超过100架，可能接近50架。为了对付这50架日机，我们部署了大约215架飞机。在西南太平洋战区，从西里伯斯海到所罗门群岛，还包括临近的一些地区，日本人一共也就是300架战机。在这同一战区，我们的飞机部署是：澳大利亚接近500架、太平洋诸岛130架、夏威夷250架，所有这些飞机都可以在三十六小时内集中，对关键地点实施空中打击。

我还对马歇尔将军说，要想在这场战争中赢得决定性胜利，就必须对轴心国力量的中心——德国的工业基础——实施连续的、无情的空中打击，从任何可资利用的机场出发。我还建议，主要的空袭行动应当从英国诸岛发起，像北非这样的军事行动只能是对主攻作战的补充。

在备忘录末尾的一段，我说自己觉得这个问题事关重大；我们不仅不能增派飞机去太平洋，反倒应该集中兵力，从太平洋抽调飞机去北非和欧洲战场。

当然，我的这番建议，既不可能说动那些海军高层官员，或许连麦克阿瑟将军也不会听得进去。后来的事实果真如此。

我一直非常尊重像亨利·凯泽①这样伟大的工业家，他以非凡的能

---

① 亨利·约翰·凯泽(Henry John Kaiser，1882—1967)，美国实业家，被称为美国现代造船业之父，是凯泽造船厂、凯泽铝业公司、凯泽钢铁公司等100多家公司的创始人。他很早就提出对欧洲遭受纳粹侵略的国家实施援助。二战期间，他在加利福尼亚州的里士满建立凯泽造船厂，用焊接取代铆接技术，大大提高了船舶制造效率，平均每四十五天就建造一艘，最快的一艘用四天时间就完成了，这些船被人们称为“自由轮”，四年时间共造了1 490艘。——译者

力创建了一个又一个战时企业，而且总是能顺利实现他的产量规划。其他的一切都可以听他的，但飞机除外。我觉得自己已经和飞机打了三十年交道，总是应该比亨利·凯泽更懂一些飞机及其制造吧。

所以，当他带着关于飞机的新点子来到华盛顿，我并不是百分百地相信他，特别是当他提出想制造一种大型的、尚未得到论证的运输机，以取代当时标配的运输机时。我建议他先与飞机制造商们联系一下，比如格伦·马丁、唐纳德·道格拉斯，以及那些在运输机制造方面有成功经验的人，和他们一起聊聊这个过程中可能会遇到的困难。

一般来说，在大佬身边工作的人往往都唯唯诺诺、口口称是，他们按照老板的意思办事，从来不提反对意见，直到大佬们自己认识到问题的存在。在我看来，这就是1942年时候发生在凯泽先生身上的情况，他提出要建造大型货运飞机，是为了对付纳粹潜艇的威胁。

我觉得他在两个方面得到的信息是错误的。首先，是关于他设想中飞机的实用性；其次，是这个项目启动的时机。我记得很清楚，在华盛顿的陆海军俱乐部曾开过一次会，出席人员有凯泽先生、陆军后勤部队司令萨默维尔①将军、地面部队司令麦克奈尔将军、陆海军军需委员会主席埃伯斯塔特先生，还有其他一两个人。在场的几乎所有人，都以一种礼貌的方式，向凯泽先生解释了研制大型货运飞机可能遇到的困难。萨默维尔将军讲话一向很直率，当他听到凯泽把自己与亨利·福特进行比较的时候，萨默维尔的眼神里就开始冒火了。他说，凯泽先生可能觉

① 布里恩·伯克·萨默维尔(Brehon Burke Somervell，1892—1955)，美国工程兵上将，二战时期任美军供应部长，五角大楼的建造者。1914年毕业于西点军校，参加过一战。1940年受命组建陆军军需兵兵种。1941年任陆军助理参谋长，掌管供应与军需分配事务。1942年出任陆军后勤部队司令，晋升中将，曾出席卡萨布兰卡、德黑兰、雅尔塔和波茨坦等一系列重要国际会议。史迪威离开中国后，罗斯福总统曾一度将其列为中国战区参谋长的后备人选。——译者

得自己比亨利·福特更强。接着两个人就你一言我一语、冷嘲热讽地呛呛起来了。其实，这次会议开得很没气氛，与报纸上的报道恰恰相反，根本没有什么思想上的交锋(我本来很希望如此)！我是那次会议的主持人，整个议程平铺直叙。萨默维尔将军和凯泽先生都没有出席会后的正式午餐。

现在大家都知道了，亨利·凯泽先生设想的大型运输机在战争期间始终没有完成。一直到1948年7月，它依然是一个没有得到实测论证的项目。

在华盛顿还有另外一场“战斗”，是关于反潜作战的。起初，在日本人偷袭珍珠港的时候，无论陆军还是陆军航空队都没有足够的飞机开展反潜作战。早在12月8日，也就是日本人偷袭的第二天，第1轰炸机司令部司令就部署开展了海上侦察飞行，以确定可能入侵的敌军的方位。这项任务是与海军东线司令部联合进行的，1942年3月26日以后，这项任务由海军单独负责指挥。船只护航行动在4月份开始，正式护航系统也于5月份启动运作。到了1942年夏天，陆军航空队和民间空中巡逻队的警戒巡航范围已经覆盖了东部和海湾沿岸，面积达100万平方英里。1942年8月，在古巴和特立尼达岛地区开始尝试开展反潜巡逻。10月份，又启动了一项陆军、海军和民间空中巡逻队的飞机开展联合巡逻的计划。在1942年1月到1943年3月的一年多时间里，通过空中巡逻共发现敌军潜艇241次，对其中的147艘发起了攻击。成效还是很明显的，敌军潜艇出现的次数下降了，大西洋沿岸再没有发生过重大沉船事件。U型潜艇被赶到了我们飞机巡逻覆盖范围以东。到1943年底的时候，陆军航空队有25个陆基飞行中队、大约254架飞机承担反潜作战任务，作战基地分布在从纽芬兰到古巴、特立尼达，从英格兰到南非的广大地区。

当海军配备了更多的飞机以后，便从陆军航空队反潜司令部手上接过了这项任务。根据 1943 年 7 月的一份备忘录，一旦海军完全做好了接手反潜任务的准备，陆军就退出反潜作战；但是，一旦海军需要，陆军的反潜飞机就必须继续配合。而且，如果海军要求，陆军就得把这些装备移交给海军，直到他们拿到了自己的装备。这条政策不仅适用于美洲战场的反潜作战，还适用于欧洲战场。

不过，大西洋对岸的情况和我们这里有些不同。英国人主动提出来，希望保持皇家空军与美国陆军航空队的反潜协作。在美国陆军和海军就反潜任务移交达成一致意见后，温斯顿·丘吉尔写了一封信给美国战争部长，落款日期是 1943 年 7 月 22 日。在信中首相先生写道："我们热切希望美国海军先承接其他战场的独立反潜作战，最后安排东大西洋地区。假定如此，就不仅仅是目前与英国海岸警戒司令部合作的两个陆军飞行中队要继续履行此前的职责，还有另外四个陆军飞行中队也要继续开展反潜作战，直到海军的中队完成全部训练，可以来接替他们。"

丘吉尔来信让我们的工作变得更加复杂。其实陆军航空队从一开始就不想沾反潜巡逻这档子活儿，之所以强加在我们头上，主要是由于战争初期的飞机和装备短缺。没有一个部门愿意接手，只能由我们陆军暂时揽下来。但它确实又占用了我们不少兵力和装备，我们真的想把它还给海军，因为这本来就是他们的本职工作。

我觉得美国公众从没有机会真正了解，美国陆军航空队和英国皇家空军在英格兰外海开展的反潜作战取得了多么辉煌的成功。大约有六分之五的纳粹 U 型潜艇，散布在法韦尔角、合恩角、好望角之间数百万平方英里的海域内作战，它们必须穿越比斯开湾返回自己的维修基地，我们从英格兰南部起飞的飞机可以在那儿发现和攻击它们。到了 1943 年 5 月，82%的 U 型潜艇在穿越比斯开湾时被我们的飞机发现。7 月份的时候我们发现了 71%。在海湾作战的远程 B－24 轰炸机报告，逃脱的潜艇约占七分之一。同月，其他的作战飞机报告，逃脱潜艇的比例只有十六分之一。还有，培养一个能够成功开展反潜作战的飞行员大概要八个月时间，培训飞机上的观测员和无线电报务员也要四五个月时间。看到这里大家就可以理解了，为什么丘吉尔首相不愿意让美国陆军航空队在这个关键时刻被调离。后来，经过一系列的争论和协商，丘吉尔获胜了，最终那两个美国陆军航空队的飞行中队被留在了英格兰。

我们之所以比海军更早地承担了反潜作战任务，尽管当时我们自己也一点儿都没准备好，主要是由于我们在自己的 B－18 轰炸机上安装了必要的雷达装置并投入实战，这比海军拥有这种设备要早。我们甚至还组建了一所雷达学校，专门开展反潜培训。在我看来，这一状况导致的最大问题是：当时陆军动用自己的远程轰炸机从事反潜巡逻，而海军却继续按部就班，在他们要求优先配备的装备中，却偏偏不把远程轰炸机列进去！

还有一个从战争一打响我就比较关心的，就是空军人员的身体健康问题。从空军组建伊始，就有一个很明显的情况，就是空军部队外科医生所面临的任务，与陆军部队的普通军医是不一样的。除了神经高度紧张的战斗经历、在地面 5 英里以上的缺氧环境飞行所带来的特殊精神问题，还有高海拔造成的手指和脚趾冻伤，我们必须选配合适的飞行服以防止此类冻伤。

当时“战斗疲劳症”相当普遍，有的机组成员确实是执行了太多的作战飞行任务，真的精疲力竭了，当然也有的是找个借口装病。一名空军部队的航空医官，要能够凭着自己对飞行员的了解、他们的性格和为人处事方式，判断病情的真假。

我们的空军部队在全球各地作战，飞行员们有可能碰到从极地地区的极寒到赤道附近热带地区的各类疾病。飞机可以在几个小时里面从一个极端气候飞到另一个极端，而换成是地面部队，这往往要花几个星期或几个月的时间。

接下来的问题就是如何建好医院，照顾好那些返回基地时候已经负伤或者身体状况不佳的飞行员们。有个情况大家都知道，一旦某个人被送进了医院，他就失去了自己的身份，而变成了一个“数字”。不管他的病情、残疾和康复情况如何，他都必须按常规、走流程办事。这样的结果就是，在普通的陆军医院，很多人是被拖住了，其实他们早就可以返回部队，或回到国内与自己的家人团聚。我个人一直都不赞成我们对待伤病员的现行模式，尤其是我自己在一家陆军医院待过以后，尽管当时我这名病号已经是四星上将了。

所以我决定，和我们的高级外科专家格兰特将军一起，一定要在陆军航空队建立起我们自己的医疗系统，因为我们的飞行员们需要得到特殊的照顾。

我们遇到的下一个问题是，如何让伤病飞行员在最短时间里被送回到国内的空军康复医院。这需要一个高效的空中运输系统来保障。为了让这些伤病员在回国途中得到妥善照顾，还必须配备熟悉飞行带来的特殊问题的专业护士。因此，我们组建了一个“空军护士团”，并在国内建立了一所专门学校来培训这些护士。有人曾经问起：“你为什么非要搞一个空军护士学校？”答案很简单：没有其他的办法找到这些专业人员。

我们的空中医疗工作者很快就成了这个领域的专家。我们发展建设了一套随空军部队作战的医疗系统。比如，有一次我们位于阿拉斯加州诺姆市的一家陆军医院被烧毁了，仅仅六天之后，一家设备齐全的、拥有 25 个床位的全新医院，就从 3 400 英里之外的地方被空运过来。在肯尼将军率领他的航空队转战于新几内亚的欧文斯坦利山脉期间，有两家野战医院始终伴随着他们。一家 50 个床位的医院从北非空运到西西里岛，当中跨过 44 英里宽的地中海，从这一头拆卸到那一头安装好收治伤员，一共只需要两个半小时。

飞行疲劳症是我们面临的最严重的问题之一。我们在遍布世界各地的战场都建立了休息营地。我们的航空医官一直睁大眼睛盯着这些飞行员，以便及时发现哪些人需要休整，这是为了延长他们作为战斗人员的服役期，或者他们也有可能需要永久地退出作战部队。

大家都知道，为了解决战后伤员康复问题，我们在美国各地建设了很多特殊的康复中心，帮助那些残疾飞行员在平民生活中重新找到自己的位置。记得有一次我去走访位于纽约州珀林市的康复中心，观摩了一段霍华德·鲁斯科医生组织的体能训练。看到两名小伙子，在一块帆布弹簧垫子上练习跳跃，但又不停地摔倒。有人告诉我，“其中一位只剩下一条腿，还有一条腿装的是假肢。您能看得出来吗?”我仔细观察两个小伙子，他们不停地在垫子上跳跃、俯身倒地，用肩膀和背部着地，然后再站起来，又练习单腿跳，但还真是很难分辨出来哪个人只有一条腿。最后，其中一个人从垫子上跳下来，另一个人继续做动作。他们又问我：“现在，哪一个人是用假肢的?”但我还是看不出来。

在战争中，任何一支部队的指挥官，无论这支部队是大是小，他都不能一直板着个脸。他还是要有人情味儿。我发现，一名指挥官经常问下属一些问题，可以让他收获颇多。比如，“在食堂里干多长时间了?”“车开了几年了?”“你是哪个兵站出来的?”“哪个军校毕业的?”“过去接受过什么培训吗?”，等等。有时候我会无意中发现，和我聊天的小伙子本来接受的是飞机技师或引擎技师培训，现在却蹲在食堂里削土豆皮，一削就是三四个月，而且是在我们所有部队都急缺飞机技师或引擎技师的时候。无论哪个部队，为了把“方螺丝放在方洞里，圆螺丝放在圆洞里”，往往都要经过一番争斗。

我一直不断到外地出差，视察空军的各个部队和机构：军事基地、培训学校、医院、工厂、仓库、着陆场，有时候这也是放松自己的一种方法。在这些旅行中，我偶尔会安排去打猎和钓鱼。我记得有一次，在视察完堪萨斯州一家负责为 B－29 飞越太平洋做最后检修的空军基地后，几位北达科他州的朋友邀请我去打野鸡。飞到俾斯麦市后，我们借了辆车，开到能够打到野鸡和松鸡的地方，高兴地玩了一整天。那里的鸟太多了，后来我们都打不动了。在返回俾斯麦市的路上，距离目的地还有大约 70 英里的时候，汽车轮胎被扎破了。

我们只好把打来的野鸡和车里的装备都卸下来，看看是否能找到什么工具换轮胎。备用车轮和轮胎都找到了，但就是没有工具。我们拦停每一辆路过的汽车，但他们提供的工具没一个合适。我记得其中有一辆运送动物尸体的破卡车，开车的是两位印第安人。他们非常乐意帮忙，但就是工具型号对不上，最后只好离开了。慢慢地，天就要黑了。就在我们打算放弃而另谋出路的时候，看到一辆轿车的灯光从俾斯麦市方向过来。等开近了发现是一辆“福特”，车里有一位老农场工人和他的儿子。他们是去俾斯麦度假的，玩得非常开心。当我们问起是否可以借用他们的换胎工具和千斤顶时，他们的回答简直笑死人。他们可以给我们工具，要轿车也可以，如果我们需要，连农场也可以送给我们！

在换轮胎的时候，我手下的几名军官和老农夫聊起天来，大家很快就混熟了。当所有的问题都搞定了，他们送给老农夫两只野鸡表示感谢。这时候一名军官走过来，说想介绍我给那位老人家认识。我说：“介绍我？好吧，不过他一定不会知道我是谁。”

我穿着狩猎装，看起来可能和北达科他州所有外出打野鸡的人都差不多。青年军官把老人家带过来，介绍说：“鲍威尔先生，我想请您见一下阿诺德将军。”老人家和我握了握手，说：“很高兴认识您。”青年军官看他并没有多大反应，又接着说道：“可是，鲍威尔先生，您可能不知道。阿诺德将军是我们的总司令，掌管着所有的飞机。你看到的那些在美国飞来飞去的飞机，都是他管的。我们所有的飞机，包括在全世界和德国人、日本人打仗的飞机！”

老农夫眼睛直盯着我看，说：“这对我没有任何区别，我还是很高兴认识您!”

后来，我和马歇尔将军一起又在这个州打过一次猎，是我这辈子记得最清楚的。为什么记得最清楚，是因为我这个陆军航空队总司令差点儿就回不去了。

在这边的乡下打野鸡，一般都是把六名猎人编成一组。其中三四个人站在玉米地的另一头，其他人沿着玉米株列当中的沟垄往前走，把他们前面的野鸡往另一头赶。少数野鸡在赶的过程中会飞出玉米地去，但大部分都是在猎人前面沿着沟垄闷头跑，直到看见早站在另一头等着的人。这个时候野鸡们只好猛然调头向左或向右，连跑带飞逃出玉米地。

所以，大家往往在赶野鸡的大部队的“侧翼”，留守两个人打伏击。这一回打猎，我就是那“侧翼”的伏兵，走在玉米地沟垄里面那些猎人的前面一点儿。当我们接近站在另一头的猎人时，看到整个玉米地里简直有数百只野鸡。这个时候我保持着高度警惕，因为我知道我们越走越近——离得太近了，事实上，只要前面有人开枪，就可能会打到自己人。突然，一只野鸡从玉米地里蹿了出来，正好朝着我飞过来。我知道自己这时也处在猎枪开火的方向，连忙低下头。

一股强烈的冲击力扑面而来，幸运的是当时我刚好戴着一副厚墨镜。有几颗 6 号弹丸穿透了我猎装帽子的数层厚布，击破了我头皮和前额的皮肤。还有五六颗弹丸打在了厚墨镜上，我的脸上也中了五六颗。身上的猎装被打得像筛子一样，还好我在猎装下面多穿了件厚衬衫，弹丸没有穿透。还有一颗弹丸击中了我的大拇指。我离得如此之近，猎枪开火的冲击力把我重重地向后掀翻在地。

当我坐起来，在身上四处摸了一下，发现自己满脸都是血。我不知道自己伤得有多严重。事实上，因为血流得太多了，我想有可能是半边脸被打飞了。我把手绢拿出来，开始擦脸上的血。一切还好，只是有五六颗弹丸打进去太深了，搞得血流不止。在做了急救处理之后，我们还继续打猎。那天晚上，当我满脸缠着绷带找到俾斯麦市当地的一位医生，问他伤口还是新鲜的，是不是可以把弹丸取出来。他告诉我，那样处理猎枪弹伤口是不对的，正确的方法是把弹丸先留在里面。所以直到今天，我身体里面依然还带着那些弹丸。在我漫长的军事生涯中，就负过这一次伤，不是在战场上打仗，而是在打野鸡的时候。

第二十一章　只有一间房，只能挤着住；谁将得到增援？翼展全球；肯尼的来信；苏联人不满意

从日本人偷袭珍珠港那天开始，我们心里就明白，菲律宾肯定是守不住了，尽管麦克阿瑟手下的地面部队和空军都进行了英勇的抵抗。我们没有办法及时增援被围困的部队。因为缺船、缺海军、缺空军、缺陆军，我们根本无法阻挡日军前进的脚步，只好眼睁睁看着他们彻底征服了印度支那、马来亚、缅甸、荷属东印度，接着又席卷了新几内亚，进而威胁着新喀里多尼亚和澳大利亚，迫近埃利斯群岛。

我一直都这么认为，如果日本人计划周详，如果他们有足够的部队和舰船，他们一定会继续进攻夏威夷，实施登陆作战并占领那些岛屿。

在战争爆发的早期，真正制约日本人进攻步伐的因素，只有时间、空间和他们的海运能力。我们在荷属东印度地区的 ABDA 盟军联合司令部，对迟滞日军南下并没有发挥多大作用。马来亚和缅甸的英军根本不是日军的对手。日军第一次进攻新喀里多尼亚和埃利斯群岛受阻，其实是被他们自己的后勤补给所拖累。日本人的补给跟不上进攻的速度。在北太平洋和阿留申群岛也一样如此。日本人的进攻步伐被拖住，只是因为他们没有足够的军队和物资，也没有足够数量的舰船维持交通补给线的畅通。

那么问题就来了：日本人和德国人有没有在南亚地区会师的明确计

划？隆美尔兵团会继续东进与日军会师吗？如果他们有这样的盘算，现在算成功阻止他们了吗？坦率地讲，当时我也不知道。但现在我十分怀疑，无论德国人还是日本人，是不是真的曾经有过这样的战略设想。过去我一直相信他们有。

现在回过头去看，在我看来，日本人在占领了自阿留申群岛至威克岛、吉尔伯特群岛、所罗门群岛、新几内亚、爪哇、苏门答腊、新加坡和缅甸的前沿警戒圈之后，除了防守以外，他们并没有什么进一步的计划。从那个时候起，他们看上去只想守住自己已经占领的地盘，最大限度地利用好眼前的机会。日本人失去了继续进攻的能力。他们既没有足够的补给，也没有这样的远见能够让他们认识到，防守这么大一块地盘，注定是要失败的。历史一次又一次地证明，没有哪一场战争是单凭防御作战而获胜的。中途岛战役并不是日本人发起的总攻，那只是一次有限的进攻，目的就是为了占领中途岛。

我一直搞不懂，日本人为什么没有挺进那最后12英里，占领新几内亚的莫尔兹比港。从那儿，他们可以很轻松地攻占澳大利亚北部地区，说不定还能打得更远。当然，阻挡他们进攻莫尔兹比港的盟军部队也不在少数，等着他们的还有散布在莫尔兹比港四周各个机场的陆军航空队。但无论如何，这场仗还是值得日本人赌一把的，如果他们拿下莫尔兹比港，达尔文和汤斯维尔就唾手可得。

1941年12月7日，摆在我们空军面前的问题是，尽快组建足够的战斗部队，派到遍布世界各地的战场；与此同时，还要在国内相应地组织飞机生产，培训飞行员、投弹手、熟练技师，等等，数量上要满足所有战场不断增长的作战力量的需求，还要包括战斗损耗。

德国空军一个最主要的错误就出现在战斗损耗的替换补充上。德国空军统帅没能提供足够的后续补充力量，包括飞机和机组人员。他们也没有认识到损耗补充率的重要性，为了保持持续的空军作战能力，有时候每个月的损耗补充率会高达百分之二十五。皇家空军也一样。所以，当纳粹空军最终与皇家空军交手的时候，双方都没有为这场殊死较量做好万全准备。双方空军的人员和飞机损失都是如此之大，而替换补充力量却像是水桶里的最后一滴水。到了不列颠空战末期，德国空军和英国皇家空军都暂时耗尽了力量，空战只好停了下来。

日本空军同样无法弥补其战争中已经发生的损耗，以维持原有战斗力。随着太平洋战争的进行，日本人发现他们富有经验的统帅、飞行员、作战参谋和最优秀的技师很快就损失殆尽。而随着我们在太平洋战场上的推进，日军精锐部队逐渐被抛在后面并被包围在一个个孤岛上。那些专业人员的损失，进一步削弱了日本空军的实力。没有哪一支空军部队在损失了成百上千训练有素的人员，特别是那些经验丰富的技师和作战参谋后，还能够保持原有的战斗力水平。日本人没有足够培训空军后续人员的资源，无论在中国，还是在日本本土。

在我看来，美国空军之所以强大，很重要的一点就是不计损失。随着战争的推进，我们派到德国去的后续部队，无论在数量还是战斗力上，一般都与作战中发生的损耗相当，甚至超过。在熬过战争初期的那段艰难岁月之后，不管德国人一天当中打下我们多少飞机，第 8 航空队都能得到相应的补充，有时候可能还会多一点儿。到了 1944 年晚些时候，我们遇到的抵抗就微不足道了。我们可以在任何时候飞到任何我们想去的地方，很少或根本不会遇到干扰。

和日本人的空战也是差不多情况，我们的力量一直在增强，他们的不断在减弱。在我们刚开始用 B－29 空袭日本的时候，我们还不得不保持在一定的高度(17 000 英尺以上)或在夜间作战，而且损失相当大。到日本人快投降的时候，对日轰炸其实就由着我们的意愿了，按照我们选择的飞行高度(低到 8 000 英尺甚至 5 000 英尺)，而且几乎没有任何损失。在战争的尾声阶段，我们用以执行原子弹轰炸广岛任务的 B－29 轰炸机都没有安装保护装甲，甚至连机枪都没有。当他们去投原子弹的时候，我们可以肯定，随便哪一架 B-29 在飞抵目标上空的过程中都不会遇到拦截，所以我们压根儿就没有为这些装载着宝贝炸弹的轰炸机安排护航。

尽管从理论上讲，在战争末期的时候，德国人拥有的飞机比战争爆发时还多出上千架，日本人在投降时的飞机数量也与开战时差不多，但他们已经没有训练有素的机组人员、技师和油料。而我们什么都不缺，所以我们才敢那样放手去做。

但在 1942 年的时候，我们的远程护航战斗机和 B-29 都还没有研制成功。在对瓜达卡纳尔岛和新几内亚对日作战情况进行了数月的观察之后，参谋长联席会议认为，我们在太平洋战场的进攻战术必须做出调整。罗斯福总统在一次他亲自出席的参谋长联席会议上说，如果我们继续按照眼下的打法，穿过太平洋打到日本本土要花上两千年。我们讨论了很多作战方法，最后提出了“蛙跳”战术，我相信是马歇尔将军提出来的，作为南太平洋和西南太平洋两个战区的指导战术。凡是遇到日本人防御坚固的岛屿和地区，我们统统跳过去；同时日本人的补给线已经被拉得过长，根本无法增援、补给被围困的部队。被跳过去的日本驻军只能就地想办法，他们可能穿越丛林与其他驻军取得联系，但最终都因为饥饿和疾病被拖垮；这些地方也被选作我们从美国本土增援过来的轰炸机部队的空袭目标。

不过，在 1942 年 1 月的时候，我们对未来却不是那么有信心。1942 年 1 月份到夏末的那段日子，是美国人充满困惑、疑问和犹豫不决的一段岁月。就在那个时期，日本人和德国人在很多地方都是高歌猛进。隆美尔正向埃及推进，英国人一退再退。纳粹海军的袖珍战列舰“沙恩霍斯特号”和“格奈森瑙号”从法国军港布雷斯特逃回了德国。英国和美国人民都在呼吁战斗，但无论我们采取什么样的军事行动，似乎都没有用。

当时日本人正席卷马来亚半岛，攻占了新加坡，还捎带着空袭炸沉了“反击号”和“威尔士亲王号”战列舰，最后占领了缅甸全境。英国人发来请求紧急救援的电报：“救救远东皇家空军！救救缅甸的地面部队！”看起来英国人首先考虑的还是要保住大英帝国留下的家产，其次才是尽量在一个主战场作战。

有这种想法的不仅仅是英国人。美国国内的人们也是一样，有的要求增援麦克阿瑟，有的要求保住菲律宾，也有的要求援助我们自己在太平洋岛屿上苦战的部队、增强阿拉斯加的防御，还有的呼吁帮助中国人。有些人甚至反对派部队去欧洲参战。

马歇尔将军和哈利·霍普金斯专程去了趟伦敦，商讨1942年的战略计划，以及英美双方高层都十分关注的、在1942年或1943年某个时候在西欧实施登陆作战的问题。具体登陆时间将根据欧洲战局发展视情况而定，比如：苏联人的仗打得怎么样，是顺利还是恶化；北非英军是否能够抵挡住隆美尔的攻势；隆美尔是否会攻占埃及。

为此我们制订了一系列作战计划，包括：“体操家计划”（在西北非实施登陆）“磁石计划”（在北爱尔兰集结部队）“波莱罗计划”（集结准备在欧洲西北部海岸登陆的远征军）“围捕计划”（1943年实施登陆欧洲的军事行动）“大锤计划”（在条件允许的情况下实施欧洲空降作战）及“火炬计划”（修改后的“体操家计划”）。其实在伦敦的那几周时间，我们还讲不太清楚到底采用哪一个计划，以及什么时候实施，有太多的不确定因素。直到1942年夏天，大家才基本上同意采用“火炬计划”和“围捕计划”，同时集中我们的重型轰炸机对德国境内实施连续不断的空袭。“大锤计划”总是被英国人晾在一边，最后变成一叠废纸扔到窗外去了。

美国陆军航空队继续在英格兰集结尽可能多的轰炸机，摧毁那些能够对德国战争能力造成最大损害的目标。

空军参谋部认为——这种观点我也完全赞同，每一次我们改变自己对如何打赢这场战争的战略构想，调整不同战区之间的战略次序；每一次将重型轰炸机从英格兰调往北非或南太平洋，我们其实都是在延迟对德战争获胜的时间。从这个角度来说，再多派两三个重型轰炸机大队给西南太平洋战区的麦克阿瑟，或者给缅甸和中国，看起来都是一种浪费。

比如，1942 年初春，我们决定调派装备 B－17 的第 97 轰炸机大队、装备 P－38 的第 1 驱逐机大队和装备 P－39 的第 31 驱逐机大队去英格兰，途经缅因州的普雷斯克岛、拉布拉多的古斯湾和爱尔兰。法兰克·奥德利·亨特将军负责指挥这次行动。在飞越大西洋的时候，B－17 领航飞在战斗机的前面，以便保持整个机群的飞行队形。三个大队先移驻缅因州，在那里进行最后的训练，就在这个时候日本人的联合舰队开始向中途岛进犯。

华盛顿发来命令，所有飞机暂停飞往英格兰，并指示第 97 轰炸机大队和第 1 驱逐机大队飞往西海岸，归属西部防御司令部指挥，直到所罗门群岛战役的局势明朗以后再做决定。与此同时，第 31 大队的 P－39，由于缺少 B－17 领航而无法飞越大西洋，只好装船运往英格兰。到了英格兰以后，它们和英国人的“喷火式”战斗机一起被列装部队。

6 月 2 日，第 97 大队离开新英格兰的驻地，第二天飞抵我们位于西海岸的空军基地。当他们在那里集结待命的时候，总参谋部认为太平洋战场的危急局势已经过去，于是 6 月 18 日，该大队再次返回它们原来的驻地，准备飞越大西洋。第 1 战斗机大队并没有往西飞太远，还在北卡罗来纳州的莫里斯空军基地，于是也调头东返原驻地。

6 月 23 日，装备 B－17 的第 97 轰炸机大队、装备 P－38 的第 1 战斗机大队，开始了穿越北大西洋的航程。紧接在他们后面的还有第 92 和第 301 轰炸机大队、第 14 战斗机大队、第 64 运输机大队。到 8 月底的时候，总共有164架P－38、119架B－17、103架C－47飞越大西洋抵达英格兰。

在如此大规模的长途转场行动中，我们本来预计损毁率可能会达到10%。但实际上我们的损毁率只有4%，先后有862架各种类型的飞机成功完成跨大西洋的艰苦跋涉，完好无损地抵达彼岸。

派到欧洲的所有美军战机，全部归斯帕茨将军指挥，他是和艾森豪威尔差不多时间去的英格兰。第8轰炸机司令部，担负着我们对德作战的重托，由艾拉·C·埃克准将指挥，他是2月20日和自己的第一批核心参谋班子一起抵达伦敦的。但刚开始他手下没有飞机，直到那年夏天，才有了与"轰炸机"哈里斯和其他热衷夜间轰炸的皇家空军将领进行争论的本钱。事实上，一直到7月4日，他才拿到第一批B－17，此前他全部的空军力量只有一个A－20中队，还是准备开往北非战场而临时归他指挥的，另外还有一个AT－6教练机中队。

这是一段苦日子，你既要坚守美国空军日间精确轰炸的作战理论，但又没有一架飞机可以证明自己的观点。从5月30日第一次"千机轰炸"开始，对德国实施大规模空袭的观点在皇家空军中越来越流行。但是从公众舆论来看——包括在德国也一样，戈培尔控制的新闻机构对此进行了猛烈的抨击——皇家空军这种在夜间对德国城市进行狂轰滥炸的方法，成了舆论批评的焦点。但对夜间轰炸理论的倡导者哈里斯和皇家空军轰炸机司令部而言，这才刚刚是个开始。而且他们手上确实有真家伙，"兰开斯特"和"哈利法克斯"重型轰炸机，早在1936年的时候就进行蓝图设计了。

在美国陆军第8航空队的先遣部队抵达英格兰以后，哈里斯像过去一样，继续推销他的理论。对他来说，我们巨大的装备能力是个不小的诱惑。如果我们的B－17和B－24不能和皇家空军一起进行夜间轰炸，这是我们一直坚持的，那么，不少英国高层人士提出来，能不能把美国巨大工业生产能力中的一部分转向制造“兰开斯特”。不管怎么说，眼下无论日间轰炸还是夜间轰炸，都是皇家空军独自挑着重担啊！尽管英国人的态度一直都很友好，但就是一直死缠着不放。我们在华盛顿被缠得够呛，我们知道，“图伊”·斯帕茨、艾拉·埃克、乔治·肯尼和其他一些陆军航空队指挥官的日子也不好过。

艾拉·埃克一直都是个很有外交天赋的人，这让他在帮助陆军航空队渡过这次难关上发挥了领导作用。有一次，时间还是比较早的时候，他在海威考姆勃市的一座大厅里参加晚宴，英国著名政治家迪斯雷利首相曾在那里发表过演讲，有一位热情的英国客人请求他为大家讲几句。埃克站了起来，我猜他那腔调一定也像那位维多利亚时代的首相。“我们不喜欢多说，”埃克平静地讲道，“除非我们参加了足够多的战斗。当我们离开的时候，我希望大家能够为我们曾经来过而感到高兴。谢谢各位!”——说完就坐下了。

后来，在卡萨布兰卡会议上，那个时候埃克的第一批飞机和机组人员已经形成了真正的战斗力，埃克凭借他对于日间轰炸理论驾轻就熟的把握，在会议上给我帮了大忙。在斯帕茨、安德鲁斯和埃克的支持下，我成功说服了罗斯福总统、丘吉尔首相和英美联合参谋长委员会，让他们更倾向于相信日间轰炸的功效。

起初我们不太确定应该采取什么方式发动进攻，不同战线的盟军战友们给我们提出的建议也是互相矛盾的。但有一点我们心里非常清楚，就是我们必须把日间轰炸付诸实践，而且一定会成功，德国人该尝尝我们的厉害了。这不同于英国人的夜间轰炸，究竟取得多少战果连他们自己都讲不清楚。

我们有一个必须面对的因素就是天气，特别是白天的天气，一直像德国人一样和我们作对。刚开始的时候，每个月可以用来作战的时间平均只有七天。因为我们的飞行员必须要能够看到轰炸目标。起初，领航员只能透过朦胧的云层来寻找目标；投弹手也只能凭借自己的肉眼，通过投弹瞄准器来进行瞄准。后来发明的一系列精密仪器，像H2X、H2S、Gee－H和Oboe，让我们最终可以在任何天气状况下作战。这些仪器，是英国人和我们一起研发的，本来是想提高皇家空军夜间轰炸的精确度，后来发现这些小玩意其实对我们的帮助更大。两军的科研成果由大家共享，我们关于轰炸目标的情报也一样。

我们知道，我们发动的空袭作战应该要有远程战斗机护航；但同时我们也知道，我们根本等不起。战争，就是一场竞赛。战争结束以后，我们发现，尽管德国遭受了两年连续不断的空袭，但是她的技术研发和地下组装能力依然不可小觑，就是一个例证。我们的远程战斗机P－47，一直到1943年7月，才能够为轰炸机护航340英里远。经过不懈努力，到1944年2月，最远飞行距离才提高到425英里。P－38最远可以飞到585英里。护航战斗机中飞得最远的是P－51“野马”，配有外挂油箱，可以飞825英里，它们常常在B－17和B－24前面充当开路先锋，足以横扫德国全境。

但对1942年8月17日而言，1944年2月依然还很遥远。这一天，第8航空队对法国港口鲁昂发动了一次小规模空袭。同样大家也就可以理解，我们为什么会为8月21日英吉利海峡上空的第一场空战而感到兴奋不已——9架B－17对战25架福克沃尔夫190——事实证明“飞行堡垒”可以单独执行空袭任务，此前的任何轰炸机都做不到这一点，它们必须要有护航。即便是在那个糟糕的1943年10月，在深入德国腹地第二次轰炸施韦因富特的任务中，参加日间空袭的力量损失了28%，但当月的总体战损率也只有7%。到了1944年10月，战损率降到了2%，1945年3月降到了1.4%。此时造成伤亡的最主要因素是敌人的高射炮，而不是战斗机，特别是在远程空袭中，默塞堡、伯利兹、布鲁克斯等地油田目标的防空炮火十分猛烈。

按说我们在欧洲战场可以更早些拿到远程 P-51 战斗机。之所以没能早一点儿，那完全是我们陆军航空队自己的错。下面的故事是不是应该在这里讲出来，我自己也思想斗争了许久。7 年来，我们空军的人，无论是现役的还是已经退役的，都在私下里议论这件事。不过在我看来，这也是这场战争中最幸运的"奇迹"之一，在最紧要的关头，我们的远程护航战斗机终于出现在德国的天空，为我们实施空袭的轰炸机及时提供了保护。实现这一成就的人，恰恰就是起初犯错误的那批人。

简单地讲，1940 年的时候，北美航空公司总裁，绰号"德国佬"的金德伯格①被指定为英国人制造 P-40。"德国佬"认为替别人生产 P-40 没有前途，于是要求自己的工程师设计全新概念的战斗机，并使之成为一种现代化的飞机。这种飞机的设计图——就是 P-51——于 1940 年 5 月完成，被提交给英国人，作为 P-40 的替代品。我们陆军航空队自己的装备处对此不是很感兴趣，不过他们还是说了，如果北美航空公司把这种型号的战斗机生产出来了，要免费提供两架样机给我们。

1940 年末，首架样机完成。但批量生产直到 1941 年中期才开始（《简氏世界飞机》一书中称 1941 年 12 月才开始）。1941 年春天我到海外视察的时候，汤米·希区柯克②和驻英大使怀南特先生给我讲了有关

① 詹姆斯·霍华德·金德伯格(James Howard "Dutch" Kindelberger，1895—1962)，绰号"德国佬"，美国航空业先驱人物之一。1934 年任北美航空公司总裁兼总经理，1948 年任董事会主席兼首席执行官。1960 年退休，不再担任首席执行官，但仍保留董事会主席一职直到去世。二战期间，P-51"野马"战斗机一共生产了 4.2 万架。1935 年至 1967 年间，在金德伯格的领导下，北美航空公司成为美国制造军用飞机数量最多的企业。——译者

② 托马斯·希区柯克(Thomas Hitchcock Jr.，1900—1944)，美国著名马球运动员，陆军中校，死于 P-51 战斗机测试飞行事故。父亲是美国著名的骑术教练、国家马球队队长、美特宝马球俱乐部创始人。希区柯克 13 岁开始参加马球训练，1916 年赢得美国少年马球冠军。一战期间，他志愿退学参加"拉斐特飞行队"，在法国作战，座机曾被击落并被德军俘虏。他从火车上逃脱，白天隐蔽在树林里，8 个晚上步行 100 多英里逃到瑞士。一战后，他先后进入哈佛和牛津大学继续学业，（转下页）

P－51 的情况，尽管当时他们对它的了解也不多。1942 年 1、2 月间，具体时间记不太清了，总之是年初，斯帕茨和我去参观了北美航空公司的制造工厂——就是那个时候，我们才看到并检测了这种飞机，同时决定，我们自己的航空队也必须装备 P－51，尽管当时装备处已经调低了它的产量。

在战争期间我们还犯了很多其他错误。“蚊式”战斗机的事情就是其中一个。其实十分明显，从一开始我们就需要一种速度极快的飞机，能够在非常高的高空飞行，并拍摄航空照片。只要有了高度和速度，照相侦察飞机就能够逃脱德国战斗机的攻击。在美国，P－38 是唯一基本满足这些要求的飞机。我们想方设法把它改装成高空照相侦察机，效果不是太好。皇家空军用的侦察机是双引擎的“蚊式”，机身框架是用胶合板制作的，但它是二战中最有效的照相侦察机。对我们来说，最省事的办法就是从英国人那里搞到一些“蚊式”。

我想这应该很简单。我们通过租借或其他方式，已经援助了英国数以千计的飞机，让他们还上几百架“蚊式”应该是件小事。这样我们也就拥有了高空照相侦察机，省去了我们自己设计、制造的成本和麻烦。

起初，英国人告诉我们将在加拿大制造“蚊式”；我们可以直接从加拿大获取战机。后来，我们发现原定计划并没有执行。英国人又告诉我们可以按照设计图纸自己制造。这当然没有问题，因为我们此前曾经仿造过英国人的“梅林”发动机(把他们的公制设计图换算成我们的测量标准)。当我们向英国人提出购买一些“蚊式”战机时，他们回答说

(接上页)并多次率队赢得美国和世界马球比赛冠军。二战爆发后，希区柯克被任命为驻伦敦大使馆空军助理联络官，对 P－51 战斗机的技术改进发挥了重要作用，特别是在将原装的“埃里森”发动机替换为罗尔斯罗伊斯“梅林”发动机上。在 1944 年 4 月 18 日的一次飞行测试中，他未能将一架俯冲的 P－51 拉起，飞机在英格兰的索尔兹伯里坠毁。驻英大使约翰·怀南特亲自将这个不幸的消息告诉他的家人。——译者

自己还不够用，没有多余的可以分给我们。最终我们还是搞到了一些“蚊式”，但数量并不多，全都用在了地中海战场和英格兰。所以，我只好在国内寻找具备相似性能的飞机。只有一款机型看似能够满足要求，就是霍华德·休斯研制的那架声名远播的F-11①。我们的专家检测了这种飞机和它的设计图纸，以确认它是否能够完全满足我们的需求，报告说它可以。不过，等事情流转到了装备司令部的人那里，他们一致反对采购F-11。我觉得，他们最主要的理由是认为在战争结束之前我们拿不到飞机。当时我自己也相当怀疑，但是我又觉得如果我们不去争取，就更加一无所获，这与它是不是休斯研制的飞机没有关系。因此，尽管我也觉得有些不太靠谱，身边的参谋人员也一致反对，我还是下令购买这款名气很响的F-11飞机。最终事实证明我是错误的。战争期间，连一架F-11也没有交货。第一架样机是在战争结束大概一年半之后才交付陆军航空队的。与这架飞机相关的情况，战后成为国会弗格森委员会重点调查的问题。

在那段岁月里，有些事情只有你亲身经历了，接受了教训，才能有所长进。举个例子，中途岛战役的教训。通过窃听、破译日本人的密码通讯，我们得到情报，日本海军联合舰队正在向中途岛或者也可能是夏威夷扑来。于是，夏威夷以西美国海军的所有航空母舰和水面舰船都接到命令，全力迎敌。

1942年6月3日，一架水上侦察机在中途岛以西400英里的地方发现部分日军舰队。第二天，日本海军舰队的另一部分，包括重型航空母舰出现在中途岛以北180英里海域。这是日本海军在太平洋战场上最大

---

① F-11中的“F”在美国空军成立前被陆航用于表示照相侦察机，之后被美国空军用于表示战斗机，而侦察机改用“R”。F-11是第一种专门设计用于侦察任务的高性能侦察机，之前的F-1至F-10都是战斗机的侦察改型。合同规定F-11航程为8 047公里，最大速度724.2公里/时，是当时最快的双发飞机。F-11由美国航空工程师、企业家霍华德·休斯研制的D-2/D-5型飞机演变而来。——译者

的一次集结，很显然，他们是冲着中途岛来的，企图一举攻占它。

在中途岛战役两天的战斗中，我们的 B－17 和海军的陆基飞机频繁出击。“飞行堡垒”的机组人员都非常确信，他们不仅击中了一些日军大型战舰，还击沉了其中一部分。但事实上，这次是海军的舰载机及时赶到，击退了日军的舰队。这给我好好上了一课。

陆军航空队为了像中途岛这样的战斗，已经演练了很多年。但当机会真的来了，我们却未能达到自己预定的目标。

无论原因究竟是什么，在中途岛战役之后的好几个月里，陆军航空队都备受刺激。方方面面的人都在批评我们，高空精确轰炸的命中率并不高嘛！他们一而再、再而三地要求我们重新进行研究论证，以确保我们的轰炸作战理论没有跑偏方向。我们还应当继续推行高空精确轰炸吗？在什么情况下我们可能需要俯冲轰炸或低空轰炸？为了证明自己的正确，我们花了很长时间。

如何部署空军参加北非战役，也是一件颇费心思的事情。首先我们必须考虑，斯帕茨将军和艾森豪威尔将军对英国空军的态度是否一致。当然，在战争开始的一年半时间里，在欧洲战场上，空军是唯一对德国实施进攻作战的力量。地面部队只是在集结当中，直到他们拥有了足够强大的力量发动横渡英吉利海峡的攻势。在北非战役中，艾森豪威尔是最高司令官，斯帕茨是他的空军顾问，而杜立特负责指挥第 12 航空队。

杜立特的问题很复杂，就像我们此前讲过的。布里尔顿也一样，他的部队被配属给英国人，正在和特德、坎宁安、亚历山大、蒙哥马利并肩作战。

布里尔顿的重型轰炸机部队，承担着摧毁敌军海上运输线、港口和意大利舰队的战略任务。规模并不大的第 9 航空队，与皇家空军一起，对班加西和托布鲁克的港口进行了持续不断地轰炸，直到蒙哥马利突破艾尔-阿拉曼防线。据战报显示，他们将托布鲁克港的吞吐量从每天2 000吨降到了200吨。在班加西，一艘军火船被炸沉，爆炸造成的破坏降低了港口50%的吞吐能力。

第9航空队的战斗机和中型轰炸机，被编入了英军的沙漠空军特遣部队，直接配合英国第8集团军作战。他们的首要目标是摧毁敌军的飞机、坦克、汽车运输队和机场设施。为了实现上述目标，布里尔顿麾下刚开始时拥有一个P－40战斗机大队，一个B－25中型轰炸机大队，后来又增加了一个战斗机大队。这三个机动大队，再加上坎宁安的西部沙漠空军，他们紧跟在英国第8集团军的车轮后面，以便为地面部队提供最大限度的空中支援。参加沙漠联合空军部队的那一小部分美国空军人员，也随军一路向西进攻，后来与杜立特的第12航空队会师。他们颇为自己在沙漠空战中取得的成绩而深感骄傲，不过确实值得骄傲。他们创造了纪录，在向突尼斯推进的过程中，每击毁敌军42架飞机，我们自己才有1架坠毁或失踪。

在世界的另一个战场中国，我们在美国志愿航空队(AVG)的基础上组建了陆军第10航空队，“飞虎队”改编成我们的第23战斗机大队。1942年7月24日开始投入战斗，一般从重庆、云南等地的基地出发。总体而言，他们的任务是摧毁日军的机场、飞机；使用俯冲轰炸战术攻击敌人的炮艇、帆船和驳船。在那年夏天稍晚一些的时候，配备B－25的第11轰炸机中队也加入了第10航空队。

B－25对日军的船艇、码头、机场、补给仓库、部队驻地，以及其它我们掌握的、事关日军作战能力的重要目标都实施了空袭。在幅员辽阔的中国，比起其他战场部署的普通机型来，这里的B－25必须拥有更远的航程和更高的斗志。他们给飞机加装了油箱以增加航程；至于斗志，那只能靠他们自己了。

与欧洲战场上正规意义上的空战相比，他们在中国的空战其实更像是一种空中游击战。陈纳德①将军，凭借自己与中国人多年打交道的经验，还有他那神奇的、对日军下一步行动的精准预测能力，使得他能够在第10航空队灵活地采用各种队形和战术，这在其他任何战场上可能都是行不通的。

C·V·海恩斯将军是第10航空队实际上的指挥官；陈纳德将军是蒋介石委员长的空军顾问，负责指挥中国境内的全部空军部队。

与此同时，肯尼将军凭借着他的主动性和新技术，也克服了南太平洋战区的一系列困难，诸如海上远程飞行、在高山及热带丛林上空飞行和司空见惯的恶劣天气。

当登陆、围攻莫尔兹比港的日军推进到欧文斯坦利山脉一线时，我们就很有必要在山的背面一侧建立起空军基地。肯尼一点儿都没有耽搁，立即派出身边的秘密侦察人员和设备，勘察确定山上的哪些地点可供风笛手公司生产的“幼兽”轻型飞机起降。这种轻型飞机可以装载、投送轻便工

---

① 克莱尔·李·陈纳德（Claire Lee Chennault，1893—1958），美国陆军航空队中将，曾任第二次世界大战时在中国作战的美国志愿航空队“飞虎队”的指挥官，有“飞虎将军”之称。1919年从飞行学校毕业，1923年任夏威夷第19驱逐机中队中队长，编写了《战斗机飞行技巧手册》。1930年被保送到弗吉尼亚州兰利航空队战术学校学习，毕业后在亚拉巴马州马克斯韦尔基地的航空兵战术学校任战斗机战术教官。30年代，世界空军界流行意大利军事理论家杜黑“轰炸至上”的空战理论，战斗机受到漠视。陈纳德对该理论持怀疑态度，他坚信现代空战不能没有战斗机，于1935年出版《防御性追击的作用》，阐述自己的观点，其战术理论在美国陆军航空兵中有着一定的影响，但未引起军界上层的注意。1937年，46岁的陈纳德以上尉军衔退役。后经好友推荐，来华帮助建立中国空军，任中国空军顾问。抗日战争爆发后，他先后参加了淞沪会战、南京保卫战和武汉会战，与中国和苏联空军司令官共同指挥战斗；还在湖南芷江组建了航空学校，后任昆明航校飞行教官室主任。1941年8月，中国空军美国航空志愿队成立，陈纳德任上校队长。1942年7月，美国航空志愿队整编为美国驻华空军特遣队，陈纳德任准将司令。1943年3月，美国驻华空军特遣队改编为美国陆军第14航空队，陈纳德任少将司令；同年7月任中国空军参谋长。1943年10月中美空军混合联队组成，陈纳德任指挥官。1945年8月8日离开中国。1958年7月18日，艾森豪威尔总统和国会批准晋升陈纳德为中将。1958年7月27日，陈纳德逝世。美国国防部以最隆重的军礼将其安葬于华盛顿阿灵顿军人公墓，其墓碑正面是英文墓志铭，背面是用中文写的“陈纳德将军之墓”，这是阿灵顿公墓中唯一的中文文字。——译者

具设备和人员，在欧文斯坦利的大山之间往返穿行。被投送到大山里面的人员要设法与当地人取得联系，组织他们尽快修建一条简易飞机跑道。不需要很长时间，更大型的工程设备就可以被空运过来，进一步扩建飞机跑道，直到可以把推土机和筑路机械设备也运过来，他们就能够修建好适合中型和重型轰炸机起降的跑道。紧接着，战斗机也会进驻。步兵和其他地面部队也会跟着被空运过来，这样我们就可以在日军战线后方建立起一个要塞据点。只要油料供应得上，这些战斗机、中型轰炸机和远程轰炸机，就能够在日军战线的背后不断扩大战场。陆军部队的指挥官对这项行动也非常感兴趣，调派陆军工程师配合肯尼将军一起工作。

下面摘自肯尼一封很有趣的信，1943 年 1 月 1 日写的，是他对战局态势的总体评估：

> 眼下正忙着把工程师、机械设备、钢板和沥青空运过来，争取尽快建成可供两个战斗机中队使用的机场设施，再过一些时日，小鬼子就不会这么放肆了，一定要把他们从这块地盘上赶出去。接下去还将继续扩建相关设施以便轻型轰炸机起降，同时为中型和重型轰炸机提供加油服务，以扩大它们的作战范围。
>
> 我敢肯定，美国政府，包括战争部，对这个战区面临的问题还是一点儿概念都没有。日本人的实力被低估了。当然我们毫无疑问会击败他们，但需要我们付出相应的时间、努力、鲜血和金钱，特别是魔鬼也在不断扩充自己占有的资源。
>
> 让我们看看布纳之战①的情况就知道了。在前面还有数百个

① 布纳，位于巴布亚新几内亚，是日军当时的前沿基地，也是麦克阿瑟反攻的首个目标。1942 年 11 月 25 日至 12 月 14 日，西南太平洋战区盟军发起进攻，收复了布纳。布纳之战是太平洋战争爆发以后，盟军在地面战场上打的第一次胜仗，遏制了日军进一步南下的企图；同时也是美军第一次在丛林地区大规模作战，获得了宝贵的丛林作战经验。——译者

“布纳”等着我们。日军深陷于绝境之中已经有两个月了。他们在数量上处于绝对的劣势，防御工事也被空袭和炮击炸得七零八碎。他们没有空中支援，日本海军也无法突破我们严密的空中封锁施以援手。陆地上的日军眼睁睁地看着很多补给船在距离海岸仅数英里的地方被击沉。他们的食品配额出现短缺，弹药也只能省着用，因为他们的补给只能在晚上通过潜艇或小船从莱城运过来，还有一次是飞机空投的，时有时无，补给量已经降到了最低水平。天皇告诉他们要死守，他们真的是顽抗到底，我一点儿也不吹牛。他们的斗志依旧高昂，还是不断地向我们的士兵叫嚣：“怎么了？美国佬！害怕了吗？怎么不出来打了？”一些日军狙击手被包围以后，我们劝他们投降，得到的答复往往是：“你们这些王八蛋，有种就放马过来抓我们啊！”

日本人从不投降，一个都没碰到过。他们的信条是，要么胜利，要么牺牲，我认为这是他们整个民族的性格。真是一个劣等民族，但他们在使用战争武器上却一点儿都不傻，仗打得很出色！日本人在军队里日子还会好过一些，相对来说吃的、穿的都更好，如果待在家里，就是个饿得半死的苦力。在家里，他不敢杀人放火、抢劫强奸。到了军队里，他就可以为所欲为。如果他为了自己的神——天皇战死，他就能获得永生。

经过长达八年的持续战争，而且根本谈不上有什么胜利，日本人已经筋疲力竭，就像一只饥饿的孟加拉虎看到前面小路上站着一只大肥羊。在这个战区，日本人对所有他们占领的国家都大肆掠夺，以维续自己的生存。

无论德国人什么时候倒台，对日作战是独立于对德作战的。日本人正在利用我们把主要精力集中在欧洲战场的机会，但我认为，击败德国并不能阻止日本继续推进统治亚洲和至少西半个太平洋的计划——或者走向毁灭。

日本人的弱点，也是我们获胜的真正希望，是在空中。他们的海军舰队和陆军尚能支撑，但他们就是无法在短时间内培养出飞行员来和我们较量。他们最早一批经过高水准培训的飞行员确实很出色，但他们都死光了。他们新的一批飞行员不敢在恶劣天气条件下飞行，夜间的驾驶能力也很烂，作战技能更差。只要在空中一交手，我们培训出来的小伙子们在飞行和射击方面都能够稳胜他们。日本人剩下的，也只有勇气了。我们消灭了大部分来犯的日机，但他们还是前赴后继。

在这次巴布亚半岛战役①中，我们稳扎稳打。首先夺取制空权；然后，在日军阵地外围空降地面部队建立据点，对日军实施空袭和炮击，杀伤敌人有生力量，阻止他们获得补给和增援。这些行动的进展非常迅速。所以，在一些我们的步兵和日军紧密接触的地区，如果我们进行轰炸，就难免会误伤自己人。最终只能通过残酷的肉搏战，逐个清剿残余的日军。这很耗费时间，因为日本人在坚守最后一块阵地的时候，个个都是防御专家。而我们的部队却没有接受过这方面的训练。我们的军事教科书中从来没有传授过这样的作战方式。在这场战争中，我们部队的班、排级作战单元必须训练有素，同时还要有精明的连、营级指挥员。我们不得不再次回到那和印第安人在丛林中战斗的年代，最终你还是得靠他们的游戏规则，才能在这场战争游戏中取胜。在这个战区，我们需要大量的空军，动用了很多工程师建造和维护机场。还投入了许多编成相

---

① 巴布亚半岛战役，太平洋战争期间，美澳盟军于1942年7月至1943年1月在新几内亚的巴布亚半岛与日军进行的作战。中途岛海战后，日军仍企图攻占新几内亚战略要地莫尔兹比港，以切断美澳交通线。此役，日军损失约1.2万人，盟军伤亡8 300多人。盟军在巴布亚半岛的胜利，彻底粉碎了日军占领莫尔兹比港的企图。——译者

对较小、经过专门训练的丛林战斗小组，他们能够穿过大山密林中的小路，或者被空运投放，或者乘坐原始独木舟、拖船沿着海岸线作战。最重要的还有，他们必须要经过夜战训练。他们必须学会如何靠着自己身上背的压缩干粮，一次在野外生存两个星期，还要防止自己生病。这个月我们从北部沿海空运了大约 6 000 人回莫尔兹比，其中四分之三的人都身染疾病。有些人已经没有办法挽救了，如果我们的士兵能够得到更好的教育和训练，很多悲剧应该可以避免。

我写这些并非想多要点儿什么东西。您知道我需要什么，我也知道您已经给了我能给的全部。我写这些，只是想把自己看到的一切记下来。一切都是那么的真实。我担心，很多人以为，只要德国被打败了，日本人会“一推就倒”，这种想法真是在做梦。我们所有人都必须拿出爱国精神、毅力、勇气，或许还需要一些圣战精神和宗教式的狂热，才能够打败他们。业余队是打不赢的。我们必须成为职业队。

还有，这里没有一块安静的地方可供部队休整，根本找不到喘口气的机会，就像每一次演出都在巴黎圣母院一样！

致真诚的问候。

乔治·C·肯尼

在 1942 年 1 月的时候，肯尼的空军部队拥有 13 架重型轰炸机和 101 架战斗机。到了 1942 年 12 月，他手上的飞机增加到 81 架重型轰炸机、83 架中型轰炸机和 238 架战斗机。接下来一直到 1943 年年中，肯尼的第 5 陆军航空队基本维持这样一个规模。再到 1944 年年中的时候，飞机数量又翻了一倍。在那之后太平洋战场的飞机没有新的增加，直到美军在菲律宾登陆。

桑德斯[①]准将率领的第13航空队的情况就不一样了。

最初他们是夏威夷驻防空军的一部分。有一天下午他们接到命令，要求第二天全部开拔。他们的地勤人员也在同一天下午装船运走。那天是8月24日，他们出发前往萨摩亚群岛和埃法特岛[②]。一到地方就马上投入了对日军的作战。

埃斯皮里图桑托岛[③]上的机场被要求在8月31日前做好一切准备。从这个时间起，桑德斯的航空队开始对瓜达卡纳尔岛和图拉吉岛实施空袭。当时机场还没有任何地面防御措施，那是刚从椰子林中砍出来的一块地，后勤补给方面也很糟糕。那里除了需要搭载飞机同行的人，一连数周都没有维修保养人员。

事实上，他们一直在想办法把地勤人员从埃法特岛运到埃斯皮里图桑托岛，但就是找不到船。还好有位参谋军官很会“拉生意”，认识一位运椰子壳的船长，就送给他两夸脱威士忌，于是船长说：“反正我们也要等着装椰子，如果你们能在一个晚上把所有人装完，就没问题。”(距离是180英里)地勤人员就这样被运到了埃斯皮里图桑托岛。

那里没有码头，没有道路，甚至连住的地方都没有。陆军和海军的

---

① 拉维恩·乔治·桑德斯(LaVerne George Saunders，1903—1988)，美国陆军准将，绰号“金发”。1940年1月任驻夏威夷第23轰炸机中队指挥官。1942年3月任驻夏威夷新赫布里底群岛(瓦努阿图的旧称)第11轰炸机大队指挥官，同年12月晋升准将。1943年1月任第7轰炸机司令部司令兼驻夏威夷第7陆军航空队参谋长。1943年3月任美国陆军航空队司令部副参谋长，同年8月任第58轰炸机联队助理参谋长。1944年3月任驻印度第58轰炸机联队司令，同年7月任驻印度第20轰炸机司令部司令。1944年9月，桑德斯在一起发生在印度的B-25坠机事故中严重负伤，此后在医院中治疗了两年半时间。1947年2月退役。——译者

② 萨摩亚群岛(Samoa)，中太平洋南部岛群，距新西兰东北约2 600公里。其中美属萨摩亚群岛，又称东萨摩亚，1922年成为美国无建制属地，首府帕果帕果位于图图伊拉岛，是太平洋上天然良港之一，1951年前是美国海军基地，由美国海军部管辖。埃法特岛(Efate)，西南太平洋岛国瓦努阿图的主要岛屿，首府维拉港在岛的西南岸，北部哈万纳是天然良港。——译者

③ 埃斯皮里图桑托岛(Espiritu Santo)，有时称作桑托岛(Santo)，是瓦努阿图最大的岛屿，面积3 955.5平方公里，二战期间为美国重要军事基地。——译者

工程部队必须自己造。为了执行更远程的轰炸任务，当我们拿下瓜达卡纳尔岛上的着陆场之后，空军立即启用。那是在美军部队清剿完四周的日军以后，否则他们就会不断地向机场开火。工程兵部队又加固了跑道的表层，以便 B－17 重型轰炸机起降。

在向埃斯皮里图桑托岛运送油料时，他们把油桶从轮船的甲板上推到海里，让油桶“游”到海滩上。通过这种办法，每天都要运 20 000 加仑的燃油上岸，然后再装进卡车或贮藏在临时油罐里。桑德斯说：“这边的仗打得很艰苦。”后来，当聊起他们部队的生活状况时，他说：“我们的生活条件差得可怜。在我调走之前，一共打了六个月。那里没有棒球赛，没有电影院，交通也不方便。我也知道每一个战场都有自己的困难，但我们这儿实在是太艰苦了。征战了一天回来，面对的却是满地烂泥的帐篷，这对机组人员的士气是个挑战。那儿根本没有可供大家休整、放松一下的地方。我们只好把一部分机组人员送到新西兰的奥克兰，从 10 月底开始——每批八个机组，一周时间，让他们稍微放松一下。”

桑德斯还说，在那里很难依照国内学到的轰炸作战条例来行事，这一点儿都不是发牢骚。那儿的机场设施根本不允许他的小伙子们遵守标准的作战条例。机场里停着很多飞机，但压根儿就没有循环滑行道，也没有起降管控。三个月之后，起降控制塔才建好，而且一定要建在椰子树上面，才能保证足够开阔的视野。

他们经常执行搜索任务，猎杀敌军的舰队，击沉任何有可能向我们发动袭击的敌舰。有一次，一位海军陆战队的上校团长来拜访桑德斯，说：“我想向一架 B－17 的机组人员表达感谢，不知道你是否还记得那场战斗。”“是哪一次？”桑德斯问。海军上校说：“那天，我们正在瓜达卡纳尔岛实施登陆的时候，日军三艘驱逐舰开过来，对海滩进行炮击，那真是要了我们的命。正好有一架返航的 B－17 经过，把一艘驱逐舰炸成了两段，其他的赶紧逃掉了。”桑德斯说那架轰炸机的机长是位出色的投弹手，从不失手。海军上校说，“这一切都被瓜岛上的1万多名海军陆战队员们看在眼里。当日本人的军舰被炸沉以后，他们都高兴地从战壕里跳出来欢呼！这是瓜岛上最振奋人心的时刻！”

桑德斯说：“炸沉一艘驱逐舰不是一件很容易的事情，因为它们可以做出快速躲避动作，你必须把飞机降到很低的高度。我们尽量尝试这样进攻，但驱逐舰还是经常能够逃走。”他还颇为动情地谈到，日本军舰的16英寸炮弹打到瓜岛上造成的骇人破坏。

桑德斯还说：“在这里我不能太自夸，但我们的B－17飞行员们确实出色地执行了搜索侦察任务。我个人觉得比海军的PBY水上飞机还要好。当然，B－17拥有更强大的自我防卫装备，在空中停留的时间也更长。菲奇海军上将对此大为称赞。每当航空母舰外出执行任务的时候，我们都会派出一个实战经验丰富的机组驾驶B－17随行护航。”

第13航空队不得不开始学习一种全新的作战飞行方式，因为他们大部分时间都是在海上执行任务，而返航着陆的时候已经是深夜。而且他们的大部分攻击目标都是靠碰运气的：目标往往在意想不到的时候突然出现，必须立刻发起进攻，否则将稍纵即逝。

驻防在阿拉斯加的第11航空队，遇到的问题又和其他人都不一样了。他们最初的指挥官是巴特勒将军，后来换成了达文波特·约翰逊①

---

① 达文波特·约翰逊(Davenport Johnson，1890—1963)，美国陆军少将。1912年毕业于西点军校。1914年参加过追剿墨西哥起义领袖维拉的远征军。1916年2月在加利福尼亚的圣地亚哥加入陆军通信兵航空科，同年9月完成飞行训练，参加第1飞行中队在墨西哥的军事行动。1917年2月被派遣到法国陆军中担任军事观察员，同年8月任美国陆军航空勤务队驻巴黎司令部教官。1918年1月起参加了法美两军展开的一系列对德空战。1919年3月组建并任第2驱逐机大队指挥官，4月返回美国任第1驱逐机大队指挥官，8月任得克萨斯州凯利机场指挥官。1920年5月任第2飞行联队作战参谋。1922年7月任纽约州米切尔机场飞行中队指挥官。1925年8月进入指挥参谋学院学习。1926年6月毕业后任航空队战术学校教官。1928年7月进入陆军战争学院学习，1929年6月毕业后进入空军参谋部任职。（转下页）

将军。那里的气温最低时候会达到零下六七十度。在费尔班克斯，地表以下 3 英尺厚都是永冻层。在这种极寒的天气里，尽管飞机在机库里面有很好的保温设施，但一旦开出机库，还没等引擎发动起来，燃油就冻结了。

在外海的阿留申群岛上，天气更是变化无常——暴雪、暴雨、冰雹和浓雾不时地交替出现。按照我们在国内讲的标准，那里“能飞”的日子是极少的。可能选作机场的地点也是很有限的，因为那里的岛屿本身看上去都像海面上直插出来的山峰。要想修建机场，只能在沿海岸的平地周围建造堤坝圈起来，或者把山顶、山坡削平，以获得足够大的水平面。

当我们的飞行员刚刚到阿拉斯加和阿留申群岛执行任务的时候，都被那里的天气状况吓呆了。实际上他们一直都是在“蒙着眼睛”开飞机：“蒙着眼睛”起飞，直到穿过云层飞到它的上面；“蒙着眼睛”降落，在寻找着陆场的时候常常冒着一头撞到山上的危险。

在执行搜索任务的时候，云层往往很厚，以正常的速度飞行——每小时 200 英里至 250 英里——当他们经过日本军舰时，只是一瞬间——一闪而过——然后就看不见了。等他们掉头回来再找，日本人已经开走了。

尽管我们的指挥官们都比较担心阿拉斯加，但一直到 1942 年 6 月，其实日本人对那里都没有构成什么真正的威胁。在那之前，阿拉斯加一直驻扎着一支相当数量的空军力量。它的规模不是非常大，但我们不需

（接上页）1933 年 7 月任陆军总参谋部军事情报处巴尔干及近东科科长。1936 年 7 月任第 7 轰炸机大队兼加利福尼亚州汉密尔顿机场指挥官。1938 年 3 月任空军技术学校助理校长兼伊利诺伊州夏努特机场指挥官。1940 年 10 月任陆军航空兵主任助理，晋升准将。1941 年 9 月任加勒比防空司令部司令，晋升少将。1942 年 9 月任驻巴拿马第 6 航空队司令，11 月任陆军航空队司令部人事主管。1943 年 2 月任驻科罗拉多州斯普林斯第 2 航空队司令，9 月调阿拉斯加任第 11 航空队司令。1945 年 11 月退役。——译者

要派驻重兵，因为在那儿与我们作战的日本飞机的数量很少。不过，在1942年6月之前，我们在安克雷奇建有一个大型空军基地，在费尔班克斯和西特卡还各有一个空军基地，在科迪亚克还有海军一个空军基地。此外，在阿留申群岛上还建有一些小型空军基地。

6月4日，日军轰炸机空袭了我们位于荷兰港①的军事基地。我们陆军和海军的侦察机都发现了日本人的舰队，包括两艘航空母舰、两艘巡洋舰、八艘驱逐舰，位于西南方向大约150英里远的地方。天气和平常一样糟糕：大雾，雨夹雪。尽管如此，我们的空军还是击沉了敌人一艘航空母舰，炸伤了另一艘，迫使日舰队撤退。然而，十天之后，侦察机发现，日军陆续在基斯卡岛、阿图岛和阿加图岛登陆。自此以后，所有人都盯着我必须为阿拉斯加战区做点儿什么，要求给第11航空队增派更多的飞机，把日本人赶出阿留申群岛。

实际上，日本人占领阿留申群岛，对美国的安全并不是什么真正的威胁。只不过让我们的心里感觉不爽，让国内的专栏作家和评论员们有了鼓噪的话题，让大家看看日本人有多行，而我们自己有多怂。

其实，我们在阿拉斯加的部队，尽管人数不多，但足够把日本人赶出去——但还没有等到动手，我们在国内收到的航空照片显示，日本人已经主动放弃了阿留申群岛的基地。

日本人在阿拉斯加惹的事情还没有解决，苏联人的问题就已经冒出来了。根据事前谈好的协议，我们要把费尔班克斯基地的飞机移交给苏联人。但苏联人的态度一点儿都不友好。他们想接管整个费尔班克斯基地，他们要住最好的房子，他们什么都想要。到了10月30日，我觉得

---

① 荷兰港（Dutch Harbor），靠近美国阿拉斯加半岛东岸，为美国北太平洋最重要的海、空军基地，在军事上具有极高的战略价值。同时也是美国最大的渔港，阿拉斯加狭鳕的主要集散地，大多数美国捕捞船在此卸货，许多陆上狭鳕加工厂亦坐落于荷兰港沿岸。——译者

有必要给总参谋长书面报告一下情况：“他们对我们空军人员的态度是很勉强的。他们从来没有表现出丝毫的热情，对武器装备和援助物资的缺额非常不满。”换句话说，他们并没有像苏联政府高官在我们总统和战争部长面前表现出来的那样，急于拿到那些飞机。

第二十二章　“卡萨布兰卡”会议；会见蒋介石

我们的部队在北非成功登陆以后，英美联合参谋长委员会显然有必要和罗斯福总统、丘吉尔首相再召开一次会议，决定“接下来我们要去向何方?”其实在登陆行动还没有完全结束的时候，我们已经在主动考虑下一个军事行动的步骤、时间和地点。因此，1943 年 1 月，一切准备就绪，“两巨头”和联合参谋长委员会在卡萨布兰卡[①]举行了会议。

1 月 9 日，我们在阿灵顿附近的砾石点公园备好了两架 C－54 运输机，接送参谋长联席会议成员和他们的顾问们前往卡萨布兰卡开会。飞行路线如下：从华盛顿到波多黎各的波林昆角，经过巴西的贝伦和纳塔尔，到非洲西部的巴瑟斯特，再到法属摩洛哥的马拉喀什，最后到卡萨布兰卡。

早上 7 点 45 分，等所有人都到齐、行李也装载完毕后，C－54 准备起飞了。机密文件被存放在一个上锁的铁皮箱子里，缚上了炸药，一旦遇到紧急情况可以销毁。第一架飞机里有马歇尔将军、约翰·迪尔爵士、我本人、戴克思[②]将军(英军驻华盛顿联合参谋长委员会秘书)、迪恩将军(美军驻联合参谋长委员会秘书)、麦卡锡上校，还有运输机的机长奥蒂斯·布莱恩。第二架飞机上有海军上将金、萨默维尔将军、魏德迈[③]将军、利比和库克两位海军中校。

我们于早上 8 点 30 分起飞，天阴沉沉的，飞机不断地在云层中穿行，直到波多黎各的海岸线映入眼帘。下午 4 点 55 分，我们降落在波林昆机场。我们只是路过这里，并非正式的外交活动，所以没有什么事情可做。马歇尔将军和约翰·迪尔爵士是最高级别的将领，他们乘坐的

---

① 卡萨布兰卡会议，1943 年 1 月 14 日至 24 日在北非的摩洛哥卡萨布兰卡举行，美国总统罗斯福、英国首相丘吉尔和两军高级将领参会，讨论了二战后期非洲、地中海、太平洋战局和尔后对德意日轴心国作战问题，并就加强对德国的轰炸、土耳其在战争中的立场以及亚洲殖民地的命运等问题进行了磋商。会议结束后，美国总统罗斯福于 1 月 24 日在卡萨布兰卡记者招待会上宣布，反法西斯盟国将把对德意日的战争进行到这三国"无条件投降"为止。——译者

② 维维安·戴克思(Vivian Dykes，1898—1943)，英国陆军准将。1936 年任大英帝国防御委员会助理军事秘书。1939 年任坎伯利参谋学院教官，后调任陆军部计划处主管。1940 年到 1941 年之交的冬季，当时美国尚未参战，戴克思曾受命护送美国陆军情报机关首脑威廉姆·约瑟夫·多诺万上校到地中海地区进行秘密考察。1942 年 1 月任英国驻英美联合参谋长委员会高级秘书、英军驻华盛顿联合参谋代表团首任团长，被称为"在盟军心脏工作的人"。1943 年 1 月 29 日，卡萨布兰卡会议结束后，戴克思乘坐飞机回国，中途失事遇难。1990 年，他的战争日记《打造盎格鲁-美利坚联盟：维维安·戴克思准将二战日记》出版。——译者

③ 阿尔伯特·科蒂·魏德迈(Albert Coady Wedemeyer，1897—1989)，美国陆军上将，盟军中国战区第二任参谋长。1919 年毕业于西点军校。1921 年至 1923 年在驻本宁堡美国第 29 步兵团服役。1923 年至 1925 年、1932 年至 1934 年，在驻菲律宾美军部队服役。1925 年至 1927 年，在驻中国天津美军第 15 步兵团服役。马歇尔时任副团长，史迪威任营长。在华停留期间，与其夫人勤习中文，并结识中国政商领袖，与林语堂、顾维钧及清废帝溥仪等人均有所接触，对中国风土人情了解颇深。1927 年至 1932 年，在美国本土部队服役。1936 年毕业于指挥参谋学院。1936 年至 1938 年在德国军事学院留学，回国内任美国陆军步兵学校教官。马歇尔欣赏他的策略、才智和正确的战略判断，为做好美国加入二战的准备，1941 年 5 月将其调入陆军参谋部作战计划处任职，负责国家战争规划书《胜利计划》的编制工作，是战争爆发时一系列新战争计划的主要制订者，并作为马歇尔的代表参加联席作战会议。1942 年 6 月任陆军参谋部作战计划处副处长，7 月晋升准将。1943 年 9 月获少将衔，10 月调任盟军东南亚司令部路易斯·蒙巴顿的副参谋长。1944 年 10 月至 1946 年 5 月，任中国战区美军司令兼中国战区最高司令蒋介石的参谋长，对弥补史迪威造成的与蒋介石的隔阂发挥了重要作用。1945 年 1 月晋升中将。1946 年 9 月任美国第 2 集团军司令。1947 年 7 月作为美国总统特使率团出使中国、朝鲜，考察评估两国的政治、军事和经济状况。他在回国后写给杜鲁门总统的报告中，如实揭露了国民政府的种种弊端，正确判断出两年之内中共军队将取得最终的胜利。1947 年 10 月任美国陆军参谋部作战计划处处长。1949 年 10 月任美国第 6 集团军司令。1951 年 8 月退役。1954 年根据美国国会通过的法案晋升为上将军衔。1958 年出版回忆录。1989 年 12 月 17 日，阿尔伯特·科蒂·魏德迈病逝于弗吉尼亚州贝尔沃堡市。——译者

飞机本来应该先降落。但是，不知道金上将专机的飞行员是飞了更短的路线，还是飞得更快，反正他们先抵达了目的地，在空中盘旋了四十分钟，等待更高级别的专机到来。像这样的延迟着陆，特别是在赤道附近的炎热天气中，往往会让大家心有不快。不过还好，我们一落地，马上就被送到波林昆军事基地舒服的营房里，大家又开心起来了。

波林昆海角的夜晚还是很舒服的——气温凉了下来，晚风轻轻地吹着，所以大家睡得都很好。第二天一早5点，大家就起床吃早饭，飞机6点15分起飞。我们又遇到了和前一天差不多的天气——云团很厚，还有扰动气流，但还好没有遇到风暴。

在这样的远途飞行中，我一般都会替换一下飞行员，自己驾驶飞上两个小时的距离。这能让我保持飞行经验，并且有机会熟悉新型号飞机上配置的新玩意儿。也可以让机组人员有时间多休息一会儿。

当飞机飞过圣文森特海角以后，就看不到陆地了，一直到12点30分，我们抵达荷属圭亚那的帕拉马里博。沿海岸线的天空和往常一样，飘满了碎云。但接下去的500英里航程让我们觉得可能会有麻烦，飞机的一个引擎发生了故障。在差不多500英里的整个航程中，那个故障一直都没好，看着飞机上这帮将星闪耀的乘客，再看看下面荒无人烟的热带雨林，我的心情实在是不好受。还好那个引擎最后终于恢复正常运转了，飞机平稳地降落在贝伦。我们是凌晨4点20分着陆的，会见了美国陆军驻巴西的指挥官鲍勃·沃尔什①将军和负责南美洲海军事务的乔纳

① 罗伯特·莱格罗·沃尔什(Robert LeGrow Walsh，1894—1985)，美国陆军少将。1935年9月进入美国陆军航空兵主任办公室任职。1938年9月起先后在陆军工业学院、陆军战争学院学习。1940年7月起先后在美国陆军航空队总部、作战司令部担任分管作战、情报工作的助理参谋长。1942年6月任南大西洋空军联队兼空运司令部(驻巴西)司令。1944年5月任驻欧洲美国战略空军东线司令部(驻苏联)司令，美国驻苏联军事代表团成员。1944年11月任陆军航空队总司令的拉美事务特别助理。1946年11月退役。——译者

斯·英格拉姆[①]海军上将。

关于南美洲的局势，我和英格拉姆上将聊了很长时间。我告诉他，等我返程的时候会在阿森松岛作短暂停留，研究改进那里的作战情况。次日早上八点，我们再次启程前往纳塔尔。

在飞机上我与马歇尔将军、约翰·迪尔爵士讨论了如何使用C－54运输机来替代舰船，运送我们的空军部队前往欧洲，每架运输机可以装载50至75个人。每个月如果能投入100架四引擎运输机，就能够满足我们所有空军部队的船运需求。这个主意听起来不错，但我们没有做决定。当时，海上运输舰船十分紧缺，我们担心是否能够把足够的技师和其他地勤人员运过大西洋，以保证我们派往海外的飞机正常作战。

我们从方坦加莱奥斯上空飞过，这是一个大概只有5 000人的小镇，之所以提到它，是因为那里有两个机场：一个机场没有跑道，另一个拥有沥青浇筑的长跑道。不说大家也猜得出来，那个没有跑道的机场是典型的巴西机场；有沥青跑道的那个，是泛美航空公司为陆军航空队提供的机场。我们的飞机在有沥青的跑道上起降明显比较平稳，很快巴西全国的机场也都学着进行了改进。接下来我们飞过了一个看上去很像加利

① 乔纳斯·霍华德·英格拉姆(Jonas Howard Ingram，1886—1952)，美国海军上将。1907年毕业于美国海军学院，先后在多艘战舰上服役。在担任“阿肯色号”战列舰炮长期间，曾创造过12英寸主炮速射的世界纪录，1914年4月22日随该舰参加了入侵墨西哥韦拉克鲁斯的战斗，获荣誉勋章。1915年至1917年任美国海军学院橄榄球队长，一战期间在大西洋舰队任作战参谋。1924年任“斯托德特号”驱逐舰舰长。1926年至1930年任美国海军学院体育部和橄榄球队指导主任，此后担任过“宾夕法尼亚号”战列舰舰长和海军公共关系部门主管。1935年任海军部长副官，晋升上校，此后又担任过第6驱逐舰中队指挥官和“田纳西号”战列舰舰长。1941年1月任第3特遣舰队司令，晋升海军少将。1942年9月任驻巴西的南大西洋舰队司令，晋升海军中将，主要负责南大西洋护航任务，与德国U型潜艇部队作战，也为装备和训练巴西海军做出了贡献。1944年11月任美国大西洋舰队总司令，晋升海军上将。1947年4月退役，后又担任过全美橄榄球联会总裁、雷诺兹金属公司副总裁。——译者

福尼亚卡梅尔湾的海湾，有着比较开阔的沙滩。在东边蓝色海洋的映衬下，远方地平线上已经能够看到纳塔尔城市建筑的影子。接着我们看到了各色屋瓦的房顶，看到了机场——那里没有树，也没有草地和菜地，房子又长又矮，各种型号的飞机散布在停机坪上，又长又黑的沥青跑道，四周是绵延数英里的开阔地。我们在1点45分着陆，去军官俱乐部吃了午餐，视察了那里的港口，下午4点45分再次起飞。

我们在晚上8点05分飞越了赤道。接下来的9点到12点，由我负责驾驶飞机。在这段跨越南大西洋的航程中，前几个月我们损失了好几架B-24“解放者”轰炸机，而且这些飞机在飞行过程中没有发现什么明显的异常。我们像平常一样接收到飞机发回的信息，跟踪它们的位置，掌握它们的飞行数据，但最终却杳无音信了。我们认为这些飞机的失踪是遭到了南大西洋上德国潜艇或舰载机的攻击。德国人可能是通过在贝伦市活动的密探掌握了这些B-24起飞的情报，然后再监听飞机的无线电通讯，等候在海上的德国舰艇会发射出信号弹。这时候我们的“解放者”会降低飞行高度，去查看这些信号弹是否是遇险船只或者我们坠毁飞机的救生艇发出来的，德国人的高射炮或战斗机就会把我们的飞机打下来。因为这一切都太突然了，所以我们的B-24可能来不及发出遇险信号。这些都是猜测，我们没有办法核实那些失踪的飞机到底发生了什么。

就在离开纳塔尔之前，一位从非洲来的飞行员告诉我，关于英美联合参谋长委员会成员集中开会的事情，本来应该列为高度机密，但那个时候几乎整个非洲都传遍了，沿线的各个机场都在谈论这件事情。因此，德国人肯定也知道，美军参谋长联席会议成员一定会飞越大西洋前往非洲某个地方开会。

在格林威治标准时间12点05分，只有我一个人在驾驶舱驾驶飞机。真是一个美妙的夜晚。月亮闪烁在云层之上的夜空中，飞机正从大块的云团上空飞过，方位是北纬 3 度、西经 28 度。突然，我看到大约 30 英里开外的地方，有信号弹的亮光从海面上升上来。到底什么情况？是德国人的潜艇在诱骗我们下去吗？正等着我们飞到高射炮的射程之内，好把我们打下来？还是盟国的船只遇险了？还是我们坠毁飞机上的救生艇发射的信号弹？我记得就在不久前，我们的一架飞机遭到高射炮的攻击后返航飞回美国，机尾被打了六个 3 英寸×6 英寸的洞，遇到的就是这种情况。

在我后面机舱里的乘客可是马歇尔将军、约翰·迪尔爵士和其他一些高级军官。我可不能冒丝毫的风险。我按响蜂鸣器叫来了机长，指着夜空中的信号弹火光说，我打算调整飞行路线。他回答没问题。然后我们就钻进了云团，绕到离火光 30 英里以外的地方。（只不过，我们在云团中飞行有些颠簸，马歇尔将军和约翰·迪尔爵士两个人都埋怨我，说我快把他们从卧铺上颠下来了。）我们在冈比亚首都巴瑟斯特安全降落后，给驻扎在纳塔尔的美国海军发了电报，通报了途中遇到的情况。

在巴瑟斯特，我与当地空运司令部的 C·R·史密斯和汤姆·哈丁两位将军，还有泛美航空公司的克莱顿先生进行了会谈，他们报告了在达喀尔建设空军基地的可行性。当我得知史密斯将军不顾国务院官员和海军指挥官的反对，与法国人谈妥把达喀尔机场给我们使用三个月时，还是感到非常高兴。

吃早餐的时候史密斯告诉我，已经有三个人向他提起过，等总统抵达非洲以后，他们将登上“孟菲斯号”巡洋舰拜见总统。政府圈子里显然有人走漏了风声。我从来没有向身边的任何人透露过，自己将要从卡萨布兰卡前往中国会见蒋介石，但史密斯将军还是准确地说出了我接下来要去哪里和什么时候动身。他竟然是从非洲的空运系统中听到的消息！

巴瑟斯特机场的跑道是用穿孔钢板铺在松软的沙子上建成的。我们起飞以后，映入眼帘的是连绵数英里的棕黄色沙丘、干涸的水坑和火山，在一眼能够看到天际的范围里连一棵树都没有，只有碎石山、盐水坑、干河床和沙尘暴。除了看到有一支四只骆驼的商队正穿过干河床，绵延数百英里都没有任何生命的迹象。接着，阿德拉尔城就出现在飞机下面，就像从地底下忽然之间冒出来的一样，这里是法国军队的一个小型哨所，可以看到一些土坯房子。

我们顶着每小时 35 英里的风飞行，否则应该更早些就能看到那座 14 000 英尺高、山顶覆盖着皑皑白雪的大山，出现在北方的天际。我们飞过的这块土地与美国西南部地区有些相似，那里没有公路和铁路，只有一些小道，而且也很少。方圆 500 英里都没有人烟，不过前面就能看到马拉喀什所在的美丽富饶的山谷了。

马拉喀什是一座拥有 15 万居民的城市。四周遍布着橘子园，灌溉渠一直从雪山上延伸下来。这是一个典型的亚热带城镇，盖满了五颜六色的土坯房子，而且没有哪两间看上去是一样的。这里机场的四幢机库被我们海军的轰炸机摧毁了，因为这儿的法国军队不愿意投降。否则，这里的设施条件还是挺不错的。现在，各式各样的美国和法国飞机都停在机坪上。我们在下午 4 点降落，海德①将军和美领馆副领事前来迎接我们。

看到美国和法国飞机混在一起停放，又让我想起了 C・R・史密斯将军在达喀尔遇到的困难。看来，我们的外交部门还没有跟上节奏，未能很好地解决战争时期出现的问题。尽管我们的飞机急需大量的机场，以便它们尽快赶往战区，但我们在达喀尔的外交官似乎不太愿意打破常规解决问题。不单不帮助史密斯将军，他们还找出一堆理由解释为什么办不到。于是，史密斯只好自己想办法解决，他争取到法国政府的批

① 詹姆斯・弗朗西斯・卡拉克・海德(James Francis Clark Hyde，1894—1944)，美国陆军准将。1942 年担任美国陆军中非补给中心司令。1943 年担任岛屿补给司令部司令。1944 年死于心脏病。——译者

准，允许我们使用那里的机场三个月。

到了马拉喀什，我们被安顿在摩西·泰勒夫人的家里住下。她的花园打理得很好，种满了棕榈、椰枣、橄榄、脐橙，还有橘子——是一种又大又甜的橙，在加利福尼亚从来没有看到过。遍地开满了漂亮的亚热带花卉。

第二天早上8点30分，我们出发前往卡萨布兰卡。9点30分，我们在机场与克拉克将军、格伦瑟[①]将军汇合。英美两军的参谋长们都住在安法酒店。罗斯福总统和丘吉尔首相住在附近的别墅里，周围圈着铁丝网。

我惊喜地发现，我的儿子汉克被安排在酒店里执勤。我原本想着会在前线的某个地方碰到他。我再一次听到他的消息是从凯瑟琳战场前线，那是隆美尔发起的最后一次攻击，差点儿从那里的山口逃掉。

英国代表团的飞机大约10点在卡萨布兰卡机场着陆。组成人员有：丘吉尔首相、空军参谋长波特尔上将、陆军元帅布鲁克、伊斯梅将军、庞德海军上将、蒙巴顿勋爵和斯莱塞空军中将。那天午餐之后，金海军上将、马歇尔将军和我碰了一次头，商讨我们美方可能在会上提出的问题，以及如何就这些议题进行最明智的表态。

我很清楚自己将面对的最棘手、最激烈的交锋是什么：美国陆军航空队能否被批准执行日间轰炸计划？我知道英国人已经把这个问题提交给丘吉尔首相了，不同意美国人进行日间轰炸，而是应该参加他们的夜间轰炸行动。我也得知首相已经把这个问题向罗斯福总统提出了，总统回来以后会找史汀生部长和马歇尔将军商量，最后肯定都会找我。因此

---

① 阿尔弗雷德·马克西米连·格伦瑟(Alfred Maximilian Gruenther，1899—1983)，美国陆军上将。1941年6月进入美国战争部总参谋部作战计划处任职。1941年10月任第3军副参谋长、参谋长。1942年8月任北非盟军司令部副参谋长。1943年1月任驻意大利第5军参谋长。1944年12月任驻意大利第15集团军参谋长。1945年7月任驻奥地利美军副总司令。二战后曾任美国国家战争学院副院长、美国陆军总参谋部分管计划和作战指挥的副参谋长、欧洲盟军司令部参谋长、美军欧洲司令部总司令。1956年退役。——译者

我找来了我们驻英格兰的第 8 航空队司令官埃克将军，他刚刚从北非前线下来，掌握着大量第一手资料，应该可以帮我解围。我想，有了已经抵达卡萨布兰卡的斯帕茨和安德鲁斯，再加上埃克的帮助，我就可以平息关于这个问题的进一步争论。

那天晚上，马歇尔将军、克拉克将军、波特尔上将、艾伦·布鲁克爵士和我一起用了晚餐。晚饭后我们有一小会儿自己的时间，所以我抓紧和儿子汉克碰了个头，给了他一些我从国内带过来的东西。

第二天早上，1 月 14 日，我和波特尔、布鲁克有一次很有趣的谈话。他们告诉我，隆美尔正打算进攻埃及。隆美尔的副司令被俘虏了，他们刚刚和他聊过，他说隆美尔曾经说过："如果德国人不能在 1943 年到 1944 年的那个冬天赢得战争，德国人就输了。"

15 日早上 8 点 30 分，我们先召开美军参谋长联席会议，讨论了英国人提出的很多问题。接下来 10 点，召开了英美联合参谋长委员会会议，一直开到 12 点 45 分才吃午饭。下午 2 点 30 分接着开，5 点休会。这基本上就是我们在卡萨布兰卡会议期间的日程安排。在这些会议中，我们讨论了所有战场的局势，并让作战参谋们估测：假设德国人是首要的敌人，那么我们在太平洋战场上应该部署多少兵力，以保持对日本人的压力？

吃午饭的时候我们听说，总统先生乘坐的"孟菲斯号"巡洋舰已经抵达巴瑟斯特，并在那天早上 9 点换乘飞机，大约晚上七八点钟抵达卡萨布兰卡。出于安全考虑，将不安排军事人员去机场迎接他。

在日记里我找到这样的记录："今天的会议情况还不算坏。看起来所有人都搞定了。"但我接着又写道："这只是我的希望！然而，英国人和美国人都没有把手上的牌摊在桌子上。事态可能会变糟，也或许会更好。"

联合参谋长委员会会议结束以后，汉克和我乘车去市区和码头兜了一圈。沿着海岸线可以看到很多漂亮的别墅。这边的土地非常肥沃，城市也很干净，散布着一些外墙色彩亮丽的大型建筑。从码头上可以看到法国海军的“让·巴尔号”战列舰就躺在那里，船头和船尾部都有裂开的洞，那是被我们海军航空兵的 1 100 磅炸弹炸开的，因为它首先朝我们的舰队开火。海湾里满是舰船的残骸。有一艘轮船侧翻在那里，更多沉船的角度各不相同。当美国大兵从一艘接一艘的运输舰上下来登岸的时候，那些沉船上的法国水手现在只有站在码头上看了。

我回到酒店，得知总统已经邀请我去他的别墅参加晚宴。其他客人还有丘吉尔首相、庞德海军上将、艾伦·布鲁克爵士、波特尔空军上将、马歇尔将军、金海军上将、路易斯·蒙巴顿勋爵、哈里曼先生、霍普金斯先生和总统的三儿子埃利奥特·罗斯福上校。席间我们讨论了很多事情，但最让我们担心的是首相和总统两个人似乎决定去前线视察一下，而那里的战斗还没有平息。联合参谋长委员会的成员们一致认为，他们没有必要让自己身处这样的险境之中。首相和总统是不能冒任何风险的，美国人民也不会允许我们这么做。最后，罗斯福总统说：“你们三个——查尔斯·波特尔先生、哈普·阿诺德和邦尼(即埃利奥特)，拟订一份计划，但邦尼对去哪里没有发言权，只负责记录。”后来，等我们安排好了，总统真的去视察了一些前线作战部队，只不过不是去真正的交战地区。

“战后谁来统治法国?”我们在晚宴上讨论了这个话题。大家一致同意，在战争完全结束之前，那里应该有一个实体运作的政府。至于负责人，戴高乐和吉罗①都被提到了，但只是临时的。不过他们俩必须先坐

① 亨利·吉罗(Henri Giraud，1879—1949)，法国陆军上将，长期在北非服役。第二次世界大战爆发后，先后任第七、第九集团军司令，1940 年 5 月，率部在比利时境内抗击德军时被俘，囚于萨克森。次年 4 月越狱，逃至里昂，随即参加抵抗运动。11 月到达直布罗陀，同盟军合作，同意策动北非法军对轴心国作战，被任命为北非法军司令。达尔朗遇刺后，出任北非民政和军事最高指挥官。1943 年 1 月，在卡萨布兰卡会议上会晤罗斯福和丘吉尔，争取重新装备北非法军。在依赖大国的政策上与夏尔·戴高乐发生矛盾，经与后者会谈，达成初步谅解。1943 年 6 月，与戴高乐共同出任法兰西民族解放委员会主席。战后曾任法国最高防务委员会副主席。——译者

下来商量，因为法国只能有一个头儿。紧接着的一个问题，大家都想知道答案，“勒布伦①去哪里了?”但看起来在场没有人知道他的下落。接下去又讨论了一些同盟国面对的主要问题，一直到晚宴结束。最后，丘吉尔发表了讲话：“这是迄今为止最重要的会议。我们必须牢牢把握目前手上的主动权。你们是站在历史关头的人，将为世界的未来制定规划。”

第二天继续开会。9 点 15 分，我们召开美军参谋长联席会议例会，10 点与总统召开碰头会，报告我们研究的情况。这次会议的出席人员有马歇尔将军、海军上将金、霍普金斯先生、哈里曼先生和我。然后我、马歇尔将军、金上将和艾森豪威尔将军一起吃午餐，席间他通报了北非战场的局势。

下午 2 点 30 分再一次召开英美联合参谋长委员会会议，艾森豪威尔正式陈述了他对北非战场局势的看法。4 点，罗斯福总统和丘吉尔首相出席会议，一直开到晚上 7 点 30 分。

关于日间轰炸的问题，我和埃夫里尔·哈里曼、哈利·霍普金斯都聊过了，他们觉得接下来的争论可能比较激烈。他们同意丘吉尔首相提出来的，对这个问题大家要好好研究一下。在和丘吉尔首相一起散步的时候，就这个话题我们也聊了超过一个小时。

那天下午，亚历山大将军和特德空军中将从北非前线回来了。我们花了两天时间，共同研究地中海地区的作战计划、总体战略和具体实施步骤，还有欧洲战区空军司令部的组建问题。

---

① 阿尔贝·勒布伦(Albert Lebrun，1871—1950)，法国政治家，法兰西第三共和国最后一位总统。1932 年当选，第二次世界大战爆发时，他在总统任内。1940 年 6 月 12 日和 13 日，曾两次主持内阁会议，对马克西姆·魏刚等人的求和主张未表异议。16 日同意保罗·雷诺辞去总理职务，并任命亨利·菲利浦·贝当组阁。此后曾试图去北非，未成功。7 月初至维希，拒绝离职。7 月 10 日议会授全权予贝当后，遂于 13 日宣布辞职，同月 23 日被捕。1943 年曾一度囚于奥地利。二战结束后他正式归隐，1950 年 3 月病逝。著有回忆录《见证》等。——译者

我在日记中找到一段记录，时间是 1943 年 1 月 17 日，星期天：“和前几天没什么两样。”也就是说，星期天也和其他工作日一样，照常开会。这个周日的美军参谋长联席会议在早上 9 点开始，本来原定 10 点召开联合参谋长委员会会议，但参谋们没有做好准备，于是我们决定延迟到次日周一召开。周日这天，吉罗将军和马斯特①将军赶来与总统、首相进行会晤。

那天，我还和一帮从英格兰飞来的 P－39 大队的飞行员聊了一会儿。在我们一个大队的 28 架飞机中，有十架没能完成这次飞行。他们中途在葡萄牙降落。对一次任务而言，损失的飞机太多了。差不多与此同时，在从马拉喀什到比斯克拉的飞行中，我们已经损失了四架 B－17 轰炸机。它们没能飞到我们比斯克拉的基地，而是降落在德军控制的地区。因此，德国人搞到了我们四架最新型号的 B－17，而此前我们曾想方设法不让德国人知道这些飞机的秘密。由于它们还停在最初降落的地点，于是我们对这些被俘获的“空中堡垒”发动了空袭，用机枪和炸弹摧毁它们，希望造成了足够的破坏，以防止德国人从飞机上得到太多的技术信息。由于葡萄牙是中立国家，降落在那里的十架 P－39 就讨不回来了。

我在第二天的日记里写道：“美军参谋长联席会议上没有形成一致意见。……联合参谋长委员会也未能达成一致，中午休会。……午饭后联合参谋长委员会继续开会，会后去别墅会见了罗斯福总统和丘吉尔首

---

① 夏尔·伊曼纽尔·马斯特(Charles Emmanuel Mast，1889—1977)，法国陆军上将。毕业于圣西尔军校。长期在法国殖民地服役。1932 年至 1937 年任驻日本军事联络官。1940 年 5 月任北非第三师师长，晋升准将。1940 年 6 月在本土作战中被俘，1941 年 9 月获释，被维希政府任命为阿尔及利亚第十九军区参谋长。1942 年 10 月盟军在北非登陆前，会晤墨菲和克拉克，支持吉罗，促成北非法军转对轴心国作战，12 月晋升少将。1943 年初担任法国军事代表团团长，前往埃及、利比亚、黎凡特等地活动。1943 年 5 月出任突尼斯总督，8 月晋升中将。1947 年担任国防高等研究学院院长，晋升上将。1950 年退役。——译者

相。”在这次会议上，我们制定了战争政策的总体纲要，基本延续了最初的战争规划。

1 月 19 日，丘吉尔首相邀请我一起吃午餐。我再一次向他解释了，为什么我们如此肯定可以实施日间精确轰炸，为什么我们认为德国人无法阻止我们。我告诉他，我们此前进行了各种各样的实战演习，我们是如何设计 B－17 和 B－24 两款飞机的，因此我们的远程轰炸机在德国空军面前可以保护自己。我还告诉他，我已经让弗兰克·安德鲁斯、斯帕茨和埃克三位空军将领来到卡萨布兰卡，建议他和每个人都聊聊，他们应该可以提供更多的数据和信息。总之我讲了很多，也很费劲！

丘吉尔首相看上去似乎不再那么坚持了。但我看得出来，他身边的一些人显然说了不少我们日间轰炸计划的坏话，关于这个问题的交锋已经在所难免。我不知道是什么原因，或许他们担心我们把飞机用于日间作战是一种浪费，也可能是害怕我们可以做到一些他们从来都办不到的事情。但不管怎样，没过两天，丘吉尔首相在和斯帕茨、埃克、安德鲁斯谈过以后告诉我，他愿意让我们试一试，不会就此再多说什么。我和空军司令部的人都长长舒了一口气。这是一次重大的胜利，这样我们就可以按照美军的作战原则和飞机原本设计的用途来实施轰炸。

此后我向罗斯福总统和马歇尔将军报告了情况，因为他们也很关心这个问题，现在终于解决了。所有人都说，“日间精确轰炸，你就放手去干吧！”

当我们在卡萨布兰卡开会的时候，盟军向东推进的速度很快，我们的北非战役显然即将赢得胜利。德国人已经无力阻挡。为了这场战役，他们投入了大量的人力物力。最终，他们全部玩完了，这样的损失是他们承受不起的。而且几乎没有后续补充力量，德国人在欧洲的陆军和空军主力遭到了严重削弱。

现在，英美联合参谋长委员会面临的最大问题，是规划突尼斯战役结束之后的下一步行动。英国人考虑在法国南部发动攻势，但美军参谋长联席会议依然认为，主攻方向应该是横渡英吉利海峡进攻法国北部。当然，要发起针对德国陆军主力的作战行动，必须是在兵力、物资、装备和制空权都准备好的时候，而眼下我们还缺很多东西。

尽管蒙哥马利的部队已经把隆美尔从开罗的大门口赶回了突尼斯，尽管我们的部队正在向“北非之角”突尼斯集结，但我们并没有完全控制地中海。我们还没有打通地中海连接远东的海上交通线。只要德国人还占据着西西里、意大利和希腊，我们的舰船就很难通过那些岛屿附近的海域。因此，在卡萨布兰卡会议上，我们同意英军参谋部提出的，在美国陆军和空军完成动员扩军之前，在我们的第 8 航空队获得欧洲大陆的制空权之前，必须展开一些其他的军事行动，免得我们的部队和装备无所事事，还让德国人有机会恢复元气。

于是，代号“爱斯基摩人”的军事行动开始浮出水面：攻占西西里岛，接着进攻意大利；沿意大利半岛北进，控制地中海沿岸地区，消除德军对盟国航运的威胁。我也希望，通过这次行动，能够在意大利建立起重型轰炸机基地，我们就可以从南北两边对德国人发动空袭。

1943 年 1 月 23 日，艾森豪威尔将军接到指令。英美联合参谋长委员会决定，对西西里岛的作战行动将在 1943 年内实施，最佳目标日期是 7 月份的月圆之夜。

从空军方面来看，这是一个十分重要的决定，其中包括了美军在欧洲的首次空降行动。空降兵部队和搭载步兵的滑翔机将首先在西西里南部着陆。这需要进行特殊训练，不仅是运送伞兵的飞机，还有滑翔机的飞行员。

这次的空降作战，其实并不是什么首创，也不是到了卡萨布兰卡会上才提出的。比利·米切尔早在一战期间就批准过类似的作战行动。德国人在攻占荷兰和 1941 年夺取克里特岛的战役中，都成功地运用过伞降部队。英美联合参谋长委员会成立以后，曾多次讨论过空降作战计划，我们自己在五角大楼的会上也议到过。这其实并不难，只要给专业的部队配备上合适的指挥官，在世界各地做好装备保障，就可以派用场了。

卡萨布兰卡会议对世界其他战场的盟军部署没有做多大调整。我们只提出了要尽可能加强驻印度英军的攻势；还有，如果可能的话，将在缅甸使用中国军队与英军联合对日作战。

会议决定让我给蒋介石带个口信，向他简要介绍我们在世界各战场的陆军、空军总体部署情况。我们希望能够得到蒋介石更多的理解和支持，从而派遣更多的中国部队入缅作战。但关于我们太平洋战场的战略安排却未做任何调整。

在随后的几天，我和安德鲁斯、特德分别进行了会谈。我们还分别会见了吉罗和戴高乐。戴高乐刚刚到的时候，还吃不准自己是否能见到罗斯福总统。事实上，他是总统第二天就会见的少数几个人之一。因为丘吉尔首相和罗斯福总统也知道，这是他们必须解决的大事：他们能促成吉罗和戴高乐之间的合作吗？让俩人并肩作战？法国在战争中到底能有多大帮助？

1 月 22 日，我们和首相、总统一起拍了合影，大家都觉得会议差不多要结束了。以前我们和首相、总统开会，还有参谋长们开的会也一样，每当摄影师出现的时候，会议一般就要结束了。

那天我和波特尔进行了一次长谈。他向我介绍了皇家空军的组织架构，以及他下一步的作战、飞机生产和训练计划。他的目标是，到 1944 年 12 月份，组建 537 个飞行中队，拥有 9 870 架飞机。届时皇家空军人数将达到 120 万人，也就是说一架飞机要对应大约 130 个人。按照我们的空军编制构成计算，他的 537 个中队差不多等于 135 个大队。我们的目标是，到 1944 年 12 月一共组建 243 个飞行大队，总共大约 235. 9 万名官兵，5. 2 万架作战类型的飞机。

了解到波特尔的计划之后，我想起自己此前曾做出的削减援助英格兰飞机数量的决定，证明我的判断还是准确的。我们的作战飞机差不多是他的六倍。我们将成为世界上大部分战场的空军主力。而英国空军根本不可能达到我们这么大的规模：他没有那么多的物资，也没有那么多的人力，而且也没有那么大的需要。

卡萨布兰卡会议的议程在 23 号结束，我们打算在 24 号星期天前往阿尔及尔。罗斯福总统和丘吉尔首相预计周日乘车前往马拉喀什，再于次日回国。会后，总统和首相两人都有口信关照我带给新德里的韦维尔和重庆的蒋介石。此外，罗斯福总统还让我捎了一封信给蒋介石。

在卡萨布兰卡的最后一天大家都很忙碌。我们在 9 点召开了美军参谋长联席会议；英美联合参谋长委员会在 10 点开会，11 点 30 分散会。我们本来以为中午要和总统、首相一起用餐，但却没有安排。马歇尔将军、巴顿将军和我去了趟费达拉城，沿途视察了几个军营。巴顿将军向我们详细介绍了前不久海滩登陆的作战情况、摩洛哥部队的防御部署，我们还查看了沿海岸线和各个小镇的战场遗迹。

回到卡萨布兰卡之后，我们听说首相、总统两人共同召集的会议推迟到 5 点 30 分了，于是我们继续开车出去逛。马歇尔将军和我还迷了路，最后终于赶回来，屁股刚坐下会议就开始了。

当天晚上 9 点 30 分，会议继续开，一直到 11 点 30 分。

第二天早上，我和儿子汉克道别，再去和马歇尔将军打招呼，告诉他如果在阿尔及尔碰不上，就回华盛顿见面。马歇尔将军和我分乘两架美军飞机离开，都向东飞，他最终的目的地是美国，我则飞向重庆。

在阿尔及尔，我们会见了斯帕茨和杜立特两位将军，还骑马出城去看了斯帕茨的大宅子，光卧室差不多就有 25 间。他的大部分作战参谋和高级军官都住在那里。

我们举办了一个非正式的大型午餐会，波特尔、特德、斯帕茨和杜立特都参加了，大家都通报了一下最新的情况。随后，我去拜访了艾森豪威尔将军和皇家海军上将坎宁安，晚上又会见了法国空军司令让·门迪加尔[1]。他请求援助大量的装备，但除了此前我们已经决定给予法国人的租借物资，我个人不好再多答应什么。

第二天早上吃早饭的时候，吉米·杜立特来了，给我讲了两名美军飞行员的故事。他们驾驶 B－25 去执行轰炸意大利的任务，飞机严重受损，返程途中实在撑不住了，只好弃机爬进了橡皮救生艇，后来被一艘意大利潜艇捞起来了。但潜艇并没有马上潜入海水中，就当关闭舱门准备下潜时，我们的飞机跟上来了，实施了轰炸，把潜艇炸成了两段。那两名美军飞行员是少数几个浮到海面上的人之一。他们是被身上穿的“海上救生背心”托起到海面上的，再次被一艘英国驱逐机救起，送到了马耳他岛上岸。

我要求他把这个故事写进备忘录，报给罗斯福总统。

在卡萨布兰卡到开罗的这段行程中，我想尽可能多地走访一些基层部队。我希望能有机会和大队长、中队长、飞行员、军士、列兵都聊一聊，听他们发发牢骚，看看我能做些什么，让他们的日子能好过些。我从阿尔及尔去了泰勒格玛，然后又到了比斯克拉，再前往开罗。有很多地方我都想去看看，但实在是看不过来。

当跑了这些军营以后，我意识到我们的后勤补给系统正在陷入停顿状态。在整个补给链上存在着太多的瓶颈环节。我们必须加速。比如，我们有三个 P－38 大队，本来应该配备 240 架飞机，但其实他们只有 90 架。经与金海军上将协商一致，我把一批已装船的 P－40 战斗机从“突击号”航空母舰上撤下来，换成 P－38。同时，我还从英格兰另外调来

---

① 让·阿希尔·亨利·门迪加尔(Jean Achille Henri Mendigal，1890—1976)，法国空军中将。1939 年任法国空军第一副参谋长、空军第一军区司令。1943 年任法属北非空军司令。——译者

90 架 P－38，后续还有更多将从阿森松岛飞过来。

和那些飞行大队长、中队长聊天的时候，他们的第一句话总是："我们的飞机什么时候到？"在所有部队，我发现他们都很喜欢自己正在使用的飞机，但同时也都提出了明确的改进意见。

我们抵达泰勒格玛的那一天，P－38 的飞行员们可忙坏了。他们发现加贝斯港以南的道路上挤满了撤退的德军，于是飞下去袭击了那里的坦克、汽车和火车头——任何沿途移动的东西。他们摧毁了上千辆德军机动车。

在比斯克拉机场，我见到了汉姆·阿特金森①将军，他是我在赖利堡任职时候的老部下。他率领的第 97 飞行大队，是第一支从不列颠对西欧地区发动空袭的部队，后来被调派到意大利和突尼斯，执行了大量任务，包括对比塞大港的空袭，战绩辉煌，而且损失很小。那天晚上，在一家美军刚刚拿下不久的酒店里，我会见了一帮前线飞行员，听这些小伙子讲他们亲身经历的故事。

德国人对比斯克拉机场发动了很多次空袭，所以这里夜间行驶的汽车都不允许开灯，所有人都摸着黑开。我和吉米·杜立特将军坐一辆车。碰巧他的车灯坏了，根本关不掉，只能亮着大灯开。一个哨兵把车拦下来了，没有问杜立特的名字，只是告诉他刚刚接到指挥塔上值班上尉的命令，"看看是哪个笨蛋开着大灯到处逛，这是违反命令！"

哨兵说："我要看一下你的通行证。"

---

① 约瑟夫·汉普顿·阿特金森（Joseph Hampton Atkinson，1900—1984），美国陆军中将。1938 年 1 月任第 11 轰炸机中队指挥官。1939 年 6 月进入航空队战术学校学习。1940 年 2 月任第 24 轰炸机中队指挥官。1941 年 10 月任陆军航空队司令部分管作战训练的助理参谋长。1942 年 9 月任第 97 轰炸机大队指挥官。1943 年 1 月任第 5 轰炸机联队司令。1944 年 2 月任第 47 轰炸机联队司令，3 月任第 5 航空队副司令，8 月任第 3 轰炸机司令部司令。欧战胜利后回国，曾担任佛罗里达州麦克迪尔基地司令、第 2 航空队司令、阿拉斯加空军司令部司令、防空司令部司令等职。1961 年 2 月退役。——译者

杜立特说没有。

哨兵要记录下他的名字，杜立特说自己是“杜立特”。哨兵头也不抬说拉倒吧，再换个其他人的名字。

等我们在一团漆黑中找到自己的飞机，已经是晚上10点了，机组人员正等着我们起飞。第二天早上醒来，太阳暖暖地照在我的脸上，爬起来一看，开罗就在飞机下面了。机场，操练中的部队，正在检修的坦克，埃及、英国联军的官兵们正在训练跨越各种各样的障碍物。

我们降落的时候没有引起人的注意。不过很快，就有轿车开过来了，接我们去临近的城镇，安德鲁斯和克劳福德两位将军在那里等着。我们一起步行到司令部，接着又去安德鲁斯将军家里洗漱了一下。然后我们出发去逛逛开罗。1909年以后我就再没有来过这里，上次来是三十四年前了，我还是一名从菲律宾回国的年轻中尉。很多事情与我记忆中的样子没有多大变化。

当天，我们与安德鲁斯将军、皇家空军的道格拉斯和特德两位中将、布里尔顿将军和他手下本战区、外战区的作战参谋进行了会谈。布里尔顿将军提出，当第9与第12航空队合并归属于艾森豪威尔将军指挥后，希望对他未来的地位有一个明确说法。而我能告诉他的，只能是到时候再看了。

第二天我们乘坐一架C－47运输机，飞行380英里前往托布鲁克。在那里我们视察了三座机场。第93大队（配备B－24轰炸机）是从英格兰飞过来的。但他们的地勤人员没有一道成行，等了两个月都没来，只能七拼八凑了一支队伍就开打了。

我们查看了那里的B－24和B－25轰炸机。官兵们对他们装备的飞机相当满意，仗打得也很开心，就是有一个问题——替换的飞机什么时候能到？每到一处我们都会被问起。

在我们返程飞过沙漠的时候，看到了一路上最叹为观止的情景。从托布鲁克到艾尔-阿拉曼，我们可以看到德国人和英国人调遣他们的装甲部队和坦克投入战斗时在沙漠中留下的痕迹。一处处的残骸显示着那里曾经发生过战斗。通过这些进攻和撤退的路线，我们就能够看明白，整个三年沙漠之战中双方采用了什么样的战术。

晚上回到开罗以后，我去当地政府的美洲事务部长柯克先生家里吃饭，还有萨默维尔将军、约翰·迪尔爵士，一共大约有 20 个人。约翰爵士将陪同我从开罗飞往重庆。听他说丘吉尔首相也在开罗城里，还想见我一面，于是我安排第二天就去拜访。次日萨默维尔将军也将出发前往印度，借道伊朗。而迪尔爵士要到周五才能做好出发的准备。在我们完成各自的使命之后，我和萨默维尔将军将在德里会合。

1 月 28 日早上，没有任何官方安排的任务，我们去游览尼罗河谷的山洞群。这些洞穴，可能是建造金字塔采集石料后留下来的，现在被皇家空军用来开“维修店”了。他们在这儿修理、重装战场上抢救回来的引擎、螺旋桨和无线电设备。一共有大约 1 800 人在山洞里工作，出产埃里森、莱特飓风、帕卡德梅林、英吉利梅林、布里斯托尔的珀伽索斯和赫拉克勒斯等各种型号的发动机。这里还可以直接造出螺旋桨来。当叶片受损严重的时候，他们就把支撑杆切下来，重新安装一个，就可以再次投入使用了。有的支撑杆被炮弹打穿了，技师们就把它卸下来补好，然后再装上去——其实那些弹孔还在里面。这些山洞群绵延长达数英里，每天可以出产七台发动机。每一位皇家空军士兵搭配两到三名埃及人一道工作。

那天晚上我们先和特德、德拉蒙德、皮里、斯帕茨开了个会，然后才去参加丘吉尔首相的晚宴，还有英国大使、柯克部长等客人都出席了。

我和丘吉尔首相聊了很长时间，他有一个新话题和我讨论：关于土耳其参战的可能性；将对整个战争产生什么样的影响；我们该做些什么，以促使土耳其加入盟国一边；在空军方面我们能够答应他们什么条件——肯定不是一个小数目，但只要有助于增强空军的力量。我知道这才是首相大人此次造访的真正原因：他想搞清楚我们如何才能将土耳其拖进战争。

我强调了时机的重要性，还有要专注于既定目标。我说，在我看来，我们不应该做出任何许诺，这会影响到此前我们商定的主要作战行动。丘吉尔说，美国一年能制造 82 000 架飞机，就算送一大批给土耳其，应该也没有问题。我指出，82 000 架是到 12 月份的预见产量，而现在距年底还有十一个月，离 82 000 架还远着呢。他说，希望在 6 月份之前能有 28 个飞行中队进驻土耳其。而且，他还保证，不会做出任何影响既定作战行动的事情。

丘吉尔还告诉我，希望能多支援八架 C－87 运输机，给在南斯拉夫打游击的第五纵队；还想让约翰·迪尔爵士和我从中国回来的时候，能借道英格兰回美国。在没有考虑成熟之前，我不能贸然答应这些事情；但我告诉他会认真研究。

我也常常希望能够拥有满足所有人需要的飞机，可以让他们执行各种各样的任务，飞到地球遥远的角落去打仗！毫无疑问，我们应该为在南斯拉夫坚持作战的第五纵队提供 C－87；但问题是，第五纵队的需求是否比世界各地战场的运输保障更为重要，还有那条飞越驼峰通向中国的生命补给线。

1 月 29 日，我接上约翰·迪尔爵士，早上 7 点 30 分准时起飞。

弗兰克·M·安德鲁斯将军做出的贡献，在整个空军界都是有目共睹的——他是陆军航空队总司令部首任总司令；接着任加勒比战区司令；现在又到了近东，司令部就设在开罗。所有的空军军官都认为，他将是这场战争中最杰出的作战指挥官之一。1943 年 1 月 17 日，艾森豪威尔将军提名他负责指挥驻扎在英格兰的美军部队，我们大家都为他开心。最终他很有可能担任驻欧洲战区美军总司令。但天妒英才，1943 年

5 月 10 日，在他乘机从英格兰飞往冰岛的时候，他的座机撞在了冰岛的一座山上，安德鲁斯将军和随行人员全部遇难。

罗斯福总统交代我此行的任务之一，是看看能否加快让美国制造的飞机通过巴士拉运往苏联境内。莫斯科方面给罗斯福总统打了一份报告，说通过巴士拉转运飞机的速度不够快，是因为我们的人改装飞机的速度跟不上。

我们在巴士拉着陆以后，会见了当地的指挥官波特上校。我们对他做的工作印象还是不错的；但听他说俄国人都是很苛刻的监工，对什么都不满意。他们要求不计一切成本，飞机必须百分百适合他们的需要；根本不考虑我们的生产标准，尽管事实上这些飞机本来就是造给美国人自己用的。

当时巴士拉一共收到 86 架 P－39、31 架 P－40 和 689 架 A－20。我们已经交付给俄国人 33 架 P－39、10 架 P－40 和 634 架 A－20。另有 36 架 P－39 和 49 架 A－20 正等待俄国人接收并开走。剩余的 17 架 P－39、21 架 P－40 和 6 架 A－20 已经在组装。所以，根据我看到的情况，如果那里有任何延误的话，恰恰是俄国人自己造成的，而不是我们。就在我们逗留的那几天，已经有 85 架飞机准备好交付，而俄国人却没有做好接收并开回去的准备。

我发现巴士拉的俄国人日子过得相当舒服。他们有自己的兵营，自己的大会堂，自己的娱乐场所。事实上，他们的条件要比美国大兵好得多。他们住的房子和卫生设施都比我们的好。我还听说，这应该是俄国人的传统，他们带了不少女人，集中在其中一个兵营里。俄国人喜欢和我们的士兵聊天，也喜欢一起喝两杯，但他们从来不会说起苏联国内发生的事情。

俄国人喝多了就会跳舞，还喜欢和我们的小伙子一起跳。美国大兵并不太起劲，但俄国人很坚持。所以这里常常有人大跳特跳，让美国大兵们觉得很疯狂。有时候美国人累得跳不动了，俄国人会抱着亲他们的脸。一开始美国小伙子可受不了这个，还引起了不少打斗，很快俄国人就知道不可以这么干了。但是对于苏联姑娘，情况就完全两样了。那是绝对不允许的！我们的小伙子不可以和她们见面、谈话，包括跳舞。

我们与驻巴士拉苏军指挥官彼得罗夫上校进行了一次会晤。他是一个大块头，身材和相貌都像克拉克·盖博，去美国演电影肯定会红。我试图让他承认我们在援助飞机上的工作还是令人满意的，但这比拔他的牙齿还难。刚开始我们通过他的翻译讲了很多话，但我看得出来没有任何效果。我们说再多，翻译官都不会翻给他听。

于是我找来了我们自己的翻译，告诉彼得罗夫上校，我想给他讲一个故事——一个中国人在美国法庭上作证的故事。证人被问到这样一个问题："周四10点，你有没有在第六大道和主街的路口出现过？"中文翻译与证人交谈了足足有四十五分钟，最后律师不耐烦了，问道："他到底怎么说？"翻译说："他说：'Yes。'"我说："彼得罗夫上校，你让我想起了那个中国证人。我们已经谈了很多，也有'四十五分钟'，但你还是没有说明白Yes或者No；当然你仍然可以继续讲下去。"

最终，彼得罗夫只好承认，我们交付给俄国人的飞机是一流的；有些不满意的情况在交付之前一般都得到了解决，我们并没有延误交付。约翰·迪尔爵士觉得这样的官方会谈真是少见——在美国人看来也是如此。

在巴士拉，一共有大约1 500名道格拉斯飞机制造公司的员工和800名美军官兵，负责组装和检修飞机。晚餐之后，已经感到寒气逼人了，约翰·迪尔和我一起去看望了道格拉斯公司员工和美军官兵，回来以后就早早地上了床，准备第二天的远途飞行。

次日清晨7点05分，我们出发前往卡拉奇。从巴士拉、阿巴丹到卡拉奇的广袤土地上满目荒凉，让我想起了加利福尼亚的死亡谷。我听说，在离开卡拉奇之前，萨默维尔将军曾试图前往德黑兰，但由于恶劣天气和难以飞越的高山而被迫降落在伊拉克的哈巴尼亚，如此一来，将会迟一天抵达德里。

飞过波斯湾上空的一段航程变得相当无聊。前面我驾驶了一会儿飞机，现在被换了下来，就离开了无线电发报舱，开始在飞机里闲逛起来。当看到机舱尾部顶端的50口径机枪还被折叠收在舱室里面，我想是时候把它装回去了。于是我走到机身的另一侧，掀开舱顶盖，把机枪从折叠存放的位置取出来，安装好，并试着朝波斯湾里开了几枪。这个时候离卡拉奇还有50英里。我把机枪放好，正准备重新盖好机舱的时候，一股强风从舱顶口吹进来，把舱顶盖(有点像汽车的引擎盖)像风筝一样带出了洞口。最糟糕的是，我的手还抓在上面，又不敢松手，因为担心它飞出去击中尾舵，造成机毁人亡。同时，我也真不想陪着它一起被吹出飞机去。

在这危急时刻，约翰·迪尔爵士紧紧抓住我的两只脚踝往下拖。我也只好松手，舱顶盖飞向空中，就差大约六英寸没有打中尾舵，落在了波斯湾中。把我吓得一屁股坐在无线电发报室的地板上。

我折腾下来的最终结果是：机枪检查下来是好的，我们却一路吹着风飞到卡拉奇。还好，他们在卡拉奇有“备盖”，这是约翰起的名字，让我们下面的航程用不着再吹凉风了。

在卡拉奇我会见了布雷迪将军、惠勒①将军和梅森上校，大家吃了一顿丰盛美味的午餐。布雷迪还是上校的时候，曾和布里尔顿将军一起在菲律宾共事，是麦克阿瑟将军的部下。惠勒将军负责印度和缅甸所有

---

① 雷蒙德·艾伯特·惠勒(Raymond Albert Wheeler，1885—1974)，美国陆军中将，著名的工程专家。1936年5月任国际航运理事会代表，8月进入陆军战争学院进修。1937年2月成为河港工程委员会常驻委员。1940年7月任巴拿马运河工程师。1941年7月任战争部总参谋部助理参谋长，9月任美国出使伊拉克、伊朗和印度军事代表团团长，晋升准将。1942年2月任中缅印战区美军后勤供应总司令，3月晋升少将。1943年11月任东南亚盟军司令部行政主任。1944年2月晋升中将，11月任东南亚盟军副总司令。1945年6月任印缅战区总司令。1945年10月任美军工兵总司令。1949年2月退役。——译者

的工程建设事务，所以我们的会谈内容很宽泛，让我和约翰爵士对即将前往的远东地区的背景情况有了一定了解。

我们当天下午晚些时候出发去新德里，飞行在黑夜笼罩的印度大陆上空。有很长一段时间，除了头顶的点点星光和飞机发动机尾气的火光，我们看不到一丝光亮。如此在黑暗中飞了大约600英里后，开始偶尔看到一些村落的亮光，接着就是一座烟火繁盛的城市。新德里到了。

我们在大约晚上10点着陆，飞机开进了一座机库，韦维尔将军、比斯尔将军——当时驻印度和中国的陆军航空队司令官，还有其他一些参谋军官在那里等着我们。当晚约翰·迪尔爵士和韦维尔将军住在一起，我住进了一家酒店的套房。

次日清晨，我和比斯尔将军一起吃早餐，讨论了他碰到的空军方面的问题，以便我同韦维尔会见之前掌握更多的情况。

上午10点，我和韦维尔、约翰·迪尔进行了会谈，大家同意召开一系列的会议，商定了议程，并决定组建秘书处——有点类似于我们的联合参谋长委员会。其他美方代表还有：史迪威[①]将军、萨默维尔将军和比斯尔将军。英方代表有：约翰·迪尔爵士、韦维尔将军、奥金莱克[②]将军，还有韦维尔将军手下的参谋。中午我们到韦维尔将军家里吃了

---

① 约瑟夫·史迪威(Joseph Stilwell，1883—1946)，美国陆军上将。1904年毕业于西点军校，曾参加第一次世界大战，担任美国驻华大使馆武官。1926—1929年任美军驻天津的第15步兵团营长、代理参谋长。乔治·马歇尔当时任该团副团长、代理团长。因史迪威曾多次来华，会讲中文，美国参战之后，史迪威被派到中国，先后担任中国战区参谋长、中缅印战区美军总司令、东南亚盟军司令部副总司令、中国驻印军司令，美国援华物资分配负责人等职务。——译者

② 克劳德·约翰·艾尔·奥金莱克(Claude John Eyre Auchinleck，1884—1981)，英国陆军元帅。毕业于桑德赫斯特皇家军事学院，一战期间曾在埃及美索不达米亚服役。二战初期指挥英军在挪威北部作战，1941年1月任驻印度英军总司令，同年7月在北非战局不利的情况下接任中东战区英军总司令，成功地攻入昔兰尼加，但后又被隆美尔击退，在阿拉曼组织防御作战，为战役胜利创造了条件。1943年重返印度任英军总司令。1946年晋升陆军元帅。——译者

饭。韦维尔给我的印象是一个非常聪明的人，但显然他更像是一位学者和参谋，而不是战场上的领导者。他看上去对眼下的战局已感到精疲力尽。

韦维尔将军的参谋长交给约翰和我一份他们称之为“计划”的副本，意图先将日军从缅西地区赶出去，为下一步英军发起新的攻势夺取缅甸全境赢得立足点。他们最近的作战行动打得很惨。看了这份文件，第二天吃好早饭以后我约见了约翰·迪尔爵士，聊了很长时间。他和我的看法一样，这份文件根本算不上作战计划，只是草草几段文字，恰恰说明了他们的任务为什么完不成。

因此，当我们11点和英国人再会面的时候，我重述了自己和约翰爵士对那份文件的看法。我直言不讳地告诉他们，这份文件给我什么样的印象，并转达了联合参谋长委员会向罗斯福总统和丘吉尔首相报告的意见。现在必须制订一份进攻缅甸的明确计划，目标是尽快把日本人赶出去。我讲完之后，韦维尔将军解释说那份文件还不是最终的定稿，并表示会要求参谋们作进一步修改。

吃午饭的时候，我与出席会议的美方代表开了个会，商量下一步该怎么办。我们研究了缅甸地图上的日军部署情况，以及他们接下来可能采取的行动。日本人具有内线作战的优势，他们可以通过交通线迅速集结较大规模的部队，而外线作战的英国、中国军队无法做到这一点。

在这个战区，还必须实行统一的指挥。这是美军参谋长联席会议和英美联合参谋长委员会都想解决的问题之一——对缅甸战区实施统一指挥，不仅仅是英国部队，还有参加对日联合作战的中国和美国军队；也不论是从缅西发起的进攻，还是在缅东、缅北采取的行动。不管怎样，作战行动都必须协调一致。

当然，还有其他的困难。那里是热带雨林地区；英军士兵的制服是短袖和短裤——这让他们成了蚊子的目标，所以英军中的疟疾发病率非常高。举个例子：有一次，一个澳大利亚步兵团和一个英国步兵团驻扎在同一地点，澳军的疟疾发病率只有大约20%，而英军的发病率却超过了80%。

另外一个问题是地形，缺少道路，军需补给的运输十分困难。日军士兵的装备都是自己背着，并随身携带数日的口粮。他们的口粮通常就是一点点大米和鱼干。而靠这点儿少得可怜的给养，英军和美军士兵一般是撑不下来的。

2月1日，我等了一天，史迪威和萨默维尔两位将军还没有到。最终史迪威于当晚10点30分左右抵达，萨默维尔是大约9点到的。2月2日一早我们就开了个会，商讨当前的战局。接着10点30分，我们与韦维尔及其参谋人员会面。

会议进行得还是比较顺利的，看上去大家似乎达成了共识。但是，当吃午饭大家再议相关事宜的时候，气氛很快发生了变化。不知道为什么，我始终无法抹去脑子里留下的这样一种印象，就是英国人多多少少把印度当成了一个安排其他战场过气军官的地方。

我们最后决定延迟到2月3日离开，我和约翰·迪尔前往阿萨姆邦的德钦，从那儿去重庆，完成任务以后，大概2月9日回到加尔各答。

那天晚上，印度总督林利思戈勋爵为大家准备了丰盛的晚餐，但吃的时间并不长。

总督宫差不多像华盛顿的五角大楼一样大，各式礼节比我去过的任何地方都多。这里的规矩好像就是和一个人最多交谈三分钟，接着就得再换一个人聊三分钟。他们有两名副官四处转悠，专门看着你是否超过了三分钟还没有停下来。

第二天早晨7点30分我们到了机场。比斯尔将军和我乘坐美军的一架B－17前往阿萨姆。约翰·迪尔爵士和史迪威将军一起走。我们准时抵达德钦，下午的时候着陆。在视察基层部队的路上，有人告诉我们将在当地一家茶叶种植园主家里过夜，我们听了心里很是期待。

我们视察了空军部队的高射机枪阵地和战斗机中队，他们都分散隐蔽在竹林之中。隐蔽工作做得很好，有时候我们走近20码的距离还没有发现藏好的飞机。官兵们都住在机场附近聂帕榈树叶搭的小房子里。我在飞行大队司令部见到了爱德华·亚历山大[1]将军，我在马奇机场任职的时候，他是我手下的军官。这个时候，碰巧一名在缅甸内地潜伏了数月的特工回来报告情况，我和他聊了很长时间。我不知道一个美国人是如何在缅甸混了这么长时间的，但他确实做到了。

在我们视察部队的时候，听说约翰·迪尔爵士和史迪威将军已经启程前往昆明了。当时的天气很好；但这个位于喜马拉雅山脉南麓脚下的地方，天气变化非常快，所以我决定晚餐之后也立即飞往昆明。

① 爱德华·哈里森·亚历山大(Edward Harrison Alexander，1902—1978)，美国陆军少将。1942年2月任美国陆军航空队总司令驻印度代表，3月任陆军航空队驻中缅印战区助理主管、主管。1942年12月任空运司令部中印联队指挥官。1943年10月任空运司令部加勒比联队司令。1944年8月任空运司令部西南太平洋联队司令。战后曾任空军训练司令部助理参谋长、驻德国空运特遣队司令、第18航空队副司令等职。1956年6月退役。——译者

第二十三章　蒋委员长；总统的意思和推心置腹的答复；陈纳德，还是比斯尔；“花生米”；驼峰航线；约翰爵士认为，假如宋美龄女士在场就好了

从德钦到昆明的航程和纽约到芝加哥差不多，但这段航程却要飞越18 000英尺高的大山，而且天气状况极不稳定。有时候风速高达每小时100英里至150英里，而且事先没有任何征兆。当一位飞行员飞在阿萨姆到中国的喜马拉雅山脉上空的时候，永远不知道自己会遇到什么样的天气。

我想早点儿出发，在我们吃晚饭的时候，就让机组人员去飞行办公室了解情况。就在我们抵达的前几天，阿萨姆及其周边的机场遭到过日军空袭。不少炸毁、烧毁的运输机残骸还躺在它们的机位上。

等机组人员回到飞机上，我问什么情况，得到的答复很简略。我犯了一个严重的错误，对这次飞行有些掉以轻心了。我曾经飞了那么长时间，知道没有人敢在空中保证什么，而且还是在战争时期，在一条世界上最难飞的航线上。

在这条飞往昆明的航线上，山脉的海拔大多在14 000英尺到16 000英尺以上。越往北，山越高——达到19 000英尺到20 000英尺。中间有几块地盘还被日本人或替日本人打仗的游击队控制着。昆明城及其以西100英里的乡村地区还在中国人手中。

后来，相当偶然的机会，一位当地的空军指挥官替我分析，我们那次飞行应该遇上了每小时 50 英里或更强的顺风。在黑暗中起飞之后，我们攀升到 19 000 英尺。在起初的两个小时里面，我们根本看不到任何东西——地面上一丝亮光都没有。差不多飞了两个小时的时候，我注意到南边有红色的光，就问导航员何时抵达昆明。过了好长一会儿，他回答：“大概二十分钟以后，长官。”我继续和比斯尔将军讨论一些事情，没有太在意飞行时间，等我再一次想起来的时候，已经又过去一个小时了。我再一次问我们在什么方位，什么时候能到昆明。我发现机组人员全都慌了神，他们既搞不清楚飞机的位置，也不知道何时能够抵达目的地。我前面不知道机组人员都没有戴上氧气面罩，尽管我们是在 19 000 英尺的高度飞行。我让无线电报务员立刻戴上面罩，然后用无线电发报，看看是否能够和缅北、印度、中国的随便哪个电台取得联系。

与此同时，我问导航员有没有戴氧气面罩。他说没有。我告诉他立即戴起来，抓紧确定我们的方位。我把飞行员叫到比斯尔将军和我坐的位子旁边，开始问他情况。他站着站着就忽然瘫坐在地板上。这是缺氧。我把自己的面罩给他，很快他就恢复过来。缺氧把我的机组人员都搞晕了。

机组人员似乎把这趟飞行当作纽约飞华盛顿那样轻松平常了，其实除了敌人、我们自己的方位不明之外，这个地区可供我们降落的机场也很少。过了一会儿，导航员要求我们沿着目前的航线继续飞 20 到 30 分钟，直到他可以确定方位。

考虑到当时中国上空的四引擎飞机非常罕见，我觉得日本人一定想搞清楚我们这架飞机此行的目的。他们有可能会派飞机拦截我们。他们有雷达，可以很精确地测定我们的航线。他们一定知道我们的方位，尽管连我们自己都不清楚。在我看来，我们毫无疑问已经飞过了昆明，有可能正飞去河内和“乃木”[1] 将军吃早餐了。在这个节骨眼上，我可真不喜欢和“乃木”将军吃饭。

我要求飞行员180度调头往回飞。我知道当时我们遇到了很强的顺风——大概每小时100英里——所以我猜测，一个多小时前经过的亮红光的地方就是昆明。接下来我脑子里又冒出一个问题：“油够飞回昆明吗？我们会不会错过昆明，最终飞到喜马拉雅山脉？如果那样，等我们真的没油了，在哪里跳伞呢？”如果我们不得不穿越丛林，凭我们现在身上穿的衣服(低帮鞋子和单裤)，肯定应付不了。如果美国陆军航空队总司令、第10航空队司令和随行的一班参谋人员都沦为俘虏，可真是天大的奇闻了。

无线电报务员告诉我，他能联系上的唯一电台是讲外语的；他听不懂对方在说些什么。那有可能是中国人或日本人的电台。他联系不上任何美国人或英国人的电台。我后来才知道，昆明的电台当时停止工作了，我们根本就不可能联系上。

又过了一会儿，导航员把方位告诉了我们。他说我们在昆明以东大约300英里。很显然，从阿萨姆方向吹来的强顺风把我们带到了日军占领区。

很快导航员又给出了更加精确的方位——在刚才方位的以西大约50英里。到这个时候，我们已经在19 000英尺的高空飞了超过五个小时。

---

① 乃木希典(Nogi Maresuke，1849—1912)，日本陆军大将，二战前被日本人奉为“军神”。1871年毕业于陆军士官学校，1877年参加平息西乡隆盛挑起的日本西南战争。1885年任第11步兵旅旅长。1886年赴德国研究军事。归国后历任近卫第2步兵旅旅长、驻名古屋第5旅旅长。中日甲午战争时任第2军第1旅旅长，率部侵占中国旅顺、辽阳。1895年率第2师入侵台湾。翌年任台湾总督，1900—1904年退役。1904年日俄战争爆发后任第3军司令，以“肉弹”战术攻克旅顺。次年参加奉天之战。战后任军事参议官，是皇孙裕仁的导师，1912年明治天皇病逝后，同其妻剖腹殉节，成为日本武士道精神的典型代表。作者此处引用“乃木”应泛指日军高级将领。——译者

不一会儿，报务员和一个英语电台取得了联系，接着又联系上另外一个。导航员马上第三次确定了方位，我们总算铆牢自己的位置了。

大约凌晨 2 点，飞机在昆明降落。本来我们应该在前一天晚上 9 点 30 分抵达的。史迪威将军、陈纳德将军和约翰·迪尔爵士都在机场等着我们，每个人都焦急万分，简直吓坏了。他们告诉我昆明的电台出故障了，但我怎么从来没有听说过。一位业余无线电爱好者，用自己的电台听到了我们发出的呼叫。吃早饭的时候聊起昨晚半夜的这趟兜风，大家已经比较轻松了。不管怎么说，总是好过与“乃木”将军一起喝咖啡吧。

那天上午，我与陈纳德、史迪威、魏德迈、比斯尔以及约翰爵士会谈了很长时间，商定了准备提交给蒋介石的中国战区作战政策。然后去视察了部队。

最初的“飞虎队”，现在已经整编进第 14 航空队，这是一帮很能干的家伙。举个例子，他们的 P－40 一开始无法从美国得到增加载油量的机腹油箱，他们就自己造出来了。中国人用竹子扎好龙骨框架，然后从里面覆上布料，再涂上一层胶泥；龙骨外面先涂上胶泥，再覆上布料，如此一层层叠起来直到足够坚固，然后布料上再涂刷一种中国清漆，最后外面包上一层铝皮，油箱就算完工了。它的样子与我们正规装配的铝制油箱几乎没什么分别，而且一样好用。

我们原本计划不做停留，直飞重庆会见蒋介石，但我想还是有必要先了解一下当地的战局。陈纳德将军已经向我详细汇报过中国的空战形势，但令我感到纳闷的是，他只汇报了空军部队的作战情况和战术学校的训练情况，却没有讲到作战后勤补给的情况。看来这是我们随后要解决的难题。史迪威将军在地图上介绍了地面战场的局势，这样我和约翰·迪尔爵士都觉得，已经充分做好了与蒋介石及其参谋部会谈的准备。由于我们此前乘坐的 B－17 无法在重庆机场降落，大家决定换乘一架中国航空公司的 DC－3 运输机。

在我登机的时候，看到机舱地板上有一堆纸片，就问机组人员："这是什么东西？"

"那是中国的纸币，将军。"飞行员回答。

我再问："有多少？"

飞行员说："我也不知道。大概三四百万块吧。"

"你打算怎么处理这些钱？"我继续问道。

他回答说："我们负责把它运到重庆。"

我又问："有人负责看管吗？"

他说："是的，就是我们负责。"

"有人签收过吗？"我接着问。

"没有，长官。"

"你们清点过吗？"

"没有，长官。"

真是闻所未闻！如果放在这里的是一箱香烟或者是一辆吉普车，可能早就不见了。

就在飞机起飞之前，他们才把这些钱扔到飞机上带往重庆，而且没有任何人检查核对——这些纸币都是在美国印制的。

飞机在重庆降落的时候，中国政府的国防部长、参谋长和空军司令都在机场迎候。我不知道他们安排好的待检阅部队是为约翰爵士还是为我准备的。我告诉约翰爵士是等他检阅的，他说是为我准备的。于是我说："好吧，让我们一起检阅。"

然后我们从河边的机场出来，沿着山坡上的台阶进城（机场坐落在河谷边的一块平地上）。从河谷到位于高地上的重庆城区一共要爬 347 个台阶。约翰爵士和我坐进了苦力抬的竹椅子，中国高官们也都坐竹椅跟在后面。我的竹椅有三个人抬，两个在前面，一个在后面。后面的那个人把抬杆使劲往上举，但我觉得他肯定举不上去。我体重接近200磅，担心他会支撑不住而失手。如果那样，我就会从竹椅子上朝后翻下去，连带着跟在我后面的中国苦力、宋子文博士、史迪威将军和其他中国高官，一起滚到347级台阶下面去。还好，尽管那位中国老轿夫非常吃力，他还是把我安全地抬到了山顶。

到了重庆的住处以后，有人告诉我，蒋介石打算在第二天会见我。那天晚上，史迪威将军准备了自助餐招待我们，还有美国驻华大使克莱伦斯·高斯①和中国政府高官。这是一次很开心的聚餐，也让我有机会和接下来几天里要打交道的人提前有个交流。

重庆坐落在两条大河的交汇处。机场位于河谷当中的岛上，市区建在河边山顶600英尺高的平地上，被日军飞机轮番轰炸过好多次。中国人在山坡上挖了不少防空洞，但还是有数千名市民被炸死。在我们抵达那里的时候，日本人已经有几个月没有轰炸过重庆了，看样子接下去一段时间他们也不会再来了。陈纳德告诉我，他的空军部队让日本人根本腾不出手来轰炸重庆。

在离开昆明的时候，我曾问起重庆的天气怎么样。他们告诉我很暖和。我问需不需要带厚衣服，他们也说没必要。抵达重庆的第二天，当我们准备去蒋介石的行宫时，我知道自己犯了个错误。夜里下了雪，天变冷了——而且很冷。各个房间里一点热气儿都没有，中国人也冷得发抖。

前往蒋介石行宫的路也是条石铺成的台阶，它坐落在山顶上，人迹罕至。我稍微等了一会儿，刚好有时间在会客室里转转看看。房间里有

---

① 克莱伦斯·爱德华·高斯(Clarence Edward Gauss，1887—1960)，美国职业外交官。1916年起任美国驻上海、厦门、济南等地领馆领事。1923年起任驻奉天、济南、上海、天津等地总领事。1935年任驻巴黎总领事。1940年任驻澳大利亚公使。1941年任驻华大使。1944年11月卸任，由帕特里克·赫尔利接任。——译者

一个格栅拦起来的小壁炉，只有普通的灰盘那么大，里面覆着一层木炭，缓缓地散发着热量——整个房间就靠它取暖。我知道在这里也暖和不起来了。没过几分钟，蒋介石进来了，我先递交给他一封信，内容如下：

白宫

华盛顿

卡萨布兰卡

1943年1月25日

亲爱的委员长：

我托付美国陆军航空队总司令亨利·哈利·阿诺德中将呈交此信。我之所以派他到您身边来，是因为我已决心扩充陈纳德将军的空军力量，以支持您能够立刻对日本人发起进攻。阿诺德将军将协助您和陈纳德将军共同研究具体方案。

阿诺德将军还将向您禀报我们打算把日本人赶出西南太平洋的行动计划。正如此前我发给您的电报中所言，我与丘吉尔首相及参谋长们进行了会晤，商议我们1943年对日、对德作战的战略计划。我希望阿诺德将军能够尽可能详尽地向您报告会议情况，因为我觉得这些内容是不能发电报的。

我夫人与您的夫人见了几次面，我们都希望她能够尽快再来美国。她的健康恢复得很快。

我和您一样，对1943年的战事充满信心，但愿通过努力，能把日本人赶回老家去。在这里，我不仅要表达对您个人诚挚的问候，还对您的军队为我们共同事业所做出的贡献永怀感激。

您真诚的朋友

富兰克林·D·罗斯福

蒋介石把信交给宋子文博士翻译，我在想：“不知道蒋委员长能看懂多少英文?”

接下来的会议就是蒋介石、宋子文、我和“路易”·帕克上校(我的副官)参加，持续了大约三个小时。商讨了很多内容：世界战场局势；英美联合参谋长委员会的会议情况；缅甸战役；给陈纳德单列司令部的问题；中国空军建设；以及其他各种各样的议题。

屋子里依然很冷。但热茶水大概每五分钟就会续一次，这很管用，让人感觉不会太冷。午餐非常丰盛：美味的牛肉汤、鱼、土豆、烤鸭、胡萝卜、菠菜、现烤饼干、柠檬馅饼和热茶。不过，一有机会我还是起身在房间里走走，到小壁炉旁边取取暖。

有一个很重要的话题就是关于陈纳德将军的地位问题。陈纳德那传奇般的战绩，让蒋介石充分相信他的能力无可限量。他觉得没有理由不让陈纳德全权指挥美国驻中国和印度的全部空军力量。吃午饭的时候差不多都在集中讨论这个问题：是让他独立成军还是继续归属比斯尔将军指挥？我们到底应该派谁来远东指挥驻印度和中国的全部空军？显而易见的是，那个掌管驻印空军的人必须同时负责指挥驻华空军，因为这两个战场的联系太紧密了，彼此都不可能单独作战。

还有“驼峰空运”行动——为中国输送补给物资——使得现在比以往任何时候都更加需要统一指挥。然而，蒋委员长对陈纳德将军的高度信任反而使得问题更加复杂化了。他认为陈纳德是有史以来最杰出的空军指挥官，并希望陈纳德能够做统帅。我知道组建独立司令部的想法不会被华盛顿接受，也会让史迪威不高兴，我觉得这里面多少还有一点儿嫉妒。不知道是不是因为史迪威不太尊重蒋介石而导致他也不尊重蒋的朋友陈纳德，还是他信不过陈纳德的能力，我也不太清楚。

事实上，在陈纳德的率领下，此前“飞虎队”和后来的美国空军驻华特遣队取得的骄人战绩充分证明，他在指挥对日空战和向中国人传授空战技巧方面确实具有超凡的能力。

参加宋子文博士、我与蒋介石2月6日午餐会的，还有路易·帕克上校。他是一个很有热情的人，我注意到当蒋介石先用汉语和宋子文讲，而宋还没有把话翻译成英语之前，帕克就已经在点头了——“Yes，Yes，Yes，Yes。”当宋子文听完我们英文讲的答复，翻译成中文的时候，帕克也会点头——“Yes，Yes，Yes，Yes。”这样几个来回之后，蒋介石和宋子文说了些什么。

于是宋博士就问我，帕克上校是否会讲中国话。我告诉他帕克上校不会讲。接着蒋介石和宋子文又说了些什么，宋又问我，帕克上校是否听得懂汉语。我告诉他帕克上校一个字也听不懂。但这并没有让路易·帕克停下来，他继续搞他的一套。然后蒋介石又和宋子文说了几句，宋再一次问我：“帕克上校确实不懂中文?”我也再一次向他保证，帕克的确不懂中文。

第二次我再与蒋介石会晤——一次秘密会议——帕克上校的名字就不在被邀请出席的名单里了。我只好自己去，没有带副官。显然，蒋委员长一定认为帕克上校精通多国语言。

中国的航空事业发展很困难，尤其是空运司令部的建设。首先，通过驼峰航线的空运补给量，比布拉马普特拉河上的船运以及与该河平行的窄轨铁路运到阿萨姆邦的货运量还要大。根据我的回忆，那块地方的铁路线有三种不同的尺寸，所以货物必须在不同的铁路之间倒两次车厢。其次，中国战区飞机所消耗的燃油量也是十分惊人的。就算我们依照蒋委员长和陈纳德的要求，增加中国战区的飞机数量，我们也没有办法通过驼峰航线为这些飞机提供足够的燃油，同时还要运送其他的军需物资。事实上，就在驼峰空运任务结束前夕，我们建造了一种特殊的油罐飞机——一款改造过的B-24轰炸机——专门用来运输燃油。除了最基本的操控设备之外，飞机上的其他东西统统卸掉，安装上油罐，然后最大容量地装载燃油。

随着讨论的深入，我逐步搞清楚了蒋委员长的一些想法：

1. 中国政府对目前中美空军之间的合作缺乏信心。

2. 如果缺少有效的组织指挥，增加中国飞机的作用将十分有限。

3. 形势非常复杂，陈纳德是唯一能够掌控局面的人选。

4. 陈纳德是唯一赢得中国人民信任的外国人。

5. 中美两国空军必须完全达成共识，行动协调一致。

6. 蒋介石对中国空军进行了重组，并希望由美国人统一指挥。陈纳德是他唯一满意的人选。

7. 自从美国志愿航空大队(A. V. G.)被解散之后，中国人就再没有得到过美国空军的协同支援。

8. 陈纳德是当时远东地区杰出的空军战术家和战略家。

9. 关于陈纳德的任职，蒋介石可以派人去比较轻松地解决那些政府中的问题。因此，看不出还有什么理由不让陈纳德担任司令官。

就上述问题，我又逐一和蒋介石进行了确认，答应回到华盛顿以后将会谈情况向罗斯福总统汇报，并将总统的决定反馈蒋介石。

委员长接着又对我说，他所说的一切都是坦诚相告、毫无保留的。我告诉他，对他的真诚表示感谢，并保证除了向总统本人汇报，不会把他讲的内容透露给其他人。不过，那天晚上的会谈给我留下了以下几点印象：

1. 除了涉及缅甸和中国的内容，蒋委员长对于卡萨布兰卡会议和英美联合参谋长委员会形成的决议并不太感兴趣。

2. 他希望得到一份正式的承诺，在他指定的期限之内再援助中国500架美国飞机。

3. 无论如何，驼峰航线的空运补给都必须确保，这个问题没有商量的余地。

4. 不管能不能得到充足的燃油，他都将增加中国空军的数量。

5. 虽然在 1925 年的时候，他彻底击败了自己的对手，充分展示了他作为一位军事领导人的才华，但现如今，他并没有显示出这种思想上的天才和逻辑。

在我看来，印度阿萨姆地区的机场，应该可以容纳比我们正在使用的数量多得多的运输机。当时，公路网已经在紧锣密鼓地建设之中，很快即将竣工。这将有助于提高我们的空运能力。机场也在扩建，以使我们能够起降更多的运输机，运送更多的军需物资进入中国，同时也可以继续运送中国陆军的士兵和装备——大概有三到四万人——他们正在印度接受训练。

不过，从阿萨姆往中国空运物资和人员的整个后勤补给系统的运作，还受到以下几个因素的制约：

1. 布拉马普特拉河上蒸汽船的运输能力。

2. 从加尔各答通往阿萨姆的铁路系统。当时它已经满负荷运转，但是我们仍在给英国人施加压力，以增加更多的机车。

3. 印度的燃油储备，决定着驼峰航线的空运总量和中国战场的空战形势。阿萨姆、驼峰航线和中国战场上使用的 100－辛烷燃油，全部都靠运进来，或通过河运，或通过铁路。80－辛烷的燃油则通过一条沿河铺设的管道输送进来。然后所有的燃油都必须通过空运输入中国。就一架常规的运输机而言，飞到昆明再返回印度一个来回，飞机油箱里的油就用得差不多了，能留给中国人打仗的油并没有多少。

还有一个影响到中国空中作战的重要因素，是中国本身缺乏足够的机场。无论是提升援助中国物资的空运能力，还是对那些从中国国内基地起飞的作战飞机而言，要想有任何实质性的进步，就必须建设更多的机场。对这些问题，蒋介石和陈纳德都轻描淡写地一笔带过。他们都不想为后勤方面的事情多操心。

是我推荐比斯尔将军担任陈纳德的上司的，所以我对蒋介石及其空军将领如何评价比斯尔很感兴趣。比斯尔身上没有陈纳德那股子“赴汤蹈火、万死不辞”的气势。所有的中国人都认为比斯尔是一位优秀、能干的参谋军官，在实施作战之前总是认真考虑好每一个细节；但他们觉得他过于谨慎，有一次我听到他们讲到他的时候称其为“老太婆”。他是一个“细心”男人，这是大家一致公认的，不过就算他们也不得不承认，他细致的工作使陈纳德在指挥作战上更加得心应手。比如，陈纳德要求增加中型轰炸机，我们立刻就给他了；但这些飞机需要的燃油却没有其他途径运到中国去，只能把驼峰航线上运送的其他物资全部停下来，改运燃油。只有中国储备的燃油上去了，我们才能增加陈纳德的飞机数量。

总体情况就是这样：比斯尔是一位出色的参谋型军官，对每一场仗，无论打与不打，他都会认真研究。陈纳德富有创意和主动性，深得中国人喜爱，而且深谙在中国如何办事的诀窍，这一点其他美国军官很少能明白。陈纳德与蒋委员长和蒋夫人相处得都很好。还有一方面要考虑，就是蒋介石不太喜欢比斯尔将军，蒋已经拿定主意：比斯尔必须离开，一定要让陈纳德当指挥官。我该怎么办呢?

在等着与蒋委员长及其参谋长下午开会的空当里，我会见了在中国战区服役的文森特和霍洛韦两位上校。两人都曾驾驶P－40战斗机与日本人的零式战机作战；也驾驶过日本零式战机与P－40进行测试性的空中对抗。尽管P－40是美国的一线主战飞机，但很快就要被宣布过时了，心里真不是滋味。国内的新闻评论员认为P－40比零式战机差太多，根本无法与之抗衡。

不过文森特和霍洛韦对日本零式战机的评价却大不一样：

“星期天下午开出去兜风还不错。”

“一想到日本飞行员不得不开这种飞机，我就替他们难过。”

“这飞机也太不结实了，我用脚都能把方向舵踩弯。我现在总算是知道了，为什么一颗50口径的炮弹就能把它打成碎片。”

下午4点，约翰·迪尔爵士和我踩着三英寸厚的积雪，赶到蒋委员长的别墅。出席会议的有：蒋委员长，他的参谋长，空军将领，政府各部门的主官，史迪威将军，陈纳德将军，约翰·迪尔爵士和我。蒋介石宣布会议开始后，约翰爵士就缅甸战场局势发表了一篇事前精心准备的讲话。在场的中国官员提出了许多问题，我觉得约翰爵士答复得很有水平。

接下来中国主管作战的官员给出了他对日军兵力的估测：77个作战师团，3 000架作战飞机。

史迪威将军讲到，英美联合参谋长委员会、丘吉尔首相和罗斯福总统都希望中国军队参加缅甸战场的对日作战。蒋介石同意给总统、首相写信，表示他愿意加入对日联合作战。然后大家休会，晚饭后继续开。

晚宴是蒋委员长精心安排的，出席的有大概24个人，包括高斯大使，与会军方人员，以及他身边的参谋人员。晚宴结束以后，蒋介石、史迪威、陈纳德、国军参谋长、空军司令、宋子文博士和我再次坐下来，商议空军方面的问题。

大家在空运量的问题上纠缠不休，那天晚上几乎没有取得什么新的进展。当时我们的目标是每月通过驼峰航线给中国运送4 000吨军需物资。我使出浑身解数向他们说明，马上提高到5 000吨是不可能的，但同时我向他们保证，我计划将运量提高到每月10 000吨，希望在几个月内实现这一目标。蒋介石还是不满意。他就是无法理解，为什么增加空运吨位的事不能连夜搞定。事实上，当时美国陆军航空队根本没有多余的运输机能投入到驼峰航线中去。他希望我承诺，每月5 000吨的运量能够立刻兑现。但是我无法给他这个保证。于是大家就纠结在这个议题上，会议只好再次延期。我们走回住处，天还在下雪，寒气逼人，别墅里一点儿热气都没有，每个人都赶紧钻进被窝里，好让自己暖和些。

第二天一早醒来，房间里冷得像个冰窖。有个男孩送了个24英寸大小的铜火盆进来，放在房间中央，点上木炭，火光缓缓地燃了起来。我住的房间大概12英尺乘15英尺见方，房顶高10英尺，夜里实在是太冷了，脸盆里的水都冻成了冰块。

早餐之后，我马上又与蒋介石和宋子文开了一个会。会谈都是通过宋博士来翻译的。在此前一天，我曾试图搞清楚蒋介石大概能听懂多少英语。会议中宋子文被叫出了房间一会儿，与其和帕克上校和委员长坐在餐桌上干瞪眼不讲话，我想还不如趁机表演个小“节目”。我一边回想着影星哈勃·马克斯在剧目中是如何表演的，一边四处张望寻找话题。桌子正当中摆放着一束花，于是我看向了蒋介石。他也看着我微笑。我努力地边说边比画，“桌子当中这些花是长在温室里的？还是长在外面地里的？”我觉得自己的表演一定相当成功，因为蒋委员长连着说：“Yes，Yes！”等宋子文回来，我问他蒋介石对我的问话是如何理解的。他们俩来来回回说了好多中国话，然后宋说：“委员长认为你在问他，中国人是不是用这个花来泡茶的？”从那以后我就知道，我只能靠翻译了。

蒋委员长告诉我：“请恕我直言，这比我平常讲话要直白许多。到目前为止，我们之间的会议是失败的。我希望你向罗斯福总统转达我的话。没有达成任何成果。”

“现在，我们的军队已经打了六年仗了。我们没有从任何人那里得到过物资援助。部队都是靠我们的两条腿在跑；我们没有汽车；我们的大炮都是用肩膀和背扛着走的；我们的士兵都在挨饿。”

“如果，按照联合参谋长委员会说的，中国是抗击日本侵略的一个重要战场，为什么我们不能得到公平的对待？为什么我们不能得到援助？”

“苏联人在战斗，仗打得也艰苦。他们消灭了很多德国人。但我们也消灭了很多日本鬼子。苏联人有护航船队——尽管有时候它们也会被击沉。你们派出战列舰、巡洋舰给它们护航。我希望你报告总统先生，我们最起码也应该得到一些固定的援助，可能份额只有苏联人的10%。”

“这次会议是失败的。我提出了要求，得到的答复只有比斯尔的解释，说明我们为什么得不到那么多空运吨位，为什么容不下更多的飞机。他提到了阿萨姆的铁路和河运能力有限，还说机场不足以接纳更多的飞机。借口，这些统统是借口。”

“告诉你的总统，如果下面的三个条件不能满足，这场战争我就打不下去，他也不要指望我们的军队会参加什么协同作战：

1. 中国必须组建由陈纳德率领的独立空军，并且由我直接指挥。否则，我们就等于没有空军。比斯尔在妨碍我们的空军作战。没有独立的空军，我就没法打仗。我希望我的空军由陈纳德指挥。其他人都不行。我们的人——包括士兵和军官——相信陈纳德，但他们不愿意在比斯尔手下当差。

2. 空运到中国的物资总量必须达到每月1万吨。这个必须满足，不一定是现在，但一定要有明确的时间表。不要再讲什么理由，我只要吨位。在你建议使用四引擎运输机的时候，比斯尔找了一堆借口说不行。他根本就办不成事。

3. 11月份之前，必须再援助中国500架作战飞机。不要再讲这里没有燃油，办法总是有的，这一条也必须满足。”

“我之所以如此坦言相告，就是希望你能够报告你们的总统，到目前为止，我们的会议没有取得任何成果，我希望他能知道这个情况。”

“很遗憾你就要回国了，本来希望你能够再多待几天。但既然行程已定，我希望你回去后能如实向总统先生转达我的话。”

坦率地说，蒋介石的一番话着实让我愣了几分钟，我需要理一下思路再回答他。我是这样答复委员长的：

“我希望您能了解，美国人民，从总统先生到战争部、战争部部长、参谋长，以及各级军官，都对中国军人的无上勇气和英雄主义给予了最崇高的赞誉。他们英勇无畏和吃苦耐劳的精神是令世人感动的。”

“我必须告诉您，对您让我带给总统的口信，我是发自内心地感到失望，因为不管怎么说，这都不太符合我所了解到的情况。一到这儿，当发现印度到中国的航线上只有 62 架运输机，我在 24 小时内就发出命令，把这个数字增加到 137。12 月份时候的空运总量是 1 700 吨。我已经做出安排，4 月份之前达到每月 4 000 吨。等有了更多的机场和运输机，这个数字还会进一步提高。”

“就是您最信任的将领——陈纳德告诉我，重型轰炸机不太适合中国战场。他希望得到中型轰炸机。通过调查后发现，中型轰炸机达不到重型轰炸机的作战效果。我们已经调派 35 架重型轰炸机到中国，用于轰炸日军的机场、沿海船队和其他关键目标。这些轰炸机可以把自己用的燃油从印度带过来，而中型轰炸机做不到这一点。”

“我已经向您大致报告了组建一个中国战斗机中队的计划，然后再组建一个，如果条件允许，就扩建成一个大队。这些只需得到您的批准就可启动。”

“我还向您汇报了，以同样方法组建四个轰炸机中队。只要您批准，我们可以马上着手。这些计划就可以为中国带来 500 架飞机，但不是在 11 月份之前。而且，光有 500 架飞机也没用，必须等它们有了燃油、炸弹，作战用的机场，还有美国人和中国人组成的作战、维修人员，它们才能真正发挥作用。”

“所以，其实我们已经达成了很多成果，如果您肯给我们一些协助的话。”

“您曾经告诉我，您愿意帮助我们建设新的机场，扩展跑道和货物转运。对此我们深表感激，因为这些行动对于实施我刚刚讲到的建军计划十分必要。”

“请您一定要理解，在我向总统先生报告您的口信的时候，我必须同时汇报刚刚讲到的建军计划，而这些您还没有表示接受。”

“至于组建陈纳德率领的独立空军，我个人并不赞成，但我向您保证，我会将您的意见如实转报总统先生。”

“谈到驼峰航线空运吨位的问题，其实我们的分歧并不大。我已经同意尽快将空运总量提高到每月 4 000 吨。”

“我已经发出命令，一旦条件允许，就进一步增加空运量，尽我们所能加快速度，但是我不敢保证在 1943 年 11 月份之前达到每月 1 万吨。当然我非常希望能够做到。（事实上，1943 年 12 月份驼峰航线的空运量是 6 491 吨，此后持续增加，到了 1944 年 12 月是大约 3. 2 万吨。1945 年 7 月达到最高值——每月 7. 1 万吨。）”

“就像我此前说过的，我们在增加援助 500 架飞机一事上的观点其实是一致的。可能还不止 500 架，也有可能是 600 架。一切视保障条件而定。”

“所以我们之间的分歧并不大。您充分信任陈纳德。我建议您把陈纳德、约翰·迪尔爵士、您的两位空军主官和国防部长、史迪威将军，还有您认为需要的其他人都找来，允许我和他们谈谈我的建议，听听他们的意见——尤其是陈纳德的想法。”

“有一个最重要的前提条件就是——您打算出兵缅甸与我们共同作战吗？这是您必须答复的问题。我们需要您的帮助，也会为您提供物资补给和军事人员方面的协助。”

在整个会谈过程中，宋子文一直担任翻译。当然，我不知道自己提出的最后一个建议，宋子文是否会完整准确地译给蒋介石听，也不知道蒋介石是如何答复的。但是没过多久，近期来访的英美官员和蒋介石身边的参谋人员就被叫到了会议室。

蒋问了约翰·迪尔爵士一些关于缅甸的问题。约翰爵士谈了自己对于中国军队参战的看法。

我坚持让蒋介石同意我问陈纳德几个关于空运方面的问题，很快陈纳德就承认对这个方面的问题他知之甚少。

中国的国防部长接下来发了言。然后蒋介石就会议情况进行总结讲话。不过他还是先让约翰·迪尔爵士谈谈对会议的看法。约翰回答说这次会议对各方都很有帮助。他说："会议阐明了对日作战中必须克服的困难。后勤保障和物资补给问题依然是决定性的因素。"我表态，等回到加尔各答以后，将着手解决河运总量的问题。我也请约翰爵士建议英国政府，尽可能增加通往阿萨姆的铁路和河道运输吨位。约翰回答说："这是毫无疑问的。您可以放心，我们将给予最大关注，想尽一切办法增加运输总量。"

我告诉蒋介石，我非常高兴中国将派兵支援缅甸战役，会把这个好消息尽快向罗斯福总统汇报。

我再一次问迪尔："您觉得您是否可以这样告诉韦维尔将军，中国军队将全力支援缅甸作战?"

他说："我认为是这样。"

然后我再问蒋委员长："没有什么不妥吧?"

蒋介石回答说，他非常乐意派兵参战，但他重申需要增加补给量：驼峰航线每月运来的4 000吨物资无法满足他的军队。

史迪威将军说："当然，4 000吨根本不够，简直是杯水车薪。军队急需补给的东西太多了。问题是如何搞到手？我们现有的运输设施够吗？我们必须动用一切力量加快建设步伐，调动一切有利因素，用上一切应急的办法。"

然后蒋委员长做了总结讲话，要点如下：

1. 罗斯福总统和丘吉尔首相委派约翰·迪尔爵士和阿诺德将军前来重庆与我会晤。我们举行了一次盟国间的非常重要的会议。

2. 他对缅甸战役中将会有足够的海军参加联合作战而感到满意。

3. 英印联军的九个师和中国的云南远征军足以将日寇赶出缅甸。

4. 尽管通过驼峰航线从印度输入中国的物资补给预计将达到每月1万吨，但这仍是此场战役的薄弱环节；因为他的军队急需得到补给——眼下就需要。

5. 美国要求在中国扩建新机场和增加跑道数量的要求会得到满足。他将满足我们需要的一切。

6. 除非在11月底前将空运能力增加到每月1万吨；除非在11月份之前，中国空军——中美联合空军——能够拥有500架作战飞机，否则他无法保证打赢这一仗。

7. 只要每个人都倾尽全力，“积极主动”地去做，上述目标就能够实现。他提出的要求是切实可行的，并非不可能完成的任务。

8. 如果没有事前周密的计划和必需的物资保障，任何仗都不会打赢。这些是成功的基础。

9. 他期望增加援助的工作能够在11月份之前完成。果能如此，他知道日本人一定会被打败。

10. 我们三大盟国——中国、美国和大不列颠——共同协商，找到了携手击败日本的方法和路径。总统、首相和联合参谋长委员会均认为，中国的参战对于发动一场有力的对日攻势至关重要。中国政府提出的需求是必要的，应当给予满足。否则，可能给总统和首相造成误解，以为我们能够打败日本人。

这个时候史迪威将军问道：“这是不是说中国军队就不会参战？不再打下去了？”

蒋介石回答：“中国已经打了六年。她还会继续战斗下去。中国会尽到自己的责任。但是，军需物资和装备对于一场大规模的作战行动是必不可少的。”他继续讲道，“你是知道的，我们必须动用云南的部队入缅作战，你也知道他们的装备补给是严重不足的。如果没有这些补给，我们的士兵就在光着脚行军；他们就没有机动运输工具；他们就会挨饿生病。这是你们的责任，为这些部队提供所需的物资装备，他们才能战斗。这是盟国共同的事业。”

然后我谈了自己的意见：“就像我们此前讲过的，我们将尽一切努力加强空运航线的建设，最大限度提高运输能力。我们将继续为您的地面部队提供补给。我们希望能够打开滇缅公路，为你们提供卡车运输。我们非常感激也非常高兴中国军队能够参加缅甸战役。”

约翰爵士接着说道：“得知中国军队能参战，的确是一件令人十分开心的事。但是，大家一定不要忘记，一旦战役打响，在训练和后勤保障方面将会有大量的工作要做。还有时间，但已经不多了。”

会议到此圆满结束。

我们离开蒋委员长的别墅，冒着大雪开车回到重庆。下午 6 点 10 分，我们在阴沉沉的天空下起飞，赶回昆明。

还少不了经费的问题。在我的日记中有如下记录：

一座机场需花费 1.9 亿元(不包括装备)；

一包香烟 120 元；

一套制服 6 000 元；

三头骡子，使用六天花费 5 000 元；

一个橘子 20 元；

一杯咖啡 14 元；

一加仑汽油 180 元。

(注：所有数字均为中国货币价格。)

在回昆明的路上我和约翰爵士聊天。我觉得蒋委员长不够实事求是。他把很多重要的事情都抛在一边。他似乎觉得后勤方面的问题微不足道。很明显，他充分相信人的“主观能动性”，这种主观意志力能够战胜一切。在我过去的工作中，也曾经克服过许多看似无法跨越的困难，但我仍然认为后勤方面的问题绝对不可忽视。而且，蒋委员长显然不具备全球视野。他唯一关心的就是“援助中国！支援中国!”有时候他令人感觉思维敏捷，但仅仅是有时候。他的思维有逻辑，注重细节，提问题没有多余的套话。不过，最初的几个问题问完以后，后面的就接不上去了。毫无疑问，他手上掌握着中国人的生杀大权，只需要他一句话；而且他希望自己的手下永远记住这一点。因此，他考虑问题没必要顾忌太多。只要大权在握，其余的他都无所谓。

迪尔同意我对蒋介石的评价，但他觉得如果蒋介石夫人在场，可能会发挥一定作用，她对委员长的影响可能会让事情有转机。

那天晚上我们在昆明的梅斯将军住处吃饭，在场所有的美国人都在秀他们的中国话。他们明着是在我们这些一句不懂的外来客面前显摆。有个人叫来了服务生，交代得很仔细，都是用汉语，他想要一杯茶水。过了好长一会儿，那个中国男孩回来了，托着一盘子晚饭——有肉、土豆、玉米和肉汤。所有人都笑喷了，除了那位“汉语专家”。接着史迪威用汉语请男孩帮他拿杯茶来；他只想喝茶，不要晚饭。男孩给史迪威送来了一杯茶，并用流利的英语说：“给您的茶，先生。”

第二天早上，由于我们的 B－17 爆了一个轮胎，史迪威、比斯尔和我就分乘两架 C－87 运输机，同行的还有中国的国防部长、参谋长、空军司令和其他参谋军官。飞机上没有座位，大家只好席地而坐。

在加尔各答，凯莱布·万斯·海恩斯将军和当地的几位官员一起迎接我们，去大东方酒店吃了午饭。在那儿我再次会见了陆军航空队的亚历山大将军，他负责指挥以印度为基地的空运行动，告诉他与蒋介石刚刚商定的关于中国空运航线建设的计划。接着我视察了海恩斯的部队，回到省政府大楼刚好是晚饭时间，当地的省长和全体高级官员都出席了晚宴。

次日我们与韦维尔将军进行了会晤，商讨缅甸战局，驻新德里的军事将领和中国国防部长何应钦将军出席了会议。在会议进程中，空军的问题还是不时地冒出来。当中国人提出日军可能会在该战区集结500架飞机作战时，我回答说应该没有那么多。中国人同意我们对日本空军实力的估计，他们总共拥有2 500架到3 000架作战飞机。如果日本人投入其他地区的飞机大约为2 300架，那么只剩下700架被用于日本本土、台湾、海军航空兵和缅甸作战。因此，日本人不太可能在缅甸地区集结500架飞机。

中国人接下来表示，他们决心尽全力配合英美两军作战，看来我们在重庆的努力还是起到了作用。下午，中方官员通过并签署了会议备忘录，其他人也陆续签字，承诺英、中、美三国共同发起缅甸战役。

那天吃晚饭的时候，我和海恩斯将军聊了很长时间。他告诉我，关于他的到任，日本人在电台中用英语广播："大日本皇军根本就没有把海恩斯放在眼里——他是一个又老又糟的运输机飞行员。"中国人帮海恩斯印制了一批传单，用日文和中文两种文字，上面写着："'又老又糟的运输机飞行员'凯莱布·海恩斯赠送。"每次海恩斯的部队发动空袭，都会把几千份传单和炸弹一起扔下去。

我和史迪威将军道了别，他就要赶回中国的司令部。他托我带了一份报告给马歇尔将军。宋子文也请我捎一封信给罗斯福总统，内容是根据蒋委员长的要求写的。

我在一个叫潘达的小镇做了短暂停留，为与日军作战表现突出的军人颁发勋章，然后在当天晚饭时间回到了卡拉奇。在卡拉奇，我们听说了美国大兵的一些趣事。印度的骆驼队在卡拉奇卸完货、做完买卖之后，商贩们就会爬到骆驼背上，连夜出发朝内陆地区赶路。美军的机场离市区大约 14 英里，通常骆驼队经过机场附近时，正好是早上美国大兵开始干活的时候。印度人趴在骆驼背上，睡得很沉。有些美国兵就抓住领头的骆驼，原地掉个头，让它朝着卡拉奇的方向往回走。自然，整个骆驼队都跟在后面。大约三四个小时以后，印度人一觉醒来，发现自己又回到了卡拉奇，就是前一晚他们出发的地方。

当晚约翰·迪尔爵士和我商量，是否按照丘吉尔首相的要求，借道英格兰返回美国。最终决定，其实我们直接回美国要快得多，再通过电报向丘吉尔首相汇报这边发生的情况。

我给约翰爵士讲了一个美国人用的词汇——一个战争期间被广泛引用的概念。就是"战场综合征"。约翰承认此前确实没有听到过。我告诉他，这是一种战场指挥官容易感染的"病"，一般发生在新官上任后不久。

约翰爵士又进一步问：这毛病治不好吗？什么症状？每一位指挥官都会得上吗？我回答说症状表现都差不多，也不是治不好，但犯病的人确实不少。

大体症状是：不停地要求增加兵力和新型装备，不重视与其他指挥官的关系，不遵循联合参谋长委员会制定的作战计划，不考虑自己的行动对其他战区的影响。还有，一些得了"战场综合征"的指挥官常常幻想着神秘力量带来的奇迹，一夜之间就想搞来上千架飞机。

但事实上，"战场综合征"除了让大家有点儿头疼，让我们发了许多不必要的电报以外，还不算是一种很糟糕的毛病。这说明指挥官在花心思工作，在为手下的人积极争取他认为打仗所必需的装备，尽管这把华盛顿的那些参谋军官们搞得不胜其烦。我告诉约翰爵士，我不会让那些无所用心的指挥官统领一支航空队，但就中国战场而言，陈纳德将军和蒋委员长的症状显然比其他战场的指挥官更严重一些。我们在重庆碰到的大部分问题都是由现实状况决定的，可能还会延续下去，除非中国战场对于赢得战争处在最为重要的地位。

第二天早上我们抵达阿曼南部港口塞拉莱，位于贫瘠的阿拉伯海沿岸，找到了陆军航空队的派克中尉，他负责指挥那里一座建在沙漠当中的机场。这让我想起了我们在加利福尼亚州莫洛克湖修建的机场。帐篷、临时餐厅和服务设施均显得有些原始，但运转有序。派克中尉本来是泛美航空公司的员工，手下有三名军士和两名士兵。似乎没有什么东西能够吓倒他，不管沙漠、酷暑还是沙尘暴。

从塞拉莱出发，我们一路向西。从地图上看起来，让我们感觉前路不通，那块地方标注着“未开发地带”。有 500 英里远，无论在地图上还是地面上，都没有任何标识。

在接近红海的地方，我们看到了山脉。飞机的高度是 9 500 英尺，下面的山大约高 4 000 英尺。我们可以不时地看到宽广的山谷，绿色的田地和劳作的人们。高层建筑紧紧地依偎在一起，构成了城镇——全部都是石头垒起来的；从远处看去，很像纽约城的摩天大楼。

再往北飞 50 英里，山又高出了大约 1 000 英尺。高原在靠近山顶的地方平铺开去。土地已经耕种过了，可以看到堤坝和溪水，浇灌着流经的农田。在这么高的地方，我们估计都要吸氧了，村里的人们却生活得自由自在。一条条小路把村落连接起来，但好像没有看到通向外面世界的铁路。我向飞机上的每一个人打听这是什么地方？没有人知道——就连约翰·迪尔爵士也一无所知。夏尔米上校不停地从飞机上往下拍照片。

低飞掠过红海的海平面之后，我们又飞了一段距离，在离苏丹首都喀土穆大约 22 英里的一处机场降落，引起了当地人一片惊慌。我们听说总督在城外 3 英里的另一座机场里等着我们。约翰·迪尔爵士、夏尔米上校、彼得森上校和我坐车去总督府，其他人直接去了格兰德酒店。我们坐在总督府的台阶上，这里正是绰号“中国人”的前英属苏丹总督戈登被苏丹人用长矛杀死的地方①。

总督哈德尔森先生和夫人盛情接待了我们。那天上午，总督派车送约翰爵士和我去了恩图曼，就在这儿基钦纳②彻底摧毁了追随马赫迪的阿拉伯部队。

2 月 13 日，哈德尔森夫人陪同我们去蓝尼罗河看了美丽的日落，大概午夜时分，我们启程飞往尼日利亚的迈杜古里。接下来我们飞越的是非洲最黑暗的土地——遍布着丛林、沙漠，荒无人烟——夜间飞行，可以让我们免受白天沙尘暴和酷热的烦扰。

清晨醒来的第一站是乍得首府拉密堡，德国人曾经炸毁过这里的航空燃油供给设施。下一站就是尼日利亚的迈杜古里，位于非洲中部。这儿的黑人是我们看到过的黑人当中长得最黑最高的，大多数衣衫褴褛或赤裸着身子，但也有些人穿着英国非洲军团的制服，洋洋得意。不过就算他们也没有鞋子，但他们毫不在意，赤着脚，趾高气昂地走在裸露的岩石上，身上的刺刀、水壶和弹药叮当作响，颇为惹眼。

这里的机场是我们和皇家空军共同使用的，建造得很好，由一名上尉负责指挥。在迈杜古里，生病的当地人比我在其他地方看到的多，除了达喀尔。我问医生多长时间体检一次，以及采取了哪些措施把士兵和

---

① 1885 年 1 月 26 日，苏丹“马赫迪”起义军攻克首都喀土穆，英国苏丹总督理查·乔治·戈登在总督府内被起义军杀死。戈登 1852 年任英军工兵少尉，1860 年随英法联军侵入北京，参与火烧圆明园。1863 年，戈登组织了一支有 3 500 人的所谓“常胜军”，协助清政府镇压太平天国，并多次建立战功，因此被称为“中国人戈登”。1873 年起，戈登先后在苏丹、印度、毛里求斯、中国等地服役，1884 年被英国政府任命为苏丹总督。——译者

② 霍雷肖·赫伯特·基钦纳(Horatio Herbrt Kitchener，1850—1916)，英国陆军元帅，喀土穆伯爵。1883 年起在中东服役。1892 年任埃及陆军总司令。1898 年在恩图曼镇压马赫迪苏丹军，成为该国总督，阻止了法国在苏丹的扩张。在第二次布尔战争中残酷镇压南非游击队。1909 年晋升陆军元帅。1911 年 9 月任埃及总督。1914 年 8 月任陆军大臣，较早认识到一战将是长期的，大规模扩充英军。1916 年 6 月乘船去俄国商讨英俄合作之事，途中触雷船沉身亡。——译者

当地病患隔离开来。看来工作做得不错，因为我们部队的发病率处于正常水平。这里的大部分军官过去都是泛美航空公司的职员。他们不太懂军事，但显然和当地人处得不错，也很清楚如何在黑非洲运营好一座机场。

中午我们离开迈杜古里，前往加纳首府阿克拉。夜晚抵达，抽空在机场里面转了转，发现那里的设施被保养得很好。然后我们更换了飞机，乘坐C-54再次出发，前往阿森松岛，清晨7点25分抵达——同机人员有约翰·迪尔爵士、萨默维尔将军、斯玛特上校、夏尔米上校和我。在飞越赤道的时候我们遇到了雷暴天气，除此以外，这段旅程还是非常完美的。在暴风雨中飞机上下颠簸得厉害，四周电闪雷鸣，乌云密布；不过等我们飞进了晴空，却看到了难得一见的南十字星座，就挂在机头的上方。当时碰巧轮到我在驾驶飞机。

黎明时分，我们在阿森松岛降落，这是一座位于大西洋中部的小火山岛，机场的跑道大约有六七千英尺长，修在群山之间。在这个偏僻的地方，淡水是很稀缺的东西——他们只能通过收集雨水获得。在过去的一年中，经停阿森松岛的飞机差不多有2 000架：有运输机、B-17、B-24、A-20，还有战斗机。在这总共2 000架次的任务中，我们仅损失了四架飞机的机组人员。

纳塔尔的天气酷热难耐。飞机的门紧闭着，医务人员进来给飞机和我们喷洒药水消毒，这是必经程序。有那么几分钟，我们一边在热烘烘的飞机里烤着，一边闻着药水令人作呕的气味；等大家钻出飞机的时候，感觉都不太爽。鲍勃·沃尔什将军在机场里等我们，他建议我们连夜赶往累西腓市，因为巴西空军部长萨尔加多·费赫里奥和戈麦斯将军正在那里等着我。

我们爬进了一架DC-3，飞行了不到一个小时，就抵达累西腓机场，一支仪仗队和乐队正等着我们。空军部长和戈麦斯坚持让我去检阅。巴西空军部队举办了一场豪华的欢迎仪式，场地就放在海滩上，景色真是凉爽迷人。那天晚上，我们和空军部长、戈麦斯将军一起去市区吃了晚饭。巴西人想为技师争取更多的训练设施，我立即指示沃尔什将军尽快落实。他们还希望我们能为他们训练更多的飞行员——大概每年 300 人，还希望为他们的飞机制造厂提供更多的原材料。我让他们列出一份清单，并答应尽力而为。

我们的 B－17 专机已经到了，准备接我们回家，但我的飞行员彼得森上校生病了，住进了医院。我关照夏尔米上校，让彼得在医院里待着，直到康复；我将继续乘坐 C－87 运输机回去。

在纳塔尔我们收到了一份意外的惊喜——马歇尔将军拍来电报："欢迎你们回到西半球。你们的家人一切都好。"

在贝伦市以北，我们遇到了一小段对流天气，接下去就是整个航程中最好的天气了，一直到波林昆。抵达波林昆空军基地以后，我们发现我过去的副官和飞行员毕比上校和他的飞行大队，正在地坪上列队等着我们。他率领的飞机正准备前往缅甸，与比斯尔将军指挥的驻中国第 10 航空队并肩作战。

在 2 月 17 日这天的日记里我这样记着，我把自己的手表摔在水泥地板上了，不走了。就在这一天，我们回到了华盛顿。

第二十四章　桌子上的文件堆起来了；视察第 8 航空队

大家应该能够理解，中国战区主要领导者之间的人际关系矛盾，让我给罗斯福总统写报告变得相当困难。后勤补给、空军建设和总体战局发展是一个方面。其他的问题，比如蒋介石对比斯尔的看法，他对陈纳德的无比信任；陈纳德自己对很多事情的处理过于简单，帮着中国人讲话；还有最麻烦的史迪威个人的地位问题，他叫蒋介石“花生米”，实际上蒋委员长是知道的——情况真是复杂，一本书都写不清楚。尽管我身边有一帮高参帮忙，比如萨默维尔将军、战争部作战计划处的魏德迈将军、我自己计划处的斯玛特上校，还是有一堆难题等着我们去解决。

史迪威，我们缅甸战场的指挥官，照理应该是蒋介石的左膀右臂，实际上他却是麻烦的一部分，当然他也是我们认识中国的情报信息的最直接来源之一。我带回来报给总统、战争部长和马歇尔将军的一份重要文件就是他写的备忘录，详细地描述了他对中国军队高级军官的不信任和悲观失望——“真是可恶”，他这样写道。

在从印度阿萨姆往中国运送补给物资的“驼峰行动”和计划重开滇缅公路的建设中，充斥着贪污腐败和效率低下的传闻，令人感到不安——但我们也只能依靠中国人的合作。我们计划通过缅甸的丛林地带铺设输油管道，这样我们的燃油就不用完全依赖空运了，这项工程必须依靠中国人的协助才能完成。

史迪威的备忘录给人感觉有些言过其实。他提到了过去四年中宜昌前线损失的人员和部队——大部分都是因为疾病，而非战斗减员。他讲述了在国军第13师发生的“棺材欺诈”事件。

“师长拿到的采购经费是每个棺材15块钱。他自己留下7块钱，交给医院院长8块钱。医院院长留下4块钱，交给助理4块钱。助理又留下2块钱，最终农村的木匠只得到2块钱，用于采购木材和制作一口棺材。”

“在印中战场前线一个叫路开的地方，如果中国士兵开枪打死了河对岸的敌人，他自己也一定会被击毙。这是一个流传很广的说法。我虽然没有证据，但这也说明中国人是多么不想打破眼下僵持的状态。”

“据可靠消息，云南省省长的次子是加尔各答一个走私集团的头目。”

“在缅甸战役期间的一天，物资补给中心的主管叶飞平向我报告，称他那里的汽车都没油了。第二天又报告称没有卡车来运油。当时他手上至少有650辆卡车和20 000加仑汽油。我马上拍电报给蒋介石，还是这个叶飞平，接到蒋委员长的命令，才拿出150辆卡车用于运送部队。”

“第5军团司令收到每人每天6粒维生素，用以代替新鲜蔬菜的。但没有一粒发到下面的师里。他按照45 000人的编制领取军饷，但实际上他只有25 000人。他每天都有6 000美金装进自己的口袋里。”

“如果是不愉快的事情，就没有人敢向‘花生米’（指蒋介石）报告真相……”

“最大的障碍就是总参谋部。他们互相猜忌、庸碌懒散、骄傲自大、愚蠢至极。他们之所以还坐在位子上，只因为‘花生米’根本不了解真实情况。”

“在中国，一切事情都是‘花生米’和他的军阀集团掌控的。”

最终，我按照自己的想法向上级报告了我所看到的问题，并讲了一些具体事例来支撑自己的结论和推断。

等我回到办公室，桌子上早已积了成堆的文件。

下面是随机抽取的一部分：

我提交给马歇尔将军和霍普金斯先生关于交付轻型轰炸机的备忘录被再次延期，原因是除了已经交付的，援助苏联和英国的原定配额将被削减，否则美国自身将出现短缺。

霍普金斯发给我的备忘录，附哈里曼发回的海底电报，关于西伯利亚的航空运输问题，苏联人要求自己人驾驶飞机，但如果我们希望熟悉航线情况，美国军官可以陪同苏联飞行员执行任务。（苏联人此前从未同意过美国军官陪同他们执行任务，所以我们对那边航线的情况一点儿都不了解，不过苏联人却可以知晓我们阿拉斯加航线的所有情况。）

备忘录：准备在阿拉斯加的费尔班克斯交付给苏联 10 架运输机；由苏联人自己驾驶，替换西伯利亚航线的原美军机组人员。

发给霍普金斯的备忘录：由于 C－54 运输机缺货，目前不太可能给蒋介石提供一架作为其专机。

发给霍普金斯的备忘录：报告了对连接意大利中部波河河谷的三条铁路实施轰炸的情况。

发给霍普金斯的备忘录：报告了高空轰炸机的优势和作战效果，以及麦克阿瑟部队对日军飞机和水面舰艇所造成的损失。

发给霍普金斯的备忘录：建议美国在德国研发出用于对付空中堡垒的战斗机之前，率先利用空军发起进攻；这一计划不应受到其他战场因素的影响。

（写前两封备忘录之前，很明显是因为海军、或英国人、或中国人，也或许是丘吉尔首相，他们都试图说服我们将重型轰炸机转用到其他战区。）

发给霍普金斯的备忘录：建议我们采用更加积极进攻的态度，集中力量轰炸德国，只有这样，我们才可能将横渡英吉利海峡登陆法国的计划付诸实施。

发给霍普金斯的备忘录：建议美国自己建立一条穿越太平洋的独立航线，这条航线的运维不必再依靠法国人、英国人、荷兰人或其他任何人。

发给霍普金斯的备忘录：由于原材料的原因，战斗机的生产量将有所调整，降低 P－40 的产量，以加快 C－46 运输机的生产，这些运输机将被用于援助中国的驼峰航线。在 1944 年 6 月之前，不再分配重型轰炸机给苏联。

发给洛维特先生的备忘录：杜鲁门委员会①已经视察过帕特森机场，提交了一份报告，指出装修行政办公室和会议录音设备的开支过大；还有人通过聘用平民雇员、修建停车场和道路来敛财。

发给霍普金斯的备忘录：提出了关于对日本实施二十四小时轰炸的作战计划。

发给斯特拉特迈耶将军的备忘录：指出，如果从现有产量或陆军的库存中再多调拨 30 架飞机给商业航空公司，空运司令部就会发现自己的地位十分尴尬。

发给世界各地陆军航空队和航空特遣队指挥官的备忘录：指出，我们过去在学校里学到的战术原则过于围绕轰炸作战，在应对眼下实际出现的空战态势上显得不够主动。

发给我的副总司令的备忘录，关于乘坐陆军飞机优先权的问题："无论如何，我都不会接受法国的外交人员享有比美国士兵更多的优

① 即参议院国防计划特别委员会，负责调查军方有关行政混乱、浪费和诈骗资源等丑闻。第 33 任美国总统哈里·S·杜鲁门在二战期间担任该委员会主席，所以历史上通常称其为"杜鲁门委员会"。最初，这个委员会被认为可能会损害军队士气，但事实证明委员会是一大成功，它为军方总共节省了至少 110 亿美元，杜鲁门也因此受到了广泛的支持和敬重。——译者

先权。”

发给全体航空队指挥官的备忘录：“年轻军官如果要喝酒，就必须始终保持清醒的头脑。否则，就不要再喝了。”

发给参谋部的备忘录，要求停止与地面部队协同训练的项目。

发给参谋部情报处的备忘录：“我们必须尽可能精确地测算出德国空军的兵力。大家可千万不要跟自己开玩笑，报上来的击毁敌机的数量往往比实际大得多。当然，我们也不要低估自己的实力。”

接下来一份备忘录，要求调查在白宫上空低飞经过的飞机。

报给马歇尔将军的备忘录，建议保持现有的空战战术，暂时不要考虑损失率。

发给英美联合参谋长委员会秘书处的备忘录：“为了确保对南太平洋和西南太平洋的控制，我们必须尽快建设一条直达目标地区的航线。这条穿越太平洋的航线必须全部由美国人建设，战后也将继续由美国政府掌控。”

回复埃克尔斯将军①的备忘录，是关于飞机改装中心的：“我强烈要求别再让现在的这帮人从事飞机改装工作了，他们根本就搞不定。尽快组织一批民间技术人员，专门从事飞机改装。”

拍给制片人达里尔·F·扎努克的电报，告诉他给一部电影起名叫“紫心”是用词不妥当的，扎努克回复说改名已经来不及了，但承认我提出的批评意见是中肯的。

发给范内瓦·布什博士的备忘录：“我觉得我们不能把镁弹作为燃

---

① 奥利弗·巴顿·埃克尔斯(Oliver Patton Echols，1892—1954)，美国陆军少将，二战期间负责空军装备的研发和采购。年轻时曾在弗吉尼亚大学学习航空工程。1916 年入伍，参加一战，在美国远征军航空勤务队服役。一战后长期在空军实验研发部门工作，1934 年至 1938 年担任陆军航空队装备处总工程师，1939 年任装备处助理处长，1940 年任装备处处长。1942 年 3 月任陆军航空队装备司令部司令。1943 年任陆军航空队分管装备的助理参谋长。1943 年至 1945 年任空军生产委员会和战争生产委员会执委会成员。战后曾参与德国重建工作。1946 年 12 月退役。——译者

烧弹的唯一来源，这是在浪费时间；我们的燃烧弹应该是一半镁弹，一半汽油弹。”

发给空运司令部司令乔治将军的备忘录，要求他就空运的未来发展进行研究，需要组成一个委员会或协会，对空运司令部目前和将来需要的设备、航线、运作方式，以及现在美国与外国航空公司的关系等问题展开持续深入的研究，以向我提出下一步政策和行动上的建议，一直到战争结束。只有这样，我们才可能为未来的战事提供合适的空军基地。

收到一份备忘录，称战争部长的手下阿诺德将军和经济稳定办公室主任詹姆斯·弗朗西斯·伯恩斯①先生破坏了安全协议，但其中列举的事项根本够不上采取训诫措施，动机令人生疑。（我一点儿都想不起来什么时间、什么地点和为了什么事会违反安全协议。）

发给训练司令部的备忘录：“准备派往海外的替补机组人员，还没有在16 000英尺以上的高空开过一枪。这等于是把这些小伙子往地狱里送，到头来还得由我给个交代。你们现在就开始起草电报，等我回来签发，在完成一定的高空飞行训练之前，不允许再派遣机组人员去海外。”

发给行政主管的备忘录，是关于飞机飞行时间的；要求延长飞行时间——每架战斗机每天至少要飞四个小时；不允许为高级军官安排备用专机。

发给乔治将军的备忘录：“加快援助印度和中国的空运速度。将发货的节奏逐批提前一周。”

来自蒙巴顿的一封信，感谢我调拨给他那架C-47，他给这架新飞

---

① 詹姆斯·弗朗西斯·伯恩斯（James Francis Byrnes，1882—1972），美国政治家。1911年至1925年担任美国众议员。1931年至1941年担任美国参议员。1941年7月任最高法院法官。1942年10月任经济稳定办公室主任。1943年5月任战争动员办公室主任。1945年初参加雅尔塔会议；4月罗斯福总统去世后，他成为新任总统杜鲁门的重要助手；同年7月任国务卿，在波茨坦会议上发挥了重要作用。1951年当选南卡罗来纳州州长。——译者

机起名叫“快乐礼物”。

写给斯帕茨将军的信：“我注意到美国国内和卡萨布兰卡作战训练部队的教学质量，还有训练科目的设置问题。困难之一是如何开展20 000英尺以上的高空训练。在国内，我的命令在执行过程中碰到了相当的难度，我估计你那边也会遇到同样的问题。”

来自哈利·霍普金斯的备忘录，要求调派一架专机，送荷兰的伯恩哈德亲王、驻美大使和亲王副官回英格兰。

艾森豪威尔将军写给我的信：“我试着约您的儿子汉克见上一面，但命令没有得到落实，我也没能和他通上电话。您儿子的优秀品格给我留下了深刻印象。我坚信，只要我们的空军能够每天满负荷作战，很快就能打败这些德国佬。空军的威力，用不着你再推销，我已经领教了。”

写给斯帕茨将军的信：“你一共需要多少滑翔机？要我照单全发吗？你们能真正用上多少？驻欧洲的部队得到过相应的训练吗？你对相关问题的真实看法是什么？”

写给马歇尔将军的备忘录，是关于西西里登陆作战的：“根据各方面的证据证实，有42架运输机，其中一些拖着装满部队的滑翔机，还有一些本身就装满了部队，被皇家海军、美国海军和我们的地面部队打下来了。”

发给我的副总司令的备忘录：“阿拉斯加的巴特勒将军抱怨说，他没有收到补充的飞机，也没有替换的机组人员、配件和运输机。他还要有经验的军官。在我看来，他什么都想要。”

发给我的参谋长的备忘录，讨论把飞机转运给苏联人过程中遇到的困难：“他们对待我们飞机的态度简直难以容忍，这帮家伙从来就没有表现出过丝毫的热情。摆明了就是挑剔。”

发给萨默维尔将军的备忘录：“你是怎样给孤悬海外的部队提供给养的？阿森松岛的驻军在圣诞晚餐上竟然吃到了‘斯帕姆’午餐肉。”

写给肯尼将军的信，告诉他第 90 飞行大队将前来替换第 19 大队：“我相信解决你们那里问题的出路在于，从澳大利亚经过新几内亚到新不列颠，应该比经过所罗门群岛的推进速度更快一些。我也比以往更加确信，在太平洋战场上，最终必须由一个指挥官统一指挥——他手下的参谋班子可以由各个军种的军官组成。”

报给总统先生的备忘录：“根据亚速尔群岛方面来的官方消息①，那里的机场要到 1943 年 11 月 19 日才能够启用。”

报给国务卿的备忘录：“关于在圣玛利亚岛和亚速尔群岛建设和使用美军大型空军基地的谈判尚未取得进展，我为此感到担心。应当尽一切努力尽快在圣玛利亚岛上取得突破，争取有一个满意的结果。”

关于这个问题，我们首先要考虑的是此前签订的协议，泛美航空公司是唯一有权在亚速尔群岛建设新机场的机构。其次，英国人已经通过外交谈判搞定了亚速尔，因此从外交角度而言，我们不太可能再和葡萄牙首相萨拉查开展谈判。这样的局面已经僵持了一段时间。尽管我们付出了艰苦的努力，但还是拖延到 1944 年 7 月，我们才开始亚速尔基地的建设。紧接着欧洲就发来一封电报，称英国驻葡萄牙大使对第二个机场

---

① 1943 年 8 月 17 日，英国和葡萄牙签订“英葡协定”，同年 10 月 12 日，英军在亚速尔群岛登陆。由于二战中葡萄牙是中立国，当时的首相萨拉查在与美国合作问题上犹豫不决，对美国提出在圣玛利亚岛建造一个空军基地的建议，萨拉查在经过相当迟疑之后，才同意泛美航空公司选择一个地点。但直到 1944 年 7 月 22 日，萨拉查才允许建筑材料在该处起卸，仍不准其开工。经过艰苦谈判，1944 年 11 月 28 日，美国和葡萄牙达成秘密协议，商定空军基地应即开始施工，美国使用该基地将不受限制。在某些情况下，英联邦成员国的飞机也可以使用这个基地。这些便利将在战争结束后六个月之内，或者在同日本签订停战协定后终止。如果这些时间还不够用来从远东撤离人员和物资，允许再延长三个月。在建设基地的费用中，葡萄牙应负担的份额不超过 298.5 万美元，同时规定一切建筑物一旦可付使用时，将被看作是葡萄牙政府的财产。二战结束后，驻亚速尔群岛的英美人员就逐步撤退。1946 年 5 月 30 日，英葡和美葡互换照会，规定 6 月 2 日把拉日什和圣玛利亚空军基地移交给葡萄牙接管，并允许盟国使用拉日什机场 18 个月，以便转移在德国和日本的占领军中服役的飞机。——译者

的建设提出质疑。不过，美国驻葡大使坚称第二个机场是美葡共同建设项目，和大英帝国的利益没有任何关系。这才算最终敲定——仅限战争期间使用。

一封罗斯福总统写给马歇尔将军的信并抄送给我的复印件：请他研究派遣一支美国空军到高加索前线支援苏联红军作战的利弊和可行性。

发给L·S·史密斯的备忘录，他负责中国学员来美国学习飞行的工作。（他们摔坏了太多的飞机。）“你能不能想办法让那些中国学生明白，他们可以使用所有的跑道，一条不行，可以换一条试试。”

写给波特尔的信，认为应当制定早日发起空中进攻的作战计划，以打破德国在欧洲上空的制空权。

写给波特尔的另一封信，提议是时候组建一个正式的机构，以统筹协调我们两国空军的轰炸行动；并建议成立一个政策层面的常设协调机构。

签发的一份命令，要求彻底修改轰炸机和驱逐机大队的组建计划，实在是令人不满意。

斯帕茨将军的来信，认为从第一个阶段的作战行动来看，为了更好地发挥战斗机的作用，必须更多地利用我们原本不愿意接受的天气条件。战斗机有能力爬升到阴天的云层之上，飞越恶劣气象环境抵达目标区域。

发给第8航空队的备忘录，批评他们把太多的轰炸机闲置在地面上。在1943年2月份，我们仅仅对德国发动了两三次空袭，而当月英国飞行员却发起了17次进攻。

发给萨默维尔将军的备忘录：“很多空军部队已经投入战场，却没有得到系统的装备。有没有办法尽快补上?”

发给艾森豪威尔将军的备忘录，同意运用远程战斗机配合轰炸行动。（关于我们在什么时候、什么地方开始加长战斗机的航程以便为轰炸机护航，有很多种说法。这是从计划轰炸德国内陆的时候开始的。)

发给斯帕茨的备忘录，劝他不要学我的急性子。“我一直都是个急性子，这辈子可能也改不了；都是我的性格所致——也只好这样了。”

发给皇家空军中将斯莱塞的备忘录，讨论战后空军的发展问题：“我估计战争结束以后会对空军地位问题进行广泛的争论，恐怕空军的作用还没有得到充分证明而战争就已经结束了，但毫无疑问，航空母舰不会被看成是空军的一部分。维持航母舰队将不得不加重税负，在我看来这种做法已经过时了，除非把它当作空军的辅助性运输装备。”

发给驻英格兰空军总司令的备忘录，指出第 8 航空队在明显地应付差事，总是找借口少派飞机执行任务。建议考虑换上一批更富有进攻精神的领导者——或许轰炸机大队和联队指挥官在那边待的时间太长了。

发给英格兰的埃克将军的备忘录，表明自己充分信任他的能力，哪怕有什么不好的事，我也会对他直言不讳，不用通过第三人捎话。

写给德弗斯①将军的信，告诉他布里尔顿将被派去指挥战术空军部队，向他介绍了布里尔顿的基本情况，并推荐布里尔顿是这个岗位的最佳人选。

发给埃克的备忘录，对轰炸行动取得的战果表示满意。

回复给海军方面的备忘录，针对海军关于意大利战役情况的报告：“金海军上将认为空军机动作战的概念不适合中太平洋战区，这一点空军方面不能接受。空军部队只有通过机动作战，才能赢得太平洋空战的胜利。”

斯特拉特迈耶将军发给战争部助理部长洛维特的备忘录：称看到一

---

① 雅各布·卢克斯·德弗斯(Jacob Loucks Devers，1887—1979)，美国陆军上将。1940 年 10 月任美国陆军第 9 师师长。1943 年 5 月任驻欧洲战区美军司令。1944 年 1 月任盟军地中海战区副总司令兼驻北非战区美军司令，同年底任西北欧第 6 集团军司令。二战后曾任美国陆军地面部队司令、野战部队司令。1949 年退役。——译者

篇《纽约时报》《先驱论坛报》上的文章——“阿诺德将军的职务调整”，布雷特将军将取代阿诺德，而阿诺德将被派往英格兰任职。史汀生部长在一次新闻发布会上称这篇报道是一派胡言。

与通讯部门的来往备忘录和信件，讨论他们拍摄的一系列有关空军的电影；是否应该以杜立特空袭东京为题材拍一部电影；是否应该把陆军航空队与海军航空兵的事故率进行比较；以及是否应该把皇家空军和美国空军的损失进行比较。

还有一些关于其他事务的公文：在 B－24 轰炸机的机头部位安装 50 口径机枪；试着把罗盘安装在所有作战飞机机组人员的制服上，一旦他们在敌方上空被击落，就可以设法远离飞机坠毁的地点；为飞行员配发防弹服，以减少防空炮火弹片造成的伤亡率；配发快速撑开的降落伞；测试 4 000 磅的重型炸弹；比较 20 毫米口径和 37 毫米口径机枪的性能；比较双引擎飞机和四引擎飞机的性能；拉瓜迪亚机场的人提出抗议，称美国造的飞机没有想象中那么好，不如德国造的飞机；英国人对 B－17 轰炸机有些对立情绪；战争部助理部长麦克洛伊先生发来的备忘录，询问“是否有必要在飞机尾部加装防护装甲？苏联人在这方面走在了你的前面。不知道你将作何解释?”（我不知道在战争结束的时候，麦克洛伊先生是否愿意把美国空军与苏联空军换一换。）英国的航空专业作家皮特·马斯菲尔德对“飞行堡垒”和“解放者”轰炸机进行了激烈批评（后来他随 B－17 执行了一次作战任务，态度就完全转变了）；发给洛维特先生的备忘录，表达了自己对 A－20 和 B－25 上发动机实验失败的解释不满意。

五月份召开的“三叉戟会议”我没有参加。我的心脏病犯了，当时住进了华盛顿的沃尔特·里德医院。不过，我还是非常高兴韦维尔将军、皇家空军上将波特尔、埃夫里尔·哈里曼和其他一些人都跑来医院看望我，聊了不少会议的进展情况。

“三叉戟会议”上决定，将东南亚战区英美两军的地面部队和空中力量置于一名司令官之下统一指挥(当时他们隶属于三个各自独立的司令部；将驼峰航线上援助中国物资的空运量增加到每月 10 000 吨，并要求空运司令部最优先保障；在 1943 年秋天，雨季结束的时候发起缅甸战役。

这些会议决定，与此前我和韦维尔将军、蒋介石委员长以及回国后与总统先生的会谈意见是一致的。

在 8 月份魁北克召开的“四分仪会议”上，我遇到了奥德·温盖特[①]准将，他曾率领一支大部队深入缅甸日军后方作战，大获成功。在与丘吉尔首相会谈之后，温盖特出席了在魁北克召开的联合参谋长委员会会议，还带来了一份十分详尽的计划，讲述他在下一步的缅甸作战中将投入更大规模的部队。计划获得批准。我很喜欢他的主动性和想象力，还有他的足智多谋和无所畏惧。

为了尽可能多给他一些协助，我把手上能派出去的空军军官在脑子里好好过了一遍，以便找出一个最适合陪他到缅甸日军后方战斗的人。我最终挑选了菲尔·科克伦和约翰·艾利森两位上校，要求他们尽快向温盖特报到。这两个家伙也是天生敌后打游击的料。他们很快就组建起

① 奥德·温盖特(Orde Wingate，1903—1944)，英国陆军上将，特种作战的先驱。1923 年毕业于伍尔威奇皇家军事学院，先后在苏丹和巴勒斯坦服役，1939 年由于对犹太复国主义的狂热支持而被解职，回到英国防空部队。1940 年 10 月被派往苏丹协助埃塞俄比亚民族主义者，集结起一支由苏丹人和埃塞俄比亚人组成的游击队，取得对意大利作战的成功，同海尔·塞拉西一世一起进入亚德斯亚贝巴，但因干预当地政治被解职降级。英军从缅甸撤退后，温盖特向印度总督韦维尔建议使用特种部队作战，这就是钦迪队(第 77 旅)。1943 年 2 月至 6 月，他率领钦迪队由印度徒步进入缅甸日占区作战，行程数千里，由英国空军进行补给，给日军造成一定破坏，更鼓舞了盟军的信心，让他们明白在丛林中能够击败日军。温盖特被提升为战时陆军上将，这支部队也从 3 000 人扩充到 2 万人(即第 3 印度师，辖 5 个旅)。1944 年 3 月 24 日，温盖特在敌后视察返回途中死于飞机失事。——译者

了第1空中突击队。他们的装备包括一切能搞到的东西，从直升机①到小型飞机、轻型和中型轰炸机，到战斗机、滑翔机和运输机，还有各种最新型的器械装备。这支空中突击队为温盖特在敌后成功开展游击战发挥了非常重要的作用，把缅甸内陆的日军搅得不得安宁。

也是在魁北克会议上，路易斯·蒙巴顿勋爵被任命为盟军东南亚战区总司令。我向他推荐自己此前的副官尤金·毕比准将担任美国空军的代表，蒙巴顿同意了。A·C·魏德迈少将担任他的副参谋长，主管作战计划工作。罗杰斯中校担任美国海军代表。史迪威将军的缅甸战场中美联军司令一职由蒙巴顿勋爵接任。中国战场的作战行动仍然由蒋介石委员长指挥。乔治·斯特拉特迈耶将军已经被派往印度战场，接替比斯尔，负责指挥蒙巴顿麾下的远东空军部队。我们在中缅印战区的所有物资、装备全部移交给蒙巴顿。

"四分仪会议"还决定了其他几件重要的事情：1943年至1944年的冬季将在缅甸北部发动一场攻势；由美国工程师指导建设的公路和输油管道将从阿萨姆沿滇缅公路延伸到昆明；从加尔各答到阿萨姆再铺设一条输油管道（这些管道将大大提高输送到中国的燃油量）；驼峰航线的空运总量增加到每月20 000吨；尽一切可能创造条件，加快调派B－29进驻中国参战。

魁北克会议还对我们沿意大利半岛北上的作战计划进行了调整，还

① 1939年9月14日，由俄裔飞机设计师伊戈尔·伊万诺维奇·西科尔斯基研制的世界上第一架真正的直升机VS－300试飞成功。1940年底，美国陆军决定大量购买VS－300的改进型VS－316，军队编号为R－4。R－4为双座机，主旋翼直径11.58米，最大重量1 152公斤，使用一台185马力活塞发动机，巡航速度为109公里/小时，航程为320公里，升限为1 524米。它能垂直起降、悬停、前飞、后飞、侧飞以及无动力自转下降等，完全具备了现代直升机的飞行特点。第一架R－4于1942年5月交付美国陆军使用，此后西科尔斯基又研发出R－5和R－6型直升机，性能更为完善。——译者

制定了盟军在法国南部实施登陆的计划，沿隆河谷进攻，这一行动与艾森豪威尔部队在西北欧实施的登陆作战同时进行，尽管相关问题在细节上考虑得还不是很成熟。

大家会上讨论的一个很重要的话题就是英国战斗机航程太短的问题。他们的“喷火式”、“飓风式”等型号的战斗机，其他方面都非常出色，就是无法在空中停留足够长的时间，如果从英格兰起飞，根本无法给在法国西北海岸登陆的英国部队提供任何支援。这确实是一个问题。有人给丘吉尔出主意，用木屑材料在海面上建造一种浮动基地。他们的做法是用管道把液氨输送到海水和木屑的混合物中（就和普通制冰厂的工艺一样），这样就可以在海面上或英吉利海峡中制造出一大块浮冰。只要有足够多的冰块，就可能把它们拴在一起，形成一块“降落场”供战斗机加油。项目的名称取自《圣经》——“哈巴谷”①。在魁北克会议上，路易斯·蒙巴顿勋爵向联合参谋长委员会简要介绍了这一项目。但它被列为高度机密，只有高级参谋人员才被允许了解一二。

在魁北克那些闭门磋商的会议上，有一些非常难缠的议题。有时候你来我往的言语都很难听。关于我们未来的行动计划，美国人和英国人的想法不总是一样的。美国人希望尽快在法国实施登陆，补给、部队和装备也应尽量予以集中。英国人倾向于缓一缓，等到万事准备就绪。有很多次会上的争吵实在是太激烈了，都不敢让作战参谋人员在场。

有一天我们出去吃午饭，蒙巴顿勋爵拿来了一块他那浮冰机场的样本。等大家回去继续关上门开会时，他开始介绍起浮冰机场来，讲述它是如何建造的，解释它的特性。为了演示它有多么坚固耐用，他退后几

---

① 哈巴谷工程（Project Habakkuk），由于二战中金属紧缺，1942 年底，蒙巴顿向丘吉尔提出用 14%的木屑加 86%的冰的混合物“派克力特”来建造排水量高达 200 万吨的超级航母。试验过程中发现，“派克力特”在舰体上无法支持自身重量，加之动力设计存在分歧，计划于 1943 年终止，据说弃置的未完成舰体三年后才完全融化。——译者

步拿出手枪朝它射击——一连开了好几枪。

然后那块“哈巴谷”冰块又被放回到小车上，盖上白色的床单，拖出门去了。冰块有好几英尺长。当小车经过外面的参谋人员时，他们整个早上都听到房间里面传出大声的争吵，皇家空军中将沃尔什说：“我的上帝！他们开枪打起来了！不知道是谁被打死了！”

在魁北克会议结束以后返程的飞机上，有一会儿我发现几份“未经批准”从会议中带回来的材料找不见了，搞得我心里很忐忑。想起伦敦的一名英国年轻军官因为把装有“保密”文件的公文包落在出租车上，被判入狱好几年，吓得我冷汗都出来了。英国政府当局对违反安全规定的行为一点儿都不手软，我们也一样。不过还好，我通过对讲机让副官把自己另外一件衬衫送到驾驶舱来，找到了那些文件，悬着的心总算放了下来。

我时常会收到海外发回来的报告、信件和电报，也会听取回国军官的口头汇报，但我与驻扎在英格兰的第8航空队却没有直接联系了。因此，我决定亲自跑一趟，视察一下那里的情况，看看他们在装备和人员上还需要什么。于是我就在8月31日出发了，随行人员是一个比较强的班子：我的首席飞行外科医生，戴夫·格兰特将军，H·S·汉塞尔将军，韦特将军，哈钦斯上尉，海军的萨克雷上校和汉弗莱斯上尉，以及其他成员。

从华盛顿砾石点公园到纽芬兰岛甘德的航程一切正常。但我们的C-54运输机从甘德起飞的时候却遇上了雨、雾天气，第二天早上7点30分抵达爱尔兰。

天气状况很糟糕——黑云压城，大雨倾盆。当我们飞抵不列颠岛的目的地普雷斯蒂克机场时，碰巧从美国飞来的50架B-17和B-24轰炸机也在准备降落。那些飞行员都是新手，缺乏经验，我们不想在这么恶劣的天气里打扰他们，所以我们就围着那些B-17和B-24绕圈子。最后，控制塔台想调度我们的飞机去另外一个没有人听说过的机场，连地图上都找不到。但调度员既讲不清楚我们所处的方位，也说不明白我们要飞去的地点，因为他自己也搞不清楚那个机场的位置，最终我们还是于9点30分左右降落在普雷斯蒂克机场——那已经是从甘德起飞十二个小时以后了。

我很不满意他们对新到飞机的处理方式。在那些等待降落普雷斯蒂克机场的飞机中，我们损失了两架轰炸机和两个机组的全部人员。他们都是从纽芬兰岛先于我们起飞的。事实上，我们是有意识地多等了一个小时，以便他们早些出发，确保他们能够提前在普雷斯蒂克机场着陆。当我们在北大西洋上空跟在他们后面飞行的时候，还用电台与他们保持频繁的通话。在抵近浓雾笼罩的普雷斯蒂克时，我们能听到他们一个接一个地向地面人员通报情况："26号机组，还剩余180加仑燃油。""29号机组，还余下140加仑燃油。""32号机组，只剩下大约60加仑了。"地面控制塔台逐一告诉他们飞行高度、着陆位置或做空中盘旋，以便那些剩余燃油量最少的飞机能够先降落。

接着，从云层中传出来一个无线电的声音，"这是62号机组。你们不用再担心我们了。我们的油全光了。再见啦。"然后是一片寂静。

我们此后很长时间都不知道那架飞机去了哪里，不过最后我们听说62号机组的飞行员让飞机在大雨中安全着陆了。好像是他在浓雾放晴的一瞬间看到海滩就在他前面，于是他没有放下起落架的轮子，用机腹在海滩上滑行，最终停在距离普雷斯蒂克三英里外的一片草地上，全体机组人员都安然无恙。"这是62号机组。你们不用再担心我们了……"这种气概，真是没话说了！

很显然，飞行过程中的随机应变非常重要。

我们继续飞往伦敦，着陆的时候我发现亨顿地区及其周边的地面防空设施的建设大多都停下了。

德弗斯将军前来迎接我们，然后坐他的车去克拉里奇酒店。那天晚上，我们与埃克、德弗斯和爱德华兹共进晚餐，他们告诉我当时的情况，以及我如何做才能帮上忙。

第二天上午我待在埃克将军的司令部，了解他的作战方式、他手上的飞机数量，以及采用什么样的队形可以最大限度降低损失，等等。然后我又去了米勒将军的第8航空队作战司令部，他向我完整地介绍了作战指挥系统的运作情况，如何保证随时将最大数量的飞机投入战斗。下午召开了埃克手下全体参谋军官出席的会议，大家讨论了第8航空队的作战情况，包括当时的状况和未来的目标。

第三天早上，我去看望了部分执行轰炸任务的飞行联队和大队，包括承担雷根斯堡“穿梭”轰炸任务的第4联队(后来改编为空军第3师)，由柯蒂斯·E·李梅上校率领，他是一名作风坚毅的指挥官。虽然这是我第一次和他见面，但我已经预见到他前程远大。我还从怀特上校那里听到了关于空袭罗马尼亚普罗耶什蒂油田的第一手汇报，和过去曾一起在罗克韦尔空军基地工作过的鲍勃·威廉姆斯准将聊了一会儿，他在德军发起闪电战袭击伦敦的时候担任军事观察员，受伤失去了一只眼睛，前不久因率领第1轰炸机联队轰炸施韦因富特而荣获铜十字英勇勋章。

通过这次视察，我看到越来越多的证据显示B－17轰炸机有多么坚不可摧。在英格兰诺福克郡的海瑟尔，一架严重受损的B－17被修复。一片尾翼不见了；右机翼上有一个蒲式耳桶般大小的洞；整个机身从头到尾布满了弹孔；控制右副翼的操纵杆也被打掉了，一个引擎也被从机翼上打了下来。但这架轰炸机还是成功飞回了自己的基地，十名机组人员中只有两人负伤！

我特意去参加了一次机组人员出发前的简报会议，对所见所闻非常满意。在起飞执行作战任务之前，机组人员得到了精心准备的情报信息，这显然对他们胜利完成任务大有帮助。

在拜访波特尔的时候，我听说戈林向他的战斗机部队下达了一条命令（被皇家空军的无线电截收站听到），要求“必须摧毁‘飞行堡垒’，不惜一切代价”。德军飞行员开始放过掉队的单机，而贴近攻击 B－17 编队。戈林的命令中称，袭击掉队单机无助于摧毁飞行编队，无法阻止轰炸机群飞抵目标上空实施轰炸。违反这一命令的德军飞行员将遭到军法处置。

实际上，1943 年 9 月之前，我们在欧洲战场部署的重型轰炸机最多时候也只有 599 架。但这些轰炸机，可以在白天编队飞往德国境内的任何目标，这对希特勒、德军将领和德国人民而言，就意味着美国轰炸机可以随时随地飞到他们想去的任何地方，而德国空军根本无力阻拦！戈林的命令也没什么用，德国上空的“飞行堡垒”越来越多。

皇家空军的空中海上救助队从英吉利海峡里救回来相当多的跳伞飞行员。在其中一个轰炸机基地，我听说了一个很感人的救援故事。当时，根据飞行医师的建议，我们规定一个轰炸机机组人员在执行完 25 次任务之后，就应该给予临时休假，并准许回家。有一个机组很快就符合休假条件了。在出发执行第 25 次任务之前，尾舱机枪手从飞行服口袋里抽出一瓶白兰地，举在机组同伴们面前，告诉他们等执行完这次任务，回家路上大家一起喝酒。然后又把白兰地塞回制服口袋里，出发了。在返航途中，由于他们的飞机遭到德国飞机和防空炮火的猛烈攻击而严重受损，不得不在英吉利海峡里迫降。爬进橡皮救生艇里的，只有尾舱机枪手一个人，其他的机组人员一个也没有找到。他冷得直哆嗦，只好把白兰地拿出来，一小口一小口地喝。就在差不多喝完最后一口的时候，被空中海上救助队发现救上来了。当爬到了甲板上，虽然肚子里已经装了一大瓶白兰地，仍然冷得浑身发抖，他努力让自己看起来还清醒。英国救生艇的指挥官看着他说：“小伙子，你在发抖！还是到甲板下面去暖和些。你这种状态就不要坐在这儿了!”那位美国飞行员，是位小个子，马上一脸尊严地站了起来。“长官，”他敬着军礼，说：“我不是一个知道不受欢迎还赖着不走的人。”说完又跳到海里去了。不用说，他又一次被捞了起来，安全返回了基地。

我在英格兰期间，和他们探讨了许多很有意思的话题，比如无线电制导的炸弹。英国和我们自己的专家都告诉我，他们已经使用过 24 枚这种炸弹，击沉了 4 艘敌舰。我们讨论了火箭推进系统；如何在战斗机上装载火箭，以及战斗机投放火箭的杀伤半径；还有法国的德军火箭发射地点——那些神秘的水泥建筑——我们如何才能摧毁它们。

在达克斯福德，我们看到了战斗机部队的新装备：安装了“马刀”发动机的“台风”攻击机①、加装了纸质可抛副油箱②的 P－47“雷电”战斗机，作战性能都相当令人满意；新到的 P－51“野马”战斗机已经装上了最近改进的驾驶舱，可以获得更好的视野；“喷火”战斗机已经装上了 8 枚火箭；B－24 轰炸机上也加装了可以外挂火箭的挂架。我们还见识了在飞行中重新装载火箭的新玩意儿——可以在三分钟内一次装填 4 枚火箭并做好开火准备。我们把 P－47 的性能与 Me－109 和 Fw－

① “台风”(Typhoon)攻击机，英国霍克公司生产，单座攻击机，1940 年 2 月试飞，1941 年装备部队。以较快的平飞速度和武器携带量见长，改挂 8 枚火箭弹后，更适宜对德军装甲目标进行袭击，可以轻易穿透德军坦克顶装甲，被称为“坦克杀手”。诺曼底登陆时共有 26 个“台风”中队参加战斗，发挥了重要作用，其中对阿弗郎什附近德军装甲部队的攻击，击毁 137 辆德军坦克，瓦解了德军对登陆场的一次大规模反击。1944 年 8 月 8 日，德国一号王牌坦克手魏特曼的虎式坦克在卡昂附近被“台风”用 60 磅火箭弹击中，车毁人亡。——译者

② 由于二战时期金属短缺，为了延长战斗机在欧洲大陆上空的滞空时间，英国人设计出一种巧妙的纸质副油箱。油箱使用间苯二酚胶浸渍的牛皮纸制造，不仅能防水，而且具有优异的极冷和极热环境耐受性。但油箱的胶水在汽油的浸泡下会慢慢溶解，使油箱在几个小时后漏油，所以纸质副油箱是一次性使用物品，仅在起飞前装油；而且副油箱的强度不能支持飞机挂载着降落，所以在一些任务中，即便飞行员没有用光副油箱中的油，也要在返航时把副油箱扔在指定地点。在战争中英国制造了超过 13 000 个纸质副油箱，节约了大量金属材料。——译者

190 进行了比较，发现飞行员们对 P－47 相当满意。就算允许做交易，他们也不肯拿自己的 P－47 去换德国佬的 Me－109 和 Fw－190。他们都想要更多的副油箱！有了副油箱，他们就能够陪伴轰炸机更深入德国腹地，进行全程护航，把那些 Me－109 和 Fw－190 从天上打下来。我告诉他们，更大容量的油箱已在生产过程中。载油量是决定战斗机航程的唯一因素。第 8 战斗机司令部司令凯普纳①将军和第 67 战斗机联队司令艾德·安德森将军，率领麾下的战斗机部队打得非常出色。

离开达克斯福德，我去了位于厄尔斯科恩的一座中型轰炸机基地，由梅特兰上校负责指挥。他们碰到的问题与重型轰炸机安全不同。中型轰炸机飞得更低，经常遭到小口径防空炮火的攻击，这种情况重型轰炸机不会遇到。

当天下午，我和埃克将军去拜访了皇家空军轰炸机司令部司令哈里斯中将，了解了他的作战组织情况。这次造访收获颇丰，让我更清楚地知道英美两支轰炸机部队是如何协作的——我们的第 8 航空队负责白天，英国轰炸机司令部负责晚上。

那天晚上，我和哈里斯从大的方面，讨论了为英美两国战略轰炸机组建统一司令部的可能性。我的理由是，不管是谁来担任这个司令，由一个人统一指挥全部轰炸行动，包括夜间和白天的，应该会取得更大的战果。我们应该可以腾出更多的飞机去执行紧急轰炸任务，至少比当时在用的多。哈里斯中将不同意。他的主要反对理由是，皇家空军可能不会接受其他人的指挥。（在这点上他是对的，因为美国空军的兵力增长

① 威廉姆·埃尔斯沃斯·凯普纳（William Ellsworth Kepner，1893—1982），美国空军中将。1938 年起先后担任过第 8 驱逐机大队指挥官、第 1 航空队参谋长、第 4 战斗机司令部司令、第 4 航空队司令等职。1943 年 8 月调任驻英国第 8 航空队副司令兼第 8 战斗机司令部司令。1944 年 7 月任驻英国第 2 轰炸机师师长。1945 年 5 月任第 8 航空队司令。战后曾任第 9 航空队司令、第 12 战术空军司令部司令、装备司令部副参谋长等职。——译者

很快，单凭数量这一条，司令部就应该是美国空军掌管。）这样他们就会失去对夜间轰炸的控制权。当时英国轰炸机司令部在作战指挥上真是有着自主权的，来自皇家空军高层的干预非常少，哈里斯可以直接向首相汇报全部详细情况。假如他们不再拥有掌控权，皇家空军将在英国人民面前威信扫地。

对我而言，当时没有必要考虑这些因素。目标只有一个——在最短的时间里给德国造成最大的打击。不过，现在战争已经结束了，回过头去想想，这或许不是一个很好的建议，可能会引起许多不必要的麻烦。

我了解到，皇家空军夜间轰炸的损失率和我们差不多。后来，损失率下降了一些，直到 1944 年那个令人不太愉快的春天（不太愉快指的是皇家空军的感受）。

随后一天，9 月 6 日，我去了利物浦附近的波顿伍德，那里有我们空军的后勤仓库，数千架损坏的飞机和引擎在这里修好后重返战场。波顿伍德同时也是改装中心，所有美国来的作战飞机都在这里进行改装。大部分机器设备都是美国的。起初的时候由英国人负责管理，他们制定的目标是每月维修 60 台引擎，后来增加到 80 台。我们采用自己的批量生产方式，流水线作业，一个月可以修理 570 台引擎。在那里的一个工厂里，就有大约 10 000 名美国人。北非战场损坏的引擎也全部运到波顿伍德修理。

第二天在英国海军部，庞德海军上将的副手，尼维尔·赛弗雷特海军①上将告诉我，德军的 U 型潜艇都挤在西班牙沿岸菲尼斯特雷角再过去大约 200 英里的一个地方；在我到访前的一个月里，英国人已经摧毁

① 爱德华·尼维尔·赛弗雷特（Edward Neville Syfret，1889—1972），英国海军上将。出生于南非开普敦，毕业于布里塔尼亚皇家海军学院。1904 年加入皇家海军，曾参加一战。1927 年任地中海舰队枪炮长。二战爆发时任“罗德尼号”战列舰舰长。1939 年任海军秘书。1941 年任本土舰队第 18 巡洋舰队司令。1942 年任本土舰队司令。1943 年任海军参谋部副参谋长。——译者

了21艘U型潜艇。他估计很快U型潜艇会配上一些新装备，因为德国人经受不起这样的损失。

晚上，埃克将军招待了丰盛的晚宴，皇家空军的首位空军元帅特伦查德、美国驻英大使怀南特、波特尔、哈里斯、斯莱塞、美国海军上将斯塔克，还有其他一些人都出席了。席间，我听说在此前一天的空袭中，我们对斯图加特①进行了轰炸，损失了超过30架飞机，另有十个机组人员依然下落不明，所以全部损失有可能高达40架。尽管他们损失惨重，但报告称轰炸斯图加特的“战果显著”。1943年9月6日轰炸斯图加特的行动，不仅是那年秋天第8航空队空袭德国的一个典型战例，当时远程战斗机护航还没有实施，探测北欧地区气象的雷达也还没有配备；而且通过研究这个战例我还发现，亲自到各个战场去走走，还是获益匪浅的。

在通过正常渠道递上来的战报中，这次行动中的一些情况没有反映出来。尽管那天晚宴桌面上大家谈论的都很乐观，但事实上，这次轰炸行动是一次彻头彻尾的失败。我们一共派出338架B-17前去轰炸斯图加特的VKF滚珠轴承厂，没有一架看到既定目标。抵达该市上空时，他们遭到了超过100架德军战斗机的猛烈攻击——大部分是负责防御施韦因富特的Fw-190、Me-109和发射火箭的夜间战斗机。三支轰炸机飞行编队发现自己被困在浓密的云层之中，高射炮火越来越密集，打得也很准。只有第一批编队的46架飞机透过云层空隙看到了斯图加特，将炸弹投到了“市中心”。其他大部分轰炸机都是在返航途中攻击了一些随机选中的目标——卡尔斯鲁厄、巴登-巴登、沙特尔、瓦瑟罗尼和一些

① 斯图加特(Stuttgart)，位于德国西南部的巴登-符腾堡州中部内卡河谷地，是该州首府，德国第六大城市。斯图加特及其周边以高科技企业聚集而著名，其中代表有戴姆勒、保时捷、罗伯特·博世有限公司、国际商业机器股份有限公司等，总部皆设于此。第二次世界大战期间，斯图加特是德国的飞机制造中心之一，市中心几乎被空袭完全摧毁。——译者

无法确认的目标，以及法国的一些机场和铁路货运站。

尽管是负责领航的第3轰炸机师承受了德军战斗机的正面主要攻击，但第1轰炸机师的45架B－17也损失了27架。这支部队为了实现对既定目标的空袭，付出了异常坚决的努力，在第一轮攻击失败以后，他们没有投弹，而是掉转头来发起了第二轮、第三轮攻击。多轮进攻耗费了宝贵的燃油。等他们返航飞到英吉利海峡的时候，不少B－17都没油了。这些“飞行堡垒”只能一架接一架地迫降在波涛汹涌的海面上。那天晚上，皇家空军空中海上救助队和新组建的美国救助队，从英吉利海峡中一共捞起来118名美军飞行员。

第二天早上，我与弗雷德里克·E·摩根①将军讨论了法国、意大利和苏联战场上的空战情况，包括战略和战术层面的作战行动，机场的运作情况，以及随后的对日作战问题。在诺曼底登陆行动中负责指挥盟国远征军空军部队的皇家空军中将特拉福德·利-马洛里②也参加了会谈，我们对他提出的作战计划进行了深入细致的研究。

---

① 弗雷德里克·埃奇沃思·摩根（Frederick Edgworth Morgan，1894—1967），英国陆军中将。1938年5月任英国第3步兵师参谋长。1939年8月任第1装甲师师长，第1增援兵团司令，二战爆发后率军参加法国战役。1940年11月任第2集团军参谋长。1941年2月任德文&康沃尔郡步兵师师长，10月任第55步兵师师长。1942年5月任第1集团军司令，晋升中将。1943年4月任盟军最高司令的参谋长。1944年1月盟国远征军最高司令部副参谋长。战后作为英国政府代表，参与德国重建的管理工作。1946年12月退役。——译者

② 特拉福德·利-马洛里（Trafford Leigh-Mallory，1892—1944），英国皇家空军上将。剑桥大学毕业。一战爆发后参军，起初在步兵团服役，1915年春季负伤。康复后，1916年1月加入皇家飞行团，先后任第15、第8飞行中队中队长。一战后历任飞行联队、陆军协同作战学校、第2飞行学校指挥官。1937年12月任第12战斗机大队指挥官。在不列颠战役中主张大机群作战，严厉批判第11战斗机大队“打了就跑”的小机群战术，得到皇家空军参谋部的认同。1940年接替基斯·罗德尼·帕克担任第11战斗机大队指挥官，负责指挥英格兰东南部的空中作战，逐步扭转战局，转入攻势。1942年11月任英国战斗机司令部司令，晋升空军上将。1943年末任盟国远征军空军司令，指挥战术空军保证诺曼底登陆准备和实施中的制空权。1944年11月调任东南亚战区盟国空军司令，偕夫人赴任途中，12月14日因飞机失事遇难。——译者

接下来一天上午，我先和被新任命为印度总督的韦维尔将军见了个面，然后再与查尔斯·波特尔开会，议题涉及很多领域。我们讨论了英国需要援助的大量人员和物资；“如何巩固大英帝国”；各级指挥官的职责范围；皇家空军和美国第8航空队的地位问题；北非战场美国陆军和航空队的地位问题；北非战场美军官兵的想法；英美两国部队的整编问题；北非战事结束后特德、斯帕茨和艾森豪威尔的岗位安排问题。

下午，德弗斯和埃克两位将军开车送我去博文顿，2点我从那里出发前往普雷斯蒂克，4点到达，5点10分飞往冰岛。一路上，埃克的助理赫尔上校，还有斯特朗将军，和我讨论了我们在欧洲战场上遭受的损失，还有轰炸机部队的优异表现，尽管此前一天的战况就不太理想。在我看来，我们的损失并不小，这不是后续替补力量能否跟上的问题，而是我在考虑对我们士气的影响。不过，他们让我放心，再大的损失对第8航空队的士气都不会有丝毫的影响。这些小伙子们正是在挫折中不断取得进步。你会发现，他们是如何在很短的时间里长大，变成了成熟、久经战阵的男子汉。他们还告诉我，与美国国内相比，这里的事故率还是令人十分满意的。把各种情况都算进来，事故总数还是很小。飞行员和副驾驶们的表现一直都很出色，他们完成了许多“不可能完成”的飞机着陆：没有方向舵的，副翼被打飞的，机翼布满弹孔的，有的机身上的弹孔大到能推过一辆独轮车。

更令我惊讶的是，听到梅特兰部队里装备的B－26在战争中的表现。曾几何时，B－26令人感觉是那样的不靠谱，但梅特兰手下的飞行员硬是把没有副翼和只剩一个引擎的B－26都飞回来了——这在几个月之前是不太可能的，在两年前更是无人敢想。

他们还告诉我，那些已经学会熟练驾驭P－47的战斗机飞行员，如何围着猛打德国的福克沃尔夫190和梅塞施密特109。加装在机腹的副油箱，使得我们P－47的航程远远超过了英国人的“喷火式”战斗机。

现在 P－47 能够护航轰炸机深入到鲁尔工业区，而“喷火式”越过海岸线不久就要折返了。

在冰岛我们会见了麦克尔森将军和伯恩特·巴尔肯上校。吃晚饭的时候，我听他们谈了自己的心事，随着战事离冰岛越来越远，他们感觉自己越来越被边缘化。我立即从冰岛给华盛顿打了一份电报，请求将巴尔肯召回华盛顿一个礼拜，具体汇报驻冰岛空军的情况，以便决定下一步如何使用那里的部队。我告诉他，我个人认为应该派新飞行员到冰岛来，把他的战斗机部队的老飞行员调到英格兰去。

第二天一早我们便在纽芬兰岛的古斯湾着陆，吃了一顿早餐——比上次吃的好多了！在 A·D·史密斯的领导下，一切都大为改观。清晨 6 点，晴空万里，我们再次起飞——这是很长时间以来那里的第一个晴日。不过很快我们就飞进了“正常”的坏天气，只能依靠仪表驾驶飞机，一直到康涅狄格州的哈特福德。当我们在华盛顿降落的时候，距离伦敦起飞已经二十七个小时了。

第二十五章 “六分仪”会议；四巨头；意大利；B－29投入战斗

在卡萨布兰卡会议上，我们对下一步采取的多个作战计划进行了讨论，最主要的一个是西西里登陆作战，之后是意大利战役，最终要在法国北部登陆。后来，在英美联合参谋长委员会召开的会议上，我们发现，如果不与苏联人的作战行动协同起来，这些作战计划就很难取得最佳的战果。苏联红军正在把德国鬼子赶回西方。在某些时候，他们在前线的行动将配合我们在法国北部沿海的登陆作战，或许对法国南部沿海的行动也是一样。如果苏联红军的推进与盟军对法国、意大利的进攻之间缺少协作配合，处在内线作战的德军就可能利用我们没有集中用兵的机会，把他们的空军和陆军师从一个前线调往另一个前线。

因此，我们都很高兴能在开罗和德黑兰召开一次会议，历史上也被称为“六分仪会议”，让我们有机会和蒋介石、斯大林以及他们的参谋班子坐下来会谈。我们都希望能就大家面临的共同问题和如何更好地应对达成进一步共识。

当时，我们的空军已经实力大增，对德国的战略轰炸也取得很大进展，可以颇有底气地说：“我们接下去的计划是：继续实施对德国心脏地带的打击，彻底击败纳粹空军，摧毁希特勒作战部队所急需的物资补给。”

1943年11月11日，华盛顿是一个阴冷的雨天。早上大约7点45

分，我们一班人，一共22位陆、海军的将军和上校，登上了金海军上将的旗舰“无畏号”航母。军舰比预定时间晚起航十五分钟，因为一名高级军官迟到了。我们沿着波托马克河下行，下午4点左右与“艾奥瓦号”战列舰汇合。和我一起离开“无畏号”登舰的有金海军上将、马歇尔将军、萨默维尔将军、库克①海军上将、汉迪②将军、比尔里③海军中将、库特将军、汉塞尔将军、拜哲海军少将、奥唐奈将军④、罗伯茨将

① 小查尔斯·梅纳德·库克(Charles Maynard Cooke Jr.，1886—1970)，美国海军上将。1936年任美国舰队司令部作战参谋。1939年任海军作战部作战计划处上校主任，1941年1月参加在华盛顿举行的美英参谋会谈，参与制订潜艇远距离作战战略、对日本的作战计划等。珍珠港事件后提升为少将，1942年任海军总司令欧内斯特·约瑟夫·金的负责制订作战计划的助理，并随其参加了卡萨布兰卡、魁北克、开罗、德黑兰、雅尔塔和波茨坦等一系列盟国重大会议，曾协助制订欧洲战场、北非战场和太平洋战场的一系列作战方略，以思维敏捷、筹划缜密著称，有“精灵”之称。战后曾任美国第七舰队司令、海军太平洋部队司令等职。——译者

② 托马斯·特洛伊·汉迪(Thomas Troy Handy，1892—1982)，美国陆军上将。1942年6月接替艾森豪威尔任陆军参谋部作战计划处处长，晋升少将。1944年10月任陆军副参谋长，晋升中将。1945年3月晋升上将，马歇尔出席波茨坦会议期间，代理陆军参谋长，曾下达向广岛投掷原子弹的命令。1952年8月至1954年4月任美国欧洲司令部副总司令。——译者

③ 伯恩哈德·H·比尔里(Bernhard H. Bieri，1889—1971)，美国海军中将。1911年毕业于美国海军学院。曾担任奥古斯塔斯·费克特勒海军少将副官、“芝加哥号”重巡洋舰舰长。二战期间是美国海军舰队总司令、海军部部长欧内斯特·约瑟夫·金海军上将的重要参谋助手。战后历任大西洋第10舰队司令、美国地中海海军司令、第6舰队司令。1951年退役。——译者

④ 小艾米特·奥唐奈(Emmett O'Donnell Jr.，1906—1971)，美国空军上将。1928年毕业于西点军校，先后在布鲁克斯和凯利机场学习飞行。1930年进入密歇根州赛尔弗里奇机场的第1驱逐机大队服役，同时兼任航空兵邮件空运飞行员。1936年12月至1940年在第18侦察机大队服役，期间进入航空队战术学校培训。1940年2月调任驻夏威夷第11轰炸机大队的中队长。1941年9月率领第14轰炸机中队的B-17增援菲律宾。珍珠港事件后，配合麦克阿瑟指挥的陆军部队作战。菲律宾沦陷后撤往印度，担任第10航空队分管作战的助理参谋长。1943年回国任陆军航空队总司令阿诺德将军顾问委员会成员。1944年2月晋升准将，调任驻堪萨斯州萨莱纳的第73轰炸机联队司令，负责组建和训练B-29“超级飞行堡垒”新型轰炸机联队，随后开赴塞班岛，并于同年11月24日率领111架B-29对日本东京发动首次空袭(1942年4月“杜立特空袭”之后的第一次)。战后曾任空军装备司令部工程处副处长、陆军航空队情报处处长、第15航空队司令、驻日本远东轰炸机司令部司令，参与指挥朝鲜战争。1959年8月任太平洋空军总司令，晋升上将。1963年7月退役。——译者

军、多伊尔海军少将等人。当晚，“艾奥瓦号”仍停在锚地没有出发，吃晚饭的时候，马歇尔将军讲了一个他和丘吉尔最近一次在阿尔及尔开会时发生的故事。他们就应该进攻欧洲的“下腹部”还是在法国北部沿海登陆进行了长时间的激烈争论。临分手前，马歇尔告诉丘吉尔，“好吧，您把我的时钟校准了！”过了一阵子，丘吉尔的一名参谋军官遇到马歇尔将军，还问起：“真的是首相大人把您的表修好了吗？”

第二天早上，在总统先生抵达之前，我们正好有机会参观一下“艾奥瓦号”战列舰。真是一个庞然大物，它有800英尺长，动力超过12万马力，布满了防空高射炮。主甲板大得令人惊叹。到处都是年轻的水手，人太多了！我这辈子都没见过这么多人朝我敬礼，哪怕在西点军校！

9点，总统的游艇“波托马克号”到了，陪着总统一起来的还有海军上将莱希、哈利·霍普金斯、人称“老爸”的沃森将军。他们的行李由吊车吊到甲板上，上午10点，船起锚，向海湾出口驶去。当抵达汉普顿锚地的潜艇基地时，我们停了下来。一辆油罐车靠上来，给军舰加油。当晚，我们陪着总统用了晚餐，还看了场电影。

电影散场的时候，哈利·霍普金斯和“老爸”沃森打了个赌，赌5美元说他能从“艾奥瓦号”这艘巨轮的甲板上钓上鱼来。沃森答应赌一把。没过多久，哈利·霍普金斯就带着四条鱼回来了。一名海军陆战队员，还有一位伙夫都发誓称是霍普金斯钓的鱼。“老爸”沃森看了一眼说：“是冰箱里拿出来的！”或许他是对的，但这几条鱼还是花了他5美元。

我们在大约午夜时分离开汉普顿锚地，次日上午10点进入了墨西哥湾，天气凉爽，但逐渐变暖。白天没有什么事，就四处转转看看军舰上各种各样的设备，不同口径的舰炮，火炮控制系统，不同用途的雷达，无线电和信号站。军舰以25节的航速行进。但之字形的前进路线让船速降低到大约23节。我们四周布满了驱逐舰，在波涛汹涌的海面上航行显得有些吃力。每一侧分别有四艘驱逐舰护航，以防遭到潜艇的攻击。在日落之前，一整天海浪都很大。偶尔有海军的飞机从头顶上飞过，这也是护航措施的组成部分。晚上我们陪着总统又看了一场电影，叫《剧院魅影》。

第二天，海军部队决定为我们搞一场演习，下午2点30分，火炮训练开始了，用150口径的高射炮打气球。看上去所有的军舰都接到了演习的命令，但射击却是在严格控制下进行。就在这个时候，在此起彼伏的炮火声中，有人大喊起来："这不是演习。看啊！一枚鱼雷！正朝我们打过来了！"

其中一艘驱逐舰拉响了警报。演习的阵型立刻做出调整。我们开始做之字形规避动作。其他所有军舰也随着沿之字形路线航行。到处都在发布命令，用哨声、旗语和无线电信号。鱼雷行进的航迹看得很清楚。深水炸弹被一枚接一枚地投下去，枪炮齐射，但都没有击中那枚鱼雷。

在离开美国之前，我们已经知道有一批德国潜艇正在亚速尔群岛以南、以东海域活动，但我们估计可以绕开它们100海里至150海里。既然那枚鱼雷是冲着"艾奥瓦号"来的，看来我们没能绕开它们。

那总统先生该怎么办呢？他应该待在甲板上？还是应该把他送回自己的船舱，找个安全的地方，用装甲保护起来？

那枚鱼雷在距离"艾奥瓦号"船尾仅仅20码远的地方擦过去了。

所有人都松了一口气。但大家心里都在想，"假如鱼雷击中了，在这波涛汹涌的海面上，该如何把总统和所有高级将领从'艾奥瓦号'上转移出去？鱼雷从哪里打来的？会不会有更多的攻击？"

后来查清楚了，是我们一艘驱逐舰上的鱼雷发射员错误击发的。当时他的鱼雷管正好瞄准了"艾奥瓦号"。有人说这位"好战"的鱼雷手被狠狠骂了一顿，到底怎么处理的我就不知道了。哈利·霍普金斯对此的评论是："一定是个该死的共和党！"

次日上午，美军参谋长联席会议召开了一次相当长的会，我们讨论了联合皇家空军和美国陆军航空队，由一个人指挥开展轰炸作战的可能性；以及对地中海战区和整个欧洲战区实施统一指挥的可能性。当然，我们知道这相当难。我们相信有一个人应该合适。他就是马歇尔将军。不过，我们也知道如果英美联合参谋长委员会和美军参谋长联席会议没有了他，总统先生和战争部失去这么一位军事顾问，将会造成怎样的损失。因此，我们放宽了选人的视野，讨论了蒙哥马利、亚历山大、艾森豪威尔和其他一些人的可能性。

接下来一天，参谋长联席会议继续开会，罗斯福总统也出席了，讨论了一些其他事项，包括法国殖民地的未来安排——是继续让法国人实施殖民统治，还是实行法国属领下的民选政府治理。大家一致同意，对法国人的武装不应操之过急，但应给予艾森豪威尔掌控下的法军部队适当的武器和装备援助。在休会之前，我们讨论了一份议程，是关于和中国的蒋介石、苏联的斯大林商议采取的联合作战行动。

次日大家休息了一天。我的笔记本里写着："和哈利·霍普金斯玩'金罗美'纸牌。哈利·霍普金斯：0 美元；哈普·阿诺德：3 美元。"下面还记着，"小心是放水！我还没有看到过有谁从哈利·霍普金斯那里赢走 3 块钱，而他没有捞回本去。"（在随后 11 月 16 日的日记里，有这样的记录："哈利·霍普金斯把他所有的钱都赢回去了——赢的比原来输的还要多。"）

日记里还记着某个人在某次参谋长联席会议上发表的议论："你可以让一个聪明但是很懒惰的家伙当政治家，让聪明又勤快的家伙当参谋长，但上帝偏偏给你找来一个又愚蠢又勤快的家伙！"

尽管能想到的保密措施都用上了，但 11 月 17 日，开罗还是发出了一篇报道，称英国首相和美国总统，以及他们的参谋长们，数日之后将在那里召开一次会议。

对此，总统先生深感忧虑，其他人也一样。我们商量着变换会议地点，以瞒过那些企图破坏开罗会议进程的家伙。罗斯福总统把我叫去，和“老爸”沃森一起商议此事。总统问，假如用飞机把参会人员运到另一个地方，比如喀土穆，有多大工作量。在我们讨论了相当长时间之后，总统又把马歇尔将军、金海军上将、莱希海军上将叫来，进一步深入研究。我们还给艾森豪威尔将军发了封电报，征询他的意见：考虑到既然已经泄密，喀土穆作为会议地点是否比开罗更合适。最终，开罗会议筹备的方方面面都已经安排妥当了，这些花了好几个星期才做好的准备工作，不可能在数小时里复制到另外一个地方，因此会议地点就没有调整。

11 月 19 日的海浪特别大，绿色的海水漫过舰桥，冲进了第三层甲板的船舱。当时参谋长联席会议正在开会，商量与英国人的会谈议程。第二天上午，“布鲁克林号”巡洋舰与我们汇合，同行的还有两艘美国驱逐舰和两艘英国驱逐舰。就在那个时候，海上的风浪也变小了。上午 11 点，我们离开了卡萨布兰卡，下午 2 点左右驶进直布罗陀海峡。

20 日早上 7 点，由“布鲁克林号”巡洋舰开道，朝着奥兰港引航灯的方向行进，途中还救起一名落水的飞行员，进入了反潜网水域。舰队在港口水面上前避后让，绕开沉船和浅滩，最后转了个 90 度的弯，才驶入下锚地。

港口里停着一艘悬挂四星上将旗帜的英国巡洋舰，那是皇家海军上将坎宁安的旗舰。显然他们还不知道美国总统和陆、海军的所有高级将领都在“艾奥瓦号”上。我们船上的海军军官一片哗然！他们在干什么？为什么不行军礼？有没有搞错！海军礼仪要求低级军官应当先敬礼的。最终，大家只好都放下架子，我们的舰队也鸣笛，让水手们列队，按照遇到外国友军部队的礼仪行礼。

然后总统先生来到了甲板上。他那礼帽，那风衣，那拿着烟斗的手势，那音容笑貌——简直与我们报纸和杂志上刊载的照片一模一样。港口里数十艘法国军舰上的人都在争相目睹我们的甲板上来了什么大人物。如此一来，我们的“秘密”就更加大白于天下了。

在奥兰，我们发现各个方面的安排都很细致周到。我们每个人都拿到一纸清单，告诉我们应该坐哪辆车，乘什么编号的飞机离开，到达目的地以后再换乘哪辆车，到了以后应该做些什么。

我们离开码头，车队出发了：首先是摩托车队开道，然后是总统专车，后面跟着秘密特工；接着是护送马歇尔将军的三辆车，后面又是摩托车队；再接下来是金海军上将和我的车，以及其他参会人员的车队。士兵们在沿途和所有的十字路口、转弯处布置了岗哨，有的面朝外，有的面朝里，同时负责管制交通。在我们行进过程中，人群开始在岗哨后面聚集起来——阿拉伯人、法国人，还有美国大兵，他们都被如此大的“阵仗”吸引，想看看都是谁坐在轿车里面。

我们穿过美国和法国兵营驶往机场，直接开到我们的飞机旁边。每架飞机前面都立着一块大大的告示牌。艾森豪威尔将军陪同总统先生乘坐 1 号专机；马歇尔将军和特工人员登上了 2 号专机；金海军上将和我，以及部分参谋军官坐 3 号专机。

在突尼斯——一座迦太基时期建造的古城——我们与艾森豪威尔、斯帕茨、总统的两个儿子埃利奥特和小富兰克林·德拉诺·罗斯福碰了面。在艾森豪威尔家里简单吃了点午饭，然后斯帕茨和我去了他的别墅——一座超过 20 个房间的大房子，他把自己的作战参谋统统集中在这里。

罗斯福总统想去看一下自己儿子埃利奥特指挥的照相侦察航空部队。于是叫上我开车去兜了一圈，视察了那里的官兵、飞机和营房基地。然后我辞别总统赶回特德将军的司令部，与波特尔进行了短暂会晤。后来又回到斯帕茨的司令部，与斯帕茨、杜立特、诺斯塔德①、奥唐奈会谈，了解战局进展情况，为数日后的联合参谋长委员会开会做准备。

晚上在别墅里聚餐的时候，我的副官和专职飞行员彼得森上校也参加了，由于需要给飞机安装新的引擎，他在纳塔尔多留了两天。他带来了两箱香蕉。我知道英国的香蕉进口已经中断好几个月了，于是就叫来了波特尔，把香蕉转送给他，并告诉他，我觉得应该把这些香蕉运回英格兰。

第二天一早，我们先到城里面转了一下，金上将和我的3号专机于7点40分起飞，跟着后面是马歇尔将军的飞机。总统先生的专机9点30分起飞。

这座迦太基古城留给我的印象，就是一片层层叠叠的废墟。第二次世界大战留下的是满目疮痍——港口里布满了沉船，有的侧翻，有的底朝天，还有的只露出桅杆、天线和烟囱，地上遍布着弹坑——最令人印象深刻的是，你能够看到的战争所造成的破坏痕迹，可以从1943年一直回溯到公元前550年。经过一场接着一场惨烈无情的、毁灭性的战争，迦太基时代的文明遗迹早已不知所踪。

时至今日，在从突尼斯飞往开罗的途中，我努力找寻着近期沙漠之

① 劳里斯·诺斯塔德(Lauris Norstad，1907—1988)，美国空军上将。1930年毕业于西点军校。1933年7月任第18驱逐机中队中队长。1936年3月任第9轰炸机大队司令部副官。1939年9月进入航空队战术学校学习。1940年7月任第25轰炸机大队司令部副官。1941年11月至1942年10月任美国陆军航空队司令部负责情报的助理参谋长(任内于1942年2月起兼任航空队司令的顾问委员会委员)。1942年10月任驻英国和阿尔及尔的美国第20航空队负责作战的助理参谋长(任内于1943年2月起兼任北非战区空军司令部负责作战的助理参谋长)。1943年12月任驻阿尔及尔和意大利卡塞塔的地中海盟军空军司令部作战部部长。1944年8月任美国陆军航空队副参谋长兼第20航空队参谋长。二战后曾任陆军作战部部长、空军副参谋长、美国驻欧洲空军司令、北约欧洲盟军副总司令、美国欧洲司令部总司令兼北约欧洲盟军最高司令。1950年5月晋升空军上将。1962年11月退役。——译者

战的痕迹。机动车辆行驶的轨迹正在逐渐消失。就在几个月之前，我也是飞越这同一片沙漠，当时沙地上留下的战斗痕迹还清晰可见，现在要凭一点儿想象力才能辨别出来了。不过你仍然能够看到德国人挖的那严整的堑壕系统和英国人挖的散兵坑，但铁丝网已经部分或全部被黄沙覆盖了。装甲车和坦克轧过的凹痕呈扇形向四面展开，慢慢地也被黄沙填满了。到处都是卡车和坦克的残骸，有一些被烧成了漆黑，其他的还能看出车身上涂抹的迷彩漆，但大多已经部分地被黄沙掩埋了。还有一些坦克能够看出来是被故意埋在沙堆里面的，作为固守的据点，最后都被炮弹或航空炸弹摧毁了——现在它们依然静静地躺在那里，成了那场沙漠苦战的纪念品。当时，隆美尔差一点儿就打下了开罗和苏伊士运河。

这里的机场曾经在皇家空军、纳粹空军和美国陆军航空队之间几度易手。机场附近也遍布着飞机残骸，平趴在地面上，大部分是德国人的，就像一只只猛兽被打断了腿，再也无法撑起自己的身躯。

我们飞过了班加西、托布鲁克和索卢姆。当时如果英美两国空军得到命令，可能就把连接数地的公路炸毁了，堵上缺口，拦住隆美尔的退路。但是没有得到批准，因为英国高层司令部希望把公路完整地保留下来，留给他们的装甲部队使用。接着我们飞越了艾尔-阿拉曼一线，对这里发生的战事，大家早已是耳熟能详。

接着尼罗河谷猛然映入眼帘——满目翠绿，河水奔流，点缀着一座座小村落和城镇，正值大漠日落，给金字塔和斯芬克斯狮身人面像抹上了一层落日的余晖。

开罗时间傍晚 6 点 15 分，我们在机场着陆。埃夫里尔 · 哈里曼、驻英大使怀南特、迪恩将军、斯特拉特迈耶将军、罗伊斯将军、陈纳德将军、约翰 · 迪尔爵士，还有其他不少人都到机场迎接。我们分配到一栋别墅，是一位希腊人的，当时空关无人居住。房间足够八个人住，但是只有两个浴室。和我同住的有马歇尔将军及副官，萨默维尔将军及副官，汉迪和迪恩——正好八个人。11 月 21 日，我们入住的第一个晚上，就把帕特·赫尔利[①]、怀南特大使、罗伊斯将军、斯特拉特迈耶将军、陈纳德将军和史迪威将军请来做客。当时罗伊斯将军已经接替安德鲁斯将军执掌我们的中东司令部。斯特拉特迈耶将军是驻印度和中国的第 10 航空队司令。

晚餐的时候，帕特·赫尔利告诉我们，在阿拉伯半岛又发现了几处新的油田，就位于海港南部地区，范围超过 1 000 英里，比加利福尼亚和得克萨斯的油田加在一起还大。大家都希望将来能听到关于这个新油田更多的消息。

和往常一样，大家晚餐之后聊的话题总是天南海北，涉猎甚广。记得有一天晚上，比尔·萨默维尔将军扯出来一个话题：未来的欧洲国家应该如何构建，才能够防止战争。在座的各位都对国联[②]这样的机构缺乏信心，假如没有武装力量，它就没有能力执行自己的决议。

大家展开了讨论，尤其是关于一些主要的原则性问题。首先，所有人一致同意，如果有可能建立一个欧洲国家的联合体，我们的大部分麻烦事都能得到解决。要实现这一点，国家之间的军事屏障将要被打破；关税壁垒也要被消除，以开放更大的产品市场。大家也一致认

① 帕特里克·杰伊·赫尔利（Patrick Jay Hurley，1883—1963），美国陆军少将。担任过胡佛总统的战争部长。1931 年访问中国，1942 年初任驻新西兰公使，1943 年奉罗斯福总统之命前往苏联、中东协调盟国对中东的政策。1944 年 8 月，经马歇尔和史汀生建议，作为罗斯福总统的私人代表来华，同年底接任驻华大使。曾访问延安，试图协调促成国共两党合作，失败后支持蒋介石发动内战。1945 年 11 月辞去驻华大使职务。——译者

② 国际联盟，简称国联，是《凡尔赛和约》签订后建立的国际组织，宗旨是减少武器数量、平息国际纠纷及维持民众的生活水平，最高峰时期曾拥有 58 个会员国。在其存在的 26 年中，曾协助调解某些国际争端。但国联缺乏执行决议的强制力，而且美国也没有加入国联，限制了其作用发挥。随着二战爆发，各国矛盾激化，国联走向破产的境地，战后被联合国取代。——译者

为，眼下欧洲国家之间的疆域很多地方既不和谐、也不合理。军事强人、外交家与和平条约使得这些领土边界经常发生变化，造成现如今不同的种族、语言和宗教都被搅和在一起。

大家总体觉得，欧洲国家联合体是唯一可能的解决方案。当然，各种同盟、条约、协定过去也都尝试过，最终的结果还是军备竞赛和世界大战。所以，大家也充分认识到，实践中还是会遇到很多困难。不同国家的目标和野心，各个民族的优越感、历史荣誉感，威震四海的战争英雄的影响——这些因素都会使问题变得更加复杂。

在开罗的第一个晚上，我们见识了一个即便是军方也很少碰到的情况：让我们领教了如何才能让一个高度机密的计划真正做到保密。在最严格的保密措施下，蒋介石委员长和夫人及其参会代表团一行抵达了机场。外交礼仪全部取消。代表团的飞机在蒋委员长的专机之后降落。他们的身份都被严格保密，以至于他们已经到了，会务接待委员会的人还没有准备好去迎接。还好，陈纳德将军预感他们就快要到了，走出去正好迎上。

在我们出席像开罗会议这样的美军参谋长联席会议或英美联合参谋长委员会会议之前，我们的军事将领——比如艾森豪威尔、史迪威、陈纳德、魏德迈、斯特拉特迈耶以及其他来自全球各个战场的将军，都有机会和我们聊聊他们各自碰到的问题，我一直觉得这一点对我们很有好处。这让我们有了一个更加宽广的视角，了解各个战区的真实情况——这是我们讨论和决策的基础。

第二天早上，美军参谋长联席会议开会，怀南特大使、迪恩①将

---

① 约翰·拉塞尔·迪恩(John Russell Deane, 1896—1982)，美国陆军少将。1942 年 2 月任美国战争部总参谋部秘书。1943 年 10 月美国驻莫斯科军事代表团团长。1946 年 9 月退役。著有回忆录《奇怪的联盟——二战期间的美苏合作》(*The Strange Alliance — The Story of Our Efforts at Wartime Cooperation with Russia*)。——译者

军、史迪威将军、魏德迈将军和惠勒将军也一起出席。他们简要汇报了各自战区的情况——包括英格兰、苏联、中国和印度的。惠勒将军是主管布拉马普特拉河运和加尔各答至阿萨姆铁路运输的总工程师，设法提高那里的运输总量。除此之外，他还负责列多公路和沿途输油管道的建设，以及沿布拉马普特拉河铺设输油管道，以进一步方便我们至阿萨姆并最终到中国的油料运输。

一整天我们都在开会，最晚的一个会议是联合参谋长委员会与蒋介石委员长、史迪威将军和陈纳德将军共同召开的，一直到晚上 9 点才结束。没有哪一个战区的司令长官和参谋长的关系，会像蒋介石和史迪威这样。有时候我就纳闷我们为什么还这样帮中国，那些军阀之间的纷争并没有给我们提供多少有价值的东西。

次日上午，参谋例会结束以后，罗斯福总统 11 点召集我们开会。出席人员有：丘吉尔首相，蒋介石委员长及夫人，英美联合参谋长委员会全体成员，路易斯·蒙巴顿勋爵，史迪威将军，斯特拉特迈耶将军，约翰·迪尔爵士，还有四位中国将军。讨论集中在中缅印战区的空军对日作战方面，还有，盟国如何增强自己在那里的部队，如何尽快发起攻势。在会议结束之前，大家的发言都已经相当开诚布公，每个人都把底牌摊在了桌子上。

有一个始终绕不开的问题，是关于作战舰船的：我们是否有足够的舰艇对仰光发动远距离进攻？有没有登陆艇把部队送到阿恰布附近？能否安排飞机对仰光实施空袭？这两地的作战是否能得到海军的支援？等等。

吃过午饭，我们和中国人又谈了一次，但我们发现，如果蒋介石不在场，这些中国将军什么也不会表态。很显然，他们对蒋委员长是绝对服从的。

和中国人那拖沓的会结束以后，我们去参加丘吉尔首相和英军参谋长们出席的晚宴。他们住在一所过去埃及王妃拥有的房子里——里面的绘画和其他装饰品的风格都很独特，而且他们有三间浴室。不过，我们才不愿意拿自己的别墅和他们交换，因为他们没有热水。

晚宴很丰盛——美味佳肴，服务周到，大家交谈甚欢。成吉思汗、忽必烈、马耳他骑士团、迦太基人、土耳其人都曾经统治过地中海这片区域——我们聊着他们的往事，10 点 30 分才回到自己的别墅。

日子一天天过去，没完没了的会议——和罗斯福总统、丘吉尔首相、各国的参谋长，还有哈里曼先生。会上讨论了苏联和中国的问题，后来我们与蒋委员长和他的将军们又开了一次会，他们说我们的对日作战计划是行不通的。蒙巴顿来到会场以后，我们又接着讨论了印度战场的问题，他还向我们解释为什么中国人的计划是靠不住的。就这样，大家来来回回，讨价还价，我们尽了自己的最大努力，争取制订出最合理的对日作战方案，让相关各方都能够接受。我们发现，调和不同国家和种族之间的愿望、野心和偏见是最困难的：这里面既有中国人、苏联人的，也有英国人、美国人的。关于应该干什么、如何去干，大家都有很多不同的想法，不仅仅关系到当时被占领国家未来的命运，也涉及大家各自的国家利益，拿出一个合乎逻辑的结论真是难上加难。

在这个过程中，我能够清楚地感觉到，随着时间的推移，马歇尔将军的威望在不断提高，这是与他身边的同事相比较而言。他的判断力更加成熟，对未来的洞察更富有远见。他讲的话往往更加令人信服。我相信罗斯福总统和丘吉尔首相也有同感，因为他们俩都是随时随地会叫马歇尔将军过去，咨询他的意见和建议，无论白天还是深夜。

我在笔记本上找到这样一条记录：“今天，陪同罗斯福总统参观斯芬克斯狮身人面像。”在参观的时候，我们讨论了作战指挥的问题，认为有必要对欧洲战场实行一名司令长官统一指挥。我谈了个人的想法，认为马歇尔将军是最合适的人选，但又不愿意看到他离开，因为英美联合参谋长委员会离不开他，同时他也是总统先生的高级顾问。罗斯福总统同意我的看法。

接着我们又探讨了空军建设的问题，还有我打算提供给蒋介石的援助。我告诉总统，自己根本就无法满足蒋介石的胃口。每一次，只要我说把驼峰航线的吨位增加到 8 000 吨，他肯定会回答：“我不满意。必须达到 10 000 吨。”如果我答复：“好吧，我会提高到 10 000 吨。”蒋委员长还是会说：“仍然不够，我想要 12 000 吨。”我建议罗斯福总统，不要太正式答复蒋介石的要求，因为不管蒋介石提出多少具体数量，我们再过几个月的运量肯定会超过它。我还向总统保证，过不了多长时间，我用飞机运到中国昆明的物资就能比中国人用汽车从机场拉走的还要多。

我一路上都在考虑如何加大对日本的空袭，如何援助蒋介石，如何支援蒙巴顿，但我不得不闭嘴了，因为拍完一张合影之后总统转脸对我说，“哈皮，在这儿，我们是世界上最安静的三个人：斯芬克斯，你，还有我。”这可是这辈子当中头一回有人批评我不够安静。

第二天是 11 月 25 日，感恩节。艾森豪威尔带着作战参谋一起来了，联合参谋长委员会召开了会议，听取艾森豪威尔关于地中海战场形势的汇报：1943 年 11 月，盟军正在意大利向北推进，但还在罗马以南很远的地方；我们已经在萨勒诺实施登陆，并攻占了那不勒斯，缓慢地向前推进。卡西诺和安齐奥海滩还在我们前面。

英美联合参谋长委员会举办了热闹的感恩节派对。我们在许多重大问题上的进展都十分缓慢，而且也不会很快取得突破，因此索性把一切烦心事都推到明天，我们决定好好享受一顿感恩节大餐。晚宴的时候，皇家空军中将特德提议："我们应该给凯塞林[1]葬送了德国空军颁发勋章，也应该给隆美尔教会英国陆军如何打仗颁发勋章。"宴会结束后，联合参谋长委员会一行去开罗大教堂参加了英国人特意安排的宗教仪式。

一天的活动结束后，我和汉迪、萨默维尔进行了一次长谈，讨论了蒙巴顿的指挥地位，史迪威和斯特拉特迈耶、第 10 航空队的隶属关系问题。汉迪当时是美国陆军总参谋部作战计划处的主管，萨默维尔掌管着陆军的后勤部队。最后我们决定，为了让我们的装备在那边发挥出最大的战斗力，部队的编制架构必须更加紧密，应当由一名司令官统一指挥。大家一致同意，把所有部队和装备全部交给蒙巴顿统辖。

第二天，蒋介石派人请我过去，商量我和罗斯福总统此前一天已经讨论过的话题：驼峰航线的空运总量。我知道总统先生已经不希望我再拿这件事去烦他了。蒋介石希望彻底划清蒙巴顿与中国战区的关系。他好像没有想明白，如果离开了缅甸，离开了印度，没有蒙巴顿督促印度交通部门保障好阿萨姆铁路线和布拉马普特拉河上的运输，就不可能有什么"驼峰航线"。除了他自己的诉求，蒋委员长眼里什么也看不见。经过长时间的激烈争论，他终于认识到，我正在尽一切努力提高空运量，但他还是不肯承认驼峰航线与蒙巴顿的缅甸战役之间存在什么关联。

那天下午，联合参谋长委员会又召开了一次会议，争取就在法国开辟对德战场的问题达成一致意见：什么时间，具体地点，仗怎么打。在

---

① 艾伯特·凯塞林(Albert Kesselring，1885—1960)，德国空军元帅。一战及战后均在陆军总参谋部担任参谋。1933 年纳粹党掌权后退出陆军，转入空军司令赫尔曼·戈林手下任职。1936 年任空军参谋长。1937 年任空军第 3 军区司令。1938 年春任第 1 航空队司令，率军入侵波兰。1940 年夏任第 2 航空队司令，参与指挥法国战役、敦刻尔克战役、不列颠空战和入侵苏联中部战场的作战。1940 年 6 月 30 日授元帅军衔。1941 年 9 月调任驻罗马空军南方军区总司令，参与指挥了北非、突尼斯、西西里、意大利半岛等地的作战。1943 年 9 月起先后担任意大利、地中海战区最高指挥官，北海至瑞士一线总指挥官，南线、西线德国总指挥官。1945 年 5 月 7 日率德国南方军队向美军投降。1947 年 5 月被判处死刑，10 月改判无期徒刑。1952 年 10 月因病获释。——译者

这次会上，大家几乎谈崩了，因为美国人坚持尽早采取行动，而英国人几乎和我们一样坚持应该等待，在开辟欧洲第二战场之前，必须先进一步加大地中海战区的攻势，而且要等缅甸战场有一个明确的结果。好多次我们几乎达成一致意见了，然后又有细枝末节的问题冒出来，一拖再拖。比如，蒙巴顿的两栖作战计划几次险些推翻整个方案，我们只好从头来过。

会议结束后，马歇尔将军和我走着回别墅，大概有 4 英里远，一路上英国陆军、皇家空军、美国陆军和埃及人的卡车呼啸而过，有几次差点儿把我们撞到。

回去我把与蒋介石开会的情况写成报告，就在准备上床的时候，中国的陈将军打电话来，说把会议记录改了。本来此前大家都讲好了，未经全体与会人员同意，会议记录不得修改。我把睡袍再穿上，走到楼下，萨默维尔和陈将军已经等在那里了。改动虽然不大，但足以让我坚持恢复到原来的表述。有一段蒋介石在会议开始讨论时的发言，被移到了会议记录的最后一个段落，变成了结论。并没有花费太多的口舌，大家就一致同意，还是恢复原样。我请陈将军再带回去报蒋介石批准，他说他会的。

次日凌晨我们 5 点 30 分起床，8 点左右出发前往德黑兰，沿途飞越苏伊士运河、地中海海岸线，并稍微绕了一段路，从伯利恒、耶路撒冷、死海、叙利亚沙漠上空飞过。看不到树木、庄稼和草地——除了漫无边际的沙漠，什么都没有。接着飞过了幼发拉底河和底格里斯河流域，最后在德黑兰着陆。在那里，到处都是苏联红军的士兵。罗斯福总统的专机在我们之后不久也安全降落。“红色乔大叔”（指斯大林）在前一天抵达，丘吉尔首相是当日早上到的。

德黑兰坐落在一个很大的山谷中，四周都是 17 000 英尺至 19 000 英尺高的大山。城市拥有 60 万人口，市区由很多小院落构成，砌着高高的院墙，大多数都是土坯的。这儿的伊朗人穿戴比较好，比我们在北非城市里看到的人们显得更健康、更开心。

当时苏联人、英国人和美国人共同占领了波斯。从德黑兰北部山区一直到里海的整片地区都是苏联人的地盘。

我们乘车穿过德黑兰市区前往美国军营，那里驻扎着 2 500 名美军士兵，大家被安排住进了单身军官宿舍。第二天上午，我们先召开了美军参谋长联席会议例会，11 点罗斯福总统再召集我们开会。在前往总统"白宫"的路上，我们发现道路两旁布满了苏联士兵，警戒很严。

会议结束的时候，马歇尔将军和我问总统，下午是否可能继续开会。总统说不会。因此，午饭过后，马歇尔和我便乘车出城，穿过山区之后继续往北开，想看看到底开多远才进入苏联人的占领区，并了解一下那边的情况。在我们返回的路上，遇到了一名通信兵，通知我们说斯大林、丘吉尔和总统先生已于下午 4 点召开了会议。这个时候已经是 4 点 15 分，而我们离德黑兰还有大约 60 英里。马歇尔将军和我认为，会议应该在我们缺席的情况下照常举行了，只好让金海军上将一个人代表美军总参谋部。

等我们回到军营，金上将在宿舍里给我们介绍了会议的详细情况。"乔大叔"在会上直截了当提出了对德作战的问题，听起来他的想法与美国人更加接近，如果与英国人相比而言的话。

金上将还告诉我们，会上谈到战后如何处置德国人的时候，斯大林一语惊倒众人："我要把 60 000 名德国军官全部枪毙！"随即丘吉尔便站了起来，手上夹着雪茄，在会议室里来来回回踱步，边走边说：这样的事情不能干；这不符合基督教教义；我们都是文明人；枪毙 60 000 名军官违反文明社会的战争法！丘吉尔就这样来来回回走着，斯大林稳坐在会议桌旁，一言不发。最后，丘吉尔回到了自己的座位上，等每个人都安静下来以后，斯大林通过自己的翻译，又一次说："等仗打完了，我把 60 000 名德国军官全部枪毙！”

斯大林显然能够听懂一部分英语，尽管他自己并不承认。他是否会说我就不知道了，也没有办法去证实。

下午我们先和总统开了个会，然后 4 点至 7 点，“三巨头”继续召集开会。圆桌依次坐着：丘吉尔首相，安东尼·艾登，约翰·迪尔爵士，皇家空军上将波特尔，接下来是苏联陆军元帅伏罗希洛夫[①]，斯大林，莫洛托夫，然后是我，再接着是海军上将金，马歇尔将军，罗斯福总统，旁边是一名翻译，再过去是海军上将莱希，皇家海军上将坎宁安，大英帝国参谋长艾伦·布鲁克爵士，另一名翻译。

由于此前一天没有见到斯大林，于是我转向坐在旁边的莫洛托夫说：“本人希望能认识斯大林大元帅。”我不知道莫洛托夫是不是听得懂英语，但他把脸转向了翻译，我只好又重复了一遍：“本人希望能认识斯大林大元帅。”

他们俩非常认真地讨论了起来——长达好几分钟。我不知道是不是自己的表达出了问题，是我用错了词句？还是翻译传错了意思？或许，他们是理解成我在挑战斯大林的权威？也考虑不了那么多了，于是我再

① 克里门特·叶弗列莫维奇·伏罗希洛夫(1881—1969)，苏联军事家、政治家。1903 年加入俄国社会民主工党。1917 年参加二月革命和十月革命。1918 年当选全俄中央执行委员会委员，此后历任乌克兰共产党中央委员、哈尔科夫军区司令、北高加索军区司令、莫斯科军区司令。1925 年 1 月任革命军事委员会副主席和陆海军副人民委员，11 月任革命军事委员会主席和陆海军人民委员，12 月当选联共中央政治局委员。1934 年至 1940 年任苏联国防人民委员。1935 年 11 月首批晋升苏联元帅军衔。1940 年任苏联人民委员会副主席和所属国防委员会主席。1941 年 6 月 22 日苏德战争爆发后，苏联武装力量统帅部成立，伏罗希洛夫成为大本营成员；7 月任西北方向总指挥部总司令，统一指挥北方方面军、西北方面军、北方舰队和波罗的海舰队作战；9 月接任列宁格勒方面军司令。1942 年 2 月任驻沃尔霍夫方面军的最高统帅部代表，9 月任游击运动总司令。1943 年 5 月后历任国防委员会所属战利品委员会主席、外交人民委员会所属停战委员会主席、盟国对匈牙利管制委员会主席。二战后担任苏联部长会议副主席。1953 年至 1960 年任苏联最高苏维埃主席团主席。——译者

一次转向莫洛托夫，说："听我说！我想要说的，就是向斯大林元帅说声'您好'，认识一下，就这些。"这一下莫洛托夫和翻译都明白了，马上就把我介绍给斯大林认识。

之后我和斯大林聊了好多：美国造的飞机；我们的空战战术；我们的重型轰炸机；苏联飞行员驾驶美国造飞机的技能水平；以及如果他们想要飞我们的重型轰炸机，就必须接受专门培训，以学会操控驾驶舱内的各种设备。

让我感到惊讶的是，斯大林对我们的飞机相当熟悉。关于飞机的性能、特点、装甲防护、武器装备等方面，他都掌握得很详细，甚至超过我们陆军航空队的许多高级军官。我把自己在巴士拉的经历讲给他听，解释我们在那边的飞机组装情况，拖延交货的原因是他的飞行员转运飞机的速度跟不上。他向我承诺，今后将按照时间表开展飞机接收工作，只要一组装好，他们就立刻开走。

他要求我继续对飞机性能进行改进，并要求援助重型轰炸机。我答复他，如果他想得到重型轰炸机，就只能把他的工程师、地勤人员和战斗机组派到美国，进入我们的学校培训，或者，我们也可以选派必要的人员去苏联对他的人进行培训。他考虑了一会儿我提出的两条建议，最后同意做出一些安排。

我告诉他，如果他同意我们使用苏联空军基地开展穿梭轰炸，我将送给他 300 架至 400 架 B－24 轰炸机，苏联红军可以把它们投入前线对付德国人，能够让空袭进一步向西延伸。援助苏联 300 架 B－24 的计划最后始终都没有实施，后来我还经常纳闷究竟为什么。现在想想，斯大林可能会觉得，如果他接受了我的建议，就等于承认苏联人在空战方面没有美国人行，他的机组人员就必须来美国学习如何驾驶我们的飞机，学习我们的轰炸战术；等回国以后，他们就会告诉自己的同胞，美国人或许真的比苏联人行。

我们出席过德黑兰各种会议的人都注意到，只要有苏联人参加，控制会场安全工作的都是苏联警卫人员，而美国特工部门却没有相对等的权力。苏联的秘密特工掌控了一切。就连斯大林前来拜访美国总统和英国首相的时候，只要是斯大林在场，苏联警卫就会出现在房间里。这让我们觉得非常有意思，因为我们早已经习惯了我们自己的特工部门是保卫总统和其他重要人物安全的最后一道盾牌。

德黑兰会议期间，有一天刚刚吃完午饭，丘吉尔首相宣布他将授予斯大林一项荣誉。以英国国王的名义，他要把“斯大林格勒之剑”赠授给斯大林。为了举办仪式，腾空了一间大型接待室，所有的重要人物和联合参谋长委员会成员全部出席。仪式开始后，一排苏联士兵首先列队进入会场。他们全长得又高又壮，看起来都不超过二十五岁，军装穿得一丝不苟，统一的制式皮靴，束口的军裤，军装的颜色也是一样的。每个人胸前都挂着一支汤米冲锋枪，而且还装上了弹夹，每个人的手指都压在扳机上。

马歇尔将军和我正好坐在一起，我问他这些士兵能有多高，这还是我头一次在一个地方看到这么多身材如此之高的士兵——相貌也都不错。马歇尔和我都猜了一下，最后我说：“我来给你验证一下。我去站在那个最矮的士兵旁边。我的身高是 5 英尺 11 英寸，你就能判断出那个家伙有多高了。”于是我就走过去，站在队列里那个最矮的士兵后面，再回到马歇尔旁边坐下，他告诉我那个家伙至少比我高出 4 英寸。

丘吉尔亲手把那把荣誉之剑交给斯大林，接着卫兵们也退出会场，我们则继续开会。

11 月 30 日举办了一场盛大的宴会——罗斯福和斯大林为丘吉尔庆祝六十九岁生日。大家都在不停地敬酒，每个人都想给其他国家军队中与自己职位相对等的人敬上一杯。丘吉尔在宴会上领尽风骚，演说一段接着一段。他颂扬罗斯福总统，称赞斯大林，把美利坚合众国、美国陆海空三军、苏联红军夸了一个遍。作为答谢，每个人都不得不站起来表达回敬。罗斯福总统看起来比较含蓄。他一直在聆听，在认为必要的时候说上两句，但从来不会像丘吉尔那样放开。

斯大林是一位“铮铮铁汉”；他无所畏惧，头脑清醒，思维敏捷，冷酷无情，充满自信，是一位伟大的领导者。就像此前说过的，我不知道他懂多少英语，但每一次丘吉尔和罗斯福讲完话，他的回复是如此之快，他显然比自己承认的要懂得多。每当斯大林谈及英国、丘吉尔和大英帝国参谋长布鲁克的时候，他的话语中总是一半开玩笑，一半挖苦。

斯大林穿着一套浅棕色镶红边的制服，裤子两侧也镶着红色的边线，肩膀上扛着大大的金色肩章，外面套着苏联军大衣，上面有红军元帅军衔的徽章。他只佩戴了一枚军功章，镶金边的红色缎带，下面吊着一颗金色的星星。他身材不高，大约5英尺9英寸，但很结实，一看就是位相貌堂堂的军人。他不仅对航空知识感兴趣，还能够认识到战术空军在战争中的真正价值，并开始了解战略轰炸的相关情况。他问了很多非常有水平的问题，关于我们旧型号和新型号的飞机，还有我们的远程轰炸机。

那天的晚宴给了罗斯福、丘吉尔和斯大林一个很好的彼此琢磨对方的机会，盘算着如何透过外交面孔看清楚那个人。当然，他们都想搞清楚对方关于打赢战争的考虑和战后的打算。我不确定我们是否真正了解了苏联人的想法，他们同样也在探究我们的目的。

祝酒词讲完以后，斯大林站起来，围着桌子和每一位军人碰杯。他把自己拎的一整瓶酒全部喝光了——有传言说那里面装的全是水——我们其他人喝的都是座位后面服务生倒的香槟酒。

那天晚上，斯大林发表了两次比较完整的讲话。一次是他称赞美国在大规模生产战争物资上的能力，讲到美国每个月可以生产8 000架飞机，比苏联、日本和英国加在一起的总产量还要多。然后他说苏联的产量只有每月 2 500 架，他希望能够提高到 3 000 架。

这个时候丘吉尔把头转向波特尔，问："我们的飞机产量是多少?"波特尔刚要开口，斯大林就抢在他前面对身边的翻译说，"我来告诉你，你们的飞机产量是每月 2 500 架，而且你不可能提高太多!"丘吉尔说："是的——但这些都是作战型的飞机。"这个话题就这样结束了讨论。

在丘吉尔的一次讲话中，他评论说苏联是一个"红色"政权，连英国政府也开始变得有些"粉红"了。斯大林听到这里马上反唇相讥，"不错，但你并没有发现什么不正常吧？有吗?"

我记得那天晚宴上大概有 100 次的祝酒和讲话。每个人的心情都不错，毕竟是丘吉尔六十九岁的生日，大家都想为他送上祝福。所有发言中讲得最好的是哈利·霍普金斯，很真诚，诙谐而不失分量。丘吉尔敬了大家最后一杯酒，晚宴 11 点结束。

那天晚上还有一件事情让我感到意外——就是翻译工作遇到的困难，如何把我们的意思准确地传达给苏联人。比如，丘吉尔在一次讲话中用到了"彩虹"一词，对美国人而言这是一个几乎每天都能听到的常用词。但对于苏联人，尽管我们已经找来了华盛顿、莫斯科和伦敦最好的翻译，但还是花了五分钟才让他们搞清楚"彩虹"是什么。

根据我自己出席一系列正式会议的经验，一件事情如果没有先得到斯大林的认可，苏联的将军们一般不会表态。他们会说，"考虑一下"，或者"讨论一下"，"明天给你们答复"。当我们提出是否允许 B－29 在西伯利亚东部地区降落的问题时，他们就是这个态度。在西伯利亚东部地区建立空军基地，对我们而言至关重要。这样我们就可以让飞机在更加靠近日本本土的地方起飞作战，比我们曾经考虑过的其他任何地方都更近。苏联人根本不予考虑。在与德国人签订停战协定之前，他们不会允许任何因素威胁到他们与日本人之间的和平关系。就算他们同意了，让我们提前在那里建设空军基地，但真正启用也要等到苏联对日宣战以后。

我们还讨论了对德国实施穿梭轰炸的问题，轰炸机需要在苏联西部领土上着陆。当时他们同意了，让我们拿出切实可行的作战计划。但后来的情况大家也都知道，当我们实际启动从英格兰和意大利出发、飞越德国领空后到苏联降落的穿梭轰炸任务时，事情又被他们搁下了。曾经有一段时间，苏联人很喜欢和我们交往。他们也允许他们的人与我们的军官、士兵交谈，看看我们是如何做事的。大家相处还真不错。但当我们的广播和杂志——《生活周刊》《时代周刊》《星期六晚报》《矿工周刊》《看见》《午后》等类似的期刊——开始配发到我们的兵营、娱乐室和俱乐部，他们的人开始有机会看到我们在美国的生活方式，苏联领导人显然不喜欢这一点。接着命令就下来了，要求终止美苏之间在穿梭轰炸基地上的合作。几乎与此同时，他们与美国人的所有交往也停止了。

根据我自己与苏联人打交道的经验，他们只会尊重比他们更强大的人。在我和他们的交往中，只有一次合作让我感到满意，那一次我采用了强硬的态度，拒不让步。

在阿拉斯加的费尔班克斯，我们竭尽全力给予苏联人援助。我们把能够拿出手的都给了他们，甚至把我们自己官兵和家属的房子都腾出来给他们住。我们加班加点地干，把飞机保养到最好的状态，苏联人要做的只是把飞机从费尔班克斯开回苏联。他们从来没有说过一个谢字。为了让他们在费尔班克斯生活得舒适、开心一些，我们所做的一切，他们从来没有以任何方式表达过感谢，对我们的人所造成的不便也没有说过抱歉。二战结束以后，我们实际上是用炸药把他们赶出去的，只有这样我们才能把自己的空军基地讨回来。

与我们热情款待形成强烈反差的是，他们对待我们派到苏联的人却大不一样。我们曾经派遣过一个军事代表团去苏联。美国参战后不久，福利特·布莱德雷将军率团飞越西伯利亚，考察开通阿拉斯加与莫斯科航线的可行性，得到了不错的接待。一时看起来，我们似乎能够达成合作，或许可以派遣更多的人前往苏联，以增进相互的了解。但是我们想错了。我觉得苏联人一定不了解我们的处事方式，我也不清楚我们是不是真正搞懂了他们。

在德黑兰与苏联人召开的会议上，关于确定他们对德国发起进攻的时间，遇到了相当大的困难。我们希望知道确切的时间，当他们在东线发起进攻的时候，我们就可以同步开展诺曼底登陆行动，这还是二战中的头一次，所有同盟国都真正协同参与的军事行动。但苏联人显然不肯说出他们进攻的时间，包括他们何时会重启华沙攻势，以及何时发起柏林战役。

我常常纳闷他们为什么会这样。后来，随着我对他们有了更多的了解，看着苏联红军打进德国境内，特别是看到那些围攻柏林的苏联陆军师的情况，我觉得至少找到了一部分答案。他们的后勤补给系统太糟糕了。他们用上了一切能用的运输工具，从火车、卡车、马车、手推车到婴儿车和靠人自己背。凭借这样的运输系统，在我看来，确实不太可能提前太多确定一场战役发起的时间。

依靠他们所拥有的物资、装备和人力，苏联人的表现还是相当出色的。在如此之短的时间内，他们就能够熟练运用我们提供的武器装备，这一点我个人觉得也是很不容易的。但对于他们的总体作战规划——我却要打上一个大大的问号了。

第二天上午 8 点左右，我们从德黑兰起飞，前往耶路撒冷。美军总参谋部的大部分成员此前都没有来过耶路撒冷，英军总参谋部花了一整天接待我们参观。在他们的引导下，我们把整座古城游览了一个遍，我是非常感兴趣。

在圣墓教堂发生了一件趣事。我们正等着参观一处小壁龛(它的空间太小了，每次只能容许两三个人进去)，站在外面排队的时候，我听见有人在叫我，“你好，哈皮。”

我四下里寻找，看到后面有一队方济会修道士。他们都穿着棕色教袍，戴着连领帽，帽子下面就是差不多的眉毛、黑眼睛和胡子。我根本分辨不出是谁在叫我，只好等着。那个声音又响了：“你好，哈皮。”我也回应道：“你好，”然后走向他们。等走近了我又打了个招呼：“你好。”其中一位修士回答说：“你好，你真是哈皮？很高兴见到你。”我和他聊了好一会儿，等着他给我一个提示，他是谁，从哪里来的。但是我始终没有等到。最后我问他：“你能够告诉我，我们以前在哪儿见过吗?”（我以为他可能是我儿时的伙伴，或是我读语法学校或高中时的同学。）他说：“我在《时代周刊》杂志封面上看到过你的照片。”

又聊了一会儿，他问道：“那边还有谁啊?”我回过头，看到萨默维尔将军站在外面，就说：“那位是‘比尔’·萨默维尔将军。”“萨默维尔将军?”他又问了一遍。“是的，”我回答。然后那位修士又喊了起来：“你好，比尔。”萨默维尔也走过来了，和我前面一样，带着一脸的惊讶和迷惑。

次日 11 点 30 分，我们离开住地去机场。我决定和波特尔一起乘坐他那架改装过的“兰开斯特”飞机“约克号”回开罗，我想体验一下他们的运输机，与我们自己的比较一下。它的很多性能和设备都明显优于我们的，但也有一些缺点——比如，噪声太大，飞机上连说话都听不太清楚。它的视野很好，比我们的飞机更开阔，因为它是高单翼机。

回到开罗的那天晚上，我找自己的参谋班子谈了一次——库特①、

① 劳伦斯·谢尔曼·库特(Laurence Sherman Kuter，1905—1979)，美国空军上将。1927 年 6 月毕业于西点军校。1929 年 5 月进入得克萨斯布鲁克斯和凯利机场学习飞行，1930 年 6 月成为轰炸机飞行员。1933 年 8 月任第 2 轰炸机联队作战参谋兼兰利空军基地助理作战参谋，曾在历史上第一支军事特技飞行大队服役，与后来抗日战争时期任美国援华空军“飞虎队”指挥官的克莱尔·L·陈纳德上尉搭档。1934 年 6 月进入航空兵战术学校学习，1935 年春天以班级第一名的成绩毕业，留校担任轰炸课程教官，并推动战略轰炸理论的研究。1939 年 7 月调入战争部总参谋部作战训练处。在 1941 年初开始的数次航空兵大规模扩军中，库特发挥了重要（转下页）

范登伯格和汉塞尔，告诉他们，我对驻英格兰轰炸机的使用率不太满意，还有投弹的命中率，因为那些轰炸目标显然都没有被摧毁。

第二天上午，我们召开了一次美军参谋长联席会议，会上麦克阿瑟将军的参谋长萨瑟兰将军汇报了他们在南太平洋战区的作战计划，建议在新几内亚岛发起攻势，然后再拿下菲律宾。在下午的英美联合参谋长委员会会议上，两国的参谋长们又对罗德斯岛、多德卡尼斯群岛、达达尼尔海峡和东地中海的作战问题展开了激烈交锋。

接下来一天，12 月 4 日，罗斯福总统、丘吉尔首相和联合参谋长委员会进行了长时间的讨论，关于战争的总体态势；何时、以何种方式进攻法国；缅甸战役如何展开；安达曼群岛和爱琴海的问题；以及我们所有作战行动的后勤保障问题。

在 12 月 4 日这天，罗斯福总统决定不让马歇尔将军担任欧洲盟军总指挥，而是把艾森豪威尔从地中海战区调往英格兰，担当这一职务。

凑巧的是，也是同一天，我收到家里发来的一条消息，我们家买了一个牧场！

12 月 5 日，美军参谋长联席会议和英美联合参谋长委员会又开了一整天的会，想争取就安达曼群岛和地中海的作战行动拿出一个最终方

(接上页)作用；同年 8 月调入总参谋部空军作战计划处，是二战美国空军作战方案的四位起草人之一，该方案在后来的实战中几乎没有修改。1942 年 2 月由中校直接晋升准将，3 月任陆军航空队副参谋长；10 月调任驻英格兰第 8 陆军航空队所属第 1 轰炸机联队司令，指挥四个 B－17 大队作战，改进了大编队轰炸战术。1943 年 1 月调任北非战区战术空军副司令；5 月，本书作者阿诺德将军再次将库特调回陆军航空队司令部，任命其为分管作战行动和计划的助理参谋长，协助阿诺德筹建太平洋战区战略空军部队即第 20 陆军航空队，阿诺德兼任司令，库特兼任参谋长。1944 年 2 月晋升少将。库特出席了英美联合参谋长委员会在魁北克、开罗、伦敦召开的一系列会议，并在阿诺德生病期间代表其出席了雅尔塔、马耳他会议。1945 年 5 月任太平洋战区空军副司令。二战结束后历任大西洋空运司令部司令、北美防空司令部司令、民用航空委员会主席、空军大学校长、远东空军司令等职。1955 年 5 月晋升空军上将。1962 年 7 月退役。库特的飞行时间超过 8 000 小时，其中 3 200 小时担任领航飞行员；1952 年之前曾七次环球飞行，视察世界各地的美国空军基地。——译者

案，并进一步协调对德统一作战的问题。

第二天，联合参谋长委员会终于达成了一个具有操作性的决议，紧接着就向罗斯福总统和丘吉尔首相作了汇报，一直搞到晚上 8 点 10 分。他们同意了我们先打赢欧洲战争再转向亚洲战场的规划。大家还一致认为，土耳其人是既不愿打仗，还想着趁机发战争财。

吃晚饭的时候，马歇尔将军让在座的各位估测一下我们什么时候可以打败德国人。(那天是 1943 年 12 月 6 日。)约翰·迪尔爵士说 1945 年 2 月；艾伦·布鲁克爵士猜 1945 年三四月份；坎宁安上将猜 1945 年 9 月；波特尔猜 1945 年 5 到 6 月；金上将猜 1945 年 10 月；我也是猜 1945 年 3 月到 4 月；伊斯梅猜 1945 年 10 月；马歇尔将军猜 1945 年 2 月。

后面一天还是老样子，一个接着一个难解开的疙瘩。我第一次见到绰号“巨人”的英国陆军元帅威尔逊①，就近东地区局势聊了很长时间。然后我们去和丘吉尔首相吃晚饭。那天是珍珠港事件的第二个纪念日。出席晚宴的还有安东尼·艾登、坎宁安上将、马歇尔将军、金上将、莱瑟斯爵士和陆军元帅史末资②。

丘吉尔的心情很不错。他追忆往昔，称赞我们召开的会议将创造历史，还谈了苏联和欧洲战场的局势，空军和海军的建设，对战后和平的

---

① 亨利·梅特兰·威尔逊(Henry Maitland Wilson，1881—1964)，英国陆军元帅。毕业于英国桑赫斯特皇家军事学院。参加过英布战争和第一次世界大战。1937 年 8 月任英国第 2 师师长。1939 年 6 月任驻埃及英军司令。1941 年 3 月率军远征希腊；5 月被派往伊拉克阻止亲德政变，6 月占领法属叙利亚和黎巴嫩；10 月任驻叙利亚英国第 9 集团军司令。1942 年 8 月任驻波斯和伊拉克英军总司令。1943 年 2 月任驻中东英军总司令。1944 年 1 月任地中海盟军最高司令官。1944 年 11 月约翰·迪尔爵士去世，威尔逊 12 月晋升陆军元帅，并被派往华盛顿的英国联合军事参谋团任团长，并以此身份出席了雅尔塔会议和波茨坦会议。1947 年退出现役。——译者

② 扬·克里斯蒂安·史末资(Jan Christian Smuts，1870—1950)，南非著名政治家。1919 年到 1924 年和 1939 年到 1948 年任南非总理。1941 年授英国陆军元帅军衔。他是英联邦这一概念的创始者，对国际联盟和联合国的成立均作出很大贡献。——译者

展望。他还给大家讲了一个故事，在很多年之前的布尔战争①中，史末资元帅当时还是一名中尉，把年轻的温斯顿·丘吉尔抓了俘虏，首相那个时候是一名战地记者。丘吉尔努力争取让自己摆脱战俘的待遇，但史末资中尉就是不肯释放他。后来，丘吉尔逃脱了，回到了英军前线。现如今，丘吉尔变成了大英帝国的首相，史末资也当上了他自己的祖国南非联邦的首相。

在餐桌上我们再一次聊起战争可能结束的时间，大家一直认为，如果德国在 1943 年末的冬天不垮台，她就应该能熬到第二年的秋天。

丘吉尔讲了一番肺腑之言。尽管在会议期间已经和斯大林谈妥了相关事项，但丘吉尔说还是很担心苏联，并警告我们要当心从今以后的二十年。他说他们会像昆虫一样的大批生育后代，而美国人和英国人在这方面都相当保守。他说眼下美英两国白种人加在一起的总人口与苏联人大致相当，但二十年以后将大不一样。

然后话题转向了与德国人的和平谈判，史末资元帅说："我们千万不要随声附和'无条件投降'这样的说法。"对此丘吉尔有着自己的解释。他认为"无条件投降"意味着：摧毁敌人发动战争的能力，同时也要确保自由人民的权利。

第二天是 12 月 8 日，我们从开罗出发，返回突尼斯。罗斯福总统和代表团一行前往马耳他。

12 点 30 分，我们抵达西西里岛，我抽时间和克拉克、巴顿两位将军

---

① 布尔战争（Boer War），此处是指第二次布尔战争，1899 年 10 月 11 日至 1902 年 5 月 31 日，是英国人和布尔人分别建立的德兰士瓦共和国与奥兰治自由邦之间为了争夺南非殖民地而展开的战争。"布尔"系荷兰语，意为"农民"。布尔人是指到南部非洲殖民的"海上马车夫"荷兰人的后裔。1652 年，第一批荷兰人来到南非的开普，建立了殖民地。经过百余年的殖民活动，布尔人已成为当地的主要民族。但是，布尔人并没有在南非造成独霸局面。1795 年，英国舰队在南非开普敦登陆，开始了和布尔人在南非长达百年的争夺战。——译者

聊了聊。巴顿一直哭丧个脸。他刚刚由于闹得沸沸扬扬的“掌掴士兵”事件被解除指挥权。我想着法子鼓励他，因为我知道他具有一名优秀指挥官的实力。我只好骗他说，是罗斯福总统和马歇尔将军让我来找他的。

很快罗斯福总统的专机就到了，同行的还有哈利·霍普金斯、海军上将莱希和“老爸”沃森。我和绰号“甲壳虫”的史密斯[①]将军和艾森豪威尔将军分别商量了一下，看看让谁来担任艾森豪威尔麾下的欧洲空军司令，他们都推荐斯帕茨将军是最佳人选。

碰到总统的时候，他问我马歇尔将军去哪里了，我报告说马歇尔将军借道澳大利亚回美国了。总统看起来很惊讶，问这是什么时候决定的。我说自己也不太清楚，但我想马歇尔将军走之前肯定得到了总统本人或莱希上将的批准。

我们接下来从西西里飞往意大利半岛西南部的小城福贾。在那里我又见到了大儿子汉克，我们一起开车穿过被空袭炸毁的城市废墟，去拜访了斯帕茨将军。第二天上午 10 点 15 分左右我们降落在巴里。那里的港口布满了沉船。英国皇家海军的舰艇曾经肩并肩地停在港口里，并把军火船停在当中保护起来，因为德国空军一直把军火船选作他们的轰炸目标。当时那里还没有建好空袭警报系统，英美两军的战斗机停在地面上的时候，飞行员只好留在飞机里随时待命。尽管英军的地面控制人员已经设法紧急通知他们升空迎战迫近的德军飞机，但却没有联系上。德国轰炸机命中了目标。军火船被炸成了碎片，可怕的巨大爆炸还炸沉了港口里的不少其他舰艇，炸塌了码头和船坞，甚至还摧毁了半英里之内

---

① 沃尔特·比德尔·史密斯(Walter Bedell “Beetle” Smith，1895—1961)，美国陆军上将，绰号“甲壳虫”。1911 年加入国民警卫队，曾参加一战，后在陆军步兵学校任教官。1941 年任总参谋部秘书长，1942 年任英美联合参谋长委员会秘书长。1942 年 9 月起，先后任北非盟军司令部参谋长、欧洲盟军最高司令部参谋长，协助艾森豪威尔将军指挥了北非战役、意大利战役和诺曼底登陆等重大战役。二战后曾任驻苏联大使、中央情报局局长、副国务卿等职。——译者

的城市建筑。

第二天上午我们到了那不勒斯，发现机场四周的建筑物全部变成了废墟，地面上散布着数百架飞机残骸，那是我们此前发动空袭的战果。火车站里的车厢也都散了架，有的侧翻在地上，有的从铁轨上被炸飞100多英尺远。城市本身遭受的破坏并不太严重；火车站周边可以看到偶尔有一两栋建筑或民宅被偏离的炸弹击中。

那不勒斯港口也是一片狼藉。船只要么侧翻，要么底朝天，要么只能看到一小段烟囱和桅杆。连接港口的铁轨和火车也被炸毁了，残骸正在清理当中。因此，我们到那儿的时候，港口每天只能卸下2万吨货物。

我们的住处被安排在卡塞塔王宫——一座那不勒斯国王在几个世纪前修建的庞大宫殿——我们听说这座风景秀美的建筑一共造了36年才完工。（我们建五角大楼才花了18个月！）

我离开那不勒斯那天正好在下雨。我先是接待了一帮报社记者，然后和儿子汉克道别，他那段时间一直担任我的副官。等到了机场，我发现自己的专机已经陷在了烂泥地里，雨水没过了起落架的轮轴，动弹不得。我只好乘坐斯帕茨调派的一架B-17前往突尼斯，在那儿我有两个小时的空当，会见了艾森豪威尔和特德，一起讨论了斯帕茨率领的战略空军部队的重组和指挥问题，还有接管埃克手上航空队的指挥官人选。埃克将调来地中海战区接替特德，担任盟国空军司令。我们想让杜立特接掌第8航空队；坎农接管第12航空队；特文宁到第15航空队。

午饭后，帕特森上校驾着我的专机赶到了。他用推土机把飞机从泥塘里拖了出来。我们做好了一切准备，起飞前往马拉喀什，然后回家。我们本来打算取道亚速尔群岛，但天气状况不允许，因此我们从马拉喀什转向了达喀尔。达喀尔的气氛依然是如临大敌：到处都是带刺的铁丝网，纵横交错的战壕，堆满了弹药箱，所有这些措施，实际上都是法国人用来防备英国人和美国人的。

机场里塞满了从巴西港城纳塔尔飞来的飞机，还有更多的在路上——纳塔尔还有 100 架，在大西洋航线途中的有 20 架，达喀尔有 50 架，马拉喀什有 50 架，全部都配齐了机组人员。这条“输油管道”被撑得满满的。数百名年轻的美军机组人员正等待着投身到地中海和不列颠战场。而就在一年之前，我们在这里几乎一无所有。

我们于当晚 9 点起飞。从达喀尔到巴西的贝伦，还有 2 400 英里的路程。凌晨 4 点，飞机在贝伦着陆，鲍勃·沃尔什在机场等候我们。这一次贝伦机场的条件看起来好多了。洗了个澡，刮了胡子，吃完早餐，早上 8 点 30 分，我们起飞前往波林昆空军基地，下午安全抵达，一路上没有发生任何意外情况。12 月 15 日，我回到了华盛顿，一共飞了大约 22 000 英里，感觉还是比较轻松的。

对陆军航空队而言，我们希望达到的目标，在“六分仪会议”上大部分都实现了。我们对德国内陆实施“日间精确轰炸”的现行方案得到了认可，还同意我们一旦 B－29① 到手，立即投入对日本的空袭。事实上，我们预定的首次 B－29 空袭行动被安排在 1944 年 6 月。

早在 1941 年的时候，我们就很清楚地知道，在 1944 年之前，B－29——“超级空中堡垒”——不可能实现批量生产。我们同样也明白，如果使用它对日本发动空袭，我们必须首先在马里亚纳群岛或中国拥有空军基地。我们一开始就没有把德国列为 B－29 的目标，因为我们

---

① B－29 轰炸机（Boeing B－29 Strategic Bomber），绰号“超级空中堡垒”（Superfortress），是美国波音公司设计生产的四引擎重型螺旋桨轰炸机。B－29 轰炸机命名延续自 B－17 飞行堡垒，是美国陆军航空队在第二次世界大战亚洲战场的主力战略轰炸机，是二次大战时各国空军中最大型的飞机，也是当时集各种新科技的最先进的武器之一，被称为“史上最强的轰炸机”。1945 年 8 月，B－29 轰炸机向日本的广岛和长崎投掷了原子弹。第二次世界大战后，B－29 在美国空军继续服役了很长一段时间（包括朝鲜战争，19 个不同的变种机型扮演了多种多样的角色——气象侦察、空中加油和作为超音速飞机研究的实验台），直到 20 世纪 60 年代早期全部退役。——译者

估计，等它准备好投入实战的时候，我们使用 B－17 和 B－24 展开的猛烈轰炸，早已摧毁了德国及其所占领欧洲地区的大部分工业设施、交通系统和其他军事目标。同时我们也估计，在 B－29 投入使用之前，日本应该还没有遭到过真正的空袭。

基于这样的考虑，我们的作战计划处设计了对日作战的备选方案。首先想到的就是把中国作为对日本发动空袭的基地。但是日本人沿着河流、铁路和公路线发起的进攻，把比成都和重庆更近的、适合 B－29 起降的机场全部占领了。中国人在靠近沿海的地方还占据着一些小型机场，如果需要可以进行扩建，但我们对中国人能够守多久一点都没有把握，只能把它们当作再加油的基地，在飞机前往日本或返航的时候经停。如果把阿留申群岛作为基地，不仅作战规模将受到限制，而且那里同样缺少适合 B－29 使用的机场。几乎连续不断的恶劣天气是另一个严重的不利因素——这可能会让飞机在起飞和着陆过程中都遭受比较大的损失。

因此，我们的作战参谋们又考察了一下太平洋上的岛屿，以决定应该优先拿下哪一座，可以建造满足 1 000 架“超级空中堡垒”作战需要的空军基地。马里亚纳群岛，尤其是其中的关岛、塞班岛和提尼安岛，比其他岛屿都更为合适。美中不足的是，当时马里亚纳群岛对我们来说还有点儿可望不可即。这需要等上一段时日，首先要把它们打下来，然后还要在上面建造足够的 B－29 基地。所以，最终我们还是决定把第一批“超级空中堡垒”编队派往中国，路线是通过南大西洋再横穿非洲的航线，以成都周边的机场作为作战基地。对所需要的燃油，我们把手上能搞到的飞机全部帮着运，但主要还是靠 B－29 它们自己运过去的。

成都到东京的距离大概是 2 000 英里。中途必须进行加油，在往、返的航程中都需要，这就意味着我们必须在成都以外的地方建立备用基地。否则，B－29 就只能削减载弹量。马里亚纳群岛到东京的距离只有 1 400 英里至 1 500 英里，因此我们都热切盼望着这些岛屿能早日被拿下，好用作我们的空军基地。

现在，我们再来介绍一下 B－29。它于 1939 年设计成型，首批量产机型在 1943 年 7 月投入飞行。它的重量几乎是 B－17 的两倍。在最大载弹量和加满油的情况下，总重达 12 万磅，而 B－17 在同样满载情况下总重只有 6.7 万磅。它的动力也差不多是 B－17 的两倍。

B－29 上的增压舱可以让它飞得非常高。飞机上还安装了中央火控系统。它是如此之庞大和复杂，在投入生产之前，接近画了 1 万张设计图纸。有 1 000 名工程师参与了飞机的研发工作。光这些设计图纸，就花费了我们 300 万美元。

研制 B－29 的过程与 B－17 一样艰辛。飞机的引擎和其他部件给了我们一次又一次的挫折和打击；大部分都是引擎的问题带来的。引擎造成的麻烦困扰了我们很长时间，在点火和冷却上都遇到了问题。飞机好几次在空中起火，有一次还相当严重。那是发生在 1943 年 2 月 18 日，在波音飞机制造厂。一架 B－29 测试机在空中起火，尽管采取了所有的应急措施，但最终还是坠毁了，机组人员全部牺牲。驾驶飞机的是埃迪·艾伦，波音公司的首席试飞员，也是全国最优秀的试飞员之一。

但无论如何，我们都不能停下研发的脚步。我马上调来装备司令部的 K·B·沃尔夫①将军接管我们此前成立的 B－29 特别项目组，授予他特权，采取一切可能的办法加快研发投产。成立特别项目组以后，他可以从陆军航空队的任何部门抽调人员，不管他们在什么地方服役，也无

① 肯尼斯·邦纳·沃尔夫(Kenneth Bonner Wolfe，1896—1971)，美国陆军中将。1937 年 6 月任陆军航空队驻道格拉斯飞机公司代表。1939 年 3 月起任陆军航空兵装备处发动机生产科助理主管、主管。1943 年 6 月任第 58 轰炸机联队司令；11 月任驻印度第 20 轰炸机司令部司令。1944 年 7 月任陆军航空队装备司令部司令；9 月任战术空军司令部生产采购主管。二战后曾任驻日本第 5 航空队司令、美国空军分管装备的副参谋长。1951 年退役。——译者

论他们原本承担多么重要的工作。到 1943 年 6 月，我们已经在堪萨斯州中部地区的机场建立了 B－29 训练基地，让我们的机组人员熟悉飞机的性能，培训参谋人员和指挥官如何组织作战。装备 B－29 的部队后来被称为第 20 航空队。（在初建的时候是第 58 轰炸机联队，随后建立了第 20 轰炸机司令部。）

与此同时，波音公司还在威奇托建立了一所学校，用来培训技师——作战机组所需的飞行工程师，还有在基地负责维护保养 B－29 的地勤人员①。

就像此前我讲过的，在“六分仪会议”上，关于 B－29 的作战计划得到了美军参谋长联席会议、英美联合参谋长委员会和罗斯福总统的一致同意。总统答应蒋介石委员长，B－29 将在 1944 年 6 月份前后投入实战。蒋介石也承诺，将扩建中国空军基地的跑道，在 1944 年 4 月 15 日之前做好迎接“超级空中堡垒”到来的一切准备。

在整个计划当中，最让人操心的是中国人对整个工程所需要的时间根本没有概念，就算是他们马上开始动工，时间也已经非常紧张了。因此，1943 年 12 月份，我从德黑兰回来后不久，又把沃尔夫将军派到了中国，由他亲自负责督促跑道的施工建设。可以毫不夸张地说，那些跑道全是靠中国劳工的双手打造出来的。他们先用手把石料搬运到指定位置，再覆上一层细小的石子儿。所有的石头都是装在篮子里，靠成千上万的苦力用肩膀挑过来的。然后再用水桶把水运过来，把石料打湿。最后，数百名中国人拖着一个巨大的石碾子，把石料压实。这是一个漫长而艰苦的过程，但最终还是如期完工了。

1944 年 3 月 8 日，我去了趟堪萨斯，视察那里的训练、编组和装备进展情况。所见所闻让我大吃一惊。各种类型的装备全都没有配齐。引

① 关于 B－29 研发的详细情况，可以参阅哈罗德·B·辛顿（Harold B. Hinton）上校的著作《空中的胜利》（*Air Victory*）。

擎与最新的机型还不匹配；飞机根本就没有做好出发的准备。如果不采取非常措施，4 月 15 日之前它们哪儿也去不了，更不要谈中国。

不管怎么说，就战争期间的表现而言，本尼特 · E · 迈耶斯[①]将军还算是一个“说干就干”的人，无论交给他什么任务，他总是能把事情搞定。这一次也一样，我告诉迈耶斯，必须在规定的时限内把一切准备就绪。他只能对那些飞机逐一进行检查，列出所缺配件的清单，然后与遍布全国的生产厂家联系，并确保那些配件被按时空运到基地来。如果需要，他可以派出专机接运配件，以尽可能缩短组装时间。要想在下个月 15 号之前把这些飞机运到中国，迈耶斯最多只有两三个星期的时间来完成上述工作。

经过大家的共同努力，第一架派往中国的 B－29 于 4 月 2 日在印度着陆。第二架飞机，出于保密作战意图的考虑，同时也是为了迷惑一下德国人，是从迈阿密起飞，在英格兰降落，而且故意大肆宣传，几乎让所有人都有机会看上一眼 B－29 的真面目，还鼓励尽可能多的人给它拍照。我们希望让德国人觉得，B－29 是用来替换对他们实施空袭的 B－17 和 B－24 的，同时也防止日本人推测出我们派遣 B－29 进驻印度的真正作战意图。

从中国发起对日本的空袭并不是一件容易的事。所需的油料和炸弹都必须从印度运过来，B－29 不得不经常飞回印度，带上尽可能多的油料返回中国，然后再装弹飞往日本。阿萨姆到成都的距离大约是 1 200 英里；从中国到日本最近的轰炸目标的距离大约是 1 600 英里。因此，等这些轰炸机最终返回到印度的基地，来回一共要飞大约 5 600 英里，飞往中国的时候它们必须装满 3 500 加仑燃油。他们的第一次空袭行动

---

① 本尼特 · 爱德华 · 迈耶斯（Bennett Edward Meyers，1897—1979），美国陆军少将。1942 年任陆军航空队分管采购、维修和运输的副参谋长。1944 年任战术空军司令部副司令。1948 年因严重犯罪而被开除军职。——译者

是1944年6月5日轰炸曼谷。6月18日，他们又空袭了日本八幡市，轰炸了那里的钢铁厂，它为日本提供了战争所需的大量钢材。从那以后，他们在第20轰炸机司令部的指挥下，袭击了一个又一个目标：佐世保、鞍山、巴邻旁、长崎，并二次轰炸了八幡和鞍山；还对台湾和其他地区日军重要军事目标进行了多轮空袭。

但日本人看到的从中国飞来的B－29所实施的空袭，与后来我们从马里亚纳群岛发起的空袭相比，情况就大不一样了。

第二十六章　阿诺德将军专用；首相终于相信了；纳粹空军的发展

现在回顾德黑兰会议，我想可能每个人都会觉得，我们首先打败德国的总体战略安排，和斯大林打赢战争的想法是基本一致的。我自己的笔记本中有这样的记录："对德国发动猛烈打击。盟国军队从东西两个战线同时发起进攻。两面夹击将会对德国造成最大的破坏。攻击距离柏林最近的地方。不要把时间、兵力和装备浪费在次要战线上。"

这段文字反映了当时美军参谋长联席会议制定的作战计划，这也是根据罗斯福总统确定的"先打败德国、再对付日本"的原则制定的。不过，我很难同意斯大林对空战的看法，无论是他还是他的高级将领，看起来都没有真正理解战略轰炸的价值。在他们看来，空战就是配合地面战场的，或者就是在与地面战场直接毗连的区域作战，而且他们显然对自己前线的空战表现相当满意。

关于对日作战，我的印象是斯大林早已打定主意，无论谁说什么都没用。他绝对不会让自己陷入两线作战的境地。因此，一旦讲到日本，苏联就保持中立。不过，他还是同意我们和他的参谋人员，就在西伯利亚东部地区建立空军基地的问题进行谈判，尽管他们指定的地区对我们作战而言显得有些偏远。大家还划定了舰船、飞机进出的航线，不仅在海上(为了减少日本潜艇的拦截)，还包括西伯利亚内陆地区。当然，这些计划后来都仅仅停留在纸面上，并没有真正付诸执行，但有一段时间我们还真以为让苏联人认识到了这些计划的重要性。

我始终无法理解苏联人对待我们那些空袭日本之后不得不迫降在西伯利亚的轰炸机机组人员的态度。一开始我们的人受到的待遇就像战俘，一点儿都不像盟军。甚至到了战争末期，德国人已经投降了，当我们的飞机遇到麻烦降落在苏联，大多数苏联人都不太友好。我们的机组人员往往不得不尽快离开着陆地点，如何可能的话，就在夜间赶路，白天躲藏起来，那感觉就像逃犯，而不是并肩作战的同志。

在我看来，苏联人没收我们 B－29 的做法，更加是毫无道理。从他们的角度来看，这可能是获取世界上最新型的“超级空中堡垒”而又不花任何成本的好办法。但对我们来说，我从来没有想到我们的政府讨回那些飞机是如此之艰难。

关于 B－29，我这里再讲一个“阿诺德将军专机”的故事。1944 年 1 月 11 日，我去了位于堪萨斯州威奇托市的波音飞机制造厂，视察那里 B－29 的生产情况。当他们告诉我每个月产量的时候，我在身旁生产线上挑选了一架飞机，写了一个比他们的月产量略高的数字在机身上，然后签上自己的名字，转身对他们说：“这是我这个月想要拿到的飞机。”

从那以后，他们开始称这架“超级空中堡垒”叫“阿诺德将军专机”。在它被交给政府的时候，努森将军还专门搞了个仪式。接手这架飞机的机组成员的名字，在波音飞机制造厂里传得家喻户晓。后来，这架飞机被派到太平洋战场，厂里的员工还是密切关注着它执行的每一项任务。

1944 年 11 月 11 日，“阿诺德将军专机”前去轰炸日本的大村，飞行员是韦斯顿・H・普莱斯上尉，华盛顿州西景市人，副驾驶是约翰・E・弗拉纳根中尉，纽约市人。返程的时候油用光了，他们没有什么选择，要么降落在中国的日占区，要么飞去符拉迪沃斯托克。他们选择了飞向苏联，在从基地起飞十二小时四十五分钟之后，“阿诺德将军专机”在符拉迪沃斯托克的海军航空兵基地安全着陆。在最后的一段航程，有十架苏联战斗机为他们“护航”。一走出飞机，他们马上被带到了苏联海军司令部。从那以后，他们就再没有看到过自己的B－29。一直到1945年2月2日，这架飞机的机组人员才回到盟军位于伊朗的控制区，再从那儿返回美国。

“阿诺德将军专机”是迫降在苏联境内并被苏联人永久扣留的几架B－29中的一架，而且没有任何的解释。

在1943年夏末的时候，尽管B－29已经在威奇托和西雅图试飞成功，但到东京还有很远的路要走。我们暂时还只能坐等着太平洋战场上的消息——终于我们拿到了最有说服力的战报——肯尼的第5航空队采用跳弹轰炸战术，对从拉包尔穿越俾斯麦海域南下增援新几内亚莱城日军的一支重兵护航的运兵船队发动了攻击。我们仅仅损失了四架飞机，日军的七艘运输船、八艘护航驱逐舰中的三艘被击沉，5 600名日军葬身海底，500人被俘，100架日军护航飞机中的59架被击落。

在中途岛战役中，我们空军的战果颇受争议，人们常常评价我们“说打中就打中了，说没打中就没打中”，而这一次的战报大快人心。不过，一直到今天，我也丝毫都没有怀疑过我们的B－17在中途岛战役中的表现。

在欧洲战场上，德军总参谋部作战部部长阿道夫·霍伊辛格①中将

① 阿道夫·霍伊辛格（Adolf Heusinger，1897—1982），德国陆军中将。1915年6月加入德意志帝国陆军，参加过一战，1917年7月被英军俘虏。一战后被释放，回国后仍留在《凡尔赛和约》允许保留的德国陆军中服役。1931年10月调入魏玛共和国时期行使总参谋部职能的军队管理办公室作战部门。1935年10月任陆军第11师作战总指挥。希特勒上台后，恢复组建陆军总参谋部。1937年8月，霍伊辛格调任总参谋部作战部参谋长，1940年10月任作战部部长，成为掌握陆军指挥权的三号人物。二战期间，他参与策划指挥了入侵波兰、丹麦、挪威、法国、荷兰、苏联等一系列重要军事行动。1943年1月晋升中将。1944年6月10日，他接替临时生病的总参谋长蔡茨勒，任代理总参谋长；7月20日，施陶芬贝格上校在“狼穴”用炸弹刺杀希特勒的事件中，霍伊辛格当时也在会场并站在希特勒身边；因伤治疗出院后，他遭到逮捕并接受盖世太保审查；他虽然与很多叛乱者都有交往，但并没有被发现直接参与刺杀密谋的证据，1944年10月获释，但此后未再担任重要职务。1945年5月被盟军逮捕，后被纽伦堡军事法庭审判。1947年出狱，1950年担任西德政府军事顾问。1957年任西德武装力量首任总监。1961年至1964年担任北约军事委员会主席。——译者

称 1943 年是“要命的一年”。德国投降以后，霍伊辛格写了一份读起来很沉重的回忆资料给我们，历数了大战中的一些“战略拐点”。

1. 盟军的转折点：敦刻尔克。
2. 害人不浅的礼物：意大利参战
3. 自己把自己吓倒的决定：放弃进攻英格兰
4. 地中海：被拖下水的战场
5. 又回到了两线作战：进攻苏联
6. 败局已定，只是早晚的问题：对美国宣战
7. 要命的一年——1943

a. 主动权的丧失：斯大林格勒战役和 U 型潜艇战
b. 陆军的血终归要流尽：1943 年至 1945 年的作战方针
c. 陆海空全面崩溃：空战的拐点

从那以后发生的一切可以用一个词来概括：完蛋了。霍伊辛格对 1943 年空战形势的判断是正确的，那一年确实是空战的转折点。战局日益明朗，我们的日间精确轰炸不仅摧毁了帝国的工业心脏，同时也实现了另一个重要目的：迫使德国空军升空迎战，承受着难以承受的损失。皇家空军的夜间轰炸是做不到这一点的。

丘吉尔首相显然注意到了我们取得的成功。1943 年 10 月 9 日，在我们对马林堡、安克拉姆、格丁尼亚实施大规模空袭之后，他拍来了电报：

> “如果您能向埃克将军和他的司令部转达英国战时内阁的谢意，我将不胜感激。第 8 航空队在最近的对德作战中取得了辉煌战绩，尤其是此前一周达到的巨大成功。在白日的晴空下，你们的轰炸机机组人员突破敌人设置的强大防御，对德国实施了大范围空袭，对极为重要的军事和工业设施进行了致命的精确打击。

你们的轰炸机，还有掩护它们的战斗机，与德国空军展开了激烈的战斗，给对方造成重大损失，迫使敌人不得不抽调其他战线的空军力量，为各地盟军赢得胜利做出了突出贡献。

战时内阁同时还要感谢第 8 航空队的地勤人员，没有他们的精湛技术和艰辛付出，也不可能取得这样的成绩。

我相信，有了战斗力不断增强的第 8 航空队，再加上皇家空军轰炸机司令部，对敌人进行交替不断的打击，我们一定能够摧毁德国的工业实力，加快迎来最终的胜利。

温斯顿·丘吉尔”

尽管大家对“第 8 航空队的首要任务是摧毁纳粹空军”等类似的说法早已是耳熟能详，但它还是容易被错误地理解成我们的空袭行动只是针对德国飞机制造厂的。在 1943 年 4 月至 1944 年春天的整个战役期间，事实的确就是我们不得不一连数月反复轰炸同样的目标，造成我们的轰炸主张都遭到了质疑。

令人难以置信的是，被摧毁的工厂越是重要，德国人重建它的速度越是快，不管是在原地还是在其他什么地方。因此，我们不仅要炸毁它们，还要一遍遍地反复去炸。最终，当我们的地面部队攻进德国境内的时候，发现停在各地的飞机比戈林 1943 年拥有的数量还要多；根据缴获资料的数据显示，单引擎战斗机的月产量要远远高于我们发动空袭之前，这是另一个令人困惑的情况。空军的人说，这是某些地面部队的军官和新闻记者在捏造事实——欺骗公众！关于轰炸机的大吹大擂都是扯淡的！你们自己过来看看！纳粹空军根本没有被打垮！

好吧，那真实情况到底是怎么样的呢?

事实上，对那些飞机制造厂的轰炸当然取得了辉煌的战果，但这仅仅是当时整个空战的一个组成部分。我前面讲过第 8 航空队的另一个重要目的就是迫使德国空军起而迎战，也是说的这个意思。在谈论这件事的时候，我们的态度是十分严肃的，和喊上一帮人来看斗鸡比赛可完全不是一回事。我们的盘算是科学的，也是冷酷的。

在我们击败德国的总体战略中，第一步就是要铲除纳粹空军；要想消灭它就只能靠上去抓住它，而不能总是防守，就像皇家空军在不列颠空战中那样，我们必须采取主动。但是战争打到那个阶段的时候，还没有哪一种飞机具有攻击纳粹空军的航程、火力和胆气，除了我们的日间轰炸机。对我们的战友而言，做出这样的决定是相当沉重的。我们知道结果会如何，这是不得不付出的代价，直到我们可以拿到远程护航战斗机参加空袭行动。不管情况有多糟，我们都会稳步地向前推进，但事实上情况并没有我们料想中的那么坏。

刚开始的时候，那些机组人员并没有认识到他们遭遇 Fw－190 和 Me－109 的概率比原本估计的要高得多。对每一位参加作战的机组成员而言，他们要考虑的当然是自己，而不是战略。

尽管位于法国沿海洛里昂、圣纳泽尔、拉帕利斯的潜艇基地都拥有深达 12 英尺的水泥工事，但我们的投弹手们还是会义无反顾地把炸弹投到它们头上，这让我们颇为感动。我们知道，这些家伙在离开莫洛克湖盐滩的训练场之前，就已经学会精确投弹了。但在那个阶段，尚且没有战斗机护航，还要面对此前从未遇见过的、最猛烈的空中阻击，他们的表现还是非常难能可贵的。

在第一批增援力量于 1943 年 4 月抵达之前，那支本来是负责防守不列颠的“小型”第 8 航空队，已经开始迫使纳粹空军展开反击了。但一直到那年底，才有了战斗机护航。对那些参加早期作战行动的机组人员，国家真的欠他们很多。

他们的头儿——斯帕茨、埃克、弗雷德·安德森和杜立特——还有一些空军师一级的指挥官，比如鲍勃·威廉姆斯、柯蒂斯·李梅和比尔·凯普纳。在凯普纳的带领下，我们的第 8 战斗机司令部和驻扎在不列颠的“解放者”轰炸机部队都先后取得了骄人的进步，真应该授予他一份特别的荣誉。

起初，在我们对法国实施近距离、试探性空袭的时候，格兰德①手下的 Fw－190 和 Me－109 飞行员早已经研究过我们的新型日间轰炸机——“空中堡垒”。他们不再消极等待，开始保持高度警惕，等着我们的轰炸机机组人员送上门。在法国的里尔、比利时的安特卫普和巴黎的雷诺制造厂上空，我们的小型轰炸机编队都遭到了他们的围攻。特别是每当失去了与护航战斗机的联系，我们的轰炸机就特别容易遭到他们的攻击。尽管当时战争才刚刚开打，但大家一旦撞上了，对双方都是残酷和血腥的。

到了 1942 年秋天的时候，常常有被打掉机头和机尾的 B－17 飞回基地——最雷人的那次，一架 B－17 几乎被打成了两截，整个机身就剩下底部的几块铁皮还连着，机组人员死伤惨重——但他们愣是飞回来了。

---

① 阿道夫·约瑟夫·斐迪南·格兰德(Adolf Joseph Ferdinand Galland, 1912—1996)，德国空军中将，二战王牌飞行员，执行过 705 次作战任务，击落盟军战机 104 架。1929 年成为滑翔机飞行员。1932 年毕业于德国商业飞行学校。1934 年 2 月加入空军。1937 年志愿参加支援西班牙内战中佛朗哥将军的“秃鹰军团”。1938 年回国担任对地攻击空军部队的教官，参与编写空地协同作战教材。1939 年 9 月参与了入侵波兰的作战。1940 年初，他说服上级同意自己转为战斗机飞行员。格兰德驾驶 Me－109 战斗机参加了法国战役和不列颠空战，到 1940 年底已经取得了击落敌机 57 架的战绩。1941 年 11 月，德国空军战斗机兵种总监维尔纳·默尔德尔斯坠机身亡，格兰德继任，这时他的个人战绩已增加到 96 架。1943 年，格兰德在应对盟军空袭德国的作战方针上与空军元帅赫尔曼·戈林出现重大分歧，两人关系不断恶化。因不断批评纳粹空军高层指挥失误，1945 年 1 月格兰德被解除战斗机兵种总监一职，并被监视居住，这引发了战斗机部队的“反叛”事件，一些中高级指挥官试图直接向希特勒本人反映情况，希望保留他的职务；3 月，为了验证喷气式战斗机 Me－262 的价值，他获准组建代号“Jagdverband44”的喷气机中队，自任中队长，麾下大多是不讨戈林欢心的联队长、大队长一级的王牌飞行员，历史上又被称作“专家中队”，独立作战到 5 月份战争结束。二战后曾担任阿根廷空军顾问，后返回德国经商。格兰德的两个弟弟也都是德国空军王牌飞行员，于 1942 年 10 月、1943 年 8 月先后战死。——译者

这种情况不仅我们的飞行员没有想到，也大出纳粹空军所料。欧洲战事结束以后，格兰德曾经说过，当他的战斗机飞行员见识过“空中堡垒”的火力之猛烈，尤其是被称为“毒刺”的尾部机枪，内心皆大为震动。他们很快改变了战术。德国职业军人的军事素养一向都是非常过硬的，除了那些高高在上的决策者。没过几个星期，他们就找到了“空中堡垒”编队的破绽。在格兰德指挥官颁发的《战术手册》(实际上这一战术是第2战斗航空团的埃贡·迈耶少校创造的)中这样写道，让你的战斗机部队“在敌人轰炸机一侧保持平行飞行，超过他们五公里远以后，以‘四机编队’[①] 掉头回来，迎头展开攻击。在最后1 500码的距离与轰炸机保持平飞，在大约900码时开火，然后从轰炸机编队上方飞离。”

第一次“迎头攻击”发生在1942年9月6日，仅仅在我们对鲁昂实施小规模空袭之后的二十天，那次是去轰炸法国莫尔特的波泰飞机制造厂，第8轰炸机司令部的第10次作战任务。那一天，第8航空队损失了最早的两架飞机，就是“迎头攻击”或者叫“冲着鼻子打”的战术把它们打下来的。整个战争期间，第8航空队一共损失了4 721架飞机。

那天以后，我们在国内立刻着手改进B-17的机头火力配备，把原来机头部位唯一的顶部炮塔拆了，装上两挺30口径的机枪，分别给导航员和投弹手使用。一个月以后，大家所熟悉的B-17G机头炮塔就出现了，可以由上面位置的投弹手操控。但早在此之前，实际上也就是空袭莫尔特之后两天，英格兰的战斗人员已经自己改装了机头50口径机枪使用的枪架。

到了1943年1月份，德国战斗机的每一次攻击依然非常凶狠。但我

① 四机编队(Schwarm)：德国空军最基本的作战单位，由两个“双机编队”组成，通常由先头“双机编队”飞在另一个“双机编队”的侧前方不远(四指战术)，编队由经验丰富的飞行员领头，不分军衔级别。四机编队指挥官(Schwarmfuehrer)级别不定。——译者

们的炸弹还是照样落在了德国的飞机制造厂里，德国空军的战斗机也开始在空战中被我们的机枪手击落，纳粹空军的末日真正开始了。我们很快发现，报上来的击落敌机的数量偏高了，当某一个机枪手报告说自己击落一架敌机的时候，其实整个飞行编队中有一半的机枪都在朝敌机开火。轰炸机上没有安装像战斗机飞行员使用的照相枪，唯一的证据只能靠战斗中其他机组人员的目击证词。不过，我们心里已经有数了，在我们拿到远程护航战斗机之前，那些“小个子朋友”照样可以保护 B－17 和 B－24 攻击欧洲的任何目标并返航。这些轰炸机没有其他的保护装备，就是靠自身的机枪，就这样也完全打乱了整个纳粹空军的阵脚。

在 1941 年的时候，当米尔希①得知英美两国的飞机产量后，曾建议德国战斗机的产量为每月最低 1 000 架；但当时的德国空军参谋长耶舒恩内克②将军称，不知道有什么必要让战斗机的月产量超过 360 架。到了 1943 年 10 月——就在我们的远程护航战斗机出现在德国领空之前——米尔希已经把他当年 4 月份提出的在 1943 年 12 月拥有 2 230 架单

---

① 艾尔哈德·阿尔弗雷德·理查·奥斯卡·米尔希(Erhard Alfred Richard Oskar Milch，1892—1972)，德国空军元帅。一战时在空军服役，战后转入民航部门，先后在容克航空公司和汉莎航空公司任高级职务。1933 年纳粹党上台后，出任新设立的航空部国务秘书(即副部长)，兼任空军装备主任，为戈林的副手，对德国航空工业和纳粹空军建设发挥了重大作用。1940 年晋升元帅，但他并未直接参战，主要因出色的组织和后勤管理工作而晋升。1941 年起兼任空军总监。米尔希是二战期间管理飞机生产的核心人物，曾主持德国空军的军火生产，组织研制 V－1 和 V－2 火箭，并一度受命同施佩尔一起掌管整个运输部门。但在研发主力战机的后续机种上有重大失误，使德军飞机服役时间太长而被盟军超越。纽伦堡审判中因涉及将战俘、平民用于人体实验与强迫劳动，被判处终身监禁，1954 年 1 月获释。米尔希具有犹太人血统，是德军为数不多的犹太裔军人里最高军阶者。——译者

② 汉斯·耶舒恩内克(Hans Jeschonnek，1899—1943)，德国空军大将。参加过一战，1917 年加入空军。一战后仍留在部队中，由于《凡尔赛和约》禁止德国拥有空军，他转为骑兵军官，从事空军秘密建设。1935 年他把离散的空军飞行员重新召集起来训练，1938 年 2 月重返帝国航空部，任总参谋部作战部长。1939 年 2 月任空军参谋长。1942 年任空军指挥参谋部部长。由于入侵苏联失败、阻止盟军战略轰炸不力等一系列打击，1943 年 8 月自杀。——译者

引擎战斗机的计划，提高到 1944 年 12 月拥有 4 150 架单引擎战斗机和 1 750 架双引擎战斗机。

早在此之前，纳粹空军已经把地中海和苏联战场上能撤下来的飞机全部抽调回国，参加本土防御。大部分原本用来对付英国皇家空军夜间轰炸的双引擎夜间战斗机，都被改装成了火箭弹发射平台，用于攻击我们的日间轰炸机编队。它们可以在我们的 50 口径机枪射程之外，朝我们的轰炸机群发射火箭弹，有时候会造成可怕的杀伤后果；与此同时，Fw－190 和 Me－109 再对我们的飞行编队展开俯冲攻击。

尽管参加对德作战的第 8 和第 15 航空队的总体损失率要低于 3%，但在没有战斗机护航的 1943 年，实施纵深渗透轰炸的损失还是要高得多。

从战略而不是人道的角度来看，我们的损失是可以得到定期补充的；德国人在这些大规模的空战中损失同样惨重，但他们的补充却得不到保证。

1943 年末、1944 年初的时候，我们终于为第 8 航空队配上了远程战斗机，包括 P－47、P－38，还有名气最响的 P－51，纳粹空军这下真的要完蛋了。那年的战斗依然相当激烈，但在经历了 2 月 20 日开始的、史称“最伟大的一周”（军事代号“论证行动”）①的大规模空袭之后，敌我双方的

① 论证行动（Operation Argument）：1944 年 2 月 20 日至 26 日，英美空军对德国实施了为期一周的大规模空袭，历史上称为“大礼拜”或“最伟大的一周”，此役是欧洲空战的高潮和转折点，标志着德国空军丧失了制空权。“论证行动”是盟军战略轰炸中最大规模的持续进攻。美国第 8 陆军航空队出动飞机 3 300 架次，第 15 航空队出动 500 多架次，英国皇家空军出动超过 2 350 架次，美军在“大礼拜”期间投掷的一万吨炸弹基本相当于第 8 航空队作战第一年全年的投弹量。作战中，第 8 航空队损失重型轰炸机 137 架，第 15 航空队损失 89 架，皇家空军损失 157 架，美国陆军航空队还损失护航战斗机约 30 架。但该年 1 月装备欧洲战场的 P－51 护航战斗机发挥了重要作用，和轰炸机机枪手一共击落德国空军战斗机 500 多架。德国空军战斗机兵种总监阿道夫·格兰德称“大礼拜”让德国损失了最优秀的中队、大队和联队指挥官，而且无法得到有效补充。此役破坏和摧毁了德国 75%的工厂建筑，其产量占当时德国飞机总产量的 90%；此后德国被迫将飞机制造业分散重组，转为分散化生产，间接导致大量精力浪费和生产损失，使得整个军工体系变得更加脆弱。（摘自《最伟大的一周：六天改变二战进程》，比利·耶讷著，重庆出版社。）——译者

人都认为这一仗打断了纳粹空军的脊梁骨，产生的战略影响是不容置疑的。

我们撤掉了 B－17 机腰部位的一挺机枪，将机组人员减少到了九个人。

尽管 Me－109 和 Fw－190 还在不断地发起攻击，但大多数时候它们还没有进入我们轰炸机机组人员的视野就已经被干掉了。随着我们的轰炸机部队加装了最新型的雷达设备，天气状况已经不再是障碍，而且每一次执行任务也不用再担心敌人的战斗机会发动突然袭击，现在我们的轰炸机几乎可以随意空袭欧洲的任一地点，有时候单次出动就超过 1 000 架。

对德国人的飞机制造厂，已经不需要多操心了。但对于 Me－262 喷气式战斗机的生产和工厂重建的地点，还是要留心关注着。1944 年 4 月 9 日，德国人在马林堡重建的福克沃尔夫大型工厂被再次炸毁。

与此同时，1944 年春天，我们把战略轰炸的目标瞄准了希特勒最后的希望：合成燃油加工厂。随着苏联红军的推进和美国第 15 航空队的轰炸，罗马尼亚普罗耶什蒂产油区的天然油料提炼厂再也靠不住了，迫使施佩尔[①]和盖

① 阿尔伯特·施佩尔（Albert Speer，1905—1981），二战时期德国军备与战时生产部部长，主管战时经济的首脑人物。建筑师出身，因其建筑设计特点受到希特勒赏识而成为其密友之一。1931 年 1 月加入纳粹党。1932 年成为希特勒的私人建筑师。1940 年，德国发动对法战争后，施佩尔开始承担空军营建任务。1941 年任军备建筑负责人。1942 年初任军备部长，主管军需工作，任职半年后军备生产总产量就增加了 60%；到 1944 年 7 月，在劳动力只增加 30%的条件下，劳动生产率提高了一倍。为了加强军备生产的计划性，施佩尔提议建立了中央计划局，负责指导武器和物资生产的各种计划、方案，安排生产的轻重缓急，成为德国战时经济中最重要的机构。1943 年任军备与战时生产部部长，总揽战时经济大权，积极支持新型坦克、喷气式战斗机、原子武器、火箭和飞弹的研究和生产。盟军诺曼底登陆后，施佩尔认为局势已经毫无希望；1945 年 1 月，他向希特勒提交备忘录，宣称在重工业和军备方面的战争已经结束，应把粮食、电力、生活放在优先于坦克、飞机的地位予以考虑，并提出盟国在物质方面的优势已不可能再用德国士兵的勇敢去弥补了；2 月，施佩尔在暗地里设法阻止希特勒下达的“焦土命令”，并曾计划用毒气除掉希特勒；他说服大区区长们把彻底破坏工厂的命令改成使工厂临时瘫痪的命令，还说服莫德尔元帅下令不准破坏工厂，尽可能在工业区以外战斗，以尽可能维持战后德国人民的生存基础。纽伦堡审判中，施佩尔因违反人道罪和战争罪被判处 20 年监禁。在狱中他写了一本回忆录，提供了不少希特勒及其亲信鲜为人知的内幕材料。1966 年 10 月被释放。——译者

伦伯格[①]不得不付出巨大努力，想方设法发展合成燃料工厂。

我们此后的战略轰炸暂时中断了几个星期，因为我们需要集中兵力展开“阻断轰炸”，为诺曼底登陆行动的“D 日”做准备，这一行动堪称世界战争史上的经典战例。第 9 航空队的中型轰炸机和战斗机在它们的航程范围内，并借着塞纳河和马恩河，对敌人的阵地进行切割，一块块地阻断、孤立起来；第 8 航空队的重型轰炸机对瓦兹河和卢瓦尔河以北地区的咽喉要道和桥梁实施逐个清除。这使得本来只要花几个小时就能冲到前线的德军装甲师，现在需要十五天才能赶到。

尽管 1944 年 2 月纳粹空军遭受了沉重打击，但此后他们还是又发起过一次疯狂的反扑。具有讽刺意味的是，他们并没有针对美国人的第 8、第 9 和第 15 航空队，而是冲着皇家空军的夜间轰炸去的。自从开战以后，他们第一次试图阻止英国轰炸机司令部在夜间进入德国。德国人就算实力耗尽了，但从不缺乏好点子。既然单引擎战斗机和发射火箭的双引擎战斗机对付白天的美国航空队不再好用，为何不用在夜里敲打一下皇家空军？

相对来说，皇家空军完全没有应对战斗机密集攻击的防御措施。他们根本就不需要，因为此前他们飞进飞出德国的损失率一直非常低，发生的损失也都是导航事故和地面防空炮火造成的，已经通过改进导航设备和飞行技术降低了损失率。

德国人巧妙地组合运用照明弹和雷达预警设备，找到了“照亮”夜空的办法。这对那年春季的皇家空军而言，无疑是一场灾难。在 3 月 29 日夜间空袭纽伦堡的一次行动中，皇家空军就损失了 96 架四引擎轰炸

① 埃蒙德·盖伦伯格（Edmund Geilenberg，1906—1964），二战时期德国纳粹政府官员，1944 年领导了分散德国石油生产的工程项目，征用了多达 35 万人的劳工，开展修复、重建和疏散被炸毁工厂，以及新的地下工厂建设，到二战结束时也没有完工。——译者

机。参加空袭任务的轰炸机完全被打散了，战后纽伦堡的市民说都没有感觉到他们的城市是那天晚上空袭的目标，他们在战争期间对所有的空袭都进行了详细记录。还是那个春天，另外一个晚上皇家空军被打下来80多架飞机。

皇家空军在这些空袭行动中的损失，包括在返回基地时坠毁的和迫降在英吉利海峡中的，达到了10%以上，比我们轰炸施韦因富特和奥舍斯莱本的损失还要高。除了保密因素外，人们似乎从来没有听说过皇家空军还曾经遭遇过如此惨痛的败绩。因为那段时间碰巧是英美两国空军都频繁从德国战场抽调重型轰炸机，用于清扫法国的德占区，为登陆行动做准备，皇家空军轰炸机司令部的大部分作战行动也集中在法国战场，因而没有引起太多的注意。

事实上，在雷达技术方面，英国人要远胜于德国人，皇家空军很快就找到了补救的办法。上帝也帮忙的是，当时碰巧有一架德国飞机迫降在了英格兰，英国人就此改进了他们自己夜间战斗机雷达设备的“眼睛”，使其能够在德国战斗机靠近轰炸机之前就对它们进行精确定位。一旦纳粹空军的方位被锁定，它们就完蛋了。

当我们的登陆部队在6月6日实施登陆的时候，不仅在登陆点上看不到纳粹空军，就连法国境内的所有道路上，包括被打烂的德国内陆，除了一些象征性的抵抗外，纳粹空军已经毫无抵挡之力了。尽管沙滩上的战斗对登陆艇上下来的战士来说还是非常艰苦，但至少没有来自德国空军的袭扰了。

根据世界各地空军指挥官和飞行医官的经验，我们知道必须确定一名飞行员或机组人员连续执行作战任务的次数，同时我们也要判断一架最幸运的飞机的预期使用寿命。比如，第8航空队的一架普通重型轰炸机——把它最初抵达英格兰进行改装的十六天时间和在机库中保养、维修的时间都算上——可以为我们执行一百六十一天作战任务。一些在作战中受损的飞机，如果是和平时期早就被废弃了，这个时候也只好修补一下继续投入战斗。就连一些已经报废的也还在战斗。1944 年的时候，我们搞了一些很有意思的实验，把报废的 B－17 装上 TNT 炸药，起飞以后飞行员在英格兰上空跳伞，然后由另一架飞机通过无线电信号操控，变成一个巨大的飞行炸弹，前去轰炸德国人的建筑物。我们称其为“流浪汉”。

当时，鲍勃·洛维特和我还想搞清楚另外一组数据。一旦有可能的话，我们想知道，我们的轰炸对敌人经济、作战、士气等方面影响的客观、准确的分析。我们都记得，一战以后，每个人都宣称是自己打赢了。最后，为了不再争吵，大家只好说是牧师打赢了一战。洛维特和我想做的，就是要组建一个独立、公正的机构，根据收集到的所有资料，向罗斯福总统提交一份坦白、真实的报告。战略轰炸真的有我们预想中那么好吗？还是我们对轰炸机的一厢情愿让我们误入歧途？战术轰炸的作用到底如何？

领导这样一个机构的人选是不太容易找的，1944 年末的时候，我们最终选定了富兰克林·多里尔，保诚人寿保险公司的总裁，生意场的历练让他拥有了非常难得的判断能力，这正是我们要找的。为了让他的委员会能够全面调查皇家空军的轰炸结果和我们第 8 和第 15 航空队的战果，还可能要接触一些德国人，我们建议战争部长请求总统签发了一份“白宫命令”，授权多里尔委员会就战略轰炸的情况展开全球范围的调查。

史汀生部长接受了我们的建议，很快总统也批准了。一个民间人士组成的特别委员会成立了——就是现在为人所熟知的“美国战略轰炸调查团”① ——他们紧跟着进攻的部队向前推进，工作表现非常出色，就

① 美国战略轰炸调查团(USSBS)：1944 年 11 月 3 日成立。调查团团长是美国（转下页）

空军在赢得战争中真正发挥的作用，收集了大量详实的第一手资料。他们调查的内容不仅仅局限于炸毁的建筑，还包括空袭对敌人士气的影响。富兰克林·多里尔的报告(《美国战略轰炸调查》)一直到1945年9月30日才全部完成。

尽管从1930年代开始，我们就开始与美国科学院的核心成员打交道，但是我们在政府里并没有成立常设的机构，来专门关注军事科学技术和新式武器的发展。一直到1940年6月，卡内基协会的范内瓦·布什博士向哈利·霍普金斯提出建议，由布什博士自己牵头，为政府组建一个从事科学研究的专门机构，罗斯福总统接受了这一建议。在总统下达的命令中包括，开展“原子裂变的研究，发展原子能和原子弹”。

我时不时地能够听到一些关于原子弹研发情况的传言，一位搞科研的朋友偶尔也会向我透露一点儿内幕消息。后来，有一个真正参与核心机密的人给我介绍了足够详尽的情况，让我搞清楚了几处此前一直不太明白的问题。但我了解到的情况是绝对不可以向其他人透露半个字的。在保密这个方面，我是丝毫不敢含糊的。虽然远隔万里，但是我一直保持着对他们研发工作进展情况的关注。1943年5月，我们收到了来自苏

(接上页)企业家、退伍军人协会发起人富兰克林·多里尔(Franklin D'Olier)，成员包括300名文职雇员、350名军官和500名士兵。调查团总部设于伦敦，并紧随着同盟国的进军在德国境内建立前进指挥部和地区指挥部。调查团成员详尽检查过德国数以百计的工厂、城市，收集大量统计资料以及其文献，并对包括所有幸存政府官员和军队领导在内的数千名德国人进行调查和审讯。德国战争记录的搜索有时候在其应当存放的地点获得，但极为稀少，大部分战争记录藏匿在各种千奇百怪的地点之中。苏军占领区之内的记录则无法被调查团获取。总共完成大约两百份详细报告，包括一份全方位的总结报告《美国战略轰炸调查》。在调查过程中，调查团持续递交临时报告以及相应的研究结果和建议，以支持对日本的空中作战。由于当时欧洲战场尚未落幕，许多情况下调查团成员必须紧随前线部队，否则重要的记录便有可能受到不可挽回的损失。为此，调查团遭受了多次人员损失，包括四人阵亡。——译者

黎世的情报，称马克斯·普朗克[①]教授与奥托·哈恩[②]博士合作，正在威廉皇帝学会从事铀原子裂变的研究。其他一些德国科学家也在尝试破解这一伟大而危险的奥秘。

德国人拥有相当好的电子设备，使其有可能完成原子弹的研制。于是，我接到命令，让英格兰的轰炸机部队执行一项特殊任务，对威廉皇帝学会位于柏林的各个分支机构实施空袭。在此之前，英国人已经摧毁了挪威的一个德国人从事原子弹项目配套实验的工厂。所以，我也是一点一滴地逐步搞清楚了原子弹研发的整个情况，但就像我此前说的，我可从来没有向任何人走漏过风声。

科研机构的朋友曾经和我讨论过如何把这套装置投入实战和运输。大家一般的想法都是：用飞机来运（当然也有其他的方法）。我们讨论了装置的大小、重量，以及装置上必须带有的设备。当时我们只有一种飞机的航程足够带着原子弹飞往后来的目标——日本。

我觉得原子弹不太可能用来对付德国人，因为根据从科研人员那里得来的信息，在德国人投降之前，原子弹应该还来不及准备好；但是，我们可以用它来对付日本人。当时我们已经确定了哪些日本城市作为常规轰炸的目标。为了测试原子弹的真正威力，我们必须保留三到四个城

---

① 马克斯·普朗克（Max Planck，1858—1947），德国著名物理学家，量子力学的重要创始人，和爱因斯坦并称为20世纪最重要的两大物理学家。因发现能量量子化而对物理学的又一次飞跃做出重要贡献，1918年荣获诺贝尔物理学奖。20世纪20年代以后，普朗克成为德国科学界的中心人物。他的公正、正直和学识，使他在德国受到普遍尊敬，具有决定性的权威。纳粹统治时期，他反对种族灭绝政策，并坚持留在德国，尽力保护各国科学家和德国的物理学家。——译者

② 奥托·哈恩（Otto Hahn，1879—1968），德国放射化学家和物理学家，被称为“核时代的奠基人”。1938年，哈恩和F·斯特拉斯曼一起发现核裂变现象，开创了人类利用原子能的新纪元，哈恩因此荣获1944年诺贝尔化学奖。他不愿让纳粹政权掌握原子能技术，拒绝参与任何研究。1945年春，他和海森堡等几位原子科学家被送往英国拘禁。1946年初获释回德国，担任威廉皇帝学会（1948年改名为马克斯·普朗克学会）会长，1960年后任荣誉会长。——译者

市相对完整，不列入 B－29 的日常空袭范围，以便为新式武器提供未遭到过破坏的目标。但到底哪几个城市应该留下来是个问题。我和史汀生部长进行了商量，提供了一份目标城市的名单给他，一旦需要，我们就动用 B－29 发起攻击。

史汀生把名单中的京都市划掉了。京都拥有 75.3 万人口，同时也是一个重要的工业制造中心。在我看来，它早就应该被炸烂了。但史汀生部长认为，它是世界上的圣城之一，具有突出的宗教意义。所以，京都就被从 B－29 常规空袭的目标城市中剔除了，也不再作为原子弹攻击考虑的对象。

我们挑选了其他 4 座城市作为原子弹攻击的目标，主要是基于它们的城市规模和工业价值。广岛，21.8 万人口；新潟，11.9 万人口；长崎，19.7 万人口；小仓，一个大约 5.16 万人的小城市。这四座城市都是工业中心，对日本人的生产而言非常重要。小仓位于连接本州岛和九州岛隧道的南端。我想了解原子弹爆炸将会对隧道产生什么影响；会不会让它灌满水；会造成多严重的泄漏；以及爆炸的威力是否会通过隧道传递，对北端入口是否有影响。

在战争部 1945 年 7 月 25 日发给斯帕茨将军的命令中，上述四个城市都是提供给他选择的攻击目标。斯帕茨当时负责指挥太平洋战场上的战略空军部队。具体攻击目标由他根据天气、战场形势和其他可以影响空袭行动的因素来确定。也就是说，一旦他定下来哪个城市，原子弹轰炸行动就可以执行。这一决定不是我做出的，其他人也没有这个权力，而是美国总统亲自定的。

如此一来，我只好重新调整对日本的常规空袭作战方案，还不能解释原因。

当原子弹研制差不多快要完成的时候，我想整个陆军航空队应该（实际上也是）只有我一个人知道这件事。但如果没有航空工程师具体参与进来，我是不知道如何对 B－29 的机身进行改造，才能适合装载原子弹的。有几个星期我甚至在想，为了保持研发工作的高度机密，看来我只能自己研究改造 B－29 了。但显然我又做不到。因此，我只能再找几个信得过的人。

后来，我找马歇尔将军商量了一次，制定了一份计划，并据此挑选了几个人共同参与进来。他们必须对 B－29 进行适当的改造，同时又不能引起任何人的怀疑。

从那时起，原子弹研发的进展情况就不停地向我通报。最后，在我们出席波茨坦会议期间，原子弹在阿拉莫戈多成功试爆。

我们曾经给英格兰的埃克将军下达秘密指令，授权他对与德国原子弹项目最密切相关的威廉皇帝学会分支机构实施轰炸。

1943 年 8 月，根据丘吉尔和斯大林的提议，打算让英美战略空军部队和苏联空军一起，在高加索地区展开联合空袭行动。罗斯福总统当月就同意了。但一直到秋天，这一计划就要付诸实施了，我们几位参谋长才知道。10 月 4 日，总统写信给丘吉尔，告诉他这是一项郑重其事的承诺，我们将尽快调派重型轰炸机，启动高加索地区的作战行动。

但其实苏联人的真正想法是，希望我们派一支象征性的部队过去，让他们既可以了解到一些我们空军的实力，又能够让德国人知道我们在帮助苏联人。当时，斯大林格勒的战场态势非常险恶。德国人眼看着就要拿下苏联人据守的最后几块阵地，斯大林格勒即将落入敌手。德国空军在数量上是苏联人的三倍。10 月 7 日，罗斯福建议斯大林，尽可能加快推进高加索地区的联合空袭行动。

但形势已经发生了变化。斯大林格勒没有陷落。苏联人打败了德国人。德军损失了数十万人，一直撤退到黑海以西地区。从那以后，斯大林显然就不愿意再有任何盟国空军部队——包括盟国的军事观察员——待在苏联了。英美的轰炸机部队也就从来没有在高加索地区展开过作战行动。

1943 年 8 月 1 日，就是丘吉尔和罗斯福、斯大林商量高加索联合作战行动的那段时间，全世界的目光都被巴尔干地区所吸引，布里尔顿第9航空队(另有第8航空队的两个大队支援)的“解放者”轰炸机对普罗耶什蒂油田发起了猛烈空袭。在整个战争期间的空袭行动中，没有哪一次比这次空袭计划得更周详，所有的意外因素都考虑到了，包括万一找不到轰炸目标怎么办。空袭行动对这个绵延数英里、欧洲排名第一的产油区的破坏是巨大的——60%的生产能力在短期内无法恢复——但代价也是沉重的。参加这次2 400英里远征的177架B－24中，有54架没有飞回来。从战报中反映的发生在飞往罗马尼亚这段漫长、无声的航程中的情况，我们可以看出，这批参加普罗耶什蒂空袭行动的人有多大决心。有一个飞行编队主要指挥官的飞机，突然莫名其妙地掉到地中海里去了，但没有任何人打破无线电静默。副领队是一名年轻的中尉，顶上指挥官的位置，带领整个编队继续飞。至于空袭的情况，返航飞机的炸弹舱门上有树枝划过的痕迹。为了不让敌人的雷达发现，有些飞机飞得太低了，被自己投下去的炸弹炸成了碎片。美国历史上第一次为一个作战行动颁发了五枚国会荣誉勋章。利昂·约翰逊上校(现在是少将)和人称“杀手”的凯恩上校是亲自去领的。艾迪森·E·贝克中校、约翰·L·加斯泰德少校和劳埃德·H·休斯中尉死后被追授这一最高荣誉。

十二天以后，8月13日，第9航空队的重型轰炸机空袭了位于维也纳新城的梅塞施密特飞机制造厂(代号“杂要人行动”)——这是我们从南北两个方向同时对德国实施空袭的开端。17日，就是攻下西西里岛的日子；这一天，也就是英国皇家空军刚刚结束“鲁尔战役”① 后不久，

① “鲁尔战役”，此处是指英国皇家空军于1943年3月至7月对鲁尔的轰炸战役。战役期间，英国皇家空军共出动18 506架次的轰炸机，进行了43次空中突击，轰炸了鲁尔区的工业城市杜伊斯堡、埃森、科隆、杜塞多夫等，破坏了德国的工业生产，并炸毁了水坝，破坏了水力发电系统，造成洪水泛滥。在这些空袭中，英国空军还使用了新式轰炸导航装置，并首次使用了每枚3 630公斤重的重型炸弹。——译者

马上又开始了集中空袭柏林和佩纳明德①的行动。同样也是在 17 日，第 8 航空队轰炸了施韦因富特的滚珠轴承厂和雷根斯堡的梅塞施密特飞机制造厂；而仅仅数小时之前，在地球另一边的肯尼将军麾下的 B－25 轰炸机群，以树尖的高度横扫韦瓦克②，在八十分钟里面炸毁日军 200 架飞机。

那几个星期——从对施韦因富特、经雷根斯堡最终降落非洲的穿梭轰炸，接着是空袭法兰克福、斯图加特、安克拉姆、格丁尼亚、马林堡等城市——一直到 10 月 14 日第二次空袭施韦因富特，是我们在缺乏战斗机护航情况下实施日间轰炸的高潮。有一次单次任务就损失了 60 架四引擎轰炸机，我记得很清楚，其实 8 月 17 日并不是损失最惨重的。那一天，第 1、第 3 轰炸机师在施韦因富特和雷根斯堡一共损失了 59 架，比他们 10 月份空袭施韦因富特的损失还少一架。自从战争爆发以来，还没有出现过如此激烈的空战。我们的损失达到了有史以来的最高点，尽管纳粹空军的损失也不小，但我们的轰炸机毕竟是真的回不来了。我们还要继续打下去吗？伦敦报纸的社论中也在问同样的问题。说实话，一直到今天，我也不知道

---

① 佩纳明德(Peenemunde)，位于德国乌瑟多姆半岛、佩纳河口。德国陆军火箭研究所所在地，是纳粹德国在第二次世界大战期间的重要火箭武器研究基地。德国陆军火箭研究所成立于 1936 年，集中了德国主要的火箭研制设备、物理学家和工程技术人员。战争期间，研究所在佩纳明德研制成功了 V－1、V－2 型飞弹。1941 年 9 月，德国最高军事当局将火箭研制计划列为“特急发展项目”，致使佩纳明德的地位更为重要。由于该地逐渐为西方情报部门所察觉，德国军方对佩纳明德的防卫日益严密。1943 年 8 月 17 日夜，英国皇家空军派出 597 架轰炸机对佩纳明德实施空袭，投掷爆破弹 1 593 吨，燃烧弹 281 吨。空袭导致研究所研制和生产车间遭到严重破坏，735 人(包括在该地被迫劳动的犯人)丧生。但英国轰炸机也有 40 架被击落。1944 年 8 月，美国空军第 8 航空队又对佩纳明德实施了两次空袭，分别投弹 466 吨和 328 吨。——译者

② 韦瓦克(Wewak)，巴布亚新几内亚东塞皮克省省会，位于新几内亚岛北部沿海，濒临俾斯麦海的西北侧，是巴布亚新几内亚北部地区的主要港口之一。1943 年至 1945 年期间，韦瓦克是二战日军在新几内亚大陆的空军基地，多次遭到澳大利亚与美国空军的轰炸，其中最大的一次就是书中谈到的 1943 年 8 月 17 日。城市西面的沃姆角半岛(Cape Wom)是日军投降的地方，现已建起了一个小型的战争纪念馆，日军修建的机场如今仍在使用中。——译者

当时我们是不是应该打下去。没有人能知道。从一开始我就下定了应对25%损失率的决心，而且当时我们也已经做好了飞机和人员方面的替补准备；但这个时候又有其他因素冒了出来。到了10月中旬，争论已经变得没有必要了，在一年剩下来的大部分时间里，德国东南部都处在浓雾天气中。一直到1944年1月，当中只能安排一次空袭行动进入德国，还是在我们的P－47和P－38战斗机护航范围内(11月份还有两次远程空袭挪威特殊目标的任务，这种作战行动用不着考虑敌人战斗机的骚扰)。到了1月份，天气条件允许我们再次深入德国中部和东南部腹地的时候，我们就已经拿到P－51远程护航战斗机了。1月11日，尽管空袭奥舍斯莱本——哈尔伯斯塔特——不伦瑞克的作战行动中还是麻烦不断，但已经有战斗机全程护航了。29日，再次出动863架轰炸机空袭法兰克福，同样有战斗机护航。一开始德国人还不相信。在突出部之役①的时候，年轻的阿道夫·格兰德将军亲自驾机飞到阿登前线，刚刚从云层里钻出来，就被突然冒出来的四架P－51咬住了，一路追他到柏林。1945年，他告诉讯问他的美军人员，这一下他“真信了”。

美军战斗机护航取得的战果，使我觉得有必要让英国人也设法延长他们“喷火式”战斗机的航程。如果短程“喷火式”的油量只够飞越法国海岸十五到二十分钟，有可能会造成我们延迟诺曼底登陆行动。我向皇家空军上将波特尔提出了这个问题。波特尔告诉我，他没有这个权力要求延长“喷火式”和“飓风式”战斗机的航程。飞机制造的管理部门并不隶属于波特尔的司令部，皇家空军必须通过装备部门改进战斗机的设计和生产。我知道这个情况，所以我说：“我来告诉你怎么干。你把

① 突出部之役(Battle of the Bulge 或 Ardennes Offensive)，当时同盟国媒体依战役爆发地在比利时瓦隆的阿登地区，称之为“阿登战役”或“亚尔丁之役”，但盟军将士依作战经过称之为“突出部之役”，而德国B集团军群则称之为“守望莱茵河作战”。战役发生于1944年12月16日到1945年1月25日，是纳粹德国在二战末期在欧洲西线战场发动的攻势，作战目标是突破英美盟军战线并将其一分为二、占领安特卫普，包围并消灭盟军的四个军，迫使盟军在轴心国占优势的条件下谈判。此次作战如果成功，希特勒就可以集中全力应付东线战事。——译者

那些飞机交给我，我负责给它们加装油箱。不会花很长时间的。你会看到这一切并不难搞定。”就这样，波特尔从英格兰装船运了三架“喷火式”给我。不到两个月，美国陆军航空队的装备司令部为它们加装了油箱，使航程增加到大约 1 300 英里。而且，这些“喷火式”是飞回英格兰的。我很得意地给波特尔拍了份电报：“你用船运给我的‘喷火式’，自己飞越了大西洋，现已在伦敦着陆。”

这个时候，位于意大利福贾的空军基地，为我们新组建的第 15 航空队的重型轰炸机提供了稳定的作战平台。在意大利北部地区展开的“窒息行动”① 于 1944 年春季结束，第 12 战术航空队的 P－47 和战斗轰炸机表现都不错。随着意大利政府的倒台，意大利空军部队也不复存在了。在意大利的作战飞机中，除了一些袭击同盟国舰船的“萨伏伊”鱼雷轰炸机，还有在北非“西部沙漠战役”中取得罕见成功的“马基 200”和“马基 202”型战斗机②，其他大部分飞机都只能是让轴心国空

① 窒息行动(Operation Strangle)，是二战意大利战役中美国陆军第 15 和第 12 航空队发起的一系列阻断空袭行动，目标是切断意大利罗马以北地区的德军补给线，作战行动从 1943 年 3 月 24 日开始，一直到 1944 年春天攻占罗马结束。——译者

② 意大利“马基”MC. 200/202/205 战斗机，二战前意大利拥有一流的航空设计水平，意大利马基公司从 1935 年开始按照意大利空军要求研制新型战斗机，在工程师马里奥·卡斯托迪的领导下，推出了一种新型上单翼单座战斗机。1940 年夏季，MC. 200 装备部队，在意大利军队参战的所有战场都表现活跃，包括北非、巴尔干、希腊以及苏联。MC. 202 于 1941 年交付使用，加强了攻击能力，首批战机被送往利比亚前线，经历了轴心国在北非的全部战役，包括 1941 年底的撤退和 1942 年初的反攻。但由于非洲军团后勤补给的严重不足，同时紧缺的燃料又往往优先德军，MC. 202 经常得不到足够的燃料供应和维修保养，加之盟军空军在数量上的优势，导致意大利空军在北非严重的损失。在最后突尼斯战役中，北非战场上的 MC. 202 飞机基本消耗殆尽。MC. 205 战斗机于 1942 年 4 月首次试飞，保留了 MC. 202 的基本外型设计，并采用了功率更强大的戴姆勒-奔驰公司的 DB605 发动机(Me－109G 的发动机)，具有优异的飞行性能，其最大飞行速度达到了 650 公里/小时，还加装了 2 门 20 毫米机炮，同以往意大利战斗机贫弱的火力相比(原来的机枪几乎无法击穿四发重型轰炸机的机身)，攻击能力大大增强。在与英国“喷火式”作战时，MC. 205 以其凶猛的火力曾一度在格斗中占据优势。MC. 205 可以算得上是意大利在二战时期最优秀的战斗机，性能基本与 Me－109G 相当，在同期也算是欧洲战场上较优秀的战斗机。——译者

军力量的账面数字看起来比实际上更强大一些。德国人似乎不太在乎墨索里尼的“战鹰”。“一流的飞行员，糟糕的战斗机”，我们自己的小伙子们也是这么评价的。

在“三叉戟”和“四分仪”会议上，曾致力于确定一个诺曼底登陆的大致时间。日子被定为 1944 年 5 月 1 日。实际上后来的登陆日期是 6 月 6 日。大家可不要以为联合参谋长委员会、罗斯福总统或丘吉尔首相，能为那么多的军事行动、战役或登陆作战指定明确日期，而且还就是实际上付诸行动的日子。各战区、战场的指挥官才是做出最后决定的人，要综合考虑天气、潮汐、月光和其他一些直接相关的因素。像轰炸普罗耶什蒂油田这样的作战行动，虽然也是在“四分仪会议”上就决定了，但英美联合参谋长委员会或者美军参谋长联席会议只是给出建议时间并明确参战的部队，最后的部署、实施都是当地军事将领组织的。

纳粹首脑对军事的领导就有些乱糟糟了——甚至是希特勒本人不停地对前线职业军官的指挥进行直接干预——到了 1943 年末愈加明显。这对我们是相当有利的。在苏联前线和地中海战区我们都完全掌握了主动权，但是，除了皇家空军的重型轰炸机部队和我们的第 8 航空队，德国距离我们依然是那么遥远，还不曾有人到过那里。那里的情况到底怎么样？会不会突然发生什么改变历史进程的事情呢？

根据各方渠道得来的情报，我们知道德国人正在研制一些“秘密武器”。我们有理由相信，经过我们白天连着黑夜不间断的轰炸，再加上德国人 1941 年之后在地中海和苏联遭受的一系列重大失败，可能已经阻止了德国人的部分“秘密武器”投入使用。

与此同时，我们也不得不提防着他们，在那些传得很神的新玩意儿中，说不定哪一样真会研制成功。如果真有那么几样“秘密武器”，在关键的时候派上用场——特别是在盟军登陆欧洲西北部之前——有可能会造成令人十分头痛的后果。英格兰——这个最主要的大本营，无论对我们的联合空袭行动，还是对登陆行动而言都是——可能会自身难保。

幸运的是，远程 V－2 导弹一直到 1944 年 1 月才投入生产，最终打到英格兰的只有 1 100 枚，大部分都落在了伦敦。德国人原计划每月生产 900 枚的目标没有实现，到 8 月份的月产量徘徊在 50 枚到 300 枚之间。从 1944 年 9 月份起，到 1945 年 3 月之间，平均月产量达到了 700 枚。直到 1944 年 9 月，第一批重达 14 吨、以四到五倍音速飞行的导弹，才从位于荷兰和德国西部的基地发射打向英格兰，而且当时依然存在着一些技术上的问题。法国境内的大型、防空袭 V－2 发射基地，早在 1943 年 5 月就开始建造了，还有一个于 8 月份动工，几乎同一时间，V－1 的发射基地也开始修建。计划用来攻击纽约的巨型导弹 V－10(A－10)①也在

① 德国 V 系列导弹，纳粹德国的导弹工程起始于 A 系列火箭研究，由冯·布劳恩(Wernher von Braun)主持，是 1936 年后在佩纳明德新建火箭研究中心的重点项目。“V”来源于德文 Vergeltung，意即报复手段。V－1 导弹是飞航式导弹，也是世界上最早出现并在战争中使用的导弹，重 2.2 吨，导弹长 7.6 米，弹径 0.82 米，翼展 5.3 米，动力装置为空气喷气发动机，飞行速度每小时 550 公里至 600 公里，飞行高度 2 000 米，射程为 370 公里，战斗部装药 700 公斤，1944 年 6 月 13 日首次向英国本土发射。V－2 导弹是世界上第一种弹道导弹，在工程技术上实现了宇航先驱的技术设想，对现代大型火箭的发展起了承上启下的作用，成为航天发展史上一个重要的里程碑。它全长 14 米，重 13 吨，直径 1.65 米，最大射程 320 公里，射高 96 公里，弹头重 1 吨，由液体火箭发动机推动。1942 年 10 月 3 日，V－2 试验成功，年底定型投产。1943 年初，盟国情报人员发现这一计划，并由对佩纳明德的空中侦察得到证实。1943 年 8 月 17 日夜，英国皇家空军对佩纳明德进行了大规模空袭，毁伤了地面设施。随后纳粹将 V－2 工厂迁到德国山区的山洞工厂，这个过程耽误了预期的火箭攻势。1944 年 9 月，第一枚 V－2 落到伦敦，火箭攻击造成了严重的平民伤亡和财产损失。盟军 9 月 4 日占领安特卫普港后，纳粹向安特卫普港进行了大规模导弹攻击。A－9/A－10 导弹是德国在二战后期研制的洲际弹道导弹，计划用它袭击美国本土，项目被称为“美国计划”，1945 年 1 月完成全部设计任务并进入试验阶段。导弹重 85 吨，弹头装 1 吨高爆炸药，设定弹道最大射高 338 公里，最大射程 5 000 公里，可以覆盖整个美国东海岸地区。A－9/A－10 是人类历史上的第一种多(两)级大型火箭，后世各种大型运载火箭和远程弹道导弹都采用类似结构；同时，由于设计用活人驾驶导弹，需要保证驾驶员在火箭飞出、返回大气层和太空弹道飞行阶段的安全，冯·布劳恩和设计人员进行了最早的载人航天飞行探索，第二级火箭驾驶舱被设计为全密封式，铺设了专门研制的特种绝热材料和全套供氧设施等生命保障系统和抗负荷系统，研制了全新的驾驶服。A－9/A－10 对后 （转下页）

研制之中。

在 1943 年夏末的时候，V－2 和喷气式飞机的研发项目引起了我们的特别注意。当时我们对 V－2 还知之甚少，只不过我们对飞机制造厂的不间断轰炸，也顺带便打乱了导弹发动机的生产计划(1944 年的时候，我们确实发现有一些导弹部件由于缺乏发动机而未能完成组装)。1943 年 8 月，有一种德国秘密武器浮出水面，让我们下定决心采取猛烈的反制措施，那就是 V－1。皇家空军的一份情报对这种新式武器进行了相当精准的估测，描述它是一种薄壳的飞行炸弹，重量大约 2 000 磅(1 000 公斤)，发动机推进，用稀释过氧化氢作燃料，飞行速度大约 200 英里/小时，可能具备了飞越海峡打击英国的能力。凑巧的是，这份情报是通过空中而不是地面得来的。它来自白金汉郡梅德门汉县皇家空军图片情报专家对航空照片的分析，包括皇家空军妇女勤务队的一名年轻军官，她的名字叫康斯坦斯·巴宾顿-史密斯，后来她成为纽约《生活》杂志的记者和作家。一些制氢方面的专家也研究了这些在佩纳明德拍摄的高空照片，那里是德国人研制 V 型系列导弹的实验中心，专家们甚至判断出了这种武器可能使用的燃料类型。

就像我们后来了解到的，V－1 其实是我们陆军航空队从 1917 年起就在断断续续研究的“飞虫”炸弹的近亲。现在，这些奇怪的建筑却突然出现在法国沿海，根据它们建造的形状，有一些被称为“滑雪台”，还有一些大型水泥建筑也在不断冒出来，很显然，它们都与发射这种新式武器相关。所涉及的法国多佛海峡地区，正是我们也会选择的最理想

(接上页)世人类宇航事业产生了划时代的影响，战后冯·布劳恩曾经表示，他本来就是要借此计划来实现载人航天飞行。1945 年德国投降前夕，冯·布劳恩和 120 名火箭专家向美军投降，后到美国，成为美国火箭技术和空间技术的奠基人之一。苏联也缴获了大量 V－2 的成品和部件，并俘虏了一些火箭专家，以此为起点，开始自己的火箭和空间计划。——译者

的发射地，如果我们要发射成千上万的“飞虫”炸弹对一块目标区域实施集中打击的话。一切都清楚了，德国人正打算用这一招对付英格兰。

采取的第一步措施就是炸平佩纳明德。8 月 17 日夜间，皇家空军出动了大约 600 架轰炸机，机组人员只知道去攻击一个德国人重要的“雷达”研发机构，任务完成得还算不错。根据事后的战报，尽管未能“清除大多数关键科研人员”，但迫使幸存下来的科学家往南转移到了巴伐利亚州的阿尔卑斯山区，1945 年 4 月，他们被一支随美国第 10 装甲师推进的空军技术情报队逮捕。1944 年，我们的第 8 航空队又对佩纳明德进行了三次大规模空袭，尽管作战行动堪称完美，但显得有些多余——特别是因为 V-1 导弹的研发阶段当时已经完成了。

1943 年，根据照片情报显示的建筑物外形，我们在美国本土建造了同等式样的水泥建筑，试着用各种战术——高空轰炸、低空轰炸和跳弹轰炸——寻找彻底摧毁它们的方法。

那年夏天，由于我们已经知道了德国人的威胁迫在眉睫，所以大家很清楚，必须尽快对他们的集散点、可能的装配中心等目标发动攻击。《美国战略轰炸调查》也表明，我们对德国交通运输系统、油田等设施的大范围轰炸，也一定程度上延缓了 V-1 导弹项目的进程。不过，最主要的还是，必须对那些发射点本身实施空袭。当时，皇家空军被称为“双簧管”的瞄准装置已经启用，这些在地图上只有针尖大小的目标，就算能够被炸弹击中，它们往往还有厚达十英尺的水泥防护层。然而，不管有没有“双簧管”，皇家空军的轰炸精确度都达不到要求。这是一个精确轰炸的活儿，只能让第 8 航空队挑大梁了。

从 1943 年 8 月到 1944 年夏天，第 8 航空队除了照常执行其他任务，还对这些神秘的小目标进行了空袭，投下了大约 10 万吨炸弹。起初的时候，虽然轰炸任务本身就存在一定难度，但敌人还没有采取抵抗措施。后来，随着空袭取得了一定效果，目标地区的防空炮火就变得猛烈了。

有些熬过了施韦因富特的机组人员，却在多佛海峡地区丢了性命。大家都知道，最终 V－1 导弹还是发射了。虽然我们未能阻止它成功发射，但据《美国战略轰炸调查》估计，美国陆军第 8 航空队和皇家空军的战略轰炸，以及随后两国空军中型轰炸机部队实施的空袭，让德国人平均每个月损失了四分之三的 V 型导弹。对他们发射点的破坏不是很严重，最后这些地点都被步兵攻占。到了那个时候，不管德国人再想干什么，一切都太晚了。

第 8 航空队投向这些发射点目标的炸弹数量，占到了 1943 年 8 月到 1944 年夏天空袭德国投弹总量的 9%。在第一枚导弹落到伦敦只有三十五天之后，丘吉尔宣布——除了那些打到无人地带的，德国人发射的导弹一共造成 2 752 名平民死亡，8 000 人受伤——从那么多导弹所造成的后果来看，就足以证明 V－1 是一种无效的武器。我同意这个说法——除非它们得到正确的运用，而且在恰当的时机。随便提一下，《美国战略轰炸调查》中有这样的表述："不过，有一点要注意，他们(指我们陆军航空队)对导弹发射点的空袭，往往是在气象条件不允许他们轰炸其他目标的情况下才进行的。"

第一枚 V－1 导弹落在伦敦的时候，我碰巧也在那里，其实它们并没有引起我太多的关注。但不管怎样，我们对发射点实施的空袭，还是让我和所有的伦敦人一样高兴。

在意大利战役中，我们很清楚，当地面部队从南向北推进的时候，我们空军帮不上太多的忙，但不等于无事可做。空军不可能完全切断意大利战场上德军的补给。他们可以依靠广大乡村生存，无论那里农民居住的海拔有多高。德国人的吃苦耐劳和意志力——很像那些从太平洋海岛洞穴里突然冒出来的、神情麻木的日本人，他们的"野战配给"只有一小袋大米和鱼干，尽管凝固汽油弹的火焰经常灌进他们的藏身处，这些日本人还是能够熬上几个星期不出来——使得德国士兵有可能在明显无法生存的环境中挺下来。有时候虽然我们已经把德国人的阵地阻断、孤立起来，补给和增援部队都无法上来，但很少能让他们投降。

空军在意大利的任务是：让这支堪称世界上训练最有素、纪律最严明部队之一的德国陆军，无法组织持久的抵抗——哪怕是在比较适合防御作战的德占意大利乡村地区。有的时候，也会单靠空军去消灭某一个地方的整支敌军固守部队。由于我们掌握了整个战场包括敌人后方的制空权，美国空军为陆军部队的展开和部署提供了最大的便利。我们的港口和铁路高效运转，机场里挤满了飞机，都没有遇到严重的袭扰，因为我们掌控着那里的天空。

当然，偶尔也会有德国空军来捣乱；有时候会击沉一艘装载着重要货物的轮船；偷袭也会造成一些人员伤亡。不过，一旦我们的空军基地建立起来，德国人在意大利的空军就不复存在了。当我们与德国人的八个师还在罗马以南地区作战的时候，美国空军实际上已经切断了比萨-里米尼一线以南的所有铁路和公路。我们还轰炸了亚平宁山脉以北的重要铁路枢纽。对公路运输的空袭摧毁了每天路面上汽车的20%至30%，这意味着德国人在意大利的所有汽车运输每个月要损失50%。不过，尽管如此，德军的八个师还是坚守了很长时间，而且打得相当好。

1942年到1943年的时候，关于马歇尔将军、金海军上将、莱希海军上将和我的军衔，引起了大家不少议论。主要是因为，从军衔高低的表面上来看，我是陆军中将，马歇尔将军是陆军四星上将，金和莱希都是海军四星上将，而与我们打交道的英军总参谋部，不是海军第一大臣，就是陆军元帅，或者空军上将，每个人都是五星的军衔。

就拿我来说，军衔其实说明不了什么问题。在第一次世界大战期间，我担任航空勤务队副主任的时候，是一名上校，当时我们的兵力有15.7万名官兵。后来，我担任南加利福尼亚空军高级主管，一直和海军上将们打交道——军衔只有少校。再后来，我负责指挥空域覆盖整个落基山脉和太平洋海岸的空军联队，并掌管着30个空军营地——也只是个中校。等到我去了英格兰，成为航空勤务队主任，已经是肩扛两颗星的少将，但我发现和自己打交道的都是空军上将、陆军元帅和海军上将——全是五颗星的，胸前的勋章从左边一直排到右边。而我只有两枚勋章在胸前、两颗星在肩膀上。就像我前面说的，军衔对于我没有多大意义，但是我觉得有必要提升莱希海军上将和马歇尔将军的军衔。马歇尔是掌握着一支大约800万人军队的首长。通常情况下，他是我们开会时候的发言人，是美国总统军事方面的顾问，也是英国首相的军事顾问，有时候还要向斯大林和蒋介石提出建议。基于上述理由，他确有资格晋升军衔；莱希海军上将是我们参谋长联席会议的主席，也有这个资格。同时考虑到太平洋战场麦克阿瑟将军、尼米兹海军上将、哈尔西海军上将承担的繁重使命，还有艾森豪威尔将军在欧洲战场上统率的部队比当年的潘兴将军还要多，他们也都应该晋升到最高军衔。

我知道，马歇尔将军从来没有为自己或联合参谋长委员会的其他成员要求过五颗将星。他的态度是："如果国家授予我，自会接受，但绝对不会主动去要求。"我也是这样想的。不过，到了1943年，晋升军衔一事提上日程的时候，还是有更多的人参与了竞争。陆军和海军五星上将需要佩戴的肩章图案设计好以后，被送到了战争部，马歇尔将军也没怎么关注。一直到国会通过了战争部长和海军部长的提名，马歇尔将军才开始研究五星上将肩章的式样。他最终选了环形的五颗小星作为陆海军五星上将的军衔标识。后来，我们几个人向他提出来，星星上应该有什么东西衬托一下，比如元帅的军衔都加上了交叉的权杖或宝剑，还有一些肩章上带有皇冠等其他装饰物。

在他的办公室里讨论了好长时间，最终还是决定，美国军装的外套还是只配上五颗星更美观大方。五星上将的外套和肩章就这样确定了下来。

在1944年初的欧洲战场上，西线的战事已经落在了后面。在意大利，攻占加里利亚诺河到佩斯卡拉一线后，接下来的大约6个月时间里都没有多大进展——一直到诺曼底登陆。

艾森豪威尔的地中海战区总司令一职，由亨利·梅特兰·威尔逊男爵接任，副总司令是美国陆军的德弗斯中将。斯帕茨被调往伦敦，担任新组建的美国战略空军司令，驻大不列颠第8航空队和驻意大利第15航空队的重型轰炸机部队统一交给他指挥。弗雷德·L·安德森少将担任分管作战的副司令。吉米·杜立特接替埃克执掌第8航空队，埃克调任地中海战区空军司令，归威尔逊将军指挥。特文宁将军从太平洋战场调到意大利，接掌第15航空队。坎农将军继续指挥第12航空队。

也是那个时候，西西里、撒丁岛和潘泰莱里亚岛——这是第一批只是因为遭到空袭就投降的岛屿——的军事行动已经全部结束。我们做出了新的安排，补给、装备和军需物资都得到了加强，为横渡英吉利海峡的主攻“霸王行动”做准备，还有“铁砧行动”①。“铁砧行动”是在法国南部沿海的土伦、马赛附近地区实施登陆作战的代号，它是在“霸王行动”过后一段时间实施的。

① 铁砧行动（Operation Anvil），第二次世界大战中的重要战役。在策划阶段该行动是代号“大锤行动”的诺曼底登陆作战的补充。随后这两个计划被重新命名，后者成为“霸王行动”，前者则改名为“龙骑兵行动”。1943年德黑兰会议确定，在实施诺曼底登陆的同时，将在法国南部进行登陆作为配合。但英国力图取消此行动，抽走部分登陆舰艇用于南欧作战，美国被迫同意推迟，直至1944年7月才重新确定实施。丘吉尔认为该行动浪费资源，主张将兵力投入到石油产区巴尔干，然后可以向其他东欧国家推进，除了进一步限制德国获得急需的石油外，也可以使西方国家在战后获得更好的战略地位及防范苏联红军。这是当时英美两国的重大战略分歧之一。——译者

第二十七章　诺曼底海滩，登陆第三天；V－1火箭轰炸伦敦

1944年6月6日，清晨，许多住在法国内陆村庄的居民，冒着生命危险向我们低空扫射的飞机挥手。他们知道，解放日来了。就在登陆行动之前，厄尔·E·艾博少校率领第422轰炸机中队老飞行员驾驶的六架B－17，在没有战斗机护航的情况下飞临登陆海岸，然后成扇形散开单飞，在附近城镇和乡村上空抛洒下传单，提醒法国老百姓跑到开阔地带并远离公路，确保自身安全。大家翘首以盼的解放日终于到来了！

在国内的家里，亲人们分分秒秒牵挂着那些冲向诺曼底海滩的人的命运。在进攻前实施的最后一轮轰炸为他们铺平前进的道路，尽管当时的天气状况不佳，云层很厚，但是弹着点还是精确地落在第一批冲上海滩的人前面，距离最近的只有数英尺。就像劳伦斯·库特将军后来写道的："机群的编队是如此密集，投下的炸弹就好像从小船上往下倒颜料一般。"就算天气不好也没关系，这是我们从希特勒那里学到的。

艾森豪威尔指挥的诺曼底登陆行动取得圆满成功，接下来要有更大的好戏登场了，1944年6月，英美联合参谋长委员会按计划在伦敦召开了会议。

马歇尔将军和我同乘一架C－54运输机飞往伦敦。从纽芬兰岛的史蒂文斯维尔往外飞大约100英里，就到了绵延50多英里的冰川，有些冰山的体积是如此之大，表面上竟然还有湖泊。一路上经历了阴晴云雨，

看到了晴空满月，凌晨3点钟，我们在机舱的铺位上睡下。

被人叫醒的时候，他们告诉我们，三十五分钟以后飞机就要降落了。透过云团的空隙，我们可以看到爱尔兰岛。但是到了普雷斯蒂克上空却无法着陆，还需要等上一个半小时。我们下面还有三架飞机等着降落。那天的云层太低了，其中一架飞机飞越了机场上空，但是看不到机场。

因此我们的飞机被转派到威尔士西北角的一个空军基地，距离普雷斯蒂克机场150英里，名字叫“山谷车站”，是空运司令部管辖的一个基地，用来运送那些因伤无法继续作战的人员回美国。

在威尔士遇上了个阴雨天。我们从山谷车站搭乘“爱尔兰老式蒸汽小火车”去伦敦，他们给我们安排了个私人包厢。等开到伦敦，天已经放晴了，阳光灿烂——艾伦·布鲁克爵士、查尔斯·波特尔爵士、皇家海军元帅安德鲁·坎宁安爵士、汉迪将军、伊斯梅将军、斯帕茨将军，还有不少人已经在站台上等着我们了。库特将军和麦卡锡上校也从普雷斯蒂克飞过来与我们会面。斯帕茨将军和我一辆车去住处，我太累了，和他聊着聊着便在车上睡着了。在过去的二十四小时当中，我最多睡了两个半小时。我们住在伦敦西南斯坦斯社区的一座装修奢美的房子里，房东吉布森先生是一位富有的工程师，他在尼罗河上修建了很多大型水坝。

那天晚餐的时候，比德尔·史密斯将军、布尔将军和我聊了法国战场的最新局势。第二天早上，在艾森豪威尔的司令部，我们和他以及作战参谋们进行了交谈，发现他们对滩头阵地的推进都相当乐观。

我们还了解到，德国空军连影子都快看不到了。飞行员们举了个例子，在登陆行动的时候，德国人的19架JU-88轰炸机遇上了英国皇家空军的12架“喷火式”战斗机，结果JU-88全被打下来了——“喷火式”无一损失。还有一个例子，德军39架鱼雷轰炸机从法国南部起飞，前往攻击滩头阵地，不料却飞进了自家的防空炮火中。四架被击落，十多架立马掉头返航。剩下来的一半继续编队飞行，没多久也飞回去了。与此同时，我们的部队正在登陆海滩上岸。

我们感到很奇怪："德国空军怎么啦?"我们知道自己已经打败了纳粹空军，但英格兰南部的港口里停满了各式各样的登陆船舶，空地上堆满了补给物资，纳粹空军至少应该派出一半的兵力前去轰炸才对啊。不仅如此，在"D 日"前夕连一次空袭都没有，进攻行动当天横渡英吉利海峡的船艇也没有遭到袭击，登陆以后滩头阵地上也没有敌机轰炸。这是我们的日间轰炸发挥了作用吗？还是对德"二十四小时不间断"轰炸战略取得的战果？我们需要拿到进一步的证据。

抵达伦敦次日，英美联合参谋长委员会召开了会议，讨论法国、意大利、缅甸、西南太平洋、太平洋、中国和苏联等诸战区的战事进展情况，委员会全体成员都出席了会议。援助中国的"驼峰航线"也是议题之一。我很得意地向会议报告，就在前一个月，空运司令部已经把"驼峰航线"的运量提高到 11 000 吨。而且，看起来 7 月份有望达到 16 000 吨。

我们讨论了下一步在缅甸北部采取的作战行动；还有英帕尔①地区英军部队需要支援的空投飞机数量。这些问题如果在六个月或一年之前提出来，可以更容易解决，因为我们的飞机产量都是提前确定的，眼下一下子很难拿出来；事实上，大多数战场的战事都正打得不可开交，到处都在喊着要飞机。在第二场会议上，我们讨论了丘吉尔首相、马歇尔

① 此处是指 1944 年 3 月至 7 月的英帕尔战役。1944 年 3 月 8 日，日本缅甸方面军发动英帕尔战役("乌"号作战)，企图占领英帕尔和科希马等要地，威胁盟军重要补给基地迪马布尔，并切断中印公路，改善其在缅甸的防御态势。西方和日本军史学家评价这是日本历史上在陆战中遭到最惨重失败的一次战役，日军在发动进攻时约有 10 万人，结果有 53 000 多人在战斗中死亡或失踪，并且败退回原来进攻的出发地。英帕尔会战后，作为日军驻缅方面军主力部队的 15 军，已不再具有一个战役兵团的战斗力了。盟军在印缅战场，从此转入了总进攻的战略阶段。——译者

将军、金海军上将和我前往滩头阵地视察的可行性，以及日程安排。

会上引起大家争论的一个话题是，“不同的战区需要储备多少汽油?”据我所知，太平洋战场要求汽油储备不得少于两个月，地中海战区要求不低于六个星期；但英国人却要求，无论什么时候英格兰都必须保持六个月的汽油储备。这我就难以理解了，因为从美国运往地中海和南太平洋战区的汽油一般要花上几个星期，而送给英格兰的都在十天以内。因此，尽管英国人嚷嚷个不停，我们还是把他们的油料储备削减到三个月。斯帕茨和内尔①对此也均表示同意。

第二天，6 月 11 日上午，金上将和我决定去艾森豪威尔将军的“盟国远征军最高司令部”看看，以了解一些战局的最新情况。有人告诉我们，那里的战报比皇家空军上将利·马洛里的司令部要早六个小时。出发的时候，副官和司机都向我们保证知道路线怎么开，据说离吉布森先

① 休·约翰逊·内尔(Hugh Johnson Knerr，1887—1971)，美国空军少将。1908 年毕业于美国海军学院。一战期间 1918 年 1 月调入陆军通信兵航空科。1927 年 9 月任第 2 轰炸机大队指挥官，对推动战略轰炸理论研究发挥了重要作用。1932 年接替本书作者阿诺德任陆军航空兵装备处机场科主管。1934 年 7 月，协助阿诺德组织了马丁 B－10 轰炸机编队赴阿拉斯加的远程拉练，担任行动副指挥官；这次拉练行动赢得了当年的“麦凯杯”，尽管阿诺德为所有人请功，但最终仅阿诺德一人获“杰出飞行十字勋章”，这造成了两人失和，1938 年 9 月内尔曾串联反对阿诺德担任航空兵主任。1935 年 3 月担任新组建的陆军航空兵总指挥部参谋长，晋升上校；在随后的三年里，内尔配合总指挥弗兰克·安德鲁斯少将，竭力推动 B－17“飞行堡垒”重型轰炸机的研发，与战争部总参谋部发生了激烈的矛盾。1938 年 2 月，内尔被调去得克萨斯圣安东尼奥的萨姆·休斯敦堡军事基地任第八军区空军主管，也就是 13 年前比利·米切尔被下放的地方。1939 年 3 月，内尔被认定患有“心身疾病”而强制退役。与此同时，安德鲁斯也因为强烈主张战略轰炸和空军独立被调到第八军区，军衔降为永久上校，接替内尔任空军主管。随后，内尔在沃尔特里德陆军医院澄清了此前退役委员会给他下的医学结论。1941 年 8 月，应时任巴拿马空军司令的安德鲁斯将军之邀，内尔恢复现役，任维修主管。1942 年 7 月恢复上校军衔，10 月任空军后勤司令部副司令。1943 年 7 月晋升准将，阿诺德推荐他任驻英格兰第 8 陆军航空队后勤司令部副司令，10 月任司令。1944 年 1 月任欧洲战区战术空军后勤司令部副司令，3 月晋升少将；诺曼底登陆之后，6 月任欧洲战区美国战略空军后勤司令部副司令。1945 年 6 月回国任战术空军后勤司令部司令；空军独立后曾任空军部部长特别助理、空军总监察长等职。1949 年 11 月退役。——译者

生的寓所只有二十分钟路程。车开了四十五分钟以后，我们还没有到地方，于是我们就向路上的人打听，飞行员、士兵、警察和市民都问了，都说不知道。最终我们还是没有找到，只好返回吉布森寓所。听不到战局的最新情况，让金海军上将有点儿恼火。

等我们回到住处，发现马歇尔将军还没有从契克斯庄园回来，他去那儿拜访丘吉尔首相。下午 1 点 30 分，英美联合参谋长委员会的成员们一起吃了午饭，接着召开另一次全体会议，为第二天横渡英吉利海峡前往滩头阵地视察做些准备。

那天晚上 8 点，我们去迎接丘吉尔首相的火车，但是火车晚点了。我们——马歇尔将军、库特将军、金上将和我，坐在火车站里等了四十分钟。火车到了以后，我们都上去了，并在车上吃晚餐。餐车里坐着丘吉尔、他的副官、史末资陆军元帅、首相秘书马丁先生，正在等我们。席间大家的心情都不错。一直到晚上 11 点，丘吉尔说第二天大家要早起，最好早点儿睡觉。次日清晨，大家 5 点 30 分就起来了。在分头出发之前，大家商量了一下如何返回伦敦。马歇尔和金打算乘驱逐舰回来，然后再坐首相的火车——军舰上四个小时，火车上七个小时。我希望能在滩头阵地上多待一些时间，回来的时候坐飞机——只要一个半小时。

在朴次茅斯，艾森豪威尔将军等着迎候我们的火车。我们看到朴次茅斯港口里挤满了各式各样的船舶。大家登上了美国海军的驱逐舰“汤普森号”，驶出了港区，以每小时 30 节的速度航行。沿途有数百艘大大小小的船，或编队或单独，都在朝着欧洲大陆的方向行进。过去我从来没有看到过这么多船，它们不紧不慢地驶向法国海岸——头顶上看不到德国飞机的影子！毫无疑问，这应该归功于英美两国空军部队为这次登陆行动所做的准备工作。

如果轰炸机想要找一个撒欢儿的地方，那就是眼下的朴次茅斯和英国沿海的一系列港口，以及海峡中那浩浩荡荡的船队，还有集中靠泊的法国海岸，至少还有数百艘船停靠在那里。如果这个时候德国空军过来，真是可以好好享用一顿大餐。所有的飞机都不会空手而归，哪怕采用“跳弹轰炸”战术，个个炸弹都能命中目标。偶尔也能听到一声爆炸，但并不是来自德军的轰炸，而是扫雷艇引爆了德国人过去布下的水雷。

我们从驱逐舰上下来，又换乘一艘反潜舰，艾伦·古德里奇·柯克海军上将和小约翰·莱斯利·霍尔海军上将也上船与我们会合。我们看到了第一座人造防波堤围成的港口，防波堤是由一长串漂浮的钢铁箱管拼接起来的，海面以下由 16 艘首尾相连的沉船作为支撑，沉在两头的是英国皇家海军的“百夫长号”战列舰和“凤凰号”巡洋舰。

在靠近岸边的地方，是由 60 英尺高的、中空的巨大水泥块拼砌而成的码头。所有的水泥块都是用船拖过英吉利海峡，然后排在一起沉入水中，拼成码头和栈桥。在防波堤内侧的码头上，系泊着各式各样的舰船。其中有美国海军的老巡洋舰“奥古斯塔号”和“塔斯卡卢萨号”，美国海军的战列舰，英美两国的驱逐舰和自由轮①、油轮、坦克登陆舰、运兵船。被称为“唐老鸭”的美军“谢尔曼”水陆两栖坦克和绰号“鳄鱼”的英军“丘吉尔 MK7”喷火坦克正在被运送上岸，有一些已经

---

① 自由轮（Liberty ship），美国在二战期间大量制造的货轮，用来替代被德国潜艇击沉的商船，并根据租借法案大批援助给英国。船名一般取自《独立宣言》签署之后的著名美国人。1941 年 9 月 27 日被定为自由舰队日，第一批 14 艘紧急建造的自由轮在那天下水。第一艘是“帕特里克·亨利号”，名字取自独立战争时期的政治家、弗吉尼亚首任州长帕特里克·亨利，由罗斯福总统本人亲自主持下水仪式。仪式上罗斯福引用了帕特里克·亨利在 1775 年独立革命前夜动员演讲中的一句话：“给我自由，或者死亡”，称这些船只将给欧洲带来自由，这便是“自由轮”名字的起源。这些船只按照流水线建造，预制好的零件被运到船坞进行装配，采用焊接工艺取代铆接工艺，建造时间被大大缩短。早期每艘船需要大约 230 天，后来建造速度不断加快，最终平均只需 42 天就可以下水，最快的一艘从铺设龙骨到下水只用了 4 天 15 小时 30 分钟。1943 年每天有 3 艘自由轮下水。1941 年到 1945 年间，18 个美国船坞共计建造了 2 751 艘自由轮，让它成为二战中美国工业的一种象征。——译者

被地雷炸毁，残骸被抛在了海滩上。

我们还能看到海滩上的卡车，从坦克登陆艇上开下来，可以沿着一条路一直开到山崖上面。不停地有爆炸声传来，工程兵部队的排爆小分队正在处理德国人埋下的地雷。

在港口里转了一圈之后，在一辆“谢尔曼”两栖坦克的护卫下，我们的船开始靠岸。潮水很低，我们的船碰到了一个水底障碍物的顶部。幸运的是，这个障碍物上面并没有系缚水雷，因此我们的船轻轻地滑开去，绕过更多的障碍物和沉船，驶向岸边。等我们爬下船上了岸，遇到了前来迎候的布雷德利①将军、克萨达将军、罗伊斯将军、科利特将军等很多老朋友。

我们坐进了各自的军用吉普和轿车，朝着临时飞机着陆跑道开去。然后马歇尔将军、金上将、埃克和我登上了一架 C－53 运输机，里面塞满了 17 名伤员。我们向那些还能够说话的人问好，还和护士们聊了一会儿。她们的工作都很认真，在这距离火线咫尺之远的地方照顾伤员，令人颇受鼓舞。

在前往布雷德利将军司令部的路上，我们又顺便探望了一家野战医院。旁边是一个德军 155 毫米重炮连的阵地——其中一门炮被铝热剂炸弹炸毁了，其余的都还能用。德国兵跑得是如此匆忙，从法国农民家里搜刮来的牛和鸡都没来得及带走。田地里到处都是这些牲畜和家禽在闲

① 奥马尔·尼尔森·布雷德利（Omar Nelson Bradley，1893—1981），美国陆军五星上将。1915 年 6 月毕业于西点军校，1920 年回校任数学教官。1929 年任本宁堡步兵学校兵器教研室主任。1933 年进指挥参谋学院深造，毕业后回西点军校任学员团团长。1939 年 9 月调入总参谋部任参谋，次年任助理参谋长。1941 年 2 月任本宁堡步兵学校校长。1942 年 2 月起先后担任步兵第 82 师和第 28 师师长。1943 年 2 月调往北非，任美军第 2 军副军长、军长，参与指挥了突尼斯战役、西西里岛登陆战役；9 月任驻英格兰美军第 1 集团军司令，参与指挥了诺曼底登陆行动、“眼镜蛇”作战行动。1944 年 8 月任第 12 集团军群司令，率部参加了法莱斯战役、解放卢森堡和比利时、阿登战役、鲁尔战役等一系列重大战役。1945 年 8 月任退伍军人管理局局长。1948 年 2 月任美国陆军参谋长。1949 年 8 月任正式设立的美军参谋长联席会议首任主席。1950 年 9 月晋升陆军五星上将。1953 年退役。——译者

逛。庄稼还没有收割。电话、电报线路也没有被破坏。道路和桥梁都完好无损。德军埋设的地雷也相对比较少。

和艾森豪威尔、布雷德利、考特尼、霍奇斯、柯林斯、杰罗几位将军共进了午餐之后，我和劳伦斯·库特将军、绰号“保险箱”的克萨达将军一起去视察空军的司令部及其下属机构。很快我们将建成4条飞机临时起降跑道。一条已经启用，另一条当夜可以完成，还有两条将在48小时内准备完毕。地面上停放着数百架美军飞机，但是空中连一架纳粹空军飞机的影子都没有！那天美国空军和皇家空军一共出动了4 000架次的飞机，捕猎德国空军升空的任何战机！

当晚我们回到了海滩上的机场，乘飞机返回英格兰，从集中靠泊的庞大船队上空飞过。从飞机上往下看，场面真是壮观。但也让人有些担惊受怕，如果这个时候德国人的轰炸机飞过来的话，后果不堪设想。

次日上午，我们去了艾森豪威尔将军的司令部，与艾森豪威尔和人称“甲壳虫”的史密斯将军进行了长时间会谈，然后赶回伦敦参加英美联合参谋长委员会召集的会议。中午1点30分，我们和英军的参谋长们一起吃了午餐。下午，我们讨论了将要下达给威尔逊将军和艾森豪威尔将军的作战指令。有些指令被丘吉尔首相做了调整，除非获得丘吉尔的批准，英军的参谋长们不敢将它们改回原来的表述。最终大家还是达成了一致意见，指令被发出。

会后，我和马歇尔将军在弗雷德·安德森①将军的陪同下，搭乘一架“洛克希德”轰炸机，前去慰问部分一线作战部队。安德森从当年一月份开

---

① 弗雷德里克·路易斯·安德森(Frederick Lewis Jr. Anderson，1905—1969)，美国陆军少将。1942年任美国陆军航空队司令、本书作者阿诺德将军驻北非和联合王国的私人代表，协调处理轰炸机部队相关事务。1943年4月任驻英格兰第4轰炸机联队司令，7月任第8轰炸机司令部司令，11月晋升少将。1944年1月任欧洲战区美国战略空军分管作战的副司令。1945年6月任陆军航空队助理参谋长。1947年9月退役。——译者

始担任斯帕茨将军分管作战的副司令。首先我们去看望了第 91 重型轰炸机大队——他们是飞 B－17 的；然后是第 325 战斗机大队——飞 P－51 的；还有第 355 中型轰炸机大队——飞 B－26 的。杜立特将军也一路陪着我们。离开战斗机司令部的时候，我们又带上了凯普纳将军，也陪同着一起视察。

这一圈儿跑下来，让我感觉到自己老了。在巴斯伯恩，我碰见了罗斯・弥尔顿中校，他是在莱利堡和我的儿子们一起长大的。现在罗斯已经是一名陆军中校了，担任一个重型轰炸机大队的执行官。八个月之前，他率领第 91 轰炸机大队，参加了对施韦因富特的第二次空袭，那一次作战任务就损失了 60 架 B－17。那个时候，德国空军的实力仍然非常强悍。

我一个大队接着一个大队地转下来，没有发现还能为这些孩子们再多提供些什么。飞机，机组人员，他们想要的一切，看起来都已经到位了。

第二天上午，我召集了一次会议，斯帕茨、布里尔顿、杜立特、内尔、安德森和范登伯格都出席了，共同研究如何进一步提高我们的作战水平。我收到了很多好的建议，接着我赶紧去拜见英国国王。这是我第一次拜访他，事前我还学习了一点儿如何觐见和告辞的礼仪。我们的会面从 12 点 15 分持续到 1 点 07 分。

接下来一天的下午，英美联合参谋长委员会又召集了一次会议，一直开到五点钟。5 点 30 分，我们回到了吉布森宅邸，8 点 15 分再赶往唐宁街 10 号，参加国王和首相举办的晚宴。出席的人还有：陆军元帅史末资，皇家空军元帅波特尔，人称“巴哥犬”的伊斯梅将军，艾伦・布鲁克爵士，海军上将金，皇家海军上将坎宁安，副首相艾德礼①，和国王

① 克莱门特・理查・艾德礼(Clement Richard Attlee，1883—1967)，英国工党政治家。牛津大学法律系毕业，曾任律师，二战期间任副首相。1945 年 7 月首相大选中以绝对多数战胜了丘吉尔，并与杜鲁门、斯大林出席波茨坦会议。战后，艾德礼支持美国国务卿马歇尔提出的“欧洲复兴计划”。艾德礼任首相期间放弃了对印度和巴基斯坦的控制，使英国加入了北大西洋公约组织；对国内执行经济紧缩计划，对大工业实行国有化，并创办国民保健事业。——译者

的秘书孟席斯先生。

宴会的气氛相当好。国王和丘吉尔首相的心情都不错。有一个话题大家讨论得很热烈，是丘吉尔提出来的——我不知道他是认真的，还是随意抛出来的“引子”——英国和美国这两个民主政体的选民，彼此到了对方的国家，应该也能够成为适应当地法律的公民。大家不停地祝酒和发言，到了凌晨1点的时候，坐在我身边的国王转脸向我问道：“有谁想去上床睡觉吗？我们还要坐多长时间？”

我回答说：“尊敬的陛下，由您来决定。”

国王又转向丘吉尔问了同样的问题。首相说：“还早着呢；我们还有很多话要说。”于是大家继续聊！

三年之前，在一次德国空袭之后，我曾经去过白金汉宫。宫殿的窗户都被震碎了，整个大殿里显得死气沉沉。当时国王忧心忡忡地告诉我，不知道还要等待多久，美国才会给予英国空军和其他方面的援助，以改变战争的被动局面，团结盟国一起扭转历史的潮流。到了1944年，战争的进程已经彻底扭转，国王的心情就大不一样了。还不仅如此，全体英国人民的生活也得到大大改善，因为此刻来自德国陆地、海上和空中的威胁均已不复存在。

不过，两天之前的情况还是有点儿不一样。12日晚上11点45分，空袭警报响了起来，大家都觉得莫名其妙。一直到凌晨5点30分，我们听到了一长串急促的爆炸声，大部分距离吉布森宅邸有几英里，但也有几声相当近。气氛一下子凝重起来，我们也判断不出那声音到底是什么。炸弹？火箭？是安装了延迟引信？到底是什么东西？我跑出房子去探个究竟，恰好看到一枚无人驾驶的飞弹从空中飞过，就在吉布森宅邸的四周盘旋。刚刚从房子旁边飞过去。然后它从云层里俯冲下来，降低高度，在低空转了个弯，击中地面而爆炸，就在大约1.5英里远的地方！爆炸的威力把大多数参谋从床上掀了下来。有七枚导弹击中了我们房子周围5英里的区域。看起来德国人已经知道了美军的参谋长们就住在吉布森宅邸里，所以选择这个区域作为他们首轮V－1导弹空袭的核心目标。

从那时开始，V－1导弹就以固定的频率，对伦敦进行了二十四小时不间断的攻击——大概每五分钟就有一枚落下。我开车去察看其中一枚造成的破坏程度。它击中了一个小村庄100码外的果园，震碎了村庄里所有房子的窗玻璃，冲击波掀翻了部分房屋的房顶，吹倒了一些树木，炸出了一个直径约6英尺、深4英尺到5英尺的弹坑，但没有造成其他损失。根据我的判断，这枚V－1导弹的重量不会超过2 000磅，携带的炸药不会超过500磅。它用冲压钢板制造，翼展26英尺，由喷气式发动机推动，拥有自动陀螺仪导航系统。

引擎关闭之后，导弹从云层俯冲下落的时候发出一种特殊的“嗡嗡”声，然后转入平飞状态，在击中地面之前会划出一个半圆形的圈。弹坑附近有一个钢制圆柱体，弹体仍然保持着完整，两侧有薄薄的钢制单翼；喷射口从引擎中伸出来；拖着数百英尺长的软体导线；隔热喷射管；数百个拇指大小的干电池；卸荷活门；用于操控的双臂曲柄；还有很多1.5英寸见方的小金属片；人造橡胶垫片；还散落着一些非常坚固的金属片，估计是从主弹体上脱落下来的；弹翼片上有疑似被高射机枪击穿的弹孔。

后来，丘吉尔首相听取了我对V－1导弹袭击的意见。我告诉他，“如果德国人的制造工艺能够达到美国人的水平，他们制造一枚V－1导弹大约需要花2 000个工时，成本大约在600美金。他们可以采用轨道式发射，每根轨道每两分钟左右一枚。如果他们把导弹集中起来，朝向英格兰的方向，二十四小时之内可以打出14 000枚，将会造成极大的恐慌，最终甚至将毁掉英国人的正常生活。”记得后面我还补充说，如果在国家的政治经济中心引起恐慌，可能会改变人们对战争的斗志。因为没有人能预测出这些导弹将会打向哪里。你只能眼睁睁地看着它们，伴着一种类似马达汽艇的声音飞来。而且它们很难拦截和躲避。有一枚还曾打到过艾森豪威尔的司令部里，当时我们碰巧都在那儿。我在猜测，德国人在尚未制造出足够的 V－1 以发动连续的、大规模攻击之前就开始使用它，是说明他们已经彻底绝望了？还是后续他们还会有新花样出来？我们知道，在过去的九个月当中，我们已经摧毁了很多导弹发射点。这或许可以用来解释，德国人为什么在我们的登陆行动之后才发起导弹袭击。但不管怎样，我们还是没能炸毁他们足够多的发射平台。空袭警报和爆炸声又开始此起彼伏，V－1 导弹空袭的当天，一共造成大约 200 人死亡。

国王宴请的次日早上，6 月 15 日，我们去了皇家空军上将利·马洛里的司令部。在那儿会见了皇家空军的哈里斯中将、道格拉斯中将、罗德里克·希尔中将，还有全体美国空军参谋人员，听取了他们的汇报。会议还没有结束我就赶着离开了，因为约好中午要去波特尔的办公室。随着盟军地面部队的推进，英美两国空军的作战计划都面临着重大调整，部分空军部队近期要展开针对德国境内目标的行动。

我和波特尔夫妇一起在多尔切斯特市吃了午饭。下午 2 点 30 分，我和波特尔回到了英国空军部，与皇家空军后勤司令考特尼中将召集了一次会议。接着 3 点 30 分，英美联合参谋长委员会再次开会，商讨太平洋和东南亚战区的局势。这次会议相当顺利，大家没有什么意见分歧，一致同意我们拟定的对日作战计划。会议 5 点 30 分就结束了，这真是联合参谋长委员会有史以来开得最好的会，没有激烈的讨论，没有一个人提出任何不同意见。

第二天，马歇尔将军、金海军上将和我去了艾森豪威尔的司令部，讨论了 V－1 导弹空袭的问题、战争的进程、有关戴高乐的问题，以及发给罗斯福总统的电报内容。

中午和艾森豪威尔吃午饭的时候，我和他、比德尔·史密斯一起讨论了当时空军部队的编制架构问题。我们空军部队的规模增长很快，他们都同意进行必要的重组，以加强美国人对部队的控制，打造一支效率更高、战斗力更强的陆军航空队。他们认为，在布里尔顿和埃克手下没有必要安排那么多皇家空军的军官。我们的空军部队日益壮大，事实证明我们懂的也不比皇家空军少，因此，我们应该自己掌控自己的作战行动。

在这顿午餐上，我还了解到那些当时被称为“嗡嗡弹”的 V－1 导弹的更多详细信息。它们的时速大约为 340 英里；发射之后靠英国的无线电波导航。大多数都是从加来地区发射的。皇家空军的飞机已经打下来 12 枚导弹；其中 4 枚是夜间打下来的，另 8 枚在白天；被击中的时候全都在空中爆炸了。大致有以下特征：长长的弹头，矩形侧翼；重约两吨；翼展约 16 英尺，长约 25 英尺；射程大约 200 英里；射高可达 5 000 英尺。它们是一种中单翼、钢结构飞行器，设计简单，组装方便。方向舵和升降舵由气动伺服装置控制，磁性罗盘导航，共同构成了自动驾驶系统。导弹的射程由一个计时表控制，它可以切断燃料供应。弹头部重约 1 000 公斤，属于德国常规炸弹，安装了灵敏的触发引信。后来我们了解到，在 6 月 12 日至 7 月 13 日的一个月当中，德国人一共发射了 3 450 枚这种导弹，但其中有 30%没能打过英吉利海峡。在法国有大约 50 座发射点，每天可以发射 150 枚到 170 枚导弹。

当天下午我们离开了吉布森宅邸。金海军上将中午就去了普利茅斯，再从那里出发去伊朗。马歇尔将军和我前往契克斯庄园拜会丘吉尔首相和夫人，7 点 30 分到了那里。晚宴相当丰盛，大家相谈甚欢。我们聊起了结婚度蜜月，我告诉丘吉尔夫人，我和妻子是在关岛度的蜜月，从关岛码头一路坐牛车到首府阿加尼亚。丘吉尔夫人说：“温尼（温斯顿的昵称）和我度蜜月的时候去了威尼斯。我想坐贡多拉，他非要坐汽艇——还说那样更卫生；蒸汽可以杀死病菌，一堆理由。所以我们只好坐了烧油的汽艇！温尼一点儿都不浪漫。”我告诉她，坐牛车真是非常非常开心。

我们和首相夫妇道别，离开了契克斯庄园，赶往波文登乘飞机。一路都很顺利，第二天下午 6 点 10 分，我们在意大利那不勒斯机场降落。埃克将军、德弗斯将军和英国陆军元帅威尔逊，同我们进行了正式会谈。我的儿子汉克也在那里和我碰了面。在威尔逊的司令部，我们召集了一次会议，研究战场局势，以及空军如何支援法国南部的登陆行动。

大家商量的主要问题是确定空军部队出动的规模，从那里抽调所需要的飞机。当时，英美两军在意大利战场拥有 1 400 架战机，而德国人的战机不超过 200 架。很显然，意大利盟军司令部用来支援下一场登陆行动的飞机足够用了。

再接下来一天，马歇尔将军、巴尔将军、德弗斯将军、汉迪将军、麦卡锡上校、汉克和我一起乘飞机去看了看萨勒诺①海滩，然后再北上飞往安齐奥②。

汉克参加了安齐奥滩头的战斗，我急切地要求他带我四处转转，介绍一下当时他参加战斗的情况；在哪里登陆的，如何推进的。我们在滩头的飞机临时起降跑道着陆，看见 C－47 正忙着运送数百名伤员。我们察看了此前士兵们挖掘的散兵坑和战壕；海滩上散布着密集的弹坑，不

---

① 萨勒诺登陆战(Salerno Landings)，1943 年 9 月 3 日，盟军发起意大利战役。9 月 9 日，马克·克拉克中将率领的美国第 5 集团军和英国第 10 军在萨勒诺海滩实施主登陆行动，在登陆之初即遭到德国第 16 装甲师的激烈抵抗。——译者

② 安齐奥战役(Battle of Anzio)，是二战意大利战场的重要战役，从 1944 年 1 月 22 日盟军在安齐奥海滩登陆的“鹅卵石行动”开始，到 1944 年 6 月 5 日罗马解放结束。战役目的是从侧翼突破德军冬季防线，为进攻罗马扫清障碍。起初的两栖登陆取得了奇袭效果，基本未遇到抵抗。但德国陆军元帅艾伯特·凯塞林迅速组织反击，盟军在安齐奥和聂图诺地区遭到顽强抵抗，一直到 5 月份才取得突破，6 月 4 日攻占罗马。德国守军主动撤退到北部的哥特防线。——译者

知道还有谁能在这里活下来。有一点令人安慰的是，这里的军需补给看起来不存在短缺。

马歇尔将军去了墓园，他的继子在登陆行动中牺牲，马歇尔去上坟寄托哀思。汉迪、汉克陪着我去了港口。那里已经变成了一片废墟。但士兵们用炸毁房屋中拆下来的建筑材料，搭建了一个水面平台，并依靠坦克登陆舰和坦克登陆艇将士兵和物资运到防波堤上，正常情况下一天可以卸载 1 000 吨物资，战局吃紧的时候可以提高到 3 000 吨。当时有 4 艘船正停靠在浅海区域，海浪太大了，无法靠岸卸货。

德国空军如果这个时候发动攻击的话，我们眼前看到的成千上万吨物资都可能被摧毁。到处都是船只和堆放的军需补给，而且没有人留心防范来自空中的袭击。我们回到海边的临时机场，和一个空中照相中队的官兵们交谈，他们配备的是 P－38 战斗机，感觉各方面工作都进展顺利。这时候，马歇尔将军也来到我们这边，我陪他穿过机场，对面那边停着 20 辆救护车，正等着伤病员登机。我们对伤病员进行了慰问，逐一察看了每辆救护车，和里面的人交谈。最后面一个是位有些腼腆的小伙子，他正急切地等着我们问他是哪里人。“得克萨斯！”我们还没问，他就喊了出来，“我是达拉斯人！”

然后我们出发前往罗马，途中飞越了列车编组调度场和台伯河（宽度和华盛顿的国会大街差不多）。在机场降落之后，我们分成了两路，马歇尔将军和克拉克、汉迪、巴尔将军及麦卡锡上校一路，埃克、坎农、约翰逊、萨维尔将军和我一路。那天晚上，我听说克拉克、特拉斯科特①、威尔逊和亚历山大等几位盟军高级将领都曾评论说，如果没有

① 卢西恩·金·特拉斯科特（Lucian King Truscott，1895—1965），美国陆军上将。二战期间先后任第 3 步兵师和第 15 集团军、第 5 集团军指挥官，参与指挥北非战役、西西里岛战役和在法国南部地中海沿岸登陆的“龙骑兵行动”等一系列重大战役。——译者

空军的支持，就不可能赢得意大利战役的胜利。

次日下午，我们开车去罗马市区游览，请了一位意大利上校当向导。他说自己参加了爱国党派的游击队，在德国人占领时期从事地下工作。他带我们参观了古罗马广场、不同风格的拱门建筑、圣彼得大教堂，最后去看了列车编组调度场。

如何让我们的轰炸机部队支撑、配合好意大利战役中盟军地面部队的作战行动，是我在整个二战期间处理的“最烫手的山芋”之一。最后我们决定，如果我们的轰炸机能够切断意大利南北向所有的铁路线，凯塞林手下德军的补给就会中断。于是就有了下面这个任务，轰炸罗马列车编组调度场。我告诉他们，我有信心，我们一定可以对调车场发起攻击，打烂它，切断连接意大利南北两端的最后交通线，而且还要确保调车场旁边一所教堂不会遭到严重破坏。只要我们摧毁了这个调车场，凯塞林的部队就无法再通过铁路获取补给物资，只能靠公路运输了；同时我也确信，我们的轻型轰炸机和战斗机部队一定能够“照顾好”公路交通。最终，虽然有些勉强，但我们还是获得了必要的作战自主权。现在，我看到的调车场已经被完全摧毁，看上去像经历了一场剧烈的地震，而周边的城市建筑并没有遭到破坏。只有少数几栋靠近铁轨的房子被弹片击中，邻近地带也没有看到被炸弹直接命中的痕迹。堪称奇迹的是，旁边那座教堂只挨了一枚炸弹，造成的破坏也很轻微。我们成功切断了意大利南北之间最后的铁路连接。

当天晚些时候我们开车去了维泰博市。沿途看到的景象真是触目惊心！整条道路的两旁散落着数千辆坦克和汽车的残骸。有配备了 88 毫米火炮的巨型“虎式”坦克，也有轻型坦克；货运卡车，有大型也有小型的；半履带车；小客车；大巴士；房车；油罐车；卡车上装载着各种各样的物资——打字机，食品，有的车全部烧焦了，有的烧掉了一半。大多数汽车的橡胶轮胎都从轮毂上脱落了下来。

各处的桥梁都被炸毁，道路已经无法通行。维泰博市区也一样，有一条隧道被炸塌了，铁路线彻底中断。在城镇中，被德军占据负隅顽抗的建筑物都被炸成了一堆堆碎石瓦砾。我们的战斗机和轰炸机把那些德国师的编制都打散了，惊恐失措的士兵们向北望风而逃，以免沦为俘虏。这与德国空军的全盛时期相比，形成了多么强烈的反差！

回到罗马以后，我们乘机返回那不勒斯，途中飞越了卡西诺山和修道院①，有两三处古迹都被摧毁了。很多地方都笼罩在浓雾之中，看起来"阳光意大利"并不像战前旅游公司宣传的那样阳光灿烂，这大大出乎我们重型轰炸机部队的意料。后来我们听说，那年冬天是四十七年来最糟糕的一个(有人可能会觉得自己来到了加利福尼亚)。

下午我去了埃克的司令部，在作战室听取了他的详细汇报，见到了马里纳、特文宁、伯恩几位将军和第 15 航空队的其他指挥官，并一起吃了午餐。接下来召开了埃克手下全体高级指挥官和军官都出席的会议，我向他们概述了全球各战场空军部队的情况，预估了未来可能会遇到的问题。然后我和埃克又赶回去参加了马歇尔将军召集的会议，出席人员有海军上将金、英国陆军元帅威尔逊、皇家空军中将康宁安、皇家空军中将斯莱塞、德弗斯将军、布鲁克将军和库特将军。我们讨论了威尔逊即将在法国南部展开的军事行动，以及如何配合艾森豪威尔在法国北部

① 意大利战役中，德军建立了一条横贯意大利中部的古斯塔夫防线，也被称为冬季防线。该防线的中枢和制高点就是卡西诺山，山脚下有一座小镇卡西诺镇，山峰顶部筑有一个始建于中世纪的古老修道院，是意大利著名的古迹之一。卡西诺山地扼守着通向罗马的 6 号高速公路和铁路，是进攻者和防御者争夺的焦点。由于本笃会修道院的历史意义，1943 年 12 月，德军指挥官艾伯特·凯塞林陆军元帅下令，不可以将该修道院纳入防御阵地内，并相应告知盟军。但美军担心修道院被德军用作哨站，1944 年 2 月 15 日，美军轰炸机投下 1 400 吨炸弹，将修道院炸毁。2 天后，德军伞兵涌进废墟，轰炸造成的破坏和瓦砾反而为他们躲避美国空军及炮兵攻击提供了更好的掩护。从 1944 年 1 月 17 日至 5 月 18 日，盟军部队向古斯塔夫防线发起 4 次大规模进攻。在最后一次攻势中，盟军沿 20 英里长的战线集中 20 个师发起进攻，击退了德国守军，但同时付出了高昂的代价。——译者

的作战。

当晚有一场宴会，时间搞得比较晚。出席的有柯克大使和墨菲大使、马歇尔将军、威尔逊元帅、亚历山大将军、德弗斯将军、埃克将军、特文宁将军、坎农将军、库特将军、斯莱塞将军、巴尔将军和我。我找亚历山大将军聊了很长时间，关于如何看待戴高乐将军和他在法国事务中的地位，以及如何评估当时德军的战斗力。根据我的判断，如果我们能够把握住眼下的大好局势，乘胜追击，德国军队有可能迅速崩溃，就像纳粹空军一样。亚历山大则认为，德军的确已经开始瓦解，但还没到彻底崩溃的程度。德军的战斗力确实今非昔比了。他们缺乏有效的指挥；特别是在军士级别的一线指挥员。军需补给也存在短缺。

至于戴高乐，亚历山大同意我们的看法。在他看来，戴高乐是个自负、傲慢的人，只管自己行动，从不考虑是否会妨碍到盟军的指挥官，经常拖我们的后腿。亚历山大举了两个例子：（1）戴高乐称盟军在法国使用的法郎是假币，并在法国老百姓当中散布这一消息。尽管这些法郎还是在美英两国政府的金融支撑下发行的。当时法兰西既没有政府，也没有货币发行体系。（2）戴高乐不允许受过训练的法国人联络官陪同盟军部队进入法国。这样的军事联络官大约有 200 人，最终没有一个人能踏进法国一步。我相信，戴高乐是个真正的爱国者，但是没有给亚历山大帮一点儿忙。在“解放法国”战役的最后阶段，他给予艾森豪威尔的帮助也不多。

第二天凌晨 3 点 30 分，马歇尔将军和我向埃克、德弗斯、巴尔、爱德华兹道别，乘机前往卡萨布兰卡。飞机上有一叠 6 月 16 日的报纸，大部分新闻标题都是关于 B－29 轰炸机空袭日本的。

盟军高层指挥官对于德国空军高层的总体印象是，他们不停地在犯错误——不仅是战术运用上的，还有战略决策上的。但是，我们觉得德国空军的司令部和参谋人员不应该负全部责任。希特勒才是“我们的秘密武器”。因此，“不要轰炸他的老巢，不要让他受到伤害；我们希望他继续犯错误下去。”

我们地面部队指挥官对元首的看法和我们差不多，他的决定对德国陆军也产生了不小的负面影响。在地面部队的部署上，希特勒也在犯同样的错误，这些反过来对我们都十分有利。

一路的天气都相当不错，一直飞到阿尔及尔以西大约100英里的地方，我们发现飞机下面有一层乌云。当我们穿过这片云层，准备在卡萨布兰卡正常降落的时候，突然从晴空里冲过来一架P－39战斗机，和我们飞机的距离是如此之逼近，我觉得它是打算撞击我们的C－54运输机!

马歇尔将军被吓坏了。我更是惊恐不已。真是难以理解，有哪个会开P－39的飞行员会视而不见像C－54这样大型的飞机，竟然敢靠得如此之近。所以，在卡萨布兰卡机场着陆之后，我大发雷霆！我找来指挥官马洛伊，问他那个飞行员是谁，人在哪里！后来他们告诉我，那是个法国人。马歇尔将军听了我报告的情况，一句话没有说，只是静静地听。他知道我也是气疯了。

最后我告诉马洛伊，“你去把法国人的指挥官找来，告诉他，从现在起，在他教会自己的人开飞机之前，别想从美国人这里再拿到一架飞机，还要教会他们遵守机场的管制规定。等他们学会了怎么飞和守规矩，我们才会继续援助他们飞机，在此之前不行!”马歇尔将军点了点头，表示赞同。

我们在那里吃了午饭，然后再次起飞前往亚速尔群岛的拉任斯，那是我们新建的机场，会见了A·D·史密斯将军。他开车带着马歇尔将军、汉迪将军和我游览了整个特塞拉岛，回到他的宿舍喝了下午茶，然后去食堂和皇家空军的指挥官们一起共进晚餐。

每天有大约35架至40架飞机通过亚速尔群岛上新建的跑道中转。

这里的机场拥有好几条跑道，而且都是侧风向，所以没有发生过飞机中转积压的情况。在特塞拉岛上建设机场，是我们采取的最正确的措施之一，史密斯将军为这些机场的运转做出了突出贡献。

晚上 9 点 15 分，我们起飞前往马里兰州的史蒂文斯维尔。第二天早上，我们就坐在陆军司令部的办公室里吃早餐了，看着“昨天”华盛顿的报纸，有消息说又有几位朋友出发去了英格兰。

下午我们出发回华盛顿，天下着小雨。坏天气笼罩了从纽芬兰到纽约的广大地区，南下的寒流一股接着一股。当我们的飞机 8 点 30 分在华盛顿着陆的时候，我还琢磨着昨天上午在那不勒斯听到的军官们说的那句话：“希特勒——是盟国的秘密武器。”

第二十八章 战术空军力量：巴顿的第3集团军高歌猛进；喷气式飞机，对情报工作的若干想法

在诺曼底登陆之前九十天开始，我们的重型轰炸机就炸毁了德军可以用来从加来海岸往诺曼底调兵的铁路枢纽。我们还炸毁了塞纳河上的桥梁，构建了一条阻断线。接着又摧毁了阿尔伯特运河[①]和默兹河上的桥梁，阻止德军自由进出两条河之间的地带。我们的空袭要给德国人造成这样的错觉，即我们的登陆行动将会在巴黎东北部，也就是塞纳河入海口和安特卫普之间的海岸地带进行。

更为重要的还是，通过空袭切断整个地区的桥梁和交通线，阻止德军大部队增援诺曼底，除非靠步行。在登陆行动D日当天，盟军就建立了滩头阵地，而德军地面部队被拦截在前面提到的阻断线之外裹足不前。

然后我们的空军又封锁了卢瓦尔河一线，将作战区域彻底封闭起来，阻止德军从法国南部调来的军需补给和增援部队进入。每一次德军试图通过卡车或步行调集部队进入诺曼底地区，都会遭到空中打击。由此一来，盟军推进的速度就远远快过了德军构建防御的速度。

7月25日，大约3 000架飞机——包括第8航空队和皇家空军的重型轰炸机，第9航空队的中型、轻型轰炸机和战斗机——空袭了德军沿“佩里耶-圣洛公路”建立的狭窄防御带。为步兵和装甲部队打开了通向法国南部和东部的突破口。乔治·巴顿将军一路高歌猛进。

让我们看看配合巴顿将军部队的奥拓·保罗·韦兰[2]将军率领的“第19战术空军”，就能够反映出所有战术空军部队的作战情况。在巴顿将军率领的第3集团军展开行动的时候，每一个装甲师都会有战斗轰炸机进行连续不断的护航。每隔一个小时，就会有一组新的飞机起飞，把前面的机组换回来。他们的任务就是防止我们的部队遭到敌机空袭，并摧毁阻挡装甲部队前进路上的一切障碍。他们通过无线电，与坦克部队保持密切协作，调派飞机摧毁隐蔽的高射机枪阵地、调车场，轰炸重要的公路铁路线和交通枢纽，尽可能为地面部队推进提供一切可能的援助。

巴顿将军知道，等他推进到卢瓦尔河一线的时候，河的南边至少有30 000个德国鬼子在等着他。巴顿将军把掩护南部侧翼的任务交给了韦兰，这充分说明，巴顿对自己的空中支援部队有着完全的信心。这个时候是在突破诺曼底滩头阵地之后的十一天。韦兰的战斗轰炸机让德军部队始终难以北上，既无法攻击巴顿的部队，也无法与其他德军部队会合。当巴顿继续向东挺进的时候，敌空军的活动开始频繁起来，韦兰认为有必要抽调一部分空袭地面目标的飞机，转向对敌空战，同时加强对纳粹空军剩余机场的轰炸。

---

① 阿尔伯特运河(Albert Canal)，位于比利时东北部，长约130公里，世界第四长运河。最狭24米，水最浅5米。连接着列日(起点)和安特卫普(终点)两个重要工业区，是二战时期欧洲战场的重要防御线。——译者

② 奥拓·保罗·韦兰(Otto Paul Weyland，1903—1979)，美国空军上将。1923年毕业于得克萨斯农工大学工程技术专业，随后加入陆军航空勤务队。1941年12月任第16驱逐机大队指挥官兼第6航空队参谋长。1942年3月任陆军航空队司令部后勤处副处长。1943年11月调欧洲战场，任第84战斗机联队司令。1944年3月任第19战术空军司令部司令，配合巴顿第3集团军作战，被巴顿称为“该死的最好的空军将领”。二战后曾任国家战争学院副院长、战术空军司令部司令。1951年6月，接替发心脏病的斯特拉特迈耶将军任远东空军司令、“联合国军”空军司令，参与指挥朝鲜战争。1952年7月晋升上将。朝鲜战争停战后留在日本，协助其重建空中防御部队和飞机制造工业，被称为“日本新空军之父”。1954年5月回国任战术空军司令部司令。1959年7月退役。——译者

但第8航空队留下来需要韦兰对付的纳粹空军并不多，他的主要任务还是继续破袭铁路和公路交通线。高射炮才是他现在最大的敌人。

有一天，那是巴顿的部队正在朝莱茵河推进的时候，韦兰的飞行员们一天就摧毁了29个火车头、137个车厢、195辆汽车、10辆燃料和弹药补给车、16辆马拉大车、17辆坦克、11个高射炮阵地和5个储油罐。

空军的另一个重要职责是，配合地面部队清除那些被装进“口袋”的德军部队，就像那个“法莱斯”大口袋①。当第1集团军和第3集团军会师以后，在阿尔让唐附近包围了大约57 000名德军。韦兰的空军部队来了，一天当中就摧毁了400辆到500辆德军机动车辆，几乎把它们全部烧光炸光，最终迫使他们投降。一名德国军官在投降的时候说：“所有的道路都被你们轰炸、扫射，造成了严重的混乱和交通堵塞；我们大部分的油罐和汽油也都被炸毁了，所以再打下去是没有意义的。”

到了8月25日，在法国已经找不到德国空军战机的影子了。在这一天，第9和第19战术空军司令部一共摧毁了127架敌机——空战打下来77架，还有50架被击毁在地面上。巴顿将军是这样评价第19战术空军司令部的：

“贵部麾下所表现的出色战斗力和协作精神，是我曾经看到过

① 法莱斯战役(Falaise Pocket)，1944年8月12至21日，盟军在法国西北部实施的进攻作战，战役目的是合围并歼灭法莱斯、莫尔坦、阿尔让唐地区的德军集团并前出至塞纳河畔。1944年7月，诺曼底登陆战役结束后，美军推进速度惊人，7天内占领了布列塔尼半岛。8月6日，希特勒急令展开“列日作战”，德军8个装甲师向莫尔坦地区的美军发起反击。8日，盟军最高司令部决定利用德军翼侧暴露的有利形势，命令布雷德利第12集团军群(美国第1、第3集团军)和蒙哥马利第21集团军群(英国第2集团军和加拿大第1集团军)，从南北两面实施钳形夹击，形成合围之势。德国陆军元帅莫德尔率领的B集团军群(第7集团军和第5装甲集团军)近20个师(含5个装甲师)约28万人陷入法莱斯、阿尔让唐地区已形成包围态势的“口袋”。但是，“法莱斯口袋”的东端缺口因盟军将领重大误判而开放了一个星期，未能及时完成合围并达到歼灭德国第7集团军和第5装甲集团军的预定战役目的。德军B集团军群主要兵力均撤往塞纳河以东，但仍遭沉重打击，被俘5万人，死亡1万人，重装备丢失殆尽；盟军乘胜解放法国大部，并进军比利时。——译者

的空地协同作战的典范。

我们前进道路上的敌军装甲车辆和地面部队遭到了持续不断的袭扰和打击，这要归功于贵部飞行员们坚持不懈的努力。一线部队的指挥官告诉我，空军的帮助挽救了许多人的生命，让他们节省了大量时间。

我的意见代表了全体官兵的想法，谨向贵部表达我们最诚挚的敬佩和感谢。”

在伦敦的一系列会议上，我们将“铁砧行动”——在法国南部登陆——的时间确定在8月15日前后。所需的登陆舰船已经集结好了，所有的补给也都到位了，大部分船都开始装货了，时间已经到了8月初，丘吉尔首相突然提出来要将登陆的地点从法国南部改成西部的布列塔尼。当时，舰船都已经在地中海各就各位了，万事俱备，只等着启动登陆作战行动了。

至于在布列塔尼登陆，我们没有做过任何计划。就算能把布列塔尼半岛的港口都拿下来，我们也不知道要花多长时间才能改造好投入使用；我们没有研究过这一作战行动。但丘吉尔已经给他在华盛顿的参谋长们发了一封电报，要求调整作战方案。英军参谋长们力挺他们的首相，但罗斯福总统也坚决支持美军参谋长们的意见。最终，丘吉尔还是大方地接纳了我们的决定，给总统发来了电报，称：“我祈祷上帝，或许您是对的。我们当然会竭尽全力，以助您赢得成功。”

就这样，8月15日，第7集团军，在亚历山大·M·帕奇中将的率领下，在法国南部的土伦和戛纳附近登陆。战略空军部队发动了空袭，为陆军的登陆作战以及此后从海岸向北挺进提供支持。

布里尔顿将军率领的盟军空降兵部队也参加了在诺曼底和法国南部的登陆作战，包括此前的西西里和意大利战役。不过，这些行动并不完全符合空军概念上的空降作战。在西西里、意大利和法国南部的战斗中，我们同时采用了伞降和滑翔机着陆两种方式。尽管遭到不少反对的声音，最终我们还是决定，让两个空降师参加诺曼底登陆行动，但我们没有同意他们承担战略性任务。

很显然，艾森豪威尔将军手下的参谋部并不想动用空降兵部队，除了将他们投放到敌后执行战术性任务。空军希望承担一些战略性的任务，比如，组织实施大规模——4 到 5 个师——空降，将他们投送到特定的交通枢纽——比方说拥有多个机场的地区，连接德军多条交通线的地区，一旦夺取这些地方，就能够切断德军部队的增援和补给。而且毫无疑问，这些地方都处在实际战线后方一段距离，通常情况下都不会有德军驻扎。

比如，在诺曼底战役中，我们最初选择的空降地点位于巴黎附近。我们认为，在那里投放 4 个、5 个或 6 个空降师，就可以瓦解德军对诺曼底滩头登陆盟军的抵抗。我们还尝试着规划了一次战略性的空降行动，等我们的地面部队推进到莱茵河一线的时候，选择一个深入战线后方的德国腹地，大概在莱茵河与柏林当中的位置——那里远离所有的德国驻军，有可以利用的机场，供我们运送补给和增援部队，这样的作战行动听起来应该行得通。

我们把这些想法向马歇尔将军进行了汇报，他要求我们将这一整套作战方案送给欧洲战场的艾森豪威尔将军及其参谋部。我们把方案发了过去，但是没有向盟国远征军最高司令部的参谋部具体汇报我们的想法。我们觉得，这些作战行动的优势之一是，空降部队投放的地方都是没有敌军集结的。当然我们也知道，每一次我们都是把空降兵投送到德军战线的后方，正好是德国驻军的当中空当位置，但空降兵和滑翔机部队的降落条件都是极其困难的。德国人在预计可能被当作着陆场的开阔地上，通常都会竖起木桩和铁丝网。

一直到战争结束，我们都希望能有机会组织哪怕至少一次战略性的空降作战行动——在这样的行动中空降部队将在对德军的作战中发挥决定性作用，而不是仅仅被投放到德军战线背后搞一些战术性动作。肯尼将军曾经组织过一次这样的战略性空降行动，那是在西南太平洋的日军战线后方，莱城以西大约100英里的一个小山谷（芒康谷），取得了出乎意料的成功，我们希望他的这个战例对未来的作战行动能够起到指导作用。但我们的这个想法最终未能如愿。

在1944年那个盛夏，当欧洲战场的大规模入侵行动终于付诸实施之后，我觉得有必要调整和休息一下了。自从战争开始，我们——马歇尔将军和我，尤其是马歇尔将军——就投入了长期艰苦繁重的工作，不得不面对和处理各种各样错综复杂的问题。于是，我向马歇尔将军提议，去加利福尼亚的喜艾拉山脉钓鱼，他欣然应允。在我们离开华盛顿之前，通讯专家们给我们搞了一次演示，以确保我们在整个旅程中，无论遇到什么样的条件，都能够通过无线电与华盛顿的司令部保持联络。有一部无线电台、一名出色的报务员和一名通信部队军官，会全程陪同我们。我们早晨先飞到加利福尼亚的毕晓普，然后在当地护林员的陪伴下，先乘车后骑马进入喜艾拉山区。在接下来的十多天中，陆军总参谋长和陆军航空队总司令就在喜艾拉的深山里，通过无线电遥控指挥世界各地的战事。

每天早上，我们都会搬去下一个宿营地。大约中午时分，会有一架陆军的飞机，按照我们营地附近火堆发出的彩色烟雾的指引，飞过来投下密封锁好的邮袋。马歇尔将军和我会根据报告的内容，通过无线电发出必要的指令。但有一次，开运输机的年轻飞行员太紧张了，把邮包投到了山上的一片树林里，离我们宿营的小山谷和信号火堆大约有2英里远。这下我们傻眼了，那里面可是有很多战争的机密信息，不能就这样扔在喜艾拉的大山里。我们只好在邮袋最后消失的地点树立了标记，围绕这个点划出了拦截线，准备让大家骑着马去找。

有一个家伙很兴奋，自告奋勇说愿意步行过去。按照他的想法，他可以在山上看到我们，虽然我们看不到他。当他在山里面打信号枪的时候，我们就通过挥动旗子指示方向，告诉他邮包坠落的地点。他的计划在理论上说得过去，但实际上根本行不通。我们看不到他，他也看不到我们。而且，他每开一次信号枪都会引发一场小型林火。在最终找到邮包坠落点之前，一共烧了六场火，每一次都必须把它扑灭。我们还没有办法告诉他不要再打信号枪了，直到他把弹药全部打完。最后还是靠人骑着马，从高约 7 000 英尺的山顶上慢慢地下到山谷里，在一条小溪旁边找到了邮包。

在外面逛了大概有十天时间，我们骑马回到了毕晓普，爬上飞机回了华盛顿。就连战争部和华盛顿，也只有极少数人知道，这段时间的战争是由一个远离华盛顿 2 400 英里、海拔超过 10 000 英尺、位于绝佳渔场当中的司令部指挥的。我敢肯定，五角大楼里人们的工作一如既往，就像我们一直都在那里。

9 月 11 日，在盟军登陆法国南部海岸之后大约一个月，罗斯福总统、丘吉尔首相和英美联合参谋长委员会再次在魁北克会晤，商讨新近战局，规划下一步战事。当时，意大利半岛的盟军已经推进到罗马以北的比萨-佛罗伦萨一线。那里德国空军的力量已经衰减到最低水平，全部德国战机加起来不超过 200 架，只是偶尔能够看到它们。在法国，艾森豪威尔的部队取得重大突破，已经朝着德国边境推进。英军部队已经抵达阿尔伯特运河。巴顿的部队推进到梅茨附近的莱茵河畔，美军主力部队进抵卢森堡。帕奇将军的部队在土伦和戛纳之间登陆后，击溃了德军的抵抗，在空军的支援下沿隆河[①]北上，推进到里昂以北地区。9 月 15 日，德弗斯将军指挥的美军和法军在法国南部会师。苏联军队正在向

① 隆河(Rhone River)，从法国中部一直延伸到地中海附近，隆河由北到南，贯穿整个河谷地区，是法国著名的葡萄种植地。隆河谷自古以来就是地中海和北欧与大西洋之间最理想的路线，从远古时期起便是连接地中海和大西洋地区的一条重要商道。——译者

西反攻，已抵达华沙-布达佩斯一线。

缅甸战役的空中补给工作进展也十分顺利。在南太平洋，海军部队加大攻势，麦克阿瑟在此前一年已经拿下了新几内亚的芬什港和新不列颠岛，春季的时候攻占了比亚克，9 月份登上了新几内亚以西的莫罗泰岛。在中太平洋，海军于 1944 年 6 月夺取了提尼安和塞班岛，7 月份又拿下了关岛。帕劳群岛在 1944 年 9 月也到了我们手中。

第 20 航空队的组建速度相当快。我们从本土选调了有经验的指挥官、作战参谋、中队长、飞行员和技师，组成了配备新型 B－29 轰炸机的空军部队，目的是让这些经验最丰富的人员，能够尽快从中国和马里亚纳群岛的基地起飞，对日本进行空袭。尽管从成都到日本路途遥远，第 20 轰炸机司令部还是设法将投向日本目标的炸弹吨位从 1944 年中期的每月 200 吨，提高到 1945 年一二月份的每月 2 000 吨左右。1945 年 3 月，第 20 轰炸机司令部从中国撤出，与第 21 轰炸机司令部合并，成立了第 20 航空队，驻马里亚纳群岛。

1944 年 6 月 30 日，我们就在塞班岛上启动建设供 B－29 使用的基础设施。三十天以后，塞班机场就开始承担中太平洋战区陆军、海军和海军陆战队的空运任务。接着海军工程营和陆军的工程师们又完成了机场设施的收尾工程，确保适合 B－29 这样的重型轰炸机使用。到 1944 年 11 月，我们就可以利用塞班机场发动首轮空袭。

这就是英美联合参谋长委员会在魁北克参加“八边形会议”时候的总体战场形势。在主会场会议开始之前，皇家空军元帅波特尔和我先开了一个小会，他要求增加 C－54 运输机——每月 2 架——以加强锡兰[①]

① 锡兰（Ceylon），斯里兰卡的旧称，印度洋热带岛国。16 世纪起先后被葡萄牙和荷兰统治。18 世纪末成为英国殖民地，二战期间是盟军在南亚对抗日军的海军基地。1948 年 2 月 4 日获得独立，定国名锡兰，成为英联邦自治领，1972 年 5 月 22 日改国名为斯里兰卡共和国，加入英联邦。1978 年 8 月 16 日改国名为斯里兰卡民主社会主义共和国，仍是英联邦成员国。——译者

与澳大利亚之间的空运。他还想把战略空军司令部变成一个皇家空军和美国空军的联合委员会，置于英美联合参谋长委员会之下，由他和我共同负责；还希望能让蒙巴顿手下的一位英军指挥官指挥美国军队；以及希望“兰开斯特”轰炸机部队参加对日作战。他说，新型“兰开斯特”已经增加了副油箱，航程更远了，使其参加对日作战成为可能。由于他提出的大部分问题都会影响到全球其他战场的作战，我没有办法当场答复他，但是我说会和美军参谋长联席会议的同事们一起研究。

在当晚加拿大总督设的晚宴上，大家讨论了援助波兰的问题①。我们收到了几份来自苏联和哈里曼的关于波兰华沙爱国抵抗分子的情报。马歇尔将军和我一起讨论了很长时间。最近一段时间的形势表明，如果不对华沙的爱国抵抗分子施以援手，他们就会被赶尽杀绝。皇家空军最后一次给他们空投补给物资的时候，损失了48架飞机，差不多占到参与任务飞机总数的35%。而且，皇家空军用降落伞投下去的物资，大部分都被德国难民而不是波兰人拿去了。现在，英国人打算给苏联人施加压力，让他们出手相助。

在我们看来，苏联人似乎巴不得华沙的波兰人被早日消灭干净，他们只对乌克兰裔的波兰人感兴趣。根据我的判断，苏联人就是在袖手旁观，等着那些华沙人陷入灭顶之灾。可怜那些华沙起义军，还在盼望着

---

① 华沙起义，第二次世界大战期间波兰军队在华沙发动的武装起义。1944年7月下旬苏联红军和波兰人民军进抵华沙近郊。波兰国家军总司令波尔-卡莫罗夫斯基将军为在苏军到达华沙之前抢先夺取首都，控制战后波兰政局，于8月1日下午5时发动代号为“风暴”的起义，起义者约4万余人，但仅有十分之一的人拥有武器，波兰工人党和人民军部队随后也参加起义。8月4日德军在轰炸机和重炮的掩护下开始组织反攻，华沙军民利用路障和街垒，依靠简陋的武器进行英勇战斗。8月5日，起义遍及全城。盟国空军曾予支援，9月15日，苏军一度渡过维斯瓦河，但未进一步采取有力支援行动。德军利用武器装备的优势，终于全面突破起义军防线。9月29日波尔-卡莫罗夫斯基与德军讨论停战条件，10月2日签署停战协议，起义失败。起义军在战斗中阵亡1.5万人，伤2.5万人；18万华沙市民丧生。德军被击毙1万人，7000人失踪，9000人受伤。——译者

苏联人发起进攻，拿下华沙，赶走德国鬼子，结束这场屠杀。

然而，当我们提醒他们关注华沙起义军孤立无援的时候，苏联人的回复是："是谁挑起这场不幸的华沙起义的？为什么没有通知我们？既然你们都不让我们知道，又怎么能指望得到我们的援助呢？那里是我们的战区，你们不应该插手干涉。我们会处理好的。"

"如果你们认为现在应该援助波兰人，就让我们看看你们的计划。告诉我们下一步你们打算怎么办。我们看了以后，才能告诉你们我们能做什么！"

这着实给丘吉尔首相、罗斯福总统和联合参谋长委员会出了个难题。尽管我们很想帮助华沙的波兰人，但又能真正做些什么呢？真正的问题其实根本没有办法解决。我们尽量给他们多空投一些补给，通过其他渠道也想了很多办法，但这些帮助都是远远不够的。

与此同时，我拍电报给斯帕茨将军，让他与美国驻莫斯科军事代表团团长迪恩将军商量，看看如何给华沙起义军提供补给。另外我也发了一封电报给迪恩，让他在这方面配合苏联人的行动。我们能做的也只有这些了。

在那天的晚宴上，罗斯福总统、麦肯齐·金①、丘吉尔首相、英美联合参谋长委员会成员和不少人的夫人都出席了。这是罗斯福总统夫人第一次参加这样巨头云集的宴会。过去他们一直都搞到很晚，但这一次，刚到 11 点，罗斯福夫人就发话了："法兰克，快 11 点钟了！"——宴会就结束了。（据我所知，这是罗斯福夫人第一次在华盛顿之外参加会议。）

① 威廉·莱昂·麦肯齐·金(William Lyon Mackenzie King，1874—1950)，加拿大政治家。曾三度担任加拿大总理，在位时间长达 21 年，是英联邦历史上在位时间最长的一位总理。其肖像现在印于加拿大五十元钞票上。——译者

关于如何打赢这场战争，晚宴上丘吉尔首相又提出了新的想法。他认为，我们（包括皇家空军）应该尽快调集更多的飞机、军舰和部队投入到对日本的最后一战中，这着实关系到英国的切身利益。我告诉他，调派飞机去那里不是那么简单。等欧洲战事结束的时候，我们可以调用欧洲战场的重型轰炸机，但太平洋上却没有足够的场地供其使用。事实上，在欧洲战场的 3 500 架重型轰炸机中，我们能够调用其中的 1 500 架，已经是相当不错了。而且，我们更愿意使用 B－29，而不会去用 B－17、B－24、“兰开斯特”和“哈利法克斯”，因为 B－29 的航程更远、载弹量更大。即便是把皇家空军的重型轰炸机调过来，又能派什么用场呢？我们当然知道，他们和我们自己的四引擎轰炸机在对德轰炸行动中的表现都非常出色，但欧洲战场的作战距离相对较短，着陆场地也足够宽裕。但如果谈到对日作战，除非苏联人肯让步，允许我们使用他们在满洲地区的空军基地，否则，无论是皇家空军的轰炸机，还是我们自己的 B－17、B－24，根本派不上用场。这其实是明摆着的，丘吉尔首相只想着替自己的皇家空军吆喝了。皇家空军确实很棒，他们一心盼着能有机会修理日本人，就像他们打败德国人一样。

第二天，在英美联合参谋长委员会召开的会议上，我们讨论的大部分内容都是英国人如何参与太平洋上的对日作战。还有一些其他的重要问题，比如：(1) 意大利垮台之后会发生什么？我们在那里的部队——地面部队、空军、海军——该如何应对？(2) 我们应该援助苏联人在巴尔干地区的军事行动吗？这引起了我们的讨论，苏联人希望的结果是一帮子小德意志国家，而英国人希望的是少数几个大国，可以作为与苏联之间的缓冲地带，就像那座“多佛白崖”。

开了几天会，丘吉尔的动机越来越明显，他希望大不列颠参加最后征服日本的一战，纯粹是政治上的考虑。他想把主力舰队派过去；还要调派 500 架至 1 000 架重型轰炸机；而且可以肯定的是，罗斯福总统会很乐意按照丘吉尔的意见做出相应的安排。丘吉尔首相说，如果他们被拒绝了这个并肩作战的机会，英国人将会在世人面前抬不起头来。接着他把脸转向了我，说："你手上机场那么多，不会拒绝为我那点儿重型轰炸机腾出点儿地方吧，会吗?"

我回答他，还有一些情况需要英美联合参谋长委员会进一步考虑；至于我的态度，B－29 正在进驻那个战区——它们已经展开了作战行动，我们计划动用关岛、塞班岛、提尼安岛、硫磺岛上所有可资利用的机场。如果联合参谋长委员会决定用"兰开斯特"来取代 B－29，我也没有意见。

在一场联合参谋长委员会上午召集的会议上，本来一切进展都很正常，没有什么让人激动的事情，直到英国人再一次提出参加太平洋作战的问题。这一下天塌下来了。金海军上将是不会同意皇家海军到太平洋来的，除非一支很小规模的部队。美国海军一路浴血奋战，从火奴鲁鲁打到了太平洋西岸，马上就要登上日本本土了！现在过来摘桃子了！过了好一会儿，暴风雨才平息下来，但问题依然没有解决。

在午餐和晚上鸡尾酒会的时候，英国参加对日作战的问题仍然是大家的话题。关于这个问题，我们又开会专门商量了一次，加拿大皇家空军参谋长罗伯特·莱基①、约翰·迪尔爵士和他的副官、马歇尔将军和我一起参加的。我们讨论了加拿大皇家空军参加太平洋战事可能的时间点。他们打算投入 47 个飞行中队！我真不知道该找哪里安置他们。

这些问题最终都没有一个正式结论。时间帮我们化解了难题，而不是通过联合参谋长委员会的会议。在德国人战败之后，没想到日本投降

---

① 罗伯特·莱基(Robert Leckie，1890—1975)，加拿大空军中将。一战期间在英国皇家海军航空队服役，曾击落两艘德国齐柏林飞艇。一战后担任过英国皇家空军中队和飞行基地指挥官。1936 年 10 月任英国空军部训练主管。1938 年任驻地中海皇家空军司令。1940 年返回加拿大，负责英联邦空军训练计划，该计划是人类历史上规模最大的航空培训项目，为英国、加拿大、澳大利亚和新西兰的皇家空军培养了近半数的飞行员、导航员、投弹手、报务员和技师。1942 年 4 月转入加拿大皇家空军，1944 年 1 月至 1947 年 8 月任加拿大皇家空军参谋长。——译者

的速度是如此之快，英国人的重型轰炸机根本来不及调到太平洋诸岛的机场上。他们的部队也没有时间加入我们的海军。

对我们美军自己的作战行动而言，1944 年 9 月 14 日是一个十分重要的日子，对我们参谋长联席会议召开的一系列会议而言也是这样。那天晚上，大家还在吃晚餐的时候，有事情发生了——关系到太平洋上一场大战的准备工作——需要立刻做出决定。在此之前的两三天，海军上将尼米兹提出来，要将第 3 两栖作战军团，包括当时驻扎在夏威夷的陆军第 19 军，交给麦克阿瑟将军指挥，参加对莱特岛的进攻。麦克阿瑟将军的意见我们也征求过了，问他是否还需要做什么调整。他建议总参谋长，准备将先前拟定的莱特岛登陆时间从 12 月 20 日提早到 10 月 20 日。就在我们吃晚餐的时候，这个消息来了。

海军上将莱希、马歇尔将军、海军上将金和我，只好给大家打招呼退席，读了麦克阿瑟发来的电报，让一名参谋军官准备回电，答复当然是同意。从我们拿到麦克阿瑟的电报，马上开会研究，到麦克阿瑟和尼米兹收到我们同意将莱特岛战役从 12 月 20 日提前到 10 月 20 日的命令，一共不到两个小时。这一时间的调整，要求我们必须放弃当中的三个登陆点。几分钟之后，我们就收到了麦克阿瑟确认命令的回电。考虑到路途如此之遥远，这速度已经是奇快了。

在一天下午的会上，金上将说他找了一位向导，想带着英美联合参谋长委员会的成员，去亚伯拉罕平原战役①的古战场转转，沿河顺流而

① 亚伯拉罕平原战役，是 1759 年决定“七年战争”胜负的一场战役。1756 年，随着英法之间争夺殖民地和海上霸权的斗争日益激烈，终于导致了“七年战争”的爆发。1759 年 9 月 12 日夜，詹姆斯 · 沃尔夫少将率领英军在魁北克城南、法国人认为武装部队无法攀登的险峻山崖强行登陆，奇袭获得成功。9 月 13 日上午 10 时，英法两军在亚伯拉罕平原展开激战，战斗仅持续 30 分钟，法军大败。当天法国加拿大总督就逃出了魁北克。9 月 14 日，魁北克城防司令开城投降。1860 年 9 月 8 日，法军最后的部队在蒙特利尔宣布投降，法国从此丧失了在加拿大的所有殖民地。1763 年英法两国签署《巴黎和约》，结束了“七年战争”，并正式把新法兰西割让给英国。——译者

下，看看当年英军和殖民地民兵在沃尔夫将军率领下实施登陆并发起进攻的地方。每个人的热情都很高。等我们到了亚伯拉罕平原下的河边，发现解说员就是个普通的导游，对当时战况的了解并不比马歇尔将军和我多多少。马歇尔和我此前来这里参观过，通过阅读“魁北克战役”的资料和遍布这一地区的纪念碑文，已经掌握了当时战役的大部分情况。因此，在听了一会儿讲解后，乔治和我就离开了大部队，去参观一个新落成的纪念碑。在那儿碰到了一位天主教神父，只会讲法语，但是却比我们此前遇到的任何人都更熟悉“魁北克战役”，他给我们俩做了一个很有意思的讲解。接着其他人要去坐船了，神父也陪着我们一起去。他根本不知道自己眼前的这些听众到底是些什么人，用法语给英美联合参谋长委员会的一班人——艾伦·布鲁克爵士、皇家海军上将坎宁安、查尔斯·波特尔爵士、马歇尔将军、海军上将金和我——讲述了“魁北克战役”的经过，非常引人入胜。

在魁北克会议期间，丘吉尔首相和罗斯福总统花了相当长的时间，讨论战争结束以后怎么办。丘吉尔说，等打败了德国人，英美两国的工作重心都要做出调整，他希望罗斯福总统能够同意，在对日战争期间，大不列颠可以继续得到美国的食品和物资援助，以满足他们必要的需求。罗斯福总统表示同意。

丘吉尔还希望罗斯福总统能够同意，租借物资和军火的生产继续以各个国家的需求为基础，尽管这样可能会造成英国增加重建和出口生产中的免费劳动力。如果英国的军火产量降到五分之三，美国的援助也应当降到五分之三。出席会议的美国财政部长摩根索先生建议，最好能有一个明确的数字。他说，就以“八边形会议”的战略预估为基础，根据英国人自己的计算，第一年需要的军火援助就达到了 35 亿美元。确切数字还要依据会议决定的军事行动的需要，进行重新核算。非军用需求总计也达到 30 亿美元。罗斯福总统也赞成要有确切的数字，相较以比例为基础更好些。

丘吉尔强调，所有的援助物资都应当按照《租借法案》① 办理，总统表示同意。同时，丘吉尔也表达了担忧，在联合王国的出口贸易萎缩如此严重的情况下，真不知道该如何偿还这些费用。无论如何，英国的出口贸易都必须尽快恢复。尽管租借物资的出口和出售都不是为了谋取利润，但美国政府不能在这些援助物资上附加任何有损英国恢复出口贸易的条件。对上述意见，罗斯福总统也表示同意。然后会议决定，组建一个摩根索任主席的特别委员会，负责研究相关事项的具体方案；在委员会提出建议之前，未经其批准，不得改变现有《租借法案》的实施。

9 月 16 日，罗斯福总统和丘吉尔首相召集最后一次会议，研究了英美联合参谋长委员会提交的报告。我觉得罗斯福总统的表现有点儿不尽如人意。他看上去不像过去那样精力集中，也没有了以往的幽默风趣，从前他经常说俏皮话的，但现在看起来好像总是在想着其他什么事情。还有，他闭目养神的时间也比以往多。他和丘吉尔只对我们的报告提出了几处小的修改，便通过了。

总体而言，“八边形会议”在历次国际性会议中还是比较成功的一个。在如何结束这场战争的问题上，我们的分歧不多。但计划总是赶不上变化快。关于如何打赢这场战争，斯大林就有自己的考虑。刚刚到了 1944 年 10 月，他就告诉美国大使哈里曼，他觉得进攻德国人的意大利

---

①《租借法案》(Lend-Lease Program)，美国国会在 1941 年 1 月通过的第 1776 号法案，3 月 11 日生效，目的是在美国不卷入第二次世界大战的同时，为盟国提供战争物资，授权美国总统“售卖、转移、交换、租赁、借出或交付任何防卫物资，予美国总统认为与美国国防有至关重要之国家政府”。该法案的通过埋葬了中立法，是美国由孤立主义走向参战的决定性重要步骤。二战期间，美国据此向外国提供了价值高达 500 亿美元的租借物资，其中 60%供给英国、32%供给苏联，其余的份额提供给自由法国、中国等反法西斯国家，共有 38 个国家接受了根据租借法案所提供的援助。——译者

和齐格菲防线①是个错误；盟军应该派出尽可能多的部队从侧翼进攻奥地利，配合红军经由匈牙利进入奥地利。而在不久之前，他还在给我们施加压力，要求从西线发动攻势。斯大林对瑞士的态度在苏联人中很具有代表性。在一次和丘吉尔、哈里曼召开的会议上，他曾经说，应该迫使瑞士同意让盟军部队过境，对德军的坚固防线进行迂回包抄。当丘吉尔表示反对时，斯大林又说，瑞士在这场战争中扮演了一个错误的角色，应该让她学会合作。这些例子都说明，尽管已经到了1944年底，但在对德作战问题上协调一致是多么的困难。

在1944年初秋的时候，情况已经很清楚了，我们培养出来的飞行员、机枪手、投弹手、导航员、技师和其他技术人员，数量远远超过了这场战争的需求。实际上，我们补充海外作战部队损失的速度，比损失的发生更快。对大部分机型的飞机来说都是这样，除了最新型的超级重型轰炸机B-29，它才刚刚从生产线上下来不久。

我们原本的计划是要满足每个月25%的预估损失率，但一切进展都

① 齐格菲防线(Siegfried Line)，二战开始前纳粹德国在其西部边境地区构筑的对抗法国马其诺防线的筑垒体系，由德国著名的建筑工程组织——托德机构负责建造，德国人又称之为“西墙”，用于掩护德国西线，并作为向西进攻的屯兵场以及支援进攻的重炮阵地。1936年德国占领莱茵兰之后开始构筑，至1939年基本建成，全长达630公里。防线由障碍地带、主防御地带和后方阵地三部分组成，纵深35公里至75公里。障碍地带主要是地雷场、刺铁丝网、防坦克壕以及著名的“龙牙”（多列角锥形钢筋混凝土桩砦)系统。主防御地带的最前缘位于障碍地带后方数十至数百米处，配备钢筋混凝土和钢铁装甲的机枪、火炮工事以及指挥所、观察所、人员掩蔽部、车辆洞库、弹药库、物资库等。后方阵地位于主防御地带后方数公里至数十公里处，主要是预备队人员掩蔽部、预备队车辆洞库以及战备物资库，在法德交界地段还配属有170—305毫米要塞化远程重炮群。但很多工事只有混凝土而缺乏用于防御重型炮弹的装甲钢板，主要是由于德国当时钢的紧缺；同时，很多战争后期的大型火炮无法安装在较小的炮座上(只能适应战争初期的小口径火炮)，进一步削弱了该防线的防御作用。1944年9月，英、美盟军从西线向德国本土进攻时，德军依托这一防线阻滞了盟军5个月时间。齐格菲防线的宣传意义几乎和它的战略意义一样大，在相当长的时间里，它都被宣称为一条坚固的防线，直到1944年。——译者

很顺利。实际上只有很少几个月需要进行这么高的战损补充，不过，我们还是将这一指标设定在25%，以储备力量应对各种不测，同时也没有比这更好的办法能让我们如此之快地增强部队实力。1944年12月31日，我们发现陆军航空队在美国国内的飞机达到了41 600架，而海外战场只有31 100架。其中，在中国和太平洋战场上有407架B-29，已经做好了投入实战的准备。

至于兵力，截至1944年末，陆军航空队在海外战场有官兵110万人，总兵力达到了235.9万人。

综合考虑了上述情况后，鲍勃·洛维特和我决定开始削减我们的部队规模，为纳税人节约点儿钱，尽管当时我们还看不出战争什么时候能结束。我们也知道天有不测风云，这个决定有可能让我们自己陷入困境，但我们觉得可能性非常小，这个风险我们愿意冒一下。当时，“输油线”上排满了各种各样的飞机、作战机组和培训好的人员；后面还有设备和人员不停地从工厂和学校里出来。因此，在1944年秋天，我们决定将每年培养10.5万名飞行员的速度降下来。起初我们把它降到每年6万人；接着是每年4万，到1945年2月又降到了3万。差不多也是在1945年2月，欧洲战事结束之前大约四个月，我们把飞机的产量降到70亿美元，取消了一些订单，尽管当时我们既没有完全打败德国人，也没有打败日本人。

在1944年的一年中，美国陆军航空队一共在敌人头上扔下了超过100万吨炸弹，打光了22.5万发子弹，摧毁了超过18 200架敌机，单单在太平洋就击沉了超过95万吨的敌国舰船。

这些战果，是由十支独立的航空队，加上第20航空队下辖的两个B-29轰炸机司令部完成的。飞行小时数就没法算了，光是美国国内的飞行时间就超过了3 700万小时，用了50亿加仑汽油。最高峰的时候，我们光投入培训的飞机就达到了5万架。

空中运输司令部已经发展成为一个有史以来规模最庞大的机构，估计今后很长一段时期都不会再有这么大的军事部门出现。仅在1944年一年中，我们就承运了120万名乘客和40万吨物资。空运司令部下面掌控着接近3 000架飞机，它一直保持着这个记录。只看1944年的一个月，为了运送伤病员回美国，我们就飞了超过2 400万英里。

到了1944年11月，我们的空军部队已经可以在整个德国上空自由进出，纳粹空军和地面防空系统对此一点儿办法都没有。有一天，杜立特将军的第8航空队派出P－51和P－47战斗机，深入德国内陆执行扫射和轰炸任务，他们从英格兰起飞，往返航程超过1 100英里。在这一次任务中，我们的飞行员在空中击毁27架德军飞机，其中包括一架喷气式Me－262战斗机；在一路经过的各个机场上击毁64架飞机，其中有30架是喷气式飞机。每当看到火车头、列车、油罐车、调车场，他们都会俯冲下去捣毁它。根据那一天的战报，他们一共摧毁了131个火车头、24节火车车厢、42个油罐车，没有哪一辆可以继续行驶了。在他们返航的途中，战斗机又袭击了工厂、仓库、停机库。我们一共有400架战斗机参加了那天的行动，损失了8架。

截至1944年11月30日，陆军航空队一共伤亡104 818人。他们都是非常优秀的年轻人。我心中常常会想起阿尔玛·迪安写的那首诗“写给圣彼得的信”：

彼得，让他们进去吧；他们已经很累了；
记得把天使们睡的长榻让给他们。
那里只有太阳，没有战火；他们一定会睡得很沉；
让他们好好睡吧，等天大亮的时候再把他们叫醒。
请记下那些残缺的身躯躺卧的地方；
他们想要什么就给他们什么。千万别劝阻他们发出呻吟。

因为上帝知道，当他们不得不面对死神时，这些生命有多么的年轻！……

削减了空军的培训和飞机生产规模之后，让我们陆军航空队有机会静下心来好好思考和谋划一下未来。眼下，不管德国人和日本人的空军使出什么招，我们的空军都能够保持恒久的战斗力。现在我们要做的，就是科学合理地使用这支力量，发挥好我们的作用，配合好皇家空军、地面部队、海军，以最短的时间结束这场战争。有这么一个机会让大家缓缓，静下来做些思考，对我们所有人都是一件好事。

当然，我们面临的两项主要任务还是不能放松：一是继续对德国的战略轰炸，当时基本上就是例行公事了；二是完成 B－29 轰炸机部队的培训，对日本本土发动空袭。后面一项任务中还包括使用原子弹进行轰炸，我们有理由相信，这一工程在来年肯定能够完成。

身为陆军航空队总司令，我还有另外一项重要的工作，那就是我对空军未来的盘算。我要集合一批最优秀的人才，让他们搞清楚德国、日本和皇家空军在空军建设方面的最新科研成果，以此为基础来确定美国人应该做些什么，才能在今后二十年始终拥有一支世界上最好的空军。说说容易，但真正做起来却要涵盖方方面面，比如雷达技术、原子能技术、声波技术、电子技术、喷气式飞机和火箭技术。这不仅仅涉及飞机，也包括从舰艇和飞机上发射的火箭，以及像德国 V－2 导弹那样的大型火箭。什么时候我们能把这些技术成果加以综合运用，这对未来而言又意味着什么？我们到底要建设一个什么样的空军？我们又要为二十年或三十年以后的空军准备什么样的装备呢？

为了解答这些想法，我去找了自己的老朋友，加州理工学院的罗伯特·密立根教授，请他帮我推荐一个最佳人选，牵头成立一个科学家委员会——包括在声波、电子、雷达、空气动力和其他各个领域具有丰富经验、有可能对未来飞行技术产生影响的应用科学家和工程师。我们一起讨论了很长时间。最后他决定推荐自己加州理工学院的西奥多·冯·卡门①教授给我。他说很不舍得让冯·卡门教授走，但又认为我讲的这件事比他的工作重要得多，只好让我把人带走了。

就这样，没过多久冯·卡门就来到了华盛顿，接着很快，一个接一个地，一批掌握最新科学技术理论的科学家就陆续到位了。我告诉这些科学家，希望他们能够预见未来二十年。他们要忘掉过去，把现在的装备当作他们最大胆设想的基础。我想让他们大胆想象超音速飞机、无人

① 西奥多·冯·卡门(Theodore von Kármán，1881—1963)，匈牙利犹太人，20世纪最伟大的航天工程学家，开创了数学和基础科学在航空航天和其他技术领域的应用，被誉为“航空航天时代的科学奇才”。1930年移居美国，指导古根海姆气动力实验室和加州理工学院第一个风洞的设计和建设。1936年入美国籍。1938年开展第一次超声速风洞试验，发明喷气助推起飞，使美国成为第一个在飞机上使用火箭助推器的国家。1941年参与创建美国制造火箭发动机的通用航空喷气公司。1943年初，美国空军装备司令部将英国情报部门关于德国火箭射程达到100英里的情报交给冯·卡门；8月，他向军方提交了对德国火箭项目的分析报告。本书作者、美国陆军航空队司令阿诺德将军请冯·卡门评价美国航空技术发展现状，预测未来20年、30年甚至50年的发展，并就如何确保美国空军未来的领先地位提出建议。1944年12月1日，陆军航空队正式成立了科学顾问组，由冯·卡门任组长，任务是评价航空研究和发展的趋势，为空军准备有关科学技术事务的特别报告。1945年初夏，冯·卡门以少将军衔率领美国空军顾问团，赴德国考察纳粹秘密研究火箭技术的情况，回国后提交了《我们在何处》和《通向新地平线》两份考察报告，提出“科学是掌握制空权的基础”，强调要成为航空大国，没有一劳永逸的解决办法，只有不断地加强研究和发展，才能确保国家安全；报告预测，新的作战能力肯定会陆续出现，超声速飞行是可能的，卫星和有相当精度的远程导弹将研制出来，涡轮喷气和涡轮螺桨发动机将取得重大进展。报告中的各项建议在美国空军都得到了很好的贯彻，如组建了航空研究和发展司令部，后来改组为空军系统司令部，独立负责全空军的研究和发展工作。1947年10月14日，根据冯·卡门的构思而设计的X1火箭飞机终于首次突破了声障，把人类带入超声速飞行的时代。在美国空军成立50周年纪念文集中，很多人认为，在阿诺德对美国空军未来发展所作出的所有贡献中，最重要的是他依靠冯·卡门为美国空军打下了科技建军的坚实基础。冯·卡门所在的加州理工学院实验室后来成为美国国家航空和航天喷气实验室，我国著名科学家钱伟长、钱学森、郭永怀都是他的学生。1937年6月下旬，冯·卡门结束对苏联的访问后，曾应邀到清华大学讲学；7月7日下午六时，在清华大学工学院院长兼航空研究所所长顾毓秀教授陪同下，冯·卡门乘火车刚离开北平，“卢沟桥事变”即爆发；随后，冯·卡门在庐山会见了蒋介石夫妇。——译者

驾驶飞机；对现有的炸弹进行改进，个头更小，但威力更大；针对现代和未来飞机的防御技术；空地和空空之间的通讯系统；在可视化设备、气象和医学方面的探索；原子能技术，以及一切可能对空军的发展和作用发挥影响的科学领域。

我告诉冯·卡门教授，等他提交出书面报告的时候，感兴趣的那个人已经不是我了。他只管大胆往前闯，可以在任何时间去任何想去的地方；他要关注的不是明天或者后天的飞机，而是要向前看二十年，研究到那个时候我们真正需要的东西。他的报告，对将来接替我的空军指挥官们而言，会是一个重要的指引。我赋予他和助手们充分的活动空间——可以去英国、德国、日本、意大利——甚至可以去苏联，只要他们进得去。

我们一直都不太确定，德国人对我们的装备情况到底了解多少，还有我们是不是掌握了德国人应该被我们掌握的东西。1944 年 11 月的第一个星期，我们收到了一份详细的情报，是德国人的一份书面报告，内容是关于英国和美国研制喷气式飞机进展情况的，德国人把我们的情况摸得相当准确。我注意到他们在有一个地方提到，根据情报，美国的喷气式飞机项目是阿诺德将军在 1941 年启动的，事实就是如此。所以，我们不知道他们还掌握了些什么，但至少对我们喷气式飞机项目的启动情况还是了解的。

在报告中，这位德国科学家继续讲到，在 1942 年的时候，英国人送给美国一台喷气式发动机；到了 1942 年底，美国的第一架喷气式飞机试飞成功，这是在德国第一架双引擎喷气式战斗机 Me－262 首飞之后的三个月。这位德国科学家应该不难推断出，当时我们的喷气式发动机研发所达到的阶段，其实对我们的作战没有任何作用。因为它没有足够远的航程——不能在空中做长时间停留，以达到有价值的空袭目标上空。它当时还只能给人添麻烦，这都是真实情况。

在早年的时候，航空勤务队没有真正的情报部门；虽然也有个“信息处”，但职责非常有限，主要是由于战争部的情报部门 G－2 担心会出现一个搞情报和秘密行动的重叠机构。

结果，虽然我们非常清楚将来主要的敌人会是德国和日本，但我们对自己未来将要去打仗的那些地方却不了解。我们觉得有必要着手建立一套我们称其为“目标档案”的东西——那些可能会成为我们空袭目标的信息资料，在可能会发生敌对行动的国家，而且越早越好。但是，战争部的 G－2 处称他们拥有我们想要的一切资料，即便现在没有，他们也都能搞到。他们说，我们没有必要复制他们的机构。

战争打响以后的情况又是怎么样的呢？举个例子，我们进驻加拿大东北部的巴芬岛的时候发现，承运我们的飞行中队过去的轮船，是 1856 年以后首次开进那里的港口。1856 年之后的巴芬岛资料就没有了！再比如，有一次英美联合参谋长委员会在讨论日本北海道的登陆地点，陆军和海军情报部门提供的资料落款日期竟然是 1858 年！

我们想要的“目标档案”，应当包括它的规模、位置、整体特征、特殊的标志物、建筑类型，以及对空袭作战有帮助的其他必要细节，比如，像德国法本①和克虏伯这样综合型的企业，在美国根本就没有它们的资料。所以，我们空军只好另觅他途了。

在早年的时候，根据我的建议，陆军航空兵成立了一个专门研究轰炸目标的委员会。在组建我们自己的技术分析机构的过程中，洛维特先生出了个主意，他说最便捷的办法就是从工程师、银行家或在国外直接

① 法本公司(I. G. Farben)，全称“染料工业利益集团”，建于 1925 年，曾是德国最大的公司及世界最大的化学工业康采恩之一，总部设在法兰克福。1931 年纳粹党上台之前，法本公司向纳粹党和希特勒提供了大笔赠款。二战中曾大量生产合成燃料和合成橡胶，使德国冲破了资源瓶颈。美国参议院曾称：“如果没有法本公司，就不会有希特勒的战争。”二战后被盟国勒令解散，拆分为阿克发公司(Agfa)、拜耳公司(Bayer)、巴斯夫(BASF)等 10 家公司。——译者

参与工程建设的建筑商那里拿资料；那些借出过钱或正在办理贷款的银行家们，对向他们借钱的工厂都非常了解。为了尽快建成我们的目标分析机构，我们去找了纽约州参议员伊莱休·鲁特[①]，他动员那些去过德国和日本的人为我们提供资料，帮助建立“目标档案”。但对于像日本北海道这样的岛屿，所有的部门和机构都对我们说没有资料。还有一些其他的日本目标也不为人所知。当时，我知道有一个人从来不会说有他搞不到的情报。他是情报界的百科全书。他就是绰号“野牛”的多诺万将军，负责统领战略情报局。他总是会对你说：“需要什么？什么时候要？我会给你搞定的。”对那些偏远冷门的地方，他会派出侦察兵、间谍、甚至小股部队，去搞我们需要的情报，一般总能按照预定时间交给我们。

我讲这些的意思是：就从军情部门G－2的情况来看，我们老式的陆军和海军，还没有做好应对这场突如其来的全新形态战争的准备；G－2的人还不具备那种获取未来空战所需新型情报的能力。下一场战争的指导原则和战术不会一成不变，所以现代战争机器的每一个零部件都必须求变求新。而情报部门必须对情报信息进行分类，以满足未来陆、海、空不同军种的需求，无论这些部队将来可能会用到什么样的武器装备。

---

① 伊莱休·鲁特(Elihu Root，1845—1937)，美国著名律师和杰出政治家，曾先后担任地方检察官、战争部部长、国务卿、纽约州参议员、制宪会议主席等重要职务，1912年获诺贝尔和平奖。西奥多·罗斯福总统第一任期的战争部部长和第二任期的国务卿，任内进行了一系列改革，设立总参谋部和参谋长办公室，创立陆军军事学院，将州民兵改编为国民警卫队，缓和美国和拉丁美洲及日本的外交关系，退休后任卡内基国际和平基金会主席。——译者

第二十九章　太平洋战场的负面新闻；我的暂时退出；海军航空兵希望独立；再访欧洲；巴黎，巴顿，兰斯和法兰克福

在我看来，随着太平洋战事的进展，陆军航空兵在其中发挥的作用好像被媒体忽视了——这并不会抹杀他们实际取得的战果，但会影响到未来军种的建设。在我们进驻马里亚纳群岛之前，那些专栏作家、评论员和报社记者们谈论的都是海军的夺岛之战，讲到海军把一座座岛屿拿下来，用作发起新一轮进攻的基地。没有一个人提到这些基地其实是为 B－29 准备的，当时也只有 B－29 可以把成吨的炸弹投到日本人头上去。海军的舰队做不到，海军的航空兵也做不到，陆军更做不到。B－29 可以。在我们拿下了提尼安岛、关岛、塞班岛之后，这样的优势愈发明显。所以，我下定决心，有必要让美国人民关注一下这个阶段的太平洋之战了。

就在这个当口上，我生病了。我不知道自己的病情，但我知道病得不轻。我找到了当时写给贾尔斯[①]将军的备忘录：

“我最近读了几篇有关日本托管岛屿的文章，把一切都归功于海军，说什么拿下这些岛屿也是为了海军。

应该召开一次新闻发布会，把这件事说清楚。眼下，陆军航空队比美国的其他任何人都更加关注这件事。我们不仅要拿下日本人

托管的岛屿，还包括空军在对日作战中所必需的其他全部岛屿——也包括其他作战任务需要的岛屿。

还有一点需要澄清，是陆军航空队率先提出把那些岛屿作为军事基地的，并尽了最大努力利用这些岛屿，以加快战争进程。

亨利·哈利·阿诺德”

那段时间，我曾经因为心脏病突发晕过去一次，被送进了迈阿密医院。当一个人忽然认识到自己的健康其实没有想象中那么好，打击还是挺大的。

对我来说，当时最糟糕的莫过于“雅尔塔-马耳他会议”没几天就要召开了，我本来是一定要出席的。我知道这是一次非常重要的会议。讨论的议题将对我们未来的作战行动产生实质性影响，没准儿还会影响到和平时期的商业航空建设。当苏联人、英国人和美国人三方坐下来讨论这些问题的时候，我希望能够亲自在会场，发挥自己的影响力，但最

① 巴尼·麦金尼·贾尔斯(Barney McKinney Giles，1892—1984)，美国陆军中将，二战中为推动战略轰炸理论和实战的发展起到了重要作用。早年与孪生兄弟本杰明·贾尔斯(Benjamin Giles)一起在得克萨斯大学攻读法律，1917 年美国参加一战后，兄弟二人同时加入美国陆军航空勤务队，开赴法国前线；1920 年回到美国。巴尼·贾尔斯长期在基层航空部队担任工程技术军官，1930 年 10 月任加利福尼亚洛克威尔航空站总工程师。1934 年 9 月，兄弟二人同时进入航空兵战术学校进修，与战略轰炸理论的支持者海伍德·汉塞尔(Haywood S. Hansell)、劳伦斯·库特(Laurence S. Kuter)和霍伊特·范登伯格(Hoyt S. Vandenberg)等人是同学。1935 年 7 月毕业后，巴尼·贾尔斯任第 20 轰炸机中队指挥官。1936 年 7 月任第 2 轰炸机大队作战参谋，是第一位试飞 B－17“飞行堡垒”重型轰炸机的飞行员。1937 年 9 月进入指挥参谋学院进修，1938 年 7 月毕业后任陆军航空兵主任办公室监察处处长。1941 年 12 月起先后任第 4 空勤司令部、第 4 轰炸机司令部和第 4 航空队司令。1943 年 3 月任陆军航空队助理参谋长，7 月任参谋长。1944 年 4 月晋升中将，5 月任陆军航空队副总司令兼参谋长，在本书作者阿诺德将军生病期间代理总司令职务。1945 年 5 月任太平洋战区陆军航空队总司令兼太平洋战略空军副总司令，10 月任太平洋战略空军总司令。1946 年 6 月退役。其孪生兄弟本杰明·贾尔斯也在陆军担任高级指挥官，曾任驻英格兰第 9 空降司令部司令、中东战区美军司令，1946 年 9 月以少将军衔退役。——译者

终我还是不得不选派一位代理人。库特将军代表我参加了会议，而且表现相当出色。

日子一天天在过去，现在我终于有了时间，好好回顾一下战争期间发生的这许多事情，当然一切仍然没有结束，而且在我们赢得胜利之前还会发生很多事。

根据我自己在战争中的经历，找到别人犯的错误总是很容易，但看到别人的长处却要难得多，尤其是站在他的立场上来看问题。举个例子，我个人觉得，在战争的初始阶段，我们的美国海军总体而言不是特别愿意看到陆军航空队变得强大起来。他们不想让我们在发展重型轰炸机上获得调用物资和机器设备的优先权。他们宁愿我们没有 B－17 和 B－24——因为他们有重型轰炸机。所以，我们对海军也就很不爽，总是找他们的茬儿——特别是在他们调用我们陆军的作战部队的时候。

当我们商量如何统一指挥和后勤补给的时候，金海军上将告诉我："所有重组和调整的麻烦都是你们航空队惹出来的，哈皮。如果你肯把航空队交出来，交给海军，那么海军就会既有陆战队这样的陆军部队，加上你的航空队，又有了真正的空军。再加上我们的战列舰、驱逐舰、航空母舰、驱逐舰，还有潜艇，海军就能成为世界上最强大的力量。"

站在海军的立场上，我也觉得金上将说得不错，他总是在为自己人考虑问题。他们总是想能够在海军部的主导下，统一实施后勤补给，并进一步加强海军陆战队的建设，他们就可以拥有一支真正的两栖作战陆军。如果再加上我们的战略空军部队，他们就有了重型轰炸机，这是我们用来对付德国和日本的王牌。我对这种将所有力量都集中在海军部下面的想法可没有兴趣。所以，我就没有办法顺着金上将了，只好对他说："那可不行，欧尼。这不是解决问题的办法。在海军看来，这当然 OK。但从陆军、空军，或者国家的角度来看，就不完全合适了。再说，我还没打算把身上的这身橄榄绿换成你们的土青灰呢。"

这之后不久，海军上将莱希曾经表达过同样的观点：“哈皮，如果你把重型轰炸机交给海军，在统一指挥上我们当然就没有什么问题了，因为海军有了自己的重型轰炸机和战略空军，有了近距离战术支援空军，有了舰载机空军，也有了像海军陆战队这样的陆军，还有原本就是他们的海军。”我也说：“是啊，比尔，这不是解决问题的出路。我们必须找到一个所有军种都满意尤其是保证国家利益最大化的解决方案。”

躺在医院里的那段日子，我从来没有质疑过海军在太平洋战场上取得的傲人战绩。不管遇到过什么样的艰难险阻，也不论他们走过多少弯路，海军横跨太平洋的作战行动打得确实相当出色。

当然在其他地方也一样，海军在卡萨布兰卡、北非、西西里、萨勒诺、安齐奥和诺曼底登陆行动中的作战表现都非常成功，也让我们陆军完成任务变得更容易。但也有一些话不得不说，海军舰队沿日本海岸动用舰载机发动的空袭，包括用大口径机关炮对沿海不确定目标进行扫射，取得的效果和我们 B－29 实施的精确轰炸根本无法相比。

不错，海军的表现是很出色，但他们的很多技术都已经过时了。美国人应该全面回顾一下所有武装部队参与过的全部军事行动，以决定现代战争和未来战争所必需的要素，而又有哪些东西就像密西西比河上的炮艇、大篷车和加特林机枪一样需要被扫进历史的垃圾堆。这不仅仅是对陆军和海军的要求，对空军也一样。

然后我想到了战争部这个机构。很多年以来，战争部总体上是不支持空军成为一个战略性军种的；可以说，如果不是战争部那些庸碌的军官，空军早就达到了其巅峰。一直到乔治·马歇尔担任陆军的副参谋长，我们才得到一份战争部批准的、真正促进空军发展的建设规划。在此之前，尽管曾经有过“贝克委员会”、《豪威尔报告》，还有一个接一个的其他专项调查、听证委员会，但他们的意见都被束之高阁，根本没有实际行动。

我还想到了这些年来史汀生部长对我的关照，让我做事情变得轻松很多。我可以直接去找他，告诉他碰到的问题以及我的建议方案。他要求的就是要把问题彻底搞清楚，一般都会批准。实际上，我记忆中没有得到他批准的陆军航空队项目是很少的。鲍勃·洛维特的样样工作都无可挑剔，真是个超级“灭火队员”。

尽管如此，不过陆军部队有时候还是会觉得空军只是个徒有其名的军种，只有靠实力才能证明自己。

我想到了皇家空军和他们在不列颠空战中的优异表现，是他们挡住了德国空军的入侵，还有他们展开的夜间轰炸。他们向我们传授作战技术和装备性能，让我们对飞机和武器装备加以改进，以期在对德作战中更好地发挥作用，真不知道该如何感谢他们。

接着我又想到了中国的战局，我的思绪回到了两三年之前，那个时候，蒋介石委员长、马歇尔将军和罗斯福总统都盯着我增加“驼峰航线”上的空运吨位。据我所知，在 1944 年 11 月一个月当中，我们把 34 000 吨物资送过了“驼峰”——比蒋介石曾经想要的数字还高；更是超出了史迪威的期望！比滇缅公路开通以来的总运量还要高出 13 000 吨！

缅甸的战局，与我两年前去那里的时候相比，已经得到彻底扭转。1944 年，日本人在缅甸战场上遭到首次决定性的失败，蒙巴顿勋爵的部队在英帕尔平原让日军损失了大约 30 000 人。这是从西线对日本人发动反攻的序曲——史迪威也同时从北线展开了行动。盟军已经夺取了吉大港。那里的战况还有一个很大的变化，就是现在能够经常得到来自盟国空军的支援了。

下面聊聊史迪威个人的问题。大家都认为，他肩上挑的担子太重了。除了担任蒋介石的参谋长，他手下还有三个司令部，彼此相隔上千英里，他都必须定期过问视事。到 1944 年晚些时候，史迪威被解职以后，有三位中将被调来接手他原来的工作：索尔登[①]接手指挥中缅战区的地面部队，惠勒负责主管补给和后勤保障，魏德迈担任蒋介石的参谋长。

与此同时，陈纳德在扩建他手上的空军部队——事实上，扩张速度太快了，因为他拿到的飞机都来不及投入到实际作战中去。

在9月份的时候，我认为有必要写信给哈利·霍普金斯，提醒他注意，使用现代化战斗机重新武装中国空军的原定计划必须做出调整，因为他们已经来不及消化我们运过去的飞机。这个情况是斯特拉特迈耶将军告诉我的，此前我把他派到中缅战区担任空军司令。

我建议霍普金斯，如果没有外交方面的反对意见，我会向英美联合参谋长委员会和蒋介石提出，将采取措施把援助中国空军的飞机配额降到接近一半水平，直到他们将我们已经援助的飞机立即投入作战。

不过，陈纳德和他的空军在中国的仗打得非常漂亮。他和日本人在各个前线战场上全面开战，击沉他们的舰船，轰炸他们的基地和设施。为了支持他更加高效灵活的作战，蒙巴顿建议：（1）夺取密支那附近地区，建立新的军事基地和机场，以便空运司令部能够给中国运送更多的补给物资；（2）在印度提供更多的空运基地；（3）如果“驼峰航线”上现有运输机运送的物资不足以保障既定作战计划，就从第10航空队调拨轰炸机大队支援空运司令部。对此我并不赞成。只有到了万分紧急的关头，作战飞机才能被用于运送补给物资。

那段时间，我知道日本就要被我们的轰炸机炸成一片焦土了。自从海军拿下马里亚纳群岛之后，驻扎在那里的第20航空队力量大大增

---

① 丹尼尔·索尔登（Daniel Sultan，1885—1947），美国陆军中将，中国驻印军第二任总指挥。1907年毕业于西点军校。1943年赴中印缅战区，任约瑟夫·史迪威将军的副将，主要负责建立援助中国的补给线滇缅公路。1944年9月晋升中将，接替史迪威任中国驻印军第二任总指挥。1944年11月至1945年4月，指挥两个中国军和英军第36师参加反攻缅甸的伊洛瓦底江会战。——译者

强——各岛一旦到手就马上开始修建供 B-29 使用的跑道。1944 年 11 月 24 日，100 架 B-29 从塞班岛起飞，对东京实施了 1942 年“杜立特空袭”之后的首次空袭。截至 12 月 18 日，B-29 机群又对东京进行了三次空袭，接着又轰炸了名古屋的三菱飞机制造厂，事实上将那里夷为了平地。到了 1944 年 12 月底，驻马里亚纳群岛的第 20 航空队，一共有 345 架 B-29 部署在关岛、提尼安岛和塞班岛。在日本人投降前夕，这一数字增长到总共约 1 000 架。在 1944 年 12 月底，第 20 航空队驻扎在马里亚纳群岛随时待命的士兵达 46 000 人，军官 5 800 名。他们已经摧毁了 254 架敌机，投下了 9 000 吨炸弹。

打仗有一些最基本的规则，一般情况下军人都要遵守。不过，这些规则也有人不遵守，或不想遵守，被一而再、再而三地打破，我们空军就一直在与兵力分散作斗争——防止我们的飞机被撒到全世界各个战场。我们必须时刻警惕着，以防兵力被分散。要想尽快结束这场战争，我们只有把力量集中使用在主要目标上，那就是尽可能集中最大数量的重型轰炸机，摧毁德国的内陆地区。眼下，这个主要目标就变成了集中尽可能多的“超级空中堡垒”，炸烂日本。麦克阿瑟在喊着要求增援 B-29；尼米兹也在要 B-29；史迪威和蒙巴顿都想要 B-29——但他们都是用于战术性的作战目标。

就连法国海军也在向我们要飞机。弗纳尔将军专程来到华盛顿，请求支援一些陆基飞机。我们得到消息说，他此行的目的纯粹是出于法国政治利益的考虑；北非战场上现有的法国空军部队能够承担起法国空军的职责；如果再组建一支法国海军航空队，反而会削弱现有法国空军部队的作用，在统一指挥上也会出现问题。因此，我得到的建议是，不要答应弗纳尔将军的要求。

几乎与此同时，我接到了战争部助理部长麦克罗伊的电话，称弗纳尔将军为法国海军争取飞机援助的理由是正当的，在他看来，我应该设法解决法国海军需要的飞机。

我不明白，为什么法国海军不去找我们的海军要飞机，而来找我们陆军航空队，但自从战争爆发以来，似乎一直都是这样。陆军航空队承担了对外飞机援助的绝大部分。一直到了1944年的1月末，我们仍然承受着我们在太平洋战区的空袭作战可能会遭到削弱的压力，这将破坏只有大编队轰炸机才能够形成的真正的空中战斗力。当时，我们正以中国的成都为基地开展空袭作战，但我们却不断地听到传言，称日本人很快就将夺取这些空军基地，我们的B－29将不得不另外找地方了。

有的人甚至将这个情况向总参谋长进行了反映。马歇尔将军把我找去，谈了很长时间，商量万一我们在中国和印度的B－29部队被赶了出来，还能到哪里去找基地。我向他解释，这两个地区的作战都很成功。我们的燃料补给和后勤保障都没有问题。接下来将B－29部队移师马里亚纳群岛只是时间问题，然后以那里的岛屿为基地进攻日本。

像这样的“内部问题”出现，冲着我们正在执行或已经获得批准的计划，一般都是有人想把那些飞机搞到自己麾下。比如这一次，就是有人从南太平洋盯上了这些B－29。但还好，我们获准组建了第20航空队，作战也非常成功。

现在回顾起来，对我而言，其中一个最困难的问题就是，在加强空军建设的过程中如何协调好那么多部门；如何在遍布世界各个前线的作战部队真正需要替补机组和飞机之前，就为他们准备好，以便一线中队始终保持旺盛的战斗力。我们必须提前进行预测，比如，需要多少战斗机来为我们的轰炸机护航。就像我此前讲到过的，在陆军航空队早期的教学中，认为轰炸机可以照顾好它们自己，不需要战斗机护航。直到战争打响之后，这种概念依然延续了一段时间，不过在我看来，西班牙内战中的空战情况已相当清楚，没有战斗机保护，轰炸机根本无法生存。

到1944年1月份，P－51配上两个108加仑的机翼油箱，护航里程已达850英里。P－38和P－47也都是相当不错的战斗机，这是一致公认的。但配备了“梅林”发动机的P－51，成为护航战斗机的最佳选择。

1945年3月15日，我准备出院，回去短期工作一段时间。尽管在我住院的后期，几乎每天都要听取战争进展情况的简报，但我离开高层指挥圈已经有段日子了。我还和库特将军进行了会谈，了解“雅尔塔-马耳他会议”的情况，以及艾森豪威尔对德作战的最后计划。接着，3月31日，我离开华盛顿，再次启程前往欧洲战场。

这是多少年之后我又一次访问巴黎，几乎没有看到轰炸的痕迹。在郊区，工厂、火车站、机场，还有很多建筑都被夷为平地，但被炸的民居很少。埃菲尔铁塔，还和往常一样巍然屹立，像根大拇指。巴黎市区则完好无损，看起来相当不错。

在机场降落的时候，我们看到法国难民从各个方向涌回市区。来机场迎接的有斯帕茨将军，弗雷德·安德森将军，霍格上校，我的姐夫、绰号“卷毛”的普尔上校。我们前往丽兹酒店入住，一起聊到吃晚饭。

我和图伊·斯帕茨一起吃的晚餐，他给我讲述了巴顿集团军在突破滩头阵地后，一路向东高歌猛进的战况。他曾经问巴顿，“你不担心孤军深入吗？你的侧翼怎么办？”巴顿说：“不担心。空军负责照看我的侧翼。”图伊又问：“但你的补给呢？后勤保障呢？——也不担心吗？”巴顿回答说：“一点儿都不用担心。我有一位G－4[①]，他来操心我的补给问题。不过我可以告诉你，他一天当中已经昏过去三次了。”这发生在盟军朝着莱茵区推进的过程中，当时第3集团军一路遥遥领先。

在丽兹酒店，我住在一间戈林曾经住过的套房里。里面有一个超级大浴缸，比我看到过的任何一个都大，浴缸当中有一条裂缝，估计是戈

① 指参谋部中的后勤军官。——译者

林这个大块头在坐下去的时候用力过猛了吧。

第二天，在我的随行医生、斯帕茨将军、“卷毛”普尔的陪同下，我们去了兰斯市。那里的景象有些凄惨。大部分商店都关门了，到处都能看到巷战留下的痕迹，厂房被炸得东倒西歪，几乎所有建筑物的墙上都开着洞。街头老百姓的衣着倒还不算差，看上去吃的也应该相当好，但他们明显是在尽力装点门面。戴高乐希望通过苦战赢得认可，但他的陆军和空军却几乎从来没有打过胜仗。他向全世界发出呼吁，希望能在战后和平的谈判桌上保有一席之地。但眼下却只有一个法国师打过了莱茵河，尽管我们给他提供了大量的装备和补给。就连那个师还是法属摩洛哥人组成的。

没有发现哪里有明显的食物短缺，牛和马看上去也算体健膘肥。田野里的庄稼看起来很整齐，应该会有个不错的收成。德国人在撤退的时候并没有毁坏果园和农舍。

在兰斯，我和艾森豪威尔、斯帕茨以及艾森豪威尔的副官一起吃了午餐。餐后我们进行了很长时间的会谈。我听取了艾森豪威尔对战后局势的评估，以及他对未来国防建设、国家安全机构建设等问题的看法，并记下了他的意见。

1. 国防部应当由三个地位平等的部分组成：地面的、海洋的和空中的。三个军种的后勤补给问题要统一考虑。我们必须降低国防开支。

2. 陆海空三军的规模由需要决定；而不是根据拿到经费的多少。

3. 花一年时间统一兵役制度。

4. 现在建有美军基地的那些岛屿，最好还是交给英国。有时候美国人自以为想法很无私，让这些岛上的居民获得自由，实际上是让他们又回到了极权政府的统治，就像日本和德国。

5. 战术支援空军必须成为地面部队的一部分。

6. 海军航空队应该限制在舰载机和海上运输机的范围内。

艾森豪威尔认为，战争很快就要结束了，而且看起来相当有把握。

唯一让人担心的问题就是苏联人的推进速度太慢。艾森豪威尔对空军在欧洲战场上的表现评价非常高，给了他的部队很大支持。

我们的部队在欧洲战场上推进如此之快，使得我们后勤补给的运输量快要赶上中国的“驼峰航线”了。比如，第 9 空运司令部的 C-47 运输机，一天就要为进入前进阵地的部队运送 25 万加仑汽油。第二天，他们又为挺进莱茵河的装甲部队和各种机动车辆运输队送去了 50 万加仑燃料。

离开艾森豪威尔和斯帕茨在兰斯的司令部后，我就返回了巴黎。我必须注意休息，所以很早就上床睡觉了，没有去观光巴黎的夜生活。

住在丽兹酒店的时候，曾经有一名德国战俘被带到我的套房里来。他厌倦了战争，驾驶着一架 Me-262 逃离了德国。我想找他聊聊，因为双引擎的 Me-262 战斗机是第一种投入实战的喷气式飞机。后来，我们把这架 Me-262 搞到了代顿空军基地进行测试。这位德国战俘是一名纳粹空军的中尉。他说，现在的德国，铁路没有了，工厂被摧毁了，没有燃油，他们最优秀的一批飞行员都死光了，轰炸机飞行员还没有经过足够的培训就被调去飞喷气式飞机，战争最多还能支撑两到三个礼拜。已经不存在任何有组织的抵抗。事实上，他说的一点儿都不夸张。

后面我们启程前往法兰克福，沿途经过亚琛、波恩、科隆和科布伦茨。亚琛实际上已经被空袭夷为平地。迪伦也是一片废墟。科隆的景象也十分骇人，只有大教堂看起来还完好无损。在飞行途中，一路上我们都能看到被德军丢弃的卡车、坦克和曾经使用过的战壕，在炸毁的桥梁旁边有新建的浮桥。当盟军部队抵达莱茵河畔的时候，发现沿河的桥梁都被炸毁了；有数不清的拖船、驳船被沉到了河底。不过，莱茵河畔数百英尺的范围里看起来都那么平静祥和，一点儿没有战争的样子。当我们飞近科布伦茨的时候，一开始觉得空袭好像不怎么厉害，但到了城市上空才发现破坏相当严重。

我们在法兰克福上空绕飞了一圈，发现城市很大，是个铁路枢纽，飞机场已经被炸烂了，机场里和跑道上到处都是弹坑，没法正常使用。美国士兵正监督着大约 2 000 名到 4 000 名德国战俘，开着卡车和推土机，对机场进行整修。我们没办法在这个机场降落，于是只好改道城市东南方的另一个机场，那里的跑道是完好的，可以看到美军的几架 C-46、C-47 和 B-17 停在上面。但有无线电通知我们继续往南飞，去 66 英里外的一个机场。我们飞越了科布伦茨以南的一个正在交火的战场，盟军地面部队正在猛攻一支被包围的德军，不过空中连一架德国飞机也没有。最后，我们在目标机场成功降落，那里的跑道使用旗子作为引导标识。有超过 15 架运输机首尾相接地停在地面上。他们刚刚卸完补给物资，正在装载伤病员，其中德军伤员的人数和我们自己的差不多。

这个机场距离前线只有 15 英里，但我们的运输机来去自由，一点儿都没有受到纳粹空军的骚扰。纳粹空军已经不存在了。

我们换乘轿车，沿着德国高速公路行驶，途中看到一些被空袭摧毁的德国空军兵营、汽车和维修车间。在远离机场数英里的树林里，藏着很多飞机，一路开过去，飞机可真是不少，都处在完好的待命状态；树林里还有弹药、油箱、飞机修理库，都被上面的树冠遮蔽起来了，但这些武器装备都可以通过高速公路很方便地运到机场。

我们沿着高速公路继续开，一直到帕奇将军的司令部。帕奇将军给我讲述了他的第 7 集团军在马赛登陆以后，沿隆河北上的情况。我儿子汉克是第 45 步兵师的一名营长，也在集团军司令部里等我。第 12 战术空军司令部司令巴克斯将军请客，艾森豪威尔、斯帕茨和第 12 航空队副司令韦伯斯特将军也来了，大家一起吃了午饭。

我问汉克，是否需要威士忌或白兰地，我可以从国内寄些给他。他说不用我操心；他的手下刚刚拿下一座敌人的仓库，里面堆满了成箱的苏格兰威士忌、法国白兰地、汤姆利乔甜酒和君度橙酒。

午饭之后，艾森豪威尔和斯帕茨回兰斯去了。我和儿子汉克·阿诺德、随行医生马奎特上校、副官汤姆·谢菲尔德少校一起前往遍地瓦砾的法兰克福，看望巴顿将军。

巴顿和我上次在西西里岛看到他相比，变化很大。一场接一场的胜利把他推上了人生的巅峰，那是他正得意洋洋、风光无限的时候。他趾高气昂，对自己充满了信心，觉得自己想干的一切都百分百正确。巴顿的司令部设在一座旧德国军营里。他说，在他前面已经没什么德国部队了，他本来可以继续推进，直到与苏联人会师。但是，他的上峰却要求他等在现在的位置，直到左翼的第1集团军和右翼的第7集团军赶上来。

他还告诉我，就在前一天，他站在司令部门口的时候，一名德军狙击手从草地对面的一扇窗户里朝他开枪——但没有打中他。他们击毙了这名德国兵。

有时候，我们的部队里总是会有这样一些不太循规蹈矩的人，但他们是完美的战争领导者，不走寻常路，又甚得下属爱戴。他们似乎总是不太守规矩，在没仗打的时候就变成了蔫茄子。但一遇到战争，他们马上就会从同僚中脱颖而出。

在南北战争的时候，就有两位这样的军官，可谓战功卓著，战后却很难安置。乔治·卡斯特少将就是其中的一位，他是一位很自我的人。一头飘逸的长发，他的制服永远与众不同——一件带花边的鹿皮夹克。他希望总是有战斗——常规的行动速度他根本就等不及。他的急性子最终导致他在小比格霍恩河的战斗中阵亡。

乔治·克鲁克①少将也是这样的。内战结束之后，他那一股子劲又

---

① 乔治·克鲁克（George R. Crook，1830—1890），美国陆军少将。1852年毕业于西点军校。1857年指挥了针对加利福尼亚印第安人的“皮特河远征”。在美国内战和印第安战争中立下卓越战功，阿帕奇印第安人称其为“头狼”。晚年的时候，克鲁克为曾是自己敌人的印第安人受到的不公正待遇而四处奔走呼吁。奥格拉拉印第安人酋长“红云”评价克鲁克：“他至少从不对我们撒谎。他的话给我们带来希望。”——译者

撒到了和印第安人的一连串战役中，但他一直都是战争部的问题少年。

在后辈人当中，就是比利·米切尔将军了。年轻的比利在美西战争中的表现赢得一致公认。一战中也是大放异彩。作为一名领导者、空军战略家，在对飞机的认识和运用方面，没有人可以望其项背。不过——他也一直给人离经叛道的印象——他的制服也总是和其他军官不一样；他对战争部的常规套路也是很不耐烦，无论对战争部还是海军部来说，他都是一个刺头儿。

我总觉得乔治·S·巴顿将军也是一个军中异类。从他还是一个学生兵开始，经历各级升迁，一直到四星上将，我和他都很熟。他是一个天生的领导者。作为战场指挥官，下属们对他非常尊重。

在欧洲的“掌掴士兵事件”发生之后，上峰曾下令让巴顿在自己的司令部外面向公众道歉，他走到外面的平台上，对着手下一帮人说：“大家伙听着，我就是要让你们看看，你们的司令官是个什么样的混蛋。”紧接着下面发出爆棚的欢呼声，那些人都是发自内心的。

不过，他的确是一位自己很有主意的人——与众不同——一个十字军战士。他那两把珍珠柄的手枪也是惹眼的证据。其他的将军都把四星上将的军衔扛在两边肩膀上，但巴顿却将其中一副镶嵌在钢盔上，另一副的两颗星缀在战斗夹克上、另两颗星缀在衬衫上。他很喜欢自己如此佩戴的效果。

我经常想，战争结束之后，他一定很难适应对驻欧洲部队的种种限制和管束。

接下来一天，我们飞去卢森堡，斯帕茨、范登伯格、韦兰、克萨达和斯蒂尔利等一班航空队的将领们在那里等着我们。和奥马尔·布雷德利将军吃了午饭之后，我们骑着马穿过市区回酒店，沿途看到大约4 000名市民等在临街的门廊里。很显然，就像那些军官说的，卢森堡人喜欢美国人，很高兴我们的到来。他们给了我热情的欢迎。

那天晚上，我和布雷德利将军好好聊了聊。他确信，在他的部队前面已经不存在有组织的抵抗。他把大批德军包围在几个口袋里。他想把他们吃掉以后，再继续向前推进。他觉得，所有的抵抗都即将结束，应该不会超过六个星期或两个月。次日上午，我去了布雷德利将军的司令部，在作战室听了他手下参谋的汇报。作战参谋给我指出了包围敌军的几个口袋——一共有 12 万到 15 万德军——将在大约十天之内全部歼灭。和艾森豪威尔、巴顿一样，布雷德利对空军的表现也非常满意。

第二天上午，我们回到了巴黎，我召集此行的代表团成员开会，他们也刚刚从其他战线巡视回来。各地的报告都一样——不再有有组织的抵抗——德国陆军显然已不再是一支有战斗力的部队。和平很快就要到来。

那天，我收到马歇尔将军的一封电报："我看到了你跑各地司令部的报告。百慕大的休假地在哪里你知道吗？戛纳'慵懒的日子'酒店呢？在卡普里岛休息了几天？你这是在玩儿命，医生在身边也没有用。"

他说的对，也不对。他不知道我每天午饭后会睡上一个半小时，也不知道我每天最晚 9 点就上床睡觉，每天睡到大概 8 点才起床。不过，我还是很感激他如此挂念我的身体健康。

4 月 10 日，我出发前往南欧地中海滨的避寒胜地里维埃拉，打算去那儿好好休息、放松几天。飞机飞了大概三个小时后，在遍地橄榄树、棕榈树、橘子树和紫藤花的戛纳降落，阳光灿烂，海水碧蓝。但沿着海滩，我们看到了德国人为阻止盟军在法国南部海岸登陆所构筑的工事。靠着意大利士兵和法国民众，德国人构建了坚实的防御体系。他们在主要道路上都设置了水泥障碍，高 5 英尺，边长 4 英尺，形状像金字塔。这样的东西在浅滩上也布置了数千个，就在低于潮水线的位置，用来阻止我们的登陆艇靠岸。地雷埋得到处都是，陆地和海滩上都有。每天还会有地雷发生爆炸。

在欧洲考察过程中，我很想和航空队的高级军官们聊聊航空队重组的事情。在战争期间，我是尽可能清空我自己的办公室，把身边几乎所有最好的军官都派出去，充实那些需要加强的战场。但现在，华盛顿的担子我真的挑不动了；必须得有人回来帮我。

贾尔斯将军，是我的副手，马上就要去太平洋战区任职了。我必须立即着手选拔一批得力干将，把他们从欧洲航空队的岗位上调配到其他战场去。主要包括：(1) 华盛顿的航空队参谋部需要加强；(2) 太平洋战区第 20 航空队的班子要进一步充实，让他们的对日作战能够像第 8 航空队对德作战一样有效；(3) 肯尼的航空队在向北推进过程中，其司令部也要加强。越靠近日本，肯尼越需要得到更多的增援；(4) 魏德迈在缅甸和中国的司令部也需要充实力量。

这些急需的参谋军官，唯一的来源就是欧洲战场。第 8 航空队承担的任务已经减轻，所以有可能调剂出更多的人手。

4 月 13 日，我已经上床睡觉了，随行医生马奎特上校进来告诉我，罗斯福总统去世了。这个消息对我来说是个重大打击，因为罗斯福总统不仅是我个人的好朋友，更是航空队历史上最好的朋友之一。他支持我将空军发展壮大，应对全球性的战事，达到的规模是我几年前坐冷板凳的时候想都不敢想的。与他武装部队总司令的身份相比，我们很多时候觉得他更像是空军的自己人，而我就是负责为他开飞机的副官。我知道我们真的失去了他，真是希望杜鲁门总统将来也一样支持我们。

我起草了一份发给罗斯福夫人的电报，寄托对总统去世的哀思，并立刻发了出去。

夜深了，埃克将军、杜立特将军、斯帕茨将军和我还在讨论，应该选哪些军官回国，进一步充实陆军航空队司令部。吉米·杜立特讲了一个有关 B－17 的典型战例，返航的时候飞机几乎散了架。它被一枚火箭弹击中，大家都不明白它为什么没有在空中解体。尾翼几乎完全从机身上断裂下来。当尾部的机枪手从飞机上爬出来的时候，杜立特本来想说点儿肯定、鼓励的话，但嗓子却一时有些哽咽。“被击中的时候你就在那儿吗?”尾部机枪手是个红头发的壮实小伙子，回答说：“是的，长官，一直都在那里。”

等杜立特走过去了，有名军官听到那位机枪手在嘀咕：“这个秃头的杂种，你觉得我还能去哪儿？在布鲁克林卖花生吗?”同机组里有人说：“那可是杜立特将军!”尾部机枪手回了一句：“我知道，我看到过他的照片。”

第二天，我让特文宁将军和坎农将军从意大利飞过来，汇报他们战区的情况。毕比将军和彼得森上校那天也来了，他们分别前往英格兰和瑞典，中途经过这里。

那天晚上，战争部助理部长麦克罗伊来一起吃晚饭。他告诉我们，在海德堡附近的地下工厂里发现了一些保存完好的 V－2 导弹。他说工厂的规模很大，既有生产喷射器的工厂，也有 V－2 导弹装配厂，那边没有美国空军的人员。我马上拍了电报给斯帕茨，让他立刻派航空队的代表团过去。

接下来一天，范登伯格将军来了，我们就欧洲战后的部队整编问题聊了很长时间，并讨论了他回到美国以后可能会遇到的问题。范登伯格认为，是时候宣布欧洲战场的空战已经结束了。这与我的想法不谋而合，所以我找斯帕茨来一起商量，听听他的意见，如果就此马上召开一个新闻发布会是否合适。那一天是 1945 年 4 月 16 日。

第二天，我告诉埃克将军，他要被调回华盛顿了。航空队的参谋部已经被抽空了，大家都觉得必须尽快充实力量，有很多事要做。说着说着，我们的火气都上来了。艾拉·埃克对我说：“我可没要求回华盛顿!”这句话让我大发雷霆，我说：“谁说你想回华盛顿了？你觉得我想在那儿一待就是十年吗？总得有人打理陆军航空队。我们不能全都跟着作战部队满世界跑吧!”这个时候，斯帕茨将军走了进来，劝我们大家都冷静下来。

我告诉斯帕茨和埃克，麦克阿瑟将军和尼米兹海军上将都想要第20航空队，但给谁都不行，因为由我们统一指挥，比他们当中任何一个都要好——要好得多。如果没有一位统揽整个太平洋战场的总指挥，麦克阿瑟和尼米兹都会把第20航空队用于支撑自己一方的作战计划。所以，我必须把第20航空队继续掌握在自己手上，直到那里产生一个统一的司令部。后来太平洋战场上一直没能组建统一的司令部，我也就一直掌控第20航空队到日本人投降。

一天下午，我发现皇家空军中将特德留给我的一张纸条，邀请我去看看他。他的吉普车来接我去他的别墅，那是一个相当难找的地方。特德、特德夫人、他的女儿和我一起吃了晚饭，聊起了他去拜访斯大林的情况，还有战后的空军建设。当时苏联人在运输上存在很大的问题。特德说，他相信欧洲的战争应该会在两个月内结束。

等战争结束了，在大不列颠和美利坚合众国之间，航空上的联系就只有往来两国城市之间运送旅客的国外航空公司了。在我看来，这个方面的问题早就解决了。罗斯福总统和我讨论过很多次。总统在这个问题上的态度很坚决，外国的航空公司，应该可以穿越美国，在纽约和旧金山接上旅客，再飞向国外，但是不能承接纽约飞往旧金山或其他国内地点的航空客运。这一原则同样适用于海运航线。

特德说：“斯大林非常清楚，他占领了罗马尼亚、乌克兰、波兰和匈牙利，就等于控制了德国人的面包篮子。失去了那些粮食产地，德国人会饿死，除非我们——美国和英国救济他们，因为德国人的农产品是无法自给自足的。这将来可能是个大麻烦。”

在里维埃拉一带的休闲度假区，大家都不想再讲究那么多规矩了，比如说，敬军礼。去那里的人们都是为了尽情玩乐。不过，空军和地面部队的酒店却是分开来的。我正在察看其中一家陆军航空队的酒店，穿过装修非常精致、家具精美的餐厅和厨房，管理酒店的士官问我是否还想到楼上看看睡觉的标房。就在我的参谋军官和管理酒店的士官上去看房间的时候，我们听到大堂里传来一阵吵闹声。听得很清楚，是守在酒店门口的军官正在阻止两名士兵进来看我。两名士兵都还是毛头小伙子，看起来明显是醉意微醺。

我走到大堂里，问他们："什么事啊?"下面是我们的对话：

两位士兵："那些家伙说我们不能和你说话。"

我："你们当然可以和我说话。你们觉得呢?"

两位士兵："他们说我们不能靠近你。"

我："你们不是已经来了嘛。你们是哪个部队的?"

两位士兵："101 空降师。"

我："哦！那是一支了不起的部队。你们在荷兰跳伞了吗?"

第一位士兵："当然跳了。"

第二位士兵："你知道我们没跳。"

第一位士兵："见鬼，我们当然跳了。"

第二位士兵："你说的是第一次还是第二次?"

我："你们的第一次跳伞是在阿纳姆地区①吧?"

两位士兵："当然，我们俩都在那儿跳了。"

我："还有诺曼底吧?"

两位士兵："对，那儿也跳过。"

---

① 阿纳姆战役(Battle of Arnheim)，是 1944 年 9 月 17 日至 9 月 26 日盟军与纳粹德国军队在荷兰阿纳姆市及其周围进行的一场战役，它是"市场花园行动"的一部分。在这场战役中，英国与波兰的空降部队始终无法夺取纳粹德国控制的阿纳姆大桥，英国陆军第 30 军也无法推进到阿纳姆大桥，最后英国与波兰的空降部队被迫强行突围，遭受重大损失，1 984 人阵亡，6 854 人被俘。这场战役在 1977 年被拍成了电影《遥远的桥》。美国陆军第 82、第 101 空降师均参加了"市场花园行动"，这是二战中盟军实施的规模最大的空降作战。——译者

我说："衷心祝贺你们！你们真是好样的！"两个小伙子这下开心了："我们就知道你会同意和我们说话的。"其中一个接着又问："我们能拍张照吗？"我回答说："可以，请其他人帮忙拍一下，你们两个过来和我站一块儿。"另一个又问："您不介意我揽着您的肩膀吧？"我说："见鬼，没事，来吧！"因此就有了那张照片，两个 101 空降师的小伙子用胳膊揽着陆军航空队的总司令。然后他们给我敬礼，离开的时候说："长官，您也好样的，是个大好人。"

我住在那个酒店的消息肯定是传开了。在结束休假走出酒店前门的时候，有数百名士兵聚在街道上，有的立正站着，有的摇摇荡荡，脸上都带着笑，但没有人行军礼——除了那儿，在酒店门和我的轿车中间，笔直立正站着两位 101 空降师的士兵，敬着标准的军礼，胸膛挺得高高的，作战夹克上挂满了勋章。

我对自己身体的康复情况感到很满意，准备好启程前往下一站，通过意大利，并经停巴西返回美国。

第三十章　地中海和巴西；德国停战；再战太平洋；尼米兹和李梅；乔治·马歇尔遇到了麻烦

飞越地中海去意大利的这段航程，令人终生难忘——往北能看到阿尔卑斯山白雪覆盖的山峰，碧蓝的地中海沿岸散布着星星点点的城镇，景色是那么迷人。法国人正在与德国人激战，战线的最南端离这儿不超过三十英里。我们看到了科西嘉岛的北部海岸，接着意大利的海岸线就透过云层映入眼帘，还有村镇、农场、河流和铁路线。最后，我们看到了云层覆盖下的佛罗伦萨城。

佛罗伦萨市民的生活状态，看起来比南边的那不勒斯和巴里要好得多。这里没有食物缺乏的迹象，看不到瘦骨嶙峋的儿童，事实上成年人中的瘦子也很少。

在佛罗伦萨的时候，我有机会去看望了不少此前沦为战俘的美军飞行员。他们被关在集中营的时候，得不到足够的补给，对此他们颇有微词。在有的地方，他们一连两个月都无法从当地红十字会得到任何补给物资。从瑞士回来的小伙子们说，在那儿堆积着数百吨物资，但就是没有办法运过来。原因可能是近期的战事和我们推进的速度太快了，导致运输系统无法正常运作。

离开佛罗伦萨，我去了比萨，视察莫拉中校指挥的巴西战斗机中队。指挥官说，这些巴西人用行动证明了自己不愧为陆军航空队的一员。在战斗中，他们牺牲了17个人，另外有3个人被飞行医官取消了继续驾机作战的资格。他们装备的是P-47，飞起来的感觉非常好。这支部队，还有太平洋战区肯尼手下的墨西哥中队，都创造了十分出色的作战记录，让人觉得组建一支西半球的空军部队是完全有可能的。

回到佛罗伦萨之后，我见到了麦克纳尼将军。他告诉我，他对苏联人的态度感到非常担心。他们对美军的行动施加了很多限制，以至于我们实际上在巴尔干和维也纳地区什么也干不了。我们派驻奥地利使团的团长反映，连他的机械师到自己的飞机上去工作都必须提前二十四小时批准！包括地中海战区美军司令麦克纳尼将军在内，任何人想要在维也纳地区降落，都必须在起飞前四十八小时得到批准。麦克纳尼说，情况还在不断恶化，他估计那边将来会和苏联人发生冲突。

当晚，斯帕茨将军和安德森将军从德国赶了过来，报告说德国境内被空袭破坏得很厉害，几年都恢复不了。城市、乡镇、发电厂、工厂都被夷为平地——远比我们能够想象的还要糟。比如炼油厂，已经完全被摧毁了。不过，他们说了有一个情况，我们大家都没有想到。德国人建了很多地下工厂，我们真是够幸运，在这些工厂建成开工之前就攻占了它们。否则，我们不可能摧毁它们，因为车间和仓库都在地下如此之深，我们的炸弹根本就炸不到。

第二天，我和克拉克将军、特拉斯科特将军骑着马，把佛罗伦萨兜了一圈儿，他们两个人都认为意大利战场上的德军部队正在走向解体和崩溃。那天是4月24日，英、美两国的军队都已经渡过了波河①，特拉

---

① 波河(Po River)，意大利最长的河，发源于意、法交界处科蒂安山脉的维索山，由西向东注入亚得里亚海，全长652公里，流域面积约为7.5万平方公里，约占国土面积的15%，解决了意大利三分之一人口的用水问题。波河流域水网密布，支流众多，横贯国境北部，冲积成波河大平原，流经都灵、皮亚琴察等城市。都灵以下通航，但下游航道多变，航运价值不高。1945年4月9日，以英国第8集团军为先锋的英国、美国和波兰军队发起攻势，德国第10和第14集团军虽撤过波河，但在盟国空袭下，丢弃了绝大部分装备，后撤变为溃逃。——译者

斯科特说自己"今晚"就能入住维罗纳；如果准许他继续推进，预计5月10日能够越过勃伦纳山口[①]，挺进山的北部地区。接下来一天，第8航空队组织实施了最后一次空袭任务，对位于捷克皮尔森的斯柯达工厂和奥地利萨尔茨堡[②]的调车场进行了轰炸，那里都是德国人"内圈防御"的核心地带。

我和克拉克、特拉斯科特一起闲逛的时候，遇上了波兰军队的安德斯[③]将军，他过去被苏联人抓住过，做了两年战俘，被释放的时候体重

---

① 勃伦纳山口(Brenner Pass)，奥地利地名。阿尔卑斯山脉奥地利、意大利边境一带的一个山口，地处两国边境西部，交通要道。此地曾发生过多次与第二次世界大战有关联的历史事件。1934年，德国当局策划奥地利法西斯分子杀害了奥地利总理。墨索里尼随即派出约10万人的4个意大利陆军师在此集结，以对德国施加压力。在大战期间，希特勒和墨索里尼曾在此举行过3次重要会晤(1940.3.18、1940.10.4、1941.6.2)。1945年5月3日，美国第103步兵师进至勃伦纳山口，次日在此山口与美国第5集团军第88师会合。——译者

② 萨尔茨堡(Salzburg)，是奥地利第四大城市，萨尔茨堡州首府，靠近德国边境，作曲家莫扎特的故乡，巴洛克古建筑胜地。阿尔卑斯山的秀丽风光与丰富多彩的建筑艺术浑然一体，使萨尔茨堡被誉为全世界最美丽的城市之一，被联合国列为世界人类文明保护区。1944年至1945年，美国空军在总共15次空袭中摧毁或损坏了萨尔茨堡46%的建筑，受损最严重的是火车站附近地区和中心城区，包括萨尔茨堡大教堂的穹隆和莫扎特故居，不过大部分巴洛克建筑都保存完好，所以萨尔茨堡是世界上仅存的几个保留了原始巴洛克风格的城市。——译者

③ 瓦迪斯瓦夫·安德斯(Władysław Anders，1892—1970)，波兰陆军中将，政治家，伦敦波兰流亡政府主要成员。一战期间曾在沙俄军队中服役。1918年11月，波兰重新获得独立，安德斯加入波兰新陆军。1919年2月至1921年3月的波苏战争期间，担任第15波兹南骑兵团团长。随后赴法国军校进修，毕业后进入波兰陆军总参谋部，1921年10月任总参谋部三处副处长。1925年起历任骑兵部队参谋长、骑兵旅旅长。1939年9月，德国和苏联同时入侵波兰，二战爆发。安德斯于1939年9月12日任骑兵战斗群总指挥；战斗中两次负伤，9月28日沦为苏联战俘；1940年2月起被关押在莫斯科卢比扬卡监狱。1941年6月22日，德军入侵苏联；7月，在英国外交大臣安东尼·艾登的推动下，波兰流亡政府总理瓦迪斯瓦夫·西科尔斯基与苏联驻英大使伊万·麦斯基展开谈判，7月30日签订协议，废除苏德条约，恢复苏波外交关系，承认波兰公民权，释放波兰战俘。安德斯于1941年8月获释，晋升少将，任苏联境内波兰军总指挥兼波兰第5师师长，协助苏联红军对德作战，这支部队也被称为"安德斯军"。1942年9月任东线波兰军总司令。1943年8月任意大利战区波兰第2军军长。1944年5月18日率军攻占了著名的卡西诺修道院。1945年2月兼任西线波兰军总监。二战后，波兰建立了亲苏政权，剥夺了（转下页）

只剩下大约 100 磅。一获得自由，他马上又组建了一支新的部队，后来被运到意大利，和我们的部队并肩作战，表现很出色。就在他的部队士气最高昂的时候，《雅尔塔协定》签署的消息传来，把那些祖祖辈辈波兰人的家乡划到了苏联的国境线内。安德斯不知道该怎么办了，不知道未来该去向何方，也不知道该如何告诉手下的将士。战后，他们肯定不想生活在苏联人的国土上。这确实是个问题，但好像又没人能帮他想出什么办法。我们大家都很同情他和他的手下。

在我们经过博洛尼亚的时候，看到了一个精确轰炸的绝佳例证。铁路调车场、桥梁、机场和大型补给站都被摧毁了，但对城市本身的破坏却相当小。博洛尼亚大学是世界上最古老的大学，只受到轻微损坏，很容易就能修复。

重型轰炸机在德国南部、奥地利和巴尔干地区的空袭偏离了不少目标。看上去应该是第 15 航空队的活儿。不过，我们很快就会把他们调出欧洲战场，派他们去太平洋。

4 月 25 日，克拉克将军接到一封电报，称拿下了热那亚，俘虏德军约 54 000 人。德国人已经没有汽油了；坦克和卡车都被抛弃在路边，有的卡车还得靠马和牛去拖。勃伦纳山口是肯定守不住了，所有的交通线都已被切断，德国陆军的士兵大批大批地投降。意大利的战事就要结束了。

在离开意大利之前，我找机会和英国陆军元帅亚历山大碰了一面。他也相信，意大利的战斗马上就会结束，如果最高司令部下令，我们在两个星期之内就可以攻入奥地利。他认为德国军队不会再继续战斗太长

(接上页)安德斯的公民权和军衔。安德斯也不愿返回受苏联控制的波兰，一直待在英国，1946 年至 1954 年曾担任伦敦波兰流亡政府的武装力量总监。1954 年 5 月晋升中将。1949 年出版反映二战经历的回忆录《流亡的军队》(*An Army in Exile*)。1970 年 5 月去世，根据他的遗愿，安德斯被埋葬在意大利卡西诺修道院的波兰第 2 军阵亡将士公墓。1989 年，其波兰公民身份和军衔被恢复。——译者

时间。他觉得希姆莱应该是那个提出投降谈判的人。在他看来，希特勒的脑子出了问题，已经躲起来了——可能在波罗的海的某个岛上。一定会有报告说，希特勒已经在柏林保卫战中被击毙了，甚至说早在五年之前就死了，但一旦时机成熟，希特勒一定会突然起死回生，成为德国人民的英雄，给世界带来新的威胁。我不同意亚历山大的看法，根据我对德国的所见所闻，我不相信希特勒的“千年帝国”还能剩下什么构成长远威胁的东西。

亚历山大认为苏联人很羡慕美国人和英国人，但他们本性野蛮。他们的参谋计划水平很高，但领导决策的水平是低的。

在前往巴西之前，我去了趟意大利东南部的海港巴里，召集第15航空队的指挥官和作战参谋们开会。在那儿的各个空军基地，航空队的军官们都向我抱怨，苏联人是如何限制我们的行动的。我们可以去这里，但不能去那里。我们不能干这个，也不能干那个。我们可以在这儿降落，但不能在那儿降落。我们无法看到空袭的结果。我们不能进入城市，也不准在那里的机场降落。这样下去，总有一天要摊牌的。斯帕茨、亚历山大和麦克纳尼都讲了同一件事：苏联人不害怕我们的陆军和海军，但对我们的空军相当忌惮。

我视察了驻扎在福贾的第345和第349大队，发现他们的状态非常好——作战飞机和机组人员充足，后备力量也足够。每个大队都“整装待发”，盼着能尽快赶往太平洋打日本人。值得一提的是，他们不想回家，除非整场战争全部打完。

麦基将军从华盛顿我的司令部飞过来，那天晚上赶上了我。我和他一起复核了各个航空队重新部署的计划，并就此写了一封电报发回华盛顿。我还发了电报给埃克，让他停止给欧洲战场空运补给物资，除了汽油。现有补给链上的物资已经够满足所有需求了。

我还在戛纳的时候，曾经收到一封鲍勃·洛维特寄来的、情绪很悲观的信。他觉得，在那些高级别的会议上，陆军航空队现在已经被晾在一边了。我不知道他到底什么意思，但他希望我尽快返回美国。说什么陆军航空队被晾起来了，好像没那么严重。我和罗斯福总统之间的信任关系，是花了好长时间才建立起来的；所以一遇到空军方面的问题，他就会来找我，而不会去找空军以外的其他人。显然，现在有了新总统，最重要的是重新建立起信任关系。我仍然按照原定行程去了巴西。最后，在 29 号，我和自己的医生聊过之后，从马拉喀什给马歇尔将军发了一封电报，要求下一次英美联合参谋长委员会开会的时候可以通知我，以便我及时调整行程。

离开马拉喀什以后，我们去了达喀尔，并于当晚直飞巴西。我们飞了最短的航线，在纳塔尔降落，下一站是累西腓。巴布上校前来迎接我，女演员凯·弗朗西斯碰巧在当地慰问军营，为小伙子们带来了文艺演出。伍滕将军和沃尔什将军在演出结束后马上赶了过来，我们一起讨论了巴西的情况。我乘车在累西腓市区逛了一圈儿，参观了市场，发现这是一个典型的葡萄牙风格的城镇。等我回去的时候，第 4 舰队司令门罗海军中将也来了，和伍滕、沃尔什一起等我去参加一个会议。他们希望我到里约热内卢跑一趟，公开亮个相。

下午，我和门罗中将一起去参观了热带丛林里开辟出来的海军农场，搞得相当好。在巴西农业部门的协助下，他们自己种植蔬菜、水果，养猪，还有供应海军的各种家禽，并优先送往海军医院。这里的一切，最早是从饲养南卡罗来纳带来的四只野火鸡起家的。

第二天，在里约热内卢，我和瓦加斯总统进行了长时间会晤，谈到了美国与南美洲之间的航空事业发展，尤其是在巴西；以及如何将我们不同类型的航空器投入到巴西的内陆开发中去。

接下来一天是 5 月 3 日，我们飞往加利亚，参观了巴西航空技术学校和制造“仙童”教练机的飞机厂。这是巴西人迈出的制造飞机的第一步，进展相当顺利。两年之前，应巴西政府的请求，我把保罗·里德尔[①]派到巴西来，帮助他们组建民用航空学校，为巴西空军培训机械师。

在航空部长萨尔加多举办的晚宴上，战争部部长杜特拉将军、戈麦斯将军都出席了，他们俩都在竞选下一任巴西总统。出席人员还有海军部长、大多数巴西陆海军高级军官、伯利大使和我们代表团成员。杜特拉和戈麦斯都在全力以赴为即将到来的竞选做准备。戈麦斯是一位空军将领，背景情况比较有趣，和我比杜特拉更亲近一些。

次日，在萨尔加多和保罗·里德尔的陪同下，我去视察圣保罗的培训学校。这是一个有着150万人口的大城市，各方面都很现代，有漂亮的深宅大院，宽阔的街道，惬意的公园，圣诞红长得像树一样高，花朵是如此之大而艳丽，让加利福尼亚的鲜花都显得有些相形见绌。

技术学校里有大约1 800名学员，正在接受陆军机械师的培训；这里同时还培训乌拉圭学员。在我到来之前，他们已经把乐队和教官都集合起来。仪式非常感人，演奏了巴西和美国的国歌；为战争死难者默哀两分钟。萨拉加多和我分别致辞，接着对全体学员进行了检阅。

学校管理有方，取得了不错的成绩。巴西航空业的发展需要有相关经验的专业人员，必要的设备，这样他们才能逐步培养出自己的飞行员和技师。

---

① 约翰·保罗·里德尔(John Paul Riddle，1901—1989)，美国飞行员，恩布里 & 里德尔航空大学创始人之一。1920年至1922年在美国陆军航空勤务队服役，此后从事马戏飞行表演。1925年12月，与塔尔顿·希格比·恩布里(Talton Higbee Embry)联合创建恩布里 & 里德尔公司，次年春开办恩布里 & 里德尔飞行学校。1929年，恩布里 & 里德尔公司与航空公司合并，成立美利坚航空公司(美航的前身)。1930年恩布里 & 里德尔飞行学校关闭。1939年，里德尔重新创办恩布里 & 里德尔航空学校(现为恩布里 & 里德尔航空大学)，与迈阿密大学合作开展民间飞行培训，使二战前夕美国的飞行员数量大大增加。1941年3月，里德尔在佛罗里达州阿卡迪亚的卡尔斯特姆机场成立专门机构，为美国陆军航空兵培训飞行员。1943年在巴西圣保罗建立巴西飞行学校。里德尔还创建了不少与航空业相关联的公司和学校，为英美两国空军培训了大量飞行员。——译者

第二天我又去看了他们的飞行学校——分初级的、基础的和高级的——一共有1 200名士官生和1 800名现役军人，学习三年的课程。这些年轻的飞行员，就像我们美国的一样，必须体格健壮，通过健康检查和体能测试。他们也有同样的障碍跑和游泳训练，但他们体能课的强度远比我们的要大。

在那儿，我又一次向学校的官兵们发表讲话。接下来是阅兵仪式，场面大得有些惊人。仪式上，萨尔加多还给我颁授了“航空优异勋章”。在我之前，只有一个人荣获过该勋章，就是总统瓦加斯。我是第二个，还是挺令人高兴的。

在与戈麦斯将军一起开车回城的路上，我有机会和他好好聊聊，如果他真的当选了总统，想干些什么，会干些什么。他讲了三条。他想修改宪法。(1) 限制总统的任期；(2) 举行国会选举；(3) 为前来巴西发展的盟友提供更好的机会。

我还在里约热内卢的时候，欧洲战局已经变得愈加明朗，德国人就要签署停战协定了。身为美国武装力量的高层将领，我必须在停战日发表一份声明。华盛顿要求，在我的讲话中要声明一点，就是欧洲战事结束以后，我们在太平洋仍然面临着艰巨的任务，需要继续奋战。因此，我就准备了下面这篇讲话，并录在一张唱片上，用广播发回美国：

> “美国同胞们：这是一个值得庆祝的日子。我们已经赢得了一场战斗——一场艰苦血腥的战斗。是你们的儿子、兄弟和丈夫，击败了凶残无情的强敌，才最终赢得这场胜利。每一个文明国家的人们都永远感谢他们。是他们，给了世界这个庆祝的日子。
>
> 为了这一天的到来，美国陆军航空队为自己所做的一切而感到自豪。陆军航空队不远万里赴海外参战，为战胜欧洲轴心国集团提供了坚强的空中保障。与此同时，在她的推动和监督下，一共生产了超过15万架的飞机，培训了250万专业人员，参加了全球十多个

战区的战斗。在1941年12月7日的晚上，战争来临的那一天，陆军航空队发现，能用来抗敌的飞机还不足200架。今天，我们的飞机正源源不断地开出生产线，还有新机型在研发之中。那些办公桌和课桌后面走出来的年轻人，也正在接受初级飞行训练。

你是否还记得战争初期的德国空军。在德国陆军席卷波兰、挪威和法兰西的时候，纳粹空军是开路先锋——他们是纳粹军国主义的骄傲。我们知道，我们的陆军要想打回去，要想成功地登上欧洲大陆，德国空军就必须先被摧毁。最终，德国空军真的灰飞烟灭了。我们的战斗机和轰炸机在空中击溃了他们，同时我们的战略轰炸机也摧毁了地面上的飞机工业。我们和英国皇家空军并肩作战，瓦解了德国的整个经济体系。我们迫使他们转入防御，在诺曼底登陆的D日，我们为登陆部队提供了绝对严密的空中掩护。

随后，我们炸瘫了他们的交通运输系统，使得德国地面部队无法展开机动。空军对我们赢得胜利具有重要意义。但我们一定要永远铭记，真正让我们赢得胜利的，是成千上万长眠在不知名墓地、甚至尸骨无存的优秀青年。我们一定不能忘记他们付出的牺牲。

已经连续很多个月了，我们的B－29几乎一天都没有中断过对日本本土的轰炸。机组人员知道自己肩负重任。日本的工业，也必须像德国的战争机器一样被打个稀烂。这是一场尚未开始的战役。今天，我们的机组人员又一次投入到作战任务中去，冒着被日本人俘虏和处死的危险。他们都和你一样，了解‘巴丹死亡行军’的细节。他们知道自己面对的是什么样的敌人，但他们依然义无反顾。因为他们知道，自己责无旁贷。

在今天这个日子，我们应该记住他们。尽管我们已经赢得了一场伟大的战斗，但我们还是要记住，他们的战争，同样也是你们的战争，仍然在继续！”

我知道，在5月7日签署停战协定的时候，自己很可能在返回美国的途中，所以我事先就准备好了那篇讲话。5月6日，我去了趟里约热内卢的巴西陆军医院，这里比我此前看到的任何一家热带国家医院都要现代和先进。在医院里，我和巴西外交部长以及萨尔加多将军碰了个头，商量如何增加我们援助巴西代表团的人手，以帮助他们发展航空事业。

5月6日，我们从里约出发，飞往2 500英里外的乔治城，中途在圣克鲁兹岛停留一次。当我飞到圣克鲁兹和波林昆之间的时候，公布了欧洲停战的消息。

我们于5月8日抵达迈阿密，完成了17 900英里的旅程。一落地，我就收到一堆新消息：（1）杜鲁门总统写来一封信，说他充分信任我，希望我继续干下去；（2）有份报纸上登了一位专栏作家的文章，说鉴于我在陆军航空队总司令位子上的所作所为，杜鲁门总统打算让我辞职；（3）另一位专栏作家的文章称我是航空时代的英雄；（4）有一个广为流传的说法，由于心脏病和高血压，我准备提出退休(顺便说一句，我从来没有高血压)。医生在给我做了体检之后告诉我，现在的身体状况是十年以来最好的！真可谓谁想说什么就说什么。

对空军而言，我们在和德国停战之前早就预料到了，因此并不是完全没有准备。我们已经制订了计划，对太平洋战场的空军力量进行重新部署。同时还制定了对B－29进行改装的计划，以便投送原子弹。我们已经建造了足够多的空军基地，以便容纳所有的B－29轰炸机。我们还准备在冲绳的陆基机场部署B－17和B－24轰炸机，把日本人剩下的东西炸个稀烂。

和德国人实现停火，使得我们可以将大约700架B－29部署在太平洋。8月份和日本战争结束的时候，在最后一轮空袭作战中，这一数字增加到超过1 000架。

我们认识到现在最大的呼声就是：“让我们的孩子回家！战争结束了!”同时我们也认识到依然存在的其他问题——被征服国家的悲惨无

助以及我们的苏联盟友的问题，我们的政治领导层显然都没有做好准备。

除了太平洋战场兵力的重新部署，我们面临的最大工作就是，要在国内为官兵的复员返乡做好准备。在重返平民生活之前，他们还要经过各种程序，以便完整记录他们的健康状况和服役情况。这就意味着，在美国各地都要成立相应的服务机构。

我在华盛顿停留的时间相当短，在此期间我和杜鲁门总统重新熟悉起来，并发现他对我们空军的计划和政策都完全赞同，于是我在6月6日从博林机场起飞，前往太平洋战场。在我所有的外出航行中，我的专机始终都使用一个名字。它被称为“阿尔戈英雄号”。最早的一架被叫作“阿尔戈英雄1号”。6月6号乘坐的这一架已经是“阿尔戈英雄4号”了。

经过加利福尼亚的时候，我开车去了索诺玛县，第一次看到我们家两年之前买的农场。所有的一切看上去都棒极了——果园里的树正在发新枝；蓝莓和葡萄都长势喜人；尤其是花园看起来美得很；还有一对奶牛和牛犊子，一群鸡。但我发现，周围的鹿对花园的破坏很厉害，所以我围着果园和花园插了一圈防鹿的篱笆。我还趁着价格正低的时候，买了足够多的干草，把谷仓塞满。

6月8日晚上，我们起飞前往火奴鲁鲁，次日清晨抵达。从陆军司令理查德森①和他的作战参谋那里，我们了解到太平洋上从马绍尔群岛到冲绳的完整战况。理查德森认为，从一开始，海军就决心把太平洋战事置

① 小罗伯特·查尔伍德·理查德森（Robert Charlwood Jr. Richardson，1882—1954），美国陆军中将。1926年8月任驻意大利军事联络官。1928年8月起历任西点军校暂编营营长、行政主任、学员队长、骑兵支队支队长。1933年8月进入陆军战争学院进修，1934年8月毕业后进入战争部总参谋部G－2情报处任职。1935年12月起历任第5骑兵团团长、第2骑兵旅旅长。1939年2月任骑兵学校校长。1940年11月任第1骑兵师师长。1941年2月任战争部长办公室公共关系局局长；7月任第7军军长。1943年6月至1945年6月任夏威夷军区司令；8月兼任中太平洋战区陆军司令；1944年8月兼任太平洋战区陆军司令。1945年7月任中太平洋陆军司令。1946年10月退役。——译者

于他们的掌控之下，打一场海军的战争。必须遵守海军那死板的规矩，还不能做出调整。在作战中根本没有灵活性，哪怕这意味着会彻底打乱陆军的部队。他对海军的战术没有异议，但他们没有充分发挥陆军的作用。

起初的时候，海军激烈反对我们的 B－29 参战；后来他们默许了，再后来整个海军就离不开它们了，但他们希望控制所有的“超级空中堡垒”。6 月 10 日，我有机会和托尔斯海军上将进行了会晤，他的作战参谋作了一次汇报，从海军的视角讲述了太平洋战事。在最近两个月里，斯普鲁恩斯[①]和米切尔[②]的航空母舰损失了 750 架飞机——250 架在参加

---

① 雷蒙德·阿姆斯·斯普鲁恩斯(Raymond Ames Spruance, 1886—1969)，美国海军五星上将。1906 年毕业于美国海军学院，先后任“爱伦华德号”驱逐舰舰长、海军工程局调拨处和电力处处长、“戴尔号”驱逐舰舰长、驻欧洲海军助理参谋长、“奥斯本号”驱逐舰舰长。1926 年夏进入海军军事学院深造。1933 年任驱逐舰护航舰队参谋长。1935 年 4 月任海军军事学院战术系主任，培养的许多学员在二战中担任要职。后又担任过“密西西比号”战列舰舰长、第 10 海军军区司令兼加勒比海战区司令。珍珠港事变后，先后任太平洋舰队第 5 巡洋舰分遣舰队司令、第 16 特混舰队司令，参与指挥中途岛战役。1942 年 6 月调任太平洋舰队参谋长。1943 年 8 月任中太平洋舰队司令，先后参与指挥吉尔伯特群岛、马绍尔群岛、马里亚纳群岛、冲绳岛等重大战役。1945 年 11 月，任太平洋舰队总司令兼太平洋战区最高司令。1946 年 3 月，任美国海军军事学院院长。——译者

② 马克·安德鲁·“派提”·米切尔(Marc Andrew“Pete”Mitscher, 1887—1947)，美国海军上将。1910 年毕业于美国海军学院。1915 年 9 月接受飞行训练，1916 年 6 月成为海军第 33 号合格飞行员。1919 年 5 月，米切尔率领 3 架寇蒂斯 NC 水上飞机进行第一次横越大西洋的飞行，但他驾驶的 NC－1 因恶劣天气在亚速尔群岛附近迫降，最后只有 NC－4 成功横越大西洋，但米切尔仍被授予海军十字勋章。1922 年至 1923 年在海军空中竞速队服役。1929 年起先后任“兰利号”“萨拉托加号”航空母舰副舰长。1937 年任“莱特号”水上飞机母舰舰长。1939 年 6 月任海军航空署助理署长。1941 年 10 月任“大黄蜂号”航空母舰舰长，太平洋战争爆发后，率领该舰参与了杜立特空袭东京、中途岛海战。1942 年 6 月 30 日任第 2 巡逻机联队司令，晋升海军少将，负责指挥南太平洋地区的海军航空兵。1943 年 8 月任美国海军西海岸航空兵司令。1944 年 2 月调回中太平洋，指挥第 3 航母特遣舰队，参与了马绍尔群岛战役与对特鲁克岛的空袭；3 月晋升海军中将，负责指挥中太平洋的快速航母舰队。1944 年 4 月第五舰队成立后，快速航母舰队组成第 58 特混编队；8 月第 5 舰队改番号为第 3 舰队，第 58 特混编队亦随之改称第 38 特混编队，米切尔一直担任指挥官，率军参与了塞班岛战役、马里亚纳海战、莱特湾海战等一系列重大战役。1945 年 7 月任主管航空业务的海军作战部副部长。1946 年 3 月任第 8 舰队司令，晋升海军上将；9 月任大西洋舰队司令。1947 年 2 月因心脏病突发病逝。——译者

作战行动往返途中损失，250 架在战斗中被击落，250 架在船上毁于日本人的自杀式攻击。美国海军航空兵则出动了约 4 300 架次，击毁了大约 2 400架日机。

接着，我和空军参谋部的人在希卡姆机场开了个会，我发现妨碍空军干事情的可不只是海军和陆军。在调派战斗机去硫磺岛和冲绳的问题上，每个人都说别人的不好，大家互相挖墙脚。实际上，大家不想把战斗机抽调到那边去的原因就是都想“打仗抢功”。

会上我们决定，每天派 17 架运输机往返于火奴鲁鲁和关岛之间；在关岛和冲绳之间安排 7 架；关岛和马尼拉之间 4 架。当时还有 353 架飞机正在从美国飞往远东的路上——有 181 架 C－54 和 172 架 C－47。他们平均每天将 270 名伤亡人员运回美国。

那天晚上，我和理查德森将军，还有其他几个人一起吃晚饭，包括剧作家摩斯·哈特、女演员格特鲁德·劳伦斯。然后他们都到机场为我们送行。让机组人员都很开心的是，在我和理查德森将军说话的时候，格特鲁德·劳伦斯用口红在一个纸碟上画了一颗被丘比特之箭射中的心，还写上了她名字的首字母“G. L.”，然后把碟子放在我铺位的枕头上。机组的小伙子们着实闹腾了一阵子。

我们于当晚起飞，前往 2 457 英里外的夸贾林环礁。在飞过 180 度经线的时候，我们跳过了 6 月 11 日，所以，那天半夜，我们在晴朗但有些颠簸的夜空中直接飞进了 6 月 12 日。第二天早上醒来，看到云影日光映射在海面上，样子很像珊瑚礁；偶尔能看到真正的珊瑚礁；接着又是一望无际的海面、日光、云影；直到我们看到海水不断拍打着一片礁石——一块清晰可见的大珊瑚礁。那就是夸贾林环礁，直径长达 80 英里。港口里停着那么多的船，过去我从来没有看到过。着陆以后，遇到了前来迎接的海军陆战队的罗斯将军，海军少将哈里尔，海军中校本·怀亚特——一名老海军飞行员，1920 年至 1924 年在圣地亚哥和我共事过，那以后再也没有碰过面。真有点儿像老友联欢会。

往西去的飞机都要经过夸贾林环礁。当时90%的作战行动都是陆军组织实施的；海军占10%。我待在夸贾林的那两天，有16架B－29经过那里，前往关岛。当地的医院很小，但条件不错——特别是考虑到，它实际上是建在一块垂直的珊瑚礁石上——也让我有机会亲眼看看，那些从战区撤下来的伤病员，在空运回美国的过程中，我们的护士小姐们是如何精心照料他们的。

在夸贾林的时候，我看到了一处埋葬日军尸体的墓地。我们的挖土机先在地上挖出一个大坑，把日军尸体扔进去，再推土盖上。上面竖着一块牌子："日军阵亡者之墓。"

下一站我们前往关岛，途经埃尼威托克环礁，距离大约1 630英里。飞经埃尼威托克上空时，我们看到了下面的珊瑚礁和锚地，面积大约有50平方英里，里面停靠的舰船可能有200艘。要是日本轰炸机的投弹手看到这幅情景，肯定要乐疯了。

毫无疑问，海军正按照他们既定的方针推进太平洋战事。因而，我们必须接受海军的掌控、指挥和管理。但是，无论是从客观的角度，或是利益最大化的角度，还是有利于实战的角度，陆军都应该对其中部分岛屿进行完全独立的控制。然而——战争部，很多年以来的态度似乎一直都是这样的，我们不要试图把太平洋的指挥统一起来。我们不能那么直截了当地把问题抛出来。我们一定不要把海军惹急了。哪怕做出些改变可能是有利的，但我们必须面对现实；我们不能对海军指手画脚。所以，我们只能继续沿用过去效率低下的套路，太平洋战场上一开始有三个司令部，后来变成了两个——麦克阿瑟和尼米兹麾下各有一个——两个司令部的目标都是一样的——打败日本人，后勤补给线路上有交叉，空军和海军作战区域上都有重叠，最后搞得陆军的作战行动上也有冲突。

我们在塞班岛着陆的时候已经是晚上了，连夜就B－29轰炸机部队的机构设置问题开了会，出席人员有巴尼·贾尔斯将军、李梅将军、哈蒙将军、海军少将怀廷和奥唐奈将军。再次出发前往120英里外的关岛时，我叫上了贾尔斯将军一起去。当时日军还占据着罗塔岛，但我们从它上空飞过的时候，却看不出任何敌人活动的迹象。深夜时分，我们在关岛降落，见到了前来迎接的尼米兹海军上将、库特将军，还有很多老朋友，包括谢尔莫上校，一个老炮兵，我在宾夕法尼亚读书时候的同学，后来加入了陆军航空队，指挥了塞班岛的空战，打得很漂亮。

你可能会觉得很奇怪，我们已经拿下塞班岛、提尼安岛和关岛好几个月了，却仍然不停地有日军被击毙，或走出来投降。我抵达关岛的那一天就有30个日本兵被击毙。6月13日，我到了当地的司令部，接到马歇尔将军发来的一封电报，要求我原地待命。我计划让斯帕茨将军坐镇关岛的司令部，负责指挥所有的战略轰炸机部队，不管他们装备的是B－29还是B－17。现在看起来，海军好像希望我们就负责关岛的第20航空队司令部。我不希望这样。

之前，我们曾经计划将塞班岛、提尼安岛和关岛作为三个驻扎B－29轰炸机的基地。利用这三个基地，我们可以部署大约1 000架B－29。本来我们希望能够在冲绳再部署1 000架B－17，因为那儿比关岛更适合建立战略轰炸司令部。但是，海军对我们的战略司令部指手画脚的态度，着实令人难以忍受。想必他们肯定不会同意由战争部来告诉他们，在哪儿设立他们的舰队司令部。而且，他们自己又不具备组织实施战略轰炸的经验。

时间紧迫，我们必须尽快采取行动，在最短的时间内启动对日本的大规模空袭。经过慎重考虑，我觉得应该彻底打消使用关岛作为战略空军司令部的念头，而是迁往马尼拉。然后我又琢磨了一番，写了一封信给马歇尔将军，说我认为他应该告诉海军，我们确定将在关岛设立我们的战略空军司令部，并在那儿部署其他的B－29轰炸机部队。不管是否能成功，还是要先把话讲明白！

就这样在脑子里盘算好之后，我去了海军上将尼米兹的司令部，海军参谋部的参谋人员给我演示汇报了太平洋战争的总体情况。我还要继续在太平洋战区跑上一阵子，听听他们的判断对我来说非常有意思，也很重要。

回到李梅的司令部，我要求他们汇报有关摧毁日本工业设施的空袭计划。李梅认为，日本将在 10 月 1 日之前彻底崩溃。为了做到这一点，他必须轰炸 30 到 60 座大小城市。如果这些城市被摧毁，日本陆海空三军的后勤补给就会变得极度紧缺，无法支撑他们继续战斗下去。同样的事我们在德国已经做过了，并且目标难度要大得多，防空炮火密集得多，更别说还有德国空军的殊死抵抗了。

曾经指挥过对德空袭行动的李梅，认为在日本使用燃烧弹，将比它们在德国造成的杀伤力更为巨大。在美国陆军航空队和英国皇家空军对德国城市实施的轰炸中，80%的破坏并非来自高爆炸弹，而是燃烧弹。在德国，那些建筑物和村镇从远处看起来似乎毫发未损，但走近看就会发现，它们的内部已经烧毁了，烧得只剩下个空壳儿。而在日本，许多建筑都是老旧的木质房屋，如果大规模投掷燃烧弹，同时借助风力，不出意外的话，一次空袭就能摧毁一座城镇的大部分地区。因此，李梅强烈推荐使用燃烧弹。

回到住处以后，我发现罗威尔·托马斯①正在等我。第二天我准备去硫磺岛，正好带他一起去。下午，我和李梅又开了次会，发现他正疲于应付头顶上那一堆错综复杂的管理机构。表面上，海军掌管大局，但是我们还有一个陆军婆婆，控制着后勤保障和培训。有一些日常公务上

① 罗威尔·杰克逊·托马斯（Lowell Jackson Thomas，1892—1981），美国作家、播音员和旅行家。一战末期，托马斯作为战地记者前往巴勒斯坦，正是由于他的宣传报道，让“阿拉伯的劳伦斯”变得闻名世界。——译者

的程序和规矩，在海军看来是必要的，陆军则认为是多此一举。在这个复杂的体系当中，哪怕只是某个环节中的某一个人效率低下，决策的延误就是必然的。我们在作战行动中屡屡遭到干扰和延误，正是因为让一群不相干的人掌管了陆军航空队的大权。关于存放炸弹的仓库必须是硬质地面一事便是个明证。海军驳回了我们调用 21 万吨炸弹的要求，理由只是因为存储炸弹的仓库没有硬质地面。这，实际上等于是在告诉我们一个月应该扔多少炸弹。调用炸弹和 B－29 用弹药的优先权，是掌握在海军军官手上的。有些时候，就是因为一点儿鸡毛蒜皮的理由，耽误了眼前的正事。

那天晚些时候，我去找海军上将尼米兹商量这些事儿，对我提出的每一个建议他都很赞同。他对我们把战略空军司令部设在关岛没有异议，也同意由斯帕茨担任指挥官。原则上他也同意将第 8 和第 20 航空队划归战略空军司令部管辖。他认为，在我们的指挥系统中没有什么无法克服的矛盾，并且相信他这套组织架构肯定是利大于弊。在与尼米兹上将讨论过之后，我终于明白，航空队遇到的大部分问题、困难和混乱局面，都是由于下层军官们的小题大做。看来，我必须把我的人召集在一起训个话了。

尼米兹上将接到参谋长联席会议的命令，由他担任冲绳的指挥官和关岛军政长官。因此，我们陆军必须按照他的意思做事，不过他正满心希望自己的参谋部里能有陆军航空队的人加入进来。他对我们组建战略空军所需的一切都大开绿灯。他欢迎斯帕茨的司令部派一名代表，与他的人一起，共同参与决策，并做出变革，必须消除那些干扰我们作战行动的繁文缛节。除了斯帕茨到任之后可能会新冒出来的问题，现在我看不出还有什么问题没有解决。即便有些新问题，我认为他和尼米兹也肯定能够处理好。在我看来，这边战区的人实在是有些小题大做。

下午我们去视察了第 314 轰炸机大队，这是一支完成了 14 次对日空袭任务的部队。同时视察的还有315大队，为了提升作战效率，他们飞机上的装甲板和大部分机枪都已经拆除了。尼米兹上将也赶了过来，和我们一起视察部队。我向他介绍了机组人员和军官们，还有那架即将被命名为“海军上将尼米兹号”的飞机。

在这次太平洋之旅中，迄今为止只有李梅对日本战败的时间做了大胆预测。而其他人，无论是尼米兹上将，还是理查德森将军，或者他们的作战参谋们，都没有谈起过战争什么时候会结束这个话题。不过我在关岛的时候，收到了富兰克林·多里尔关于德国战略轰炸的初步报告，报告中认为，轰炸不仅加速了对德战争的结束，而且最大程度地破坏了德国的工业生产。对油田和交通运输系统的空袭，阻断煤炭从鲁尔工业区运出的行动，用施佩尔自己的话来说就是“悲剧”和“一场噩梦”。那时候我还没有看到完整的报告，但是这些文字，已经足以让我开始认真思量，接下去要怎么对付日本了。

如果我们的空袭在摧毁德国的国防和工业上发挥了这么大的作用，那么同等规模的轰炸，或者还要小一些，就能在日本取得更大的战果。

在提尼安岛、塞班岛和关岛海岸停泊着大量的货船和运兵船，这里简直就是轰炸机投弹手的天堂。但是，面对这些轻而易举就能得手的目标，日本人却并没有发动大规模的空袭。那么日本空军到哪儿去了呢？海军说，日本如果仍然有数量庞大的空军的话，那么其背后一定隐藏着难以预料的动机，他们或许已经做好准备，只等机会来临便冲下来，对海军和它所有的舰船发起猛烈攻击。不过，如果日本人真的还有那么多飞机，知道这么多船停在一起，他们肯定早就忍不住动手了。

我在塞班岛的时候，看到520架B－29，带着3 000吨炸弹，出发前往大阪。这与杜立特1942年4月首次空袭东京时候的18架飞机、15吨炸弹，还有一年前B－29第一次执行空袭日本的任务——68架飞机、181吨炸弹，形成了鲜明的对照。

同一天，我接到了马歇尔将军的电报，他说总统将与参谋长联席会议开会讨论，议题是“我们能够通过轰炸赢得战争吗?”

这可真是个大问题——一个对美国人来说意义重大的问题。如果我们能够通过轰炸赢得战争，地面部队就可以不用登陆日本。就我个人而言，是有这个信心的。德国人都没扛住的轰炸，我不相信日本人能够挺得过去。

经过深入讨论和深思熟虑之后，我确信在“轰炸日本”这件事上，李梅比其他人更能胜任，因此，我建议他参加这次总统召集的参谋长联席会议，向总统做个汇报。战略空军司令部必须马上组建起来，所有那些拖拖拉拉、磨磨唧唧的事儿必须立刻消失。战略空军司令部在它的组织、管理、后勤和行动上必须畅通无阻。如何在最短的时间内向日本投下最多的炸弹，在这件事情上它必须具有自由行动、不受约束的权力。这就意味着，绝对不能发生由于管理因素造成的炸弹、汽油等物资补给上的延误。海军和陆军也绝不能插手干预轰炸任务。

同时，我写了一封电报给马歇尔将军，简要汇报了我的想法。

1. 继续执行我们既定的作战计划，攻占九州，为40个重型轰炸机大队建立更多的基地。

2. 优先安排B－29空袭和九州作战行动，使空袭行动尽快启动。

3. 应当制定完全摧毁日本的计划，使用马里亚纳群岛和冲绳岛上的B－29，九州岛上的重型轰炸机和攻击机，然后用舰载飞机覆盖其他飞机无法覆盖的区域。

4. 给予空袭行动最高优先等级，取消所有的管理限制，将其他所有战前行动排入更低的优先等级。

5. 继续保留地面部队在本州登陆的作战计划，但只是保持它

“有效”的状态，实则延缓。

安排好这件事，我继续我的行程——前往钱尼将军坐镇指挥的硫磺岛。与我同行的有罗威尔·托马斯、贾尔斯将军和他的副官以及哈里·切斯利上校。硫磺岛是由火山喷发形成的，而且在岛的一端仍有一座活火山，因此那里机场的跑道上终年雾气缭绕。战前，大约有 1 200 名日本人居住在这里，主要以种植甘蔗、开采硫磺和萃取一种植物的汁液制造香精为生。我们的海军陆战队登陆硫磺岛时，遭遇了 3 个师、20 000 名日本兵的抵抗。海军陆战队损失了大约 3 000 人。现在那儿仍然隐藏着大约 200 名日本士兵，他们躲在洞穴和岩石缝里，或者藏在瓦砾堆下和轮船的残骸里。他们偶尔现身，要么自己投降，要么被击毙。在我们到达的前一晚，就有三个日本兵被打死。

前一阵子，有六个日本兵跑了出来，本打算和我们的人拼命，结果看到我们的几名黑人士兵，被吓呆了，就投了降。他们以前从来没有见过黑人。黑人士兵把日本人上上下下搜了好几遍，除了他们的手枪什么也没发现，于是就把他们带回营地，想给他们吃点儿东西。他们在厨房里只找到些罐头食品，我们的人想用自己的折叠刀把罐头撬开，但是没能打开。这时，一名日本兵出于热心想帮忙，把手伸进自己的裤裆里，摸出一把大约 1.5 英尺长的刀，递给我们那两个吓傻了的黑人士兵。

对于我们空袭日本的作战行动来说，硫磺岛是一个绝佳的后勤补给基地。当时已经有 1 200 架受损或者没油的飞机停在岛上，其中有不少 B－29。实际上，我那天看到的 520 架空袭大阪的 B－29 中，就有 43 架不得不在去程或者返程途中迫降在硫磺岛。

只有赢得战争，才能赢取和平。在从硫磺岛飞往马尼拉的途中，我思绪万千，有许多问题在脑海中萦绕。美国的普通民众寄希望于外交官们通过谈判获得永久的和平，而我相信，军人在会议桌上的表现会比那些外交官们更加出色。每次召开和谈会议，同样的一幕都会上演——外交官们彼此喋喋不休地争个没完，最终却找不出解决问题的办法。然而我们的联合参谋长会议，尽管彼此国家的目标并不一致，也存在不同军种之间的竞争，但是经过一番争论之后，总是能够达成谅解，促成合作。人们即将看到的这场全球性的胜利，正是他们同心协力的成果。

离开硫磺岛的时候，我们与一场热带风暴的前锋刚好擦肩而过，但当我们飞抵吕宋岛的东岸时，天空中又是风云突变。我们看到脚下的阿拉亚特山、皮纳图博火山、马里韦莱斯岛、内湖、科雷希多岛、马尼拉湾、马尼拉城，还有尼克尔斯机场①。机场里的建筑已经所剩无几了。马尼拉城，就像我后来开车经过时看到的一样，到处一片狼藉。所有古老的标志性建筑都毁于一旦。马尼拉酒店、海军和陆军俱乐部、麋鹿俱乐部的建筑物内部全都烧毁了。市中市②早已是一片废墟，古老的城墙也成了断壁残垣，布满了斑驳的弹坑，那是我们的部队在强攻时留下

① 尼克尔斯机场(Nichols Field)，是美国对菲律宾殖民统治时期建设的早期军用机场。1919 年由美国陆军航空勤务队建造，位于马尼拉市以南的麦金利堡(现为波尼法西奥堡)附近，同年 8 月 14 日启用。起初为第 1 飞行大队(后改编成第 4 混编大队)驻地，下辖第 2 侦察机中队、第 3 驱逐机中队和第 28 轰炸机中队；同时也是美国驻菲律宾陆军航空队的司令部驻地，后来机场还成为马尼拉航空站的所在地，为美国驻菲律宾陆、海军部队的所有飞机提供维修保养。1940 年，日本进驻法属印度支那后，美日关系日趋紧张；11 月，第 17、第 20 驱逐机中队的机组人员增援第 4 混编大队，起先装备的是菲律宾老旧的 P－26，1941 年 5 月换成原本已决定出售给瑞典的 P－35。1941 年夏秋之交，第 3、第 17、第 20 驱逐机中队整编为第 24 驱逐机大队；第 2 侦察机中队直属远东空军司令部。1941 年 12 月 8 日，日军入侵菲律宾，上述部队在作战中遭受重大损失；12 月 26 日，麦克阿瑟将军宣布马尼拉为不设防城市，远东空军司令部全体人员从该机场撤离；12 月 28 日，日军占领该机场，将其作为日本海军航空兵的基地。二战期间，美国陆军航空队多次对该机场进行空袭，1945 年 2 月将其重新夺回。1946 年 7 月 4 日菲律宾独立后，尼克尔斯机场成为菲律宾空军司令部所在地。——译者

② 市中市(Intra Muros)，也称围墙城市，位于现菲律宾马尼拉市黎萨公园及帕西格河中间，是最初的马尼拉古城旧址。1571 年，西班牙人为了统治菲律宾建起了这座城堡，面积仅有 1 平方公里，被称为“都市中的都市”。城堡四周是壕沟和中世纪式的城墙，共有 7 座城门，城内有总督官邸和 12 座教堂。二战末期，城堡的大部分遭到毁坏，现已修复一部分。——译者

的，为了营救被日本人关在城堡里的3 000名菲律宾人质，但是等找到他们的时候，大部分人已经被日本人杀害了。

史迪威将军将在第二天返回美国，而斯特拉特迈耶将军也正打算返回中缅印战区。我和他俩以及斯通将军、肯尼将军聊了会儿天，发了发牢骚，我们都认为在一个战区里设置两个司令部、两套后勤体系，让我们付出了不必要的代价。下午，我去了麦克阿瑟的司令部。我们交谈了很长时间，气氛相当轻松愉快。他支持空军独立，而且认为应当把近地支援航空兵也包括进去；此外，他愿意按照这个思路对太平洋战区的陆军进行重组，他说，无论是肯尼或者我担任司令官，他都很欢迎。他不想再多出来一个战区最高司令官，并且愿意因此牺牲统一的指挥权。令我印象深刻的是，他认为海军是绝不会做出半点儿让步的；正是他，为了保持团结，不得不做出必要的让步——所以，他失去了一切，却什么也没有得到。他还说，他对参谋长联席会议的命令没有什么不满，但是目前已经占领的北部的那些岛屿和后勤系统，本应转交给他指挥，海军却推三阻四，很不情愿，这令他大为不满。而且，他还感觉到，海军现在正忙着盘算如何抢地盘，以便提高自己战后的地位。

在他看来，我们组建战略空军司令部是错误的。他认为只要我当总司令，巴尼·贾尔斯做我的副手就够了；但让斯帕茨去关岛再搞一个什么战略空军司令部，则是完全错误的。虽然他认为空袭能够在结束对日战争中发挥很大作用，但归根结底，他说，步兵们还是不得不进军东京。他完全不了解我们的计划——使用B－29摧毁日本30、40、50甚至60座城市和他们的工业；对登陆区域的目标每月投放20万吨炸弹，在登陆日当天投放8万吨炸弹。我们B－29空袭计划的作战规模如此之大，让他感到有些惊讶。不过，当我向他解释这些的时候，他看上去很感兴趣。

他也意识到，陆军需要有自己的后勤补给系统，从美国国内一路直通前线，不受海军的干扰，但是他不打算去争取那些岛上基地的控制权，虽然它们就在他的管辖区域里。他说，那是参谋长联席会议的事儿。但如果有人以更好的协作配合为理由，提出把他的司令部移到关岛，那他可就要闹翻天了！他有一百样理由不应该这么做，也没人能说服他这么做！他不相信，把他的司令部从马尼拉移到关岛，他和海军的配合就会更好吗？

我们的谈话持续了差不多两个半小时，让我对麦克阿瑟的真实想法比之前有了更深的了解。

对我而言，统一指挥权的必要性变得愈发凸显。其中需要考虑的一个主要问题就是冲绳。在美国完全占领冲绳以后，它会处于海军的管辖之下。麦克阿瑟只有驻军的权利。海军基地的司令官，有权检查所有进出冲绳地区的船只，因此也就控制了进岛的优先权，如果海军想要抢先在岛上建立自己的永久性建筑设施，他们就可以做到，麦克阿瑟对此一点儿办法都没有。这可不是我想要的统一指挥。优先权应当视实战情形而定，而不是按照陆军、海军或空军在和平时期的常规程序来。这里应该设立一个处理运输和补给优先权问题的统筹委员会。我们还从来没有这样一个机构，可以让陆、海、空三家把他们的需求拿到一起当场解决。

我最后一次和斯特拉特迈耶将军谈话的时候，告诉他如果魏德迈将军没办法在中国安置第 10 航空队的话，我们就应该把他们接回来，所有人，一个不留，全部交给肯尼将军，因为肯尼会找个地方安置他们的。但是斯特拉特迈耶将军并不想这么做，他说他会处理好第 10 航空队在中国的事。

那天晚些时候，我与麦克阿瑟又碰了一次头，他给我看了尼米兹上将发来的一封电报，有关远东空军配合空袭行动的计划。尼米兹不同意肯尼在近海 10 英里的范围内空袭船只或实施作战，他坚持日本岛海域的第一优先权必须属于海军。

我觉得，这仗打得真是见了鬼了——给你权力你却不能用，因为你妨碍了别人的特权！所幸，战争很快就结束了，比我们预想的还要快，所以这些问题不至于发展到导致陆军和海军公开决裂的地步。

我去了一趟麦金利堡，想找找我们原来住的老房子，但只看到剩下很少的几座老营房，孤零零地矗立在那儿。我找到了我们家老房子留下的一些痕迹：连接街道与前廊的一截混凝土楼梯，还有房子的地基，就剩下这些了。马歇尔将军家原来住的房子没有被毁得这么彻底，连接前廊的那段混凝土楼梯也在，甚至浴缸也还在，还有热水锅炉。军人福利社已经完全被毁了，练兵场上长满了绿草和热带植物，看起来简直就像一片热带雨林。三十几年前，我和马歇尔将军在这儿当中尉的时候，那曾经熟悉的一切都已经难觅踪迹了。

第二天，6 月 19 日，我们乘飞机再次启程，并在科雷希多岛和埃尔·弗赖莱岛上空绕飞了一圈儿。科雷希多岛上满目疮痍，排炮已不见踪影，建筑物毁损坍塌，所有的设备、工事都已经消失无踪。我现在才知道，肯尼的空降部队是如何以最少的人员伤亡拿下这座岛的。美军士兵们降落在岛上之后，便封闭了隧道，把它变成了 500 名到 5 000 名日本人的坟墓。到底有多少人埋在里面，谁也不清楚。

肯尼和怀特海德两位将军在施陶森伯格堡①等候着我们。1945 年的

① 施陶森伯格堡(Fort Stotsenburg)，位于菲律宾马尼拉以北约 80 公里的天使城，是美国对菲律宾殖民统治时期建立的兵营，为纪念 1899 年 4 月美西战争中在菲律宾战死的约翰·米勒·施陶森伯格(John Miller Stotsenburg)上校而得名。1903 年启用，起初为美国陆军炮兵部队驻地。1919 年 9 月起，成为美国陆军通信兵航空科的营地，改名克拉克机场。1930 年代起，该机场就成为美国远东空军的中型、重型轰炸机驻地。1941 年 12 月 8 日，偷袭珍珠港之后 9 个小时，日军对该机场发动空袭，美军大部分轰炸机均被炸毁在地面上。1942 年 1 月，日军占领该机场，将其作为主要的远东空军基地，同时这里也是美军战俘最大的中转基地。1945 年 1 月，美军重新夺回该机场。在冷战和越战期间，克拉克机场都是美军的主要空军基地。1990 年初，菲律宾政府拒绝续租土地，美国政府被迫将基地关闭。1991 年 6 月，皮纳图博火山喷发，基地遭受大面积损毁；菲律宾政府希望与美国重开续租谈判，但基地已不具备重新开放的条件；11 月，克拉克空军基地被交还给菲律宾政府。在废弃了多年之后，改建为克拉克国际机场；部分设施为菲律宾空军所用，仍沿用了克拉克空军基地的名字。——译者

施陶森伯格堡和 1941 年相比，已然是翻天覆地的变化了。1941 年的时候，我们的飞机躲躲藏藏，不敢被人看到——暴露一架就意味着损失一架。1945 年，日本空军已经无力回天，在机场的停机坪上，我们有 400、500 甚或 600 架战斗机光明正大地停在那里。轰炸机，也不再需要伪装，围绕机场分散停放着。此时的克拉克机场，停放了大约有 1 000 架飞机。

日本人占领施陶森伯格堡的时候，缴获了我们所有在用的交通工具；显然我们当时并没有进行销毁。同样的事还发生在巴丹。在我去视察的时候，航空队又用上了过去的同一批交通工具；从某种意义来说，也可以说是日本人用过的旧物。分配给我用的小轿车，便是被日本人缴获后，送给他们的司令官使用过的；现在，它又回到了陆军航空队手上，车况依然良好。

我们和肯尼一起，在第二天出发前往冲绳。冲绳岛的南部还处于战斗状态之中，我们从上空飞过时，能看到下面依然炮火纷飞。据报告，大约有 2 500 名日本兵藏匿在洞穴中，有许多还没有被抓住，但有组织的抵抗基本上结束了。在环岛飞行的时候，我发现如果神风特攻队袭击冲绳，可以轻而易举地找到攻击目标，因为这儿到处都是各式各样、不计其数的船只。日本人需要做的，就是一旦靠近冲绳，就闭上眼睛，机头向下，一头扎下去，保证每次都能击中一艘船。

海军陆战队的空军司令伍兹①将军在机场迎候我，然后我随他一起

---

① 路易斯·欧内斯特·伍兹（Louis Earnest Woods，1895—1971），美国海军中将。1917 年 4 月加入美国海军陆战队。1922 年 6 月完成飞行员培训。1924 年 7 月任驻海地太子港海军陆战队第 1 旅所属第 2 侦察机中队指挥官。1926 年 8 月调回华盛顿海军陆战队司令部航空科，随后在弗吉尼亚兰利机场的航空兵战术学校进修一年。1933 年 8 月再次返回驻海地太子港海军陆战队第 1 旅所属第 9 侦察机中队任指挥官。1934 年 8 月进入弗吉尼亚匡提科的海军陆战队学校高级班学习，毕业后留校任航空教研室主任。1937 年 6 月任驻加利福尼亚圣地亚哥海军航空兵第 2 大队指挥官。1940 年 6 月进入罗得岛海军战争学院高级班进修。1941 年 5 月毕业后任美国海军陆战队第 1 飞行联队参谋长，当时的联队司令是罗伊·盖格少将。1942 年 9 月，两人率联队增援南太平洋战区，参加“瓜达卡纳尔岛战役”。1942 年 （转下页）

到第5两栖军司令部，与刚刚接任第10集团军司令的盖格①将军、第5两栖军军长希尔②海军上将开了一个短会，商讨岛上空军兵力的部署问

（接上页）11月，伍兹接替罗伊·盖格将军，任进驻瓜达卡纳尔岛亨德森机场的“仙人掌盟国空军部队”司令（瓜达尔卡纳尔岛在盟军密码系统中被称为“仙人掌”）。1943年6月，调回华盛顿任海军陆战队司令部航空处处长。1944年再次回到太平洋战区，任驻马绍尔群岛海军陆战队第4飞行联队司令，他同意美国著名飞行员、探险家查尔斯·林德伯格（Charles Lindbergh）以平民顾问身份参战，试飞最新型的F4F野猫战斗机，在所罗门群岛参加了50次作战任务。1945年6月任美国第10集团军战术空军司令兼海军陆战队第2飞行联队司令。1945年11月任驻中国天津美国海军陆战队第1飞行联队司令。1946年8月回国后，担任过西海岸海军陆战队空军司令、调回国内的海军陆战队第1飞行联队司令、北卡罗来纳切里波因特海军陆战队空军基地司令等职。1951年7月退役。——译者

① 罗伊·斯坦利·盖格（Roy Stanley Geiger，1885—1947），美国海军陆战队上将。1907年11月加入美国海军陆战队。1913年至1916年曾随海军陆战队第1旅和驻北京公使馆海军陆战队特遣队在菲律宾、中国服役。1917年6月完成飞行员培训，是海军陆战队第5号飞行员。1918年7月赴法国参加一战。1919年12月任驻海地海军陆战队暂编第1旅所属飞行中队指挥官。1921年1月任弗吉尼亚匡提科海军陆战队机场指挥官，随后进入堪萨斯莱文沃斯堡指挥参谋学校学习，1925年6月毕业后再赴海地，任海军陆战队第1旅所属第2侦察机中队指挥官。1927年8月任弗吉尼亚匡提科海军陆战队学校教官。1928年5月任海军陆战队司令部作战训练处航空科科长。1929年6月完成陆军战争学院进修课程后，任东海岸海军航空兵指挥官。1931年任海军陆战队航空兵指挥官。1935年6月任舰队陆战队空军指挥官。1939年6月至1941年3月，在罗得岛海军战争学院高级班进修。1941年4月，盖格以平民身份考察了直布罗陀，并担任驻北非英国第8集团军军事观察员；8月回国，任美国海军陆战队第1飞行联队司令。1942年3月，“瓜达卡纳尔岛战役”开战不久，他受命担任进驻瓜达卡纳尔岛亨德森机场的“仙人掌盟国空军部队”司令。1943年6月调回海军陆战队司令部任航空兵主管；11月再返太平洋战场，任第1两栖军军长，参加了布干维尔岛战役。1944年4月任第3两栖军军长，参加了登陆关岛和南帕劳群岛的作战。随后该军编入第10集团军，参加了冲绳岛战役。1945年6月18日，第10集团军司令小西蒙·玻利瓦尔·巴克纳中将战死后，盖格接任集团军司令，他是唯一担任过野战集团军司令的海军陆战队军官；7月任太平洋舰队陆战队司令，晋升中将；9月2日，作为海军陆战队的唯一代表，参加了“密苏里号”战列舰上举行的日本投降仪式。1947年1月因肺癌病逝，死后被国会追授四星上将。——译者

② 哈里·威尔伯·希尔（Harry Wilbur Hill，1890—1971），美国海军上将。1911年毕业于美国海军学院。1917年随“得克萨斯号”战列舰参加一战，见证了德国公海舰队的投降。1919年11月任海军作战部长副官。1923年后担任过“孟菲斯号”轻型巡洋舰、“马里兰号”战列舰以及太平洋舰队作战参谋部的炮术官。（转下页）

题。显然，为了满足 B－17 的需求，我们必须得到更多的机场，越快越好，不能耽误。因此，我们需要更多的陆军和海军工兵，更多的港口和运输设施。还有更多的部队等着运过来，必须实施更为有效地后勤补给措施。所以我建议，他们也都同意，由陆军总司令发一封电报给尼米兹上将，说明这里的情况。我答应他们，在我返回国内的途中，也会把这个情况带给他。

巴克纳[①]将军，美军驻冲绳的陆军司令，我的一位老朋友，就在我到达之前不久，在冲绳岛南部的战斗中牺牲了。据说日本人刚好有一门大炮，部署在距离他们只有大约 300 码远的地方。打出的第一枚炮弹就落在了巴克纳身旁，一枚弹片穿透了他的胸膛，夺去了他的生命。我们的国家失去了一位杰出的战士和将军。

依照惯例，许多海军、海军陆战队和陆军的高级军官赶到冲绳机场来迎接我。就在这个时候，跑出来一名身着海军陆战队制服的年轻人，

(接上页) 1938 年 6 月至 1940 年 2 月，任职于美国舰队总司令部参谋部的作战计划处。1942 年 9 月任南太平洋战区第 4 战列舰中队指挥官。1943 年 9 月任第 5 两栖军第 2 两栖大队指挥官，率部参加了塔拉瓦战役及随后攻占吉尔伯特、马绍尔群岛、马里亚纳群岛、硫磺岛和冲绳的战役。1945 年 4 月接任第 5 两栖军军长，指挥该部在冲绳战役中的两栖作战行动。1945 年 8 月，指挥两栖部队参与了第 6 集团军占领日本西南部的行动。二战后担任过陆海军参谋学院、美国国防大学、海军学院的校长，海军部总理事会主席等职。1952 年 5 月退役。——译者

① 小西蒙·玻利瓦尔·巴克纳(Simon Bolivar Buckner Jr.，1886—1945)，美国陆军上将。其父老西蒙·玻利瓦尔·巴克纳是美国内战期间的南军中将，内战后曾任肯塔基州长。小巴克纳 1908 年毕业于西点军校，曾两度赴菲律宾服役，参加过第一次世界大战。一战后返回西点军校任教官，后曾担任陆军战争学院执行军官、西点军校学员队长等职。1936 年 9 月任第 23 步兵团主任参谋。1937 年 1 月任第 66 轻型装甲团团长。1938 年 9 月任第 22 步兵团团长。1939 年 11 月任陆军第 6 师参谋长。1940 年任阿拉斯加防区司令，1941 年 8 月晋升少将。1943 年 5 月至 7 月指挥了阿留申群岛战役，夺回了被日军占领的阿图岛和基斯卡岛，同年晋升中将。1944 年 7 月调往夏威夷，负责组建第 10 集团军，准备进攻台湾，后该作战行动取消。1945 年 4 月，巴克纳率领第 10 集团军参加冲绳战役；6 月 18 日，在战役结束前 4 天，视察前线时被敌人的榴霰弹击中阵亡，他是二战中美军在太平洋战场上牺牲的最高军衔和职务的军官。1954 年 7 月国会追晋其为陆军四星上将。——译者

开着辆吉普车在我身边停下来，甚至都没有下车，就大声喊起来："你好，老爸!"所有在场的人，军官们、摄影记者们都炸开了锅。他是我的儿子布鲁斯。

我随儿子一起去他们排看了看。营地的条件不错，他的战友都是些优秀的年轻人。和战场上的每个人一样，他们不得不各显神通搞到一些生活必需品。比如，对于布鲁斯和他的战友来说，从棺材里或者某个被占领的村庄里找几件陪葬品或者古董，与海军陆战队交换制服和食物，比起按照规定程序领取常用补给要容易得多。这就是为什么他穿着一件海军陆战队制服的原因，他本来是一名陆军的防空炮兵。我带他在第 10 军司令部吃了顿晚餐，不过我知道，这顿饭他吃得不是很自在。

当我和他告别的时候，我们听到了空袭警报的声音。日本人正在发动一次小规模的扰袭。一时间枪炮齐鸣，火光四射，但是日本人只是虚晃一枪，没有发起攻击就撤退了。

回到关岛，我和尼米兹海军上将和他的参谋人员、陆军的史迪威将军和曼德尔①将军以及陆军航空队的贾尔斯将军和库姆斯开了一次会。我告诉尼米兹上将，我带回来的这些情况只是我在冲绳和菲律宾时听到的，我并没有去核实。但陆军的后勤人员却非常担心，9 月份在冲绳可能会积压一百万吨的补给物资等待卸货，将导致我们没有足够的炸弹供一系列的空袭行动使用——摧毁日本的工业、在登陆之前实施预先轰炸，以及为陆军的登陆提供支援。而原因就是冲绳的码头没办法及时完成卸货，尽管海军工兵和陆军工程营的人已经在等着被运往冲绳，运输的交通工具也已经准备好了，就等着他们尽快

① 哈罗德·奇滕登·曼德尔(Harold Chittenden Mandell，1892—1959)，美国陆军准将。1941 年起先后任第 1、第 104 步兵师参谋长。1943 年任美国太平洋舰队作战计划处助理处长。1946 年退役。——译者

出发。

尼米兹上将向我保证，这些问题已经在或者马上就会得到解决。工兵营的人正在以最快速度被送到码头去。

不过，鉴于空袭行动的重要性，我向尼米兹上将提出，是否有可能派一名贾尔斯将军的部下作为陆军航空队的代表，与海军一起定期制作进度报告，以便在冲绳的人能够掌握情况，这样他们就不用老是担心某些事情忘记处理而感到忐忑不安，而实际上事情已经办妥了。尼米兹上将觉得有道理，并且立刻对此做了安排。

对于在这些作战行动中会调用英国工程兵这件事，尼米兹有些担心。我向他保证，这只是英国参与太平洋战争总体计划的一部分，并告诉他，我会把他的意见呈交给参谋长联席会议。他的意见是：

1. 如果最高层说我们必须使用英国皇家空军的人，那么英国应该能立刻派出他们的工程兵。

2. 在冲绳，英国工程兵将和美国的陆、海军工兵享受同等待遇。

3. 当肯尼的航空兵部队向前推进时，英国人如有需要可以使用这些机场，如果我们自己的重型轰炸机不需要使用的话。

在和贾尔斯将军、罗威尔·托马斯以及贾尔斯的参谋人员共进午餐之后，我去了西北机场视察，看望那些刚刚执行完轰炸日本飞机厂任务的 B－29 飞行员。前一天晚上，484 架 B－29 参与执行了任务，损失了 4 架——2 架在起飞时，另 2 架则是在飞越目标上空时，被白磷弹击中。我和许多执行任务的机组人员聊天，他们都确信他们击中并摧毁了目标。那些完成任务的机组，即便是刚刚经历过十四个小时的长途飞行，也毫无倦怠之色，一个个信心满满、士气高涨。而由于种种原因没能飞抵目标上空的机组，则有些情绪低落，显得疲惫不堪。不过有一点可以确定——如果日本本土还有任何空军部队的话，面对 480 架 B－29 这样大规模的空袭行动，不可能不出动应战。

我在西北机场发表的讲话中明确指出，我们必须在冲绳建立自己的 B－29 航空站。无论是尼米兹还是麦克阿瑟的参谋部中，都要有我们航空队的得力军官，首先要在珍珠港的海军部门里安排一个能够代表我们利益的人。在关岛的海军里，我们也必须派人盯着运输和补给优先权的事儿。

第二天一早，我们出发前往埃尼威托克岛，飞行了 1 170 英里之后，在下午 3 点左右降落。当快要接近埃尼威托克岛时，我们先是看到下面有 4 艘驱逐舰排成一列，正在搜寻一艘被鱼雷击中、但还没有沉没的潜艇，还有一艘坦克登陆舰；然后又有几艘从埃尼威托克岛开往关岛的货船，之后是一艘大型护卫舰。在靠近环礁时，我们能看见大约 40 英里之外的地方，停泊着大量的船只。那艘坦克登陆舰就是从那边开过来的，前一天它被潜艇击中，除了方向舵和一支螺旋桨被打坏了，其他部位都完好无损。当天晚上，我们从埃尼威托克岛出发，前往詹森岛。

詹森岛大约有 6 500 英尺长，不超过 700 英尺宽。四周环绕的珊瑚礁将它与海水隔开来。这座岛过去只有 4 000 英尺长，经过人工疏浚，扩建成现在的样子。当时，岛上驻守部队的规模并不大，但后勤设施与营房建筑都建设得相当完备，从远处看，这座岛酷似一艘航空母舰。有人感到好奇，我们的导航员如何能够在浩瀚的太平洋中，发现如此渺小的目标。在这座狭小的海岛上，飞机每天进出不断——一天有 34 个航班，来回往返。降落在岛上之后，我发现这些飞机都在忙着运送伤员，接下来每天飞往东部的 34 架次将会增加到 64 架次，以尽可能多地从战区运回撤离人员。

我们当天又从詹森岛前往距离大约 800 英里之外的夏威夷。这一段旅程风平浪静，天气晴朗，空中只有几片浮云飘荡。我们想起三个月前，米勒德·哈蒙将军的飞机就是在这片区域失踪的。而三年之前，克拉伦斯·廷克[1]将军的 LB－30 也坠毁在东北部的那片海域。

到了火奴鲁鲁，我与海军上将托尔斯、理查德森将军和拉夫纳将军会面，讨论了此行当中发生的各种事宜；并且听说尼米兹上将已经去东部与金上将开会。

我们于当天晚上离开火奴鲁鲁，并在第二天早晨到达旧金山，飞了 2 450 英里。其实，到旧金山的这天刚好是我的生日，我听说我的夫人在西海岸，在我们的牧场里为我准备了一场生日宴会。但同时我还听说，杜鲁门总统将在几分钟后到达，参加联合国成立大会的一次会议。我认为有必要向他汇报一下我此次的行程，如果有可能，与联合国代表们一起商定我们未来的行动计划。因此，我只好把生日宴会取消了，那天晚上，我与联合国代表在圣弗朗西斯酒店吃了晚饭。

在听到我们的人聊起有关联合国理事会在旧金山召开的一系列会议的情况时，让我禁不住产生了这样一种感觉，从理论上讲，联合国组织是完美的——但是，国际联盟不也是如此吗。理论上，联合国组织应当能够阻止未来发生战争，应当协调解决国家之间的分歧和争论，应当消除问题与冲突。但还是有个大问题：它能做到吗？或者它会不会又是一个没有能力或者不能有效地执行其决策的组织呢？

---

① 克拉伦斯·莱纳德·廷克（Clarence Leonard Tinker，1887—1942），美国陆军少将，出身于俄克拉何马州奥萨奇原住民部落，是美国原住民军官中职务最高的。1908 年毕业于密苏里州温特沃斯军事学院。1919 年学习飞行，1922 年加入陆军航空勤务队。1927 年任得克萨斯州凯利机场高级飞行学校校长。1930 年代担任过多支驱逐机、轰炸机部队的指挥官。1940 年 10 月晋升准将。1941 年 1 月任第 3 轰炸机联队司令；11 月任第 3 拦截机司令部司令。日本偷袭珍珠港后，1941 年 12 月 18 日任夏威夷军区空军司令，重新组织对群岛的空中防御。1942 年 1 月晋升少将，2 月任第 7 航空队司令。1942 年 6 月率队参加中途岛战役；6 月 7 日，廷克将军率领 B－24 编队追击后撤的日本海军舰队，有人看到其飞机在中途岛附近失控坠海，廷克将军和其他 8 名机组人员全部失踪。LB－30，即美国联合飞机公司制造的 B－24"解放者"重型轰炸机，LB－30 是其早期出口机型在陆基轰炸机设计目录中的编号。——译者

第三十一章 重新部署和波茨坦；鹰巢；对日最后通牒

1945年6月底，陆军航空队的主要任务是，一旦相关空军基地建设完成，就尽快将欧洲战场的重型轰炸机部队调往太平洋战场。基地的不足已经成为部队调遣的阻碍。我们攻占的那些小岛，很快就被陆军、海军和空军的装备设施挤满了，建设更多的基地成为当务之急。我和尼米兹海军上将、麦克阿瑟将军就此问题进行了专题讨论，我相信，在这件事情上的许多障碍此后都会被清除。然而无论如何，即使在最好的情况下，冲绳也要在几个月之后，才能有机场安置我们从欧洲调过来的数百架B-17和B-24。同时，我们正在加紧制造B-29，派往日本执行更为频繁的轰炸任务。就像李梅将军曾经说过的，在10月1日之前，日本本土必将成为一片焦土。

我不清楚，在德国战败之后日本还能坚持多长时间，以及在赢得即将来临的最终胜利之后，我们将要面临的其他问题，诸如美国的未来安全；创建一个能够阻止未来发生战争的国际机构；陆军航空队未来的编制架构以及在战后的世界空中力量版图中的地位。总之，这些都是参谋部门的事情；需要从各个角度仔细研究，并且与我们的外交政策相互配合，以便当我们的建议被提交给更高一级的决策机构——联合参谋长委员会和我们在联合国会议的代表们时，他们不会作出毫无根据的盲目结论。

一直以来，有两件与这场战争相关的憾事总是令我难以释怀。一件是在战争开始之前，没能应戈林之邀去德国访问。另一件则是在战争结束之后，当戈林成了阶下囚，没有机会去和他聊一聊，问他几个问题。第一件是我不能做，因为战争部不批准。第二件是没有机会，因为我在欧洲的时候，戈林还没有被捕，后来我却太忙没有办法特意安排行程去看他。有几个问题我特别想问问他，有些事为什么明明德国空军能够做得到却没有做。为什么在不列颠之战时，英国皇家空军已经被打得濒临崩溃之时，德国空军却没有继续？当德国空军拥有如此良好开局的情况下，是什么原因让他忽视了战略空军力量的建设？是因为在德国空军的发展上，戈林要听希特勒的指挥吗？是因为那些地面部队的将领对希特勒有如此大的影响吗？或者就是因为戈林自己缺乏远见呢？

不过，斯帕茨将军见到了他。大约在 5 月中旬，我接到斯帕茨的一封信，简要介绍了他和戈林在 1945 年 5 月 10 日，戈林被捕三天之后的一次面谈。在他们的谈话中，我找到了我想要的部分答案；但是我并不能确定它们是否完全属实，或者它们只是戈林为了自证清白的托词。

例如，戈林说，在 1940 年，希特勒开始干涉空军的作战指挥，从戈林已经部署好的作战行动中，抽调参战机队。按照戈林所说，这导致了德国空军战斗力的降低(或许是——或许不是。他没有说具体的作战行动是什么；也没有说希特勒抽调的航空机队是什么样的建制、训练和装备情况)。他说了一件事，表明在不列颠空战期间，德国空军的后备力量已经到了什么样捉襟见肘的地步：容克斯 Ju－88 最初是商用飞机，在不列颠空战期间却与亨克尔 He－111 一起被征用为作战飞机。“因为我们已经没有其他可用的了。我并不支持在那个时候发动不列颠空战，为时过早。亨克尔 He－177(一种四引擎轰炸机)的研发太迟了。”

这种说法着实令人震惊，因为在当时，德国空军应该正处于巅峰状态，做好了随时随地与英国皇家空军恶战一场的准备。为此，德国空军已经处心积虑准备数年之久了。不然为什么会有此一战呢？即使再多几个月时间，也不会帮助德国空军取得更大的优势，因为英国皇家空军也在到达自己的巅峰状态，两支空军必须决一死战，看看谁才是空中霸主的时刻已经到了。不列颠之战，对于英国皇家空军和德国空军来说，都是一场真正的考验。

当戈林被问到“我们的空袭对你们的训练有影响吗？”这个问题时，他的答案和很久之前斯帕茨写给我的信中已经掌握的实际情况一样。他说：“对油田的攻击影响了我们的训练，我们的飞行员没有经过足够的训练就被送上天空，所以他们不是你们那些飞行员的对手。”

我们的计划正是如此。

另一个有意思的问题是：“单靠空军力量能击败德国吗？以英格兰作为基地，不入侵德国本土。”戈林回答说：“不行，因为德国的工业正在往地下转移，我们有办法应付你们的轰炸。但重点是，如果德国在国力衰弱的情况下遭到攻击的话，就像现在，那么单凭空中打击就可以击败她。还有，陆地入侵意味着许多人力不得不从工厂生产，甚至从德国空军中撤走。”

当戈林被问到：“击败德国使用哪一种方式最有效，区域轰炸还是精确轰炸？”他说：“精确轰炸，它起到了决定性作用。轰炸城市人员可以撤离，但是工业设施被摧毁是难以恢复的。”

戈林每次被问到与纳粹政策相关的问题时，他的回答都如出一辙：那都是政治决定的，他的所作所为都是迫不得已。

当被问到：“为什么你们没有试图在北非阻断我们，你们的空军那时候占有空中优势，为什么没有派他们对我们的航运进行攻击，阻止我们的飞机在直布罗陀集结呢？”戈林的回答是：“我们的远程飞机太少了，而且后来，当你们进入阿尔及尔时，意大利的机场不够用。你们完全不知道我们在意大利的情况有多糟。如果他们只是我们的敌人，而不是盟友的话，或许我们能赢了这场战争。”（这是一句相当经典的评价，如果把德国人在意大利浪费的时间和本可以用来建设空军的物资都算上的话。我们确实拥有比德国人更重型的轰炸机——航程更远。当然，这要感谢我们航空工程师的杰出工作，让我们部署在意大利的第15航空队能够很轻松地对德国发动空袭。）

“你们为什么在1945年1月1日对我们的机场发动袭击?”，戈林回答说：“因为每座机场都停满了飞机。”“哦，那为什么你们没有再回来?为什么没有再次发动袭击?”戈林的回答，又是那一套：“这是上级司令部的命令。希特勒说轰炸美国人的飞机没什么好处，因为他们会来得更多，像蜜蜂似的。”

然后，审问者继续问道：“你如何评价同盟国的空军?”他回答道：“嗯，苏联空军不行，他们只会攻击没有防卫能力的目标。我们只需要3或4架飞机，就能击退一次20架苏联飞机的进攻。美国飞机在技术上和生产方面都具有优势。就飞行员的空战技巧来说，英国、德国和美国旗鼓相当。”

“依你看来，在我们空军的战术性空袭中，对哪一种目标的攻击对你们造成的损失最大?”“对铁路调车场的袭击最有效，”他说，“其次是对部队的低空攻击，然后是对桥梁的轰炸。低空飞行飞机的攻击效果惊人，对我们的通讯设施造成了巨大破坏。战斗机‘保护伞’也令我们深受打击，有了它们护航之后，轰炸机可以向低空俯冲并攻击一切目标，甚至包括正在着陆过程中的喷气式飞机。”

对于他在制造大型轰炸机方面的失败，是由于他对发展战略空军的不重视，还是由于飞机制造的产能都被限制在战术飞机的生产上造成的，他的回答是：“我一直相信空中力量的战略作用。我把德国空军打造成最好的轰炸机战队，却只能眼睁睁看着它耗费在斯大林格勒。我一直都反对进攻苏联的战争。”（这个回复或许有些后见之明）

这次面谈很有价值，但是它仍然没能带给我所有想要询问戈林的答案。我想要弄明白，为什么德国空军在波兰战役中实施了战略性的空袭行动，在进攻荷兰和法国的作战行动中也有些许应用，但此后便被束缚在陆军的行动之中，除了战斗支援之外几乎无所作为。德国人真的考虑过建立战略空军吗？对于战略空军究竟是什么，保持它战斗力的必要条件是什么，他们是否有全面的认识？为什么他们没有制定充分的培训和生产计划，为战斗力的损失做好储备？在美国，保证各个战区战斗力的持续甚至是不断增长，是我们必须要考虑的问题。还有许多其他问题，为了找到答案，我一直在苦苦思索。

在我考察太平洋战场期间，令我非常高兴的是，见到了富兰克林·多里尔领导的战略轰炸调查委员会(USSBS)的工作人员，他们正在那里进行战场调查。他们的报告，始终秉持公正的立场，对于所有研究空军未来发展和渴望找到将轰炸造成的影响最小化的方法和途径的人们来说，具有极为重要的价值。

轰炸的基本原则同样适用于第三次世界大战。我们或许会使用不同类型的飞机——喷气式代替汽油引擎式；我们或许会使用原子弹代替普通的高爆炸弹，但是轰炸所带来的破坏总体效果是一样的。只是它可能来得更快、更精准而已。但从本质上是一样的。

7 月 11 日，我们启程前往参加波茨坦会议，中途在加拿大停留，我们花了一天时间在魁北克的明根河上钓鱼(不过一无所获)，之后我们在距离巴黎不远的奥利降落。13 日傍晚，我们驱车前往拉斐尔酒店。

当我们的前进部队一过莱茵河，随军的技术专家们就开始从工厂和实验中心获取大量详细的情报信息。在与驻巴黎的参谋人员交谈之后，我了解到，我们有关空军的情报工作得到了英国人百分百的配合，而苏联人却是零配合。不幸的是，有大约 35%的德国情报数据掌握在苏联人手中。

德国人在制作了副本之后，将原始文件都销毁了，副本也被他们藏了起来。不过在某些情况下，我们有可能找到副本，并最终得到有关德国空军未来技术研发项目的完整拼图。比如，我们最终成功地将 25 架梅塞施密特 Me－262 飞机运回美国。有一名德国飞行员，曾经驾驶这样的喷气式战斗机，击落了我们 43 架重型轰炸机。

我将参谋军官们召集在一起，向他们描述了我关于美国空军未来发展的构想。和德国人的战争已经结束了，和日本人的战争也到了尾声，应该是考虑下一步开创性工作的时候了。我指出，我们现在能做的还不多，无非是照看好现有的这些飞机、人员和装备。但从现在开始，我们所有的计划都应当着眼于未来。因此，我们必须创造条件，尽可能使科学家们能够获取来自各种渠道、来自所有国家的情报信息，我们必须为他们提供所有的设备、数据和草图，以便他们能够为我们拟定出一个"巴克·罗杰斯式"① 的未来二十年的规划。我们绝不能再倒退回 1938 年那个时候的状态，让美国人民对我们大失所望。我最后说道，我们未来的规划，不仅仅只是着眼于硬件技术研发，还要包括人员和队伍的培养，以及他们作战技能的培训。

前一段时间，我曾向参谋长联席会议提出，通过我们的外交官员，向挪威、丹麦、法国和意大利申请给予我们外交安全许可，使用他们的重型轰炸机机场，以便我们的重型轰炸机作战范围能够辐射德国周边地区。我们刚刚获悉，外交官们仍然在谋划这件事，正在通过各国大使进行交涉。看起来，我们好像只能在下一场战争中使用这些机场了，眼下这场是来不及了。

---

① 巴克·罗杰斯（Buck Rogers），是美国剧作家菲利普·弗朗西斯·诺斯兰（Philip Francis Nowlan）1928 年 8 月创作的太空科幻歌剧《公元 2419 世界末日》（*Armageddon 2419 A. D.*）中的角色，随后经常出现在美国的文学和影视作品中。——译者

下午，我和坎农将军一起，飞往奥地利的萨尔茨堡，途中飞过战后的纽伦堡和慕尼黑上空。在萨尔茨堡，我听说我的儿子汉克已经从第106防空营调到第45步兵师参谋部，目前就在法国的兰斯或者那附近——也或者正在赴任的途中。我立即派车前往，看看他是否能赶得及和我在萨尔茨堡见一面。

我们乘车前往贝希特斯加登①。这辆车曾经是希特勒的座驾——一辆装有防弹玻璃和装甲板的敞篷旅行车。我们即将入住的酒店是贝希特斯加登庄园，张伯伦、墨索里尼、奥地利总理许士尼格等人都曾入住这里，等候与希特勒的会面。当我们进入庄园后，我才知道自己将要入住的正是希特勒以前常住的套房。

汉克在那天晚上赶到了我这里。第二天一早，7月14日，我们和托宾将军、坎农将军一起离开酒店，前往希特勒的秘密别墅“鹰巢”，它坐落在海拔约5 000英尺的一条陡峭的山间道路上。实际上，它位于一座悬崖的顶端，拥有一览众山小的独特景观。以前为希特勒开电梯的人

---

① 贝希特斯加登(Berchtesgaden)，以希特勒的“鹰巢”而闻名，是德国巴伐利亚州的一个县，位于阿尔卑斯山脚下，距离奥地利萨尔茨堡20公里。其辖区内的上萨尔茨堡山从1923年起成为希特勒的度假住所，1933年改建成为希特勒和纳粹高官们的官邸区，1937年又在上萨尔茨堡山的山脚下设立了纳粹德国除柏林外的第二政府驻地。为了庆贺希特勒1939年的50岁生日，纳粹党秘书长、希特勒私人秘书马丁·鲍曼在1937年下令在上萨尔茨堡山的山顶建造一座别墅，后来被称为“鹰巢”，作为纳粹党送给希特勒的贺礼，耗时13个月，1938年竣工。从山脚上山的道路并不直接通到别墅，而是到达海拔1 700米高的平台，从平台到别墅的124米需要坐电梯，电梯建造在山岩内部，从平台通过一座洞门和一条约130米长的通道才能到达电梯的入口处。二战结束前，艾森豪威尔担心党卫军等纳粹核心军队撤退到阿尔卑斯山区，命令盟军在1945年4月25日对上萨尔茨堡山进行了大规模轰炸，“鹰巢”也是主要轰炸目标，但并未受到损坏。贝希特斯加登在1945年5月4日被盟军占领。“鹰巢”这座希特勒的豪华别墅在二战结束前并不为人所知，直到二战结束后才被媒体公开，英国记者瓦德·普理斯在战后的报道中称它为“世界八大奇迹之一”，并取名为“鹰巢”。如今的“鹰巢”仍保持着它最初的状态，并吸引了无数的游客。贝希特斯加登于1978年建立了国家公园，是德国最秀丽的风景胜地之一。——译者

仍然在他的工作岗位上，并且十分自豪地为我们指出，当希特勒、爱娃·布劳恩、戈林、戈培尔和希姆莱等人乘坐电梯的时候，曾经站过的位置。

至今回想起来，“鹰巢”的存在对我而言一直都是不可理喻的。可能除了希特勒之外，在其他人眼里它都毫无存在的价值，而希特勒自己实际上也只来过这里四次。然而为了修建它，和连接它的那条鬼斧神工的隧道，有超过 3 000 人工作了四年时间。

我们从“鹰巢”驱车来到国王湖——一座已经被我们陆军接管的小镇，在那里有六间宾馆被指定作为士兵们休整的营地。在我到达国王湖之前的那天晚上 6 点钟，“反对与德国人亲善”的禁令已经被取消。这条禁令真是场愚蠢的闹剧。这些美国大兵们远离家乡一年、两年甚至三年，几乎所有的时间都在打仗，他们想要同一些除了战友和长官之外的人们聊聊天——在部队休整的时候交交朋友。德国和法国人并不打算执行这条禁令，尽管它应该是在整个盟军中都有效。现在，我们的美国大兵们终于可以和那些德国人、奥地利人在公开场合交谈了。那天晚上，在禁令取消之前，当我们第一次开车经过时，曾经看到美国士兵们坐在长凳上，而德国女孩就坐在邻近的长凳上。然而等我们几分钟之后再返回来，所有人都不见了！人与人之间的交往就是这样被阻止的——而且是通过命令。

我们开车来到一座被废弃的度假庄园，戈林搜刮的艺术珍品都被保存在这里，来自欧洲各大博物馆的战利品，简直可以和罗斯柴尔德家族的私家珍藏媲美。看来，我们的 101 空降师在占领它之前进行的特别教育没有起到什么作用。一些雕塑已经没了头和胳膊，许多画作留下了划痕，被丢弃在地板上、洗手盆上甚至马桶上。其中三幅拉斐尔的画作就价值 200 万美元。

第二天，我们出发前往柏林。我带着汉克一起，希望他能和我一起返回美国。我们在7月15日傍晚飞抵柏林，发现杜鲁门总统的专机在我们之前刚刚着陆。马歇尔将军预计在几个小时之后到达。金海军上将已经到了两天了。从机场到巴伯尔斯贝格的柏林大街酒店——马歇尔将军、麦卡锡上校、谢普利上校、谢菲尔德少校和我入住的地方，沿途街道两旁每隔不远就有英国和苏联的士兵站岗。

在战争部助理部长麦克罗伊和邦迪先生到达之后，我和马歇尔将军一起去拜会了战争部长，就有关原子弹和将要在新墨西哥州进行第一次试爆事宜讨论了很长时间。

巴伯尔斯贝格是德国的“好莱坞”。由于某些原因，我们的轰炸机在摧毁了波茨坦和柏林的大部分地区时，漏掉了巴伯尔斯贝格。因此，当同盟国决定召开波茨坦会议，必须找一个能够为众多高级官员以及他们的参谋和秘书提供住宿的地方时，因为巴伯尔斯贝格一带的房屋几乎没有损毁，条件舒适，显然就成了唯一的选择。不过，这一片郊区住宅位于苏联人接管的片区，在我们到来之前引发了一些事端。

这片区域一被选定，苏联人就非常高效地安排居民撤离。他们通知居住在这一地区的所有德国人，当天下午登上前往苏联的列车。如果有人抗议只会导致厄运降临。苏联人告诉我们，几乎没有人反对。但是有传言说，某个妇女拒绝离开，苏联人没有跟她多啰嗦，直接开枪打死了她，然后把她埋在自家前院里。如此一来便没有人再敢反抗了。这些人除了能带的个人用品之外，其他什么东西也不允许带走。

英国和美国代表团的军事管制区是紧挨着的。这座城市其余的地方都归苏联人管理。两片区域交界处有重兵把守。我们居住的整个地区都有苏联士兵执勤警卫，并指挥交通。

我们在7月16日上午召开了第一次会议，并为下午召开的联合参谋长会议拟定了议程。我们和总统会谈了十五分钟，他原则上同意在太平洋战场指定一名最高指挥官。针对英国首相或是斯大林提出的有关太平洋战场的作战问题，陆军航空队提出的建议也为总统所采纳。

之后我与波特尔交谈了几分钟。他提醒我，在1942年我们曾经打过一个赌，我认为在这场战争期间肯定将会有炸弹落在华盛顿。我赌输了，他希望我支付赌注。我们又打了另外一个赌，谁输了请吃饭，我赌对日战争将会在1945年12月份前后终结，不会拖过1946年的情人节。

下午的联合参谋长会议进行得波澜不惊，非常顺利，没出什么幺蛾子。我就太平洋战场的空战形势作了简要说明，然后我们重点讨论了太平洋战争的局势，以及为了尽快结束这场战争，我们能做什么和不能做什么。

开完会，马歇尔和我去找英军总参谋长喝茶，于是我们坐车穿过柏林。一路上，我们看到了柏林和波茨坦惨绝人寰的景象，数英里之内，看不到一栋没有倒塌的房屋；没有一座建筑不受到破坏或者损毁。人们，无论老少，除了一片废墟之外无处安身——那些废墟恶臭扑鼻，污秽不堪，腐烂的尸体和破裂的污水管道散发出令人作呕的气味——但人们还是骑着自行车或者推着手推车，源源不断地涌入柏林城内，甚至连婴儿车里也堆满了他们能带上的家居物品。

帝国总理府成了一堆废墟；希特勒那间铺大理石地板、气势宏伟的办公室，已经被完全摧毁了；国会大厦看起来就像是一场可怕的噩梦。我们看到数千枚铁十字勋章、德国功勋勋章和荣誉勋章扔得到处都是，这是一枚定向炸弹击中了奖章仓库的结果。外面的德国人正在兜售一切能卖的东西来换取食物。街道已经被清扫过，但是一切仍旧混乱不堪。重建柏林，需要二十五年，还是五十年——谁知道呢？我觉得应该重新选址，建立一座新的城市。我们第8航空队和英国皇家空军轰炸机司令部的破坏能力，着实令我吃惊。

我们途中看到一辆开往苏联的军列。列车上堆满了各种各样的战利品，在美国人眼里大部分都属于破烂的东西——损坏的家具、旧轮胎、枝形吊灯，甚至还有家畜和成捆的干草。

通向胜利纪念柱的小径——胜利之路——完全损毁了。在蒂尔加滕公园发生过战斗，因此雕像、树木和公园的长椅悉数尽毁。那些长椅上依然看得到曾经的标识“禁止犹太人使用”。当我们从柏林城里出来，返回在郊区的驻地时，那种感觉真好。

那天晚上，我们受邀与杜鲁门总统共进晚餐，我和马歇尔一起步行前往。当我们走进院子，一名特工走过来问道：“你们要见谁?”我们告诉他：“我们受邀来参加晚宴。”他回答说：“这里现在一个人都没有，他们要到8点之后才会回来。”我们进入屋内，发现餐厅侍者正在布置餐桌。他们把一张写有我们名字的座位表放在桌上，但餐厅里时钟显示只有6点45分，而晚宴计划在7点30分开始。所以我们就先回去了。

这是一场小范围的晚宴，只有总统、参谋长联席会议成员、战争部部长和国务卿参加。我们在9点30分之前就回到住所了。

回到房间，我看到一张有关第二天活动安排的便条，上面写着，“热水锅炉爆炸了。整栋屋子都没有热水供应了。马歇尔将军和其他所有客人必须用冷水刮胡子了。注：我想知道，这件事我们能怪苏联人吗?”

我们已经听说了头一天发生的故事。斯大林主动找上门来，要在杜鲁门总统的住处参加午宴。他大概12点钟左右到了那儿，当他问是否要照相时，有人回答他说：“午餐过后。”但一直到午餐结束，杜鲁门房间里却没有一个人知道斯大林要来参加午宴。就这样，斯大林一直等到午餐后，然后照了相。

那天，马歇尔将军和我正在吃午餐的时候，接到传令，战争部部长要见我们。我们立即前去史汀生部长的别墅，发现助理部长麦克罗伊和邦迪先生也在那儿。他们给我们看了一份电报——1945年7月16日，“S－1”在新墨西哥州阿拉莫戈多试爆成功。“S－1”就是原子弹。

这个消息对我来说并不意外，只不过我以为试验还要在一二周之后进行。从我们接到的信息来看，试验结果令科学家们激动万分。据报告说，爆炸声在50英里之外都能够听到，爆炸发出的闪光在距埃尔帕索以北200多英里的沙漠中都能看得到。

后来，我们又收到一份补充报告，讲了与这次试验有关的趣闻：科学家们经过了数年累月的核裂变研究和链式反应试验，装置最终组装完成，所有的零部件都已就位，引爆核弹的电子导火线也已经准备好，就等着安全确认后引爆。为了安全起见，所有人都必须离开危险区域。有一位科学家，在那天早晨天还没亮的时候，就跑去找到莱斯利·格罗夫斯①将军，抓着他的胳膊说道："将军，看在上帝的分上，不要引爆那颗炸弹！"格罗夫斯将军问他为什么，他回答说："因为我们不知道会发生什么！我们完全不清楚会怎么样。它可能会把地球撕掉一个角。看在上帝的分上，不能引爆它！"这令格罗夫斯将军陷入非常尴尬的境地，但他还是决定要继续，第一枚原子弹引爆了。这次试验的结果，确凿无疑地证明了，我们拥有了能够将敌对国家的大片国土彻底摧毁的手段。

马歇尔将军和我、史汀生部长、麦克罗伊先生就几项重大问题进行了讨论：我们准备多久以后使用原子弹攻击日本，目标应该是哪里？我对他们说，如果我们把攻击目标的问题交给斯帕茨将军去考虑，应该是最合适的，他的飞机已经就位，正在太平洋战区等待着原子弹的到来，选择哪座城市他心里应该有数。选择攻击目标的策略就这么定下来了，

① 莱斯利·理查德·格罗夫斯(Leslie Richard Groves，1896—1970)，美国陆军中将。1913年考入华盛顿大学，1914年转入麻省理工学院攻读工程学，1916年获推荐资格并考入西点军校，1918年毕业。1936年任陆军工程兵部部长助理。1938年进入陆军战争学院深造，1939年毕业后出任陆军建筑计划与供给部部长的特别助理。1940年任陆军工程兵建筑部副部长。1942年9月任美国负责原子弹研制的曼哈顿工程区司令。1947年，原子能事务移交给新成立的文职的原子能委员会，格罗夫斯受命担任武装部队特种武器计划的负责人。1948年1月晋升中将，2月退役。1962年出版回忆录《现在可以说了：曼哈顿工程区故事》。——译者

于是我发了一封电报给斯帕茨。

那天下午，在英美联合参谋长委员会召开的会议上，英国人接受了我们关于太平洋战争的后续计划，这意味着作战指挥权依然保留在美国的控制之下，不管这些部队是由麦克阿瑟指挥还是尼米兹海军上将指挥，也不管他们是英国部队还是美国部队。在那天的美军参谋长联席会议上，金上将同意将冲绳交由麦克阿瑟接管，不过在后勤保障方面附加了一些条件，后续有可能会引起麻烦。

在当天会议结束的时候，马歇尔将军作为召集人，带领英美联合参谋长委员会成员视察了驻柏林的美军第 2 装甲师。六百辆装甲车一辆接一辆，排成一列，在菩提树大街上绵延了将近两英里。那场面看起来极为壮观，而这也是一次令人倍感震慑的军力展示。

第二天，在经历了三天的阴雨天气之后，柏林上空终于阳光明媚。成千上万的难民依然在不断地向柏林聚集。人们使用的运输工具真是五花八门、奇形怪状——有只剩下三个轮子的四轮马车、拖车、马车、老旧的汽车、自行车、婴儿车；既有在前面拉马的，也有在后面赶马的；有人将原本需要两匹马拉的马车，套在了自己肩膀上拼命拉着；许多男人、女人和小孩背着大包小包，蹒跚前行。人群中，大约四分之三是妇女，剩下四分之一的男性，不是白发苍苍的老翁，便是乳臭未干的孩童，其中很多人都受了伤。

那天，我还和马歇尔将军讨论了后续的一些问题。现在战争即将结束，我相信我们不可能再像过去四年那样忙得“焦头烂额”了。我们也应该给下面的人让让位子了。总而言之，我认为对于我们来说，是时候退休了。马歇尔同意我的观点，不过我和他打了 5 美元的赌，赌他在日本投降之后还会在这个位子上再干六个月。他同意打这个赌。（注：到现在我还没拿到赌注。日本投降已经过去许多个月了，马歇尔将军依然在岗位上一如既往地忙着，甚至比过去还要忙。）

下午，我和波特尔谈了很长时间，商量如何协调我们下阶段的空军作战行动以及和平时期我们的商业航空线路。但这并不是个简单的问题，因为我们的想法有冲突。虽然我们一致同意，英国皇家空军和美国空军都应该继续在全世界范围内建立空军基地，但对于在和平时期如何维持这些基地，却难住了我们。因为，我们的国务院和英国外交部在和平时期向来是不支持军方的。

我们都认为我们的下一个敌人是苏联，在我们的谈话中，达成了这样一个共识：苏联人精通地面作战，并且相信他们拥有世界上最强大的陆军。他们也不畏惧任何海军力量，因为他们知道没有海军能够对他们产生足够的威胁。但有一件事是他们担心的，而且不了解的，那就是战略空中力量——远程轰炸机。他们自己从来没有研制过远程轰炸机，对如何利用它们显然也不清楚。不过，明天的形势可能就会有所不同。

因此，为了充分发挥我们战略空军的优势，我们必须在全世界范围内建立空军基地，这样我们就可以到达任意我们需要打击的目标。对于这一点，波特尔和我的意见是一致的。

那天下午，我还见到了艾森豪威尔。他已是毫无悬念的下一任总参谋长人选，所以我想同他聊聊，看看他想选谁担任他的航空队司令，因为我打算在几个月之内告老还乡。他当场决定，斯帕茨将军将成为我的继任者。

之后，马歇尔将军、汤姆·谢菲尔德、弗兰克·麦卡锡、汉克和我，一同去参观了过去的德意志王宫园林——无忧宫、新宫和橘园宫，这些地方全都在苏联人的控制之下。人们或许会认为，两位五星上将和他们的两名副官无论去哪儿，不管是不是苏联人控制的，应该都不会有什么问题吧。可是当我们到了无忧宫的入口，说我们想要进去参观一下时，苏联哨兵看着我们，一言不发。其实，他是说他不能这么做。我们的副官告诉他，车里坐着什么人，但显然没什么效果。最后，他走过去打了一个电话，向不知何处的什么人做了请示，然后很不情愿地打开大门，让我们进去了。当我们走到喷泉旁边，正在四处观看的时候，一名苏联军官坐着车赶到了，用结结巴巴的英语做了自我介绍，然后问我们是否希望打开喷泉。我们说好的，于是我们便享受到了为我们独家演示的、过去腓特烈大帝才能看到的华美壮丽的喷泉表演。此后，在其他地方我们没有再遇到什么阻碍。事实上，苏联人并不太在意我们在里面做些什么或者看什么，反正这些皇家宫殿我们也带不走。

在那天早些时候，在开车到坦普尔霍夫机场的路上，我已经注意到，苏联人在帝国总理府四周设置了贸易点。他们正在用自己收到的美元买东西，而这些美元是从哪儿来的呢——呵呵，这要看是谁来问这个问题了。有人说，我们的财政部把印钞模板交给了苏联人，他们真的印了亿万美元的钞票。就在他们攻入柏林之前，五年来苏联士兵第一次发了军饷。他们手里一下子有了太多的美元，都不知道该怎么用，而且也不可能把美元带回家，所以他们都想着尽快把美元花掉。苏联士兵手里到底有多少美元，可能从来没有人搞清楚过。但有一点可以确定，苏联士兵们花钱如流水一般。他们会花一美元买一支美国香烟，花 20 美元买一盒；花 200 美元到 500 美元买一块手表，如果是那种滴答作响的米老鼠手表，他们愿意支付 500 美元到 600 美元。一条巧克力通常会花掉苏联士兵大约 5 美元，但是用这条巧克力，他可能会赢得一位姑娘的芳心。戒指、各种生活用品、银制的刀叉汤勺都被用来交换面包和肉罐头。这些贸易点得到了苏联官方的支持，因此那里终日人来人往，络绎不绝。

自然，我们的美国士兵们也很快注意到这个市场的存在，并且开始从中获利。他们能够从各种渠道得到想要的东西，甚至让朋友不远万里从美国带来手表、照相机等物品卖给苏联人。美国财政部门的官员们只要收到苏联美元，就立即把它们兑换成美国美元，但苏联人印美元的速度也差不多一样快。因此在美国国内，对士兵们寄回来的信用证，就只能照单全收。

那天晚上，在波茨坦我们的住所里，我们举办了一场高级将领的晚宴。我所说的“高级别”，是指参加晚宴的六名军官，总共加起来有28颗星。有五位五星上将或者陆军元帅，还有一位三星中将——分别是陆军元帅蒙哥马利、陆军元帅亚历山大、陆军元帅威尔逊、马歇尔将军、伊斯梅中将和我。

而随后在英国皇家空军举办的音乐会上，那才是真正的将星闪耀。整个前排坐着的都是最高级别的将军、陆军元帅、空军元帅和海军上将们。一共有九位五星将军、海军上将或者空军上将，一位三星中将和一位两星少将——总共11个人，加起来有50颗星！

在晚宴时，我有机会与亚历山大和蒙哥马利进行了交谈。他们都在担心德国即将到来的冬天，由于食品和取暖材料短缺所带来的问题。另外，这儿缺医少药，政局尚不稳定，有爆发疾病和传染病的可能。他们还预计，二十年后会再次爆发一场战争。艾伦·布鲁克爵士和海军上将坎宁安也和他们观点一致。

7月21日，看起来我们在联合参谋长委员会的工作可以告一段落了。波特尔和布鲁克动身前往巴伐利亚钓鱼去了。晚上用餐时只剩下我们五个人了——马歇尔、谢菲尔德、麦卡锡、谢普利和我。第二天，在和总统开完会之后，战争部长叫我过去，再次商量有关原子弹轰炸日本的事宜——他从政治的角度考虑问题，还包括经济因素，我则从战略的立场考虑，到底将哪里作为轰炸目标能够最快速地摧毁日本的工业。京都——日本的圣城，再次被排除。我又提出了我之前的建议，由斯帕茨将军选择最终目标，并征求格罗夫斯将军的意见。我告诉马歇尔将军，我打算派杰克·斯通上校，就此事带着相关报告回一趟华盛顿。部长同意了我的意见，于是我立刻安排斯通返回美国。

晚上，国务卿伯恩斯、埃夫里尔·哈里曼、迪恩将军和帕克斯①将军过来了，与马歇尔将军和我一起用晚餐。伯恩斯提出了一个让我觉得很有道理的观点。他说，我们现在必须做的，不是为了民主而维护世界和平，而是为了美国而维护世界和平。我认为这是非常明智的。

在与埃夫里尔·哈里曼和迪恩将军，以及埃克尔斯——他在柏林见识过苏联人的所作所为，交谈过之后，我不禁感到苏联就像一个贪心的孩子，永远不会满足，总是等着再多要一根棒棒糖。

当苏联人进入柏林和他们防区内的其他城市时，他们接管了银行里的所有资金和有价证券。他们甚至打开了保险库，将里面的东西尽数查抄没收。苏联通过大量印刷纸币，使德国这些地区的经济共产化成为可能。在将这个国家掠夺一空之后，苏联人允许德国人在指定日期打开他们的银行。然而，当德国人看到空空如也的银行，现金和有价证券都没有了，我真不知道他们会作何感想。

法国人正在忙着把他们辖区里的全部家畜运回法国（在德国人用那样的方式对待他们之后，他们的做法也无可厚非。），他们正在靠这个国家养活自己。但是，他们这么做就意味着德国人必须依靠外来援助，才能避免饿死。当然，美国肯定会被要求，不仅要向法国人提供食物，还要养活德国人。

第二天，7 月 23 日，我们先后召开了美军参谋长联席会议和英美联合参谋长委员会会议；还开了另外一场会议，与战争部就使用原子弹和对日本的影响进行了讨论。我们谈到了妇女和儿童的伤亡；对周边区域的破坏；对其他国家的影响以及日本人自己的心理反应。我们也讨论了

① 弗洛伊德·拉维涅斯·帕克斯（Floyd Lavinius Parks，1896—1959），美国陆军中将。1941 年任总参谋部秘书长。1942 年起先后任美国陆军地面部队副参谋长、参谋长。1943 年任第 69 步兵师副师长。1944 年任盟军第 1 空降军参谋长。1945 年 7 月至 9 月任柏林美国军管区司令。二战后曾任驻太平洋美国陆军代司令、第 2 军军长。1956 年 2 月退役。——译者

原子弹爆炸对气候和地形地貌可能产生的影响。毋庸置疑，比起在沿海平原或者平坦的内陆地区，如果原子弹在山谷地区爆炸造成的影响会更严重，因为两边的高山会使冲击波聚拢。

我提出一个观点，也是在我看来最为重要的，就是我们应该试验看看，如果原子弹在港口爆炸会造成什么样的影响。我认为像这样的一枚炸弹爆炸的威力，会穿透到水下数百英尺深的海底，可能会摧毁整个周边区域。我建议，我们在战后撤离一座日本港口，船只都停靠在码头或者水里，然后试爆一颗原子弹看看。万一同样的事将来发生在我们的某一个内陆港口，通过这个方法，我们就能够了解会产生什么样的后果。不过，这个试验从来没有被实施过。

那天晚上，我们和英国首相举行晚宴。这是一场有美国总统、丘吉尔先生、斯大林元帅以及各自军方人员参加的盛会。三国的外交部长也都到了。像往常一样，祝酒词说个没完。首相、斯大林和总统看起来心情都不错。斯大林公开宣称，现在欧洲的战事已经结束，我们有一个共同的敌人在太平洋，“我们下一次的会议将在东京。”这是斯大林第一次在公开场合谈及对日本宣战。

这对我而言，是个好消息，因为这意味着我们可以得到更接近日本的空军基地，从这些基地出发，我们就真的可以把日本炸个稀巴烂。不过，我告诉斯大林、首相和总统，如果我们的 B－29 继续现在的攻势的话，将来要举行会议的东京可能就什么也剩不下了。

晚餐结束之后，收集亲笔签名的活动开始了。在前几次的晚宴中，斯大林对在菜单上签名这件事很反感。但是这一次，签名收集者们到处跑来跑去，斯大林自己也加入了热情的人群，带着他的菜单围着餐桌找其他人签字。

英国皇家空军的乐队在现场为我们演奏了优美的乐曲，但是由于经常有人祝酒致辞，所以音乐总是会被中断。最后，三巨头离开餐厅进入音乐厅，在那儿他们可以不受打扰地享受音乐会了。在音乐演奏完毕之后，他们才回来重新坐在餐桌旁，继续干杯。

在晚餐开始之前和结束之后的空当，英国人和美国人谈论起英国的大选和可能的结果。在场的英国人对丘吉尔再次当选信心满满；看起来唯一的问题就是他到底能获得多少票数。其实这一点与事实出入很大。丘吉尔在美国人心目中的得票数要远远超过英国人，因为美国人认为他是一位真正的领导者，带领英国人民走出了战争的磨难，所以他自然应当得到人们的颂赞与拥护。我们纷纷打赌他的优势会有多大。毋庸置疑，他的败选不单单对于美国人是个大大的意外，对于我们的英国同僚也是如此。

第二天，我们与首相、总统、联合参谋长委员会、莱瑟斯勋爵和萨默维尔将军开会，讨论我们在波茨坦已经开展的工作，以及我们认为未来会遇到的问题，包括我们的太平洋战争和涉及的运输问题。会后，战争部长来到我们的住所，与我再次讨论了使用原子弹的问题。我告诉他，在我看来，除非得到斯帕茨将军的意见，否则我们没办法做出更多的决定。

晚上，金上将邀请联合参谋长委员会成员共进晚餐。那真是一次愉快的聚会。

在联合参谋长委员会会议期间，蒙巴顿勋爵给我们讲了缅甸的情况。他给予了美国陆军航空队高度赞扬，说如果没有航空队的空运支援，就不可能有缅甸战役。平均下来，航空队每个月要运送 30 000 吨物资入缅，翻山越岭，风雨无阻。

在 25 号晚上，忙了一整天之后，我们接到消息，前任总参谋长马林·克雷格将军去世了。他是我最好的朋友之一，无数次帮助过我，帮我渡过难关。但是，他得的是绝症，他的离世也算是一种解脱，不过我会非常怀念他。

第二天，我们同苏联人一起召开联合参谋长会议，他们同意了我们的所有要求，这可是第一次在“乔大叔”缺席的情况下做出决定。这真是一个重大变化。出席会议的苏联人有总参谋长安东诺夫①，空军司令法拉列耶夫②，和海军司令库兹涅佐夫③。这一次，他们竟然将关于美军在满洲部署的决定权委派给了海参崴的地方指挥官。

联合参谋长会议做出的最重要的决定之一，就是以美国为首，联合英国和中国，对日本发表一份宣言。其要点如下：

---

① 阿列克谢·因诺肯季耶维奇·安东诺夫（Aleksei Innokentevich Antonov，1896—1962），苏联陆军大将。1931年3月任第46步兵师参谋长。1934年10月任白俄罗斯莫吉廖夫卫戍区参谋长。1935年任乌克兰哈尔科夫军区作战科长。1937年6月任莫斯科军区参谋长。1938年12月任伏龙芝军事学院高级教官，1940年提任战术教研室副主任。1941年3月任基辅特别军区副参谋长；6月苏德战争爆发后任西南方面军参谋长；8月任南方面军参谋长。1942年7月任北高加索方面军参谋长；9月任黑海集团军群参谋长；11月任外高加索方面军参谋长；12月提任总参谋部第一副参谋长兼作战部长。1945年2月任苏军总参谋长，最高统帅部成员。战后曾任外高加索军区第一副司令、司令，华沙条约缔约国军队第一副司令、参谋长。——译者

② 费多尔·雅科夫列维奇·法拉列耶夫（Fedor Iakovlevich Falaleev，1899—1955），苏联空军元帅。1936年8月任第116航空旅旅长。1939年8月任第3集团军空军司令。1940年6月任红旗第1集团军空军副司令。1940年12月任苏联空军总监。1941年4月任空军总部第一副部长；8月起先后任第6集团军、西南方面军空军司令。1942年10月起任苏联空军副司令兼参谋长。1944年8月晋升空军元帅。1946年任空军学院院长。1950年5月退役。——译者

③ 尼古拉·格拉西莫维奇·库兹涅佐夫（Nikolay Gerasimovich Kuznetsov，1904—1974），苏联海军元帅。1926年毕业于伏龙芝海军学校。西班牙内战期间，1936年8月任苏联驻西班牙共和国大使馆海军武官兼西班牙海军总顾问，协同西班牙海军护运来自苏联的武器装备和志愿人员。1937年8月任太平洋舰队第一副司令；1938年1月任太平洋舰队司令。1939年2月任海军第一副人民委员，3月任海军人民委员兼海军总司令。二战爆发前期，作为苏联海军代表参加了和英法两国的谈判。1945年2月参加雅尔塔会议，同月成为最高统帅部成员。1947年因“二战中和美英交换情报时让苏联受了损失”的罪名被降为少将，调到太平洋舰队。1950年又被任命为太平洋舰队司令，1951年7月再度出任海军部长。1953年任国防部第一副部长兼海军总司令。1955年3月晋升海军元帅；10月，“新俄罗斯斯克号”战列舰在塞瓦斯托波尔港爆炸沉没；12月，库兹涅佐夫被解除国防部第一副部长兼海军总司令职务。1956年2月被降为海军中将后退役。——译者

1. 我们应当给予日本主动结束战争的机会。

2. 美国、大英帝国和中国的海陆空军队做好了最后一击的准备。

3. 德国所做的无效而愚蠢的抵抗，激起了全世界自由人民的坚定斗志，日本人民应当以此为鉴。

4. 日本军队和日本本土的彻底溃败是必然的。

5. 日本是时候决定未来是继续在刚愎自用的军国主义者的统治之下，还是走上理性治国之路。

6. 我们的期限不会改变。日本也没有其他选择，我们绝不容忍任何拖延。那些误导日本民众，将他们拖入这场世界大战的领导人，其权力和影响力必须永远被铲除。不负责任的军国主义必须从世界上被驱除。

7. 在新的秩序建立之前，对日本国土上盟军指定的重点要塞，应当由盟军占领并控制。

8. 开罗宣言的条款必须执行。日本的主权必须限制在本州、北海道、九州、四国以及其他由我们决定的小岛之内。

9. 日本军队，在解除武装之后，应当被允许返乡，并得以从事生产劳动的和平生活。

10. 我们不会奴役日本民族或者将其国家灭亡，但是对于日本所犯下的全部罪行必须给予严厉审判。日本应当建立言论、宗教和思想的自由以及对基本人权的尊重。

11. 允许日本保留必要的工业，维持其经济及偿付赔款，但能够使其重新武装发动战争的工业不包括在内。

12. 上述目标一旦实现，并且依据日本人民自由表达的意愿，建立起一个保障和平、负责任的政府之时，盟军部队即撤离。

13. 我们呼吁日本政府，立刻宣布所有日本军队无条件投降，并对此行动的诚意提供充分适当的保障。这是日本唯一的选择，否则只有彻底灭亡。

我们没有提到原子弹。

7月27日之前，联合参谋长委员会的英方成员已经返回伦敦，并且也不会再回来了。丘吉尔已经卸任首相。新的首相，艾德礼先生马上就要来到，挑起丘吉尔先生留下的重担——这局面是英国人民自己造成的。后面的事情，就要由斯大林、艾德礼和杜鲁门总统一起来完成了。

美军参谋长联席会议的成员也决定马上离开。金上将已经在去往港口的途中，准备与海军部长福莱斯特会面；史汀生部长已经去了贝希特斯加登，然后从那儿返回华盛顿；马歇尔和他的团队也决定去贝希特斯加登待两三天，然后回华盛顿；总统计划在接下来的星期日动身回国。

我的儿子汉克，将和我一起返回美国，我们于28号晚上10点从巴黎起飞，到亚速尔群岛，行程1 630英里，在第二天清晨时分到达。

我们的下一站是马里兰州的史蒂文斯维尔，1 855英里航程，于当天晚上抵达。那里空军基地的指挥官阿特金森上校正等着我，并且已经为我们安排好了一趟钓鱼之旅。我们去了里沃尔夫，当地的一座运动公园，然后决定乘坐一艘海军水陆两用飞机，飞到距离这里以北130英里的一处湖泊。剩下的路程则乘坐汽车到蛇纹石河，在那儿钓钓鲑鱼。

那片湖的景色非常优美，已经建好的宿营地，有点儿像军队的疗养中心，条件颇为优越。那天是个阴天，空中飘着雨丝，对钓鱼来说不是个好兆头。两名上尉和几名士兵在前一天已经在外面抓了许多鳟鱼，大鲑鱼没抓到几条，但是有很多小鲑鱼。

我们钓鱼的那一片水域，正好是河水注入湖中的地方。我穿了一双橡胶靴，结果在石头上滑了一下，整个人摔倒了，水恰好淹到我的脖子处。我全身都湿透了，靴子里浸满了水，连站也站不起来，差点漂到了湖里面去。不过，后来我还是爬上了岸，脱掉了靴子和我的湿衣服，把里面的水拧出来。那天的天气相当阴冷，就在我刚刚决定不再去钓这劳什子鲑鱼的时候，发现不远处有个池塘。我把鱼饵丢进去，一大群鳟鱼围了过来，但是饵显然太大了——它是钓鲑鱼用的。换了个小一点的鱼饵之后，我钓到了十条鳟鱼，8 到 14 英寸长，此外还有一条池鳟(我钓上岸的不止两条，但是都被它们溜掉了)和一条幼鲑。

不久，开始下起雨来，看样子再不走我们就要回不去了，于是我们返回到飞机上。结果一只引擎又起火了，好在最后一切总算都搞定了，我们以最高不超过 500 英尺的高度飞了回去。我浑身上下仍然湿漉漉的，不过一个热水澡和一大口波旁威士忌就能让我缓过神了。

第二天接近中午时分，我们离开了史蒂文斯维尔。在历经了总行程将近 1 万英里的旅途之后，我们终于在下午回到了华盛顿。

第三十二章　炸弹，外交官和一封难以起笔的信

将作战装备与物资重新部署到太平洋的那些岛屿上，需要陆军、海军的工程兵部队和我们自己的航空队之间，尽可能地进行紧密配合。比如，我们计划将欧洲战场超过 1 800 架的 B－17 和 B－24 重型轰炸机运到冲绳，如果可能的话，还有西伯利亚的基地。我们在欧洲战场的飞机总数一共是 10 378 架，尽管我们知道，不可能把它们全部用在太平洋战场上，但我们还是希望能够尽量多用一些。第 8 和第 15 航空队的轰炸机拥有极高的杀伤力。从最初 1942 年的投弹量大约在 6 000 吨，到了 1945 年，仅仅头四个月时间，他们已经投下总共 445 000 吨炸弹。部署在欧洲的所有陆军航空兵部队，已经向德国的目标投掷了总数为 1 554 000 吨的炸弹。虽然我们只能将欧洲战场的 1 100 架中型轰炸机中的一部分部署在日本本土附近的基地，但我怀疑我们是否还需要再增派 5 000 架战斗机，因为当我们 8 月份开完会从波茨坦回来的时候，日本空军的战斗力已经降到了最低。

我抓紧时间向参谋长联席会议提交了一份报告，提出对日作战的空中进攻策略应当做出相应调整。在欧战胜利日之前，我们还无法全面估计战略轰炸对德国这个军事化的国家所产生的影响。但战略轰炸结束以后，我们进一步获取了更加全面、准确的信息。富兰克林·多里尔提交的阶段性报告中称："1944 年下半年实施的战略性空袭，加速了德国战

争经济的瘫痪，为此后的全面胜利尽早到来贡献了决定性作用。”据此，结合我们现有的空中作战力量，我向参谋长联席会议提出以下建议：

“我认为，我们对日作战的设想，首先要全力着重于战略性空袭，同时还要进行海上和空中封锁。如果目前既定的空袭规模能够为11月1日登陆日本本土创造有利条件的话，那么我相信，进一步加强和扩大战略性空袭，就有可能结束地面作战，以最少的人员伤亡代价战胜日本。经过对轰炸目标群的测算估计，在日本，投下160万吨炸弹，就能够有效摧毁日本国的军事和经济能力。这些轰炸将会使日本的工业崩溃，交通瘫痪，使食品以及其他生活必需品的生产和供应极度紧缺。这些影响可能会导致敌人的投降，并且，无论如何，将确保在日本本土陆地战役的胜利，使美国将士的伤亡率降到最低。”

根据这项对日本的轰炸计划，1945年的投弹总量将达到1 051 000吨。以我们看来，这有可能在当年内彻底摧毁日本内陆地区。

与此同时，李梅将军已经接掌了第20航空队，并且对他们的战果以及参战人员损失进行了仔细的评估。由于对这两项结果都不满意，他决定彻底摈弃先前使用的战略轰炸技术：

1. 轰炸机飞行高度从之前大约20 000英尺的高度，降低到5 000英尺到8 000英尺之间。

2. 只能够携带少量的自卫武器弹药，而且机组成员也将减少。

3. 如果在夜间发动空袭，轰炸机部队可以单独作战。

4. 东京，尽管有防空防御系统，仍将是首要空袭目标。

这些战术层面的调整，使得执行空袭东京任务的每一架B－29能够携带大约8吨炸弹，而不是之前的6吨。而燃烧弹的应用又使得空袭效果大为提升，因为它们体积小，爆炸产生的碎块又会分散成许多独立的小炸弹。更重要的是，燃烧弹的应用，使得李梅大大增加了空袭的次数。

空袭飞机能够顺利完成任务的比例提高了，而且轰炸目标的命中率也提高了。由于保持低空飞行，很少有轰炸机出现机械故障。日本夜间战斗机出动拦截造成的影响几乎可以忽略不计。而且，他们的高射炮发射越密集，准确率反而会降低。夜晚的天气一般都相当好，当领队的轰炸机使用雷达命中目标之后，城市中便会燃起大火，其他的 B－29 就可以进行目测投弹。而且，轰炸的准确度比以前也要高得多。

第 20 航空队接受的另一项任务，是与美国海军潜艇一起，将日本人的舰船封锁在日本近海之内。第 20 航空队的一个飞行联队被选中执行这项任务，登陆冲绳的前四天里，他们在下关海峡投下了超过 1 000 吨水雷，将这片水域封锁，所有大型船只在十天甚至两周之内，都难以通过。此后，日本南部最重要的港口入口处会被定期投入水雷。那时候，太平洋战场的所有战略轰炸行动已经全部由斯帕茨将军掌管了，无论是由 B－17、B－29 或 B－24 执行任务，也无论是从岛屿还是从亚洲大陆发起的空袭行动。

不过，8 月 1 日之后，形势的变化是如此之快，将欧洲战场的航空队调遣到太平洋战场已经没有必要了。8 月 6 日，第一枚原子弹投向日本广岛，举世震惊。轰炸造成的后果无法用语言来形容。

8 月 8 日，第二枚原子弹击中了长崎。

有关这两次空袭的消息，是通过我的专线电话传递给我的。这门专线电话是供我在战时使用的，联通我位于迈尔堡的家和白宫。我只需坐在家里等着，就能比常规渠道提早数小时得到消息。在原子弹投下之后的几分钟，我就通过这条专线得到了消息。

两天之后，在我们家里为皇家空军中将哈里斯举办了一场小型欢迎会。那一天，官方渠道开始有零星消息发布出来，日本有意求和了。宴会结束之后，马歇尔将军告诉我的夫人注意收听广播，7 点钟将会有特别消息宣告。客人们走了之后，我们听到了日本政府已经向盟军递交投降书的通告。

那天晚上，我们并没有举行什么特别的庆祝仪式，只有一个家庭聚餐——或者，至少，这是庆祝的开始。然后，航空队的将军们与夫人一起，开始陆续到访，表达对战争结束的欣喜与感恩之情。哈罗德·乔治将军和夫人、克雷格[①]将军和夫人是最先到来的——乔治在空运司令部的建立和管理工作中立下了汗马功劳；克雷格，在空战中善于出谋划策，总是能找出办法将“不可能”变为可能。紧接着费尔柴尔德[②]将军和夫人也揿响了门铃，他是我们筹建航空兵部队的骨干之一，为我们航空兵创新发明了许多技战术。很快，圣克莱尔·斯特里特[③]将军和夫人也到了，他曾经为了保持陆军总参谋部对航空兵人员和编制方面的支持而尽心竭力，后来到了新组建的第 13 航空队，出色地指挥了从莫罗泰岛

① 霍华德·阿诺德·克雷格(Howard Arnold Craig，1897—1977)，美国空军中将，长期在空军参谋部门任职。1940 年 5 月任美国陆军航空兵主任办公室计划处处长助理。1941 年 7 月任美国陆军航空队司令部分管作战计划的助理参谋长。1942 年 6 月任欧洲战区美国陆军分管作战的助理参谋长；10 月任北非战区盟军司令部分管空军的副参谋长。1943 年 1 月任北非战区第 12 空中支援司令部司令；2 月任地中海战区空军司令部参谋长；8 月任美国陆军航空队司令部分管作战的助理参谋长。1944 年 10 月任战争部总参谋部作战处处长；11 月任分管作战的副助理参谋长。二战后曾任战争部总参谋部作战处副处长、阿拉斯加军区司令、空军独立后分管装备的副参谋长、空军总监、国家战争学院院长、美洲防御委员会主席等职。1955 年 6 月退役。——译者

② 穆尔·斯蒂芬·费尔柴尔德(Muir Stephen Fairchild，1894—1950)，美国空军中将。1940 年 7 月美国陆军航空兵主任办公室计划处处长助理。1941 年 7 月任美国陆军航空队司令部参谋部秘书；8 月任陆军航空队司令部航空兵主任办公室主任助理。1942 年 3 月任陆军航空队司令部军事需求主管；11 月任英美联合参谋长委员会办公室所属战略调查委员会成员。1944 年 8 月任敦巴顿橡树园会议美国代表团成员。1945 年 4 月任旧金山联合国大会美国代表团军事顾问。1946 年 2 月任空军大学校长。1948 年 5 月任空军副参谋长。1950 年 3 月去世。——译者

③ 圣克莱尔·斯特里特(St. Clair Streett，1893—1970)，美国空军少将。1935 年 8 月进入战争部总参谋部作战计划处任参谋。1939 年 6 月进入海军战争学院进修，1940 年 6 月毕业后任驻夏威夷第 11 轰炸机大队指挥官。1941 年 4 月任夏威夷军区作战计划和训练主任。1942 年 2 月任战争部总参谋部空军处分管作战的副处长；3 月任作战处处长；12 月任第 3 航空队司令。1943 年 9 月任第 2 航空队司令。1944 年 4 月任第 13 航空队司令。二战后曾任战略空军副司令、独立后的空军总监、装备司令部副司令等职。1952 年 2 月退役。——译者

向南太平洋诸岛推进的作战行动。

伴随着航空队军官们的进进出出，这个夜晚就这样过去了。有人建议发一封贺信给我们的总司令——美国总统，于是我指派了一组人去研究准备这件事。在经过几番争论之后，他们最终就贺信的内容达成了一致，然后带着稿子来见我。我感觉有一些用词看起来不是很恰当，经过进一步探讨，外加一点儿上好的白兰地，一封恰如其分的贺信完成了。我通过自己的专线电话，把内容口述给白宫那一端的接线员。后来我们获悉，这是总统接到的此类贺信中的第一封。

日本的投降并不完全是那两颗原子弹的功劳。我们使用常规的烈性炸药和燃烧弹，空袭了大约 60 座日本城市，大约有 24.1 万人死亡，31.3 万人受伤，233.3 万座房屋损毁。我们的 B－29 已经摧毁了日本的大部分工业，并且通过布设水雷，阻止了重要物资的进口，使日本发动大规模战争已经成为不可能。与在欧洲战场摧毁了 29 900 架敌机相比，我们摧毁日本敌机的数字是 10 343 架。因此，对于我们来说，无论有没有原子弹，日本都已经到了崩溃的边缘。

许多日本领导人认为，“超级空中堡垒”对日本本土和日本工业城市发动的空袭，是迫使他们投降的最主要的一个因素。他们当中的有些人甚至说，我们已经摧毁了他们 50%以上的军工生产能力。但是，日本的突然投降多少来得有些令人意外，因为我们原本计划是要投下四颗原子弹，或者从欧洲增调重型轰炸机过来，继续加大 B－29 的空袭力度。

随着日本的投降，我的主要工作变成了尽可能快地遣散队伍。国会和美国民众希望如此，我们不得不依此制订计划。对许多人来说，我们应该在欧洲和日本保留多少军队，以确保一个有序的和平状态，显然是次要问题。他们关心的就是让那些男孩们尽快回家，越快越好。

不过，陆军、海军和空军的领导者们既要负责在美国保留适当规模的培训机构，还要为士兵返乡提供服务，也要保证在海外军事占领区维持足够的部队，确保他们能够履行自己的职责。我们的许多士兵已经在海外待了很长时间——两年、三年甚至四年。现在，回家是他们的权利，但是我们必须训练新人接替他们。对于我们这些人来说，这些都是必须要完成的工作，日本投降之后没多久，我们又变成了一群忙碌的人。

陆军航空队的另一项重要工作，是把伤员和其他享有优先权利的人员运送回国。我们的计划是，每个月运送 3 万名旅客跨越太平洋，我们差不多刚好能够达成这个目标。

在战争结束的时候，我们航空队一共有大约 230 万人，72 000 架飞机，散布在世界各地。但很清楚的是，我们的兵力将被裁减至 50 万人左右，72 000 架飞机只能保留大约 10 000 架。因此，我们面临的问题是，要处理大约 60 000 架飞机以及遣散 180 万人。这对后勤部门来说是一个巨大的挑战。我要求我的参谋部和空运司令部研究解决这个问题，他们很快就拿出了令人满意的方案。

关于如何处理多余飞机的问题，是争议最大的，每个人都有自己的想法。当确定要清理掉这些飞机时，我提出有一种合适的方法。我不赞成卖掉这 60 000 架飞机。首先，没有那么多买家；而且，这些飞机大多都是淘汰机型，或者有各种各样的问题，这会给买家带来麻烦。更何况，卖掉这些飞机，对我们的航空工业也肯定没有好处。

在我看来，唯一的解决方式，就是在美国的某个偏远地区，建造一个飞机火葬场。用大型的切割工具，把机翼切除，然后把整架飞机压成一堆金属块，丢进熔炉里熔化。当飞机熔化之后，提取出熔化金属——首先从最上层提取出铝，或者硬合金；然后从第二层提取出青铜和黄铜；第三层是钢铁；最后将这些提取出来的金属铸成金属块，把它们像木材那样堆积成垛，在某些偏僻之处储存起来，直到有需要的时候使用。

显然，我的解决方式有些太过激进了，剩余物资处置部门的人无法理解。美国从来没有认真考虑过“熔化”这个建议，尽管英国已经采用了这种方式。

还有一个至关重要的问题，陆军从来都没有处理好过，也不肯做什么改进，那就是对剩余物资的处理。我们应该保存一些物资，以备维修养护兵站和办公楼的资金预算难以通过的时候应急所用。然而在这个问题上，不知道什么原因，陆军一直要求剩余物资处置部门把仓库清空。海军在他们的“剩余物资”处置上就要精打细算得多，甚至可以说，很节约。比如说，一战之后，陆军“多余的”涂料，以 50 美分一加仑的价格卖给了公众市民。而陆军买进同等的涂料需要花 2 美元，而且国会肯定不会再批预算购买这种涂料了。我想采取必要的措施阻止这种情况再次发生。不过，在 1948 年，我发现航空队从正常的陆军补给系统中已经拿不到涂料了。但我们又等着用，怎么办呢？只好用其他东西来和海军交换，或者从海军那里讨一点儿来，就这样，我们航空队的办公楼才得以粉刷！

我们眼下面临的另一项重要工作是航空队的技术研发：比如，研制更好的投弹瞄准器；研制喷气式战斗机；研发喷气式轰炸机的可能性；我们是否已经拥有了顶级炸弹；我们是否应该更新换代鱼雷；炸弹和火箭的引信如何改进；近炸引信应当怎么改进；还有超音速飞机的火力控制系统；我们空军的组织架构；现代空军的职责——使命是什么；如何避免与陆军和海军职能上的重叠？

有关空军的建设问题，仍然没有任何明确的说法。事实已经证明，它是一种战略武器，能够运用的范围远远超出陆、海军占领和控制的区域，然而它仍然只是陆军和海军部队的一部分。对于它应该做些什么呢？它应该成为一个独立的军种吗？还是应该维持它战前的状态？所幸，这个问题很快得到了解决，随着国防部的设立，陆军、海军和空军终于处在平等地位了。

还有一个问题：我们应当如何巩固西半球的局势？我们对西半球的

责任优先于我们对欧洲盟友的责任吗？我们是否应该建立一个包括全体美洲国家的军事联盟，成员国家都使用同样的武器，采用同样的战术和训练？或者，我们只要自己埋头搞好应对世界大战的军事建设，别的就随它去？再或者，我们是否应该把自己绑在欧洲民主国家防御同盟的战车上？

为了将来着想，我们必须在这些地区建立自己的空军基地。B－29只是一种机型——一种为我们展示了未来方向的机型。在属于它的时代里，它有着无与伦比的杰出表现，但就在与此同时，其他新的机型也在不断涌现出来，B－35、B－36、B－50——有喷气式的，有不是喷气式的——都为空战的变革带来了新的希望。要想建立阻挡外来空袭的安全防御系统，就意味着必须建立一系列的前哨基地，研发最新型的对空防御系统，以及拦截任何可能出现的武器装备的突然袭击。

为了建立并维系与西半球邻国的良好关系，我们必须与他们分享我们的秘密，给他们提供一些我们的武器装备，让他们使用并熟悉这些武器装备的性能技巧，并帮助他们训练军校学生。1945年3月，为了探讨战争与和平的问题，美洲各国在墨西哥城召开了泛美国家会议，共同签署了《查普特佩克公约》①，对此已经有了约定。

---

①《查普特佩克公约》（Act of Chapultepec），是二战末期美洲国家签署的一项区域性多边国际条约。1945年3月6日，在墨西哥城附近的查普特佩克城堡举行的泛美会议正式通过。公约重申了自1890年以来美洲国家间关系的某些基本原则。在序言中，以与会国政府的名义宣布了“互助和美洲团结”的原则。公约的主要条款，其第一部分也是主要部分包括如下内容：一切国家之间在法律上一律平等，每一个国家有权使它的独立受到尊重；对于一个美洲国家的完整、领土及主权或政治独立的任何侵犯，都应被认为是对签署本公约所有其他国家的侵略；一旦发生侵略威胁或侵略行动，本公约签署国即应采取防止或抵抗侵略的各种措施，包括召回外交代表、断绝外交关系和领事关系等。公约还向美洲各国政府建议根据它们的宪法程序缔结一个条约，以确立对侵略威胁和攻击实行制裁的程序，以及说明关于西半球和平安全问题的区域性协定的原则。公约还决定成立由全体美洲国家参谋总部的代表组成的美洲国家常设参谋总部。条约的签署，反映出美洲国家在安排战后美洲国际关系问题上的一些基本倾向，也反映出美国地位的加强。——译者

按照这个思路，关于是否立即与南美国家开展这样的项目，我曾经与罗斯福总统，以及后来的杜鲁门总统进行过数次长谈。在巴西，航空队已经开始设立机械师培训学校，管理巴西飞行员的训练，并且为他们的飞机和引擎制造厂，在厂房建设和生产安全方面提供帮助。现在，我们必须把这个项目的范围扩大，在南美其他国家开展同样的工作。我想，为什么不能在墨西哥试试呢?

接下来我就开始造访那些外交官。但是，对于一个习惯了真枪实弹的军人来说，要搞明白外交官们的工作方式实在是太难了。不过，我或许是个例外。比如，在整个二战期间，我与英国驻美大使哈利法克斯勋爵的合作就颇为密切顺畅。我们经常互相交流信息和看法，并且只要我们都在华盛顿，就一定会保持联系，这对于我来说是极为有价值的。然而，在大多数情况下，我们的外交官们似乎总是在找那些无关紧要的小人物。

1945 年秋天，当我向驻华盛顿的墨西哥官员提起向他们提供航空援助项目时，他们非常感兴趣。当然，他们向自己的政府做了汇报，很快，我就收到了访问墨西哥城的邀请，半官方的。被邀请的人还包括了我的妻子和女儿。

10 月底，当我到达墨西哥时，见到的第一个人是我们的大使乔治·梅瑟史密斯①。我向他简要介绍了我考虑援助墨西哥的计划，得到了他由衷的赞许。然后，我们一起拜访了墨西哥国防部长厄雷萨将军，他对

---

① 乔治·梅瑟史密斯(George Strausser Messersmith，1883—1960)，美国外交家。1914 年开始从事外交工作。1925 年任美国驻比利时和卢森堡总领事。1928 年任美国驻阿根廷总领事。1930 年至 1934 年，在纳粹党上台掌权期间，担任美国驻德国总领事。1932 年底，他不顾保守势力的反对，给阿尔伯特·爱因斯坦签发了美国旅行签证并亲自送上门；12 月 10 日，爱因斯坦夫妇离开德国去美国，此后再未踏上德国的领土。1934 年 2 月被提名美国驻乌拉圭大使，但未赴任，3 月改任美国驻奥地利大使。1937 年 7 月任美国助理国务卿。1940 年 3 月任美国驻古巴大使。1942 年 2 月任美国驻墨西哥大使。1946 年 4 月任美国驻阿根廷大使，1947 年 6 月卸任。——译者

我的提议最为热心和赞同。唯一美中不足的是，缺乏启动学校建设的资金。他建议我，第二天与阿维拉·卡马乔①总统进行面谈。

在与梅瑟史密斯大使的谈话中，我们发现，在墨西哥设立航空学校不会像在巴西那么容易，因为在某些方面两国情况是不同的。第一个障碍就是钱，可能没有足够多的资金来保证整个项目的实施。我曾经为一个墨西哥飞行中队提供过训练和装备，帮助他们参加太平洋战争，对他们出色的作战能力有所了解。他们与我们的空军部队并肩作战，在共同抗击日本人的战斗中取得了辉煌战绩。如有必要，我们可以继续在美国的学校里为墨西哥培训一定数量的机械师和飞行员，并且为他们在墨西哥的作战训练提供我们的装备。梅瑟史密斯认为，这或许是个解决之道。

第二天，我们去了国家宫殿——墨西哥总统府所在地。在那儿我与阿维拉·卡马乔总统相谈甚欢。就一些原则性问题，以及项目实施的具体方法，我们均达成了一致意见。但就开办学校而言，决定性的因素仍然是资金。飞机和其他装备则由我们提供，他们一旦收到就能够投入使用。

等我回到华盛顿，对此次访问成果进行总结的时候，可以肯定的一点就是，墨西哥城的美国大使和墨西哥政府领导人，对于这项推动其空军装备和训练规范化的计划都兴趣浓厚——那么下一步该做什么呢？我们的下一站去哪里呢？就在此时，我收到了来自哥伦比亚、秘鲁和智利的邀请，前去和他们的领导人共同商讨空军建设问题。

在华盛顿，我手下的一些参谋人员，与国务院就援助南美空军建设的事情进行了讨论，看看我们能够从他们那里获得什么帮助。国务院的

---

① 阿维拉·卡马乔(Manuel Avila Camacho，1897—1955)，1940 年至 1946 年任墨西哥总统。1914 年入伍。1932 年任陆军、海军部长，1937 年任国防部长。二战爆发后不久被选为总统。采取亲美政策，对西半球防务持积极态度。1941 年 4 月曾建议中美洲各国团结一致，对付外来威胁。日本袭击珍珠港后，即关闭德国在墨西哥的领事馆，并冻结轴心国在墨西哥的资金。1942 年 4 月接受美国的《租借法案》，5 月向轴心国宣战。翌年向美国提供大批劳工，并派遣第 201 空军大队到远东作战。参与签署《联合国宪章》。战后继续从政。——译者

态度是，向这些中、南美国家讲清楚执行《查普特佩克公约》的方式方法，仅限于与空军事务有关的范围之内。在我看来，毋庸置疑，这项协定是经过所有相关人员批准并已经生效的文件，拉丁美洲国家和我们一样，对它的内容完全了解。然而，在我的参谋人员与国务院官员在较低的操作层面会谈之后，他们告诉我，除非外交官们愿意提供更多协助，否则我去南美国家没有什么用。显然，国务院的某些人，对《查普特佩克公约》的某些条款有不同想法。

搞清楚这一点，我回去后再次去见了杜鲁门总统。我告诉他，除非国务院方面的态度有所转变，否则我南下去南美洲也没什么用。他问我为什么，我把此前与国务院初步会谈的结果和我们现在所处的僵局告诉了他。总统说他希望我去，而且他希望我能够在《查普特佩克公约》的基础上，与南美国家在空军建设方面能率先达成某种协定。我的回答是："总统先生，这会让国务院发疯的。"他说："这无关紧要。总之我希望你去。"在临走的时候，我告诉总统，我将做最后一次努力，争取能得到国务院的认可。然后我会告诉他结果，并启动南美之行。

因此，我安排了一次同斯普卢伊尔·布雷登[1]的会议。我带着沃尔

① 斯普卢伊尔·布雷登(Spruille Braden，1894—1978)，美国外交官、商人、政客，外交关系协会成员之一。曾担任多个拉丁美洲国家大使以及美国负责西半球事务的助理国务卿。因其推行干涉主义以及在几次拉丁美洲国家政变中发挥突出作用而闻名。1933年作为代表之一参加在乌拉圭召开的第七届美洲国家国际会议并签署《蒙特维多国家权利义务公约》。曾担任过美国驻哥伦比亚(1939年至1942年)、古巴(1942年至1945年)和阿根廷(1945年5月至9月)大使。在1945年任美国驻阿根廷大使的四个月时间里，布雷登支持反对阿根廷时任总统埃德尔米罗·朱利安·法雷尔。胡安·庇隆则利用布雷登的干预，赢得了次年的总统选举。1945年10月担任负责西半球事务的助理国务卿。前驻墨西哥大使乔治·S·梅瑟史密斯与他在拉丁美洲的外交政策上存在诸多分歧，两人的冲突最终导致梅瑟史密斯退出外交事务。1948年开始，布雷登成为联合水果公司的政治掮客，当公司的利益受到威胁时，布雷登帮助策划实施了1954年推翻危地马拉总统哈科沃·阿本斯·古斯曼的政变行动。1967年至1973年担任纽约大都会俱乐部主席。在反对《巴拿马运河条约》失败之后，于1978年在洛杉矶去世。——译者

什将军一起，布雷登先生带了三名国务院的下属官员，可能是他们业内的专家。我本来以为，布雷登先生对南美洲的总体情况和每一个南美国家都相当熟悉，肯定比我知道的要多得多。这是他的本行嘛。但是，当看到他带来了办公室的一众专家的时候，我就不敢这么说了。

我向布雷登先生简要介绍了我的计划：以《查普特佩克公约》为基础，通过驻各国的大使开展工作，从哥伦比亚开始启动。比如，我们的大使可以同哥伦比亚政府商定，我们能够提供给他们的飞机数量和他们有能力接收的数量等细节问题。在当时那个时候，他们能够接收多少，是需要根据他们当地的情况自己决定的。比如，在对哥伦比亚的援助项目中，我们的清单包括了P－47和高级教练机。对于P－47没有人提出反对意见，但是“高级教练机”的字眼我几乎还没说出口，一位国务院官员就告诉布雷登先生，不允许我们将高级教练机给哥伦比亚。

我：“为什么不行？”

国务院官员：“因为它们能够携带炸弹。”

我：“什么样的炸弹？”

国务院官员：“什么样的炸弹不重要。”

我：“为什么？”

国务院官员：“因为万一他们与邻国发生冲突，不管什么样的炸弹，他们都可以用，如果有任何流血事件发生，都会算在我们头上。”

我：“P－47能携带炸弹吗？”

国务院官员：“不能。”

我：“你认为是什么飞机炸毁了意大利的大部分铁路，还有法国和德国的很多铁路；炸毁那些铁路桥和公路桥，还能用来实施全方位地面打击？”

国务院官员：“我不知道。”

我：“就是P－47啊！既然你说我们可以给那些南美国家P－47，但是却不同意我给他们高级教练机！P－47战斗机能携带1 000磅炸弹！”

国务院官员："我真不知道这些。"

然后我转向布雷登先生，问道："在我们做出这些不靠谱的决定之前，难道不能先去了解一下事实吗？"

布雷登先生转向他的专家说道："我不知道该怎么回答这个问题，你呢？"那位国务院官员说："我们确实不掌握这个情况。"

然后我对布雷登先生说："好吧，现在让我们言归正传。为什么不让我继续执行我最初的计划，告诉我们在波哥大的大使，让他安排运送飞机到那个国家呢？这些我做不到。航空队也做不到。只有国务院才能做到，通过你们的外交大使们，他们既能为自己也能为这个国家创造美好的愿景——有些事是应该去做的，非常有必要去做。"

布雷登先生对此表示认同，但是不希望我将《查普特佩克公约》中约定的飞机一下子全部赠送出去。我明白他的意思。

1946 年 1 月初，我和夫人及女儿，受邀前往波哥大。哥伦比亚驻美大使圣玛利亚先生，罗伯特·沃尔什将军，我的副官谢菲尔德少校和杰德·布朗上尉与我们同行。

哥伦比亚给了我们无比隆重热情的款待。在为我们举办的各种欢迎会和晚宴上，我相信我见到了这个国家的大部分政府官员，在献给我夫人的巨大花束中，我这辈子也从没看到过这么多的兰花。

最后，我向我们的大使约翰·韦利谈了自己的想法——他要去告诉哥伦比亚总统和空军部长，美国有一些飞机可以赠送给他们国家。我们这个计划的思路就是，让他们拥有和我们同类型的武器装备，运用同样的技战术，我们在美国对他们选派的军官进行训练指导。如此一来，我们就能够共同致力于保障美洲的安全。

韦利大使认为，这是他曾经听过的最有价值的设想之一，这将对引导南美洲国家与美国建立良好关系产生巨大的促进作用。我告诉他，以后可能还会有其他类型的武器装备也会采用这种援助方法。他说那简直太棒了。

此后不久，在与哥伦比亚总统、国防部长和空军部长召开的会议上，韦利大使向他们大致介绍了这项援助计划。我也建议大使稍微有所保留，以备将来他需要一点儿额外的“善意”之时，手里有筹码可以拿出来。他接受了我的建议。但是他告诉他们，他现在就有一些飞机能够送给他们。如果他们能告诉他，他们准备接收并能够合理使用多少飞机，那么哥伦比亚很快就能够收到这些飞机，不是几个月或者几年，而是大约一周之内。哥伦比亚的领导人都对这项援助计划表现出极大的热情，当我们第二天离开波哥大前往秘鲁的利马时，看起来一切尽在掌控之中。

波哥大的海拔很高，对任何心脏不好的人来说都没好处。平时，我只要小心行事，注意休息，身体就能够保持良好状态。但当我在利马降落的时候，我感觉到不舒服，在那儿我们见到了波利大使和秘鲁政府的高级官员。我告诉波利先生，由于我身体健康的原因，在之后的各项活动中，我们的节奏不得不慢一点儿，建议他可以调整我们的行程安排。

考虑到这一点，我们被安排住在一间乡村俱乐部，当然，我还是打起精神去拜访了总统和各位内阁成员。像韦利大使一样，波利大使也认为我的援助计划是个好主意。然而，就在我以为我们胜券在握的时候，波利大使来找我，说我应该看看他刚刚收到的一封来自波哥大的电报。那是韦利大使发来的，意思是他接到了一封电报，来自华盛顿——国务院——就是那个我出国之前还与他们专门开过会的国务院。实际上，电报对韦利大使说的意思是：“你有什么权力承诺向哥伦比亚政府提供这些飞机？这不符合国务院的原则。”

我向波利大使解释了之前在华盛顿发生的事，告诉他，我的这个援助项目已经得到了美国总统的批准，而且我认为国务院也批准了它。显然，国务院的某些人在存心制造麻烦。我也告诉波利大使，我认为下一步的行动应由他来决定。总统已经给了我继续下去的指令，布雷登先生也给了我赞成意见，现在能够给他的飞机数量也是确定的，他可以在他认为最合适的时机，把它们赠送给秘鲁政府。只要他需要，这些飞机随时可以运到秘鲁的机场。

波利大使的答复，让我更加确信，他很清楚在国务院的确存在这种情况，而且积重难返，除非来个翻天覆地的大清扫。

秘鲁的各种欢迎仪式和官方宴会与哥伦比亚一样的隆重热烈。而且和哥伦比亚一样，他们对于美国目前的发展，以及我们能为他们提供什么样的帮助都抱有极大的热情。我感到非常遗憾，由于与国务院之间存在的明显误会，在秘鲁，我和波利大使已经不可能像在哥伦比亚那样继续下去了。波利大使对于这个项目的必要性看得很清楚，但是在哥伦比亚的韦利大使遇到阻碍之后，他自然会有一些踌躇不决。

与此同时，我的身体状况开始变得糟糕起来，我们不得不取消了去智利以及可能经过阿根廷和巴西的旅程。我们乘飞机返回巴拿马，然后从那儿回到迈阿密。在迈阿密我住进了医院，对身体进行检查。

就在我迈阿密住院期间，我的一位挚友，一位对美国空军发展最热忱的支持者，离开了人世。在将近十年的时间里，哈利·霍普金斯和我密切配合、并肩作战，致力于陆军航空兵的发展壮大，见证了我们的飞机逐渐发挥出应有的作用。在整个战争期间，我们之间对工作的探讨一直没有间断过，就连吃早餐、午餐时也在讨论问题，有时候还经常聊到深夜。他和我一样反对分散使用兵力。曾经有过很多次，当英国人和我们的海军提出要从已经批准的空军作战任务中，抽调作战部队特别是重型轰炸机的时候，如果只是小问题我自己就能够摆平，但如果有最高层的人物，比如丘吉尔首相参与进来，那么我就不得不寻求哈里的帮助了。哈里总是乐于伸出援手，或者把我带去总统那儿。

有时候总统还没有起床，这样的会面便安排在他的卧室里进行。其他时间则在他的书房。也有少数几次是与总统共进午餐。有时候，当我向罗斯福总统简要汇报问题时，他会在一旁聆听，然后走开，留我独自和总统商讨研究解决方案。

正是通过哈利·霍普金斯，我才得以和罗斯福总统熟悉起来。我常常有种感觉，总统和霍普金斯对我的问题的理解，几乎和我自己一模一样。很多次，只要他们当中的一个或者两个人一起打电话找我开会，我就会发现他们又有了一些关于我们航空兵建设的新思路、新想法。而这些想法，有些可能是我们在五角大楼的航空兵参谋部已经事先研究过的，也有些可能是我们连想也没有想到过的。

1945 年 3 月，我就曾经在迈阿密住过一次医院，自那以后，我与哈利的见面只有为数不多的几次。他深陷病痛之中，我也一样。此后，我又安排了几次战区巡视。不过，我仍然去探望了哈利几次。1945 年 12 月，我去纽约的病房看他。考虑到他的病情比较严重，我想要缩短探视的时间，但哈利没让我走。他想和我多聊聊。他正在写回忆录，并问我是否打算写自己的回忆录。我告诉他，我还不确定要写些什么，但是我觉得必须有人以这样的方式记录下航空兵的这段历史，把我们曾经遇到的困难挫折、艰难险阻都展现出来，以供后来的空军指挥官们借鉴。

哈利说："你应该写下来，一定要写！刚好，我们有许多材料还可以共用。"

当我在迈阿密住院时，与温斯顿·丘吉尔有过一次会面，他要去密苏里州的富尔顿发表演说①。当时他在克拉克上校的家中做客，正在迈

① 铁幕演说：1946 年 1 月，英国前任首相丘吉尔应邀访美。3 月 5 日，他在美国总统杜鲁门陪同下抵达密苏里州富尔顿，在杜鲁门的母校威斯敏斯特学院发表了题为"和平砥柱"的演说，公开攻击苏联"扩张"，宣称"从波罗的海的什切青到亚得里亚海边的的里雅斯特，一幅横贯欧洲大陆的铁幕已经降落下来"，苏联对"铁幕"以东的中欧、东欧国家进行日益增强的高压控制。对苏联的扩张，不能采取"绥靖政策"，主张英、美结成同盟，制止苏联的"侵略"。富尔顿演说后不到 10 天，斯大林发表谈话，严厉谴责丘吉尔和他的朋友非常像希特勒及其同伴，演说是杜鲁门借他人之口发表的"冷战"宣言。"铁幕演说"被认为是正式拉开了美苏冷战的序幕。——译者

阿密的海滩上优哉游哉。克拉克上校过去在魁北克会议期间，就常常邀请我们去他家里。我在沙滩上见到了丘吉尔，我们聊起战争、霍普金斯、罗斯福总统，以及他将在富尔顿发表的演说。我向他建议，英美两国总参谋部之间曾经有过的紧密合作我们一定不能忘记，这是一种确保两国之间紧密军事合作关系的方法，我们决不能丢弃——我们两国在国际利益中有太多的利益攸关。我们有他们需要的东西，他们也有我们需要的东西。飞机已经使大西洋不再成为一道军事意义上的屏障。

丘吉尔先生认为这个观点很有道理。就是从那个时候起，整个国际局势已经变得更加波诡云谲，仅仅靠大英帝国和美国之间的密切关系是不够的，我们正在讨论建立更为广泛的大西洋公约组织。

医院的检查一做完，我就返回华盛顿，向战争部长、总参谋长和杜鲁门总统做了汇报。我告诉他们，在那种情势之下，再继续我的南美之行纯属无用功。除非国务院下定决心，否则没人能在那儿有所建树，不论他是大使还是军人。

总统有些诧异，就这个问题的解决过程我不再逐一详述，但我和布雷登先生商谈的总方针，后来在各个南美国家均得以付诸实施。他们现在正在接收，或者已经拿到了我们的剩余航空装备。

早在1945年秋天，我就下定决心，应该从陆军航空队总司令的职位上退下来。我已经见证了它从几乎一无所有，成长为全世界最强大的空中力量；我见证了这个世界上最出色的几款飞机，从研制、测试到投入实战的整个过程；我见证了我们的航空兵与英国皇家空军和海军航空兵一起，在抗击德国人和日本人的战斗中，尽到了我们应尽的职责。

能够担任这样一支军队的领导者，我感到无比自豪。但是我也看到，未来可能不会像回忆过去那样美好。在二战结束之后的10年到15年，将是至关重要的时期，我们应当尽快做好规划。在我看来，时机差不多已经到了，应该让年轻一代来实施这些规划了，由他们来掌舵，继续发展壮大航空兵的队伍。世界总是充满了新的变局和危机，那些曾经在历史舞台上演出过的老家伙们，应该谢幕了。

正是怀着这样的心情，1945 年 11 月 8 日，我向总参谋长递交了辞呈：

> 这是我个人的意见——我应当及早从陆军现役部队中退出来。经参谋长联席会议批准，在陆军航空队建立起来的政策制度，将在很大程度上，对未来整个美国军队的使命、构成以及整体战斗力产生深远影响。我认为，这些政策应该尽可能由我的继任者来参与制定，因为他们将肩负践行实施这些政策的责任。
>
> 在整个战争期间，您给予我的鼎力支持，为陆军航空队履行好自己的使命，发挥了无法估量的重要作用。在许多次面临棘手而又必须解决的重大问题时，您总是能给予我们正确和具有政治家眼光的指导意见。我们之间亲密无间、不拘礼节的关系，持续多年，令我深以为荣，而且我认为正是在您的这种精神的感召之下，整个陆军内部形成了和睦团结的氛围。
>
> 您如若同意，我将提出退休的请求。我将离开部队并享受退役前最后的假期。
>
> H·H·阿诺德
>
> 陆军航空队总司令

写下这份辞呈并不是一件容易的事。这将会终结我四十二年的军旅生涯。这意味着离开军队，也意味着离开参谋长联席会议和联合参谋长委员会——美国历史上仅有的两个军事决策机构。总统接受了我的退休申请，1946 年 3 月 1 日，我和妻子离开了华盛顿，前往索诺玛。

退休申请获得批准以后，在国家记者俱乐部的一次午宴上，一些记者问我离开华盛顿之后有什么打算。

我的回答是："我会去我在月亮谷的牧场，坐在一棵橡树下。从那儿我可以眺望山谷里白额头的牛群。如果它们当中有谁走得太快，我也会装作没看见。"

"你的意思是要和飞机说再见了吗?"

"是的！如果有哪架飞机胆敢从我家房顶上飞过，我就用来复枪或者其他什么东西把它打下来。"

巧的是，这段被许多报纸报道过的俏皮话，后来居然真的应验了。

我已经忘了这件事，但显然，有人没有忘。在月亮谷的天空中常常会出现飞机，因为从那里向南只有几英里就是汉密尔顿机场，萨克拉门托县离得也不远，而且加利福尼亚到处都有私人飞行的爱好者。不过，那些飞机经过我家时，都飞得很高或者只是远远地飞过。四周的山谷景色秀美，幽静怡人，我和妻子常常坐在我自己做的红木椅上小酌，看着散养的鹌鹑在花园里啄食。在这样安静祥和、阳光明丽的午后，恍惚之间，你会觉得四引擎轰炸机的轰鸣喧嚣，空战中的焚天烈焰，甚或是那些波谲云诡的外交纷争，仿佛从来都不曾发生过。

一天，就在这样一个宁静的下午，我听到一架飞机发出的声音明显不同往常，来自它不应该出现的地方。我走出屋外，看到有两架训练机正在空中缠斗得热火朝天。就算飞行员不是有意为之，倒不如就当他们是在表演给我看吧。我有些担心地盯着那两架上下翻滚的 AT－6 "得克萨斯人" 教练机看了几分钟。突然，他们撞在一起了。当他们分开时，其中一架开始摇摇晃晃地向汉密尔顿飞回去，后来我听说，它降落时机腹着地，不过飞行员没有受伤。然而，另外一架的机尾完全断裂。飞行员立刻跳伞，降落在一个靠近高尔夫球场的安全地带。但是，他的飞机！

我曾经常常引以为傲的是，我们的 B－17 在损失重要部件的情况下，仍然能够从德国人那里平安返回。在早年，我自己也曾经历过驾驶着已经开始解体的飞机安全着陆的惊魂一刻。但是我从未——从来没有——想到过会看着一架没有尾翼的飞机仍然上下摇晃着，仿佛是恶作剧般地旋转着冲向它的目标！

而它的目标就是我的房子！

飞机一直向下、向下，但是仍然保持着飞行状态，仿佛它只是在做正常的螺旋动作！过来了——到了我们家牧场的地界了！我知道接下来可能会发生什么事。它完全有可能恰好掉落在房子上，撞击使汽油四散飞溅，必然导致燃起熊熊大火。

它以就差几英寸的距离擦过房顶，掠过玫瑰花园，坠毁在房子南边不远的地方，爆炸了。撞击出的大坑有 30 英尺长，大约 6 英尺深。

所幸，我们的牧场没有再遇到过这样的意外。大部分时间，我们在月亮谷的生活是相当平静的。在最近的三四年时间，我有着充足的空闲去回忆过去的那些峥嵘岁月。

但未来又会怎么样呢？

依据我的经验，有一点非常清楚：赢得和平远远比赢取战争，即便是一场世界大战要困难得多。二战结束已经四年时间了，看看现今这个可怕的世界，禁不住让我倒吸一口冷气。我们的和平在哪里？

从理论上来说，战争给予军人的目标很明确，就是组建军队、排兵布阵。如果一切顺利，我们追求的结果便是敌人的投降。然而，战争却远没有那么简单，这本书里讲的故事也能说明这一点。无论是什么样的联盟，当大家真的濒临绝境的时候，谁也无法阻止各人打各自的小算盘。

比如，那些与苏联人会合的作战方案，是经过希腊和巴尔干半岛、再向北穿过高加索地区，还是通过意大利的的里雅斯特及其东北部地区；还有对西欧的反攻，是从意大利北部的山区发起攻势，还是从法国南部向北进攻。而这些作战方案，究竟是出于纯粹的军事思考，还是出于我们的一个或者多个欧洲盟友的野心呢？

对于我来说，毫无疑问，击败德国人最合理的作战方案，就是采取最直接、最短的路线攻入柏林。但也很清楚，这样做我们可能会遭遇到最强大的空军和陆军，因此，我们被迫选择从德国人最难以防守的地区穿过。在获得全体盟友对我们这个计划的支持之前，肯定要经过一个漫长的、令人疲惫不堪的反复讨论的过程。

然后，在我们自己国家内部，对于作战部队的构成、规模和部署，大家也会存在问题和不同意见。多年来，美国海军一直准备着要修理日本人。他们认为，这对于他们来说犹如囊中取物，顶多会遇到一点儿小麻烦，即便真有麻烦的话——“绑起一只手来也能搞定!”。“珍珠港事件”对于我们所有人来说都不啻晴天霹雳，但对于我们的海军打击更甚。它搅乱了他们多年的计划。因此，对于他们来说，一心想要恢复自己往日的辉煌，也是自然而然的事。他们必须尽一切可能，不只是让太平洋成为优先等级最高的战区，而且要使它成为海军的战区，由海军说了算。所以，只要碰到生产配额和补给分配方面的问题，就会引发到底是太平洋战区还是其他战区更重要的争论。而解决这些争端，都需要时间。

1945 年，不论是我们还是英国人，都没能帮助文明世界走上永久和平之路。实际上，我们在对待德国人的问题上态度不够“强硬”，默许苏联人接管并统治了德国的大部分地区。是我们同意苏联人占领并管理德国中部和柏林大部分地区的。而我们和其他盟国只占领了柏林的小部分区域——苏联人还是很勉强才同意的。我们进出自己的占领区，都必须看苏联人的脸色。大不列颠和美国，以及他们的领导人，对苏联人是什么样的人都是心知肚明的。全世界都知道，苏联人可以毫无顾忌地撕毁协议、打破协定。我们本应预见到可能招致的麻烦，但是当时却没有给予足够的重视。

接着，苏联人开始变脸了。采用强硬手段的既不是美国，也不是大不列颠和法国。是苏联人开始封锁柏林。

我一直认为，在战争刚刚结束的这段时间里，无论发生什么情况，苏联人都不会发动战争。因为他们过去包括现在，并没有为打仗做好准备。我可以确定，如果当时我们以坦克、装甲车开道，向我们在柏林的占领区挺进，苏联人将会有所“收敛”，我们就能够打破他们的封锁。然而事实却相反，我们选择接受了他们的管制，自讨苦吃——只能用空运向柏林提供补给。

从1948年6月26日到1949年5月，西方世界的目光都在看着“运粮行动”[①]，先是怀疑，而后是赞许。不只是西方，还包括210万焦虑的柏林人，他们被苏联人的封锁切断了正常的燃料和食品供应，就连莫斯科和柏林苏占区也都在关注着这场空运行动。进入隆冬季节，空运行动丝毫没有松懈下来，一天接着一天，一周接着一周，无论遇到什么天气状况，都不曾间断，运送的物资量越来越大。这也是向苏联人表明，这下他们难以收场了。到了4月16日，封锁的第249天，“李梅食品与煤炭公司”——那些飞行员们以空运行动发起人的名字来称呼它，与英国皇家空军一起，在这一天为柏林运送了12 940.9吨物资——有一位记者满怀敬畏地报道说：“比封锁前一辆火车一整天能够从西方运进来的物资还要多”——显然，在柏林的这场冷战中，苏联人面对的是他们既不

① 柏林空运，代号“运粮行动”（Operation VITTLES）。1948年6月24日，苏联采取军事行动，全面封锁了盟军出入西柏林的在东德领土的必经之路，包括公路、水路和地下铁路。盟军在苏联封锁两天后做出快速反应，以空中运输的方式，从外部向西柏林输送食物、衣物、燃料以及一切所需的生活物资。空运总量从每天2 000吨增加到12 000吨，比封锁前的地面运输量还要大。在西柏林空中共有上下重叠的5层飞行路线同时并用，每层飞行路线之间的距离只有500英尺。在运输高峰期，平均每一分钟就有一架飞机降落。这样的空运奇观一直持续了11个月，直到1949年5月苏联解除地面封锁为止。柏林空运期间，平均每天飞往西柏林的运输机数量为599架，总飞架次为27.8万多架次，运抵西柏林的物资总量为232.6万多吨，总计耗资224亿美元。——译者

知该如何应对，甚至也无法理解的局面。1949 年 1 月，就此次空运行动，J·金斯伯里·史密斯，国际新闻社欧洲部主任，对斯大林进行了一次采访。根据他的报道，斯大林说他现在“愿意与杜鲁门总统共商和平”。国务院在他们 4 月 26 日的官方报告中提到了这次采访。5 月 12 日，中午 12 点 01 分，苏联封锁正式取消。不过，局势很快就证明，如果我们没有那么着急解散空运部队，情况可能会更好一些。在德国，一场新的冷战就在眼前。

这次空运行动，有力地证明了“空军也是一支维护和平的力量”。一些执行柏林空运任务的机组人员太过年轻，还没有参加过战争，但是对我而言，这种空运行动就再熟悉不过了。蒋介石不再诘问要求增加驼峰航线的空运量。一部分是由于中国内部的原因，一部分是因为我们正忙着处理柏林的事情，蒋介石已经辞职下野了。驼峰航线的空运部队也已经从喜马拉雅山区转战柏林。其实和过去一样，我们的机组人员运送的不只是救援物资，还有我们的外交政策。我们与德国人之间亲密关系的建立，不仅要感谢组织策划这次空运行动的李梅，威廉·H·特纳①少将也功不可没，正如一篇文章所说：“他将空运的效率从惊人提高到

---

① 威廉·亨利·特纳(William Henry Tunner，1906—1983)，美国空军中将。1928 年 6 月毕业于西点军校，先进入野战炮兵服役，9 月加入陆军航空兵；1929 年 9 月获得飞行员资格。1941 年调入航空兵主任办公室人事处，6 月参与筹建空运司令部；1942 年 4 月任空运司令部国内处(7 月更名为运输处)处长，支持组建了妇女辅助运输中队(WAFS)。1944 年春季负责指挥从印度到中国的空运行动，视察中缅印战区时曾亲自驾机飞越驼峰航线；9 月担任盟军中印空运司令部司令。特纳引进四引擎道格拉斯 DC-4 运输机，开辟了第二条运输航线，称为“夏季驼峰”，使空运走廊拓宽了 50 英里至 200 英里，大大提升了空运效率。他还制定了维修和飞行安全程序，使致命事故率降低到不足之前的四分之一，而飞行时间和运输吨位却增加了一倍多。二战后回国继续在空运司令部任职。1947 年 9 月美国空军成立后，空运司令部和海军航空运输处合并成立军事空运局，1948 年 3 月特纳任副司令。1948 年 7 月任第 1 空运特遣部队司令，指挥柏林空运行动。朝鲜战争爆发后，1950 年 9 月任远东空军作战物资司令部司令。1953 年 7 月任美国驻欧洲空军司令。1957 年 7 月任空军司令部副参谋长。1958 年 7 月回到军事空运局任司令。1960 年 5 月退役。1964 年出版回忆录《飞越驼峰》(*Over the Hump*)。——译者

了令人难以置信”，也正是他，过去负责指挥从印度运送物资到中国的“驼峰航线”。

讲道理是无法打动苏联人的。他们从来就没有相信过谁。因此，就大西洋公约自身而言，对苏联人来说算不上什么。在它的背后，必须有军队和武力支撑，苏联人才会把联盟成员国当回事。将公约付诸实施，向那些自身未来安全依赖于这样一个联盟的国家提供武器装备，有以下几种方式：第一，我们可以把手上现有的剩余武器装备或者正在生产的武器装备，送给这些国家；第二，我们可以给他们提供任何援助——他们需要的任何装备；第三，我们可以做一些预先规划，确保每一个成员国都能获得所需要的武器装备，共同组成一支联盟部队。届时，我们将形成一个拥有常设组织、武装力量和装备，统一指挥的作战联盟，以抵御任何入侵之敌。至少，它能够使一个具有侵略性的国家，在采取任何敌对行动之前，停下来想一想。

这三点不只是我们向外国提供武器的思路，更为重要的是，我们必须想明白接下来要作出的决定：我们是简单地花点儿钱、赠送些武器，做个圣诞老人呢；还是要确保，如果发生紧急情况，我们能够拉出足够的武器装备、训练有素的军队，抵挡住任何以现代化方式发起的攻击，而不是靠碰运气。只是向国外运送坦克、步枪和弹药的做法，将不再管用了。

就我们自己而言，比如说：我们不再需要从关岛到中途岛、再到阿拉斯加，以及沿着大西洋海岸到波多黎各和巴拿马运河的前哨警戒线了。现代战争武器的出现，让我们必须重新建立一条部署有防空探测装备的前哨线，从菲律宾到关岛、到日本、再到阿留申群岛，穿过加拿大北部到达英格兰，最后在北非结束。导弹、雷达、超音速武器以及喷气式飞机——将所有这些最新型的武器装备和研发成果——统统部署在这条前哨线上，我们才能真正建立起足以抵御未来空中毁灭性打击的唯一防线。

现代战争是完全不同于以往的。举例来说，我相信，当毁灭性的空中打击——可能是原子弹——发生在英格兰、荷兰、挪威、比利时和法国的目标工业城市时——会摧毁一切抵抗行动，无论你的陆军或者海军有多么英勇，即便事先已经制订好了抵御入侵的作战计划，但他们根本没有机会去执行。如果发生了这样的事，对于我们来说，我们所有美好的意愿、约定、协议，以及我们提供给这些国家作为储备和抵御侵略的武器装备，可能都将失去意义。

我并不反对大西洋公约。我百分之一百赞成。但是，我不支持不加选择地向成员国提供武器装备。现代战争不是靠这样赢的。我们必须实事求是，我们必须接受现实。我们不能过多地依靠情感、传统和我们所有人与生俱来的希望来解决问题。

法国人正在嚷嚷："我们必须先武装起来！"或许如此，或许未必如此。这个问题的答案取决于苏联人可能的意图。它会如何去实现它的意图？它会使用什么来实现？法国将扮演什么角色，在扮演这个角色中，它需要什么样的军队和武器装备？所有可能卷入下一场战争的国家，应该都会面临同样的问题。但这场战争，可真的不能来。

我们必须停止"给死马钉马掌"，这个问题已经存在太长时间了。在美国，我们常常有这个陆军兵站、那个海军基地或者某台装备，保留了很多年，因为——好吧，因为什么呢？哦，都是些老生常谈的理由。因为某位众议院或者参议员——我们必须得到他的支持，他可能会丢了选票，就无法再支持陆军、海军和航空兵的预算开支了；或者这支部队自从独立战争以来就有了，它代表着传统，所以我们得继续保留它；至于这个兵站、那个基地，还有那些已经过时的技术装备，或许有时候还会用得到，等等。

遇到凡此种种情况，我们都应当问这样一个问题："它们能适应现代战争吗?”不是1918年的一战，也不是1941年的二战，而是未来的战争。如果它们不能，我们就应当毫不留情地摒弃。比如说，有谁知道，为了阻止另一场战争，装备70个飞行大队的飞机数量到底够不够?决定这个数字的不只是成本和经费，我们武装力量的构成与战力，难道不是与我们在世界版图中所处的地位更为相关吗?70个飞行大队，与我们新的外交义务有什么关联吗?准确的数字也许是47、70或者甚至170;但是，它应当基于我们的外交政策和我们在联盟军事行动中所必须扮演的角色而定。

苏联人有实力威胁到巴拿马运河吗?眼下共产主义势力的扩张对于太平洋群岛意味着什么?是不是需要部署大量的基地和守备部队抵御侵略?我们是不是必须改变过去三十年来对这些地区的军事指导思想?

昨天的规则终将成为过去。飞机、空军、大规模空运的出现，已经改变了整个世界。我们必须思考明天。我们必须牢记，空军本身也可能会有被淘汰的那一天。

重复、过时的建设项目，落后的技术和政策，部队中职能重叠的任务和组织，都必须尽快被摒除。今天不可能同时存在两支空军，就好像不可能同时存在两支陆军或海军一样。让我们群策群力，花上几年时间，去整编重建我们的队伍，带给美国人民一支最强大、最高效、最现代化的武装力量，在我们的外交博弈中，以及与潜在的敌人相抗衡时，发挥决定性的作用。

苏联不畏惧任何一支陆军，她认为自己的陆军能够与世界上任何一支陆军相媲美，并且规模更大;她也不畏惧海军，因为她看不出海军能够给她造成什么威胁;但她就是害怕我们的远程战略空军，因为到现在为止，她仍然无力对抗，也不知道该如何应对。正是我们的战略空军，再加上我们的原子弹，在此时此刻，维持着这个世界的力量平衡。

图书在版编目(CIP)数据

全球使命／（美）亨利·H·阿诺德（H. H. Arnold）著；
章和言译. —上海：上海译文出版社，2019. 5
书名原文：GLOBAL MISSION
ISBN 978-7-5327-7967-3

Ⅰ. ①全… Ⅱ. ①亨… ②章… Ⅲ. ①亨利·H. 阿诺德—回忆录 Ⅳ. ①K837.125.2

中国版本图书馆 CIP 数据核字(2019)第 052963 号

H. H. ARNOLD
GLOBAL MISSION

全球使命
[美] 亨利·H·阿诺德 著 章和言 译
责任编辑/张吉人 装帧设计/张志全工作室

上海译文出版社有限公司出版、发行
网址：www. yiwen. com. cn
200001 上海福建中路 193 号
江阴金马印刷有限公司印刷

开本 890×1240 1/32 印张 24.5 插页 10 字数 598,000
2019 年 5 月第 1 版 2019 年 5 月第 1 次印刷
印数：0,001—5,000 册

ISBN 978-7-5327-7967-3/K·266
定价：98.00 元